历史文化常识

全知道

斗南 ◎ 主编

中国华侨出版社
北京

图书在版编目(CIP)数据

历史文化常识全知道／斗南主编.—北京：中国华侨出版社，2014.10（2019.9 重印）
ISBN 978-7-5113-4439-7

Ⅰ.①历… Ⅱ.①斗… Ⅲ.①世界史—文化史—通俗读物 Ⅳ.①K103-49

中国版本图书馆 CIP 数据核字(2014)第 248314 号

历史文化常识全知道

主　　编：斗　南
责任编辑：文　丹
封面设计：韩立强
文字编辑：张丽鑫
图文制作：北京东方视点数据技术有限公司
经　　销：新华书店
开　　本：720mm×1020mm　1／16　印张：33　字数：680 千字
印　　刷：北京鑫海达印刷有限公司
版　　次：2015 年 1 月第 1 版　2019 年 9 月第 4 次印刷
书　　号：ISBN 978-7-5113-4439-7
定　　价：68.00 元

中国华侨出版社　　北京市朝阳区静安里 26 号通成达大厦 3 层　　邮编：100028
法律顾问：陈鹰律师事务所
发 行 部：(010)58815874　　传　真：(010)58815857
网　　址：www.oveaschin.com　E-mail：oveaschin@sina.com

前言

　　一个人的历史文化知识和常识往往是其综合素质和能力的体现，了解和掌握必要的历史文化常识，有利于丰富知识储备，完善个人素质，为走向成功的人生打下坚实的基础。然而，历史文化是一个包罗万象的体系，浩如烟海，无穷无尽，任何一个人都无法做到全面掌握人类历史文化知识。即便是专业人士，所掌握的历史文化常识也不过是人类历史文化的冰山一角，对于大多数人来说，更是存在着难以数计的历史文化盲区。

　　为了帮助读者更方便、更轻松、更快捷地了解和掌握必要的历史文化常识，开阔文化视野，丰富知识储备，提高人文修养，编者对浩如烟海的历史文化材料进行了适当的取舍，选取了读者感兴趣且实用的内容，推出了本书。本书是了解中外历史文化的一个窗口，透过这个窗口，你可以对中外历史文化有一个全面而系统的了解。全书分为中国历史常识、世界历史常识、中国名人常识、世界名人常识、中国军事常识、世界军事常识、中国文学常识、世界文学常识等卷，从政治经济到历史宗教，从官制法律到军事兵器，从天文历法到文学艺术，从医药科技到民俗礼仪，以历史、文化为主线，通过科学的体例、图文结合的方式，分门别类地介绍了1000多个常识，涉及人们在学习、工作、生活中最常用的历史文化知识，资料翔实，语言简练，内容全面，脉络清晰。为了方便阅读，本书以词条的形式，把丰富而又零散的知识和史料系统地串在一起，力求为读者在文化的群峰间标画一些简明的线路，在历史的长河中铺设一条有浮标的缆索。

　　这是一座浓缩了古今中外历史文化常识的知识宝库，覆盖面大，涉猎面广，集知识性、趣味性、科学性于一体，具有超强的参考性与指导性，既是一本精华版的、方便的百科辞典，又可以成为休闲生活中不可缺少的文化快餐：为你提供你想知道的、需要知道的、应该知道的历史文化常识。一书在手，让你在畅游广阔的历史文化知识海洋的同时，享受无与伦比的阅读感受。 愿本书的出版能为广大读者获取历史文化知识带来捷径。

目 录

第二篇
世界历史常识

第三篇
中国名人常识

第四篇
世界名人常识

第五篇
中国军事常识

第六篇
世界军事常识

目录

第七篇
中国文学常识

目录

目录

第八篇
世界文学常识

目录

目录

· 第一篇 ·

中国历史常识

远古·夏商·西周

元谋人

1965 年 5 月，在云南元谋上那蚌村发现了旧石器时代早期的人类化石。这是中国境内目前发现的最早的人类化石，距今约 170 万年。元谋人化石包括两枚上内侧门齿，属于同一成年人个体。齿冠保存完整，齿根末梢残缺，表面有碎小裂纹。这两枚牙齿很粗壮，唇面比较平坦，舌面非常复杂，具有明显的原始性质。这种直立人被命名为"元谋直立人"，俗称"元谋人"。这里出土的石制品共 7 件，有石核和刮削器，应是元谋人制作和使用的。此外还发现两块黑色的骨头，可能是被烧过的。研究者认为，这些是当时人类用火的痕迹。

蓝田人

"蓝田人"指在陕西省蓝田县公王岭发现的旧石器时代早期的直立人化石，包括头盖骨化石 1 个、牙齿化石 3 枚、石器 34 件和一批动物化石，据测定距今约 98 万年。蓝田人头骨有许多明显的原始性状：眉骨硕大粗壮，在眼眶上方形成一条直的横脊，两侧端明显向外侧延展；眉骨与额嵴之间的部位明显缩窄；额骨非常低平。蓝田人石器包括砍斫器、刮削器、大尖状器和石球，还有一些石核和石片，制作显得较为粗糙。在公王岭含化石层里还发现了三四处灰烬和灰屑，散布范围不大，可能是蓝田人用火的遗迹。

北京人

这是中国境内发现的旧石器时代早期中晚阶段直立人遗址中最为著名的一处，地点在北京周口店。先后在这里发现了 6 个人类头盖骨和大量的人骨碎片、牙齿化石，还有许多兽骨和灰堆等遗物，另有 115 种动物化石。在我国目前发现的旧石器时代遗址中，这里的遗存最为丰富。北京人平均脑容量为 1088 毫升，他们已经有了语言，习惯于直立行走，这说明北京人已经从猿类分化出来了。从体质上看，北京人又具有明显的原始特征，颅骨很厚，额骨偏平而后倾，眉骨粗大前突，牙齿大而粗壮。

北京人的石器以石片石器为主，石核石器较少，有砍斫器、刮削器、雕刻器、石锤和石砧等多种类型。北京人用砾石当锤子，采用直接打击法、碰砧法和砸击法打制石片。用砸击法产生的两极石核和两极石片在全部石制品中占有很大比重，并构成北京人文化的重要特色之一。据推断，北京人生活年代距今 71 万年至 23 万年。

山顶洞人

大约 1.8 万年前的旧石器时代晚期，北京周口店龙骨山上生活着晚期智人，他们被称作"山顶洞人"。山顶洞出土的动物化石中，林栖的食肉类很多，这表明当时北京一带的气候温和湿润。山顶洞人的模样和现代人没有多大的区别。他们能把石块敲打成石斧、石刀、石锤，并且懂得磨制加工，使之更加锋利；运用磨制和钻孔技术把野兽的小骨制成骨针，还用兽骨兽牙、石珠蚌壳制成装饰品，佩戴在身上。除了以飞禽走兽为食，山顶洞人还采集植物食用。他们会用骨针把大片的树皮树叶连缀起来，围裹下肢御寒，脱离了赤身裸体的时代。考古还表明，山顶洞人已经发明了钻燧取火的人工取火技术。在山顶洞人文化遗址里还发现鲩鱼和鲤科鱼类的大胸椎和尾椎化石，说明山顶洞人已能捕捞水生动物，他们的生产活动范围已经扩大到了水域。

仰韶文化

仰韶文化是黄河流域影响最大的一种新石器时代文化，因为首次发现于河南渑池仰韶村，故称。经考古研究，仰韶文化以黄河中游为中心，北到长城沿线及河套地区，南达湖北，西至甘肃，东至河南东部。仰韶文化遗址中有大量的文化遗存，如陶器制造、纺织制衣、绘画雕塑、文字历法、宫室营建等，同文献中所记载的黄炎时代的创造发明相吻合。仰韶文化展现了中国母系氏族制度从繁荣到衰落时期的社会结构和文化成就，它以其广泛的分布、丰富的文化内容和延续 2000 年的历史进程成为中华民族原始文化的核心部分，可以看作华夏文明的源头。

母系氏族

原始社会，人们以血缘关系结成了亲族集团——氏族。最先是母系氏族，这一时期，女性在氏族公社中居于主导地位。一个母系氏族公社有一个共同的女祖先。由于全体成员只能确认各自的生母，所以成年的妇女一代一代地成为确定本氏族班辈世系的主体。成年的男子则分散到其他氏族寻求配偶，实行群婚。每个氏族公社内部，存在着按性别和年龄的不稳定分工。壮年男子担任打猎、捕鱼和保护集体安全等需要较大体力的事务，而采集食物、看守住地、烧烤食物、缝制衣物、养老育幼等繁重任务，都落在妇女的肩上。她们是氏族公社原始共产制经济的主持者，又对确定氏族的血亲关系起着主导作用。母系氏族公社经历了漫长的发展过程，在全盛时期普遍形成了人口较多、规模较大的长期定居的村落。

河姆渡文化

河姆渡文化是长江下游以南的一种较早的新石器时代母系氏族文化，因发现于浙江余姚的河姆渡，故名。河姆渡文化的社会经济是以稻作农业为主，兼营畜牧、采集和渔猎。在河姆渡文化遗址中发现了大量的稻谷、谷壳等遗存，分析结果认定其时间在 7000 年以前；还有其他大量动植物的遗存，这证明当时的社会经济已经比较活跃。这一时期人们的居住地已经形成大小各异的村落。在村落遗址中有许多房屋建筑基址，其建筑形式和结构与中原地区和长江中游地区发现的史前房屋有着明显的不同。其生活用具以陶器为主，陶盆上印有稻穗的图案，此外还有少量的木器。

父系氏族

母系氏族公社经历了全盛时期，社会生产力的发展日渐加速，男子在农业、畜牧业和手工业等主要的生产部门中逐渐占据主导地位，于是母权制自然过渡为父权制。父系氏族公社逐渐形成了。从此，以父权为中心的个体家庭成为与氏族对抗的力量，原始社会逐渐趋于解体。男子依靠经济上的优势，在社会生产和生活中占据了统治地位。他们必然要求按照男系计算世系、继承财产，母权制的婚姻秩序被打破了，原来对偶婚制下的从妻而居的传统，为一夫一妻制所取代。在一夫一妻制下，妇女的劳动局限在家庭之内，以家务劳动和家庭副业为主，女子在家庭经济中退居于从属地位。最初，这种小家庭依附于父系大家庭。生产进一步发展后，小家庭便有了更多的独立性和自主性。氏族社会走到了瓦解的边缘。

大汶口文化

大汶口文化年代约为公元前4300～前2500年，是中国新石器时代晚期的文化典型，其文化遗址最早发现于山东泰安市大汶口村，故名。大汶口文化的遗存十分丰富。经考古发现有墓葬、房址、窖坑等，墓葬以仰卧伸直葬为主，有普遍随葬獐牙的风习，有的还随葬猪头、猪骨以象征财富。出土生活用具主要有鼎、豆、壶、罐、钵、盘、杯等器皿，分为彩陶、红陶、白陶、灰陶、黑陶几种，特别是彩陶器皿，花纹精细匀称，几何形图案规整。生产工具有磨制精致的石斧、石锛、石凿和磨制骨器，骨针磨制十分精细，体现了极高的制作技术。大汶口文化的发现为山东地区的龙山文化找到了渊源，也是研究父系氏族时期社会状况的重要文化遗存。

炎帝

炎帝族和黄帝族是史前两个关系密切的大氏族部落。据古文献记载，炎帝又称"神农氏"，诞生于厉山，原居西北高原姜水流域，后到达中原地区。炎帝时代的主要贡献是原始农业和原始文化。炎帝开创了农业，带领部属从游牧生活转为农耕定居生活。炎帝遍尝百草，为人医病，是华夏中草药的第一位发现者和利用者。传说炎帝还发明了五弦琴、七弦琴。炎帝时代后期，炎帝部落曾与黄帝部落在阪泉发生大战。战败后两部落结成联盟，由黄帝率领在涿鹿大战南方九黎族，击败并擒杀其

炎帝像
炎帝和黄帝合称炎黄。中华民族自称炎黄子孙由此而来。

首领蚩尤。炎黄两部的结合成为中原各族的主干，所以炎帝与黄帝并称为中原各族的共同祖先，他们是中华民族的人文始祖。

黄帝

上古时期，在渭水的支流姬水一带形成了一个比较先进的部落，黄帝就是这个部落的首领。据《史记·五帝本纪》记载，黄帝是少典之子，姓公孙，又号轩辕。传说他有 25 个儿子，其中得到姓氏的有 12 个。黄帝时代有许多创造发明：在物质生活方面，造房屋，做舟车，制衣服，养蚕桑，发明弓箭；在精神文化方面，作甲子，调历法，造律吕，创造文字；等等。他曾率领部落打败黄河上游的炎帝部落和南方的蚩尤部落。后来炎帝部落和黄帝部落结成联盟，在黄河流域长期生活、繁衍。黄帝族经过与其他各族的相互交往与融合，到了西周末年形成了统一的华夏族。在后世人们的心目中，黄帝不仅是中华民族的始祖，也是中华文明的起源。

大禹治水

史前社会里，洪水泛滥成灾。炎黄时期，共工氏居地的 2/3 被洪水淹没；尧舜之时，洪水涨到了山腰，淹没了丘陵；到了禹的时候，十年九涝。共工氏治水采用填堵的办法，能够在小范围内暂时奏效，但不能根除水患，所以他遭到了失败。鲧沿用共工的老办法，也没有成效。大禹从前人的失败中总结经验教训，采用新的方法治理洪水。他利用自然地形，把高地筑高加固，把低地挖得更低，让水流顺畅地排出，同时选择适当的地方蓄水用于灌溉。这个办法以疏导为主，把治水患和兴水利结合起来，取得了很大的成功。大禹有顽强奋斗、公而忘私的精神，他治水时在外 13 年，以身示范，辛苦劳作，三过家门而不入。这种艰苦奋斗的精神受到了后世的高度赞扬。

夏朝的兴亡

夏朝（约公元前 2070～前 1600 年）是中国历史上的第一个朝代，从禹开始，到最后一代君主桀为止，一共 17 代君主，历时四五百年。相传舜把天下禅让给禹，禹即位后，立国号为夏。禹死后，他的儿子启破坏了禅让制，自己当上了君主。夏启死后，其子太康即位，以后仲康、相、少康、予等相继即位，国家相对稳定。从第 14 位君王孔甲起，社会矛盾尖锐起来。最后一位君王桀十分残暴。他为了一己私欲，不惜发动战争去攻伐别国；他修筑倾宫和瑶台寻欢作乐，耗尽了国家的财力；他还杀掉了向他进谏的关龙逢。在夏朝国内矛盾尖锐的情况之下，商汤举兵伐桀，夏桀兵败而死，夏朝也随之灭亡。

商汤建国

商族很早就兴起在东方，这一部族包括许多氏族部落，如殷氏、来氏、宋氏、空桐氏等。夏朝末年朝政废弛、民心丧尽的时候，也正是商族势力不断扩大的良好时机，商族优秀的部族首领汤首先灭掉了葛，接着又消灭了韦、顾、昆吾等小国，最后灭掉了夏，建立了商朝（公元前 1600～前 1046 年）。灭掉夏朝后，汤及时地把注意力转移到发展生产方面来，他向各氏族的首领发布命令，要他们致力于民功，商的政权很快地稳定了下来。商朝的中心地区位于现在的河南东北部、山东西南部和河北南部，其国家的疆域东至大海，西达陕西，北到河北，南及湖北，比夏朝的疆域扩大了很多。

盘庚迁殷

商汤建国以后，商朝出现了一段稳定发展的时期。后来因为王位继承的问题，发生了伊尹放太甲和九世之乱事件，王朝也几经起伏。从汤到第20位商王盘庚，商朝政权经历了三度衰落和四度复兴，政治中心经常转移。盘庚即位后，一些贵族大量掠夺和积聚钱财，致使贵族和平民的矛盾加剧，社会上也出现了贪图安逸享受的"惰农"，农业生产因此受到很大损失，整个社会动荡不安。为了摆脱朝政面临的困境，盘庚决定把都城从奄（今山东曲阜）迁到殷（今河南安阳），这里就成了商朝的统治中心，而且此后直到商朝灭亡，再没有迁移过都城。盘庚迁殷扭转了商中期一度出现的混乱局面，加强了商王室的统治，是商朝历史的转折点。这以后，商朝又称为殷朝。

周武王灭商

周武王姓姬名发，是周文王的儿子。文王死后，姬发以太子身份即位，任用太公、周公、召公等为大臣。第二年，武王会盟诸侯，观兵于孟津。当时灭商的条件还不成熟，所以周武王还师归周。随后几年，商纣王依然淫乱作恶，刚愎自用，诛杀贤臣，统治阶级内部以及整个社会的矛盾日趋激烈，整个国家面临着分崩离析的危险。纣王又派兵征伐东夷，将商朝军队的主力开到了东南前线，造成了后方的空虚。在这种有利的情况下，周武王联合各

路诸侯，率领兵车300乘、禁卫部队3000人和士卒4.5万人向商都进军。双方会战于牧野，商军士兵纷纷阵前倒戈起义。周朝大军长驱直入，进驻商都，商纣王登鹿台自焚。商朝宣告灭亡。周武王建国，迁都镐京，史称西周。

周公摄政

灭掉商朝的第二年，周武王病死，新君即位，是为周成王。由于成王年幼，武王的弟弟周公旦摄政称王。"摄政"的事引起了内部的争权斗争，管叔和蔡叔也乘机散布流言，煽动叛乱。周公派兵镇压，杀了管叔，放逐了蔡叔。这时候，武庚见有机可乘，勾结殷东部地区的徐淮夷，包括东夷各族一起反叛，图谋恢复殷商。周公亲自率师东征，攻克殷地，平定了叛乱，稳定了周王朝的统治。为了实现周武王的遗志，周公又于执政五年以大量殷朝遗民营造洛邑，经过两年时间，建成了东都成周，派成周八师驻守，并把商人强制迁来，以便监视。这里就成了周人控制东方的中心。到了第7年，周公见天下大局安定，便归政于成王，自己则留守成周。

分封制

周朝初年，统治者在征服了广大地区以后，派遣自己的亲戚和勋臣带着武装家臣和俘虏，到指定的地区去实施统治，这些地区就成为西周的属国，其统治者就称作诸侯。诸侯在他的封国内，又把大部分土地分封给属下的卿大夫作为"采邑"。卿大夫再把"采邑"的土地分封给属下的士作为"食地"。这就是西周的分封制。这一制度自周建国之始就开始施行，但是大规模的分封是在武王克商以后和周公摄

政期间。相传周初先后分封了 71 国，姬姓占 53 国，其中鲁、卫、晋、齐、燕等诸侯国最为重要。经过分封，西周的疆域比商代大有拓展，各方诸侯都以周天子为天下之主，形成了"封建亲戚，以藩屏周"的统治格局，在此基础上形成的王权相对前朝更为集中，这对巩固统治起到了积极的作用。

宗法制

宗法制最初是古代社会中凭借血缘关系对族人进行管辖和处置的制度，到了西周时期，它演变成为一种严密的政治制度。其核心内容是在维护父权的基础上进一步突出兄权，确保嫡长子对于世袭特权的继承权。按照宗法制的原则，区分"大宗"和"小宗"。周王自称是上天的"元子"，代表上天实施对于世间的统治。他既是政治上的共主，又是天下的"大宗"，其王位由嫡长子继承，世代保有"大宗"的地位，享有奉祀始祖的主祭权利。嫡长子的诸弟受封为诸侯，相对于周天子处于"小宗"的位置，但是在他自己的封国内，他又是"大宗"，他的地位也由嫡长子继承。往下，卿大夫和士的情况类此。依据任何人都必须敬祖尊宗的规定，国家就建立了以各级"宗子"为中心的宗法统治，形成了族权和政权的结合。

周礼

周代的社会道德规范统称为"礼"，在举行礼仪活动时，常常歌舞相伴。相传西周的礼乐是由周公制定的。周公对以前的礼乐进行了加工和改造，就成为"周礼"。周礼分为五礼：吉礼，用于各种祭祀活动；凶礼，用于丧葬和哀悼各种灾祸；宾礼，用于诸侯朝见天子；军礼，用于军事和相关的领域；嘉礼，用于各种吉庆的活动，包括饮食、婚冠、宴享、贺庆等。在《仪礼》中记载的具体的礼仪，则有士冠礼、士婚礼、乡饮酒礼、燕礼、聘礼、士丧礼等，名目极为繁细。周代的礼乐主要通行于士和士以上的贵族阶层，天子用以约束贵族的行为，明确他们之间的尊卑关系。对于下层人民而言，则以刑罚治之，礼乐是不适用的，所以说"刑不上大夫，礼不下庶人"。

井田制

井田制由原始氏族公社土地公有制发展演变而来，夏、商时就已开始实行。到了西周，井田制的发展趋于完备。井田是类似棋盘状的方块田，井田之间的界限是通过田间小路和水道来划分的。实行井田制的前提是土地国有，周王是土地的最高所有者，他凭借政治上的统治权力，把土地分封给诸侯、卿大夫等各级贵族。各级贵族又是他们统治区域内土地的所有者。但是土地是奴隶主国家所有，还不属于个别奴隶主私有，因此不能随便买卖。井田的经营方式有公田和私田两种，"公田"是原始公有土地的残存，平民通过在公田上集体耕作的方式，向国家承担交纳赋税的义务，公田上的产品，全部归贵族所有；"私田"则是公社农民的份地，需要定期重新分配，其产品一般归公社农民所有。

春秋·战国

春秋五霸

东周分为春秋和战国两个时期。春秋（公元前770～前476年）是我国奴隶社会的瓦解时期，周天子的权威一落千丈，各诸侯国不断进行战争，争当霸主。先后起来争霸的有齐桓公、宋襄公、晋文公、秦穆公、楚庄王，历史上称为"春秋五霸"。齐国在山东北部，经济富庶，是东方的一个大国。齐桓公任用管仲为相，积极改革内政，发展生产；同时改革军制，组成强大的常备军，以"尊王攘夷"为号召，扩充疆界，发展齐国势力。公元前7世纪中期，齐桓公召集诸侯在葵丘会盟，齐桓公成为春秋时期第一个霸主。晋文公注重发展生产，整顿内政，训练军队，晋国很快成为北方的一大强国，晋文公成为中原霸主。后来晋楚争霸持续了百余年，最后楚庄王打败晋军，做了中原霸主。晋国称霸的时候，西部的秦国也强大起来。秦穆公向西吞并十几个小国，在函谷关以西一带称霸。

晋楚城濮之战

城濮之战发生于公元前632年，它是春秋时期晋、楚两国为争夺中原霸权而进行的第一次战略决战。齐桓公死后，齐国霸业中衰，楚国乘机向中原扩展势力，与晋国产生了尖锐的矛盾。公元前634年，鲁国因和曹、卫两国结盟，几度遭到齐国的进攻，便向楚国请求援助。而被迫屈服于楚的宋国转而依附晋国。楚国为了维持自己在中原的优势地位，便出兵攻打齐、宋；晋国以救宋为名，出兵中原。晋文公在公元前632年初率军渡过黄河，攻打曹、卫小国，以诱楚军。楚军不为所动，依然全力攻宋。晋文公施用"退避三舍"的妙计，最后双方在城濮展开了一场大规模的车战。楚军在实力上占有优势，但是由于晋军善于"伐谋""伐交"，并在战役指导上采取了扬长避短、后发制人的正确方针，最终击败了楚军，雄霸中原。

秦晋崤之战

春秋时，秦国处于西部，立国较晚。秦穆公即位时，秦国已经强大起来，图谋东进，力图在中原地区建立霸权，但是遇到了晋国的阻挡。公元前628年，秦穆公得知郑、晋两国国君新丧，不听大臣劝阻，执意要越过晋境偷袭郑国。十二月，秦派孟明视等率军出袭郑国，次年春越过晋国南境，抵达滑。郑国商人弦高与秦军途中相遇，机警的弦高一面冒充郑国使者犒劳秦军，一面派人回国报警。孟明视以为郑国有备，于是决定返回。晋国派大将先轸率军秘密赶至崤山，并联络当地姜戎埋伏于隘道两侧。秦军在回师途中遭到晋军和姜戎的夹击，身陷隘道，进退不能，全部被歼灭，三位大将被俘。第二年秦穆公亲率大军渡河焚舟要与晋军决战，晋军避而不出。秦穆公到了崤之战的战场，祭奠阵亡的将士，然后回师。

弭兵之会

春秋时期，旷日持久的争霸战争带来普遍的灾难。对于夹在大国之间的中小国家来说，灾难最为严重，因此他们不遗余力地倡导"弭兵"。春秋时共有两次"弭兵之会"，都是宋国倡导的。公元前579年，宋国大夫华元倡导的第一次弭兵运动促成了晋楚两国暂时休兵罢战。3年之后鄢陵之战爆发，宋国大夫向戎成第二次倡导弭兵，得到晋楚的赞同。公元前546年，"弭兵会议"在宋国都城商丘召开，晋、楚、齐、秦、鲁、卫、郑、宋、陈、蔡、许、曹、邾、滕一共14个国家参加会议，会议规定，晋的盟国朝楚，楚的盟国朝晋，双方的盟国同时承认晋、楚两国的霸主地位，齐、秦两国则与晋、楚平起平坐。这样，延续了100多年的春秋中期的大国争霸战争，终于以休战而结束。

吴越争霸

春秋中期晋楚争霸时，吴的国力也日渐强大。吴王阖闾采纳楚国逃亡之臣伍子胥的建议，向楚国发动了连续的进攻，五战五胜。公元前496年，越王勾践即位，吴王阖闾攻打越国，结果大败，阖闾受伤而死。其子夫差继位，立志要为父复仇。

公元前493年，吴国打败了越国，越国宣告投降。吴国乘胜北上征服中原诸国，俨然以霸主自居。越国降吴以后，越王勾践卧薪尝胆，进行了长期的复仇准备工作。公元前482年，吴国北上会盟，内部空虚，越国乘机大举伐吴，经过近10年的激烈战争，最终打败了吴国，吴王夫差自杀，越国也北上会盟诸侯，号称霸主。吴越争霸已经是春秋争霸的尾声，战国七雄混战的局面即将来临。

礼崩乐坏

春秋时期，随着宗族政治的日趋解体，传统的礼乐制度也难以继续维持，出现了"礼崩乐坏"的局面。在各国的政治斗争中，以下犯上的夺权事件层出不穷，不遵循旧有礼制的现象也经常发生。一些从诸侯手中夺取了政权的卿大夫，不仅僭用诸侯之礼，甚至也僭用天子的礼制。有鉴于此，孔子继周公之后对于礼乐制度进行了再次加工和改造，努力要将社会重新纳入礼乐的规范，但是他的理想并没有实现。历史进入了战国时代，社会变革的加速使传统的礼乐制度被彻底破坏。各国纷纷进行变法运动，法律制度普遍建立，从而取代了礼乐的地位，成为维护新的政治秩序的工具。此时残存的礼乐，已经流于形式，名存实亡了。

三家分晋

早在春秋初年，晋国公室内部为了争夺君权而产生了尖锐的矛盾。在相互的斗争中，公室宗族的势力逐步衰弱，公族以外的异姓宗族登上了政治舞台，进而掌握了晋国的军政大权，成为参与国家政事的卿大夫。到了春秋晚期，这些卿大夫各自扩大自己的政治势力，互相兼并，结果剩下韩、赵、魏、范氏、中行氏、智氏6家。范氏和中行氏后来在战争中失败，其地被瓜分。最后就只留韩、赵、魏、智氏四家。公元前453年，智伯割了韩、魏的土地，又胁迫韩、魏攻赵，相约灭赵后三分赵地。智伯将要攻破赵城的时候，赵派人说服韩、魏，三家一起灭了智氏，三分其地。三家分晋的局面基本形成。公元前403年，韩、赵、魏接受了周天子的赐命，三国才正式成为诸侯国。

三家分晋示意图

战国七雄

战国（公元前475～前221年）时期，各诸侯国之间的战争接连不断，呈现出天下大乱的形势。这一时期，北起长城，南达长江流域，先后出现了齐、楚、燕、韩、赵、魏、秦7个大国。这7个大国为了扩张自己的势力，一面在本国实行变法改革以图强，一面相互混战，互相兼并。首先是魏国独占中原。后来，魏国逐渐衰弱，齐国和秦国成为东西对峙的两个霸主。公元前298年，齐、韩、魏、赵、中山五国联军攻入函谷关。秦国被迫退还夺去的韩、魏的一些地方。齐国成为关东各国的盟主。公元前286年，秦国联合了燕、楚、韩、赵、魏等国共同伐齐，削弱了齐国，开始向东方大发展。从公元前231年开始，秦国开始了统一全国的战争，于公元前221年吞并六国，统一了中国。

商鞅变法

商鞅（约公元前390～前338年），战国时卫国人，原名卫鞅。在秦孝公下令求贤时来到秦国。他先后两次实施变法。变法的主要内容有：一、废井田，开阡陌，允许土地买卖。二、重农抑商，奖励耕织。三、统一度量衡，颁布度量衡的标准器。四、奖励军功，废除世卿世禄制。贵族中凡没有立军功的人不得入贵族籍，不得授予军功爵。五、"燔烧诗书，明法令"，并申明"刑无等级"。六、设计什伍连坐法。编户籍，五家为一伍，十家为一什，奖励对"奸"告密，知而不告者处以腰斩，告密则可与斩敌同赏。七、革除戎狄旧俗，禁止父子、兄弟同室居住。在秦孝公的支持下，变法得到了强有力的推行，秦国因此而国富兵强，奠定了秦始皇统一中国的基础。

合纵连横

战国时期，由于各国力量不断发生变化，为了壮大自己或是兼并他国，各个国家都在寻找自己的盟友，于是在外交和军事方面就产生了合纵连横的斗争。所谓"合纵"，就是几个弱小国家联合起来抵抗一个强大的国家，以防止强国的兼并，这个强国在最初或秦或齐，到了战国后期则专指秦国。所谓"连横"，就是以一个大国为中心，利用各国之间的矛盾，联合一些弱国去进攻另一些弱国，以达到兼并他国的目的，这个大国到了战国后期也主要指秦。张仪是连横政策的倡导者，苏秦则是合纵家的代表人物。当时，各国为了自身的利益，时而加入"合纵"，时而加入"连横"，反复无常。通过一系列合纵连横的过程，齐和秦成了最为强大的两个国家。后来齐国逐渐削弱，秦国一家独大。

胡服骑射

战国时期，赵国处于北方，邻近胡人部落。这些部落和赵国常有小的掠夺战斗。由于胡人都是身穿短衣长裤，骑马射箭，迅速敏捷。赵国军队为步兵和兵车混合编制，官兵都身穿长袍，甲胄笨重，交战中常处于不利地位。鉴于此，赵武灵王于公元前302年开始改革，下令在全国改穿胡人的服装。他的这种做法遇到了当时来自贵族们的巨大阻力。赵武灵王力排众议，在大臣肥义等人的支持下，推行改革。在胡服措施成功之后，赵武灵王接着训练骑兵队伍，练习骑马射箭，同时改变原来的军事装备。经过改革，赵国的国力逐渐强大起来，向北方开辟了上千里的疆域，成为当时的"七雄"之一。

邯郸之围

长平之战后，秦国于公元前259年乘胜包围了赵国的都城邯郸，历时两年未能攻下。赵国向诸侯求救，魏王派将军晋鄙率10万大军援赵，但是惧怕秦国的战争威胁而中途不敢前进。公元前257年，魏国的公子信陵君无忌为了救赵，想方设法盗出魏王调兵的虎符，到晋鄙军中假传王命，夺得兵权，挑选了8万精兵，驰援救赵。魏军和邯郸城里的赵军两下夹攻，秦军大败，邯郸之围解除。由于秦国十分强大，这一次失利对于它的实力并没有根本的影响；赵国虽然暂时转危为安，但因长平一战损失太大，一蹶不振，从此无力与秦国争衡。

荆轲刺秦王

公元前228年，荆轲奉燕国太子丹之命刺杀秦王，以解亡国之危。到了秦国的朝堂上，荆轲捧着装了樊於期头颅的木匣上去，献给秦王政。秦王政打开木匣，里面果然装着樊於期的头颅。他又叫荆轲把地图拿来。荆轲把一卷地图慢慢打开，到地图全都打开时，荆轲事先藏在地图里的浸毒匕首就露了出来。荆轲连忙抓起匕首，左手拉住秦王政的袖子，右手持着匕首向秦王政的胸口刺去。秦王政使劲挣断了那只袖子，便往外跑。荆轲拿着匕首追了上来，秦王政一见跑不了，就绕着朝堂上的大铜柱子跑。荆轲紧紧地在后面追，两个人绕着柱子转起圈来。秦王政的医官急中生智，把手里的药袋向荆轲扔了过去。荆轲一闪身的工夫，秦王政往前一步，拔出宝剑，砍断了荆轲的右腿。这时候，武士一拥而上，杀死了荆轲。

秦·汉

秦灭六国

公元前246年，嬴政即秦王位，当时他才13岁，母后、相国吕不韦、大宦官嫪毐专权。公元前238年，秦王政亲政，他在消灭了国内敌对势力、掌握国家大权以后，任用李斯等人，积极筹划统一大业。李斯认为天下统一的趋势已经形成，秦国具备了一统天下的条件，建议秦王不要错过良机。这一见解很得嬴政的赏识，于是任命李斯为廷尉。从公元前230年到前221年，秦国进行了为期10年的统一战争，先后灭掉了韩、赵、燕、魏、楚、齐六国，结束了东周以来长期分裂和动乱的局面，统一了全中国，从此"海内为郡县，法令由一统"。秦王政自号"始皇帝"，在中国历史上建立了第一个统一的中央集权制度的封建国家。这是历史发展的必然趋势。

先秦历法

春秋时期是我国历法的初创时期。为了反映季节的变化，人们划定了二十四节气，把一年平均分为24等份，这对农业生产起着重要的指导作用。到了战国，各国相继确立历法，实行过黄帝、颛顼、夏、殷、周、鲁6种历法，其中的颛顼历是当时世界上最精确的历法。但是各国自行一套历法，国与国之间的交往就显得十分不便，因而又创立了岁星纪年法来统一纪年。战国中期，更创造出摄提格、单阏、执徐、大荒落、敦牂、协洽、涒滩、作噩、阉茂、大渊献、困敦、赤奋若12个太岁年名，同时又用十二时辰的名称来代替十二太岁的年名，其顺序依次为：寅、卯、辰、巳、午、未、申、酉、戌、亥、子、丑。

百家争鸣

春秋战国时期是由封建领主制向封建地主制过渡的时期，新旧阶级、阶层之间的斗争复杂而又激烈。代表各派政治力量的学者或思想家，都企图按照本阶级（层）或本集团的利益和要求，对宇宙、社会以及万事万物做出解释，或提出主张。他们著书立说，广收门徒，高谈阔论，互相辩难。这样，在思想领域里就出现了一个十分活跃的、后世十分少见的"百家争鸣"的局面。所谓"诸子百家"，主要有儒家、墨家、道家和法家，其次有阴阳家、杂家、名家、纵横家、兵家、小说家等。后人把小说家以外的九家称为"九流"。"三教九流"中九流的说法就是从这里来的。各家各派的文化思想，奠定了整个封建时代文化的基础，对中国古代文化有着非常深刻的影响。

儒家

在百家争鸣的局面中，儒家是一个主要的流派。它的创始人是孔子。孔子名丘，字仲尼，春秋后期鲁国人，中国古代伟大的思想家和教育家。他的理论的核心是"仁"，而体现仁的制度或行为的准则是"礼"。儒家学派在孔子以后发生分裂。到了战国中期孟子成为代表人物。孟子名轲，字子舆，是孔子嫡孙子思的弟子。孟子在40岁以前，主要活动是教书。此后他率车数十乘、侍从弟子数百人游说齐、魏等国。晚年回家著书立说。孟子宣扬"仁义"，提倡"仁政"，主张"法先王"。到了战国末年，荀子成了儒家的代表人物，他提出性恶论和君民舟水关系的观点，对孟子的学说有过激烈的批判，但他的思想不被后代儒生所重视。儒家思想经过汉代的"罢黜百家，独尊儒术"之后，成为几千年封建社会中的正统思想，是古代中国文化的精神所在。

墨家

战国时期，墨家学说与儒家学说处于同样显要的地位。墨家的创始人是墨翟，他当过工匠，会造车，也善于制作守城的器械和会飞的木鸟。墨子认为，世界上一切不合理的事情，都源于人与人的不相亲爱，因此提倡"兼爱"，力主"非攻"，认为当时各国之间进行的战争是最不正义的。墨子反对孔子提倡礼乐的主张，认为儒家倡导的那一套礼乐制度纯属劳民伤财，不利于生产和生活，人们应当"非乐"和"节葬"。在治国方面，墨子的主张主要有两点：一是尚贤。官无常贵，民无常贱，不管是什么人，只要有才能，就应该选拔出来做官，管理国家事务。二是尚同。一个国家必须要有天子，来统一人们的思想，以防天下混乱。和其他各家的思想相比，墨子的思想代表着下层庶民的思想。

道家

道家和儒、墨两家的积极用世不同，其代表人物老子和庄子都是消极避世的隐者。老子是春秋时期楚国人，道家学派的创始人，著有《道德经》一书。他的理想社会是小国寡民，主张恢复到"邻国相望，鸡犬之声相闻，民至老死不相往来"的原始社会。庄子名周，战国时期宋国人。他的思想从老子发展而来。他认为"道"是先于天地而生的"非物"，是精神性的东西。他还认为，无论大小、长短、贵贱、美丑等，一切差别性都不存在，这实际上否定了事物具有质的规定性。基于此，他提出了"齐是非""齐万物"甚至"齐物我"的主张，宣扬"天地与我并生，而万物与我为一"，直接导致了不可知论。道家的思想对后世产生了深刻的影响，成为历代的士人们寻求解脱的精神武器。

法家

法家是先秦诸子中对法律最为重视的一派。其代表人物是战国时期韩国的韩非子。他是法家思想的集大成者。他把战国前期法家的法、术、势三家思想结合起来，建立起一套完整的法治思想体系。"法"是为维护统治秩序而公布于世的成文法，"术"是国君用以控制臣民的权术，"势"就是君主所掌握的统治百姓的权势。

韩非子认为这三者对于一个国家的统治来说是缺一不可的,而法是其中的根本。韩非子极力夸大法律的作用,强调用重刑来治理国家。他还提出了"法后王"的进步的历史观,认为统治者应该根据形势的变化而采取相应的应对措施。韩非子的这些思想,得到了秦王嬴政的赏识和采纳,为秦朝建立中央集权的封建国家提供了有效的理论依据。

统一度量衡、货币和文字

秦始皇为了尽快消除由于长期分裂割据所造成的地区差异,巩固国家统一,决定统一度量衡、货币和文字。他下令以商鞅时制定的度量衡为标准器,来统一全国的度量衡。度分寸、尺、丈;量分升、斗、斛;衡以十钱为一两,十六两为一斤,一百二十斤为一石。废止战国时各国通行的货币,改用黄金为上币,以镒为单位;以秦国原有的圆形方孔铜钱为下币,称为半两钱。秦始皇又命令丞相李斯等人负责统一文字,李斯等人以秦国的文字为基础,并参照六国原来的文字,制定小篆,作为官方文告的标准字体在全国推行。这些措施的实行,为经济和文化的发展提供了便利条件,促进了统一的封建国家的发展和繁荣。

焚书坑儒

秦始皇三十四年(公元前 213 年),博士淳于越在咸阳宫宴会上针对周青臣的阿谀颂德,提出了"师古"分封同姓王以为屏藩的建议。丞相李斯借题发挥,认为这是对朝政的批评,而这种批评的产生是由于学派分立,私学存在,与秦政的得失无关。他请求朝廷把天下所有的书都烧

焚书坑儒图

掉,只留下一些医药卜筮种树之类的书。秦始皇采纳了李斯的建议。第二年,为秦始皇寻求仙药的方士侯生、卢生相邀逃亡,并且散布一些诽谤的言论。秦始皇派人追查,方士儒生转相告发,株连咸阳城内 460 多人。这些人全部被坑杀。这就是"焚书坑儒"事件。这一事件是秦始皇的君主专制统治在思想文化领域内的进一步扩大。它的目的是统一思想、巩固皇权,却钳制了思想,摧残了文化,对后世的危害十分深远。

大泽乡起义

秦二世元年(公元前 209 年)七月,朝廷征发河南境内的贫苦农民 900 人到渔阳屯戍。适逢大雨,他们停留在了大泽乡,不能如期赶到渔阳戍地,按秦法"失期当斩"。为了死中求生,这一群农民在陈胜、吴广的领导下,在大泽乡举行起义,这是中国历史上第一次大规模

的农民起义。陈胜、吴广率领起义军，首先攻下了大泽乡和蕲县，接着向西北挺进，到达陈的时候，已经是一支拥有战车六七百乘、骑兵千余人、步兵数万人的强大队伍。起义军在这里建立了政权，国号张楚，陈胜自立为张楚王，吴广为假王。在他们的影响之下，许多郡县的农民杀掉当地的守令，响应起义，声势一度十分浩大。后来起义被秦将章邯所镇压。继之反秦的是项氏的楚军和刘邦的起义军。

巨鹿之战

秦二世二年（公元前208年），秦将章邯镇压了陈胜、吴广起义之后，继续进攻赵地的反秦武装。赵王歇及张耳退守巨鹿，被秦将王离所率的20万大军围困；章邯率军20万屯于巨鹿附近的棘原。楚怀王派宋玉为上将军，项羽、范增为将，率主力5万前往救援，同时派刘邦西进关中攻秦。宋玉行至安阳时停驻不前，意在坐观秦、赵相斗，以便从中渔利。项羽愤而杀死宋玉，楚怀王任命他为上将军领兵救赵。十二月，赵将陈余派5000人出战，全部阵亡。各路援军见此，皆作壁上观。项羽先派2万人马渡过漳水，断敌通道，然后下令全军破釜沉舟，每人只带三天的粮食，以示死战的决心。他亲自率领全部楚军渡过河水作战，楚军九战连捷，大败章邯，解了巨鹿之围。此后不久，章邯兵败投降，秦朝军队的主力灭亡。

楚汉相争

项羽歼灭秦军主力的同时，刘邦也向西进入关中到达了咸阳，秦王子婴向刘邦投降。刘邦废除了秦法，与民约法三章，深得民望。随后项羽也立即入关，进入咸阳后大肆烧杀抢掠。在诸王并立的既成局面之下，他自立为西楚霸王，分封各王，调整他们的封地。刘邦被封到巴蜀汉中地区为汉王，他于公元前206年三月，乘机重新进入了关中地区，接着率领兵马远袭彭城，然后在荥阳和成皋之间与项羽呈相持状态。刘邦知人善任，因势利导，而项羽则刚愎自用，逞匹夫之勇。公元前202年，双方经过多次的胜败反复后，刘邦把项羽围困在垓下，项羽兵败退到了乌江，自觉无颜见江东父老而自刎。同年二月刘邦即皇帝位，国号汉，定都长安，这就是西汉（公元前206～25年）。

汉初休养生息

秦末的连年战乱，使社会生产遭到极大的破坏。汉初君臣所面临的社会政治和经济局面十分艰难。农民大量脱离户籍流亡，人口锐减，市场混乱，物价奇高，国家府库空虚，财政困难；同时国内异姓王对中央政权形成很大威胁，北方匈奴也时时威胁着边境的安宁。针对这种种矛盾，刘邦君臣在铲除了异姓诸王、稳定边疆之后，把恢复农业生产、稳定社会生产生活秩序作为国家的首要任务，采取了一些重要的措施：一、兵士罢归家乡，免除一段时间的徭役。二、在战乱中聚保山泽的人各归本土，恢复故爵和田宅。三、由于饥荒自卖为奴婢的人，一律还为庶人。四、抑制商人，限制他们对农民土地的兼并。五、减轻田租，十五税一。这些政策的实行，使封建经济逐步得以恢复，汉初政权逐步地稳固下来。

白登之围

楚汉相争之际，北方的匈奴又强盛起来。其部族首领冒顿单于以 30 万精锐骑兵东败东胡，北服丁零，西逐大月氏，重新占据河套地区，直接威胁到西汉的统治。汉高祖七年（公元前 200 年），冒顿举兵南下，与叛汉的韩王信连兵围困晋阳。刘邦亲自率兵迎击，被匈奴骑兵包围在平城白登山达七天七夜之久，后来陈平用计买通了冒顿身边的人，汉军才得以从匈奴的包围圈中脱身。刘邦鉴于汉朝国力虚弱，一时没有力量再去征服匈奴，就采纳娄敬的建议，挑选了一位没有名号的宫女作为公主，嫁给单于作阏氏（王后），与匈奴和亲，每年馈赠絮缯酒食等礼物给匈奴，并且开放汉与匈奴之间的关市。汉与匈奴的关系暂时缓和下来了。

吕后称制

公元前 202 年，刘邦称帝，立吕雉为后。刘邦嫌太子刘盈柔弱，打算另立宠姬戚夫人之子赵王如意为太子，由于大臣反对和吕后设法为刘盈扶植辅翼而未能如愿。刘邦死后，太子刘盈继位，是为惠帝。吕后控制了朝政大权，后来她毒死赵王如意，害死戚夫人，对其他刘氏诸王大加迫害。惠帝不满吕后所为，忧郁病死，吕后临朝执政 8 年。她继续推行休养生息的政策，减田租，奖励农耕，放宽对商人的限制，又废除了一批严苛的刑律，这些措施促进了当时社会生产的发展。吕后死后，太尉周勃和丞相陈平等人迅速采取行动，消灭了吕氏集团，恢复了刘家的天下，代王刘恒被立为皇帝，这就是汉文帝。

文景之治

汉文帝、景帝统治时期（公元前 179～前 141 年），继续推行前代所实行的休养生息政策。文帝十分重视农业，多次告诫百官守令要劝课农桑。汉文帝十三年（公元前 167 年），朝廷下令免除田租，至景帝元年（公元前 156 年），恢复征收田租，但规定只为原来的一半，即三十税一，从此成为汉朝的定制。汉文帝还把丁男徭役减为 30 年征发一次，算赋也由每年一百二十钱减为四十钱。景帝又把秦时男子 17 岁傅籍给公家徭役的制度减为 20 岁始傅。这些重农的政策，促进了自耕农阶层的发展和农业的兴盛。汉文帝对秦代以来的严刑苛法也做了重大改革，废除了许多残酷的肉刑，景帝又减轻了笞刑。文、景两代 40 多年的时间，政治稳定，经济生产得到显著的发展，是封建社会中难得的盛世，历史上称作"文景之治"。

吴楚七国之乱

汉高祖刘邦在开国之初为了巩固统一政权，大封同姓王。到了汉文帝时期，这些同姓王日益暴露出分裂割据的倾向，对文帝表示轻蔑，对朝廷态度傲慢。他们自己制定法令，僭越礼仪，甚至公开举兵叛乱。文帝首先加强自己对于首都局势的控制，继而封诸皇子为王，以藩屏朝廷，并牵制东方诸国。公元前 157 年汉文帝死，景帝即位。当时吴国强横跋扈，御史大夫晁错上《削藩策》，景帝采纳了他的建议，削除了楚、赵、胶西三国的一些郡县，后又下令削吴王濞会稽等郡，由此激起了"吴楚七国之乱"。以吴王濞为首的叛乱诸王以"诛晁错，清君侧"为名，起兵反叛。景帝先是诛晁错以谢吴王，但吴王并不息兵，景帝于是决心派兵镇压。叛乱平定以后，景帝大力削藩，从此中央集权更加巩固，国家的统一显著增强。

罢黜百家独尊儒术

汉朝开国之初，统治者遵循黄老"无为"的思想制定政治和经济方面的政策。但是到了文、景时期，无为而治的思想给朝廷带来了许多弊端，统治秩序日趋混乱。变"无为"为"有为"已经成为新形势的要求。汉武帝建元元年（公元前140年），董仲舒提出，思想统一是政治统一的基础，建议朝廷把不属于六经和孔子之术的各家学说都加以排除。这在当时受到笃信黄老的太皇太后的反对。建元六年（公元前135年），太皇太后死，武帝起用好儒术的田蚡为相，他把不治儒家五经的博士官一律罢黜，排斥儒家以外的诸子百家之言，并且以优厚的礼节聘请了数百名儒生。这就是"罢黜百家，独尊儒术"。董仲舒在此基础上提出了新儒学，建议用儒家的纲常名教来维护封建统治。他的这种学说不仅被汉武帝所接受和大力提倡，而且成为此后2000多年封建社会的正统思想。

张骞通西域

西汉初年，匈奴的势力到达了西域，征服了这里的大小国家。汉武帝听说西迁至妫水流域的大月氏有报复匈奴的想法，于是在建元三年（公元前138年）派遣张骞率领100余人出陇西向西域出发。张骞在西行途中被匈奴抓住，扣留了10多年，后来他寻机逃脱，西越葱岭，经大宛、康居到达大月氏，过了1年多开始返还。归

张骞出使西域图
此为敦煌壁画图，表现的是汉武帝群臣到长安城外，为出使西域的张骞送行的情景。

途中经过羌中时，又被匈奴扣留了1年多。元朔三年（公元前126年）张骞同胡妻及仆从甘父回到长安。此次出使，获得了大量的前所未闻的西域资料，传播了汉朝的声威。元狩四年（公元前119年），张骞率300名随从，携带牛羊币帛无数，再度出使西域，同西域各个国家建立了友好的关系。从此，汉与西域的交通日益频繁，天山南北地区与中原地区连为了一体。

西域都护

汉武帝太初元年（公元前104年），李广利出征大宛并将其击败，西域的交通更加顺畅。西汉又在楼兰、轮台等地设校尉管理屯田，这是汉在西域最早设置的军事和行政机构，为后来设西域都护创造了条件。公元前68年，汉宣帝派侍郎郑吉屯田渠黎，和匈奴争夺车师，以护卫鄯善以西"南道"诸国的安全。公元前60年，匈奴日逐王归降汉朝，匈奴设置在西域的都尉从此撤销，匈奴对西域的控制也越来越弱。西汉王朝于是在西域设置西域都护府，并任命郑吉为首任都护，其官职相当于内地的郡守，下设副校尉、丞、司马等属吏。西域都护的设置，标志西域正式归

属中央政权，汉对西域有权册封国王，颁赐官吏印信，调军征粮；同时，西域都护的设置也保证了丝绸之路的畅通，加强了民族间的团结和经济文化交流。

察举制

汉武帝初年，儒生董仲舒提出了让列侯郡守二千石各自选择自己管辖范围内的贤者，每年选择两名向朝廷推荐。到了元光元年（公元前134年），汉武帝向全国下令，各郡国举孝、廉各一人，郡国岁举孝廉的察举制度就这样建立起来了。一开始，各郡国对中央要求举孝廉并不重视，有的郡根本不举荐一人。汉武帝规定了严厉的惩罚措施：二千石如果不举孝，就是不奉行诏令，应当以不敬论罪；不举廉，就是不胜任，应当免官。从此，孝廉一科成为士大夫的主要仕进途径，被推举的孝廉多数在郎署供职，然后由郎迁为尚书、侍中、侍御史，或外任县令长、丞尉，再迁为刺史、太守。武帝还令公卿、郡国不定期地举荐茂才、贤良方正、文学等，以从中选拔一些人才。

光武中兴

公元25年，刘秀建立东汉王朝，定都洛阳。刘秀就是汉光武帝。称帝之后，光武帝镇压和收编各地的农民起义队伍，削平割据势力，经过近10年的奋战，统一了全国。为了巩固统治，缓和社会矛盾，光武帝多次下令释放奴婢和禁止残害奴婢，减轻赋税，精简地方机构，惩治贪官污吏。光武帝先后九次下令释放奴婢和禁止残害奴婢。他废除了王莽时期的苛捐杂税，把田租从十税一降为三十税一。同时，撤并了400多个县，裁减州县官员数

万人。他还从严治吏，一共处死违法的高级官吏刺史和太守十多人。光武帝在位期间，政局渐趋稳定，经济状况明显好转，史称"光武中兴"。

班超通西域

王莽时期，西域与中原断绝了联系，分裂为诸多小国。东汉初年，匈奴的势力重新扩展到西域各国。汉明帝时期，东汉恢复西域都护，并派遣班超出使西域南道诸国，争取让这些小国断绝和匈奴的关系，同东汉一起抗拒匈奴。班超受命出使，先到达了鄯善国，攻杀了北匈奴的使者，使鄯善归附东汉。然后他西至于阗，迫使于阗王杀掉北匈奴的使者，归降汉朝。此后班超在西域苦心经营，与当地国家合力抗击匈奴。永元三年（公元91年），朝廷任命班超为西域都护，驻龟兹，并复置戊己校尉。永元六年（公元94年），焉耆等国归汉，西域又完全在东汉的统辖之下。班超在西域为政尚宽简，威信很高。班超通西域，恢复了西域同内地的联系，有利于西域各族人民同汉族人民的友好往来。

丝绸之路

西汉初年，河西走廊先后被西域的乌孙、月氏、匈奴所占据，汉与西方的交通受到了阻隔。张骞通西域以后，汉朝在从敦煌至盐泽的通道上修筑了很多的烽火亭障，以防止匈奴南侵。从此，汉朝的使节和商人源源不断地向西行进，大量的丝绸锦绣输入了西方；西域各国的奇珍异物也向东输入中国。这条路被称为"丝绸之路"。两汉时期的丝绸之路东起长安，经过河西走廊，到了敦煌后分为南北两道：

南道向西南出阳关至楼兰，然后沿塔克拉玛干沙漠的南缘西行，经鄯善、且末、于阗、莎车，越葱岭过大月氏、身毒、安息、条支，最后抵达大秦帝国（东罗马帝国）；北道向西北出玉门关，经楼兰沿孔雀河经渠犁、乌垒、轮台、龟兹、姑墨、疏勒，越葱岭过大宛、康居至安息（今伊朗），再西至大秦。丝绸之路的开辟，对加强东西的文化交流起了巨大的作用。

党锢之祸

东汉桓帝时期，在宦官专权的情况下，有一批较为正直的士大夫和太学生经常品评人物，批评朝政。李膺、陈蕃、王畅等人是当时的代表人物，其中以李膺的名望最高。李膺大力惩办不法宦官，为宦官所恨。延熹九年（公元 166 年），李膺杀掉了与宦官关系密切的术士张成，其弟子诬告李膺与太学生等结为朋党，诽讪朝政，败坏风俗。在宦官的怂恿之下，桓帝将李膺投狱，并下令大范围搜捕"党人"，共有几千人被牵连。第二年，这些人赦归田里，禁锢终身。这就是"党锢"。灵帝建宁元年（公元 168 年），又发生了一次党人与宦官的斗争，党人失败，遭到了更加残酷的迫害。直到黄巾起义发生以后，党人才被赦免。

黄巾大起义

东汉末年，统治集团十分腐朽，外戚宦官竞相压榨农民，豪强势力不断扩张，土地兼并非常严重。农民的处境日趋恶化，被迫奋起反抗。黄巾起义正是在此背景下展开的，起义的领袖张角，是太平道的首领，自称"大贤良师"。张角以传道和治病为名，在农民中宣扬教义，进行秘密的活动。他加紧部署起义，广泛传播"苍天已死，黄天当立，岁在甲子，天下大吉"的谶语。中平元年（公元 184 年），由于计划泄密，起义提前举行。以黄巾为标志的农民起义军在 7 州 28 郡同时俱起，攻城夺邑，取得了很大的胜利。黄巾军人众极多，遍布大江南北，声势浩大，京师震动。但是起义军组织涣散，各支力量未能协调配合。统治者采取集中兵力各个击破的策略，短短 9 个月黄巾军主力就被镇压了。这次起义瓦解了东汉政权，进而结束了极端黑暗的外戚宦官统治。

蔡伦改进造纸术

在纸张发明以前，人们是用甲骨、竹简和绢帛来进行书写的。西汉时期，宫廷中开始使用一种丝质的纸。同时民间也开始使用一些用麻类纤维制成的纸张。但是丝绵质的纸张成本太高，麻类纸张质量不好，不能满足社会文化生活迅速发展的需要。东汉和帝时期，宦官蔡伦总结了前人造纸的实践经验，改进了造纸方法。他把树皮、麻头、破布、旧渔网等进行一系列的处理，捣成浆液，然后制成纸张。元兴元年（公元 105 年），他选出制作质量较好的纸张进献给汉和帝，得到皇帝的称赞，天下称这种纸张为"蔡侯纸"。到晋朝时，造纸术又有了很大进步，纸张完全取代了简帛，成为主要的书写材料。

三国·两晋·南北朝

官渡之战

东汉末年，军阀割据，北方逐渐形成了袁绍和曹操两个强大的军事集团。袁绍占有幽、冀、青、并四州；曹操占有兖、豫二州，并在建安元年（公元196年）把汉献帝挟持到许，"挟天子以令诸侯"，双方都企图独霸天下。建安五年（公元200年），袁绍组织10万大军，进驻黎阳，发动了对曹操的进攻。曹操用以迎敌的军队仅有二三万人。袁绍分兵包围了屯驻白马的曹军，曹操以声东击西的战术，佯攻延津，引诱袁军主力前往增援，然后再以精锐突袭白马，斩颜良，诛文丑，大败袁军。初战获胜后，曹操退守官渡，两军对阵相峙。接着，曹操又派兵偷袭乌巢，焚烧袁军的粮草辎重，并乘袁绍军心动摇之际挥兵猛进，歼灭袁军7万余人。袁绍父子带着800残兵逃回北方。两年后袁绍忧愤而死。官渡之战为曹操统一北方奠定了坚实的基础，并为其在三国鼎立的局面中占据优势提供了有利条件。

赤壁之战

曹操打败袁绍统一北方后，企图一鼓作气，攻占长江流域，统一中国。建安十三年（公元208年），曹操亲自统率20万大军，号称80万，南征刘表，目的是先取荆州，并吞灭依附于刘表的刘备，然后沿江而下平定江东。刘表病死，其子降曹。刘备在当阳长坂坡被曹操打败，转至夏口，暂时摆脱曹军，随即派遣诸葛亮奔赴江东，联合孙权共同抗击曹操。孙刘联军与曹军在赤壁成对峙之势。曹军虽然在数量上占据优势，而士兵不服南方水土，不习水战，军中时疫流行。初次交锋，曹军失利，退回江北，令军士把战船连接起来以防颠簸。周瑜和诸葛亮确定了火攻之计，把曹军的战船连同江岸的营寨全部焚毁。曹军大乱，孙刘联军乘势出击，大败曹操。曹操收拾残存余部，退回北方。赤壁之战，直接决定了天下三分的大局。

赤壁旧址
在今湖北蒲圻赤壁。

曹魏概况

东汉延康元年（公元220年）一月，曹操死。同年十月，他的儿子曹丕代汉称帝，国号魏，定都洛阳，建元黄初。曹丕自为魏文帝，尊曹操为魏武帝。在三国之中，魏的实力最为强大。但是自建国不久，魏国政权就开始腐败。齐王芳在位时，就发生了辅政的宗室曹爽和太尉司马懿之间的权力之争。司马氏是东汉以来的世家大族，司马懿其人富于韬略，多有军功。正始十年（公元 249 年），他乘曹爽随侍齐王芳出洛阳城谒高平陵的机会发动了政变，处死了曹爽及其党羽，然后独揽朝政，这就是高平陵事件。后来，司马氏陆续镇压了国内的军事叛乱以及朝臣的反抗，巩固了司马家族的统治。公元 265 年，司马炎以接受禅让为名，代魏自立，国号晋，历史上称作西晋（公元 265～317 年）。

租调制

在实行屯田制的同时，曹操于建安九年（公元 204 年）在《收田租令》中颁布了新的租调制，规定的田租是每亩每年缴纳粟四升；户调是平均每户每年缴纳绢二匹、绵二斤，具体实行时根据民户的资产划分等差进行征收。这种征收实物的户调制，实际上自东汉后期以来就已经开始，曹操把它正式确定下来，并以此取代繁重的口赋和算赋。与东汉时相比，曹操推行的租调制在剥削量方面相对减少，自耕农的负担有所减轻，这对促进北方社会经济的恢复和发展起到了积极的作用，巩固了曹魏政权，使它在三国鼎立的局面中具有了实力上的优势。租调制也是中国古代赋税史上的一次重要变革，对后代的赋税制度产生了极其深远的影响。

九品中正制

曹丕称帝后，采纳了吏部尚书陈群的建议，创立了九品中正制。具体办法是，在州郡设立"中正"，由中央"贤有识鉴"的官员依照他们所属的籍贯兼任。中正的职责是考察本地的士人，根据他们的家世、德行和才能定为九品：上上、上中、上下、中上、中中、中下、下上、下中、下下，并写出评语上报朝廷。朝廷在选任官吏的时候，主要依据中正对士人评定的品级，授予相应的官职。九品中正制成为魏晋南北朝时期选任官吏的重要制度。它在实行的初期，体现了唯才是举的精神，选拔出了不少的人才。到了曹魏后期，在评定品级时越来越注重家世门第，这一制度逐渐转化成为世家大族维持特权的工具，并促使了门阀世族的形成和发展。

两晋兴衰

曹魏咸熙二年（公元 265 年），晋王司马炎夺取政权，建立了晋朝，先都洛阳，后又迁都长安，史称西晋。太康元年（公元 280 年）西晋灭吴，统一了中国，全国一共有冀、兖、豫、荆、徐、青、扬、幽等 19 个州，173 个郡国。西晋一共经历了 4 位皇帝。晋愍帝建兴四年（公元 316 年），匈奴刘氏灭西晋。建武元年（公元 317 年），琅玡王司马睿在江南称帝，都城建康，历史上称作东晋。东晋初年全国有扬、江、荆、湘等 11 个州，96 个郡。东晋一共经历了 11 位皇帝。晋恭帝元熙二年（公元 420 年），大臣刘裕在镇压了国内起义、平定了边境叛乱之后，篡位自立，东晋灭亡，历史进入了南北朝时期。

八王之乱

西晋太熙元年（公元 290 年），惠帝司马衷继位，由外戚杨骏辅政。权欲极强的皇后贾南风于元康元年（公元291年）矫诏诛杀了杨骏。杨骏死后朝政由汝南王司马亮和太保卫瓘主持，贾后又指使楚王司马玮杀掉二人，然后又以"擅杀"大臣的罪名处死了司马玮。永康元年（公元300年）贾后杀死了对她不满的太子司马遹。贾氏乱政滥杀引起了诸王和朝臣的怨恨，赵王司马伦以替太子报仇为名率兵入宫，鸩杀贾后并消灭其党羽，随即控制朝政，迁惠帝为太上皇，自称皇帝。第二年，齐王司马冏、成都王司马颖、河间王司马颙联合起兵讨伐司马伦。此后，这一场争权夺利的战争由京城波及地方，演变成为大规模的武装混战。直到光熙元年（公元306年）才宣告结束。八王之乱持续了16年之久，带来了深重的社会灾难。

五胡十六国

东晋在江南建国的时候，北方的黄河流域成为匈奴、羯、鲜卑、氐、羌5个主要游牧民族争杀的战场。这5个少数民族分别建立了自己的国家，相互争霸，不断有国家成立和灭亡。从公元304年匈奴贵族刘渊建立汉国到公元439年鲜卑族拓跋部统一北方，在这长达130多年的时间里，先后有前赵（匈奴）、后赵（羯）、前燕（鲜卑）、前凉（汉）、前秦（氐）、后秦（羌）、后燕（鲜卑）、西秦（鲜卑）、后凉（氐）、南凉（鲜卑）、西凉（汉）、北凉（匈奴）、南燕（鲜卑）、北燕（汉）、夏（匈奴）15个政权，连同西南地区氐族建立的成汉，一共十六国，历史上称之为"五胡十六国"。这十六国与东晋政权处于长期的对峙状态。

祖逖北伐

东晋建立以后，面对北方少数民族的割据，北伐中原光复故土就成为国家的急务。在这种背景之下，祖逖开始筹划北伐大计。祖逖（公元266～321年），范阳人，少有大志，历史上一直流传着他"闻鸡起舞"的佳话。祖逖亲见北方匈奴贵族对于中原人民的残暴统治，立志北伐，恢复中原。他向司马睿请求北伐。司马睿任命他为豫州刺史，给他一些粮饷。祖逖率部曲渡江，击楫中流，说："祖逖不能清中原而复济者，誓不再回江东！"祖逖北伐得到了中原人民的响应和支持，北伐队伍迅速扩大。祖逖身先士卒，不蓄私产，与将士同甘苦。北伐战争取得一定的成就，迫使"石勒不敢窥兵河南"。就在此时，东晋内乱将起，祖逖自知北伐无望成功，忧愤成疾，公元321年病死。祖逖死后，石勒又攻占河南，北伐失败。

祖逖像

淝水之战

前秦的苻坚在统一了北方之后，便图谋进攻东晋，吞并江南。前秦建元十八年（公元382年），苻坚不听群臣劝阻，积极筹划南伐。建元十九年（公元383年），苻坚亲率步兵60万、骑兵27万南下。东晋君臣得到战报，举朝惶恐，只有谢安从容镇定。他派遣谢石为征讨大都督，谢玄为前锋都督，领兵8万迎敌。两军在淝水隔河对峙。谢玄派人要求秦军把阵地稍稍后移，以便晋军渡水决战。苻坚企图趁晋军半渡淝水之时发动突然袭击，于是不顾部下劝阻，命令部队后撤，结果大军一撤而不可收，自身陷入了混乱之中。晋军乘势发起猛攻，秦军全线崩溃，自相践踏，死伤遍野。苻坚北逃到洛阳后收拾残部，仅余10多万人。秦晋淝水之战是东晋时期南北政权之间规模最大的一场统一战争，战后前秦的统治迅速瓦解，东晋则进一步稳定了它在南方的统治。

南朝

东晋末年，孙恩、卢循相继起兵反抗黑暗的统治。北府兵将领刘裕镇压了起义，之后他又北灭南燕、后秦，收复了洛阳、长安，威权日重。公元420年，刘裕废掉晋恭帝自立，改国号为宋，年号永初。这是南朝的开始。刘裕对国家的政治经济进行了若干改革，巩固了统治基础。后来刘宋和北方的北魏发生战争，国力大为削弱。不久，宋文帝刘义隆被长子所杀，诸子争位，骨肉相残。公元479年，刘宋将领萧道成乘机夺取帝位，改国号为齐，史称南齐。南齐末年，宗室互相残杀，造成内乱。公元502年，萧衍进兵建康，夺取帝位，改国号为梁，是为梁武帝。梁武帝晚年时发生"侯景之乱"，公元557年，平定叛乱有功的陈霸先代梁自立，国号为陈。公元589年，陈被新兴的隋朝所灭，南朝结束。

北朝

北朝（公元439～581年）与南朝相峙并存，包括北魏、东魏、西魏、北齐、北周5个王朝，历时142年。公元432年，鲜卑族出身的北魏太武帝拓跋焘继位，他先后灭掉黄河流域诸国，于公元439年统一了中国北方，结束了100多年北方十六国的分裂割据局面。北朝开始。北魏末年，统治薄弱。公元535年，北魏正式分裂为东魏和西魏，东魏为高欢所控制，政治中心在晋阳；西魏由宇文泰所控制，建都长安。公元547年，高欢死于晋阳，其子高洋掌握政权。公元550年，高洋取代了东魏皇帝，建立了北齐，都城于邺，高洋就是北齐文宣帝。公元557年，宇文觉废除西魏恭帝自立，建立了北周，是为北周的孝闵帝，都城长安。公元577年，北周灭掉了北齐。公元581年，北周外戚杨坚迫使皇帝禅位，自己当上了皇帝，建立了隋朝。北朝宣告结束。

北魏孝文帝改革

北魏孝文帝统治时期，在各种有利改革的形势下，孝文帝与冯太后共同推行了改革。改革的第一个阶段始于太和八年（公元484年），主要是变革政治经济制度；第二个阶段始于太和十八年（公元494年），着重变革鲜卑族的社会生活习俗。改革的主要内容有：一、整顿吏治，全面实行九品中正制和贡举制，选官任人注重才干。二、采纳赵郡汉族大族李安世的建议，颁布均田令。三、接受陇西汉族大族李冲的建议，废除宗主督护制，实行三长制。四、改变过去赋税征收的混乱状况，实行定额的租调制。五、迁都洛阳。六、禁胡服，断北语，改籍贯，改姓氏，定姓族，提倡胡汉通婚。七、改变官制和刑律。八、尊孔尊儒，兴复礼乐。改革加速了北方民族融合的历史进程，使他们由游牧经济迅速转变为以农业经济为主，北魏出现了空前的繁荣景象。

均田制

均田制是北魏孝文帝改革时采取的一项重要措施。孝文帝太和九年（公元485年）十月，均田令颁布施行。其内容包括：一、关于受田的种类和数量：规定编户齐民所受土地包括露田、桑田和麻田，奴婢和平民一样受露田和桑田，数量多少不等。二、关于土地的还受、买卖和继承：受田者年满70或死亡，露田交还国家，桑田则可以世代相传。三、土地紧缺地方的民户可以迁往地广人稀处受田，并有一定的优惠政策。四、各地官吏就近受给公田，刺史15顷，太守10亩，治中、别驾、县令、郡丞多少不等，离职时须移交下任，不得买卖。在当时的历史条件下，均田制并不能完全做到平均土地，但是它对土地兼并的现象起到了抑制作用，并以法律形式确认劳动者对于土地的占有权和使用权，是中国历史上比较完备的土地制度，有其历史的进步意义。

府兵制

西魏时，兵制发生了重大的变化，府兵制产生。宇文泰于大统八年（公元542年）设置六军，公元550年设立8个柱国大将军，直接领兵者为六柱国大将军，合于周礼上天子六军之制。六柱国大将军各督两个大将军，每个大将军督两个开府（府兵基层组织），每个开府各领一军，共24军。府兵制将练兵权和领兵权分离，以防止将领拥兵自重对抗朝廷。府兵不入民籍，另立军籍，兵士自备武器和粮食，平时在家生产，战时奉调出征，农闲时由兵府负责操练，训练严格，战斗力较强。这种兵制扩大了兵源，也从根本上减轻了国家的军事负担。府兵制经过北周、隋朝，到唐朝时还继续沿用。

北方民族大融合

三国两晋南北朝时期，北方出现了民族大融合的趋势。诸葛亮治蜀，用少数民族首领做官，鼓励少数民族发展经济，开发西南地区。东晋末年起，我国西北部的匈奴、鲜卑、羯、氐、羌等族陆续内迁，和汉族杂居。十六国时期，各民族人民在战乱中长期交往，互相影响，加速了民族融合。北魏统一黄河流域后，黄河流域出现了民族大融合。北魏孝文帝吸取汉族地主阶级的统治经验，进行改革，促进了北方民族的大融合。北方民族大融合，既是北方各少数民族封建化的过程，也是中华民族凝聚力不断增强的过程，为国家的再度统一创造了有利的条件。

隋·唐·五代

隋的建立

北周末年，统治集团四分五裂。杨忠是北朝显贵，西魏时为十二大将军之一，在北周时官至柱国大将军，封隋国公。杨坚（公元541～604年）继承了爵位，后来他的女儿又成为宣帝宇文赟的皇后，杨坚当上了大司马、上柱国，掌握了国家大权，在朝廷中的地位十分显要。大成元年（公元579年），北周宣帝传位于年仅7岁的儿子宇文阐，这就是周静帝。第二年五月，宣帝驾崩，静帝年幼，身为外戚的杨坚就以左大丞相、都督内外军事的名义把持朝政，先后平定了相州、郧州、益州发生的武装叛乱，进而消灭了宇文氏诸王，自己独霸朝纲。公元581年二月，杨坚废周自立，建立了隋朝（公元581～618年），这就是隋文帝。隋朝建立之后，进行了几次较大的战争，于隋开皇九年（公元589年）结束了长达270余年的分裂局面，重新统一了中国。

京杭大运河

为了加强对国家的控制，巩固统一的政权，隋朝在建国之始就陆续开凿了广通渠、山阳渎等人工水道。隋炀帝即位之后，从大业元年（公元605年）起，用了

6年时间，修凿了南起余杭，北达涿郡，西通洛阳的大运河。大业元年开凿通济渠，直接沟通黄河、汴水、淮河、长江四大水系。大业四年（公元608年）征发河北民工100余万，开凿永济渠，北通涿郡。大业六年（公元610年），在长江以南修江南河，南连余杭。大运河全长1747千米，贯通河北、山东、河南、安徽、江苏、浙江六省区，沟通了海河、黄河、淮河、长江、钱塘江五大河流，形成了西通关中，北连华北，南连太湖的水上交通网络，对加强南北交通联系和促进文化交流起到了不可低估的作用。

三征高句丽

隋朝开国之后，高句丽成为国家东北部最为严重的边患。自大业六年（公元610年）开始，隋炀帝就着手准备出征高句丽。国内造车造船，调集军队，都集中在进攻的基地东莱和涿郡。公元612年正月，隋炀帝集中水陆大军100多万人向高句丽的都城平壤进发。水军由右翊大将军来护儿统领，从东莱海口出发；炀帝则亲自统率陆军，从涿郡出发。陆军于六月抵达辽东，遇到高句丽军队的顽抗，推进受阻。宇文述所领的部队推进到距离平壤城只有30里的地方，因为军中补给不足，

隋炀帝杨广像

只得退回，在归途中遭到伏击惨败。来护儿的水军轻敌冒进，遭遇伏击，又听说宇文述兵败，就自动撤兵回国。第一次征高句丽宣告失败。此后，隋炀帝又分别于公元613年和公元614年连续两次出征高句丽，但都无功而返。公元668年，高句丽被唐所灭。

隋末农民起义

隋炀帝营建东京，修筑长城，开凿运河，虽然在历史上有一定的积极意义，但在当时却滥用了民力，使刚刚从长期战乱中解脱出来的百姓背上了更加沉重的负担。三次东征高句丽，更是给广大人民带来了一场灾难。大业七年（公元611年），河北、山东等地遭到了特大水灾，第二年又发生旱灾，加上兵役和劳役的严重压迫，农民起义首先在这里爆发。邹平县王薄于山东长白山起义，自称"知世郎"，他作了一首《无向辽东浪死歌》，号召人民起来反抗。刘霸道、孙安祖、窦建德、张金称、高士达等人也纷纷举起义旗。由

翟让领导的瓦岗军和杜伏威领导的起义军，声势最为浩大。在短短的一二年间，北至山西、河北，南至岭南，东到山东、江浙，西到河西走廊，大大小小的农民起义数以百计，敲响了隋王朝的丧钟。

玄武门之变

唐朝开国以后，统治阶级内部围绕着帝位继承的问题产生了深刻的矛盾。高祖李渊的三个儿子李建成、李世民、李元吉在征伐天下的过程中都有谋划统兵之功，同时各自形成了一定的私人势力。依据宗法制的原则"立嫡以长"，李建成被立为太子，但是李世民军功显赫，声望很高，对帝位也一直有着窥伺之心，李建成惧怕二弟争夺帝位，就联合四弟李元吉共谋对付。公元626年，李建成和李元吉密谋夺取李世民的兵权并一举消灭之。李世民在得知消息后，先发制人，乘李渊召见太子的时候抢先在皇宫北门玄武门埋下伏兵，杀死了哥哥和弟弟。玄武门之变后，李渊被迫立李世民为皇太子，不久就自称太上皇，让出了帝位。李世民即位，这就是唐太宗。

贞观之治

玄武门政变之后，李世民当上了皇帝，年号贞观（公元627～649年），他就是唐太宗。唐太宗吸取隋亡的教训，实行了很多开明的政策和利国利民的措施。政治方面，他知人善任，虚怀纳谏；在隋制的基础上，进一步完善了三省六部制，制定了唐律；加强皇权，打击门阀制度，大力提高寒门士人的地位，扩大统治的基础。在经济方面，轻徭薄赋，劝课农桑；继续推行前代实行的均田制，并多次减免

租税，兴修水利，促进生产发展。文化方面，兴科举，办学校，促进了教育的发展。民族关系方面，在华夷一体思想指导下，实行较开明的民族政策。贞观年间实行的这些统治措施，使唐朝政权得到了巩固，社会经济迅速恢复和发展，出现封建社会历史上少有的海晏河清的大好局面。后世把这一时期称为"贞观之治"。

三省六部制

三省六部制是自西汉以后形成的政治制度，到唐朝时这种制度趋于完善。国家中央机关主要由"三省"和"六部"构成。三省是最高的权力机关，分别是中书省、门下省、尚书省，各省长官是辅佐皇帝处理天下政事的最高官员。中书省负责掌管制令决策，门下省掌管封驳审议。所有的军国大事，必须由中书省拟定诏书，门下省审议复奏，然后交付尚书省颁布实行。各部门以及地方所呈的重要奏章，也必须通过尚书省交给门下省审定，然后由中书省呈请皇帝批阅。尚书省是一个执行机关，下统六部分别为吏部、户部、礼部、兵部、刑部、工部，各部下有 4 个属司，一共 24 司，负责处理全国的各类具体的行政事务。

租庸调制

唐朝初年，对田赋户籍制度进行了改进。唐高祖武德七年（公元 624 年），朝廷颁布了均田令，改进实行了前代的均田制。在此基础上，推行租庸调制。政府规定征敛赋役和原则是"务在宽简"，农民的主要负担是租庸调。具体规定是：每丁每年纳租粟二石；输调绢二丈，绵三两，或是输布二丈五尺，麻三斤；每年服徭役

20 天，如不应役则按每天三尺绢折纳，叫作输庸。凡是加役 15 天者，可以免调；加役 30 天者，租调全免，额外加役最多不能超过 30 天。租庸调制是统治者轻徭薄赋政策的具体体现，农民的负担比前代大为减轻，社会秩序日趋稳定，经济也随之繁荣。

科举制度

隋初，科举制度就已经开始，炀帝时走上了制度化的道路。到了唐朝，科举制度得到了进一步的完善，成为国家选拔人才的最重要的途径。唐代的科举考试分为制举和常举两类。前者是由皇帝亲自主持的不定期考试，科目一般是临时设置，常有贤良方正、直言极谏、博通坟典、详明政术、军谋宏远等科，官民均可应试，考中后有官者升迁，无官者入仕。后者是国家定期举行的考试，有秀才、明经、进士、明法、明书、明算、道举、童子等科，秀才和明经是常设科目。参加科举的人，必须检验其乡里名籍，刑家之子、商人、杂户、奴婢等无权应举。和九品中正制相比，科举制度在选拔人才方面照顾了庶族地主阶层的利益，它理顺了统治阶级的内部关系，扩大了统治的基础，促使封建官僚体制走向成熟。

开元通宝

从西汉武帝铸造五铢钱开始，五铢钱一直使用到唐初。唐武德四年（公元 621 年），朝廷宣布废除五铢，新铸开元通宝，从而结束了五铢钱 700 余年的流通史。开元通宝采用两、钱制，即一两等于十钱，等于一百分，等于一千厘。1 枚开元通宝重一钱，又叫一文，10 枚为一两。我国

的一两十钱制，即起源于此。唐钱以开元通宝为主，共铸行 200 多年。开元通宝为后世通宝、元宝之起源，其钱文、重量、行制均成为后世铸钱之楷模。唐武宗会昌五年（公元 845 年），扬州节度使李绅在钱背铸"昌"以记年号，各地纷纷加以仿效，在钱的背面铸上州郡的名称，这种钱币称作会昌开元通宝。开元通宝除铜钱外，还有金币和银币，但这两种币不用于流通，而是用于宫廷赏赐。

文成公主和亲

公元 7 世纪，吐蕃的首领松赞干布统一了青藏高原的众多部落，以逻些为首府建立了奴隶主政权。松赞干布多次派遣使者向唐王朝求婚。贞观十五年（公元 641 年），唐太宗把文成公主许嫁给他。文成公主入藏时，带去了许多手工业品、药物、诗文经史以及其他自然科学方面的书籍。后来松赞干布也多次派遣贵族子弟到内地学习中原地区的先进文化。在汉族先进的经济和文化的影响之下，吐蕃制定了历法，创造了文字。文成公主入藏和亲，促进了藏族经济和文化的发展，也加强了汉藏人民之间的友好关系，为民族的交往和融合做出了很大的贡献。

安西、北庭都护府

唐王朝统一全国之后，采取了积极措施，使西域与内地的联系进一步加强。唐太宗在公元 640 年攻破高昌以后，在高昌设立了安西都护府，负责管辖天山以南直至葱岭以西、阿姆河流域的广大地区。公元 702 年，武则天为了进一步巩固西北边疆，在庭州设立了北庭都护府，管辖天山以北包括阿尔泰山和巴尔喀什湖以西的广大地区。安西都护府管辖有著名的军事重镇"安西四镇"——龟兹、疏勒、于阗、碎叶；北庭都护府管辖下的驻军主要有瀚海军、伊吾军、天山军等。安西、北庭两个都护府既是唐朝在西域的最高行政管理机构，又是军事指挥机构。唐朝在西域有效地行使政治军事权力，任命各级官吏，统率边防守军，推行中央政令。这对巩固西北边防，维护国家统一，推进西域和内地以及中西文化交流，都有着重要的意义。

鉴真东渡

鉴真和尚（公元 688～763 年）是唐代著名的高僧，俗姓淳于，扬州人，精于佛教律宗。当时日本的佛教还不够完备，日僧荣叡和普照随遣唐使入唐邀请高僧到日本传授戒律，访求 10 年找到了鉴真。天宝元年（公元 742 年），鉴真不顾弟子的劝阻和地方官的阻挠，发愿东渡传法。前四次都未能成行，第五次漂流到了海南岛，荣叡病死，鉴真双目失明。但是他不改初衷，第六次搭乘日本遣唐使团的船只东渡，终于在天宝十三载（公元 754 年）到达日本，被日本人称为"过海大师""唐大和尚"。他在日本传播佛教和先进的唐文化，后来被日本天皇任命为大僧都，成为日本律宗的始祖。公元 763 年，鉴真在日本圆寂。他对中日文化交流做出了巨大贡献，1000 多年来一直受到日本人民的敬仰。

玄奘取经

玄奘（公元 602～664 年），俗姓陈，唐朝著名高僧。贞观三年（公元 629 年），玄奘奏请西行求法不被准允，乃私越国境，只身西行，历时 4 年，穿越西域大小百余国到达印度，潜心学佛。他在印度多次主持讲学和辩论会，以其渊博精深的学识震惊异邦。贞观十九年（公元 645 年），玄奘从印度回国，唐太宗在洛阳接见了他。他带回佛经 657 部，在国家资助下设立"译场"，专门从事佛经的翻译工作。他与门人窥基、辩机等一起，花了 19 年时间从事翻译，成为中国佛教史上著名的四大译经家之一。玄奘还创立了一个新的佛教门派——法相宗，被后世奉为该宗的一代宗师。

武则天称帝

唐高宗永徽六年（公元 655 年），原唐太宗才人武则天被高宗册封为皇后。由于唐高宗身体状况较差，武则天协助处理政事，天下称高宗和武后为"二圣"。弘道元年（公元 683 年），唐高宗病死，太子李显继位，是为中宗。两个月后，武则天废中宗，改立李旦为帝，是为睿宗，武则天临朝称制。光宅元年（公元 684 年），徐敬业在扬州起兵反对武则天临朝，被迅速平定；垂拱四年（公元 688 年），武则

武后步辇图

天加尊号"圣母神皇"，称"陛下"，李唐宗室琅玡王李冲、越王李贞等起兵反抗，也被镇压，随后李唐宗室相继被杀。天授元年（公元 690 年），武则天终于废掉了唐睿宗称帝，改国号周，建立起武周政权，中国历史上产生了唯一的一位女皇帝。武则天操纵国家大权近半个世纪，在政治上很有作为，但她任用酷吏，杀戮过重。神龙元年（公元 705 年），武则天病重，李唐王室和旧臣发动政变，拥立唐中宗复位，重建了唐朝。

开元盛世

公元 712 年，李隆基即位，是为唐玄宗。他在登基以后，针对当时朝政的弊端，进行了一些重大的改革。其主要内容有：一、整顿吏治，裁撤冗员，严格控制官吏的铨选。二、调整政府的机构设置，提高行政效率。三、采取措施消除阻碍农业发展的因素，推进农业生产。四、加强财政管理。五、整顿实封制度，限制食封贵族势力的发展。六、恢复道教的优先地位，压制佛教势力。由于这些切实可行的改革措施，唐代的社会经济在贞观之治的基础上，又有了更大的发展，社会经济空前繁荣，国力显著增强，几千年封建社会在这里达到了一个兴盛的顶峰。

安史之乱

开元天宝年间，天下承平日久，统治者耽于安乐，不理朝政，国事日趋糜烂。身兼范阳、河东、平卢三镇节度使的安禄山，深得唐玄宗的信任，手握重兵而心怀异志。公元 755 年，蓄谋已久的安禄山与其部将史思明以讨伐杨国忠为名，起兵反唐，"安史之乱"爆发。次年正月，安禄

山在洛阳称大燕皇帝；六月，潼关失守，长安危急，唐玄宗仓皇入蜀，在行至马嵬驿时，军士发生哗变，杀死了杨国忠，并逼迫唐玄宗缢死杨贵妃。太子李亨在灵武即位，任用郭子仪为将，并借用回纥兵力，全力平叛。公元757年，安禄山被其子安庆绪杀死。唐军乘机收复长安、洛阳等地。两年后史思明率13万人进攻，洛阳再度沦陷。公元762年，唐军再次收回洛阳。公元763年，历时8年的安史之乱终于平息。

藩镇割据

安史之乱以后，地方节度使的势力进一步膨胀，所据的藩镇俨然成为独立王国，而中央政府却无力控制。各藩镇中，势力最大为祸也最烈的是安史之乱的降将张忠志、田承嗣、李怀仙所治的成德、魏博、卢龙三镇。他们表面上尊奉朝廷，实际上各拥强兵，自任将吏，自收赋税。其职位也往往父死子继、兄终弟及，朝廷只能事后追认。此外重要的藩镇还有淄青、淮西、宣武、沧景等。藩镇割据使得唐朝后期的政局极为动荡不安。中央政府对藩镇进行了长期的斗争。唐宪宗元和十三年（公元818年），藩镇割据终于得到了控制和清除。唐王朝出现了"元和中兴"的暂时复兴局面。但仅仅两年后，唐宪宗被宦官杀死，藩镇相继恢复割据，一直延续到唐朝灭亡。

雕版印刷术

从纸张发明后到隋唐时代，纸质书籍的制作主要靠手写。随着社会文化的不断发展与进步，这种方式远远落后于客观的需求。隋末唐初，发明了雕版印刷术。到了唐代后期，雕版印刷术已经相当发达，被广泛应用于印制诗文、契约、日历、佛经、佛像等。敦煌千佛洞发现的雕印《金刚经》，印制于咸通九年（公元868年），是现存最早的印刷品，经书的扉页有释迦牟尼佛像一幅，全卷字体遒劲，墨色鲜明，表明当时雕刻和印刷的技术都已比较成熟。雕版印刷术的发明，大大促进了书籍的发展，为文化的传播奠定了基础。以后历代雕版印刷术一直盛行不衰，宋、元、明各代的雕版印刷，校、写、刻、印、各道工序都达到了相当高的水准，雕版印刷术达到新的高峰。

五代十国

唐末农民战争之后，到北宋建国之前，中国又陷入了分裂的状态。黄巢起义被镇压后的十余年间，北方形成了几个较大的武装集团。其中朱全忠集团在相互的争斗中占据了上风。天祐元年（公元904年），朱全忠用自己的亲兵取代了皇帝的禁军，同年八月杀死了唐昭宗，另立13岁的辉王李柷为唐哀帝。天祐四年（公元907年）朱全忠废唐自立，建立了梁朝，历史上称之为后梁。继后梁之后，黄河流域先后又建立过后唐、后晋、后汉、后周4个朝代，这就是五代。和五代大致同时，在南方还存在着十个割据政权，历史上称作"十国"。它们是吴、南唐、吴越、前蜀、后蜀、南汉、楚、闽、南平、北汉。五代十国的分裂状态持续了约60年的时间，到北宋时实现了统一。

宋·元·明·清

北宋建立

后周显德六年（公元 959 年），周世宗病死，恭帝继位，殿前都点检、归德军节度使赵匡胤掌握兵权。第二年（公元 960 年）元旦，朝廷接到边境谎报契丹和北汉发兵南下，匆忙派赵匡胤统兵北上。大军行至陈桥驿时，赵匡胤之弟赵匡义和幕僚赵普策划将士发动哗变，声称愿意奉赵匡胤为天子。赵匡胤故作辞让，将士们把一件黄袍加在赵匡胤的身上，拥立他为皇帝。赵匡胤随即带着大军回师开封，逼迫恭帝禅位，轻易地夺取了后周的政权，改国号为宋，建立了北宋王朝（公元 960～1127 年），史称"黄袍加身"。赵匡胤取后周而代之，引起地方势力的极大不满，昭义节度使李筠和淮南节度使李重进先后起兵，赵匡胤两次亲征，消灭了二李，也震慑了其他藩镇势力，巩固了新生的政权。

北宋城市经济的繁荣

北宋社会，由于手工业和商业的兴起和发展，带动了城市的发展和繁荣。唐朝时期，10 万户以上的大城市仅有 13 个，到了北宋中期，这个数字猛增到 46 个。都城开封总户数在 26 万以上，全国城市总人口超过百万。都城内作坊很多，街道两边的店铺、酒楼和各种各样的货行鳞次栉比，不下 6000 余家。此外还有定期的交易市场，比如相国寺、鼓扇百索市、巷陌杂市、乞巧市等。商品供应十分充足，有绸缎、绢帛、酒、茶、纸、书籍、水产品、牲畜、药材、金银器、铜铁器、珠宝等，还有来自外国的许多商品。城市有许多著名的游艺场所"勾栏瓦肆"，聚集了大批艺人，经常演出皮影戏、鼓子词、杂剧、诸宫调等节目。除了开封之外，扬州、成都、兴元、泉州、杭州等地也是当时十分发达的大城市。

庆历新政

宋仁宗时，由于对西夏战争的失利和向辽国输"纳"的增加给国家带来了沉重的负担，统治的危机迅速加深。要稳定统治，亟须进行改革。庆历三年（1043 年），范仲淹为相，他在富弼、韩琦和欧阳修等人支持下，提出了改革方案，内容涉及整顿官僚机构，改革吏治，富国强兵，取信于民等，历史上称作庆历新政。庆历新政以缓和阶级矛盾为主要目标，自然触动了官僚地主的利益，因此遭到了他们的强烈反对。范仲淹被诬陷专权结党而被迫请补外职，其他参与改革的人也相继罢官，实行仅仅一年多的新政措施被全部废除。新政宣告失败。社会危机依然没有解除。

辽国建立

辽国是契丹族建立的国家。契丹是辽河上游的一个游牧部族，唐太宗时归附中央，唐以其地建立松漠都督府，以其首领窟哥为都督，并赐姓李。公元901年，耶律阿保机被推为部落联盟的军事首领。公元907年，阿保机取得了部落首领的位置以后，以武力统一了契丹各部。公元916年，阿保机正式称帝，年号神册，国号契丹。公元938年，耶律德光继位，改国号为辽。其疆域东至于海，西至阿尔泰山，北至克鲁伦河，南至河北边境，占据了黄河流域以北的广大区域。其周边国家高丽、后晋、夏国都向其称臣。北宋建国以后，宋太祖为了收复燕云失地，和辽之间发生了高梁河之战，宋军失败。宋太宗又进行了雍熙北伐，亦以失败而告终。此后，辽对北宋黄河以北的地区进行了长期的侵扰。

狩猎图
描绘契丹人在草原上狩猎的情景。

王安石变法

宋神宗即位后，任用王安石（1021～1086年）为相，实行变法，以求解除严重的社会危机。1069年，中央设立"制置三司条例司"，作为制定新法的机构，相继制定了一系列的新法，对于经济、军事、教育几方面都提出了改革方案。财政经济方面，主要有农田水利法、方田均税法、青苗法、募役法、均输法、市易法。军政方面，主要有将兵法、保甲法、保马法及设置军器监。教育方面，兴学校，改科举。王安石变法收到了一定的预期效果，但是触动了大官僚、大地主的既得利益，引起了特权阶层的普遍反对，而且在具体实施过程中也因用人不当而对下层人民带来了更加沉重的负担，只因有皇帝的强力支持，变法才得以推行。宋神宗死后，司马光于1086年出任宰相，新法几乎全部废除，变法归于失败。

宋辽澶渊之盟

北宋景德元年（1004年），辽国皇太后和辽圣宗以收复瓦桥关南十县为名率兵南犯宋境。十一月，抵达重镇澶渊城北，直接威胁宋朝的都城东京开封。宰相寇准临危不乱，力请宋真宗亲征澶渊。宋军在澶渊前线射杀了辽军统军使萧挞凛，辽军士气受挫。宋真宗在寇准的催促之下登上澶州北城门楼以示督战，宋军士气大振。两军出现相互对峙的局面。辽军因为折将受挫，表示同意与宋议和。同年十二月，双方达成以下协议：一、宋辽各守疆界，互不侵犯，约为兄弟之国，辽帝称宋帝为兄，宋帝称辽帝为弟。二、宋朝每年给辽绢20万匹，银10万两，称为岁币。三、双方人户不得交侵，对于逃亡越界者，双方都要互相遣送。此后宋辽形成了长期并立的形势，两国之间不再有大的战事。

西夏建立

西夏是党项族建立的国家。党项族原处于青海的东南部和四川西北边区一带。公元635年，部族首领拓跋赤辞率部归附唐朝，被封为都督。唐末党项族协助镇压黄巢起义有功，被封为节度使，赐姓李，晋爵为夏国公，领有夏、银、绥、宥、静五州。宋初党项内部出现分裂，与宋朝也不时发生战争。1032年，李元昊继位为党项首领，他先后占领了东至黄河，西到玉门，南接固原，北及大漠的广大地区。1038年十月，李元昊正式称帝，国号大夏，定都于兴庆府（今银川市），因为它位于北宋王朝的西部，历史上称之为西夏。西夏仿照宋朝的政治制度建立起一套统治机构，也推行科举考试，同时仿照汉字创造了西夏文字。西夏建国以后，采取联辽攻宋的策略，多次对宋朝发动战争。1044年，宋夏达成和议，元昊取消帝号，对宋称臣，由宋册封为夏国王。西夏与宋之间的战争宣告停止。

金国建立

金国是女真族建立的一个国家。女真族居住在白山黑水之间的东北地区，隋唐时期称为靺鞨，五代时称为女真，臣属于辽国，辽国对女真的政治压迫和经济剥削都比较严重。1113年，完颜阿骨打继任女真部落联盟的首领，统一了女真各部。次年，阿骨打集结各部举兵反辽，在几次战役中获得了大量的兵器、马匹和战俘，大大充实了自己的兵力，进而建立起一支强大的军队。1115年正月，完颜阿骨打正式称帝，国号"大金"，取其坚实不衰之意。建国之后，金国与北宋联手对辽国

发动了猛烈的攻势，经过10年的战争，于1125年灭掉了辽国。此后，金军目标直指北宋，对北宋发动了战争。北宋的末日已为期不远。

靖康之变

北宋靖康元年（1126年），金兵分东、西两路南侵。十一月，两路金军渡过黄河，北宋军队望风而退，举朝惊惶，被迫答应了金朝以黄河为界的退兵条件。但是这也只不过是金军稳住北宋君臣、争取进军时间的诡计。此后两路金军陆续抵达汴京城下，城中宋军不过数万，京城危在旦夕，但城中军民的抗敌情绪十分高昂，请求作战的群众多达30万人。而宋钦宗却亲往金营议降，答应了金人提出的巨额勒索。靖康二年（1127年）钦宗再赴金营时被扣押。北宋朝廷严令禁止军民的武装抗金。二月，金军下令废除徽宗和钦宗二帝，北宋宣告灭亡。四月，金军掠夺了大量的财物，带着徽、钦二帝及宗室、大臣等3000多人撤离汴京北归。这就是"靖康之变"。

南宋建立

靖康之变后，金兵俘虏徽、钦二帝北还。宋徽宗第九个儿子康王赵构同年在河南商丘即位，改元建炎，他就是宋高宗。随后朝廷南迁至临安（杭州），南宋（1127～1279年）开始。南宋建国之初，高宗为了收买人心，起用抗战派李纲为相，进行抗金斗争；同时他又担心战争胜利后宋钦宗会回来和他争夺皇位，于是又任命了一大批投降派的官僚居于要职。因此，南宋抗金斗争中主战派与投降派之间的激烈斗争自南宋初年就开始了。以宋高

宗为首的妥协投降派对李纲的抗金斗争百般阻挠，李纲入相仅 75 天即被罢免。1129 年金军发动了对南宋的第三次战争，宋高宗一路狂奔逃到了海上。南宋军民群起而抗金，次年金军北退。宋高宗从海上回到了临安。1138 年，临安正式成为南宋的都城。此后，东起淮水、西到秦岭的宋金战线逐渐地稳定下来。

岳飞抗金

靖康之变以后，黄淮之间爆发了大规模的抗金斗争。岳飞（1103～1142 年）和抗金名将宗泽、韩世忠等一道，站在抗金斗争的最前线。1139 年金军发动大规模的战争，岳飞率领岳家军顽强反击，挺进中原。七月，岳飞和金兀术 1.5 万精锐骑兵发生激战，大败金兵，然后乘胜向朱仙镇进军。此次北伐中原，收复了颍昌、蔡州、陈州、郑州、郾城、朱仙镇，消灭了金军有生力量，南宋的抗金斗争发生了根本的转机。但是就在这关键时刻，宋高宗担心一旦中原收复，钦宗回国，他就难保皇位，因此与秦桧极力破坏抗战。他们首先令东西两线收兵，造成岳家军孤军突出的不利态势；然后以"孤军不可久留"为名，连下 12 道金牌令岳飞班师。为了避免孤军被灭，岳飞被迫回师。回到临安以后，岳飞被以"莫须有"的罪名杀害。岳飞精忠报国，不屈不挠地坚持抗金战争，是一位杰出的将领。

元朝建立

1258 年，蒙古国大汗蒙哥决定征伐南宋。他亲率大军 4 万进攻四川，以忽必烈为帅进攻鄂州，以镇守大理的兀良合台北上，意在三军会师鄂州，然后顺江而下

消灭南宋。1259 年，蒙哥汗在战争中受伤不治。忽必烈随后撤军回国夺取汗位。次年三月，忽必烈率军北行到了开平，接受诸王和大臣的"劝进"，即大汗位，以开平为都城。同时，阿里不哥也在漠北和林宣布自己为大汗。1264 年，阿里不哥汗向忽必烈投降。忽必烈改称开平为上都，燕京（今北京）为中都。1271 年，忽必烈改国号为大元，他就是元世祖。第二年，忽必烈改中都为大都，实现了元朝统治中心向汉地的转移。

文天祥抗元

忽必烈稳定了政权之后，大举进攻南宋。1276 年，元军占领了临安，宋恭帝被俘。临安陷落以后，文天祥、张世杰、陆秀夫等仍然率领军民坚持抗元斗争。同年五月，益王赵昰即位，改元景炎，他就是宋端宗。端宗任命文天祥为丞相兼知枢密院事。文天祥建议组织水军经海路收复两浙失地，被左丞相兼都督陈宜中否决，他只好以同都督的身份离开朝廷前往江西发动军民抗战。景炎二年（1277 年），文天祥率军反攻江西，先后收复了赣州、吉州的部分土地。次年四月，宋端宗死，赵昺即位，改元祥兴，移驻广东。文天祥收拾宋军残部，继续坚持战斗，直至兵败被俘。文天祥被押往大都以后，拒绝了忽烈的亲自劝降，于 1283 年从容就义。1279 年二月，宋元双方在海上展开会战，宋军大败，陆秀夫背着幼帝赵昺投海而死。南宋王朝的抗元力量被全部消灭。

行省制度

和以前各个朝代相比，元朝的疆域都更为辽阔，是当时世界上面积最大的国

家。为了进行有效的统治，元朝政府建立了行省制度。中央设中书省，作为全国最高的行政机构，大都及周围地区划归中书省直接管辖；其他地方，设置行中书省，简称行省或省，由中央政府委派官吏管辖，具体设置有岭北、辽阳、河南、陕西、四川、云南、甘肃、江浙、福建、江西、湖广等行省。澎湖和琉球（台湾），则在福建行省之下设置澎湖巡检司进行管辖。吐蕃（西藏）也正式成为元朝的一个行政区域，由宣政院负责管辖。行省以下的行政机构，分别是路、府、州、县。行省制度的建立，加强了中央对地方的管辖，对明清及以后的政治制度有着深远的影响。"省"作为我国的地方行政机构，一直保留到了今天。

马可·波罗来华

元世祖在位时期，中国是世界上最强大最富庶的国家，西方各国的使者、商人、旅行家纷纷慕名来中国观光，其中最有名的要数马可·波罗。马可·波罗在公元1275年到中国，他聪明伶俐，很快学会了蒙古语和汉语。元世祖十分赏识他，就派他到云南去办事。马可·波罗每到一处，都留心观察风俗人情。马可·波罗在中国整整住了17年，被元世祖派到许多地方视察，还经常出使国外。马可·波罗回国后，向人们讲述了东方和中国的情况。有一个名叫鲁思梯谦的作家，把马可·波罗讲述的事记录下来，编成《马可·波罗行纪》（又名《东方闻见录》）。在这本游记里，马可·波罗把中国的著名城市都做了详细的介绍，称颂中国的富庶和文明。这本书一出版，便激起了欧洲对中国文明的向往。从那以后，中国和欧洲、阿拉伯之间的来往更为密切。阿拉伯的天文学、数学、医学知识开始传到中国来；中国古代的三大发明——指南针、印刷术、火药，也传到了欧洲（中国的另一个大发明造纸术，传到欧洲要更早一些）。

红巾军大起义

元朝后期，以蒙古贵族为主的统治阶级，对各族特别是汉族人民的掠夺和奴役十分残酷。他们疯狂地兼并土地，大批农民沦为奴婢。官府横征暴敛，苛税名目繁多，全国税额比元初增加20倍。在这种情况下，韩山童、刘福通利用白莲教组织农民，于至正十一年（1351年）五月在颍州准备起义。消息泄露，遭到敌人包围，韩山童被害。刘福通率众突围，攻占颍州，起义正式爆发。起义军以红巾裹头，所以称作红巾军。红巾军连克亳州、项城、朱皋各州，声威大振。1355年，刘福通率军攻下亳州以后，立韩林儿为"小明王"，国号"大宋"，年号"龙凤"，建立了农民革命政权。1357年起，刘福通分兵三路北伐。但是由于北伐没有严密的战略部署和相对集中的统一指挥，而且没有巩固的根据地，所以进行得并不顺利，至1362年止，各路北伐大军被各个击破。1363年，刘福通遇难。红巾军起义逐渐被镇压下去。

活字印刷术

唐代发明雕版印刷以后，广泛应用于书籍印刷。人们在使用的过程中仍然感到不便。北宋仁宗时期，平民毕昇发明了活字印刷术，用胶泥刻成单个的字，印刷时排版，一版印完以后，拆版再印，字印可以重复使用，和雕版印刷相比，极为神速。活字印刷术的发明，大大提高了书籍的印刷速度，是印刷史上具有里程碑意义的事件。元代时，又发明了木活字和锡活字。清朝时期，由于政府的大力提倡，活字印刷有了更大的发展，逐步走向了普及。

火药的发明和使用

中国古代炼丹家在炼制丹药的过程中，常使用硝石、硫黄、雄黄和含碳物质等药料。这些物质如果混在一起加热，就可能发生猛烈的燃烧甚至爆炸现象。至少在中唐时期，炼丹家经过长期实践经验的总结，已经明确地认识到了这种现象。他们利用伏火法来炼制这些物质的混合物，并称之为"火药"。北宋初年，火药走出了炼丹家的丹房，被应用到军事领域，引起了军事科学的巨大变革。宋朝在与辽、金、元的战争中，使用了大量的火药武器。在宋末元初时，随着中外交通贸易的发展和元朝军队的远征，火药、火器相继传至南亚、西亚、阿拉伯和欧洲。

程朱理学

理学是宋元时期的官方统治思想。从北宋时起，理学家们继承唐朝韩愈的思想，重新整理儒家学说的传统，把儒、佛、道三家加以融合。北宋时理学的奠基人是周敦颐，其主要著作是《太极图说》和《通书》，在书中他主要阐述了自己的客观唯心主义宇宙观。他的学生程颢和程颐进一步发展了这种学说，初步建立了理学的客观唯心主义体系，他们的哲学最高范畴就是"理"，这是不以人的意志为转移的、不受时空限制的宇宙的本体，是自然界和人类社会的最高法则，能做到"明天理，去人欲"，自然就可以天下太平。南宋时，思想家朱熹发展了二程关于"理"的学说，建立起了庞大的理学体系。因为朱熹师承二程的学说，所以后代把他们所建立的这种哲学称为"程朱理学"。

宋代书法四大家

宋代是中国古代书法艺术的黄金时期。当时著名的书法家有苏轼、黄庭坚、米芾、蔡襄（一说为宋徽宗时奸臣蔡京）四人，合称为"四大家"。苏东坡的代表作有《天际乌云帖》《洞庭春色赋》《中山松醪赋》《寒食诗》《醉翁亭记》等；黄庭坚代表作有《松风阁》《苏轼寒食诗跋》《花气诗》《诸上座帖》等；米芾代表作有如《多景楼诗》《苕溪诗帖》《蜀素帖》等；蔡氏名作有《万安桥记》《颜真卿自书告身跋》。四大家在书法艺术上成就极高，真楷行草，变化万端。米芾还著有书法专论著作《书史》。

明朝建立

朱元璋（1328～1398年）于1352年参加了红巾军，1355年升任都元帅。第二年，他率大军攻占集庆（南京），改为应天府。朱元璋以应天府为根据地，迅速向皖南、两浙地区发展，陆续攻占常州、江阴、徽州、扬州、建德等地，进一步扩大自己的势力。他十分注意招揽人才，许多名士都投奔到他的麾下。1357年，攻占徽州以后，朱元璋采纳了谋士"高筑墙，广积粮，缓称王"的建议，注意巩固后方。至正二十三年（1363年）四月，朱元璋在鄱阳湖大败陈友谅。1364年正月，朱元璋接受部下"劝进"，即位称王。

1365 年，朱元璋对张士诚发动战争，次年九月俘虏了张士诚。1367 年，朱元璋派 25 万大军北伐，开始了灭亡元朝的计划。他在战斗檄文中提出了"驱逐胡虏，恢复中华"的口号。第二年正月，朱元璋在应天即位称帝，国号大明（1368～1644 年），建元洪武，他就是明太祖。同年八月攻占大都，元朝灭亡。然后又用了 20 年的时间，统一了全国。

靖难之役

明太祖在加强中央集权的同时，把他的 20 多个儿子分封为王，一部分授以兵权，节制诸路兵马，而且还规定，诸王有移文朝廷索取奸臣和举兵清君侧的"靖难"大权。这在客观上造成了诸王割据的局面。1398 年，朱元璋病逝，皇孙朱允炆即位，是为建文帝。建文帝及其诸大臣鉴于诸王势力太大，决定削藩。同年八月，拥有重兵的燕王朱棣不甘心被削权，援引祖训以进京诛杀奸臣为名，从北平起兵发动了"靖难"之役。建文帝先后派老将耿炳文和李景隆率兵，都被燕王打败。经过 4 年战争，朱棣攻破了南京，建文帝不知去向。朱棣夺取了政权，于 1403 年即皇帝位，年号永乐，他就是明成祖。

迁都北京

明朝建国之初，朱元璋以应天府（今南京）为京师，其四子朱棣为燕王，以北平为藩邸，负责抵御长城以北元军的进犯。靖难之役以后，朱棣即帝位，为了加强北部和东北部的边防，改北平为北京，并设立行在六部。永乐四年（1406 年），下诏在北京修建宫殿。1409 年以后，为了全力组织对蒙古军的进攻，明成祖长驻

北京，以太子驻守南京监国。到了永乐十八年（1420 年），北京的宫殿正式建成。当年九月，明成祖下诏宣布第二年改京师应天府为南京，而以北京为京师。永乐十九年（1421 年），明朝正式迁都北京。明朝两京制的格局形成，北京逐渐成为全国的政治、军事中心，既可以就近指挥长城一线的军事防御，又能加强对于东北地区的控制，巩固了明王朝的统一。

郑和下西洋

明朝初年，社会经济恢复发展，国力逐渐强盛。永乐、宣德年间，朝廷派遣郑和七下西洋，出使亚非 30 多个国家和地区，以炫耀"天朝大国"的富强，"宣德化而柔远人"。郑和（1371～1433 年）初名马三宝，12 岁时入宫为太监，又称作三宝太监。永乐三年（1405 年）六月，明成祖朱棣派郑和率领由 63 艘大船、27670 人组成的庞大船队，首次出使西洋。船队从苏州刘家港出发，沿福建海域南下，到了越南的南部，又经过爪哇、苏门答腊群岛，直达印度半岛西南端。永乐五年（1407 年）九月归国。此后，郑和又进行了 6 次航行，最远到达非洲东海岸肯尼亚的蒙巴萨。郑和船队的远洋航行，在太平洋和印度洋上纵横将近 30 年，开辟了多条新航线，是世界航海史上前所未有的壮举。

土木之变

明英宗正统年间，瓦剌部首领脱欢统一了蒙古高原。正统十四年（1449 年）七月，瓦剌大举攻明。明英宗在宦官王振的怂恿之下，没有做好任何战争准备，就率领 50 万大军亲征。大军出居庸关，过

怀来，至宣府。两军还没有交锋，镇守太监郭敬报告说蒙古军兵力强大，王振十分害怕，即怂恿明英宗撤军。在撤军的途中，他又想从其家乡蔚州回师，以显示自己的威风。后来又怕大军损坏其家乡的农田而中途变卦，行军路线屡变，将士劳苦不堪。明军行至土木堡时，被蒙古骑兵包围，明军仓促应战，死伤过半，王振死于乱军之中，明英宗被俘，军队的全部辎重骡马被蒙古军缴获。这就是"土木之变"。随后蒙古大军兵临北京，以于谦为首的主战派官员拥立英宗之弟即位，组织 20 万大军保卫京师。第二年蒙古放回了英宗，数年后，旧党发动夺门之变，拥立英宗复辟，于谦被害。

戚继光抗倭

明朝中叶以后，政治腐败，海防松弛。日本海盗经常出没于东南沿海，侵犯中国领土，抢劫商旅，杀害百姓，无恶不作。人们把这些以日本浪人为主的海盗称作"倭寇"。嘉靖年间，倭寇气焰十分嚣张，沿海人民深受其害。名将戚继光（1528～1587 年）奉命抗倭。他招募农民和矿徒组成新军，严明纪律，并配以精良的战船和兵械，精心训练。针对南方多湖泽的地形和倭寇作战的特点，他创造出了

抗倭图卷（局部）
此图卷描绘了倭寇船侵入浙江沿海，登陆、探察地形、掠夺放火，百姓避难，明军出战、获胜的全过程。这一部分反映的是明军与倭寇激战的情况。

"鸳鸯阵法"，即以 12 人为一队，长短兵器配合，灵活作战。嘉靖四十年（1561 年），戚继光在浙江台州九战九捷，大败倭寇。第二年，福建告急，戚继光率军入闽，在兴化、横屿等地给进犯的倭寇以歼灭性的打击。第三年，他又和另一位抗倭名将俞大猷合力清除了广东的倭寇。为害多年的东南倭寇之患最终平息。

张居正改革

明朝中叶，封建统治出现了严重的社会危机。万历元年（1573 年），明神宗朱翊钧即位，张居正与太监冯保合谋，排挤掉权臣高拱，自任首辅，掌握了朝政大权。他针对当时朝廷在政治、经济、军事方面的诸多弊端，进行了一系列的社会改革。政治上，他提出"尊主权，课吏职，信赏罚，一号令"，解决官僚阶层争权夺势、玩忽职守的腐败之风。军事上，他起用戚继光镇守蓟门，李成梁镇守辽东，又在北方长城上加修敌台 3000 多座，加强了北方的军备。其改革的主要内容，还是在经济方面。他陆续实施清通欠、省驿递、惩贪墨、省支出等措施。在此基础上，他开始改革赋役制度，推行"一条鞭法"：一、赋役合并，以丁田分担役银；二、田赋征银；三、赋役的征收解运由地方官吏直接办理，废除原来粮长、里长代征代解赋役的旧制。这是中国赋役制度史上继两税法之后的又一次重大改革。张居正的改革使社会矛盾趋于缓和，国家财政有所好转。

明朝援朝战争

明万历二十年（1592 年），日本发动了侵略朝鲜的战争，其战争意图是取得朝

鲜以后进而侵略中国。明朝政府深知日本的侵略意图，决定立即派兵援朝。宋应昌、李如松率军数万东渡鸭绿江。在朝鲜军民的配合之下，明军很快收复了平壤、开城、汉城。日本军队施用缓兵之计，遣使乞和以求卷土重来。万历二十五年（1597 年），丰臣秀吉派兵 40 万再犯朝鲜。明朝派都督陈璘和老将邓子龙率领水陆大军再次援助朝鲜，与朝鲜人民一道连败日军。第二年，丰臣秀吉死，日军军心不稳。邓子龙与朝鲜将军李舜臣在海上与日本海军展开激战，给日军以毁灭性的打击，邓、李两位杰出将领也壮烈牺牲。

釜山战斗图

李自成起义

明末天启、崇祯年间，陕北连年灾荒，农民纷纷起来反抗明朝的统治。天启六年（1626 年）以后，李自成聚集了 3 万人造反起义，崇祯三年（1630 年），他率领人马投靠闯王高迎祥，转战于陕西、山西、河南、湖北等地。崇祯七年（1634 年），高迎祥战败被杀，李自成被众人推举为闯王，经过连年的征战，到崇祯十三年（1640 年）时，部队发展到百万之众。

崇祯十四年（1641 年），起义军攻破洛阳，诛杀福王朱常洵，没收王府的金银和粮食，赈济灾民。此后，农民三次包围开封，连克项城、南阳、襄城、朱仙镇。崇祯十六年（1643 年），李自成被推举为顺天倡义大元帅，称新顺王。崇祯十七年（1644 年）二月，起义军兵分两路直指北京。三月十九日，大军攻占北京。崇祯皇帝自缢，明朝灭亡。由于起义军在胜利时丧失了警惕，明朝山海关守将吴三桂引清军入关。四月下旬，李自成率 20 余万大军迎战，失败后退回北京。随后放弃北京南下，经晋入陕。次年四月，在湖北通山的九宫山下为地主武装所围困，李自成牺牲，起义宣告失败。

清朝建立

公元 10 世纪后，世居东北地区的女真族建立金朝，灭辽伐宋。明朝女真族分为建州女真、海西女真和野人女真三大部，满族出自建州女真。明朝万历年间起，努尔哈赤用了几十年的时间，统一了女真各部。在部族统一战争中，努尔哈赤建立了八旗制度。明朝万历四十四年（1616 年），努尔哈赤在赫图阿拉称汗，建立了大金国，历史上称作后金。明天启元年（1621 年），后金打败了明朝军队的进攻，攻取了沈阳，5 年后把都城迁到了这里。努尔哈赤死后，皇太极势力最大，夺取了汗位，改女真族名为满洲，由皇太极和其兄代善、阿敏、莽古尔泰四大贝勒共同主持军政大计，进行了一系列的改革措施。1636 年，皇太极在盛京称帝，改国号为"清"，他就是清太宗。清朝（1616～1911 年）正式建立。

清军入关

1643年，皇太极死，其子福临即位，这就是清世祖顺治皇帝。由于福临年幼，由叔父睿亲王多尔衮辅政。崇祯十七年（1644年）四月，清军由摄政王多尔衮率领，倾巢南下。当时李自成的农民起义军已经攻入了北京，推翻明朝，崇祯皇帝自缢。辽东总兵吴三桂率精锐部队南下进入山海关，并拒绝了李自成的招降。山海关依山临海，形势险要，是兵家必争的战略要地。双方在山海关发生激战，吴三桂兵败在即。四月十五日，清朝大军行进至翁后（今辽宁阜新附近），接到镇守山海关的明朝辽东总兵吴三桂的"乞师"书，立刻向山海关进军。四月二十二日，清军疾驰至山海关，吴三桂引清军入关，正式投降了清朝。李自成寡不敌众，只好撤退。战略重地山海关大门洞开，清朝大军进入中原，取代了明朝对全国的统治。

八旗制度

努尔哈赤在统一女真各部的过程中，把原先的"牛录"（一种女真人从事军事和狩猎的小行动集体）改造成为"固山"（汉语"旗"的意思）。到1601年，他已经设立了黄、白、红、蓝四旗，1615年，正式建立了八旗制度。规定每300人立为一牛录，五牛录立一扎兰额真，五扎兰额真立一固山额真（旗）。同时又在旧有的黄、白、红、蓝四旗之外，增加镶黄、镶白、镶红、镶蓝四旗（即是在原来四种颜色的旗帜上镶上不同颜色的边缘，规定黄、白、蓝镶红边，红旗镶白边）。皇太极即位以后，又把归附的蒙古人和汉人编为蒙古八旗和汉军八旗。以后又将东北少数民族编入布特哈八旗。八旗制度在建立之初，兼有军事、行政和生产三方面的职能。后来受到中原文化的影响，把黄色作为皇帝的专用颜色，因此满族八旗正黄、镶黄两旗就成了天子亲自统率的两旗，顺治以后，加上正白旗，合称为上三旗，地位要高于另外的下五旗。

郑成功收复台湾

台湾岛自明朝天启四年（1624年）就遭到了荷兰和西班牙殖民者的入侵。清初的全国性的抗清斗争中，活跃在东南沿海的是郑成功（1624～1662年）所领导的"海上武装"。随着全国性抗清高潮的低落，郑成功准备渡海登台，寻求新的抗清根据地。顺治十八年（1661年）三月，郑成功率领2.5万名官兵，大小战船数百艘，从福建金门出发，经澎湖，抵达台湾西南沿海，在赤嵌城附近的禾寮港登陆，并率兵围攻赤嵌城。荷兰守军放弃赤嵌，退守台湾城负隅顽抗。郑成功切断了城内水源以及和外界的所有联系，同时派水师阻击荷兰的海上援军。8个月后，荷兰殖民者宣布投降。在遭受了38年的殖民统治之后，台湾又回到了祖国的怀抱。

郑成功像

军机处

清雍正七年（1729 年），为了紧急处理西北的军务，朝廷在紫禁城内的隆宗门内设立军机房，后来改称军机处，入职的官员称为军机大臣，由满汉大学士、各部尚书、侍郎、总督等官员奉皇帝特旨当差，均为兼职。军机处的性质是一个根据皇帝的旨意办事，协助皇帝处理政务的机要班子。它负责朝政文书的上传下达，对朝政大事提出处理意见奏报皇帝裁夺，审理皇帝交付的某些重大案件，等等。军机处拟定的谕旨，分为"明发"和"廷寄"两种，前者交由内阁、部、院下达，后者因为机要绝密，迅速直达地方督抚。军机处的设立，实际上是皇权进一步加强的表现，它使朝廷内阁的权力缩小，国家的一切政务都由皇帝一人乾纲独断，形成了绝对的君主专制的政治制度。

平定三藩

清军在入关的战争中，降清的明将屡立战功，受封为王。到康熙时，这些汉族武装实力大增。其中，平西王吴三桂镇守云南，靖南王耿精忠镇守福建，平南王尚可喜镇守广东，他们都远离京师，拥兵自重。康熙十二年（1673 年），朝廷下令撤藩。当年十一月，吴三桂就在云南起兵反叛，率兵迅速攻入湖南。第二年，靖南王耿精忠、平南王尚可喜之子尚之信也举兵反叛，广西和四川等地也群起响应。天下呈现出大乱之势。康熙皇帝根据具体的形势，制定了"打击首恶，剿抚兼施"的策略，对于东南、西北两个战场以抚为主，对西南腹地的吴三桂则予以坚决打击。康熙十五年（1676 年），西北叛军投降，东

南耿精忠随后也向清军乞降。第二年，尚之信也宣告降清。吴三桂穷途末路，不久死去。康熙二十年（1681 年），"三藩之乱"最后平定。

乌兰布通之战

清朝初年，居伊犁河谷的厄鲁特蒙古四部的准噶尔部最为强盛。其领袖噶尔丹战胜了其他部族，进兵青海，侵扰甘肃。康熙二十七年（1688 年），噶尔丹和俄国相配合，率兵 3 万由杭爱山东侵喀尔喀蒙古。喀尔喀蒙古向清政府求援。康熙二十九年（1690 年），皇帝御驾亲征噶尔丹。七月，康熙皇帝出塞，经古鲁富尔坚嘉浑噶山，进驻博洛和屯，命康亲王杰书率师进驻归化城（呼和浩特），以断噶尔丹归路；命简亲王雅布参赞军事；内大臣索额图、都统苏怒率所部绕至噶尔丹侧后；命阿密达、阿喇尼等速率兵分驻福全师所经道中以待，加强福全师兵力。噶尔丹率劲骑 2 万，屯兵于乌兰布通。清军分左、右两翼推进。经过多次恶战，大败噶尔丹。噶尔丹逃跑。

多伦会盟

为了加强长城以北的边防和对喀尔喀蒙古的管理，康熙三十年（1691 年）五月，康熙皇帝与内外蒙古各部贵族在多伦诺尔（今多伦）举行会盟。当时，乌兰布通战役刚刚结束。康熙亲自主持内外蒙古王公大会，包括土谢图汗、哲布尊丹巴呼图克图等都到会。康熙检阅了八旗兵，并在会上通过几项决定：一、喀尔喀蒙古必须遵行清朝的法令；二、赐给喀尔喀蒙古王公以汗、郡王、贝勒、贝子等爵号，取消原有的济农、诺颜等名号；三、在外蒙

古推广旗盟制度，在喀尔喀蒙古设立 35 旗。此次会盟，改善了喀尔喀蒙古各部与清之间的关系，也使清王朝对漠北地区的管辖得到加强，喀尔喀蒙古长期动荡的局面得到了稳定。

雅克萨自卫反击战

明清之际，由于东北边界兵力空虚，俄罗斯帝国乘机入侵。到清朝初年，沙俄势力已经到达黑龙江流域。顺治六年（1649 年），沙俄再度侵入黑龙江，占领了雅克萨城。在平定三藩之后，国内局势稳定下来，康熙皇帝决定对沙俄展开斗争。康熙二十二年（1683 年），清政府在瑷珲设立黑龙江将军，加强对于边防的控制。康熙二十四年（1685 年）正月，为了彻底消除沙俄侵略，康熙命都统彭春赴瑷珲，收复雅克萨。四月，清军约 3000 人在彭春统率下分水陆两路向雅克萨开进。清军于五月二十三日分水陆两路列营攻击雅克萨，陆师布阵于城南，战船集中于城东南，列大炮于城北。二十五日黎明，清军对雅克萨发动猛攻，沙俄侵略军伤亡惨重力不能支，宣告投降，请求清军放行，撤退至尼布楚。侵略军被迫撤离以后，贼心不死，图谋再犯。康熙二十六年（1687 年），在接到沙俄再犯的奏报以后，康熙皇帝即下令反击。侵略军被围困一年时间，近 1000 名士兵最后剩下 66 个。沙皇急忙向清朝求和，并派遣使者议定边界。雅克萨反击战结束。

《尼布楚议界条约》

17 世纪中叶起，沙俄开始侵入中国黑龙江流域，抢劫村庄，虐杀居民，策动地方归顺俄国。为了保境安民，康熙二十四年（1685 年），清军由水陆两路进攻雅克萨，打击了沙俄的侵略气焰。康熙二十八年（1689 年）中俄两国在尼布楚进行谈判，缔结了中俄《尼布楚议界条约》。条约分六款，明确规定了中俄两国的东段边界，从法律上肯定了黑龙江、乌苏里江流域的广大地区是中国的领土。俄国则将其侵占的一部分领土交还中国，同时把中国让予的贝加尔湖以东地区纳入它的版图。沙俄还获得重大的通商利益。《尼布楚议界条约》是一个平等条约，是双方经过平等谈判，并且在中国政府做了让步的基础上取得的结果。条约的订立维护了中国的领土完整，使中国东北边疆获得了比较长久的安宁。

《永乐大典》

明代编辑了大量的类书和丛书。《永乐大典》是其中类书的代表。它是明成祖时由大学士解缙主持编修的，历时 5 年，动用了 2000 多名各类学科的人才，最后才编修完成，明成祖亲自为其作序，定名为《永乐大典》。全书正文 22937 卷，近 4 亿字，装成 11095 册，是中国历史上最大的一部类书。内容涉及经、史、子、集、天文、地理各个领域，收入明代以前的图书近 8000 种，保留了大量古籍的原貌。由于卷帙浩繁，此书只另抄录了两本。原本藏在南京，抄本藏在北京。后来，由于保管不善，原本尽毁，抄本或毁或缺。1900 年八国联军侵入北京，《永乐大典》的大部分被烧毁，剩下的被掠夺到海外。现在国内仅余 250 册。

《本草纲目》

《本草纲目》是明代医药学方面的杰

出著作。作者李时珍（1518～1593年），湖广人，出身于行医世家，他本人也毕生以行医为业。在具体的医学实践中，他发现前代编定的《本草》存在着许多缺陷，对一些新的药物知识并没有很好地吸收，给临床应用带来很多困难。为此，他翻阅了800多种医药图书，然后到各处去进行实地考察研究，终于在1578年著成了《本草纲目》一书。全书52卷，190余万字，记载了近2000种药物，在前代的基础上新增药物近400种，并对每种药物的形状、气味、功效都做了详细说明，还附有1000多幅插图。书中收入约1.2万个药方，是前代同类著作的4倍。《本草纲目》是对中国古代医药学的一次全面总结，在药物学史上占有十分重要的地位。

《农政全书》

《农政全书》作者徐光启（1562～1633年），上海人，万历三十二年（1604年）进士，官至礼部尚书兼大学士。他是中国明代著名的科学家，对于天文、历法、水利、农桑、测量、物理等诸方面都有研究，著述丰硕。他和意大利传教士利玛窦过从甚密，接触到当时西方的先进科学技术，并将其传播到国内。《农政全书》共60卷，50余万字，分为农本、田制、水利、蚕桑等12个门类。书中保存了历代以来的农业科学资料，反映了当代深耕细作的农业生产水平，还体现了徐光启对于科学技术革新的思想，他反对传统的"风土论"，认为只要钻研选种和种植的技术，北方也可以种植水稻。《农政全书》是明代农学研究的代表性著作。

《古今图书集成》

清康熙年间，由陈梦雷主持，历时6年完成了类书《古今图书集成》的编纂工作。全书分为六大汇编，32典。一、历象汇编，包括乾象、岁功、历法、庶征四典；二、方舆汇编，包括坤舆、职方、山川、边裔四典；三、明伦汇编，包括皇极、宫闱、官常、家范、交谊、氏族、人事、闺媛八典；四、博物汇编，包括艺术、神异、禽虫、草木四典；五、理学汇编，包括经籍、学行、文学、字学四典；六、经济汇编，包括选举、铨衡、食货、礼仪、乐律、戎政、祥刑、考工八典。每典之下又分为若干部，一共6109部。部以下再细分部列目。全书共1万卷，装为5000册。全书的内容十分广博，几乎囊括当时社会的所有图书典籍，是我国现存最大的一部类书。

《四库全书》

《四库全书》是我国最大的一部丛书，编修于清朝乾隆年间，由纪昀、陆锡熊为总纂官，动用了4000多人，历时10年方告完成。这部丛书共收录图书3460多种、7.9万多卷、3.6万多册，分为经、史、子、集四部。其中经部分为易、书、诗、礼、春秋等10类，史部分为正史、编年、纪事本末、别史等15类，子部分为儒家、兵家、法家、农家等14类，集部分为楚辞、别集、总集等5类，共计44类。所收之书来源于朝廷藏书和征献的民间藏书。为了妥善保存这批经典文献，朝廷从全国征集了3800多名文人学士集聚京城，又花了10年的时间，用工整的楷书抄录了7部，分藏于北京、沈阳、承德、扬州、镇江和杭州。《四库全书》堪称中华传统文化最丰富最完备的集成之作。它历经200多年，到现在还完整地保存了4部。

徽班进京和京剧形成

清朝初年，徽剧盛行于安徽及江浙一带，到清中叶时逐渐风行全国。乾隆五十五年（1790年），为了庆祝乾隆的八十寿辰，四大徽班（三庆、春台、四喜、和春）先后进入北京演出，名噪一时，这就是著名的徽班进京。道光年间，湖北汉调艺人也进京和徽班艺人同台演出。徽、汉两剧相互吸收融合，经过近20年的发展演变，终于形成了京剧。京剧在同治、光绪年间达到了它的艺术高峰。1876年，"京剧"这一名称在上海出现。20世纪上半叶，京剧迎来了它的第二次高峰，优秀的京剧演员不断涌现，出现了许多著名的京剧流派。

鸦片战争

18世纪末，西方列强竞相对海外进行殖民扩张。英国在与中国进行贸易的过程中，向中国输入了大量鸦片，严重损害了中国百姓的身心健康和经济利益，引起中国朝野的严重关切和强烈不满。1838年底，清政府任命湖广总督林则徐为钦差大臣，前往广东全权办理禁烟事宜。林则徐在虎门销烟，把英美等国商人的2万余箱鸦片当众销毁。1839年10月，英国发动侵华战争，第二年6月，由近50艘舰船和4000名士兵组成的"东方远征军"侵入广东海域，封锁珠江口，正式挑起战争。8月进逼天津大沽口，直接向清政府施加军事压力。清政府将林则徐等革职查办，改派直隶总督琦善为钦差大臣赴广州

谈判。谈判期间，英军于1841年1月突然攻占虎门沙角和大角两处炮台。8月，英国进一步扩大侵华战争。陆续攻陷定海、镇海、宁波等地，随后进入长江。清政府在武力威逼之下，被迫接受英国的全部侵略要求，签订了《南京条约》。

广州海战图

这幅英国四版图画中，一艘中国战船因被英国战舰"奈米西斯"号开炮击中而烧毁。此战发生于1841年1月，地点在珠江三角洲亚森湾，在两个小时的作战中，11艘中国战船被击沉，500名船员阵亡，而英军只有几人受伤。"奈米西斯"号是英国的第一艘铁甲战舰。在这样的战舰面前，中国海军的木船不堪一击。

中英《南京条约》

1842年8月，清朝政府和英国在南京江面上的英国战舰上签订了《南京条约》。条约共分13款，主要内容是：一、清朝政府开放广州、福州、厦门、宁波、上海5处为通商口岸，准许英国派驻领事，准许英商及其家属自由居住。二、清政府向英国赔款2100万元，其中600万元赔偿被焚鸦片，1200万元赔偿英国军费，300万元偿还商人债务，分四年交清。三、清朝政府将香港岛割让给英国。四、废除公行制度，准许英商与华商自由贸易。《南京条约》是中国历史上第一个丧权辱国的不平等条约，它侵害了中国的主权和领土完整，恶例一开，流毒无穷，晚清丧权辱国的不平等条约接二连三地出

现。在《南京条约》签订后，美国和法国趁火打劫，迫使中国政府签订了《中美望厦条约》和《中法黄埔条约》。

第二次鸦片战争

咸丰六年（1856 年），英国与法国共同出兵，再一次发起了侵略战争，历史上称作第二次鸦片战争。英法联军进攻广州，由于清军未做战争准备，广州失守。第二年春，联军北上，在大沽口登陆，攻陷天津。当时清王朝正全力与太平天国军作战，只得与英法两国议和。6 月下旬，英、法、美、俄公使威逼清政府签订《天津条约》。条约签订后，英、法政府决定以武力为后盾坚持进京换约。1859 年 6 月 17 日，联军舰船再次攻打大沽口，被清军击退。英法政府决定进行大规模的报复。1860 年，英法联军占领天津。10 月初，联军进逼北京。咸丰皇帝逃往热河。英法联军攻占北京以后，大肆烧杀抢劫。随后，英法政府迫使清政府与之签订《北京条约》。俄国乘机从中渔利，与中国签订了《中俄北京条约》。11 月，侵略军撤出京津地区，第二次鸦片战争结束。

火烧圆明园

圆明园是清代最大的皇家园林。从 1709 年兴建到 1860 年焚毁，清政府花费了巨大的财力物力，一共经营了 151 年。该园由圆明园、万春园、长春园三园组成，既继承了中国历代优秀的园林艺术，又大胆地吸收了西方的建筑成就，是中西合璧的园林艺术之珍品。园中珍藏着大量的孤本秘籍、名人字画、鼎彝礼器、金珠珍品和铜瓷古玩，堪称人类文化宝库。1860 年 10 月，英法联军占领北京以后，

冲入圆明园。联军司令部下令可以"自由抢劫"，1 万多名侵略官兵大肆抢掠和毁坏。10 月 18 日，3500 名英军手持火把再次进入圆明园，这座世界上最壮观的皇家园林连同园内的 300 多名太监、宫女和工匠被尽付一炬。火烧圆明园，是人类文化史上的一大浩劫。

《天津条约》和《北京条约》

1858 年英法联军占领天津以后，俄、美、英、法四国先后强迫清政府分别签订了《天津条约》，主要内容有：外国公使可以进驻北京；增开牛庄、淡水、汉口、南京等 10 处为通商口岸；外国军舰和商船可以在长江各口岸自由航行；外国人可以到内地游历、经商、传教；清政府赔偿英法两国军费各白银 200 万两，赔偿英商损失 200 万两白银。1860 年，英法联军占领北京，火烧圆明园，然后强迫清政府签订了中英、中法《北京条约》。在条约中，清政府承认《天津条约》有效；增开天津为商埠；割九龙司地方一区给英国；赔偿英法两国军费各增至 800 万两白银。

中俄《瑷珲条约》

在英法两国与中国政府签订《天津条约》之后，沙俄趁火打劫，于 1858 年强迫清政府签订《瑷珲条约》。条约的内容主要是：黑龙江以北、外兴安岭以南 60 多万平方千米的中国领土划归俄国；乌苏里江以东的中国领土划为中俄共管；原属中国内河的黑龙江和乌苏里江只准中、俄两国船只航行。清政府当时没有批准《瑷珲条约》。1860 年英法联军攻占北京以后，俄国政府借口调停有功，在与清政府签订《中俄北京条约》时迫使中国认可了

《瑷珲条约》。1864 年，俄国又强迫清政府签订了《中俄勘分西北界约记》，强行割占了中国西部巴尔喀什湖以东以南 44 万多平方千米的土地。俄国通过一系列的不平等条约，一共侵占了中国 144 万平方千米的领土。

太平天国运动

鸦片战争以后，朝政黑暗，民不聊生。1843 年，洪秀全创立了拜上帝会，宣传人人平等的思想，号召人们起来斗争。1851 年 1 月，洪秀全在广西金田宣布起义，建号太平天国，3 月宣布登基，称天王。8 月，太平军攻占永安以后，进行了封王建制的工作。洪秀全封杨秀清、萧朝贵、冯云山、韦昌辉、石达开等为王。1852 年，太平军从永安北上，一路攻州克县，队伍迅速扩大到几十万人。1853 年 3 月，太平军攻占南京，改名为天京，定为太平天国的首都。到 1856 年，太平军击溃清军江北、江南大营，达到了军事上的全盛时期。就在此时，太平天国领导集团内部发生了自相残杀的"天京事变"，清军趁机全面反攻。1863 年，曾国藩统率的湘军开始围困天京。次年 6 月洪秀全病逝。7 月，湘军攻破天京。太平天国运动失败。

《天朝田亩制度》

1855 年，太平天国在天京（南京）

《天朝田亩制度》书影

颁布了《天朝田亩制度》。这是一个以解决土地问题为中心，对政治、经济、文化等方面实行全面建设的纲领性文件。其基本内容是：一、将天下田亩以产量分为九等，不论男女，按人口平均分配。二、规定农副产品的生产和分配原则。三、建立兵农合一的军政制度。此外在司法、职官、文教方面也有许多具体的规定。《天朝田亩制度》的主要思想是历代农民起义中"均贫富""均田""免粮"思想的继承。目的是想建立个"有田同耕，有饭同食，有衣同穿，有钱同使，无处不均匀，无人不饱暖"的理想社会，具有鲜明的反封建性质。但是在现实中，这种理想是无法实现的，因而《天朝田亩制度》又带有强烈的空想色彩。

《资政新篇》

1859 年，洪秀全的族弟洪仁玕来到天京，向天王提出了新的改革计划《资政新篇》。《资政新篇》首先提出"审势""立法"的思想，详细阐述了当时西方国家的历史和现状，指出当时世界上最先进的国家是英、美、法，强调了它们政教体制的"善法"。同时，一些国家昧于大势，守旧不变，因而国势衰颓，挨打受欺。在分析大势的基础上，洪仁玕系统提出了整饬政治、加强中央集权和学习西方发展资本主义的具体内容和方法。《资政新篇》的主张，具有鲜明的资本主义的色彩，符合中国社会的发展趋势。

辛酉政变

咸丰十年（1860 年，辛酉年），英法联军攻进北京，焚烧圆明园。咸丰皇帝带着皇族大臣逃往热河。次年 7 月，咸丰皇帝病死，遗诏立6岁的载淳为皇太子，任命载垣等八大臣辅政，一切军政事务由辅政大臣处理。慈禧太后（叶赫那拉氏）一心想掌握朝政大权。她首先以圣母皇太后的身份取得了干预朝政的权力，然后和恭亲王奕䜣勾结，预谋除去辅政大臣，以达到垂帘听政的目的。慈禧太后利用咸丰灵柩运回北京的时间，于9月30日发动政变，逼令载垣、端华自杀，肃顺斩首，其他辅政大臣被革职查办。11月3日，任命恭亲王为议政王。11日，同治皇帝即位。从此两宫太后开始垂帘听政，而慈禧独掌晚清朝政大权近50年。

洋务运动

第二次鸦片战争以后，清朝统治阶级就如何解决内外矛盾的问题，形成了一个较为开明的洋务派。洋务派在中央以奕䜣为代表，在地方上则以曾国藩、李鸿章、左宗棠、张之洞、沈葆桢、丁日昌等为主力。他们力主学习西方的先进生产技术，以富国强兵，"自强御侮"。1861年，曾国藩创办安庆军械所，主要生产子弹、火药和炸弹，这是中国最早的近代军事工业。1872年，李鸿章在上海开办轮船招商局，这是中国第一家近代轮船公司，也是洋务派兴办的第一个民用企业。其他还有开平矿务局、汉阳铁厂、电报总局、上海机器织布局等企业。同时，还兴办铁路事业，创建海军，筹设海防。为适应需要，洋务派还举办了京师同文馆等一批新式学堂，培养人才，并分批派遣留学生出国深造。洋务运动引进了西方先进科技，在客观上刺激了中国资本主义的发展。

中国无产阶级产生

19世纪四五十年代起，外国商人在沿海和长江流域各个通商口岸开办了船坞和工厂，利用中国廉价的原料和劳动力，一大批破产的农民和手工业者进入企业做工，中国无产阶级在外商企业里诞生了。洋务运动兴起以后，经营了大量的军事工业和民用工业，也招收了大批的雇佣工人进厂劳动；民族资产阶级成长起来以后，也开办了许多企业，无产阶级队伍不断壮大。中国无产阶级身受外国资本主义、本国封建主义和资本主义的三重压迫，境遇十分悲惨。因此他们具有强烈的革命要求，在革命斗争中最坚决、最彻底，战斗力也最强，迅速成长为新生产力的代表。在民主革命的进程中，中国无产阶级作为一支独立的政治力量，逐渐登上了政治舞台。

中国民族资产阶级产生

鸦片战争以后，根据不平等条约的规定，外国资本主义开始进入中国经商和投资办厂。这在客观上为中国资本主义的产生和发展提供了可能的条件。洋务运动开始后，一大批中国资本主义工业在上海、广东和天津等沿海地区兴起，许多官僚、地主和商人开始投资于近代企业，建立厂房，购置外国机器，购买原材料，以雇佣剥削的方式招募中国工人进行生产，这些投资建厂的官僚地主和商人们逐渐形成了一股独立的政治力量，中国民族资产阶级宣告诞生。由于当时的特定环境，中国民族资产阶级内受封建势力的束缚，外遭帝国主义的压迫，同时又和它们保持着一定的依赖关系。这样，中国民族资产阶级从产生的那一天起，就具有革命性和妥协性的双重特点。19世纪末，中国民族资本主义有了初步发展，为旧民主主义革命奠定了阶级基础。

同文馆

1862年，同文馆在北京成立，附属于总理衙门，这是洋务派创建的第一所新式学堂，以培养外语翻译和外交人才为宗旨。同文馆开办时仅设英文馆，后来陆续设置法文馆、俄文馆、算学馆、德文馆和东文馆等。学校对于学生的选择标准较高，管理也十分严格，有一套学习纪律和考核奖惩的专门制度。学生主要学习外文和汉文，后来也学习自然科学和史地等课程。1900年，八国联军侵入北京，同文馆停办，1901年，并入京师大学堂。同文馆办学40年，培养出了一批外语方面的专门人才。

晚清海军

同治六年（1867年），丁日昌向朝廷提出建议，创建北洋、福建和南洋三支海军。光绪元年（1875年），清政府派李鸿章等督办海防事宜，重点先建设北洋海军。光绪五年（1879年），李鸿章在天津设立水师营务处，总管海军日常事务，以丁汝昌统领北洋水师。经过几年的经营，三支海军初具规模，南洋海军拥有舰船18艘，防卫江浙海域；北洋海军拥有舰船14艘，防卫山东、直隶、奉天海域；福建海军拥有舰船11艘，防卫闽粤海域。此后，李鸿章苦心经营，加快北洋海军的发展速度。光绪十四年（1888年），北洋舰队正式建成，拥有大小舰船共25艘，实力颇为强大。不过，以后海军的建设停滞不前，装备日趋落后，在对外战争中连遭败绩。

左宗棠收复新疆

同治光绪年间，新疆地区出现了边疆危机。1871年，俄军入侵新疆，占领了中国伊犁地区。左宗棠要求朝廷立即出兵新疆收复失地。清政府于是以左宗棠为钦差大臣，以武力收复新疆。光绪二年（1876年）二月，左宗棠率领大军，兵分三路进入新疆。他制定了"缓进速战""先收复北路，转取南路"等一套切合实际的战略战术，历时半年多，收复了北疆的大片领土，然后又在第二年春天快速进军南疆，收复了除伊犁之外的全部新疆土地。清政府和俄国进行了几年时间的艰苦谈判，于1881年签订了中俄《伊犁条约》，收回了伊犁，但是仍然被俄国割去了另外大片土地。

中法战争

19世纪60年代起，法国开始侵占越南，威胁中国南部边境。1882年，越南正式成为法国的殖民地。法军随即骚扰中国边境。1884年5月，法国从海陆两路大举进攻中国。其海军舰队到达福建海域。8月23日，事先驶进福州马尾军港的法国舰队主力突然袭击泊于港内的福建海军。福建海军仓促应战，仅仅半个小时的战斗中，福建海军军舰被击沉7艘，其余全部被毁，官兵死伤超过700人。马尾海战惨败，朝野震惊，清政府随即对法宣战。老将冯子材在国难当头临危受命，率军赶赴广西前线对法作战。光绪十一年（1885年）二月，法军兵分三路进攻镇南关，冯子材指挥军队进行激战，坚守关隘，两天后对法军发起总攻，取得镇南关大捷的辉煌战果。正当前线大捷之时，清廷却命令停战撤军，并在6月与法国在天津签订了《中法新约》。

《中法新约》

中法战争停战以后，光绪十一年（1885年）6月9日，李鸿章和法国公使巴德诺在天津签订了《中法会订越南条约》，又称《中法新约》。条约的主要内容有：中国承认法国和越南签订的条约，即承认法国对于越南的殖民统治；在中越边境开埠通商；降低法国在云南和广西进出口货物的税率；允许法国在中国投资修筑铁路；法国撤走在澎湖和基隆的军队。通过这个条约，法国不仅达到了侵略越南的目的，而且将其势力深入到中国云南和广西。

中日甲午战争

日本明治维新以后，一直以吞并朝鲜和侵略中国为其基本国策。到1887年，日本侵略中国的"征讨清国策"制订完毕。1894年，朝鲜内乱，日本趁机入侵朝鲜，占领了仁川和汉城。以李鸿章为首的妥协派并不认真备战，而寄希望于帝国列强的"调停"。7月，日本攻入朝鲜王宫，成立了傀儡政权。7月17日，日本正式做出了发动战争的决定。接着日本不宣而战，对中国军队发动海陆两路袭击，中日甲午战争正式爆发。8月1日，清政府对日宣战。日军9月攻占平壤，随后向中国东北边境进犯。9月17日，中日在黄海海面进行了激烈的海战。10月下旬，日军分兵两路侵入东北，由于李鸿章的一再妥协卖国，日军毫不费力地攻占旅顺、大连，在旅顺进行了兽性的屠城，最后只

中日甲午海战图　清

留下36个人抬尸。1895年1月，日本向北洋舰队基地威海卫发起总攻，李鸿章经营了十几年的北洋舰队全部覆没。2月，日军迅速占领了辽东半岛。京津震惊，清政府遂派李鸿章赴日议和。至此，战争以中国的惨败而告终。

帝国主义瓜分中国

19世纪90年代，西方列强进入了帝国主义阶段。瓜分世界的斗争非常激烈。中国成为当时列国争夺的焦点。甲午战争彻底暴露了清帝国的虚弱本质，各国不再有任何顾忌，立即掀起了瓜分中国的狂潮。《马关条约》中辽东半岛割让给日本的条款极大地触怒了俄国，俄国联合德、法两国威逼日本放弃对于辽东半岛的占领。1896年，李鸿章在莫斯科与沙皇政府代表签订了《中俄密约》，这是一份以同盟面貌出现的条约，实际上是沙俄为独占东北而制造的阴谋。同年，日本取得在天津、汉口、厦门等地设立租界的特权。

1897 年 11 月，德国以武力占领胶州湾，次年 3 月强行"租借"胶州湾，租期为 99 年，进而把山东全境变成它的势力范围。1898 年 12 月，俄国舰队强占旅顺湾和大连湾，然后租借此两处，租期暂为 25 年，并且把整个东北变为自己的势力范围。法、英两国也相继提出了租借要求，把华南变成了它们的势力范围，英国还进一步扩大了香港的界址。美国忙于和西班牙争夺菲律宾，1899 年它向列国提出了"门户开放"的通牒，逐步地扩大了自己的对华侵略。

戊戌变法

1895 年《马关条约》签订以后，康有为等人发动公车上书，提出变法的主张。他们陆续创办报刊，组织社团，宣传维新变法。在维新人士和帝党官员的积极推动之下，1898 年 6 月 11 日到 9 月 21 日，光绪皇帝先后颁布了一系列变法法令，进行自上而下的改革。主要内容有：设立农工商局、路矿总局，提倡开办实业，修筑铁路，开采矿藏，组织商会，改革财政；广开言路，允许士民上书言事，裁汰绿营，编练新军；废八股，兴西学，创办京师大学堂，设译书局，派留学生，奖励科学著作和发明。这些革新政令，目的在于学习西方文化、科学技术和经营管理制度，发展资本主义，建立君主立宪政体，以达到富国强兵的目的。维新变法遭到了以慈禧太后为首的顽固派的极力反对。他们在 9 月 21 日发动政变，囚禁了光绪，慈禧太后宣布亲政，戊戌变法失败。变法从开始到失败，前后仅 103 天，因此又称"百日维新"。

京师大学堂

京师大学堂是中国近代最早的国立大学。1898 年，光绪皇帝下《明定国是诏》，诏令举办京师大学堂，制定大学堂章程，"以期人才辈出，共济时艰"。大学堂章程共计 8 章 52 节，对于办学总纲、课程、入学、学成出身、聘用教习、经费等均有详细规定。1900 年，八国联军入侵北京，京师大学堂遭到破坏，校务停顿，1902 年恢复时并入京师同文馆，张百熙为管学大臣，先设速成、预备两科，速成科分仕学、师范两馆，预备科分政科及艺科。1903 年增设进士馆、译学馆及医学实业馆。同年改管学大臣为学务大臣，统辖全国学务。1910 年，京师大学堂发展成为设有经、法、文、格致、农、工、商七科的大学。1912 年，更名为北京大学。

义和团运动

义和团原称义和拳，是长期流行在山东、直隶等地的一种民间秘密组织。1898 年秋，鲁西北义和拳组织竖起"扶清灭洋"的大旗，率众攻打当地教堂，揭开了义和团反帝爱国斗争的序幕。次年秋，斗争迅速蔓延到山东和直隶的大部分地区。清政府任命袁世凯为山东巡抚，血腥镇压义和团。1900 年春，义和团挥旗北上，连克州县，势力发展到了京津地区。慈禧太后见义和团难以剿灭，就改用"招抚"的办法，默许其为合法民团。是年 6 月初，八国联军侵华战争开始，清廷对外宣战，义和团运动达到高峰。8 月初，八国联军由天津进犯北京，慈禧太后在出逃途中颁布"剿匪"

谕旨，通令官兵对义和团斩尽杀绝。在中外反动势力的联合绞杀之下，义和团运动归于失败。

八国联军侵华战争

义和团运动席卷京津等地，严重威胁了帝国主义在华的侵略利益。1900年4月，英、美、德、法四国照会总理衙门，限令清政府两个月内"剿除"义和团，否则将派出水陆各军代为"剿平"。6月10日，俄、英、美、日、德、法、意、奥（奥匈帝国）各国组成八国联军，共2100多人，在英国海军上将西摩尔的率领下，由天津进犯北京，正式挑起八国联军侵华战争。6月16日，八国联军攻陷大沽口炮台，天津近郊的义和团与清军协同作战保卫天津。6月21日，清政府对八国联军宣战，但是不几天，又电令驻外使臣请求各国体谅，并保证惩办义和团。7月14日，八国联军攻下天津，集结2万兵力进犯北京。8月14日，北京沦陷。联军分兵四处攻掠，烧杀抢劫，繁华的京津之地变成了瓦砾场。1901年9月，清政府和西方11国代表签订了《辛丑条约》。

废除科举

延续了1000多年的科举制度到了晚清已经走到了它的末路。光绪二十七年（1901年）五月，张之洞奏请朝廷降旨改革科举，讲求实学。清政府随后谕令全国，自第二年起，废除八股程式、乡试和会试等都试策论，并停止武科。同时，令天下所有书院改称为"学堂"，各省在省城设立大学堂，各府及直隶州设立中学堂，各州县设立小学堂。学习内容以四书五经和纲常大义为主，以历代史鉴及中外政治艺学为辅。光绪三十一年（1905年），清政府又依准袁世凯和张之洞等人的奏请，宣布自第二年起，乡试、会试和科举一律停止。科举制度寿终正寝。

派遣留学生

在洋务运动开始时，清政府就已经开始向国外派遣留学生。庚子国难（1900年）以后赴日、美留学的运动迅速兴起。光绪二十六年（1900年），政府诏令各省一律仿照江苏、湖北、四川等省选派学生出国留学，经费由各省自筹。凡是学成回国者，由朝廷分别赏给进士举人出身。同时国家也鼓励自费留学。此后，赴日留学的学生迅速增多。光绪三十一年（1905年），组织了第一次留日归国学生的考试，考试合格者分别授予进士、举人出身和相应的官职。1907年，美国正式决定减收庚子赔款，以用于资助中国学生赴美留学，国内迅速形成了赴美留学的高潮。

武昌起义

宣统三年（1911年，辛亥年），共进会和文学社两个革命组织举行联合会议，商量举行起义的计划。会议决定10月6日发动首义。后来因为形势有变，10月10日武昌起义打响了第一枪，两天后，革命军占领了武汉三镇。由于革命领导人都离开了武昌，黎元洪在革命党人的威逼之下就任都督，成立了湖北军政府。汉口、汉阳也相继成立了革命政权。武昌起义的胜利使得革命迅速蔓延，短短两个月时间，即有鄂、湘、陕、赣、晋、黔、苏、浙、桂、皖、粤、闽、川等省先后宣布独立。清政府迅速陷入了崩溃局面。孙中山于12月回国，经17省代表会议推举为临时大总统。1912年1月1日，中华民国临时政府在南京宣告成立。以武昌起义为高潮的辛亥革命，结束了长达2000多年的封建君主专制统治，建立了民主共和国，开辟了中国历史的新纪元。

清帝退位

1911年武昌起义爆发后，清朝政府陷入了内外交困的境地。清廷重新起用袁世凯收拾局面。袁世凯与黎元洪议定停战，并且密议商定只要袁世凯逼迫清帝退位，即推举他当中华民国大总统。孙中山从海外回国，被各省代表推举为中华民国临时大总统，同时又决定一旦袁世凯逼退成功，孙中山须将总统职位让出。袁世凯暗中指使北洋文武官吏请愿，迫使宣统逊位。经过多次磋商，最后达成了退位的协定。中华民国给清帝提供逊位之后的优待条件。1912年2月12日，清政府颁布了皇帝退位的诏书，布告全国。中国历史上最后一个封建王朝——清朝宣告结束。清帝退位以后，仍然住在皇宫，国民政府每年拨给400万元的费用。

中华民国成立

1912年1月1日，孙中山在南京宣誓就任中华民国临时大总统，他在临时大总统誓词中说："颠覆满清专制政府，巩固中华民国，图谋民生幸福。"中华民国南京临时政府成立，规定改用西历纪年，1912年为中华民国元年。黎元洪为副总

上海各界欢送孙中山赴南京就职。1912年1月1日上午10时，孙中山与各省代表汤尔和、王宠惠及军事顾问荷马李等，乘沪宁铁路专列赴南京就职。孙中山左边是胡汉民，胡汉民身后是王宠惠。

统，临时政府各部部长分别是黄兴、黄钟瑛、伍廷芳、蔡元培、张謇等人。1月11日，决定以红、黄、蓝、白、黑五色旗为民国国旗，五色象征汉、满、蒙、回、藏五族共和；以武昌起义的军旗为陆军旗，青天白日旗为海军旗。临时政府随后相继颁布了《修正中华民国临时政府组织大纲》和《中华民国临时约法》，迅速组建起临时政府的政治体制。

世界历史常识

世界古代史

古代埃及

世界上第一个统一的奴隶制国家。位于非洲东北部尼罗河下游。大约在公元前3500年，原始公社解体，奴隶制小国纷纷涌现。经过长期的战争与兼并，逐步建立起统一的奴隶制国家。约公元前1710年由亚洲侵入埃及的一支游牧部落在尼罗河三角洲建立"牧人王朝"，并统治埃及100多年。后这支游牧部落被赶出，埃及又被奴隶主统一。至公元前16世纪中期，埃及进入空前强盛的时期。公元前15世纪，埃及成为奴隶制军事国家。公元前13世纪开始衰落，国家陷于分裂。公元前525年，埃及被波斯帝国所灭。公元前332年，又被马其顿亚历山大占领，至此

埃及金字塔及狮身人面像

埃及已经历了31个王朝。公元前30年归入罗马。

古巴比伦王国

古代两河流域重要的奴隶制国家。由阿摩列依人始建于公元前1894年左右，苏穆阿布姆为第一代王。初期为弱小国家，在各国争霸中依附于其他强国。公元前1758年在第六代王汉谟拉比时期，统一两河流域，建立起中央集权的奴隶制国家，成为当时西亚最强大的国家。两河流域在古巴比伦统治下，农业、手工业和商业较前期有所进步，乌尔第三王朝时流行的王室奴隶制大地产消失，私有奴隶制发展明显，以阶级关系为基础的等级关系十分突出，出现一部内容较完备的汉谟拉比法典。汉谟拉比去世后，古巴比伦王国衰落，内外矛盾激化。公元前1595年，古巴比伦王国被小亚赫梯王国所灭，但其都城巴比伦长期成为西亚重要的政治、经济、文化中心，在历史上占有重要位置。

亚述帝国

两河流域北部底格里斯河中游地区的奴隶制帝国。原是亚述城附近的一个小地区，后来崛起为强国，统治范围从巴勒斯

坦延伸到土耳其。亚述可能是在公元前3000年出现，后来势力才慢慢强大。公元前9世纪是其全盛时期，当时在亚述纳西拔二世的统领下，远征到地中海地区。公元前745～前626年左右，亚述帝国征服了以色列、大马士革、巴比伦和撒马利亚等地。后来的伟大君主包括提革拉一帕拉萨三世、萨尔贡二世、辛那赫里布和亚述巴尼拔。亚述人不仅以残忍和勇敢闻名，他们还是巨大工程的建筑者。相传亚述巴尼拔在尼尼微的宫廷十分富裕。在艺术上，亚述人最有名的是石浅浮雕。公元前626～前612年亚述帝国被征服，当时的米底亚和巴比伦尼亚（加尔底亚）的国王摧毁了尼尼微城。

新巴比伦王国

古代西亚两河流域奴隶制国家。公元前630年，居住在两河流域南部的迦勒底人那波帕拉萨趁新亚述内乱之机，逐渐取得对巴比伦尼亚的控制权。公元前626年自立为巴比伦王，建新巴比伦王国。公元前612年攻陷尼尼微，灭亚述帝国。公元前586年灭犹太王国，将犹太的国王、王公贵族及普通民众俘至巴比伦尼亚，此即所谓"巴比伦之囚"。在尼布甲尼撒二世统治时期，王国处于极盛阶段，奴隶制经济有较大发展。奴隶广泛存在于经济生活的各个领域。大奴隶主阶级分为军事贵族和商人僧侣两大集团。僧侣集团势力强大，首都巴比伦城的马尔杜克神庙僧侣在诸城神庙中居领导地位，在政治生活中有举足轻重的力量。公元前539年波斯王居鲁士二世攻入巴比伦尼亚，神庙僧侣迎居鲁士入巴比伦城，新巴比伦王国遂亡。

腓尼基

古代地中海东岸北部地区一系列小城邦的总称。位于利万特海岸中部狭长地带，北起阿拉杜斯，南到多尔，长约320千米，著名的城邦有推罗、西顿、比布鲁斯、乌加里特等。腓尼基一词来自希腊语，意为紫红色或青铜色，可能与该地所产椰枣的颜色和迦南人的深色皮肤有关，也有人认为与腓尼基人生产紫色染料有关。居民自称迦南人，属西北塞姆语族。腓尼基人是公元前1000年地中海地区最著名的商人、贸易者和殖民者。该国陆续被亚述人、巴比伦人、波斯人和亚历山大大帝征服。公元前64年并入罗马的叙利亚行省。腓尼基人对世界文明的最大贡献是字母文字。这种文字直接影响古希腊字母，由希腊字母又衍生出拉丁字母和斯拉夫字母。在东方，对阿拉伯、印度、亚美尼亚等地字母文字的产生也有重大影响。

以色列王国

巴勒斯坦北部古代希伯来人国家。约公元前1000年，以色列王扫罗在同非利士人的斗争中兵败身亡，此后，犹太国王大卫彻底击败非利士人，统一南北巴勒斯坦，建立以色列一犹太王国。大卫之子所罗门王统治后期，南北方矛盾激化，北方的耶罗波安一世在埃及支持下起兵反对所罗门，自立为王，建立以色列王国。暗利王朝统治期间，局面较安定。公元前722年，萨尔贡二世攻陷撒马利亚，将大批居民迁往异域，以色列王国遂亡。以色列王国是实行贵族政治的奴隶制国家。除国王外，还存在长老会议和民众会。以色列人是全权自由民，其中包括贵族、平民等奴隶主阶层和贫困的非奴隶主阶层。以色列地处近东贸易要冲，经济和文化均极发达，公元前8世纪时已普遍使用铁器，同近东各地区间的交流也很广泛。

犹太王国

巴勒斯坦南部希伯来人古国。约公元前1000年，以色列王扫罗在与非利士人的战斗中战死后，南方二部推举的犹太王大卫彻底击败非利士人，统一了巴勒斯坦，建立以色列—犹太王国。公元前922年，大卫之子所罗门王死后，王国分裂，南部为犹太王国，罗波安为王。建国后，曾臣服于以色列、亚述等国。国王希西家及其重孙约西亚进行了政治宗教改革，在希伯来人历史上影响深远。公元前586年，尼布甲尼撒二世再下耶路撒冷，灭犹太王国，并将大批犹太臣民迁往巴比伦，史称"巴比伦之囚"。此后，犹太地区先后处于波斯帝国、古代马其顿王国等的统治之下。大卫、所罗门在位期间，经营贸易，国家的经济有较大发展。王国中央实行贵族政治，除国王外，还有长老会议和民众会，二者一直存在到犹太王国灭亡。

波斯帝国

古代伊朗以波斯人为中心形成的帝国。公元前558年，在居鲁士二世领导下，发动起义，于公元前550年推翻米底王国，建立了奴隶制波斯王国。巩固了在伊朗高原的统治后，居鲁士发动了对外侵略战争。公元前539年占领两河流域。公元前525年并吞埃及。经过扩张，波斯帝国最后成为一个东起印度河，西到小亚细亚沿岸，北起中亚，南达埃及的地跨亚、非、欧三洲的奴隶制帝国。大流士一世期间为巩固

政权，大流士一世在政治、经济、军事方面进行了一系列改革，对波斯帝国统治的延续起了重要作用。公元前5世纪，在希波战争中，惨遭失败，从此波斯帝国走向衰落。公元前330年，波斯帝国被马其顿王亚历山大所灭。波斯人的宗教富有特色，广泛流行于中亚一带，并一度传入中国。

大流士一世改革

波斯帝国国王大流士一世为巩固和加强君主专制，于公元前518年实行一系列新的政治、经济改革。他将帝国划成约20个行省，每省设总督为行政长官，将军为驻军长官，分别对国王负责。另设总督秘书行监督职责。建立统一财政体系，改革税制，规定各省上交中央的税额以及形式，包括货币与实物两种，税收由国王任命的专门官吏经办。他制定法律，统一度量衡和币制，铸造全国统一的金币；郡设军事长官，统领地方军队，不受郡守管辖，分属5个军区，军队的核心是波斯人，大流士为最高统帅；修筑一些加强中央与各地联系的公共工程，如开凿联结尼罗河与红海的运河，修建广泛的驿路网，最重要的是从首都苏萨通向小亚细亚希腊城邦以弗所。大流士的改革加强了军事力量，促进了各地经济、文化的交流。

迦太基

古代非洲北部以迦太基城为中心的奴隶占有制国家。相传系公元前814年推罗的腓尼基人在非洲北部海岸建立。在公元前8～前6世纪，迦太基逐渐向非洲内地扩张，使北非的一些腓尼基人殖民地处于从属地位，并且控制了西班牙南部沿岸和很多邻近岛屿，成为当时地中海西部最强

大的国家。公元前264～前146年，迦太基与罗马发生了布匿战争，结果迦太基被灭，迦太基城也被夷为平地，成为罗马统治下的阿非利加省。迦太基长期为地中海西部地区的中介贸易中心，经商收入是奴隶主阶级财富的重要来源。迦太基的当权者主要是贵族寡头，最高行政官员称为苏菲特；元老院享有立法权和决定重大国事的权力，其成员终身任职；公民大会权力有限；另设有百人会议，执掌监察和审判权；军队主要由雇佣兵组成。

爱琴文明

指公元前3000～前2000年末分布于爱琴海域及邻近陆地、岛屿上的古代青铜文明，主要成分是克里特文明和迈锡尼文明。早在公元前3000年，克里特进入金石并用时代，原始社会开始解体。约在公元前2000年，形成了许多奴隶制君主制国家。公元前1600年左右，克里特文明进入繁荣期。青铜器、陶器、金银制作技术有明显进步，宫殿规模宏大，设计奇巧，这时的文字已转变为线形文字。约公元前1400年，克里特文明被破坏。爱琴文明中心移向希腊半岛南部的迈锡尼。迈锡尼文明形成于公元前16世纪上半叶。文明的特点是一系列君主国家的兴起，伴之宫殿、卫城以及宏大的王室陵墓、众多线形文字泥版文书等物质附属物。公元前12世纪，迈锡尼文明被多利亚人所灭，爱琴文明从此衰落。

特洛伊战争

在小亚细亚西部发生的希腊人和特洛伊人之间的战争，约发生在公元前12世纪初。在荷马的《伊利亚特》和《奥德赛》以及希腊的悲剧和罗马的文学中也均有记载。公元前1500年左右，希腊人的一支阿卡亚人在南希腊建立一些城邦，其中以迈锡尼最强。公元前12世纪初，迈锡尼联合其他城邦远征特洛伊城，特洛伊人顽强抵抗。该战争持续了10年，最后在"木马计"中结束：希腊修建了一个巨大的木马，并将一支突击队隐藏其中，施计运入特洛伊城，实行里外夹攻的战术，才将其攻下。希腊人获胜后，毁灭了特洛伊城并大肆掳掠而归。特洛伊战争历经10年，希腊人虽胜，但也消耗了自己的力量，从此，迈锡尼诸城邦走向衰落。不久，另一支希腊人多利亚人南下，征服迈锡尼诸城邦，迈锡尼及迈锡尼文化灭亡。

荷马时代

指公元前11～前9世纪古代希腊氏族制度解体的历史阶段。因反映该时期社会情况的主要史料是荷马史诗《伊利亚特》和《奥德赛》而得名。因史诗描述的是"英雄"的故事，又称"英雄时代"。该时代处于迈锡尼文明衰落之后，没有文字、宫殿、国家、城市，因此又常被称作"黑暗时代""希腊的中世纪"。但是阶级社会的曙光已经出现。铁器得到应用，居民从事农业、家畜饲养业、手工业、商业有了初步发展。土地私有制已产生，贵族、平民、奴隶阶级均已出现。贵族把持氏族、部落的管理机构，军事首长掌有军事指挥权、宗教祭祀权和部分社会管理权，且权力日渐增大。在社会发展阶段上仍属军事民主制时期，国家即将从军事民主制状态下的原始社会脱胎而生。

城邦

早期国家的一种类型，以古希腊国家为代表。词源可追溯至古希腊文"波利斯"，原有城堡、国家、公民集体、城市之意，中文意译名"城邦"。希腊城邦二三百个，形成时间、途径和背景不同，但有如下几个基本的共同特点：小国寡民；多数以一个设防城市为中心，结合周围农区组成；均有一个小范围的、极端封闭的公民集体；与公民集体的存在相适应，希腊城邦在政体中均包含民主制成分，共和政体居多；城邦军事制度的主体是公民兵制；城邦无独立的祭司阶层，公职人员兼祭司职能。除古希腊外，意大利、腓尼基等地中海沿岸地区也曾出现过与古希腊城邦相同的早期国家形态，比如早期罗马的公民公社。这类国家有时也被称作城邦。目前有人提出了希腊式城邦是世界各国家形态的普遍形式的看法。

斯巴达

古希腊著名城邦，位于南希腊东南部，伯罗奔尼撒主要城市。起源于多利斯人。大概最初分为3个部落，至荷马时代末发展成5个地域部落，实行军事民主制。公元前9世纪建立，发展成为严格的军事主义社会。公元前800～前730年，征服拉哥尼亚其他地区，初步建起耕奴制。公元前8～前5世纪征服邻近的美西尼亚。公元前5世纪起斯巴达的统治阶级热衷于战争，建立起希腊最强大的城市。经过和雅典在伯罗奔尼撒战争的长期竞争后，获得了整个希腊的霸权。公元前371年斯巴达的势力在留克特拉战役中被底比斯打败。公元前192年被击败后失去了独立地位，被迫加入亚该亚同盟。公元前2世纪中叶罗马并吞希腊，斯巴达终亡。

雅典

古希腊著名奴隶制城邦，是古希腊工商业城邦的典型代表，位于中希腊东南的阿提卡半岛。公元前2000年，曾在迈锡尼文明统治之下。公元前8世纪，王政被贵族制替代，形成贵族国家。公元前594年，梭伦当选为执政官，实行重大改革，为奴隶主民主制奠定了基础，为剥削外来奴隶进一步开辟了道路。公元前506年，克里斯提尼又实行改革，实现奴隶主民主政治。在希波战争中，雅典始终是主战国。战争后期跃为希腊最强大国家之一，国内民主制进一步完善，奴隶制得到巨大发展。公元前431年，在伯罗奔尼撒战争中，雅典最后惨败，提洛同盟瓦解。公元前4世纪下半叶，抗击马其顿失败，沦为附属国。公元前2世纪中叶，被罗马征服。雅典民主的有利环境，促成思想文化的繁荣，为人类精神文明做出了巨大贡献。

梭伦改革

公元前7世纪末～前6世纪初，雅典

梭伦像

平民反对贵族剥削、压迫和独揽政权的斗争十分激烈，公元前594年执政官梭伦进行了一系列经济、政治和社会改革。其主要内容有：取消债务，废除债务奴隶制，禁止把欠债的平民变为奴隶；以财产的数量来划分公民，分为4个等级，分别规定与其等级相应的政治权利；设立400人议事会和陪审法庭；制定新法典取代德拉古的严酷法律，使整个雅典法较有人道的色彩。梭伦还奖励公民从事手工业和商业，禁止输出谷物，改革度量衡，铸造雅典新币，制定了一些有关财产继承、禁止厚葬、抚恤为国牺牲公民的亲属等法令。梭伦改革的实质是使富有的工商业奴隶主同贵族一样参与国家的统治，奠定了雅典民主政治的基础，调整了公民集体内不同阶层之间的利益关系，有助于工商业的发展。

伯里克利改革

自公元前443～前429年，伯里克利一直当选为首席将军，主持国家事务。他对雅典的政治制度做了进一步的改革：取消贵族会议的政治职能，允许公民不受财产资格限制担任高级公职；向参加公共生活的公民发放津贴，以吸引公民参加社会活动；公民大会享有最高的行政和立法权力，对国家大事做出决定，由它投票选出10位将军；陪审法庭为雅典最高的司法和监察机关。在对外关系方面，积极推行扩张政策，主张对附属国严加控制，在许多地方建立军事移民点。伯里克利改革促使雅典奴隶主民主宪法最后完成，雅典的民主政治得到了发展。但是，享有公民权的人不到雅典居民总数的1/10，广大的奴隶、妇女都被剥夺了政治权利，因此雅典的民主政治只是少数奴隶主的民主制度。

马其顿王国

位于巴尔干半岛中部的奴隶制国家。公元前6世纪下半叶，马其顿出现部落统一运动，形成王国。公元前4世纪中叶，腓力二世实行一系列政治、军事改革，使马其顿跃为地方强国。他推行扩张政策，先征服邻近地区。然后南下，于公元前338年在喀罗尼亚大败希腊联军，控制了整个希腊。公元前334年，马其顿王亚历山大发动掠夺东方的战争，灭波斯帝国，将马其顿统治扩展到西亚、埃及、中亚、印度河流域，建起横跨欧、亚、非三洲的亚历山大帝国。公元前323年亚历山大病逝后，其部将纷争，帝国解体。公元前301年基本分裂成马其顿王国（希腊）、塞琉古王国（西亚）和托勒密王国（埃及）。公元前276年，军事将领安提柯取得希腊大部地区控制权，建安提柯王朝，公元前168年被罗马所灭。

亚历山大远征

公元前338年，腓力二世征服希腊而成为爱琴海上的霸主，并在科林斯大会上向波斯宣战。公元前336年，腓力二世遇刺身亡。其子亚历山大三世即位，他在巩固盟主地位后，迅即东侵。公元前335年，亚历山大三世亲率军队从都城派拉出发，开始远征。公元前334年初渡过赫勒斯滂海峡后，在格拉尼库斯河附近与波斯交锋，占领了小亚细亚希腊各城邦。继之占领叙利亚、埃及。公元前331年，在布摩多斯河高加米拉村以西与波斯军主力对阵，波斯溃败。公元前330年夏，亚历山大三世引兵北上追击大流士三世，波斯帝国遂亡。公元前327年，亚历山大远征到达印度河上游。鉴于官兵厌战，加上当地气候炎热，疾病流行，亚历山大三世被迫决定撤退。公元前325年，返抵巴比伦，远征即告结束。

希腊化时代

指地中海东部和中东自亚历山大大帝东侵（公元前334年）至罗马征服埃及（公元前30年）这段历史时期。希腊化国家包括马其顿的安提柯王国、中东部的塞琉西王国和埃及的托勒密王国、小亚的帕加马王国和本都王国。希腊化时代是东部地中海、西亚和黑海地区奴隶制进一步发展的时代，也是东西方经济、文化交流的时代。希腊化国家产生了有效的官僚体制，都实行中央集权的君主专制制度，同时在专制政权下又保存享有自治权的希腊式城市；经济较前一时代有更大的进步；艺术、文学和科学得到蓬勃发展，对后来的罗马乃至近代欧洲文化都具有深远影响。希腊化国家普遍存在尖锐的阶级对立与斗争。当罗马逐渐强盛时，希腊化各国便开始衰微，罗马人打败马其顿军队，把这些王国和他们的联盟并为罗马行省。

罗马共和国

公元前6世纪末～前1世纪末以罗马为中心的奴隶制国家。公元前509年以罗马城为中心建立。共和国政府由两名执政官、元老院、地方长官，以及公民大会组成。罗马共和国的一切大权都把持在贵族的手中，是贵族专政的奴隶制国家。公元前5世纪～前3世纪，平民为争取政治权利，争取土地，进行了长期斗争，最后设置了保民官。到公元前3世纪末，罗马领土包括了整个意大利；至共和国后期，其版图包括西欧大部分、北非以及近东地区，并将这些领土划分为行省。长期的掠夺战争，使罗马获得了大量的奴隶，奴隶制经济得到巨大发展。但国内社会矛盾日益激化，公元前2世纪后半叶～前1世纪后半叶先后爆发了西西里奴隶起义和斯巴达克起义。公元前1世纪末，恺撒独裁，屋大维建立元首政治，共和国瓦解。

布匿战争

古罗马共和国与迦太基争斗海上西部地中海霸权的战争。布匿战争持续百余年，大战三次。第一次（公元前264～前241年）是争夺西西里和地中海西部的海上航道的控制权，以罗马获胜结束，但双方都损失了大量的船只和人员。第二次（公元前218～前201年）于公元前218年宣战，汉尼拔率军从西班牙出发，进军意大利；公元前217年，汉尼拔在特拉西美诺胡附近大败罗马军；公元前206年，在意大利的坎尼地方又击败罗马军。但罗马军克服困难，顽强应敌，最终打败了汉尼拔，并将他逐出意大利。从此，迦太基的强国地位被彻底摧毁。第三次（公元前149～前146年）布匿战争本质上是对迦太基的围攻，导致迦太基的毁灭和其民族受奴役，迦太基的领土成为罗马的非洲行省。布匿战争罗马取得最后胜利，从而成为西部地中海世界的霸主。

罗马帝国

公元前27～公元476年占据整个地中海地区的罗马奴隶制军事帝国。公元前

27 年，屋大维建立元首制，罗马成为帝国。公元 1～2 世纪，罗马帝国最为强盛，成为地跨欧、亚、非的大帝国。公元 3 世纪封建因素的隶农制不断发展，奴隶制经济与政治出现危机。公元 284～476 年，是帝国的后期。这一时期戴克里先强化统治，实行了改革。公元 324 年，君士坦丁一世重新统一帝国。帝国经济、文化重心东移到拜占廷。这一时期奴隶和隶农的境遇更加恶化，起义此起彼伏。公元 395年，帝国分裂为两部分：西罗马帝国和东罗马帝国，西半部连年战乱，经济衰落，城乡联系松弛，统治日趋薄弱。公元 476年 9 月，日耳曼人雇用军长官奥多亚克废黜最后一个西罗马帝国皇帝罗慕卢斯·奥古斯图卢斯，西罗马帝国灭亡。东罗马帝国则于 1453 年为奥斯曼帝国所灭。

日耳曼人大迁徙

公元 4～6 世纪日耳曼人大规模向罗马帝国境内大迁徙的运动。公元 3 世纪起，罗马奴隶制帝国日益没落，外族入侵，人民起义，同时，日耳曼人也大批进入帝国境内。公元 376 年，日耳曼一支西哥特人因受匈奴人压迫，经罗马帝国皇帝允许，渡过多瑙河进入帝国，开始了日耳曼人大迁徙的运动。公元 419 年，西哥特人在高卢南部建立西哥特王国。公元 439年，汪达尔人经高卢、西班牙到北非，建立汪达尔王国。公元 5 世纪中叶，勃艮第人进入萨伏伊，建立勃艮第王国。公元486 年，法兰克人在高卢北部建立法兰克王国。大致同时，盎格鲁、萨克森和裘特人渡过北海进入不列颠，建立许多小王国。公元 568 年，伦巴德人在意大利建立伦巴德王国，日耳曼人大迁徙终结。日耳曼人大迁徙加速了西罗马奴隶制帝国的灭亡，也促进日耳曼人氏族制度的瓦解，并形成新的生产关系，进入封建社会。

法兰克王国

日耳曼人的一支法兰克人建立的早期封建国家。法兰克人，原是住于莱茵河下游的一个部落联盟。公元 486 年，一支萨利克法兰克人在首领克洛维率领下，击败罗马帝国军队，占领巴黎和卢瓦尔河以北，奠定法兰克王国的基础。公元 6 世纪初克洛维征服了高卢的大部分地区，并统一各部落，建立了法兰克王国的墨洛温王朝。克洛维死后，他的子孙几度瓜分国土，并继续扩张。公元 6 世纪中叶，先后征服勃艮第、图林根、巴伐利亚和萨克森的一些部落，成为西欧最强大的国家。公元 7 世纪中叶，王权衰落，大权归于原是王室财产总管的宫相之手。至公元 751 年，宫相丕平篡夺王位，自立为王，建立加洛林王朝。丕平的儿子查理曼统治时期，又积极向外扩张。公元 800 年查理曼加冕称帝，法兰克王国发展成为查理曼帝国，领土包括西欧大陆，封建制度基本确立。

查理曼帝国

西欧中世纪早期由法兰克王国发展来的封建军事帝国，存在于公元 800～843年。查理拉丁文称"加洛尔"，故名加洛林王朝。公元 768 年加洛林王朝国王丕平死后，其子查理曼与弟卡罗曼共同治理国家。公元 771 年卡罗曼死后，查理曼成为法兰克的唯一国王。公元 800 年教皇为他加冕，称查理大帝，法兰克王国成为查理曼帝国。查理曼发动多次战争，疆域扩大

查理曼像

到西临大西洋，东到易北河和多瑙河，北达北海，南至意大利中部。他死后，他的3个孙子于公元843年8月签订《凡尔登条约》，三分帝国。高卢、些耳德河和默兹河以西归秃头查理，称西法兰克王国，后发展成为法国。莱茵河以东，包括莱茵河以西的沃姆斯、美因兹和斯拜伊尔，归日耳曼人路易，称东法兰克王国，后发展成为德国。哥哥洛塔尔袭用帝号，定都亚琛，分得介于东、西法兰克之间的土地，称中法兰克王国，后发展成为意大利。

西欧封建庄园

随着封建制度在西欧的确立，国王、教会和封建主大大小小的庄园分布西欧各地。庄园里有教堂、堡垒、仓库以及封建主和农奴的住房。农民生产是为满足自己家庭生活的需要和为封建主提供消费资料，不是为了交换，是自给自足的自然经济。庄园的土地分为领主自营地和农奴的份地，都分割成"条田"。农奴除耕种自己的份地外，还要带着工具无偿地为领主耕种自营地。份地上的产品归农奴自己，自营地上收获归领主。农奴还得向封建主献纳贡物，交纳各种捐税，还要做各种杂役和临时性徭役。封建主还有审判和惩罚农奴的权力。农奴虽然受到沉重的剥削，但毕竟有自己的独立经济，比奴隶有更多的劳动兴趣，有利于生产力的发展。

手工业行会

中世纪西欧城市里手工业者为保护自身利益按不同行业建立的封建性组织，最早出现于10世纪的意大利。11～12世纪，法、德、英等国的城市纷纷兴起，普遍产生行会。初期的手工业生产规模狭小，市场有限，再加社会秩序动荡不安，很难正常进行。为抵抗封建主的欺凌，避免行业内部和外来者的竞争，生产者便组成行会。行会初期在保卫城市、保卫手工业生产和促进生产经验、生产技术的积累上，起到了积极的作用。行会的全权会员是本行业的作坊主，称师傅。学徒和帮工协助师傅生产，学徒可依次升为帮工和师傅。14世纪末起，随着生产的发展和市场的扩大，行会变成生产发展的障碍。它极力反对扩大再生产，限制技术革新和使用新设备，阻挠学徒、帮工的晋升，成为少数人把持的保守组织。学徒逐渐沦为雇佣工人，少数师傅成了资本家。

凡尔登条约

公元843年查理曼的3个孙子瓜分查理曼帝国的条约。查理死后，帝国走向解体。查理大帝之子虔诚者路易在位时（公元814～840年），封建割据日益严重，为争夺封建领地，他的3个儿子不断发生内战。公元842年，路易为反对他的长兄发表誓言，分别用古德语与古法语写成，预示着帝国的分裂。公元843年，兄弟三人缔结《凡尔登条约》，帝国一分为三：高卢、些耳德河和默兹河以西归秃头查理，称西法兰克王国，后发展成法国。莱茵河以东，包括莱茵河以西的沃姆斯、美因兹和斯拜伊尔，归日耳曼人路易，称东法兰克王国，后发展成德国。哥哥洛塔尔袭用皇帝称号，定都亚琛，分得介于东、西法兰克之间的土地，称中法兰克王国，后发展成意大利。这一条约是查理曼帝国瓦解的第一阶段，预示近代西欧国家的形成。

扎克雷起义

1358年法国北部爆发的反贵族的大规模农民起义。"扎克"意为乡下佬，是法国封建主对农民的蔑称。13世纪以后，封建贵族以货币地租和高利贷，加重对农民的榨取。1348年，黑死病又在法国蔓延，使农民生活恶化，经济萧条。百年战争初，国王和大批贵族被英军俘虏，王子查理为了筹集赎金，对农民增加捐税，且农村破坏惨重，民不聊生。1358年5月，吉尤姆·卡尔率领农民在法国北部博韦区揭竿而起，口号是："彻底消灭一切贵族！"起义迅速席卷香槟、皮卡第、法兰西岛等地区。农民捣毁封建主住宅，攻陷城堡，焚毁契约债据，杀死被俘的封建主。封建主组织上千骑士向起义者进逼。1358年6月，查理二世以举行谈判为名，将吉尤姆骗到军营，并将其杀害，起义军战败。这次起义打击了法国的封建制度，为以后资本主义的产生创造了条件。

英吉利王国

封建社会时期的英国。公元5世纪中叶，日耳曼人中的盎格鲁人、萨克森人和裘特人等部落渡海进入不列颠，沿泰晤士河和汉伯尔河向内地推进，赶走当地居民，建立7个小王国，史称"七王国时代"。公元829年，威塞克斯王爱格伯特征服其他6国，建立西撒克斯王朝统治的英吉利王国。1066年诺曼底公爵威廉率军在英格兰登陆，入主伦敦，开始诺曼王朝，封建化过程完成。诺曼王朝结束后，发生20多年王位之争。1154年，安茹伯爵亨利入主英国，开始安茹王朝。无地王约翰时期，被迫签署大宪章。1265年首次召开国会，建立等级君主制。13世纪初，与法国爆发百年战争。兰加斯特王朝时发生玫瑰战争，到约克王朝末期结束，建立著名的都铎王朝。英吉利王国最后一个封建王朝斯图亚特王朝于19世纪中叶被英国资产阶级革命推翻。

诺曼征服

以法国诺曼底公爵威廉为首的法国封建主对英国的军事征服。1066年初，英王爱德华死后无嗣，韦塞克斯伯爵哈罗德二世被推选为国王。威廉以爱德华曾面许继位为理由，要求获得王位。1066年9月末，威廉率兵入侵英国。英王哈罗德闻讯后仓促南下迎战。1066年10月14日，双方会战于哈斯丁斯。结果英军战败，哈罗德阵亡，伦敦城不战而降。12月25日，威廉在伦敦威斯敏斯特教堂加冕为英国国王，即威廉一世，开始了诺曼王朝对英国的统治。残存的英国贵族进行顽强的抵抗，但均遭残酷镇压。1071年，威廉一世巩固了他的统治，因此获得"征服者"的称号。诺曼征服后，威廉没收原有英国贵族的土地，分给随他入侵的主教与将士，将法国封建制度逐步移植到英国，加强了王权，加速了英国封建化过程，到12世纪，英国封建制度基本完成。

英国大宪章

1215 年英王约翰被迫签署的文件，亦称自由大宪章。英王约翰在位时利用王权滥施暴政，随意没收附庸土地、征收赋税，同法国作战丧失了大部分领土，干涉教会选举，遭到了各阶层的强烈反对。1215 年 6 月 15 日，在英国贵族的胁迫下，约翰签署了《自由大宪章》。主要内容如下：保障教会教职人员的选举自由；保障贵族、骑士的领地继承权，未经"王国大会议"同意，国王不得向直属附庸征派补助金和盾牌钱；国王不得干预封建主法庭司法审判权；未经贵族的判决，国王不得任意逮捕或监禁自由人或没收他们的财产。同时，少数条款还确认城市已享有的权利、保护商业自由、统一度量衡等。还规定，国王如果违背宪章，贵族有权对国王使用武力。大宪章是一部封建性政治文件，后在英国确立君主立宪制时成为宪法性文件之一。

瓦特·泰勒起义

英国农民反封建的起义。主要领导者为瓦特·泰勒，故名。14 世纪的英国，社会局势动荡不宁、阶级矛盾空前激化。黑死病夺走了英国几乎一半的人口，经济萧条，统治阶级又发动百年战争，英国农民已经忍无可忍。1381 年 5 月，埃塞克斯和肯特郡的农民在起义领袖瓦特·泰勒

和约翰·保尔的领导下起义。6 月 13 日，义军占领伦敦，他们捣毁大臣官邸，杀死大主教和财政大臣，冲进监狱，释放囚犯，并两度迫使国王出来谈判。农民提出废除农奴制，每亩地的货币租限定为 4 便士，确保全国贸易自由，赦免起义者；还要求没收教会地产分给农民，取消领主权，把领主霸占的土地还给农民，废除劳工法等。在第二次谈判时，瓦特·泰勒被刺杀，起义失败。这次起义沉重地打击了封建势力，加速了英国农奴制的消亡。

玫瑰战争

1455～1485 年期间的英国封建内战，是英国百年战争失败后两大封建主集团在国内为争夺王位的结果。因战争一方为主要依靠西北地区及威尔士贵族支持的兰开斯特家族，以红玫瑰为族徽，另一方为主要依靠东南地区以及新贵族和城市市民的支持的约克家族；以白玫瑰为族徽，故名。约克公爵理查德企图夺取王位，1455年 5 月 22 日于圣奥尔本斯击败兰开斯特家族的武装，战争开始。战初，兰开斯特家族获得胜利，理查德被杀，但其长子爱德华很快大败兰开斯特家族，并于 1461年即位，开始了约克王朝的统治。爱德华四世死后，其弟理查德篡位，其统治激起许多封建贵族的反对。后理查德三世战败被杀。兰开斯特家族远亲里士满伯爵亨利·都铎继承王位，建立都铎王朝，结束了内战。玫瑰战争有利于加强专制统治，也有利于新贵族和资产阶级势力的兴起。

都铎王朝

英国从封建主义向资本主义过渡时期的一个重要封建专制王朝。玫瑰战争末

期，兰开斯特家族的远亲里士满伯爵亨利·都铎于 1485 年 8 月夺取王位，建立都铎王朝。新王朝依靠新兴贵族和资产阶级的力量，削弱封建割据势力，设立星室法庭，建立起强大的王权。实施保护关税，支持本国工商业和航运业，奖励航海活动，保护对外殖民和海盗活动，自上而下推行宗教改革，进一步加强了王权。通过圈地运动和血腥立法，资产阶级和新贵族积累了巨额财富，也加剧了社会矛盾。1588 年 7 月英国舰队击败西班牙无敌舰队，成为海上强国，女王伊丽莎白一世时期尤为强盛。在资本主义迅速发展的都铎王朝时期的英国，文化空前繁荣，人文主义思想流行。1603 年伊丽莎白女王死后，无嗣，政权转到斯图亚特王朝家族手中。

圈地运动

从 15 世纪末到 19 世纪末英国用暴力剥夺农民土地的运动，是资本原始积累的一种典型方式，大致以 17 世纪英国资产阶级革命为界线，分为两个阶段，顶点在 19 世纪。荷、法、德等西欧国家也有类似过程。15 世纪末，由于毛纺织业空前繁荣，引起羊毛价格上涨，养羊业变得有利可图。于是英国贵族竭力发展养羊业。他们用暴力把农民从土地上赶走，变耕地为牧场，放牧羊群。广大农民失去土地无以为生，只得四处流浪。英国资产阶级革命成功后，通过《公有地圈围法》，使圈地运动合法化。19 世纪初更有所谓"清扫领地"，即动员军队强行拆毁村庄，改成农牧场。圈地运动是剥夺农民土地的过程，破产农民为生活所迫只有出卖自己的劳动力，成为雇佣工人；而发财的贵族成

为资产阶级化的新贵族，为资本主义的发展创造了前提。

斯图亚特王朝

斯图亚特家族在苏格兰和英国建立的王朝。14 世纪初，斯图亚特家族的瓦尔特和苏格兰国王的女儿结婚。其子在 1371 年继位为苏格兰国王，从而开始斯图亚特王朝对苏格兰的统治。1503 年斯图亚特家的詹姆士四世与英国国王亨利七世的女儿结婚。其后裔斯图亚特家族的詹姆士六世在 1603 年继承英国王位，即英王詹姆士一世，斯图亚特王朝开始统治英国。爆发的资产阶级革命推翻了查理一世，1660 年，斯图亚特王朝复辟。詹姆士二世推行对外依靠法国，对内复辟封建制度的政策，被 1688 年的光荣革命推翻，其女婿荷兰执政威廉和其妻玛丽应邀前来统治英国。他们死后无嗣，王位由詹姆士二世的另一个女儿、玛丽的妹妹安妮继承。1714 年安妮女王去世，亦无嗣。王位传给斯图亚特家的远亲汉诺威乔治一世。斯图亚特王朝为汉诺威王朝所代替。

文艺复兴

13～17 世纪发生在欧洲的资产阶级思想文化革新运动，反对封建制度，以复兴希腊、罗马古典文化为号召，主张创造资产阶级新文化。文艺复兴开始于 13 世纪晚期的意大利。为打破封建制度与宗教神学的束缚，随着罗马、希腊古典文化的影响，东方文化的西传，以及新航路的开辟，文艺复兴向前发展。15 世纪中扩展到整个欧洲，于 17 世纪初结束。其以人文主义作为世界观与指导思想，主张

以人为中心，反对以神为中心；要求用人性、人道、人权取代神性、神道、神权；主张个性解放，重视人的价值，提倡文化科学与世俗享受。人文主义思想渗透到了文艺复兴的各个领域，打破了天主教会的思想统治，推动了反封建的革命斗争，促进了近代自然科学的兴起与文学艺术的繁荣，并为后来的资产阶级革命做了舆论准备。

神圣罗马帝国

欧洲的封建帝国（公元962～1806年）。10世纪中叶德国萨克森王朝国王奥托一世力图利用教会势力抑制大封建主，加强王权。公元961年罗马内部发生冲突，奥托应一派之请带领大批人马侵入意大利，并控制了教皇。公元962年2月，教皇为奥托加冕，称奥古斯都，奠定神圣罗马帝国的基础。1154年，德皇腓特烈一世攻陷罗马，帮助教皇镇压罗马共和国。教皇感恩，为腓特烈加冕，称神圣罗马帝国皇帝，正式在罗马帝国名称之前冠以"神圣"二字。帝国的疆土以德国和意大利的中、北部为主，有时包括瑞士、尼德兰、捷克和法国的勃艮第、普罗旺斯。13世纪末叶开始皇权衰落。1806年7月，莱茵地区在法国大革命的影响下成立莱茵同盟，宣布独立，是对帝国的沉重打击。同年8月，神圣罗马帝国最后一位皇帝弗朗西斯二世在拿破仑的强迫下退位，帝国灭亡。

宗教改革运动

16世纪欧洲新兴资产阶级一次大规模的反对天主教会和封建制度的社会、思想和政治运动。1517年，德国宗教改革的代表人物马丁·路德发表《九十五论纲》，正式点燃宗教改革的烈火。路德系统提出唯信称义、政教分离、廉价教会和改革文化教育等主张，发出驱逐罗马教会实现德国独立的檄文，得到各方响应。1555年的《奥格斯堡宗教和约》，承认路德教的合法地位。大致同时，瑞典、丹麦和挪威改宗路德教。继路德之后，约翰·加尔文在瑞士进行成功的宗教改革。他提出先定论，主张建立民主选举产生的廉价教会，反映新兴资产阶级的利益和要求。宗教改革运动沉重地打击了天主教会和西欧的封建制度，在历史上具有进步作用；并在部分德国、北欧诸国、瑞士、荷兰和英国等地，建立不受罗马控制的新教组织。

德国农民战争

15世纪末到16世纪初，德国迅速发展的经济和资本主义经济与政治上分裂割据发生尖锐冲突。封建主和教会残酷地剥削农民，连手工业者、市民和下层僧侣也深受迫害。1524年夏，起义首先在士瓦本南方爆发。主要领导人是托马斯·闵采尔。接着法兰克尼亚、图林根和萨克森相继爆发农民起义。农民军号召打倒封建统

1524年，农民们再也忍受不了封建主和教会的残酷剥削，揭竿而起。图为农民们举着起义旗帜（上面画着一只系带的鞋子），将一个抓获的骑士围了起来。

治阶级，并提出了广泛的反封建纲领。1525 年 3 月，闵采尔领导缪尔豪森的矿工和平民推翻贵族统治，成立革命政权"永久市政会"。5 月中旬，在弗兰根豪森决战中，由于力量悬殊，起义失败，闵采尔受伤被俘，壮烈就义。6 月初，缪尔豪森陷落，图林根和萨克森的起义失败，整个农民战争基本结束。农民战争是从路德宗教改革开始的资产阶级革命的顶点，沉重地打击了天主教会和封建制度。

拜占廷帝国

位于欧洲东南方和南方及亚洲西部的帝国。公元 330 年罗马皇帝君士坦丁一世接管这里，易名为君士坦丁堡。此时该地区通称东罗马帝国。公元 395 年狄奥多西一世将帝国分给两个儿子。公元 476 年西罗马帝国灭亡，东半部的罗马帝国延续下来，因其首都君士坦丁堡为古希腊移民城邦拜占廷的旧址，故称拜占廷帝国。其继承了希腊化时代的文明，因此人口稠密，商业繁荣。公元 6～7 世纪，逐渐从奴隶社会向封建社会过渡。在它最伟大的皇帝查士丁尼一世掌权后，重新征服了一些西欧地区。他死后，帝国逐渐衰落。13 世纪在第四次十字军东侵时，威尼斯人占领了君士坦丁堡，并成立了拉丁帝国。1261 年拜占廷重新复国，但领土大为缩小，势力衰微。14 世纪奥斯曼土耳其开始入侵，1453 年，土耳其人占领君士坦丁堡，拜占廷帝国灭亡。

拉丁帝国

1204 年由西欧封建主和意大利威尼斯的巨商们组织的第四次十字军东侵，攻陷拜占廷帝国都城君士坦丁堡后建立的封建帝国。因希腊人称西欧人为拉丁人，故称拉丁帝国。疆域包括小亚细亚西北部巴尔干半岛南部及其附近岛屿。由组成这次十字军的西欧封建主统治，共持续 57 年。虚弱的拉丁帝国对人民群众实行残酷的掠夺与奴役，并摧残希腊文化。其自存在之日起就岌岌可危，西欧封建主内部不和，希腊人不懈地抵抗，保加利亚、土耳其也在伺机取代。1224 年伊庇鲁斯取得帖撒罗尼加，1225 年尼西亚收复小亚细亚，1235～1236 年君士坦丁堡几被保加利亚的伊凡·亚森二世攻占。1261 年 7 月，尼西亚皇帝巴列奥略家族的迈克尔八世收复君士坦丁堡，恢复了拜占廷帝国。拉丁帝国末代皇帝鲍德温二世逃往西欧，拉丁帝国遂亡。

麦哲伦环球航行

1517 年，麦哲伦放弃葡萄牙国籍移居西班牙，得到西班牙国王查理一世的支

麦哲伦像

持和资助，于 1519 年 9 月 20 日率船 5 艘、水手 265 人，由西班牙的圣卢卡港启航，越过大西洋。12 月 13 日船队到达里约热内卢湾，沿巴西海岸南下。次年 10 月 21 日经过南美大陆与火地岛之间的万圣海峡（后命名为麦哲伦海峡）。10 月 28 日进入太平洋，继续西行。1521 年 3 月抵达菲律宾。在马克坦岛，麦哲伦于 4 月 27 日被当地居民杀死。11 月其余航员至摩鹿加一带。仅存的一只船"维多利亚"号和 18 名疲弱不堪的船员，横渡印度洋，绕过好望角，于 1522 年 9 月 6 日回到西班牙圣·罗尔港。麦哲伦及其船队费时近 3 年完成人类历史上第一次环球航行，扩大了世界各大洲之间的联系，同时以实践证实了地圆学说，对科学的发展具有重大意义。

尼德兰革命

历史上第一次成功的资产阶级革命。16 世纪中期，尼德兰（包括今荷兰、比利时等地）资本主义生产关系逐渐形成，但西班牙的封建专制统治严重阻碍其发展。1566 年，爆发了反天主教会和西班牙的"圣像破坏运动"，随之掀起反西班牙统治的武装起义。1572 年，尼德兰北方各省爆发了人民大起义，推选威廉为北方各省执政。南方形势也日趋高涨。但南方贵族慑于人民力量的壮大，迅即向西班牙国王妥协，于 1579 年缔结了阿拉斯同盟。北方各省和南方部分城市为对抗南方贵族的叛变行为，以荷兰省为首结成乌得勒支同盟，继续进行斗争。1581 年各省宣告独立，正式成立资产阶级的联省共和国。1609 年，西班牙被迫与荷兰签订《十二年停战协定》，事实上承认了尼德兰的独立。

莫斯科大公国

14～15 世纪罗斯东北的封建国家。首都为莫斯科，故名。13 世纪初在弗拉基米尔领地上兴起，从众多小公国中脱颖而出。1328 年，伊凡一世被钦察汗国册封为弗拉基米尔大公，兼并邻近公国侯，号召诸侯。其孙德米特里·伊凡诺维奇继续兼并各公国，开始与钦察汗发生冲突。1380 年 8 月于顿河库里科沃一役击败钦察汗主力，确立了莫斯科公国在罗斯各公国的领导地位。伊凡三世时先后兼并诺夫哥罗德、特维尔、里亚赞等大公国，统一大部分领土，奠定俄罗斯基本版图的基础。1480 年钦察汗进攻莫斯科，失利撤退，俄罗斯最终摆脱了蒙古人统治，并开始向波罗的海方面扩张领土。瓦西里三世先后归并普斯科夫、梁赞等大公国，完成俄罗斯统一的中央集权国家形成过程。1547 年伊凡四世时加冕沙皇，莫斯科公国变成沙皇俄国。

新罗统一朝鲜

公元前 1 世纪中叶后，朝鲜半岛先后建立起新罗、百济、高句丽三个王国，形成三足鼎立的局面。公元 7 世纪中期，新罗太宗武烈王、文武王时，与中国的唐朝结盟，公元 660 年征服百济，公元 668 年征服高句丽，于公元 676 年统一了朝鲜半岛。这是朝鲜半岛有史以来第一次由本国人民所进行的统一。朝鲜自此由奴隶社会进入封建社会。从公元 668 年起，经过将近 10 年的战争，新罗终于把唐朝的军队赶出去。在新罗王朝的统治下，朝鲜成为最早出现的民族国家之一。统一之后，新罗仿照中国改组行政机构，设置部和府，把整个半岛分成9个州，下设郡和县。10世纪初，由于统治阶级内部争权夺利和农民暴动，朝鲜半岛重新形成三足鼎立的局面。公元935年新罗王朝被推翻，建立起新的高丽王朝。新罗统一结束了朝鲜半岛的分裂局面，为经济、文化发展创造了有利条件。

高丽王朝

朝鲜史上的封建王朝，公元918年为王建所创立，定都开京。新罗末年，国势衰微，农民起义连绵不断，地方封建势力割据。公元918年后高句丽武将王建夺得政权，改国号高丽，建立高丽王朝。公元936年，重新统一朝鲜半岛。高丽王朝实行中央集权制，公元976年，实行田柴科制，即按不同等级分赐土地，以加强中央集权。并设有一套完整的官僚机构，中央掌握着一支强大常备军。10世纪末和11世纪末3次击退契丹入侵，捍卫了国家独立。12世纪为高丽最强盛时期，政治稳定，经济、文化高度繁荣。12世纪后期起土地兼并重新盛行，田柴科制被废除，爆发了席卷全国的农民大起义。1258年投降蒙古，蒙古于1280年在高丽设立征东行省。1368年明朝推翻蒙古贵族统治，有力地支援了高丽人民争取独立的斗争。1392年高丽王朝大将李成桂发动政变，废高丽末王，改国号为朝鲜，建立李朝。

李朝

朝鲜史上的封建王朝。元朝灭亡后，高丽末王仍依附蒙古贵族残余势力，并派兵攻辽东。1388年，反对进攻中国的大将李成桂，在鸭绿江威化岛发动兵变，班师回京，成立新政府。1392年自立为王，改国号朝鲜，是为李朝，迁都汉城。李朝建立后，实行田制改革，实行科法制，限制土地兼并；颁布《经国大典》，规定国家机构和各项制度，加强中央权力。这些都使其初期经济、文化高度繁荣，农业、手工业得到发展。15世纪末起，政治腐败，党争迭起，各地农民纷纷起义。1592年日本侵略军20万余人在釜山登陆，朝鲜人民奋起迎战，进行了壬辰卫国战争。朝鲜军民在明军支援下浴血奋战，终于取得卫国战争的最后胜利。1894年，朝鲜爆发东学党领导的农民战争，日本乘机出兵，变朝鲜为保护国。1910年日本迫使朝鲜签订《日韩合并条约》，朝鲜沦为日本的殖民地，李朝灭亡。

壬辰卫国战争

16世纪末朝鲜军民抗击日本入侵的卫国战争。因在农历壬辰年（1592年）爆发，故名。16世纪末，丰臣秀吉统一日本后，于1592年4月，派军约20万由釜山登陆，至6月，已占领汉城、开城和平壤三京，朝鲜陆军节节失利，遣使向中国明朝求援。是时，以李舜臣部为主力的朝鲜水军连获大捷，掌握了制海权。郭再佑等朝鲜义兵部队也在敌人后方积极活动，抗击日军入侵。12月，明朝派李如松等率军援朝。1593年初，收复平壤、开城，4月收复汉城。日军被迫退守南方沿海一带。1597年初，日本又出兵14万人，在釜山登陆，但最终败北。1598年，丰臣秀吉病死，日本内部混乱，侵朝日军仓皇撤退。朝中水军乘胜追击，经过激战，几乎全歼日军。战争以侵略者的失败而告终。这次战争保卫了朝鲜，也粉碎了日本妄图侵略中国的计划。

幕府政治

亦称"武家政治"。日本封建社会武士封建主的一种军事独裁的政权形式。"幕府"一词出自中国，指将军出征时的营幕，后转意为将军的府署和武士政权。10世纪中叶，日本各地封建主为了维护自己的利益，争相蓄养武士，从而出现了一个特殊的武士阶层，他们以忠、义、勇为信条，与封建主结成主从关系。到12世纪，形成了关东源氏和关西平氏两大集团。皇族和贵族依靠他们进行政治斗争。两大武士集团之间也因争夺权利而互相倾轧。1185年源氏称"征夷大将军"，在镰仓建立幕府，统治全国。后征夷大将军的住处被称为"幕府"，设有一套统治机构，掌握实际统治大权，天皇形同虚设，是朝廷之外的政府，故称"幕府政治"。历经镰仓幕府、室町幕府和德川幕府，至1868年德川幕府被推翻，延续600多年的幕府政治才宣告结束。

努比亚

东非古国，古埃及人称为库施，亦称古埃塞俄比亚。占有尼罗河第一瀑布以南至白尼罗河与青尼罗河汇合处之间的广大地区，主要居民是黑人。从公元前4000年中叶起，埃及开始派兵侵入。公元前2000年中叶，努比亚被埃及征服，沦为殖民地。约公元前10世纪，努比亚摆脱埃及统治，建立奴隶制国家。公元前8世纪中叶，统一第一瀑布到第六瀑布间广大地区，并占领上埃及。公元前713年，打败埃及统治者，建立埃及的第二十五王朝，又称"努比亚王朝"。公元前591年迁都麦罗埃。公元1~3世纪达到极盛，农业、炼铁业和纺织业发达。麦罗埃是当时非洲最大的炼铁中心和东非的贸易中心，与非洲内陆、埃及、西亚和印度等地有商业往来。努比亚人在建筑、绘画、雕刻方面均取得了巨大成就，并创造了自己的字母表。约公元330年，努比亚被阿克苏姆王国征服，遂亡。

加纳王国

西非第一个有文字记载的古国，位于塞内加尔河和尼日尔河上游。约公元3世纪为曼丁哥族的索尼克人所建，首都加纳城。10~11世纪达到极盛，版图西临大西洋，东至尼日尔河与巴尼河汇合处，北到沙漠重镇奥达果斯特，南达塞内加尔河上游。国内盛产黄金。阿拉伯人征服北非后，商人从摩洛哥来到加纳，用带来的盐、铜、织物换取黄金、象牙和奴隶。国王垄断黄金开采，对过境食盐、杂货征税，从中获取大量财富。加纳广泛使用奴隶劳动，但尚不能说是奴隶制国家。1054年，摩洛哥穆拉比德王朝的阿布·贝克尔率兵占领奥达果斯特。又于1076年占领加纳城，加纳被迫称臣纳贡，并迁都尼日尔河上游。1087年加纳人民起义，重新获得独立，但商路中断，国力衰微。1240年加纳被马里征服，遂亡。

玛雅文化

印第安人的一支——玛雅人创造的文化，繁荣期在公元3~9世纪，10世纪开始衰落，15世纪初西班牙殖民者入侵后遭到毁灭性破坏。玛雅文化分布在今墨西哥的尤卡坦半岛、危地马拉、洪都拉斯和伯利兹一带。公元前 1000 年，玛雅人就培育出玉米、甘薯、可可、棉花和烟草等农作物。公元初出现城市，先后共有 100 多座。城市和村落里有贸易广场，商业繁荣，甚至与南美的哥伦比亚也有商业联系。玛雅人擅长建筑、雕刻和绘画，建造的金字塔雄伟壮观，博南帕克壁画是世界艺术瑰宝。玛雅人在数学、天文和历法上有很高的造诣。他们创造 20 进位法，使用"零"比欧洲人早 800 年，能准确预测日食，知道月亮、金星的运行周期，有当时世界上最精确的太阳历。玛雅有象形文字，组成近 3 万个词汇。玛雅人的文化对后来的阿兹特克文化有很大的影响。

阿兹特克文化

12 ~ 16 世纪初，印第安人的一支——阿兹特克人在墨西哥盆地创造的文化。1325 年，他们在酋长特诺克率领下来到特斯科科湖中的两个小岛上，建立特诺奇蒂特兰（今墨西哥）。15 世纪初，墨西哥开始向外扩张，征服邻近部落，领土扩张到墨西哥湾、危地马拉和太平洋沿岸。随着私有制和阶级分化日益明显，形成早期奴隶制国家。阿兹特克人以农业为主，种植玉米、棉花等农作物。手工业比玛雅进步，在制造铜器和陶器、铸造和压制金器以及用宝石和羽毛镶嵌装饰品方面显示出了高超的技艺。首都特诺奇蒂特兰定期举行贸易，一般以物易物。阿兹特克人擅长建筑，首都布局整齐、气势宏伟，所建造的金字塔，其顶上建有宏伟的神庙。阿兹特克人吸收玛雅文化的成就，创造了类似的历法和象形文字。1518 年，西班牙殖民者侵入，经济文化遭破坏。

印加文化

南美印第安人的一支——印加人创造的文化。地处南美安第斯高原一带。印加帝国从 13 世纪以库斯科盆地为中心逐渐强大起来。15 ~ 16 世纪征服邻近大片地区，形成庞大的帝国，疆土北起哥伦比亚南部，南到智利中部，西临太平洋，东至亚马孙丛林，囊括今厄瓜多尔、秘鲁和玻利维亚。印加人农业发达，修筑了大量的梯田和灌溉渠道，培育出近 40 种作物。他们制造出各种青铜器和金银装饰品。印加人的毛棉纺织品，花色鲜艳，精美绝伦。印加人擅长建筑，建有太阳门和库斯科太阳庙；修建了两条贯通南北的大道，是人类最伟大的工程之一。印加人在数学和天文学方面也有成就，制定了比较精确的太阳历。医学上能进行开颅手术，提取可卡因作麻醉剂。印加人没有文字。1533 年，西欧殖民者占领库斯科，印加遂亡，印加文化遭到破坏。

世界近代史

英国资产阶级革命

　　1640~1688 年英国确立资产阶级统治的革命。17 世纪初，英国的资本主义工商业有了迅速发展。新兴的资产阶级和新贵族同封建专制制度和国教会的矛盾日趋尖锐，国王的倒行逆施，激起人民的强烈不满。1640 年 1 月，长期国会的召开，揭开了资产阶级革命的序幕。1642~1649 年爆发了两次内战。其间，代表中等阶级和中小新贵族利益的独立派领袖克伦威尔，组成新模范军，打败王党军队；并于 1649 年 1 月，处死国王查理一世，5 月成立共和国，把英国资产阶级革命推向高潮。此后，克伦威尔独揽大权，实行军事独裁，镇压掘地派运动，远征爱尔兰。1653 年底，克伦威尔改共和政体为护国政体，自任"护国主"。1658 年克伦威尔病故后，斯图亚特王朝于 1660 年乘机复辟，大资产阶级和上层新贵族同土地贵族妥协，1688 年联合发动宫廷政变，推翻詹姆士二世，迎立其女婿、荷兰执政威廉为英王，确立了君主立宪制的资产阶级政权。英国资产阶级革命宣告了资本主义制度的诞生，为英国资本主义的发展扫清了道路。同时开辟了资产阶级革命的新时代，标志着世界近代史的开端。

清教徒

　　欧洲宗教改革时代后期在英国出现的一支新教教派。16 世纪 60 年代，许多人主张清除国教中天主教残余，得名清教徒。清教徒只承认《圣经》是信仰的唯一权威，强调所有信徒在上帝面前一律平等。他们接受加尔文教教义，主张建立无教阶制的民主、共和的教会，反对国王和主教专权。赞许现世财富的积累，提倡节俭、勤奋的进取精神。这些观点反映了新兴资产阶级的愿望和意志。70 年代起，脱离圣公会，建立独立教会，选举长老管理宗教事务。16 世纪末清教徒分裂为长老派和独立派。17 世纪上半叶，信奉清教的资产阶级和新贵族与国王的冲突愈演愈烈，导致英国革命，亦称清教徒革命。斯图亚特王朝复辟后，清教徒受到迫害。1688 年"光荣革命"后，议会通过《宽容法》，允许清教徒建立自己的教会。1828 年政权对清教徒完全开放。

光荣革命

　　英国资产阶级和土地贵族推翻复辟的斯图亚特王朝的政变，资产阶级史学家把它说成是"光荣革命"。1660 年斯图亚特王朝复辟后，查理二世和他的继承者詹姆士二世竭力推行反动政策。在革命时期没收的一部分王党的土地被夺回去，许多共和主义者被处死。为恢复专制制度取得法国援助，降低了法国商品的关税率，并准备在英国恢复天主教会。这威胁了资产阶级和新贵族的根本利益，因此资产阶级和一部分大地主联合起来发动政变。1688年，他们邀请詹姆士二世的女婿、荷兰执政奥伦治亲王威廉到英国接受王位。威廉率军来到英国，詹姆士二世逃往法国。1689年初，国会宣布威廉为英国国王（即威廉三世），并制定《权利法案》，限制王权巩固国会的权力，确立了资产阶级和新贵族专政的君主立宪制。

权利法案

英国议会在1689年通过的限制王权和关于王位继承的法案。这是斯图亚特王朝的国王们与英格兰人民和国会在17世纪长期争斗的成果。《权利法案》成为1688年革命后施政的基础。法案的主要目的在于明文宣布詹姆士二世的各种措施为非法。法案规定：不经议会同意，国王无权征税；不能在和平时期维持常备军；议会要定期召开；议员的选举不受国王干涉；议员有在议会活动的自由等。同时法案也确定了王位继承问题。《权利法案》为限制王权提供了宪法保障，在英国确立了资产阶级专政的君主立宪制，是英国法律的基本组成部分之一。

英国工业革命

亦称产业革命。18世纪60年代至19世纪40年代英国工业部门内生产方式的革命，即从手工工场到大机器工业的转变。英国资产阶级革命的胜利，为工业革

19世纪早期英国煤矿使用蒸汽机的情景

命提供了有利的政治条件；圈地革命和殖民扩张，为英国工业革命提供了大量的资金和廉价劳动力；生产技术不断改进和劳动工具日趋专门化，为过渡到大机器生产准备了物质技术条件。英国工业革命首先从棉纺织业开始。1733年，凯伊发明飞梭；1765年，哈格里夫斯发明珍妮纺纱机；1769年，阿克莱特发明水力纺纱机；1779年，克朗普顿发明骡机；1785年，卡特莱特发明了水力织布机；1785年，瓦特制成改良蒸汽机，用作纺织机器的动力，并逐步扩展到化工、冶金、采矿、机器制造、运输等部门。19世纪40年代，英国完成了工业革命。法、美、德、日等国也先后进行了工业革命。工业革命使社会生产力大大提高，英国成为首屈一指的工业国，巩固了资产阶级的政治统治；与此同时，资本主义国家加紧对殖民地人民的疯狂掠夺，使东方从属于西方；并导致了近代资本主义两大对立阵营的形成，即工业资产阶级与工业无产阶级。

宪章运动

19世纪30～40年代英国工人争取普选权为中心的群众性的政治运动。1836～1848年，在英国爆发，工人阶级制定了政治纲领，提出6点要求：年满21岁的

男子均有选举权；秘密投票；按居民人数平均分配选区，每区选派一名议员；每年改选一次国会；废除议员候选人的财产资格限制；议员领取薪俸。各地工人热烈响应，举行集会、示威游行、罢工和请愿，掀起签名运动，有的地方还爆发了起义。资产阶级激进派亦加入运动。但宪章运动的领导人指望通过和平请愿的方式，达到斗争的目的。议会 3 次拒绝接受人民宪章运动的请愿书，最后下令解散了宪章派的组织，逮捕了宪章派的积极分子，宪章运动被镇压下去。宪章运动是英国无产阶级的第一次全国规模的、群众性的政治斗争，标志着英国无产阶级登上了政治舞台。

自由党

英国 19 世纪中期出现的资产阶级政党，代表工商业资产阶级的利益。前身为辉格党，代表资产阶级和新贵族利益的议会贵族集团。1839 年，辉格党领袖约翰·罗素勋爵开始使用自由党名称。19世纪 50 年代，旧辉格集团与资产阶级激进派联合，基本完成了辉格党向自由党的演变。50～60 年代，当政的主要是自由党。自由党政府推行有利于工业资产阶级的政策，如自由贸易。1868～1894 年，其领导人格莱斯顿曾先后 4 次组阁，在他的领导下，各派别形成统一的议会政党，并开始形成议会外的政党组织结构。1886年，该党因爱尔兰自治计划发生分裂，受到削弱。1905～1915 年是该党单独执政的最后时期，该时期的改革成为福利国家政策的起点。1918 年后，工党取代其地位，与保守党抗衡。"二战"后，自由党日益衰微，在英国政治舞台上已无重大影响。

保守党

英国资产阶级政党，其前身是托利党，全称保守统一党。起初是大地主、银行家的政党。19 世纪晚期，许多大工业家加入，保守党变为垄断资产阶级的代理人。1848 年迪斯累里当选保守党领袖，极力整顿和改组保守党，建立全国保守主义与统一主义协会联盟。19 世纪后半期，保守党与自由党交替执政。1874 年大选，保守党获胜。迪斯累里组阁后，对内取消主仆法，禁止 10 岁以下儿童做工，成立地方管理部，扩大政府行政机构，并采取收买办法，培植工人贵族阶层，给英国工人运动造成极大的危害；对外则积极执行帝国殖民扩张政策，并向英国人民灌输大国沙文主义和帝国主义思想；廉价收买苏伊士运河股票以控制埃及，并宣布维多利亚一世为"印度女皇"。第一次世界大战期间，保守党参加战时联合内阁并维持到1922 年，之后多次组阁。

英国工党

英国资产阶级政党。1900 年 1 月建立于伦敦，称劳工代表委员会，1906 年称工党，初期是工会组织与费边社、独立工党和社会民主同盟之间的联盟，只有集体党员，没有个人党员，也没有明确纲领，宗旨是在议会里实现独立的劳工代表权。工党于 1918 年通过名为《工党与新社会制度》的纲领和新党章，将生产、分配和交换手段的社会化列为自己的目标，选出了党的领导机构——全国执行委员会，并开始吸收个人党员。参加工党的基本群众是工人，但党的领导权把持在独立工党和费边社分子的手中，并不是代表工人阶级利益的革命政党，且费边社和独立工党的社会改良主义在党内影响不断增长，并反对革命。1918 年前是自由党的附庸，此后在国会中取代自由党，与保守党轮流执政，成为现代英国两大资产阶级政党之一。

法国资产阶级革命

1789 年法国资产阶级和人民群众推翻封建统治、建立资本主义制度的革命。18 世纪末，波旁王朝的封建统治严重束缚了资本主义的进一步发展，第一、二等级与广大第三等级之间的矛盾急剧激化。1789 年 5 月国王被迫召开三级会议，第三等级的代表在人民群众的支持下展开了反对以国王为首的特权等级的斗争。7 月 14 日，起义者攻占了象征封建专制主义的巴士底狱，法国大革命爆发。大资产阶级窃取了政权，主张实行宪政。废除了部分次要的封建义务，颁布《人权宣言》。制定《1791 年宪法》，维护君主立宪。1792 年 8 月 10 日，巴黎人民再次武装起义，逮捕国王推翻君主立宪派的统治。代表大工商业资产阶级的吉伦特派掌权，取得瓦尔密大捷，并把国王路易十六押上了断头台，但后来不愿把革命继续向前推进，拒绝限制物价和惩办奸商。5 月 31 日～6 月 2 日，巴黎人民举行了第三次武装起义，推翻吉伦特派的统治，政权转到雅各宾派手中。以罗伯斯庇尔为首的革命政府，颁布了 3 个土地法令，彻底废除了封建义务；颁布了《1793 年宪法》；镇压反革命，平息了武装叛乱；暂时稳定了政权。但因雅各宾派内部出现分裂，削弱了自己专政的社会基础。1794 年 7 月 27 日，大资产阶级发动政变，推翻雅各宾派专政，建立起热月党人的统治。法国革命是世界近代史上规模最大、最彻底、最深刻的一次资产阶级性质的革命，它摧毁了封建制度，为资本主义的发展扫清了道路，推动了欧洲各国的反封建斗争，在世界上产生了巨大影响。

启蒙运动

18 世纪 20～70 年代，法国资产阶级进步思想家所进行的反宗教神学和封建专制禁锢人们头脑的思想解放运动。它首先从欧洲、北美兴起，逐渐扩展到全世界。法国大革命前夕，资产阶级夺取政权，在思想上同封建统治者展开激烈的斗争。资产阶级的先进思想家孟德斯鸠、伏尔泰、卢梭、狄德罗、孔多塞和劳动大众的思想家梅里叶等，他们高举"自由、平等、博爱"和"民主与科学"的旗帜，用笔为武器，著书立说，认为只有按照理性的要求生活，人类的前途才充满希望。揭露和抨击王权、神权和封建特权。宣扬唯物主义，反对宗教迷信。主张开明君主制度或民主政体。经济上实行自由放任。这些活动强有力地扫荡了笼罩着西方世界的封建思想和宗教神学的迷雾，影响深远，对动员和组织群众进行资产阶级革命起了巨大的推动作用。

三级会议

法国的等级代表会议。第一等级是僧侣；第二等级是贵族；第三等级起初指城市工商业者的上层分子，18 世纪末，包括农民、工人、小商贩和城市贫民、为数众多的小生产者以及资产阶级。会议由国王召集。1302 年，首次召开三级会议。从 1614 年起，175 年间从未召集过三级会议。1789 年，为了解决严重的财政危机，国王路易十六同意召开三级会议。资产阶级希望三级会议进行政治改革，分享政治权利。国王路易十六只要求代表解决财政问题，会议发生激烈冲突。会议伊始，第三等级代表和一些自由派贵族就违背国王的初衷，把矛头指向专制制度。7 月 9 日，第三等级宣布将这次会议改为制宪会议。国王立即调动军队，阴谋镇压，激起 7 月 14 日的巴黎人民武装起义，法国大革命爆发。三级会议的召开，成为法国资产阶级革命的导火索。

人权宣言

18 世纪法国资产阶级革命中有关人权的纲领性文件，全称《人权与公民权宣言》。为防止国王利用专制权力解散议会和逮捕议会代表，制宪会议制定了《人权宣言》，于 1789 年 8 月 26 日正式通过。宣称人生来是而且始终是自由平等的；自由、财产、安全和反抗压迫是天赋的、不可剥夺的人权；法律面前人人都是平等的；私有财产神圣不可侵犯。总之，贯穿于《人权宣言》始终的核心内容就是维护人权和法律的尊严，体现了人民群众要求摧毁君主专制和等级制度的思想。但是它是以财产的不平等代替封建等级的不平等，所宣称的自由也不过是资产阶级的自由，是有产者剥削无产者的自由。在法国大革命中，《人权宣言》成为指引和鼓舞法国人民与封建统治进行斗争的思想武器。《人权宣言》确立了近代社会的基本原则和价值观念。

1791 年宪法

18 世纪法国资产阶级革命初期制定的第一部君主立宪制宪法。1789 年 7 月～1791 年 9 月制宪议会完成了宪法的制定工作。路易十六于 9 月 14 日正式批准宪法。宪法的序文是《人权宣言》。宪法规定法国的政体是君主立宪制，立法权属于由选举产生的一院制立法议会，立法议会是国家最高立法机构；国王是国家行政机构的首脑，但只能依据法律统治国家；司法权属于选举产生的法官，实行陪审裁判制。宪法宣布取消封建等级制；在选举制度上，凡年满 25 岁，有财产并能缴纳直接税的为"积极公民"，享有选举权；凡是不符合财产规定的为"消极公民"，被剥夺选举权与被选举权。这部宪法代表大资产阶级的利益，以财产重新划分了公民等级，并保留了君主的地位，但对法国人民反对封建专制制度和欧洲资产阶级革命起了推动作用。

吉伦特派

法国大革命中代表工商业资产阶级利益的政治派别。因该派领袖人物布里索、维尔尼奥等多来自吉伦特省而得名。1792 年 8 月 10 日起义后，吉伦特派执掌政权。吉伦特派主张废除君主制，于 1792 年 9 月宣布成立法兰西共和国，并把国王路易十六押上断头台。随着革命的深入，认为法国革命应当止步，恢复秩序，并竭力维护工商业资产阶级的利益。1793 年初法国局势恶化，前线紧张，粮食奇缺，物价飞涨，群众要求限制物价，打击投机倒把。吉伦特派则坚持经济自由原则，不愿对经济进行干涉和管制。1793年4月，前线发生吉伦特派将领叛变事件，巴黎群众极为愤怒。1793年5月31日~6月2日巴黎群众起义，逮捕吉伦特派议员及其首领，吉伦特派被推翻。1794年7月27日热月政变后，该派又成为热月党的骨干。

法兰西第一共和国

法国历史上第一个资产阶级共和国。1792年8月10日巴黎人民发动第二次武装起义，推翻了君主统治。9月21日，国民公会开幕，次日，国民公会宣布成立法兰西共和国，史称第一共和国。吉伦特派未能有效地阻止经济恶化趋势，人民群众生活异常困苦，物价猛涨；前线连连失利，反法联盟军队攻入法国境内，国内王党叛乱猖獗，激起人民严重不满。1793年5月31日~6月2日，巴黎人民举行第三次武装起义，雅各宾派取得政权。雅各宾派消灭封建制度，建立民主专政，实行革命恐怖政策，颁布限价法，反击外国入侵，把革命推向了高潮。1794年7月27日热月政变后，政权落入代表大资产阶级的热月党手中，标志着革命的结束。共和国的基础日益削弱，开始了执政府时期。1804年12月拿破仑称帝后被法兰西第一帝国所代替。

雅各宾派

法国大革命时期参加雅各宾俱乐部的资产阶级激进派政治团体。1789年常在雅各宾修道院集会，故名。开始时成分较复杂，1791年7月和1792年10月，立宪派和吉伦特派先后分裂出去，雅各宾派成为以罗伯斯庇尔为代表的激进的资产阶级革命民主派。1793年6月，推翻吉伦特

派的统治，取得政权。在内忧外患异常严重的形势下，雅各宾派政府实行恐怖统治，组织爱国力量，严厉打击国内外反革命势力，限制资产阶级投机活动，规定物价的最高限额，消灭封建制度，赢得了革命的胜利。但雅各宾派内部意见不一。丹东派在1793年秋冬主张放松恐怖统治，埃贝尔派则主张更严厉地推行恐怖政策。罗伯斯庇尔在1794年3~4月间先后镇压了两派领导人。7月27日的热月政变结束了雅各宾派政权。11月，热月党封闭了雅各宾俱乐部。

雅各宾派专政

法国大革命高潮时期雅各宾派建立的革命民主专政。1793年5月31日~6月2日巴黎革命推翻吉伦特派后，雅各宾派接掌政权。专政的最高权力机关是国民公会，执行机关是公安委员会，实际首脑是雅各宾派领袖罗伯斯庇尔。专政期间，建立革命政府，强化专政机构；颁布《土地法令》，废除封建土地所有制，摧毁封建制度；制定《1793年宪法》，取消积极和消极公民的区别以及选举的财产资格限制；通过《惩治嫌疑犯条例》，镇压反革命，并击退了外国武装干涉；实行限价政策，打击投机商，把法国资产阶级革命推向高潮。1793年底，内部发生分裂，并先后镇压了愤激派、埃贝尔派和丹东派，进一步削弱革命政府与人民群众的联系，失去了人民群众的有力支持。1794年7月27日，被热月政变所推翻。

热月政变

1794年法国大革命期间发生的颠覆雅各宾派民主专政的政变。因发生在法国

新历共和二年热月 9 日而得名。雅各宾派为挽救革命，打击敌人，实行一些限制资产阶级的政策，以丹东为首的"宽容派"主张取消在革命非常时期所采取的激进措施；但以埃贝尔为首的另一派，却主张更加严厉地执行这些政策，进一步打击资产阶级。由于这两派都反对罗伯斯庇尔，于 1794 年 3～4 月遭到罗伯斯庇尔为首的执政派的镇压。以丹东派余党分子为首，联合国民公会内外一切反对罗伯斯庇尔的势力，于 7 月 27 日发动热月政变，罗伯斯庇尔及其集团的主要成员如圣茹斯特、古东等被捕，并被送上了断头台，雅各宾派专政被推翻，建立以热月党人为代表的大资产阶级政权。热月政变是法国资产阶级革命的转折点。从此，革命高潮过去。

督政府

热月政变后法国建立的大资产阶级政权。1795 年 8 月 22 日，热月党人组成的国民公会通过《共和三年宪法》，宪法规定建立两院制的立法团，行政权交给由两院选出的 5 人督政府。1795 年 10 月 27 日建立了督政府。建立后，取消了雅各宾派专政时期的各项革命措施，对内一方面镇压人民革命运动，同时又要防止封建势力的复辟；对外继续抗击欧洲反动势力的武装干涉。1796 年 5 月镇压了巴贝夫运动；1797 年打败了奥地利和意大利，致使第一次反法同盟瓦解。1797 年 9 月通过逮捕和改组，清洗了立法和行政机构中的王党分子。民主共和势力在 1798 年选举中获胜，督政府又宣布该派议员的当选资格无效，这种摇摆政策史称"秋千政策"。1798 年英、俄、奥等国第二次反法联盟组成后，

法军节节失利。1799 年 11 月 7 日，拿破仑发动雾月政变，督政府被推翻。

雾月政变

法国拿破仑发动推翻督政府的政变。因发生在雾月 18 日，故名。1799 年以来，督政府的统治发生严重危机，对外战争接连失利；国内雅各宾派领导的民主运动日益高涨，并准备发动新的起义；王党势力也在各地叛乱，力图复辟。这时法国的大资产阶级迫切希望建立一个强有力的政权，以维护他们的利益，解决当前的危机，而拿破仑是他们最理想的代表。1799 年 10 月，拿破仑从埃及回到巴黎，受到大资产阶级的热烈欢迎。在军火商和金融资本家的支持下，拿破仑于 1799 年 11 月 9 日发动政变，从大资产阶级热月党人手中夺取了政权，解散了督政府，建立了以他为首的执政府。

法兰西第一帝国

雾月政变后，拿破仑在法国建立了资产阶级军事专政。1804 年 11 月 6 日，公民投票通过《共和十二年宪法》，宣布拿破仑·波拿巴为法兰西皇帝，法国为法兰西帝国。历史上称之为法兰西第一帝国。拿破仑帝国代表大资产阶级的利益，对内实行多项改革，巩固和发展了法国革命的成果，建立了资本主义的秩序，同时镇压民主运动，防止革命的发生；对外不断进行战争，多次粉碎反法联盟的干涉，打击了欧洲的封建势力。拿破仑帝国不断同英、俄争霸和掠夺欧洲。在 1812 年侵俄战争中遭到惨败，英、俄、普、奥等国组成反法联盟，1814 年 3 月攻入巴黎，4 月拿破仑一世被迫退位。1815 年 3 月，拿

破仑一世返回巴黎复位。6月18日，拿破仑一世在滑铁卢战役中失败，再次退位，第一帝国覆灭。

拿破仑加冕仪式

拿破仑法典

1804年拿破仑主持编纂的《法国民法典》，是法国第一部民法法典。拿破仑取得政权后，为了巩固资产阶级的革命成果，维护资产阶级的统治，制定了一系列法典。其中《法国民法典》是其亲自编纂和审定的。1804年3月21日该法典正式颁行。法典综采罗马法、传统法和革命新法编成，1807年和1852年两次被命名为《拿破仑法典》。这部法典确认了资产阶级和农民占有贵族和教会土地财产的合法性，保证不受封建势力的侵犯；否定封建特权，确立了资产阶级自由、平等的原则，规定每个公民具有同等的民事权利和行为能力；法典对于家庭、婚姻、继承等社会生活方面都做了明确规定。这部法典是资本主义国家最早的一部民法法典，破除了封建的立法原则，成为欧美各国资产阶级的立法规范，推动了资本主义的发展。

百日王朝

拿破仑一世从1815年3月20日～6月22日第二次统治法国时期，历时近百天，故名。1814年4月拿破仑退位后，波旁王朝在法国复辟，逃亡贵族纷纷归国，人民群众深感恐惧与不安，反法联盟各国在维也纳会议上因利益分配问题矛盾重重。流放于地中海厄尔巴岛的拿破仑于1815年3月1日在法国南海岸登陆，3月20日进入巴黎。拿破仑重登皇位，组成新内阁，恢复了法兰西帝国的统治。宣布废除波旁王朝危害革命的法令，允诺进行广泛的政治和社会改革。英、俄、法、奥立即组成第七次反法联盟，以70万～80万人的军队围攻法国。拿破仑迅速组织起12万人的军队。1815年6月18日，法军与反法联盟军队在比利时的滑铁卢决战，法军大败，联军再次占领巴黎。6月22日，拿破仑宣布再次退位，被流放到大西洋南部的圣赫拿岛。

里昂工人起义

1831年和1834年法国里昂工人两次反对资本主义剥削压迫的武装起义。里昂是法国纺织工业的中心，在工场主和包买商残酷剥削下，纺织工人生活极为困苦。1831年10月里昂工人为了提高工资举行起义，提出了"不能劳动而生，毋宁战斗而死"的口号。经过3天战斗，击溃了政府军，占领里昂城。12月3日，起义被七月王朝政府调来的军队镇压下去。为了反对政府逮捕和审判工人领袖，发布禁止工人结社集会的法令，1834年4月9日里昂工人再次起义。这次起义不仅提出了经济要求，还提出废除君主制度，建立民主共和国的口号。经过6天激战，最后又被政府军所镇压。这两次起义推动了法国工人运动的发展，为无产阶级的独立运动树立了光辉的榜样，标志着法国无产阶级作为独立的政治力量登上历史舞台。

七月革命

1815 年 6 月法国的波旁王朝复辟，1824 年 9 月查理十世即位后，力图恢复封建专制制度，极力保护大地主和贵族的利益，引起社会各阶层的普遍不满。并于 1830 年 7 月 26 日颁布了反动的"七月敕令"，提出取消言论自由，解散议会，限制选举权，群情激愤。7 月 27 日，巴黎人民发动武装起义，28 日占领市政府，29 日起义者占领了卢浮宫和杜伊勒里宫。8 月 2 日查理十世宣布放弃王位，逃往英国，波旁王朝被推翻。但由于资产阶级共和派软弱无力，无产阶级也没有形成独立的政治力量，政权落到了代表金融贵族的大资产阶级的手中，开始了七月王朝的统治。七月革命粉碎了波旁王朝在法国重建封建专制统治的企图，巩固了资产阶级革命的胜利成果，推动了欧洲革命和民主运动的发展。

1830 年七月革命中"光荣的三天"，革命推翻波旁王朝，建立了七月王朝。

法国二月革命

1848 年 2 月巴黎人民推翻七月王朝的革命。19 世纪 40 年代后期，法国工农业生产下降，大批工人失业，社会矛盾激化。资产阶级反对派以"宴会"形式举办的政治性集会，得到广大人民群众的响应。基佐政府两次禁止预定于 1848 年 1 月和 2 月举行的"宴会"，引起群众不满。1848 年 2 月 22 日巴黎市民举行大规模的示威抗议活动，并同军警发生了冲突。次日，示威演变成武装起义，巴黎到处筑起了街垒，许多国民自卫军和正规士兵拒绝执行实行镇压的命令，倒向革命。国王路易·菲力普被迫罢免基佐，先后任命莫雷和梯也尔组阁，但愤怒的群众要求废除王政，建立共和国。2 月 24 日，起义群众几乎控制了巴黎，并开始向杜伊勒里宫进攻，国王逃奔英国。资产阶级共和派成立临时政府，25 日宣布法兰西第二共和国成立，七月王朝灭亡。

法兰西第二共和国

1848 年法国二月革命建立的资产阶级共和国。1848 年的二月革命推翻七月王朝，成立临时政府；2 月 25 日共和国宣布成立；4 月 23 日选举制宪议会；5 月 9 日成立执行委员会；6 月 22 日代替临时政府的执行委员会下令解散"国家工厂"，引起工人不满，爆发六月起义。在血腥镇压了六月起义后，以卡芬雅克为首的共和党右翼控制了政权，执行打击无产阶级和小资产阶级的政策，削弱了其统治基础。11 月，制宪议会制定共和国宪法，确立立法和行政分立原则。由 750 名议员组成立法议会；参政院由议会任命；总统掌管行政权，任免部长与颁布法律，但无权解散或延长议会。12 月 10 日，大资产阶级代表路易·波拿巴当选总统。1851 年 12

月 2 日波拿巴发动政变，解散议会，建立专政体制。次年波拿巴称帝，建立法兰西第二帝国，第二共和国灭亡。

法兰西第二帝国

法国历史上第二个资产阶级君主制国家，史称拿破仑第二帝国。"路易·波拿巴政变"后，1852 年 1 月 14 日颁布宪法，加强总统权力，削弱议会的立法权。1852 年 11 月 7 日，元老院颁布法令建议恢复帝制，随即举行公民投票并通过。12 月 2 日宣布恢复帝国，波拿巴为法兰西皇帝，称拿破仑三世。第二帝国代表金融资产阶级和大工业家的利益。拿破仑三世为了维护其反动统治，建立了庞大的军事警察官僚机构，对内实行军事独裁统治，对外推行侵略政策。第二帝国经历了一个由专制统治向自由主义、议会政治演变的过程，发展了资本主义工商业，完成了工业革命。为了争夺欧洲大陆优势和进行海外殖民侵略，帝国发动多次对外战争。1870 年普法战争中，法军战败，拿破仑三世在色当投降。9 月 4 日巴黎发生革命，第二帝国被推翻。

法兰西第三共和国

法国历史上第三个资产阶级共和国。普法战争中，法国在色当投降的消息传到巴黎，1870 年 9 月 4 日巴黎人民起义，推翻了法兰西第二帝国，建立了法兰西第三共和国。新政权开始时，由资产阶级共和派与保王派联合组成国防政府，梯也尔力图建立保守共和国，但遭保王派与共和派的反对，被迫辞职，极端保王派人麦克马洪当选总统，直接着手恢复君主制。共和派为确立共和制进行长期而激烈的斗争。国民议会终于通过 1875 年宪法，以法律的形式肯定共和制。在 1876 年众议院选举和 1879 年 1 月参议院选举中，共和派取得稳定多数，在人民群众支持下，终于确立共和派的共和国。掌权的资产阶级制定和完善了一些资产阶级制度。"二战"中 1940 年 5 月 10 日巴黎被占领，6 月 22 日法国投降，成立维希政府，第三共和国宣告终结。

巴黎公社

1871 年法国无产阶级建立的世界历史上第一个无产阶级专政的政权。1871 年 3 月 18 日，巴黎工人发动起义，26 日巴黎人民选举产生了工人自己的政权巴黎公社。3 月 28 日，巴黎公社正式成立。公社打碎旧的国家机器，废除旧军队；新建立由工人阶级领导的国家机构，没收逃亡资本家的工厂，由工人团体管理，严禁克扣工人工资。公社还规定工作人员薪水最高不得超过工人最高工资，不受群众信任的可以随时撤换。但公社却没有乘胜追击和坚决镇压反革命，也未将法兰西银行收为国有，未能与外省工人和农民建立联系，致使巴黎工人孤军作战，反对派得以重新集结。5 月 21 日，梯也尔反动军队攻入巴黎，巴黎公社进行了殊死抵抗，但终因力量悬殊而失败。巴黎公社是无产阶级推翻资产阶级统治、建立无产阶级专政的一次伟大尝试。

法国工人党

法国工人运动史上第一个无产阶级政党。1879 年在马赛举行的法国全国工人代表大会上，通过了成立法国工人党的决议。随后，盖德和拉法格在马克思的亲自指导下制订了党纲，并于 1880 年在哈弗尔代表大会上通过，称为《哈弗尔纲领》，法国工人党正式成立。纲领规定：必须建立无产阶级政党，进行革命斗争，推翻资产阶级统治，实现生产资料社会化，建立社会主义社会。不久，党内出现盖德派和可能派的斗争。1882 年圣太田代表大会上两派正式分裂，盖德派保留了法国工人党的名称。1889 年法国工人党参与了筹建第二国际的工作，并支持和领导了法国工人的几次大罢工。1893 年的议会选举中法国工人党取得了可观的票数，此后，工人党更加注重议会斗争。1901 年，法国工人党与革命社会主义党、革命共产主义同盟联合组成法兰西社会党。

彼得一世改革

俄国沙皇彼得一世为强化中央集权和巩固农奴制而进行的改革。改革的主要内容有：第一，向西欧先进资本主义国家学习。他亲自考察和研究英国和荷兰先进的造船工业，招聘大批外国技术人才；创办海军，建立起一支 20 万人的新式陆军和 48 艘战船的海军；建造兵舰，建立造船、火药、炼铁、炼铜等工厂；创办了科学院、医药学校，简化俄文字母，采取儒略历法，奖励翻译出版西欧书籍等。第二，发展工业。建立国家工场；同时鼓励农奴主在自己领地内使用农奴劳动开办手工业工场，和鼓励商人购买农奴兴办工场。第三，彼得一世整顿了非常混乱的财政税务制度，把国家财税大权真正集中到沙皇控制的中央政府手里。彼得一世改革，促进了俄国经济的发展，巩固了贵族地主和商人的专政，为其成为欧洲军事大国奠定了基础。

俄土战争

为争夺俄国南方的出海口，彼得一世时就长期同土耳其进行战争。18 世纪中期在沙皇叶卡特琳娜二世在位时，俄国夺得第聂伯河至布格河之间的土地和克里米亚的叶尼卡列和刻赤，势力扩张到黑海，打通了通向黑海的门户。在 1806～1812 年的战争中，双方最后签订了《布勒加斯特和约》，土耳其将比萨拉比亚割让给俄国。1828～1829 年的俄土战争，俄国获胜，双方签订《亚得里亚堡条约》，俄国占领了多瑙河口和附近岛屿及高加索的大片土地，加强了其在巴尔干的势力，使土耳其在一定程度上依附于俄国。1877～1878 年，俄土再战，土耳其再次失败，被迫签订《圣·斯特法诺和约》，俄国占有了巴统等地并占领南比萨拉比亚。通过 18～19 世纪的俄土战争，俄国攫取了大片土地，势力大大加强。

三次瓜分波兰

1772 年、1793 年和 1795 年俄普奥对波兰领土进行的三次瓜分。北方战争后，俄国成为波兰的最大侵略者。其西邻普鲁士和南邻奥地利也对波兰有领土野心。1770 年普鲁士提议，由俄、普、奥瓜分波兰，1772 年 8 月 5 日三方达成协议。次年逼迫波兰割让 35％的领土和 33％的人口。波兰部分贵族主张改革。1792 年 4 月沙俄政府出兵干涉波兰内政，普鲁士也趁机将军队开进波兰。在镇压了波兰国内的改革运动和反抗运动后，俄、普两国于 1793 年 1 月达成第二次协议，强行瓜分波兰部分领土。奥地利因正忙于同法作战，未能参加。在民族危亡关头，波兰爆发柯斯丘什科领导的民族起义，推翻国王，建立临时政府。1794 年俄普联军绞杀波兰革命。1795 年 10 月俄、普、奥三国签订协定，将波兰瓜分完毕。波兰作为一个独立国家灭亡，直至"一战"后才复国。

俄法 1812 年战争

1812 年俄法为争夺欧洲霸权而进行的战争。1810 年俄国破坏反英大陆封锁的协定，解除对英国货的限制，并规定了抵制法国货的新关税率，激起拿破仑的愤怒。1812 年 6 月 24 日拿破仑率兵 60 余万渡过涅曼河进入俄境，俄军节节败退，法军长驱直入。9 月亚历山大一世任命库图佐夫为俄军总司令。库图佐夫采取防御战术，消耗敌方有生力量，决定在莫斯科郊外的波罗丁诺展开决战，战争中拿破仑的速胜战略遭到失败。9 月 13 日在库图佐夫坚持下，俄军撤出莫斯科。9 月 14 日拿破仑进驻空城莫斯科，大肆抢劫，俄国人民奋起反抗。10 月 19 日俄军在人民军和游击队配合下发动反攻，迫使法军撤出莫斯科向西撤退。12 月拿破仑带着 3 万残兵逃出俄境，俄国取得胜利。随后欧洲封建势力乘机组织以俄国为首的第六次反法联盟，促使拿破仑帝国趋向瓦解。

俄国 1861 年改革

1861 年俄国废除农奴制的资产阶级性质的改革。19 世纪上半叶俄国资本主义迅速发展，农奴制陷入严重危机，成为资本主义发展的严重障碍。俄国先进的知识分子、工人和农民的反封建斗争不断高涨。1861 年 3 月 3 日沙皇亚历山大二世颁布了《关于农民脱离农奴依附关系的法令》，规定：农民获得人身自由，地主再

俄国 1861 年亚历山大二世废除农奴制后的乡村。

不能买卖农奴和干涉他们的生活；农民获得一定数量的份地，农民的份地可赎买成私产。农民在赎买份地之前，必须承担一定的义务，交纳货币代役租和工役租；地主要求赎买份地的赎金要一次付清。政府给农民贷款，但农民必须偿还；在划地界时，地主可从农民原种份地中割去其中最好的部分；为了加强对农民的管理，保留村社制，实行连环保等。1861 年的改革废除了农奴制，加速了俄国资本主义的发展，但仍保留了许多封建残余。

流血星期日

1905 年 1 月 9 日（俄历）沙皇政府枪杀彼得堡请愿工人的事件。1905 年 1 月 3 日（俄历）彼得堡普梯洛夫工厂工人为抗议厂主开除 4 名工人举行罢工，很快得到其他工厂的声援。8 日发展成为全市总罢工，参加人数达 15 万人。其间加邦牧师鼓动工人去冬宫向沙皇呈递请愿书，布尔什维克劝告工人不要去请愿。但工人普遍对沙皇抱有幻想。1 月 9 日（俄历）晨，彼得堡工人偕同家属约 15 万人举着宗教旗帜、圣像、十字架和沙皇画像，唱着祷歌和对沙皇的颂歌，前往冬宫请愿。当队伍行至冬宫前的广场，遭到沙皇军警

的突然射击，100多人被当场打死，2000多人受伤，鲜血染红积雪的广场。因那天是星期日，史称"流血星期日"。惨案唤起了广大人民群众的觉醒，在布尔什维克的领导下，拿起武器反对沙皇专制制度，导致1905年革命的爆发。

俄国1905年革命

无产阶级参加并领导的俄国第一次资产阶级民主革命。1900～1903年世界经济危机和日俄战争加速了革命形式的成熟，"流血星期日"事件导致了这次革命的爆发。1905年10月，革命运动发展为全俄政治总罢工，成立罢工领导机关工人代表苏维埃。12月18日，根据布尔什维克党的建议，莫斯科苏维埃决定举行政治总罢工。22日发展成武装起义，成为1905年革命的最高潮，1906年1月1日，革命被镇压，革命走向低潮。1905年革命是列宁主义诞生后的第一次重大的革命运动，锻炼了布尔什维克党和广大劳动人民，为二月革命和十月革命做了准备，是十月革命的一次总演习。

俄国二月革命

俄国第二次资产阶级民主革命。因发生在1917年俄历二月，故名。第一次世界大战给俄国带来特别严重的经济和政治危机，社会矛盾异常尖锐，革命形势迅趋成熟。1917年3月3日（俄历2月18日）彼得格勒普梯洛夫工厂工人罢工，得到许多工厂工人的声援。9日罢工人数增加到20万。10日，发展为全城政治性总罢工，提出"打倒沙皇""打倒战争""要面包"等口号。26日，工人响应布尔什维克党的号召，罢工发展成武装起义。4月12日起

义席卷全城，首都驻军也参加了起义。起义的工人和士兵逮捕政府大臣和将军，占领政府机关，推翻了沙皇专制统治。各地工人、士兵纷纷推翻当地政府。革命后，建立了工兵代表苏维埃。资产阶级在孟什维克和社会革命党的帮助下，成立了临时政府。俄国出现了两个政权并存的局面。

普鲁士王国

德意志邦国，建立于1701年。普鲁士原为古普鲁士人居住地，13世纪为条顿骑士团征服，始称普鲁士。1466年臣属波兰，1525年成为普鲁士公国，1618年普鲁士和勃兰登堡合并，1648年摆脱波兰宗主权，1701年普鲁士王国正式建立。18世纪后半叶的七年战争和三次瓜分波兰，使其获得奥地利的西里西亚、波兰的西普鲁士等地，逐渐成为德意志的封建军事大国。19世纪，资本主义得到进一步发展。1848～1849年爆发了资产阶级革命，但遭失败。1862年俾斯麦就任首相后，通过战争，击败了主要竞争对手奥地利和法国，实现了德意志的统一。1871年建立以普鲁士王国为中心的德意志帝国，帝国皇帝和首相分别兼任王国国王和首相。帝国实行中央集权统治，普鲁士王国失去了"国家"的含义。1919年德国十一月革命推翻了帝制，建立共和国，普鲁士王国的名称消失。

西里西亚织工起义

德国工人在西里西亚反抗封建地主和资本家的压迫、剥削的武装起义。1844年6月4日，西里西亚住有5000居民的彼得斯瓦尔道的织工不堪忍受资本家的残酷剥削与封建地主的欺压，以要求增加工

资厂主拒绝并开除工人代表为由，掀起自发斗争，并酿成起义。次日，烈火蔓延至另一纺织重地——住有13000居民的朗根比劳。起义织工高唱自己编写的战歌，集中打击工人最痛恨的厂主，他们捣毁厂主住宅、厂房、机器，焚毁票据、账册。普鲁士当局调集军队镇压，起义群众奋起抵抗。6月6日清晨，当局又调来步兵连、炮兵连和骑兵连进行镇压，起义失败。11人殉难，24人重伤，150人被捕。西里西亚起义虽然失败了，但其精神鼓舞了广大工人群众，标志着无产阶级已经形成独立政治力量登上了政治舞台，成为历史发展的伟大动力。

1848 年德国革命

1848～1849年德意志人民进行的资产阶级民主革命。德意志地区的政治上的分裂和封建专制统治，严重阻碍着资本主义的发展，1845～1846年的农业歉收和1847年经济危机，使工人、农民和小资产阶级的处境严重恶化。1848年德国革命的基本任务是消除封建割据，实现国家的统一。3月初，德国巴伐利亚首先爆发革命。3月13日奥地利首都维也纳人民推翻了梅特涅政府，3月18日普鲁士首都柏林人民起义成功。其他各邦也相继起义。马克思、恩格斯参加了这次斗争，并发表了《共产党在德国的要求》。由于德国资产阶级自由派害怕无产阶级起来革命，向封建势力妥协，到1848年底，革命失败。奥地利恢复了君主专制，普鲁士成立了地主官僚政府，其他各邦反动统治也相继恢复。革命虽然失败，但为德国统一创造了条件，并打击了封建势力。

铁血政策

俾斯麦通过王朝战争实现德国统一的政策。1862年6月，俾斯麦出任普鲁士的宰相兼外交大臣。他代表容克地主和大资产阶级的利益，竭力主张由普鲁士以强权和武力统一德国，建立以普鲁士为中心的德意志帝国。同年9月，他在普鲁士议会的首次演说中宣称："德国所注意的不是普鲁士的自由主义，而是权力……普鲁士必须积聚自己的力量以待有利时机，这样的时机我们已经错过了好几次……当代的重大问题不是通过演说与多数人的决议所能解决的——这正是1848年和1849年的错误——而是要用铁和血。"他不顾议会的反对强行扩大军队，并发动了1864年对丹麦的战争、1866年对奥地利的普奥战争、1870年的普法战争。1871年1月18日在凡尔赛宫宣告了德国的统一，成立了德意志帝国。俾斯麦推行的这种政策称为"铁血政策"，后来成为战争政策的代名词。

普奥战争

1866年普鲁士和奥地利为争夺德意志的统一领导权而进行的决定性战争。1866年初，普鲁士取得法、俄不干涉德意志内部事务的保证。4月，与意大利缔结秘密军事同盟。并经过改革，装备了先进的后膛枪和线膛后装炮，制定了速战速决的战略计划。6月7日，普军侵入奥地利管辖的霍尔施坦公国，战争爆发。萨克森、巴伐利亚、汉诺威、黑森等邦支持奥地利。北德意志各邦、汉堡等自由市支持普鲁士，意大利亦协助普军作战。7月3日，在萨多瓦会战中，重创奥军主力，逼近维也纳，奥地利被迫求和。战争历时7

个星期，亦称"七周战争"。8月23日，普奥签订《布拉格和约》，规定奥地利退出德意志邦联，旧联邦解散。普奥战争使普鲁士取得了德意志统一运动的领导权，并加强了国内容克地主与资产阶级的联合。

普法战争

1870～1871年普鲁士和法国为争夺欧洲霸权而进行的王朝战争。1870年7月19日，拿破仑三世以西班牙王位继承问题为借口向普鲁士宣战，普法战争爆发。8月4日，普军越过边界进入阿尔萨斯。9月1日，普、法两军在色当会战。2日，法军失败投降，皇帝路易·波拿巴被俘。9月4日，巴黎发生革命，推翻了第二帝国，建立了资产阶级临时政府，即法兰西第三共和国。19日，普军包围巴黎。27日，巴赞元帅投降。1871年1月28日，法德签订停战协议。2月26日，法德在凡尔赛签订初步和约，3月1日法国国民议会予以批准。5月10日，法国梯也尔政府同普鲁士签订《法兰克福和约》，法国割让阿尔萨斯和洛林给普鲁士，并赔款50亿法郎，战争结束。普法战争改变了欧洲列强的力量对比，增强了德国的力量，为第一次世界大战埋下了祸根。

意大利统一运动

19世纪意大利人民争取民族独立与统一的资产阶级革命运动。又称意大利复兴运动。意大利人民为摆脱法奥统治、争取国家统一与民族独立进行了长期的斗争。1831年马志尼成立青年意大利党后，多次发动起义均遭失败，但为革命运动的高涨创造了条件。1848年1月，西西里岛起义揭开了革命的序幕。不久，米兰、

威尼斯也爆发了起义并得到解放。起义迅速波及都灵、罗马、那不勒斯和意大利其他城市。4月23日，撒丁王国对奥宣战，其他各邦相继参战。8月，反奥战争失败。1848年9月开始，意大利又出现新的革命高潮。11月，罗马起义并建立了政权，次年2月5日成立了罗马共和国，7月3日被奥法等组成的联军颠覆。其间撒丁王国发动的对奥战争也遭失败。8月22日，威尼斯共和国最后战败投降。1848年意大利革命最终失败。1859年撒丁王国和法国发动了对奥战争并取得胜利，基本完成了中部和北部的统一。1861年意大利王国成立。1866年在普奥战争中收复了威尼斯，1870年合并罗马，意大利统一最后完成。

匈牙利1848年革命

匈牙利反对奥地利争取民族独立的资产阶级革命。1848年3月15日，奥地利统治下的匈牙利首都布达佩斯爆发了革命，提出了民族独立和民主改革的12条要求，奥皇被迫同意匈牙利建立内阁制。9月11日，奥皇决定向匈牙利出兵。起义军顽强抵抗，并于1849年4月14日，匈牙利议会通过了匈牙利独立宣言，废黜哈布斯堡王朝的统治，宣布匈牙利独立，科苏特被选为国家元首。5月下旬攻克了布达佩斯，匈牙利的首都光复，全国土地解放。这时，奥皇与沙皇勾结，5月27日，14万沙皇俄国军队兵分两路进攻匈牙利。匈牙利革命处于腹背受敌的境地，反动势力又乘机卖国。在优势敌人的进攻下，8月下旬革命失败，匈牙利又重新沦为奥地利帝国的统治之下。但这次革命推

动了奥地利境内被压迫民族的解放运动。

美国独立战争

1775~1783 年英属北美 13 个殖民地人民推翻英国殖民统治，争取民族解放和国家独立的革命战争。18 世纪中期，英帝国的殖民统治严重妨碍着北美资本主义的发展。北美各阶层人民要求摆脱殖民统治。1775 年 4 月 19 日，莱克星顿的枪声揭开了独立战争的序幕。5 月 10 日在费城召开第二届大陆会议，决定组织军队，任命华盛顿为大陆军总司令。1776 年 3 月，大陆军把英军赶出了波士顿。1776 年 7 月 4 日大陆会议通过《独立宣言》，宣告脱离英国而独立，成立美利坚合众国。1777 年 10 月萨拉托加战役中打败英军取得大捷，增强了美国人民必胜的信念，同时赢得了法、荷等国的军事援助。在 1781 年 9~10 月的约克镇战役中，英军主力被击溃，英军司令康华利于 10 月 19 日向华盛顿投降，战争结束。1783 年 9 月，签订《巴黎和约》，英国正式承认美国独立。独立战争推翻了英国的殖民统治，赢得了国家的独立，促进了美国资本主义的发展，同时推动了欧、美洲的革命运动。

波士顿倾茶事件

1773 年北美殖民地波士顿城人民反对英国东印度公司垄断茶叶贸易的事件。"唐森德法案"取消后，英政府仍保留了茶税。为逃避茶税，北美殖民地人民多饮用走私茶叶。为帮助濒于破产的东印度公司解决财政困难，1773 年 5 月，英国议会制定并通过一项"茶叶税案"，允许东印度公司缴纳 3 便士轻税后，把它储存的 1700 万磅茶叶运往北美殖民地倾销；并明令禁止当地人民饮用走私茶叶，引起人民强烈不满。他们决定不许东印度公司的茶船靠岸卸货，但要求遭到拒绝。1773 年 12 月 16 日晚，一批富有正义感的波士顿人化装成印第安人，闯上驶入港内的 3 艘茶船，将停泊在波士顿港的英属东印度公司 3 艘茶船上所载价值 18000 英镑的 342 箱茶叶倒入海中。此即著名的"波士顿倾茶事件"。这个行动大大鼓舞了殖民地人民反英斗争的士气。

莱克星顿枪声

北美独立战争的开端。1775 年 4 月 18 日晚，英国殖民军准备偷袭北美波士顿西北郊莱克星顿和康科德两地民兵的秘密火药库。英军一出发，负责侦察英军行动的民兵就在波士顿北教堂的塔尖上悬挂起灯笼。民兵、银匠保尔·瑞维尔看见灯光立即上马飞驰，向沿途民兵报信。民兵迅速集合应变。19 日拂晓，英军在莱克星顿遭到迎头痛击，一些英军继续向康科德前进，亦遭伏击，共死伤近 300 人，大败而归。该战斗打响了美国独立战争的第一枪，揭开了北美独立战争的序幕。

大陆会议

英属北美 13 个殖民地的代表会议，美国独立战争的领导机构。在北美殖民地人民开展反英斗争的呼声中，根据马萨诸塞立法会议的建议，12 个殖民地（除佐治亚外）的 55 名代表于 1774 年 9 月 5 日~10 月 26 日在费城召开了第一届大陆会议。会议通过了《权利宣言》，主张抵制英货，要求英国政府取消对殖民地的各种经济限制，实行自治。但会议没有提出独立问题，在请愿书中仍表示效忠于英王。独立战争爆发后，第二届大陆会议于 1775 年 5 月 10 日在费城召开。13 个殖民地都派了自己的代表参加。会议通过了用武力对抗英国的宣言，决定创建大陆军，任命华盛顿为总司令。大陆会议遂成为领导独立战争的临时政府。1776 年 7 月 4 日，会议又通过《独立宣言》，宣布脱离英国，成立美利坚合众国。1781 年《邦联条例》生效，成立邦联政府，大陆会议宣布解散。

《独立宣言》

美国独立战争革命中的纲领性文献。由杰弗逊等起草，在 1776 年 7 月 4 日的费城第二届大陆会议上通过。其主要内容是从保护资产阶级利益出发，谴责英国对北美统治的暴行；宣布同英国王室断绝臣属关系，以资产阶级民主原则宣告建立在内政外交享有独立主权的美利坚合众国；宣告了"主权在民"的原则，人民就有权推翻旧政府，建立新政府；美国公民享有自由、平等的天赋人权等（但不包括黑人和印第安人）。《独立宣言》是号召北美各阶层人民推翻英国殖民统治，争取民族独立战争胜利的旗帜；宣告了主权在民的原则，是后来法国资产阶级革命时期《人权宣言》的蓝本。在历史上第一次以政治纲领的形式表达了资产阶级的政治要求，推

《独立宣言》公开宣读后，激动的纽约市民冲到百老汇街尾的滚木球游戏草坪，捣毁乔治三世的塑像。

动了欧洲资产阶级革命和拉美民族独立运动；它的通过和发表，标志着美利坚合众国的诞生。

萨拉托加战役

美国独立战争由败转胜的转折性战役。1777 年 9 月，英军侵占费城，美军处境险恶，纽约一战美军几乎全军覆没。但是费城陷落的一个月，华盛顿率领的美军在哈得孙河河谷的萨拉托加同北地赶来的 2 万名民兵配合，南北夹击，俘虏了 6 名英国将军、300 名军官和 5000 名士兵，史称萨拉托加大捷。萨拉托加大捷扭转了整个独立战争的战局，不仅增强了美国人民争取胜利的信心，也为美国人民抗英斗争创造了有利的国际条件，从此美军从战略防御转入战略进攻。

西进运动

美国独立战争后不断向西部扩张领土、开发大西部的群众性运动，也是印第安人的"血泪之路"。美国独立后，为适应资本主义与种植园经济发展的需要，大规模向西部扩张。1803 年，从法国手中"购买"路易斯安娜；1810~1811 年强占了西属佛罗里达；从 1845~1853 年，美国从墨西哥共抢劫了 246 万平方千米的土地；1846 年，又从英国手中取得俄勒冈地区 74 万多平方千米的土地。这样，美国领土从密西西比河扩张到太平洋。美国的领土扩张，除了采用欺诈、战争、收买等手段外，也是在驱逐、屠杀印第安人的过程中实现的，使印第安人遭受了深重灾难和屈辱。美国在向西部扩张的同时，鼓励东部的贫苦大众、土地投机者、资本家、种植园主以及大量的欧洲移民涌向西

部地区，以扩大资本原始积累。西进运动是美国资本主义向广度发展的一次历史运动。

门罗主义

美国总统门罗提出的独霸拉丁美洲的外交政策。美国总统詹姆斯·门罗（1817~1824年在位）为了反对沙俄由阿拉斯加南下扩张以及英国和"神圣同盟"插足拉丁美洲，于1823年12月2日在致国会的咨文中阐述美国对外政策原则时宣称："美国不干涉欧洲事务和任何欧洲国家在美洲现存的殖民地和保护国，但任何欧洲列强都不得干涉西半球的事务，否则就是对美国安全的威胁和不友好的表现。"同时还提出"美洲是美洲人的美洲"的口号，这就是"门罗主义"。它把美国打扮成"从不干涉任何国家内政"的"保护者"。实际上是企图把美洲变成美国人的美洲。它在当时对于防止欧洲列强染指拉丁美洲起了一定的遏制作用，使拉丁美洲各国的独立得到巩固，此后则变成美帝国主义在西半球以及世界其他地区推行侵略、奴役政策的工具。

美墨战争

1846~1848年间美国对墨西哥进行的一次恃强凌弱的侵略战争。1845年美国强占了墨西哥的得克萨斯，但美国种植农奴主要占有墨西哥的更多领土。于是美国以边界纠纷为借口，于1846年发动了对墨西哥的战争。美国海、陆军分三路入侵墨西哥，1847年9月，攻占墨西哥城，墨西哥政府被迫议和。1848年2月2日，双方签订《瓜达卢佩—伊达尔戈条约》，战争结束。美国吞并了墨西哥的得克萨斯、新墨西哥和加利福尼亚等约235万平方千米的土地，几乎是墨西哥的半壁江山；作为补偿，美国付给墨西哥1500万美元。这场战争对美国的发展影响至大。

美国废奴运动

美国群众性的要求废除奴隶制的活动。美国独立后，北部诸州先后废除了奴隶制，而南部一些大种植园主仍顽固维护黑奴制，使北方资本主义发展失去了廉价的劳动力。对黑人奴隶进行残酷的剥削和压迫，激起了广大人民的强烈不满。自18世纪末就开始了废奴运动，参加者有工人、农民、黑人、白人、妇女和部分资产阶级知识分子。到19世纪30年代，废奴主义组织了全国性的秘密团体，出版刊物、宣传废奴。他们组织了秘密通讯联络点，称为"地下铁路"，帮助南方黑奴逃往北方或加拿大，并支持黑人奴隶的反抗斗争。1859年10月16日，约翰·布朗起义，将废奴运动推到了顶点。1861~1865年的美国南北战争，最终以暴力推翻了南方的奴隶制。废奴运动是一次资产阶级性质的民主运动，在美国人民争取民主的斗争史上占有重要地位。

美国内战

美国历史上第二次资产阶级革命，亦称南北战争。美国独立战争后，北部资本主义和南部种植园经济得到迅速发展，大资产阶级和种植园奴隶主之间的矛盾不断激化，并集中体现在奴隶制的存废问题上。1860年11月，倡导限制和逐步废除奴隶制的共和党人林肯当选总统。1861年2月南部11州的奴隶主发动叛乱，另选总统，定都里士满并建立政府。4月南部挑起内战。战争初期，由于资产阶级的妥协，使北方一度失利。1862 年林肯颁布《宅地法》，发表《解放奴隶宣言》，改组军队，极大地激发了人民的革命热情，扭转了败局。1863 年，北方转为反攻。1865 年 4 月，南部联军战败投降，内战结束。南北战争维护了联邦国家的统一，废除了黑人奴隶制度，扫除了资本主义发展的最后障碍，使美国迅速赶超英、法先进资本主义国家。

大棒政策

美国干涉拉丁美洲国家事务的帝国主义政策，亦称"实力政策"。美国第二十六任总统西奥多·罗斯福在 1916 年 5 月的一次演说中援引一句非洲的谚语，用来说明自己的对外政策："说话温和，手握大棒，定能成功。"又宣称，"在西半球，美国对于门罗主义的信念可能迫使美国履行国际警察力量的义务。""大棒政策"成为罗斯福任期内的外交政策。其间美国迫使德、意、英在委内瑞拉退让，1903 年又用武力攫取了巴拿马运河的开凿权和管理权，1904 年又派舰队侵占了多米尼加，将该国变为美国的保护国，致使德、法的势力无法伸张。此后美国多次对拉丁美洲挥舞大棒，逐步控制了整个拉丁美洲。后把帝国主义国家的战争讹诈和武力恫吓政策斥之为"大棒政策"。

海地革命

海地黑人奴隶反抗法国殖民统治和废除奴隶制度的革命。海地原为西班牙的殖民地，17 世纪又被法国殖民者夺取。法国殖民者的残酷压迫，激起了海地黑人奴隶的反抗。在美国独立战争和法国资产阶

级革命的感召下，1791 年 8 月，海地黑人奴隶发动了武装起义，在他们的领袖、奴隶出身的杜桑·卢维杜尔的领导下，建立了革命军队，多次打败殖民军队。1802 年，拿破仑派遣大量士兵和军舰进攻海地，也没有扑灭海地革命。于是，法国殖民者用欺骗的手法，假装和谈，诱捕了杜桑·卢维杜尔，并将他押送到法国。杜桑·卢维杜尔的战友坚持战斗，以小胜大，以弱胜强，在 1803 年 10 月迫使法军投降。1804 年元旦，拉丁美洲第一个国家海地正式宣布独立。海地革命揭开了拉丁美洲独立战争的序幕，海地的独立，为拉丁美洲人民树立了光辉榜样。

多洛雷斯呼声

墨西哥人民独立革命的呼声。在墨西哥，殖民统治力量较强，阶级矛盾尖锐。长期被奴役的印第安人和混血种人对西班牙统治者怀有无比的仇恨。19 世纪初，拿破仑率军侵入西班牙，西属美洲殖民地人民趁机起义。1810 年 9 月 16 日，墨西哥民族独立运动的领导人、多洛雷斯镇的神父伊达尔戈敲响了当地教堂的钟声，集合附近的农民和城市贫民，号召夺回被西班牙占去的土地，大大激发了墨西哥人民的革命热情，唤起人民的斗志。群众齐声高呼："独立万岁！""绞死殖民强盗！"墨西哥独立战争从此开始。起义军与西班牙殖民军展开了战斗。1811 年伊达尔戈被敌人俘虏，英勇就义。人民把他发出"多洛雷斯呼声"的日子 9 月 16 日定为墨西哥独立日，尊他为"墨西哥独立之父"，永远怀念他的伟大功勋。1822 年，墨西哥联邦共和国成立。

墨西哥资产阶级革命

墨西哥人民反帝反封建的资产阶级民主革命。1910年，农民、工人、城市小资产阶级、民族资产阶级和部分军队进行起义。在斗争中，著名南部农民英雄萨帕塔和北部起义领袖比利亚领导起义队伍在各处摧毁大地主农庄，把土地分给农民。起义军向首都墨西哥城进军，并于1911年5月推翻代表地主、帝国主义和天主教反动集团利益的迪亚斯军事独裁统治，但国内反动派勾结美国，于1913年发动政变，建立反革命政权，美国还出兵支持反革命政权。墨西哥人民再次起义。以工农为主体的武装力量于1914年8月再一次推翻了反革命政权，并挫败了美国的干涉。1917年，墨西哥建立了资产阶级政权，制定了新宪法。1910～1917年的墨西哥资产阶级革命，打击了国内封建势力、帝国主义的走狗和外国侵略势力，为墨西哥发展民族经济创造了条件。

明治维新

1868～1873年日本明治政府推行的资产阶级改革运动。19世纪上半期，日本封建统治危机深重。1854年美国用武力强迫日本打开门户后，江户幕府相继同美、英、荷、俄、法等国签订不平等条约，促使阶级矛盾、民族矛盾尖锐化。1868年1月，倒幕派发动政变，迫使将军德川庆喜把政权交给天皇睦仁，天皇制专制政府掌握了全国政权。新政府实行了一系列资产阶级性质的改革：废藩置县，加强中央集权；取消关卡和行会制度，修建铁路，兴办邮局、电报、电话，统一币制，大量引进西方技术，发展资本主义工商业，

实行义务教育；废除土地买卖的禁令，确定土地私有权。明治维新促进了日本资本主义的发展，逐步废除了不平等的条约，摆脱了民族危机，使日本成为亚洲的强国。但改革不彻底，保留了大量的封建残余，致使日本走上了军事封建帝国主义道路。

武装倒幕

19世纪中叶，欧美资本主义加紧对日本的侵略，日本国内人民反封建斗争日益高涨，德川幕府的封建统治陷于危机之中。在人民积极行动起来推翻幕府统治的形势下，以中下级武士、商人、资本家和新兴地主为主体的改革力量组成倒幕派，要求实行资产阶级性质的改革。倒幕派与幕府之间于1864年开始了武装冲突。1867年10月，倒幕派以明治天皇的名义下达了讨幕密诏。德川庆喜假装还政天皇，同时在大阪集结兵力。1867年在倒幕派的策划下，天皇发布"王政复古大号令"，宣布废除幕府制和成立新的中央政府，并令德川庆喜将一切权力重归天皇。1868年1月，在京都附近的伏见、鸟羽战役中，幕府军大败。1869年，德川幕府被推翻，明治天皇政府从京都迁往东京，实行了一系列资产阶级性质的改革。

朝鲜甲午农民战争

1894（甲午）年朝鲜农民反封建统治和外国侵略的武装起义，又称东学党起义。1893年全罗道古阜郡守赵秉甲不顾当年歉收，非法征收水税和杂捐，引起人民不满。1894年1月，东学党徒全琫准率古阜、泰仁两郡数千愤怒的农民举行起义，并攻占了古阜郡城。3月，攻下要地长白山，整顿了队伍，共推全琫准为总大

将，明确提出了"辅国安民""逐灭倭夷""尽灭权贵"的斗争纲领。4月，义军攻下南方重镇全州，锋芒直指汉城。朝鲜统治者向清政府求援，并被迫接受了起义军提出的12项要求。日本趁清政府派兵在朝鲜登陆之机，也出兵朝鲜，占领汉城，发动宫廷政变而建立了亲日政府，并挑起甲午中日战争，打败清政府。1895年全琫准被俘，次年3月被处死，起义军被日本侵略军和朝鲜统治者镇压。

义兵运动

朝鲜人民反对日本侵略者的爱国武装斗争。1907年7月，日本迫使朝鲜签订了《日韩新条约》，规定由日本统监掌管朝鲜的立法、行政和司法，朝鲜政府的各部任用日本人为次官。8月，日本进而强行解散了朝鲜军队，这促使义兵运动进入高潮。驻扎在汉城的军人首先暴动，随即在各地产生反响。起义军人直接组织或参加义兵队伍，极大地提高了义兵的战斗力。12月，义兵以杨州为根据地，开始建立统一的组织，计划夺取汉城，驱逐统监，废除"保护条约"，遭到日军围剿。1908年义兵运动扩大到全国240个郡，人数有10万多。各地义兵袭击日本守备队、宪兵队，处死卖国官吏和亲

表现日本军队侵略朝鲜的版画

日分子。在日本侵略者的血腥镇压下，轰轰烈烈的义兵运动在1911年以失败结束。但它显示了朝鲜人民的爱国主义精神和斗争精神，给了日本侵略者以沉重打击。

爪哇人民起义

1825～1830年蒂博尼哥罗领导印度尼西亚爪哇人民反抗荷兰殖民者的起义，又称爪哇战争。19世纪初，荷兰殖民者对印度尼西亚人民征收苛捐杂税，实行强迫种植，激起广大人民的不满，也极大地侵犯了当地封建主的政治权力和经济利益。1825年7月，蒂博尼哥罗号召人民起来反抗荷兰的统治。从贫苦农民到王公贵族纷纷响应。起义军到处捣毁荷兰人的仓库、住宅、种植园、关卡，严惩殖民当局的贪官污吏，控制了整个中爪哇和东爪哇部分地区。荷兰殖民者采用军事镇压、分化瓦解的手段，使起义受到挫折。1830年3月，在停战谈判中，殖民当局背信弃义地拘捕了蒂博尼哥罗，并将其流放于望加锡岛。起义失败。爪哇人民起义打击了荷兰的殖民统治，是19世纪中期亚洲民族运动的序幕。

印度民族起义

印度1857～1859年由印度封建主领导的、以印度土兵为骨干的反抗英国殖民统治和争取民族独立的起义。19世纪中叶，印度各阶层和英国殖民者之间的民族矛盾迅速激化。1857年初，印度西北各省的农村中，传递着神秘的烤薄饼。2月，这种被看作起义信号的薄饼传到了德里城下。在土兵中也开始传递荷花这种同样象征的信号。5月10日，密拉特发生

以土兵为骨干的起义。不久，起义者进入古都德里，各地的起义迅速发展。起义波及北印度和中印度广大地区，中心是德里、坎普尔、勒克瑙等。从6月上旬～9月中旬，起义者进行了英勇的德里保卫战。9月中旬，在血战6天之后，德里陷落，印度民族起义转入相持阶段，游击战一直坚持到1859年。这次起义沉重地打击了英国的殖民统治，增强了印度人民的反英斗志，推动了印度民族独立运动的发展。

孟买工人总罢工

印度孟买工人为抗议英国殖民当局逮捕提拉克而举行的总罢工。1905～1908年印度民族解放运动高涨，以国大党左翼提拉克为代表的激进派起了积极作用。1908年6月24日，英殖民当局以阴谋推翻英国政权的罪名逮捕了提拉克，7月13日提交孟加拉最高法院审讯。殖民当局不顾印度人民的抗议，7月蛮横判处提拉克6年徒刑。这件事激起反英斗争走向更高潮。7月23～29日，孟买无产阶级发动了政治总罢工，要求立即释放提拉克。10万多名纺织工人、铁路工人、码头工人和城市运输工人参加罢工斗争，举行示威游行，同军警发生流血冲突。孟买发生了街垒战，工人用石块、木棒反击军警的进攻，工人和军警的冲突在29日罢工结束后还持续了两星期。这次政治总罢工是1905～1908年印度人民反英斗争的顶点，它标志着印度无产阶级开始登上政治舞台。

菲律宾独立战争

19世纪末期菲律宾人民推翻西班牙殖民统治，争取民族独立的战争。1892年波尼发秀成立资产阶级激进派政治秘密团体卡蒂普南，主张依靠人民和暴力争取民族的独立。1896年8月，波尼发秀在巴林塔瓦克发动起义，各地纷纷响应，攻击殖民军并建立政权。1897年初，卡蒂普南发生分裂，阿奎那多成为新政府的总统，波尼发秀被处死，卡蒂普南瓦解。革命力量因分裂元气大伤，在殖民军反扑之下节节败退，阿奎那多被迫流亡香港。但各地人民仍坚持武装斗争，卡蒂普南相继恢复。1898年4月，马卡布罗斯将军在中吕宋建立临时革命政府，阿奎那多在香港设立爱国委员会。5月，阿奎那多回国重新领导战争。6月12日，菲律宾宣布独立，并成立了共和国，阿奎那多当选总统。同年，美国通过美西战争占领了菲律宾，菲律宾又沦为美国的殖民地。

苏伊士运河的开凿

连接地中海和红海的大运河工程。1856年，法国与埃及统治者赛义德签订了关于修建和使用苏伊士运河的租让合同，取得了开凿苏伊士运河的租让合同权。合同规定：埃及无偿提供开凿运河所需的土地和劳动力，自运河通航之日起，公司占有运河99年，然后交归埃及。1858年，国际苏伊士海运运河公司成立，法国购买52％的股票，因英国鼓动其他国家拒绝认购，埃及被迫购44％的股票。1859年，运河开始动工。埃及先后强征几十万劳工，因气候炎热、饮食粗劣、疾病流行，导致12万劳工丧生。1869年11月，运河正式通航。苏伊士运河的通航大大缩短了欧亚之间的航程，降低了航运费用，埃及政府却因负债进一步沦为列强的附庸。1875年，埃及因财政困难被迫将运河股票廉价卖给英国。从此，苏伊士运河完全受英法股东的控制。

空想社会主义

科学社会主义产生以前出现的带有空想性质的社会主义学说。随着资本主义生产关系的产生而出现。19世纪初资产阶级与无产阶级的矛盾开始显露，空想社会主义思想因而盛行。以法国的圣西门、傅立叶和英国的欧文为主要代表。他们尖锐批评资本主义制度，对资本主义经济发展中的种种弊病进行分析，力图找出资本主义罪恶的根源；提出了未来社会的一些积极主张和设想，首次将社会主义作为新生产体系提出，论证社会主义制度下生产组织和劳动生产率将优越于资本主义；并预见到共产主义社会的一些特点，如消灭城乡对立，消灭脑力劳动与体力劳动的对立，国家的消亡及妇女解放等。它是马克思主义的三个来源之一，但是没有阐明资本主义剥削制度的本质，未能发现资本主义发展的规律，也没有找到社会创造者的社会力量。

马克思主义

马克思主义是关于自然和社会的发展规律的科学，关于被压迫和被剥削群众革命的科学，关于社会主义在一切国家中胜利的科学，关于共产主义社会建设的科学，是无产阶级及其政党的指导思想的理论基础。19世纪30～40年代，无产阶级作为独立政治力量登上历史舞台后，迫切需要科学理论的指导。马克思和恩格斯批判吸收了德国的古典哲学、英国的古典政治经济学和法国的空想社会主义学说，创

立了马克思主义。马克思主义分为三个组成部分：马克思主义哲学辩证唯物主义和历史唯物主义、马克思主义政治经济学和科学社会主义。马克思和恩格斯于1848年2月发表了共同起草的《共产党宣言》，完整、系统地阐述了马克思主义，是马克思主义诞生的标志。马克思主义诞生后，成为指导工人运动的有力思想武器，并不断得到丰富和发展。

共产主义者同盟

以科学社会主义理论为指导的第一个国际无产阶级秘密组织。1847年6月，正义者同盟在伦敦秘密举行改组大会，根据马克思、恩格斯的建议，改名为共产主义者同盟，并提出了"全世界无产者，联合起来"的战斗口号。同年11月，共产主义同盟在伦敦召开第二次代表大会，大会正式通过了恩格斯等人起草的《共产主义同盟章程》。章程规定，"同盟的目的：推翻资产阶级政权，建立无产阶级统治，消灭旧的以阶级对抗为基础的资产阶级社会和建立没有阶级、没有私有制的新社会"。马克思、恩格斯为同盟起草了纲领，即1848年2月发表的《共产党宣言》。欧洲1848年革命失败后，各国的反动势力尤为猖獗，进行革命异常困难，1852年共产党同盟宣布解散。它团结了工人，积极参加革命斗争，广泛宣传科学共产主义，对革命做出了重大贡献。

共产党宣言

马克思和恩格斯为共产主义者同盟起草的纲领，标志科学社会主义诞生的重要文献。1847年12月～1848年1月写成，1848年2月正式发表。《宣言》正文四

章，前面有一个简短的序言。序言明确指出《宣言》是共产党的纲领，它的任务是"宣告资产阶级所有制的灭亡"。其正文主要内容是：揭示了资本主义必然灭亡和社会主义必然胜利的客观规律；提出了无产阶级专政思想和无产阶级政党学说；批判了各种假社会主义和空想社会主义；说明了共产党人对各种反对派的态度，阐明了党的基本策略思想；《宣言》以"全世界无产者，联合起来"为战斗口号。《宣言》是对马克思主义学说的第一次完整系统的阐述。《宣言》的发表，标志着马克思主义的诞生。从此，国际共产主义运动蓬勃发展，形成了不可抗拒的历史潮流。

第一国际

世界无产阶级的第一个群众性国际组织。1864 年 9 月 28 日，英、法、德、意、波等国工人在伦敦圣马丁教堂举行大会，声援 1864 年波兰起义。大会一致通过了法国工人的倡议，决定成立一个国际性的工人组织，并选出代表成立总委员会。10 月 11 日决定把协会定名为"国际工人协会"，史称"第一国际"。11 月 1 日通过了马克思执笔起草的《成立宣言》

马克思与恩格斯对第一国际的成立起到了重要的指导作用。

和《临时章程》。马克思是第一国际的灵魂。第一国际领导了各国工人的斗争，在欧美各国宣传马克思主义，同蒲鲁东主义、巴枯宁主义、拉萨尔主义进行激烈的斗争，并发扬国际主义精神，积极支持巴黎公社的革命。后由于不适应工人运动新的发展，于 1876 年 7 月宣布解散。国际工人协会加强了各国工人之间的团结，宣传了科学社会主义，培养了一大批干部，为国际工人运动做出了巨大贡献。

第二国际

各国社会主义工人政党和团体联合组成的国际组织。1889 年 7 月 14 日在巴黎召开的国际社会主义者代表大会上成立。大会通过了进行经济斗争与政治斗争的决议；还通过这次大会最重要的决议——"五一"国际劳动节决议，它号召各国工人在每年的 5 月 1 日举行示威游行，要求 8 小时工作制。在第二国际存在的 26 年中，共召开了 9 次代表大会。第二国际的成立，促进了国际工人运动的高涨。在其初期，在恩格斯的指导下，基本上执行了马克思主义的路线，在反对无政府主义的斗争中，取得了光辉的胜利。1895 年恩格斯逝世后，修正主义在第二国际泛滥。第一次世界大战爆发后，第二国际的大多数社会民主党领导人公开背叛《巴塞尔宣言》，站在资产阶级一边，堕落成社会沙文主义者和社会帝国者，充当国际主义的帮凶，第二国际彻底破产。

国际劳动节

全世界无产阶级和劳动人民团结战斗的节日。1866 年，第一国际日内瓦支部提出了"8 小时工作制"的口号。1884

年，美国进步工人组织通过要求为实现 8 小时工作制而斗争的决议，得到各地工人的热烈支持和响应，决定在 1886 年 5 月 1 日举行大罢工。这天，芝加哥、底特律、纽约等城市举行罢工和示威游行。芝加哥 20 多万工人走在斗争的最前列，经过流血斗争，终于获得 8 小时工作制的权利。美国工人的斗争得到了国际无产阶级的有力声援。1889 年 7 月 14 日，在巴黎第二国际成立大会上，为纪念美国工人"五一"罢工，推进各国工人的斗争，增强无产阶级国际主义团结，通过一项决议：在每年的 5 月 1 日，组织大规模的示威游行，并把这天定为"国际示威游行日"。从此，5 月 1 日成为全世界劳动无产阶级和劳动人民团结战斗的节日。

维也纳会议

1814 年 10 月 1 日～1815 年 6 月 9 日为结束反拿破仑战争在维也纳召开的国际性分赃会议。会议的主要目的是重新瓜分欧洲和殖民地领土，复辟旧王朝，镇压各国革命运动。俄、英、普、奥等少数大国操纵会议。围绕波兰和萨克森问题，英、奥与俄、普之间形成了尖锐的对立。最后通过了《最后议定书》。奥地利获得了意大利的伦巴底和威尼斯等地；普鲁士获得了萨克森和瑞典领土的一部分，瑞典则从丹麦取得了挪威作为补偿；俄国获得了芬兰，由俄皇兼任波兰王国国王，克拉科夫则成为俄、普、奥共同保护下的一个共和国；奥属尼德兰合并于荷兰建立尼德兰王国；德意志的 39 个邦和 4 个自由市组成德意志联邦；瑞士联邦重新恢复并中立。英国则获得荷兰的好望角、锡兰殖民地以

及法属殖民地马耳他岛等地。会后成立了神圣同盟和四国同盟。

三国同盟

19 世纪末到第一次世界大战期间以德、奥为核心的帝国主义军事同盟。普法战争后，德、法结下世仇。19 世纪 70 年代，德、俄关系恶化，俄国在争夺巴尔干的斗争中，与奥匈帝国矛盾尖锐。德、奥于 1879 年 10 月在维也纳秘密缔结了针对俄、法的同盟条约。其后，意大利因与法国争夺突尼斯失败，要求加入德奥同盟，于 1882 年 5 月在维也纳签订《德奥意三国同盟条约》。条约规定：如意大利受到法、俄进攻，德、奥须全部军队予以援助；如俄、奥发生战争，意大利将守中立；如德国受到法国进攻，意大利则站在德国一边参加战争。从此三国同盟正式形成，成为帝国主义战争的两大军事集团之一。第一次世界大战伊始，意大利宣布中立，1915 年加入协约国。1914 年 10 月和 1915 年 10 月，土耳其和保加利亚先后加入同盟国。1918 年，同盟国战败而瓦解。

三国协约

第一次世界大战期间，英、法、俄三国为对抗德、意、奥军事集团、争取世界霸权组成的帝国主义军事同盟。19 世纪，在争夺巴尔干的斗争中，法、俄为对抗共同敌人德国，日益接近，于 1893 年签订秘密军事协定，规定在遭受三国同盟进攻或威胁时互相支持。进入 20 世纪，因德、英矛盾发展，英、法亦为共同对德而接近，于 1904 年签订协定，就双方瓜分非洲等殖民地的矛盾达成协议。俄国在日、

俄战争中失败，不再是英国主要竞争对手。1907年，缔结英、俄协定。至此协约国最终形成，成为帝国主义战争中两大军事集团之一。第一次世界大战期间，日本、意大利、罗马尼亚、美国等24个国家先后加入协约国。1917年十月革命后，俄国宣布退出。自1918年初起，英、法、美、日等帝国主义曾以协约国名义对俄发动三次武装干涉，均被挫败。

萨拉热窝事件

1914年6月28日奥匈帝国皇储斐迪南在萨拉热窝遇刺事件，是第一次世界大战的导火索。奥匈帝国为了向巴尔干扩张，决定首先摧毁塞尔维亚，奥军于1914年6月28日在波斯尼亚进行以塞尔维亚为假想敌的军事演习，奥皇储弗兰茨·斐迪南夫妇亲往检阅。事毕，乘敞篷汽车巡视波斯尼亚首府萨拉热窝。奥匈帝国的挑衅行为激起了塞尔维亚爱国者的义愤，其秘密爱国军人组织黑手党沿街伏击。查卜林诺维奇投掷炸弹，未击中。稍后，"青年波斯尼亚"成员、17岁的普林西波开枪击毙斐迪南夫妇。奥匈帝国在德国的支持下，以行刺事件作为对塞战争的借口，于7月23日向塞尔维亚政府发出苛刻的最后通牒。尽管塞尔维亚接受了绝大部分条件，奥匈帝国仍于7月28日对塞宣战，8月初德国也向俄、法宣战，第一次世界大战爆发。

第一次世界大战

1914～1918年帝国主义各国为重新瓜分世界、争夺殖民地和霸权而进行的首次世界规模的战争。1914年6月28日的萨拉热窝事件是第一次世界大战的导火线。7月28日，奥匈帝国对塞尔维亚宣战。俄国为支持塞尔维亚，于7月30日宣布军事总动员。8月1日，德国对俄宣战。8月3日德国对法宣战。8月4日英国对德国宣战。土耳其和保加利亚先后加入同盟国，而日本、意大利、罗马尼亚、希腊、美国、中国则加入协约国。战争规模不断扩大，超出了欧洲。1917年11月7日俄国十月革命取得胜利，首先退出战争。11月初，德国十一月革命爆发，帝制被推翻，11日投降。大战以协约国的胜利告终。战争给世界造成了巨大的损失，使帝国主义各国的力量对比发生了变化，也促进了各国的革命运动，对军事学术的发展产生了重大影响。

坦克在"一战"中首次被英军使用，大大推进了战争进程。

世界现代史

十月革命

1917 年俄国无产阶级在列宁和布尔什维克党的领导下联合贫苦农民所进行的社会主义革命，因当时是俄历十月而得名。第一次世界大战爆发后，俄国革命形势迅速成熟。1917 年的二月革命，推翻了沙皇专制制度。4 月，列宁发表了《四月提纲》，制定了社会主义革命的路线、方针和策略。8 月，布尔什维克党召开了第六次代表大会，确立了武装起义的方针。随后又通过了关于立即准备武装起义的决议，成立了党的革命军事总部。11 月 6 日，彼得格勒武装起义爆发。7 日晚，全俄工兵代表苏维埃第二次代表大会开幕，大会宣告全部政权转归苏维埃，成立苏维埃政府。8 日清晨，攻下冬宫，起义取得胜利。到 1918 年 2～3 月间，全国各地都相继建立了苏维埃政权。十月革命的胜利开辟了人类历史的新纪元，它预示着资本主义必然为社会主义取代。

新经济政策

俄国在 1921 年春以后实行的通过小生产和社会主义的中间环节向社会主义过渡的基本经济政策。针对战时共产主义政策已不适应和平经济建设形势的需要，

1921 年，俄共（布）第十次代表大会通过了《关于以实物税代替余粮收集制》的决议，并肯定了 1920 年的《租让法令》，标志着俄国由战时共产主义政策向新经济政策的转变。主要内容是：用粮食税代替余粮收集制；大力发展商业，允许自由贸易，重建商品货币关系；允许私人资本在国家监督下开办中小企业；由全面没收私人资本改为将部分企业实行租让制、租赁制；改革工业管理体制；废除了高度集中的总管理局体制，实行了"统一领导，分级管理"的新体制。俄国新经济政策的实施，巩固了即将破裂的工农联盟，使工农业得到迅速的恢复和发展，为向社会主义过渡准备了条件。

德国十一月革命

"一战"以后，德国爆发的以无产阶级为主体的资产阶级民主革命。1918 年 11 月的基尔港水兵举行起义，揭开了十一月革命的序幕。11 月 9 日，在斯巴达克团等组织号召下，柏林发动武装起义推翻了霍亨索伦王朝统治。首相巴登亲王将政权交予社会民主党右派首领艾伯特，艾伯特组成资产阶级临时政府，该政府进行部分资产阶级民主改革，但保留旧的国家机器和容克资产阶级政治经济特权，阴谋

解除无产阶级的武装，打击苏维埃。12月30日斯巴达克联盟建立德国共产党，宣布革命的任务是建立无产阶级专政。1919年1月，柏林工人举行的武装起义遭到镇压。1月5日德共领导人卡尔·李卜克内西和罗莎·卢森堡被捕遇害。5月初，苏维埃政权被颠覆，革命结束。德国十一月革命虽然失败，但它推翻了君主制，部分完成了资产阶级民主革命任务，对欧洲各国革命斗争起到了推动作用。

斯巴达克派士兵正在与艾伯特反动政府激烈交战

魏玛共和国

德国十一月革命中建立的资产阶级议会制共和国。1918年爆发的德国十一月革命推翻了君主制，资产阶级篡夺了政权。1919年2月6日在德国魏玛城召开国民会议，宣布成立德意志共和国即魏玛共和国，艾伯特当选为总统，并讨论制定了宪法。宪法规定了国家为议会制共和国政体、德国公民的基本权利与义务以及私有财产不可侵犯原则。魏玛共和国在政治上加强垄断资本的政治统治，削弱工人民主权利；在经济上大力扶植垄断资本，借助外国资本的流入发展经济，使德国工业生产1929年跃居资本主义世界第二位。

1925年加入国际联盟并任常任理事国，重新取得欧洲大国的地位。1929年，受到世界经济危机严重打击，国内矛盾激化，革命形势高涨，政局动荡。垄断资本遂支持希特勒于1933年上台，建立法西斯政权，魏玛共和国宣告解体。

德意志第三帝国

法西斯德国的非正式名称。1933年1月30日，希特勒建立了法西斯独裁统治，攫取政权，废除魏玛共和国，宣布要在神圣罗马帝国和德意志第二帝国之后，建立一个包括所有日耳曼人的大德意志帝国。人民把希特勒专政的德国称为第三帝国。1939年3月，法西斯德国军队开进捷克斯洛伐克；1939年9月1日，德军进军波兰。为了争夺殖民地，确立自己的世界霸权，奴役世界各国人民，希特勒发动了第二次世界大战。1945年，德国战败，第三帝国覆灭。

国会纵火案

德国法西斯制造的陷害共产党人的案件。希特勒上台后，图谋建立一党专制的法西斯独裁体制，加紧镇压共产党。1933年2月27日夜，在国会议长戈林等人的策划下，纳粹分子从戈林官邸潜入国会大厦纵火，然后嫁祸于共产党。纳粹当局借口"保卫人民和国家"，颁布紧急法令，取消宪法中保障人身自由、新闻自由、集会结社自由、言论通信自由等公民基本权利的条款，取缔共产党和进步党派的报刊，大肆逮捕共产党人和民主人士。德共主席台尔曼和当时在德国的保加利亚共产党领袖季米特洛夫均被捕。9月21日，纳粹当局在莱比锡组织挑衅性审讯。季米特洛夫在法庭上戳穿了纳粹分子的谎言，揭露了德国法西斯主义的反动实质和血腥罪行。由于世界舆论的压力和季米特洛夫的英勇斗争，法庭最后不得不将其无罪释放。

向罗马进军

墨索里尼法西斯党向罗马进军夺取政权而发动的军事政变。20世纪20年代初，在垄断资本的支持下，意大利法西斯党势力膨胀，武装人员达30余万，夺取了部分地区的政权，宣布拥护君主制度，整顿军队，准备夺取全国政权。1922年10月16日墨索里尼召开法西斯党中央会议，决定发动政变向罗马进军。10月24日，法西斯分子在那不勒斯举行大会，墨索里尼发表夺取政权的讲话。10月27日，墨索里尼命令法西斯党徒分四路进逼罗马。政府一直未采取有力措施，迟至10月28日才宣布在全国范围实行戒严。但反映垄断资本意志的国王同情法西斯，怀疑政府军的力量，担心镇压会危及王室，拒绝在戒严令上签字，内阁被迫辞职。10月31日，国王委任墨索里尼组阁。接着，国王和议会于11月25日授予墨索里尼独裁的权力，从而在意大利建立了法西斯专政。

自由法国运动

第二次世界大战中法国人民反法西斯的民族抵抗运动。第二次世界大战中法国战败后，立即遭到德国的残酷剥削和压迫。具有光荣革命传统的法国人民没有屈服，展开了一场反法西斯的民族抵抗运动。1940年6月18日戴高乐在伦敦发表《告法国人民书》，表示"不论发生什么事情，法兰西抵抗的火焰决不应该熄灭，也不会熄灭"。接着他在伦敦开创了"自由法国运动"，第一个高举起争取民族独立的旗帜，号召向德国和维希政府进行公开的抵抗，得到法国人民的积极响应。他招募志愿军3万多人，建成"自由法国"的第一支军队，到1942年6月发展到7万余人。1942年9月成立了法兰西民族委员会，作为"自由法国"的行政机构，1942年7月"自由法国"改为"战斗法国"。在自由法国运动的影响下，法国抵抗运动蓬勃兴起，为解放法国奠定了基础。

戴高乐在BBC广播电台宣读《告法国人民书》。

西班牙资产阶级民主革命

西班牙人民推翻君主制度的革命。1929年世界经济危机袭击了西班牙，使西班牙大批工厂倒闭，失业增加，农民纷纷破产，罢工事件、土地风潮不断发生，革命时机逐渐成熟。1930年8月17日，共产党和社会党人成立了革命委员会，号召人民起来推翻君主制度，建立共和国，各地工人运动迅速发展，革命运动席卷整个西班牙。1931年4月12日，西班牙举行地方选举，资产阶级共和派取得胜利。4月14日，国王逃往国外，革命委员会宣布西班牙为共和国。它是资产阶级民主派和地主阶级自由派的联合政权。共和政府实行了一系列资产阶级性质的改革，但没有解决土地问题、民族自治问题和工人就业问题，工农运动继续高涨。不久，代表大地主、金融寡头利益的反动势力在议会选举中获得大多数选票，建立了亲法西斯的政府。

西班牙内战

西班牙人民反对法西斯叛乱、抗击德意武装干涉的正义战争。1936年7月，佛朗哥等西班牙反动势力在西属摩洛哥等地发动叛乱，企图推翻共和国，建立法西斯专政，遭到共和国政府的坚决镇压。7月底，德意法西斯公开进行武装干涉，向叛军提供大量武器装备，同时出动20万德、意军直接参加作战，西班牙内战演变为民族革命战争。1936年11月～1937年3月，法西斯军队向首都马德里发动3次进攻，广大军民英勇抗战，取得保卫战的胜利。1937年中，法西斯军队把进攻重点转向北方，北方陷落后又转而进攻东部，1938年春突破阿拉贡防线，至地中海。1939年2月，东部加泰罗尼亚等地区落入敌手，英、法承认佛朗哥政权，至此共和国力量受到严重削弱。3月28日，马德里陷落。3月30日，法西斯军队占领共和国全境，西班牙民族革命战争失败。

匈牙利苏维埃共和国

匈牙利历史上第一个无产阶级专政的国家。1918年11月以库恩·贝拉为首的共产主义者成立匈牙利共产党，并展开卓有成效的宣传组织工作。1919年3月20日，由于协约国对匈牙利的逼迫，社会民主党只得与共产党领导人进行谈判，决定两党合并，改称匈牙利社会党。3月21日匈牙利苏维埃共和国宣告成立，并采取

了一系列革命措施，实行国有化和对外贸易的垄断，没收地主土地建立大农场，提高职工工资，实行8小时工作制，建立红军。但没有满足无地、少地农民对土地的要求，因而未能建立起巩固的工农联盟。4月起协约国对苏维埃共和国进行武装干涉和经济封锁。右派社会民主党人背叛革命，并迫使革命政府委员会于1919年8月1日辞职。匈牙利苏维埃共和国只存在了133天，但它鼓舞了争取自由解放的各国劳动人民，也丰富了国际共产主义运动的经验。

罗马尼亚八二三起义

罗马尼亚人民推翻安东尼斯库法西斯独裁统治的武装起义。1940年，安东尼斯库在罗马尼亚建立了法西斯统治，对外投靠希特勒，对内实行法西斯恐怖，并追随德国参加对苏战争。1943年6月，罗马尼亚共产党建立了反法西斯的"爱国阵线"，8月，制定了推翻安东尼斯库政权的武装起义计划。1944年4月，苏军抵达罗马尼亚，起义时机逐渐成熟。经过周密计划和准备，8月23日，罗共领导人民在首都布加勒斯特举行大规模武装起义，最后推翻了安东尼斯库的统治。武装起义很快扩张到全国，到8月30日，爱国军民依靠自己的力量，解放了2/3的领土。9月12日，在莫斯科签订了《苏美英对罗马尼亚停战协定》。10月，罗马尼亚军民同苏联红军协同作战，把希特勒赶出了罗马尼亚。此次起义的胜利为罗马尼亚人民共和国的建立创造了条件。

朝鲜三一运动

1919年发生在朝鲜的反抗日本殖民统治、争取民族独立的民众起义。1910

年日本吞并朝鲜后，朝鲜民族矛盾日益激化，工农运动不断兴起。1919年1月，风传日本当局毒死朝鲜废王高宗李熙的消息，成为此次运动的导火线。3月1日，汉城青年学生、市民和前来参加高宗葬礼的外地群众，在塔洞公园举行大会，并宣读《独立宣言》，随后举行30万人参加的声势浩大的示威游行，运动很快波及全国各地和海外。从1919年3月至年底，在全国共有217个郡爆发了示威和起义，参加者达200多万。然终因敌我力量相差悬殊，运动以失败告终。"三一"起义尽管失败，但是它沉重打击了日本帝国主义的殖民统治，显示了朝鲜人民争取民族解放的革命精神。从此，朝鲜工人阶级登上民族解放斗争的政治舞台，朝鲜革命面貌为之一新。

阿姆利则惨案

英国殖民当局血腥屠杀印度阿姆利则人民的惨案。第一次世界大战后，印度人民掀起反对英国殖民统治的斗争高潮，英国殖民者决定采取恐怖手段。1919年3月初，旁遮普邦阿姆利则市人民开展反英斗争，抗议《罗拉特法案》。4月10日，英殖民当局在阿姆利则城逮捕两位著名民族运动活动家。当日，该市群众举行游行示威，与军警发生冲突。愤怒的群众捣毁英国银行，占领火车站、电报局、电话局，切断了该城与外地的联系。英殖民当局派军队开进阿姆利则，实行戒严，禁止一切集会。13日，大批群众在贾连瓦拉·巴格广场举行集会活动。英国殖民当局军队包围广场，封锁出口，向群众开枪扫射，当场打死370余人，打伤1200余

人。惨案发生后英国殖民当局封锁消息达4个月之久。阿姆利则惨案激起印度各地更大规模的反英浪潮。

非暴力不合作运动

1919年3月《罗拉特法案》颁布后，激起印度人民抗英怒潮，各地举行集会、示威和罢工。国大党为了掌握反英斗争的领导权，迫使英国让步，采纳了甘地拟定的"非暴力不合作运动方案"。其主要内容有：拒绝英国授予的爵位、封号和名誉职位，学生退出英办学校；立法机关、法院及政府中服务的人员离职；家家户户恢复手工纺织，提倡国货，抵制英货；在运动最后阶段拒绝纳税。不合作运动立即得到各阶层人民的广泛响应，使英国政府收入锐减，并增强了印度人民的民族自尊心。1922年2月，联合省曹里曹拉村发生农民袭击警察所事件，甘地认为超出了非暴力的范围，决定在全国停止不合作运动。在英殖民当局血腥镇压和国大党妥协投降方针下，非暴力不合作运动宣告失败。

土耳其凯末尔革命

凯末尔领导的土耳其资产阶级民族民主革命。第一次世界大战后，土耳其作为战败国被迫签订《摩得洛斯停战协定》和《色佛尔条约》，丧失了许多重要的领土，苏丹政府成为傀儡政权。在民族危急关头，土耳其人民奋起举行反帝武装斗争。1919年7月和9月，先后在埃尔祖鲁姆和锡瓦斯召开护权协会第一、二次代表大会，选举了以凯末尔为主席的代表委员会。1920年4月，在安卡拉召开的国民大会，建立了国民政府，凯末尔任临时总

统兼国防军总司令。1922年11月统治600年之久的奥斯曼专制王朝被推翻。1923年7月，协约国被迫与土耳其签订《洛桑条约》，正式承认土耳其独立。同年10月29日，土耳其共和国宣告成立，凯末尔当选为总统。凯末尔革命是第一次世界大战后殖民地半殖民地国家由民族资产阶级领导的一次取得胜利的民族民主革命。

色佛尔条约

第一次世界大战后协约国和土耳其苏丹政府签订的条约。1920年8月10日在巴黎附近的色佛尔签订，故称。条约规定：土耳其承认汉志和亚美尼独立；伊拉克、巴勒斯坦成为英国的委任统治地；土耳其在欧洲的领土除了伊斯坦布尔及其郊区以外，全部割让给希腊；在亚洲的领土，沿叙利亚边境的一个广阔的地带让给法国；摩苏尔石油产地割让给英国；黑海海峡宣告开放，不论何国的军舰与商船都能通过；领事裁判权继续有效；土耳其军队不得超过5万人；协约国有权对土耳其的财政进行监督。条约不仅使土耳其帝国的领土削减了4/5，而且完成了对土耳其本土的瓜分，把土耳其推到了亡国的境地，激起了土耳其人民的反帝怒潮。土耳其人民在凯末尔的领导下，打败了希腊，取得了民族解放的胜利，终于在1923年废除了该条约。

罗斯福新政

美国总统富兰克林·罗斯福政府于1933~1939年间实施的各项经济社会改革措施的总称。1929~1933年的经济大危机使美国社会生产遭到严重破坏，人民生活恶化，阶级矛盾尖锐。为摆脱危机，

1933年罗斯福开始改革。新政主要内容为：一是整顿财政金融。整顿银行，关闭银行，经检验后，有偿付能力的银行才允许重新开业。二是调整工业生产措施。由国家出面协调国家、企业主及劳工间的关系，实行公平竞争，修建公共工程，减少失业。三是节制农业发展。缩小耕种面积并给予补偿损失，重定农产品价格。四是实行社会救济和以工代赈。新政实施使美国逐渐摆脱了危机，从1935年起所有经济指标都稳步上升，失业率下降，阶级矛盾缓和，但它不能从根本上消除资本主义固有矛盾。新政反映了现代私人垄断资本主义向国家垄断资本主义过渡这一总的趋向。

埃及独立运动

第一次世界大战后初期埃及人民反对英国殖民统治、争取民族独立的斗争。1918年11月13日，埃及民族资产阶级的代表柴鲁尔等要求英国殖民当局撤回保护权，给埃及以完全独立，遭到拒绝。柴鲁尔等人便组织代表团要去英国谈判，又遭到拒绝。1919年3月8日，殖民当局逮捕了柴鲁尔等4人并将其流放，引起埃及人民反英浪潮。斗争从3月9日开罗高校学生罢课起，发展到全国工人罢工、商人罢市、群众示威游行，直至武装起义。英国殖民当局被迫释放柴鲁尔等人，同时派重兵镇压起义。4月中旬起义失败。1921年12月英国殖民当局又逮捕了柴鲁尔，激起人民进一步反抗，城市罢工和农民武装斗争重新高涨。1922年2月28日，英国政府被迫发表声明，宣布放弃对埃及的保护，承认埃及独立，但仍保留了

对埃及的一些特权以及对英埃苏丹的统治。

埃塞俄比亚抗意民族战争

埃塞俄比亚人民为维护民族独立、抗击意大利法西斯侵略者的战争。埃塞俄比亚占有重要的战略地位，意大利为掠夺新的殖民地，建立地中海霸权，策划对埃塞俄比亚的侵略，挑起边境冲突。1935年10月意大利侵入埃塞俄比亚，国联宣布意大利为侵略者，进行经济和财政制裁，但未对意大利急需的石油实行禁运。战争爆发后，埃皇海尔·塞拉西一世即颁布总动员令，抵御入侵，并亲临前线指挥。埃军利用山地条件，顽强抗击意军。但因力量悬殊，埃军总体上处于劣势。4月初，北线意军击溃埃军，5月5日意军进入首都，5月9日南北两线意军会合。同日，墨索里尼宣布吞并埃塞俄比亚。埃塞俄比亚人民坚持斗争，广泛开展游击战争打击意军，迫使意军固守在一些大城市及其周围地区。1941年底在塞拉西一世的率领下，埃塞俄比亚人民把入侵者全部赶出本国领土。

巴黎和会

第一次世界大战结束后，战胜的协约国集团于1919年1~6月在巴黎召开的国际和会。参加国共有27个。最高委员会决定一切重大问题，最高委员会由美、英、法、意四国政府首脑组成。和会是帝国主义战胜国的分赃会议，各国带着各自不同的企图在和会上进行了激烈的争夺。法国力图大大削弱甚至肢解德国，以确保自己在欧洲大陆的霸主地位。英国一面主张限制德国经济实力，另一方面又反对过分削弱德国，想用德国牵制法国。

美国则企图利用"十四点纲领"来左右会议，以达到攫取世界霸权的目的。日本、意大利也提出了自己的争霸计划。经过长期的激烈争吵，战胜国列强才于1919年6月28日，在巴黎凡尔赛宫签订了《对德和约》，即凡尔赛和约。在和会上，帝国主义国家还秘密讨论了武装干涉俄国问题，巴黎和会实际上也是指挥武装反俄的司令部。

凡尔赛和约

即《协约国和参战各国对德和约》。第一次世界大战战胜国掠夺战败国的条约。1919年6月在巴黎郊区凡尔赛宫签订。主要内容是：关于领土问题，德国将阿尔萨斯、洛林、萨尔煤矿归还法国，萨尔区由国联代管15年，期满后经公民投票决定其归属；莱茵河西岸由协约国占领15年，东岸50千米为不设防区；德国承认波兰独立，但泽被宣布为自由市。关于军事问题，德国废除普遍义务兵役制；撤销参谋本部；陆军总数不得超过10万人；限制其海军舰艇数量，拆除西部边境防御工事。在赔偿上，规定德国应在1921年5月1日前先交出200亿金马克。就殖民地问题，德国的全部殖民地由几个主要协约国以"委任统治"的形式予以瓜分。凡尔赛和约是在战胜国列强宰割战败国和牺牲弱小民族的基础上订立的，它为第二次世界大战的爆发埋下了祸根。

国际联盟

第一次世界大战后建立的国际组织，简称国联。1920年1月成立，总部设在日内瓦。成立时会员国44个，后增到60多个。美国本是其主要倡议者，但因争夺领导权失败而未参加。设有会员国全体代表大会、行政院、秘书处，附设国际法庭、国际劳工局等常设机构。行政院由英、法、意、日4个常任理事国和经大会选出的4个非常任理事国的代表组成。大会和行政院的决议，除程序问题和盟约另有规定者外，须经全体一致通过。由于战后人民反战情绪高涨，国联盟约规定要裁减军备、制裁侵略，但这些规定根本不能实现。国联盟约还规定了"委任统治"制度，把战败国的殖民地和领地以"委任统治"的形式由战胜国瓜分。国联自成立之日起即为英、法所操纵，实质是帝国主义国家推行侵略政策、重新瓜分殖民地的工具。1946年4月宣告解散。

共产国际

即第三国际。全世界共产党和共产主义组织的国际联合组织。1919年3月，在莫斯科召开了共产国际第一次代表大会，宣告共产国际成立，并成立了领导机构——执行委员会和执行局。1919～1923年，为其活动的初期，共召开4次代表大会。"二大"阐明反对机会主义的必要性和艰巨性；"三大"和"四大"先后发出"到群众中去"的号召和建立具有广泛统一战线基础的"工人政府"的口号。这一时期对各国共产党的建立和成长起到了促进作用，但它也犯有对革命形势估计脱离实际的错误。中期为20世纪20年代中期到30年代初期，先后召开了"五大"和"六大"。这一时期内，"左"倾思想严重，妨碍了统一战线工作的开展，给反法西斯斗争带来了不利影响。1935年召开的"七大"，是其最后一次会议，制定了反法西斯的策略方针。随着形势的变化，共产国际已不能适应形势需要，于1943年6月宣告解散。

华盛顿会议

又称太平洋会议，帝国主义国家对远东和太平洋地区的殖民地及势力范围进行再瓜分的会议。巴黎和会暂时调整了帝国主义在西方的关系，但在远东和太平洋地区，列强之间仍存在尖锐的矛盾。为解决这一矛盾，美、英、法、日、意、葡、比、荷、中9国遂于1921年11月到翌年2月在华盛顿召开会议。会议主要内容有三方面：美、英、日、法《四国公约》，规定缔约各国相互尊重它们在太平洋地区内岛屿属地与岛屿领地的权利；美、英、日、法、意《五国海军条约》，规定五国主力舰总吨位的比例依次为5∶5∶3∶1.75∶1.75；《九国公约》在形式上宣称尊重中国的主权，但对中国提出的合理要求，一概未予解决，使中国成为帝国主义共同宰割的对象。华盛顿会议是巴黎和会的继续，它确立了战后帝国主义在远东、太平洋地区的新秩序。

道威斯计划

第一次世界大战后，战胜国处置德国赔款问题的计划。因严峻经济形势及英美的压力，法国同意重新审查德国赔款问题。赔款委员会决定成立两个由美、英、法、意、比代表组成的专家委员会。由美国银行家道威斯主持的委员会于1924年4月向赔款委员会提出关于德国赔款问题的方案，并于同年8月通过，史称道威斯计划。主要内容是：协助德国稳定金融，复兴经济，在此基础上索取赔偿；对德国赔款总数和支付年限未加确定，只规定该计划生效的第一年德国应支付 10 亿金马克赔款，以后逐年增加；赔款的主要来源是各种税收；德国的国家预算、货币、对外支付及交纳赔款等均须受外国代表监督。道威斯计划打击了法国的欧洲霸权，加强了美在欧洲事务上的作用，为美国资本流入德国扫清了道路，为德国经济恢复和重整军备提供了条件。

杨格计划

1929 年第一次世界大战战胜国重新规定德国赔款问题的计划。因由美国银行家杨格主持制订，故名。1929 年初，德国提出因财政困难，要求修改道威斯计划，得到美国支持。经协约国商定，1929 年 2 月由杨格为主席的专家委员会在巴黎开始工作，制定新的赔款计划。1929 年 6 月委员会通过，1930 年 1 月经海牙会议批准生效。计划规定：把德国应付的赔款总额缩减为 1139 亿马克，分 59 年付清；取消对德国财政经济的国际监督，由新成立的美国操纵的国际清算银行处理赔款的一切事宜。还规定莱茵河西岸占领军于 1930 年 6 月底前撤出。1929 年 10 月爆发资本主义经济危机，德国财政面临崩溃的危险。1931 年 6 月，美国总统胡佛宣布，赔款和国际债务延期支付一年。德国此后不再支付赔款，杨格计划夭折。杨格计划为加速德国军国主义的复活提供了条件。

资本主义世界经济大危机

资本主义世界经济大危机是迄今为止发生在资本主义世界的持续时间最长、波及范围最广、破坏最严重、影响程度最深的世界性生产过剩危机。其产生的根本原因在于资本主义生产的社会性和资本的私人占有形式间的矛盾。此次危机以 1929 年 10 月 29 日美国纽约股票市场价格暴跌为开始标志。危机具有如下特点：范围之广前所未有，此次危机袭击了整个资本主义世界；破坏空前严重，整个资本主义世界工业生产下降 40%，损失达 2500 亿美元，失业人数高达 3500 万～4000 万；持续时间长，历时 5 年。大危机使资本主义各国阶级矛盾激化；帝国主义者加强殖民掠夺，民族解放运动高涨；美、英、法等国在维持资产阶级民主制度的前提下，走上了国家垄断资本主义道路；德、日等国法西斯势力上台，走上侵略扩张道路，最终导致第二次世界大战的爆发。

共产国际七大

1935 年 7～8 月共产国际在莫斯科举行的代表大会，也是共产国际最后一次代表大会。20 世纪 30 年代上半期，法西斯势力成为世界人民的主要威胁，迫切需要共产党同各政党联合起来，建立工人阶级统一战线，共同反对法西斯。为适应这一变化，共产国际召开了第七次代表大会，会上，季米特洛夫作了《法西斯的进攻与共产国际在争取工人阶级统一、反对法西斯的斗争中的任务》的报告，并通过了《关于建立反法西斯统一战线的决议》，揭露了法西斯的本质，要求各国共产党同社会民主党采取联合行动，建立反法西斯人民阵线，殖民地半殖民地国家的无产阶级要建立反对帝国主义侵略的民族统一战线。会议决定，共产国际执委会"一般不直接干涉各国党内部组织的事务"。大会纠正了"左"倾宗派主义错误，对反法西斯斗争的开展起了积极作用。

绥靖政策

专指在国际关系中对侵略者采取妥协让步，以牺牲他国利益去满足侵略者欲望，谋求自身安全和既得利益的政策。"一战"后，英国国防开支紧缩，军事力量薄弱，因此当德国发动战争时，英国为维护自身利益，企图靠牺牲中、东欧弱小国家和苏联，来把德国扩张矛头引开，张伯伦将绥靖政策发展到了顶峰。为了其既得利益，法国在20世纪30年代后半期和英国一起对德国采取绥靖政策。30年代初期，美国在法西斯侵略尚未对自身构成威胁的情况下，对欧洲的政治事务采取中立政策。在英、法、美默认和纵容之下，意大利侵占埃塞俄比亚；德国进军莱茵非军事区，吞并奥地利；德、意武装干涉西班牙。《慕尼黑协定》的签订，使绥靖政策达到了顶点。德国入侵波兰，英、法卷入战争，自食其果。张伯伦下台，标志着绥靖政策彻底破产。在东方，西方一些国家对日本也实行了绥靖政策。

慕尼黑会议

1938年9月，德、意、英、法四国首脑在德国慕尼黑召开的关于捷克斯洛伐克割让苏台德地区领土给德国的会议。1938年9月29日晚在德国慕尼黑举行英、法、德、意四国首脑会议，翌日凌晨签订《慕尼黑协定》。规定将苏台德地区和与奥地利接壤的南部边境地区割让给德国；捷克斯洛伐克必须在10月1～10日期间，从上述地区撤退完毕；上述地区一切设备不得破坏，无偿移交给德国。《慕尼黑协定》附件中还规定，由4个签字国保障捷克斯洛伐克的新国界。在整个会议中，捷克斯洛伐克代表被排斥在外。1938年10月6日，德国策动斯洛伐克宣布"自治"。次年3月15日，德军占领整个捷克斯洛伐克，纳入德国版图。《慕尼黑协定》没有保证捷克斯洛伐克新国界的安全，也没有制止住希特勒的武装侵略，反而加速了第二次世界大战的全面爆发。

苏德条约

1939年苏、德在莫斯科缔结的《苏德互不侵犯条约》。该条约在希特勒迫切需要入侵波兰时，为避免两线作战和苏联亦因与英、法谈判破裂退而求自保的情况下签订。正文主要有以下几点：双方保证彼此间不进行任何武力行动、任何侵略行为或任何攻击；通过和平方法解决两国间的纠纷；如果缔约一方成为第三国敌对行为的对象时，缔约另一方将不给予第三国任何支持；缔约任何一方将不加入直接或间接旨在反对另一方的任何国家集团；条约有效期为10年。"二战"后，双方又公布了该条约附加秘密协定书，主要内容为划分两国在东欧的势力范围。《苏德互不侵犯条约》的签订，为苏联赢得一个短暂和平时期进行反侵略战争准备，然而它使德国避免了两线作战的危险，为发动世界大战创造了有利条件，同时条约也暴露了苏联大国主义的倾向。

第二次世界大战

德、意、日法西斯国家挑起的人类历史上规模空前的世界战争。1939年9月1日德国突袭波兰，英法对德宣战，第二次世界大战全面爆发。1941年6月22日撕毁《苏德互不侵犯条约》，苏、德战争爆发，大战范围进一步扩大。1941 年 12 月 7 日，日本偷袭珍珠港，太平洋战争爆发，大战成为名副其实的世界大战。1942 年 1 月 1 日《联合国家宣言》的签署，标志着反法西斯联盟正式建立。斯大林格勒战役的胜利，从根本上扭转了第二次世界大战的局面。美军在中途岛战役和瓜岛战役的胜利，迫使日军转入战略防御。1943 年 5 月北非解放，从此盟军进入全面战略反攻。1943 年 9 月意大利投降。1945 年 5 月 2 日，苏军攻克柏林；5 月 8 日，德国无条件投降；8 月 14 日，日本宣布接受《波茨坦公告》投降；9 月 2 日签署投降书，第二次世界大战结束。世界反法西斯取得胜利。

战争后期，法国飞机在战场上猛轰德军阵地。

轴心国

第二次世界大战前夕至大战中结成侵略性政治军事集团的德、意、日法西斯国家。为重新瓜分世界，德、意、日三国逐渐调整相互之间的矛盾，1936 年 10 月 25 日，德、意在柏林签订协定，德国承认意大利吞并埃塞俄比亚，两国决定解决国际问题的共同方针。随后，墨索里尼发表演说，宣称罗马和柏林是轴心，欧洲国家应该围绕这个轴心进行合作。11 月 25 日，德、日在柏林签订《反共产国际协定》。

12 月，日本和意大利订立协定，彼此承认对中国东北和埃塞俄比亚的占领。1937 年 11 月 6 日，意大利加入《反共产国际协定》，标志着轴心国侵略同盟初步形成。1939 年 5 月 22 日，德、意结成军事同盟。1940 年 9 月 27 日，三国签订《同盟条约》，正式结成军事集团。后罗马尼亚、匈牙利、保加利亚等国相继加入。第二次世界大战结束后彻底瓦解。

同盟国

第二次世界大战中结成国际反法西斯统一战线共同对轴心国作战的国家。20 世纪 30 年代，中国、埃塞俄比亚等国人民奋起展开反法西斯斗争，但英、法等国却推行绥靖政策。德国进攻西欧后，英、美受到严重威胁，英国与欧洲沦陷国家及英、美之间遂建立起同盟合作关系，反法西斯统一战线初步形成。苏、德战争爆发后，英、美宣布支持苏联。1941 年 8 月英、美发表《大西洋宪章》，苏联和其他 10 余个国家表示支持。太平洋战争爆发后，美国等国正式参战，反法西斯阵营进一步扩大。1942 年 1 月 1 日，美、苏、英、中、加等 26 个反法西斯国家在华盛顿签署了《联合国家宣言》，国际反法西斯联盟正式形成。此后，一些国家陆续加入，其总数达 47 个。同盟国在反法西斯战争中互相配合与支援，最终打败轴心国，为联合国的建立奠定了基础。

大西洋宪章

1941 年美国总统罗斯福与英国首相丘吉尔签署的联合宣言，全称为《美国总统和英国首相的联合宣言》。英、美两国首脑 1941 年 8 月在大西洋北部纽芬兰阿金夏海湾举行大西洋会议，13日签署《大西洋宪章》。该文件共8条：不承认法西斯通过侵略造成的领土变更；宣布两国不追求领土或其他方面的扩张；恢复被暴力剥夺的各国人民的主权；尊重各国人民选择其政府形式的权利；各国在贸易和原料方面享受平等待遇，促成一切国家在经济方面最全面的合作；摧毁纳粹暴政后重建和平；公海航行自由；各国必须削减军备，解除侵略国家的武装。《大西洋宪章》对于反法西斯统一战线的形成和反法西斯战争起到了积极的作用，成为以后联合国宪章的基础。同时，机会均等、海上自由等内容有利于美国战后与英国争夺势力范围。同年9月，苏联等国表示同意宪章的基本原则。

珍珠港事件

第二次世界大战中日本偷袭美国海军基地珍珠港的事件。珍珠港是美国在太平洋上最大和最重要的海军基地，太平洋舰队停泊于此。1940年，美日矛盾加剧，日本一面与美国进行谈判，一面准备对美战争，制定了偷袭珍珠港的作战计划，企图一举歼灭美国太平洋舰队，解除南进的海空威胁。1941年12月当地时间7日晨，南云忠一中将率领日本特遣舰队秘密开抵珍珠港以北约370千米处，于7时55分发动突袭。第一批183架飞机攻击历时30分钟，随后第二批171架飞机扩大战果，攻击共约50分钟。美国被击毁击沉大型舰只19艘，飞机300架左右，死伤3600余人，太平洋舰队几乎全军覆没。第二天，美国对日宣战。接着，澳大利亚、荷兰等20多个国家相继对日宣战。

11日德、意对美宣战。珍珠港事件促成了太平洋战争的全面爆发，使第二次世界大战进一步扩大。

开罗宣言

美、英、中三国1943年在埃及首都开罗签署的宣言。1943年11月22～26日，罗斯福、丘吉尔和中国国民政府主席蒋介石举行开罗会议，讨论联合对日作战计划和战后处置日本问题。会后，12月1日发表了此宣言。宣言指出：三大盟国将坚持长期作战，直至日本无条件投降；对日作战目的在于制止和惩罚日本的侵略，决不为自身图利，也无拓展领土之意；三国的宗旨在于剥夺日本从1914年第一次世界大战开始以后在太平洋所夺得的或占领的一切岛屿，将日本逐出其以暴力或贪欲所攫取之所有土地，使日本窃取的中国领土，如东北、台湾、澎湖列岛等归还中国，使朝鲜自由独立。此次会议是国际反法西斯力量在远东问题上的一次积极合作，对鼓舞人心、威慑敌人和加强盟国团结，加速打败日本法西斯起到了积极作用。

德黑兰会议

第二次世界大战中美、苏、英三国首脑罗斯福、斯大林和丘吉尔在伊朗首都德黑兰举行的会议。1943年反法西斯形势发生根本转折，盟国已经取得战略进攻的主动权。美、英、苏三国首脑遂于1943年11月28日～12月1日在德黑兰举行会晤，商讨加速战争进程和战后世界的安排问题。会议主要包括以下内容：决定于1944年5月在法国南部开辟第二战场；就成立一个战后维护世界和平与安全的国际组织问题交换了意见；初步讨论了战后如何处置德国的问题；就波兰问题达成初步一致；苏联对日作战问题。会议签署了《苏、美、英三国德黑兰协定》和《苏、美、英三国德黑兰宣言》。该会议是反法西斯三大盟国首脑在第二次世界大战中的首次直接会晤，对加强盟国间的团结与合作，协调军事战略行动，加速反法西斯战争的胜利进程起了重大作用。

雅尔塔会议

又称克里米亚会议，第二次世界大战末期美、英、苏三国首脑在克里米亚半岛雅尔塔举行的会议。1945 年初，反法西斯战争接近最后胜利，为加强相互信赖，协调战略计划，尽快结束战争，安排战后国际事务，维护战后和平，三国首脑罗斯福、丘吉尔和斯大林于 1945 年 2 月 4~11 日在雅尔塔举行会议。会议主要讨论了战后处置德国问题、波兰问题、远东问题、联合国问题。此外，会议还讨论了南斯拉夫、希腊、意大利等欧洲国家的有关问题。会议签署了《雅尔塔协定》，通过了《被解放的欧洲的宣言》和《克里米亚宣言》等文件。此次会议巩固和维护了三国战时联盟，对加速反法西斯战争的胜利进程和战后和平稳定局面的形成起到重要积极作用，但会议具有明显的大国强权政治的倾向，严重损害了中国等国的主权和利益。

波茨坦会议

1945 年美、英、苏三国首脑在德国波茨坦举行的一次首脑会议。1945 年 5 月反法西斯战争接近最后胜利，战后欧洲的一系列问题如何解决，急待最后决定。三国首脑杜鲁门、丘吉尔（后期为艾德

礼）和斯大林遂于 1945 年 7 月 17 日~8 月 2 日在波茨坦举行会晤。关于德国问题，三国确认了雅尔塔达成的协议；承认波兰临时统一政府，初步确定波兰西部边界为奥得—尼斯河，但泽和东普鲁士南部划归波兰；东普鲁士北部和哥尼斯堡划入苏联；苏联重申对日作战的承诺。通过了《苏、美、英三国柏林会议议定书》和《柏林会议公报》。会议还就成立外长会议，准备对意、匈、保、罗、芬的和约达成一致协议。此次会议解决了欧洲战争结束后的一系列迫切问题，巩固了欧洲反法西斯战争的胜利成果，加速了对日战争的结束，奠定了战后世界新秩序。

波茨坦公告

全称为《中、美、英三国促令日本投降之波茨坦公告》，亦称《波茨坦宣言》，是 1945 年 7 月 26 日，中、美、英三国在波茨坦会议期间签署的关于结束对日作战的条件和有关战后处置日本方针的文件。公告共 13 条，宣告盟国将继续对日作战至其停止抵抗为止的决心，敦促日本政府立即宣布所有武装部队无条件投降，提出日本投降后盟国将实施的对日原则：永久剔除欺骗及错误领导日本人民使其妄欲征服世界的威权及势力；盟国占领日本；《开罗宣言》的条件必须实施；日本主权只限于本州、北海道、九州、四国及盟国指定的岛屿内；日本军队完全解除武装；审判战犯；消除阻止日本人民民主的所有障碍；不准日本保存重新武装作战的工业；在上述目的达到和成立依据日本人民意志的倾向和平及负责的政府后，盟国占领军队当即撤退。

世界当代史

苏共第二十次代表大会

1956 年 2 月 14～25 日在莫斯科举行。赫鲁晓夫代表中央委员会作了总结报告。报告分析了国内外形势，总结了苏联经济上取得的成就，提出了今后的任务。在阐述对外政策方面，提出"战争并不是注定不可避免"的著名论断，宣布和平共处原则是苏联对外政策的总路线，强调和平共处应发展成为和平竞赛。并认为各国向社会主义过渡的形式将会越来越多样化，某些资本主义国家可能通过议会的道路向社会主义过渡。大会通过了关于总结报告的决议、部分修改党章的决议、关于"六五"计划的指示和草拟新党纲的决议。大会闭幕后，24 日夜，赫鲁晓夫召集大会代表听取了他题为《关于个人崇拜及其后果》的"秘密报告"。这是苏共在斯大林逝世后召开的第一次代表大会，对苏联和国际共产主义运动具有重大历史意义。

赫鲁晓夫经济改革

赫鲁晓夫执政期间对苏联经济进行的改革和调整。农业改革措施有：改善计划体制；改变农产品采购制度，实行国家统一的收购制和统一的采购价格，并规定采购价格应高于农产品的生产成本；解散机器拖拉机站，使集体农庄拥有农业机器。此外，赫鲁晓夫还采取了扶植家庭副业经济，增加农业投资和大面积垦荒等发展农业的措施。在工业方面的改革措施主要是1957 年对工业、建筑业的改组。撤销了25 个中央部和 113 个加盟共和国的部；同时将全国划分为 105 个经济行政区，各区设国民经济委员会；原中央和加盟共和国各部管理的企业交给所在地区的国民经济委员会管理。赫鲁晓夫的农业改革尽管很不彻底，有很多失误，但还是促进了苏联农业的发展；工业改组促进了同一地区的企业协作，但也造成了经济秩序一定程度的混乱。

新经济体制

苏联从 1965 年开始的经济改革中逐步确立的经济管理制度。1965 年 9 月通过了《关于改进工业管理、完善计划工作和加强工业生产的经济刺激的决议》；10月，部长会议制定了《国营生产企业条例》。这些决议和条例确定了新经济体制的基本原则和主要内容。基本原则是：在不改变集中管理体制的前提下，扩大企业的自主权；领导生产的重心转向经济方法；贯彻国家、企业和个人三者利益相结合的方针，使工人从物质利益上关心企业的生产成果。主要内容是：恢复部门领导的管理体制；完善计划工作；提高经济杠杆在管理经济中的作用；建立企业经济刺激基金，加强对企业的经济刺激和从物质利益上刺激职工对企业的关心。新经济体制促进了经济的发展，但没有从根本上克服原有体制的弊病，具有很大的局限性和保守性。

战后两个德国的形成

第二次世界大战后冷战期间德国分裂为两个德国的事件。1945 年德国投降后，美、英、法、苏四国分区占领德国及其首都柏林。苏占区逐步向社会主义方向发展，西占区着重于重建资本主义。1947年 1 月，美、英合并两国占领区。1948年 2～6 月，美、英、法、荷、比、卢六国召开伦敦会议，提出西方 3 个占领区合并及协调经济政策。6 月 21 日西占区单方面实行货币改革。苏联采取措施对美国进行反击，1947 年 6 月在苏占区成立德国经济委员会。1948 年 6 月 22 日，苏联在苏占区发行新币，从 6 月 24 日起"封锁柏林"。同年 11～12 月，东西柏林分别成立市政机构。1949 年 5 月 12 日，西方

在柏林墙一侧的西柏林的标示牌上写着："注意！你正在离开西柏林。"

占领当局批准西占区德国议会委员会通过的基本法即《波恩宪法》。9 月 20 日，联邦德国正式成立。同年 10 月 7 日，在苏占区成立德意志民主共和国。

法兰西第四共和国

1940 年，法国政府向纳粹德国投降，法兰西第三共和国告终。法国光复后，1946 年 10 月 13 日，法国第一届制宪会议修改的新宪法获得通过。宪法宣布法兰西为非宗教的、和海外领土组成的法兰西联邦，从而宣告第四共和国成立。第四共和国为议会制共和国，实行多党制。议会由国民议会和参议院两院组成，国民议会为国家权力中心。总统由两院联合选出，任期 7 年，不掌握实权。总理由总统提名，国民议会任命，政府严格对议会多数派负责。第四共和国时期，法国经济得到恢复，外交上追随美国，连年进行殖民战争；内政上政党林立，党争激烈，民族、阶级矛盾激化，内阁更迭频繁，先后共达20 届。1958 年 9 月，法国通过新宪法，为第五共和国代替。

法兰西第五共和国

根据 1958 年新宪法建立的资产阶级共和国。20 世纪 50 年代中期，法兰西第四共和国陷入严重的政治经济危机。1958年 6 月 1 日，戴高乐出任政府总理；9 月4 日，戴高乐政府公布了宪法草案，28 日经公民投票通过；10 月 5 日正式宣告法兰西第五共和国成立。总统权力扩大，议会权力缩小，为半总统、半议会制共和国。总统为国家元首和三军统帅，掌握军事、政治和立法的大权，拥有任命总理和各级官员、主持内阁会议、签署法令、解

散议会、决定公民投票、在紧急状态下行使独裁的权力。议会无权监督和罢免总统。这些变化适应了巩固垄断资产阶级统治和加强国家对经济生活的干预的需要。第五共和国时期法国政治上保持了法兰西民族独立和自主的内外政策，反对超级大国和霸权主义；经济上大力发展现代科技与民族经济。其延续至今。

布拉格之春

1968年春捷克斯洛伐克进行的一场自由化改革运动。1968年1月，杜布切克担任捷共中央第一书记后，进行"建立一种十分民主的，适合捷克斯洛伐克条件的社会主义社会新模式"试验：在政治方面，改变党的职能，改造整个政治制度，保证集会、结社、迁徙、言论和新闻自由，取消书报检查制度，使人民的一切政治团体直接参加国家权力机构；在民族政策方面，主张建立捷克和斯洛伐克两个民族的联邦制国家；在经济方面，改革工业结构和布局，允许私有企业存在，扩大企业自主权，建立工人委员会，实行民主管理，充分发挥市场作用，取消国家对外贸易垄断权；在对外政策方面，主张在进一步发展同苏联的友好关系的同时，发展同发达资本主义国家和一切国家的互利关系。这一改革运动曾被西方报刊称为"布拉格之春"。

匈牙利事件

1956年10月匈牙利发生的社会动乱。10月21日，哥穆尔卡担任波党第一书记的消息传到匈牙利后，布达佩斯民情激愤。23日，布达佩斯学生举行游行示威，向党和政府提出了16点要求：撤走苏联驻军，改变苏匈贸易上的不平等地位，政治生活民主化，让纳吉·伊姆雷重新执政等。晚上，电台大厦前发生了武装冲突。24日纳吉·伊姆雷出任政府总理，苏军开进布达佩斯，但未能控制局势，动乱进一步扩大。帝国主义间谍、特务分子、国内反革命分子等也乘机捣乱，一些武装暴徒捣毁党政机关，屠杀共产党员和无辜群众，国内一片混乱。11月1日，纳吉·伊姆雷宣布匈牙利退出华约组织，并向联合国求援。11月4日，以卡达尔为首的工农革命政府宣告成立，苏军再次开进布达佩斯，局势逐渐稳定。这次动乱给匈牙利人民的生命财产造成了巨大的损失。

波兹南事件

1956年6月发生在波兰西部工业城市波兹南的政治风波。赫鲁晓夫在苏共"二十大"的秘密报告传出后，在波兰引起巨大反响。1956年6月上旬，波兹南的斯大林机车车辆制造厂的工人提出了增加工资和降低所得税的要求，派代表团去华沙和机械工业部部长谈判，遭到拒绝。6月28日工人们前往市中心举行示威游

1968年春，温和派领导人杜布切克（左一）推行一系列改革措施，受到人民的欢迎。

行，并同警察发生冲突。外国敌对势力也趁机捣乱。市内发生骚乱，党政机关、警察局和监狱均遭到攻击。波兰政府出动了军队和坦克，才控制住局势。在这次事件中，有50多人死亡，200多人受伤。事件发生后，波兰统一工人党于7月召开七中全会，全会要求立即采取措施改善人民生活，实行政治民主化。后选举哥穆尔卡为中央第一书记，通过了《关于党在目前的政治和经济任务的决议》，开始了政治、经济方面的改革。

日本战后改革

第二次世界大战后初期，在美国占领当局主导之下进行的日本政治、经济、军事、教育、司法等广泛领域的民主主义改革。主要包括：第一，解散日本全部军队；审讯战犯；解散右翼法西斯团体；解除军国主义分子等，以打击日本军国主义势力。第二，根据美国占领当局意旨修改宪法，使日本成为资产阶级君主立宪制国家，实现了政治体制的民主化。第三，解散财阀，促进战后日本企业管理体制的改革和企业管理的现代化。第四，实行农地改革，形成以自耕农为主体的新的土地所有制关系。此外，日本还对文化教育、劳动立法、公务员制度、警察制度、家族制度等进行改革。战后改革是自上而下的资产阶级民主改革，使日本由军国主义法西斯国家转变成一个资产阶级民主主义国家，为战后经济恢复和高速增长打下了良好基础。

朝鲜的分裂

第二次世界大战后冷战期间在美国的干涉下朝鲜分裂成两部分的事件。日本投降后，美、苏两国以北纬38°线界分别占领朝鲜南北部。1945年12月，美、英、苏三国外长会议达成协议，决定创造条件重新使朝鲜统一。但美国1946年2月却在南部成立"民主议院"。1947年冷战爆发后，美国加快分裂朝鲜的步伐。1948年5月10日，在美国的操纵下，朝鲜南部举行非法的"国民议会"选举，7月12日公布《大韩民国宪法》，8月15日成立"大韩民国政府"。为了回击美帝国主义，在以金日成为首的朝鲜劳动党的领导下，整个朝鲜于1948年8月25日举行选举，9月8日公布宪法，组成以金日成为首的政府。9月9日，朝鲜民主主义人民共和国成立。1948年底，苏军全部撤离朝鲜北部。美国军队仍然驻扎在朝鲜南部，使两个朝鲜的分裂局面长期存在。

朝鲜人民抗美救国战争

朝鲜人民反对美国侵略争取民族独立和解放的战争。战后，美国为实现其征服朝鲜，征服亚洲称霸世界的野心，指使李承晚以武力侵占朝鲜北部。1950年6月25日，南北朝鲜之间爆发战争。战争初期，朝鲜人民军坚决进行反击，并把敌人压缩在洛东江一线。9月15日，美国调集兵力，在朝鲜中部仁川登陆，同时在洛东江一线增强兵力转入反攻，以合围朝鲜人民军。朝鲜人民军被迫实行战略北撤。10月初，美军侵入朝鲜北部，攻占平壤，并威胁中国的和平与安全。10月25日，中国人民志愿军为了保家卫国，援朝参战，中、朝军队并肩作战，使美国被迫于1953年7月10日在开城开始进行停战谈

朝鲜战争使得人民流离失所

判，并使其于 7 月 27 日在板门店签订了《朝鲜停战协定》。这次战争是战后规模最大的局部战争之一，粉碎了美国的阴谋，保卫了亚洲和世界的和平。

越南抗法战争

1946～1954 年越南人民反对法国殖民者的民族解放战争。1945 年 9 月 23 日，法国企图恢复其殖民统治，在越南南部发动了殖民战争。1946 年 12 月 19 日，法国殖民军进攻河内，越南人民在越南劳动党和胡志明的领导下，开展了全面的抗法救国战争。战争初期，法军处于优势，但越南军民经过一年战斗，收复了部分城镇，消灭了大批法军，挫败了法国殖民者"速战速决"战略。此后，战争进入相持阶段。越南军民坚持以游击战为主、运动战为辅的方针，逐步扩大解放区。1948～1949 年，取得了一系列反扫荡战役胜利。从 1950 年起，越南军民不断发动反攻，消灭了法国殖民军大批有生力量。1954 年 5 月 7 日，越南在奠边府取得了决定性的胜利，改变了整个印度支那战场的形势。1954 年 7 月 21 日，法国被迫签订《日内瓦协议》。越南抗法战争取得历史性胜利。

越南抗美救国战争

越南人民反抗美国侵略者的民族解放战争。1954 年《日内瓦协议》签订后，美国在越南南方取代法国并拼凑吴庭艳傀儡政权。又于 1961 年 5 月在越南南方发动"特种战争"，被越南人民在南方民族解放阵线的领导下粉碎。1964 年 8 月，美国又制造了"北部湾事件"，把侵略战争扩展到越南北方。1965 年 3 月，美国直接出兵越南南方，把战争升级为以美军为主的"局部战争"，最后失败。1969 年美国为了摆脱侵越的困境，转而实行"用越南人打越南人"的计划，又被粉碎。1973 年 1 月 27 日，美国被迫在巴黎签订了《关于在越南结束战争，恢复和平的协定》，美军及其仆从军被迫从南方撤走。但美国支持的伪政权破坏巴黎协定，蚕食南方解放区。越南军民实行自卫反击，于 1975 年发动春季总攻势，4 月 30 日解放西贡，彻底摧毁伪政权，5 月 1 日解放了整个南方。

印巴分治

1947 年英属印度被分为印度联邦和巴基斯坦两个自治领而独立的事件。第二次世界大战结束后，印度民族解放运动高涨，英国难以直接统治，只得采取分而治之政策。1947 年 3 月，新任总督蒙巴顿与印度各政党及教派领导人商谈，制定了"蒙巴顿方案"。6 月 3 日公布该方案。方案规定：英属印度根据居民宗教信仰的不同，分为印度和巴基斯坦两个自治领，分别建立自治政府；巴基斯坦由东西两部分组成；各王公土邦在移交政权后享有独立地位，可加入任何一个自治领。7 月，英国议会通过"印度独立法案"。同年 8 月

14 日和 15 日，巴基斯坦和印度分别成立自治领，从而结束了英国在印度 190 年之久的直接统治。1950 年 1 月和 1956 年 3 月，印巴分别宣布成立共和国。印巴分治使印巴独立，也为两国以后的领土纠纷等问题埋下了祸根。

伊朗石油国有化运动

第二次世界大战后伊朗人民开展的石油国有化运动。战后，石油国有化成为伊朗人民的一致要求。1947 年，伊朗政府向英国提出了修改 1933 年石油协定的要求，但只签订了一个对 1933 年石油协定的"补充协定"，仅给伊朗增加了一些租让权的税金，伊朗人民更加愤慨，石油国有化运动以更大的规模在全国展开。1951 年 3 月 15 日，伊朗议会通过了石油国有化方案。4 月 29 日，宣布石油国有化。美、英勾结起来，对伊朗施加种种压力，支持伊朗军队发动政变，并于 1954 年 9 月 18 日迫使伊朗政府与国际财团签订协定，使美、英石油垄断资本重新控制了伊朗石油资源。伊朗人民继续进行斗争。1973 年 7 月 13 日，伊朗废除了与国际财团签订的协定。1981 年 9 月 8 日，伊朗石油部宣布废除巴列维王朝与西方多国公司签订的一切合同，从而控制了本国的全部石油资源。

杜鲁门主义

1947 年 3 月 12 日美国总统杜鲁门在国情咨文中提出的谋求世界霸权的对外政策纲领。其宣称共产主义"危害自由世界和美国的安全"，美国负有领导"自由世界"，"援助"某些国家"复兴"的使命；要求在 1948 年 6 月 30 日前向希腊、土耳其提供 4 亿美元紧急援助，并选派文职和军事人员前往，以此"抵制极权政体强加于它们的种种侵犯行动"，反对共产主义的"渗透"等。1947 年 7 月，美国与土耳其签订《关于援助土耳其协定》；1948 年 10 月，希腊革命被美、希反动派所扼杀；后援助对象扩大到西欧及其他地区。"马歇尔计划"和"北大西洋公约组织"就是其在经济、军事方面的直接产物。杜鲁门主义以反共为名，利用美援排挤英、法势力，并第一次把遏制苏联、称霸世界的美国基本国策公之于世，标志着美、苏战时同盟正式破裂、冷战正式爆发。

马歇尔计划

"二战"后美国"援助欧洲复兴"的方案，亦称《欧洲复兴方案》。1947 年 6 月 5 日美国国务卿马歇尔在哈佛大学发表演说，指出欧洲经济濒于崩溃，希望欧洲各国联合起来，主动向美国提出要求援助的倡议，美国则愿尽力给予援助。演说受到西欧各国热烈欢迎。1948 年 4 月 2 日，美国国会通过《1948 年对外援助法》，次日正式执行。该法规定，美国将在头 15 个月内向西欧拨款 53 亿美元，不确定 4 年援助总额，以后逐年审批援助额；管理马歇尔计划的经济合作署向美国企业采购西欧所需物资，然后输送给受援国。到 1952 年 6 月 30 日，美国共提供 131.5 亿美元，马歇尔计划结束。马歇尔计划是美国冷战政策在经济上的表现，增强了以美国为盟主的遏制苏联的力量，使西欧经济摆脱困境并得到恢复，为美国过剩产品找到出路，加强了美国对西欧的控制。

美国黑人民权运动

20世纪50年代中期～60年代中期美国黑人反对种族歧视和种族压迫，争取政治经济和社会平等权利的大规模斗争运动。1955年，阿拉巴马州蒙哥马利市黑人为反对公共汽车上的种族隔离制度取得胜利，是黑人民权运动开始的标志。运动以非暴力主义为指导方针，采取抵制、静坐、游行、和平进军等方式。1963年运动达到高潮。4月，阿拉巴马州伯明翰市爆发黑人抗议示威斗争，迫使当局接受黑人要求。8月，在华盛顿举行该市有史以来规模最大的示威游行，25万黑人和白人同情者举行争取就业和自由的"自由进军"。美国国会被迫于1964年通过《公民权利法案》，1965年通过《选举权利法》，正式以立法形式结束美国黑人受到的在选举权方面的限制和各种公共设施方面的种族歧视和种族隔离制度。1964年以后，黑人运动走上武装抗暴斗争的道路。

尼克松主义

美国总统尼克松在其任内提出的调整美国对外政策战略重点的外交方针。1969年7月25日，尼克松出访途中在关岛对记者发表谈话，提出美国在亚洲的新政策"关岛主义"。1970年2月8日，尼克松在向国会提交的国情咨文中，把"关岛主义"正式发展为美国新的全球战略即"尼克松主义"。其内容为：与盟国建立"平等的伙伴关系"，实际上是要西欧、日本分担防务义务，要美国扶植起来的傀儡或附庸更多地承担军事行动的任务，以使美国腾出手来，收缩战线，加强重点，在自身力量不足的情况下仍然保持霸主的实

尼克松像

力，以实力为后盾进行谈判，达到限制苏联实力增长、使苏联"自我约束"的目的；改善对华关系，加强自身战略地位。这是美国的全球战略从进攻转为防守的标志，是美国力图继续称霸世界但又力量不足的表现。

里根"复兴经济计划"

美国总统里根任内制定和实施的经济改革措施。里根上台后，美国经济面临严重的滞胀局面和1981～1982年最严重的经济危机。1981年2月18日，里根在其国情咨文中提出了复兴经济计划，提出应从调节需求转向调节供应，即从扩大消费转为减税、鼓励投资来刺激生产，削减联邦政府开支，降低通货膨胀。计划主要集中在税制改革和社会福利改革两方面。1981～1984年分3次把个人所得税共减少23％，公司所得税最低由17％降至15％。但减税使财政赤字剧增，政府又不得不于1985年5月进行新的税制改革，

大规模减税与大规模增税并举。1986 年 10 月通过的新税法把税率降到 60 年以来最低水平，并且简化了税栏。计划降低了通货膨胀率和失业率，减轻了联邦政府负担，促进了美国经济增长。

古巴革命

菲德尔·卡斯特罗领导的古巴人民推翻巴蒂斯塔独裁政府，建立人民革命政权的武装革命。为反对巴蒂斯塔独裁统治，1953 年 7 月 26 日，卡斯特罗率领 100 多名青年发动起义失败后被捕，1955 年获释后流亡墨西哥，建立"七二六运动"组织，提出建立民主制的纲领。1956 年 12 月 2 日，卡斯特罗等回国，建立游击根据地。1958 年 3 月 17 日，古巴 42 个群众团体发表联合宣言，反对独裁政府血腥统治。7 月，起义军同国内各派反独裁力量在委内瑞拉签订《加拉加斯协议》，组成反巴蒂斯塔的革命阵线。8 月，切·格瓦拉率军挺进拉斯维利亚省，打开通向哈瓦那的道路。1959 年 1 月 1 日，起义军进入哈瓦那，建立革命临时政府，卡斯特罗任武装部队总司令，同年 2 月任政府总理。古巴革命取得胜利，并向社会主义过渡。

埃及七月革命

1952 年埃及"自由军官组织"发动的推翻法鲁克封建王朝，建立资产阶级共和国的革命。第二次世界大战后埃及人民反对英国殖民者和封建王朝反动统治、争取民族独立的斗争不断高涨。由青年军官秘密组织的"自由军官组织"在纳赛尔的领导下，积极准备推翻王室。1952 年 7 月 23 日，"自由军官组织"发动起义，并控制了首都。26 日，法鲁克国王被迫宣布退位，逃往意大利。起义者成立革命指导委员会，没收王室的土地，取消社会等级和贵族封号，清洗腐败的国家机构，颁布土地改革法，废除了 1923 年宪法。1953 年正式宣布废除君主政体，成立埃及共和国。纳吉布任总统兼总理，纳赛尔任副总理。1954 年 10 月 19 日，签订了《关于苏伊士运河基地协定》，规定英军 1956 年 6 月 12 日最后一批撤离埃及领土。1956 年 6 月 23 日制定新宪法，纳赛尔当选总统。

南非种族隔离制度

南非白人种族主义政权推行的对黑人和其他有色人种的种族歧视和压迫的制度。南非联邦成立以来，一直推行种族歧视和种族压迫政策。1948 年种族主义政党国民党执政后，以"种族隔离"为纲领，制定一系列法令，将种族压迫法律化和制度化，建立了完整的种族隔离制度。其主要法令有：1951 年的《种族隔离法》，把南非居民分为白种人、有色人、非洲人等等级，分别隔离，非洲人被赶到

1948 年，南非参议员亨德里克·韦伍德首次提出了"种族隔离"法，即所有公共设施都应标明是为白人或非白人服务。图中的公共厕所也分成了白人用的和非白人用的。

贫瘠的"保留地"内，而占人口总数不到17％的白人却占有87％以上的肥沃土地；1952年的《通行证法》，规定非白种人必须携带60余种证件，否则即遭监禁或罚款；1959的《班图自治法》，把非洲人按语言文化的区别分为8个部落自治单位，企图将所有黑人逐步赶到这些地区。种族主义统治遭到南非人民的强烈反抗和国际社会的广泛谴责，许多国家予以制裁。

茅茅运动

肯尼亚爱国武装组织"茅茅"进行的反对英国殖民者、争取民族解放的斗争。20世纪40年代末，一些爱国的吉库尤族青年开始组织秘密队伍，称为"茅茅"。其反对英国殖民主义，主张把欧洲人驱逐出肯尼亚，把白人抢去的土地夺回来，废除种族歧视，争取民族独立，得到各族人民的支持。1952年起，"茅茅"领导农民展开了大规模的武装斗争，以森林地带为基地，开展游击战，袭击殖民军的兵营和警察所，捣毁种植园，破坏铁路，大力打击英国殖民者。并在丛林中建立军事和行政组织，成立政府和议会等。1952年10月，英国宣布肯尼亚进入紧急状态，调动军队对"茅茅"战士进行围剿和镇压，"茅茅"大批战士牺牲和被捕，剩余力量退入山林继续斗争。茅茅运动虽然失败了，但它给英国殖民者以沉重打击，推动整个东非的民族解放运动。

苏南冲突

苏、南两国共产党在第二次世界大战期间已存在分歧。战后，苏共以领导党自居，干涉南斯拉夫内政，要求南斯拉夫照搬苏联模式，两国经济关系也不平等。南共对此加以抵制。1948年3月中旬，苏联突然撤走在南斯拉夫的全部军事顾问和文职专家，两国关系急剧恶化。3～5月，两党交换信件，互相批驳。经苏联提议，6月20～28日欧洲共产党和工人党情报局于布加勒斯特举行会议，严厉抨击南斯拉夫内外政策，宣布将其开除出情报局。1949年，苏联与东欧国家断绝与南斯拉夫的贸易关系，对南斯拉夫施加政治、经济和军事压力。苏联及东欧国家完全断绝与南斯拉夫的关系。至1955年，苏南签署《贝尔格莱德宣言》，两国关系才实现正常化。苏联的大党主义和大国主义是苏南冲突的根本原因。

1955年，苏南关系比较正常时期，赫鲁晓夫与铁托一起检阅仪仗队。

北大西洋公约组织

简称北约，1949年4月美、英、法、荷、比、卢等12国在华盛顿成立的政治军事集团组织。土、希于1952年2月加入，联邦德国于1955年5月加入，西班牙等国于1982年5月陆续加入。1949年4月4日，美、英、法等12个国家的外长正式签署《北大西洋公约》。公约规定：缔约国实行集体武装防务；协商共同行动；缔约国中一国或数国受到武装攻击应视为对缔约国全体的攻击；缔约国应采取必要的行动，包括武力的使用，协助被攻击国以恢复并维持北大西洋区域的安全。其组织机构主要有部长理事会、常任代表理事会、军事委员会等。北约的建立，标志着美国推行遏制苏联，控制欧洲，称霸世界的全球战略的部署已初步完成。东欧剧变和苏联解体及华约解散后，其结构和政策做了重大调整，并积极东扩，吸收原华约成员国加入。至 2002 年有成员国 26 个。

华沙条约组织

简称华约，1955 年 5 月苏、保、匈、罗、波、捷、阿、东德在华沙成立的政治军事集团组织。1955 年 5 月 11～14 日，苏联等 8 个国家在华沙签订《华沙条约》。条约规定：当缔约国遇到武装进攻时，各缔约国应以必要的方式，包括使用武装部队，给予援助；缔约国就一切有关它们共同利益的重要国际问题彼此进行磋商；缔约国不参加与华约相反的任何联盟或同盟，不缔结与条约相反的任何协定。同年 6 月 4 日，条约正式生效，华约组织成立。其组织机构主要有政治协商委员会、联合武装部队军事委员会和参谋部等。华约组织建立是为了对付北约，后来变成苏联控制东欧社会主义国家、同美国争夺霸权的工具。1968 年 8 月，苏联以华约组织名义侵占了捷克斯洛伐克。同年 9 月阿尔巴尼亚退出华约。东欧剧变与苏联解体后，华约遂不复存在。

美苏争霸

美、苏两个超级大国争夺世界霸权的斗争。第二次世界大战后，美、苏形成对峙的局面。从 20 世纪 50 年代后期起，美

苏争霸格局逐渐形成。美国凭借其经济和军事力量，推行全球扩张政策。但随着侵越侵柬战争的失败，美国的霸权地位逐渐衰落。1969 年尼克松上台后把争斗的重点转向欧洲，这标志着美国霸权的衰落和独霸地位的丧失。此时的苏联经济实力与美国的差距大为缩短；军事上从战略劣势转为战略均势，并日益显示出超越美国的趋势，形成了美苏争霸的新格局。1981 年里根上台后，开始对苏联采取强硬政策，以遏制苏联全球性进攻的势头，美苏争霸出现了僵持局面。1985 年苏联戈尔巴乔夫提出了全球缓和战略。欧洲是美、苏争夺的战略重点；地中海和印度洋是美、苏争夺海洋霸权的热点。为了争霸，双方都展开激烈的假裁军、真扩军，争夺军事优势。美苏争霸是世界不安定和动乱的主要根源。

日内瓦会议

讨论和平解决朝鲜问题和印度支那和平问题的国际会议。因 1954 年 4 月 26 日～7 月 21 日在日内瓦举行，故称。4 月 26 日～6 月 15 日参加朝鲜问题讨论的有朝、中、苏、美和其他 15 个派兵侵朝的国家及李承晚集团。会上，朝、中、苏三国代表提出从朝鲜撤出一切外国军队，举行朝鲜自由选举等合理主张，但均遭美、李集团拒绝；美国纠合侵朝国家发表《共同宣言》，使讨论陷于中断。5 月 8 日～7 月 21 日讨论印度支那问题，参加的有中、苏、美、英、法以及越南、柬埔寨、老挝等。7 月 21 日，会议通过《日内瓦会议最后宣言》，在法国承认印度支那各国民族权利的基础上达成了恢复印度支那和平的协议。但美国拒绝签字，并独立发表声

明。会议确认了与会各国尊重印度支那三国独立、主权、统一和领土完整的原则，具有重大意义。

万隆会议

1955 年 4 月 18～24 日亚非新兴独立国家在印度尼西亚万隆召开的国际会议，也称亚非会议。会议由缅甸、锡兰（今斯里兰卡）、印度、印度尼西亚、巴基斯坦联合发起。参加会议的有中国等亚非 29 个国家。会议讨论了国际形势和有关亚非国家人民共同利害关系问题。周恩来代表中国政府提出存同求异的方针，为各国代表普遍接受，为会议的成功奠定了基础。会议一致通过了《亚非会议最后公报》，宣布一切国家的人民享有自决的权利，支持殖民地和附属国的民族独立斗争，倡导以和平相处、友好合作 10 项原则为国与国之间关系的准则，强调促进经济发展的迫切性，号召亚非国家发展全面的经济与文化合作。会议体现了亚非人民团结一致、保卫世界和平和增进各国人民之间的友好合作的精神，促进了亚非各国人民反帝反殖斗争的发展。

柏林危机

第二次世界大战后美、苏在德国问题上的对抗，是冷战的高潮。1948 年 6 月 21 日，美、英、法在德境西占区实行货币改革，迈出正式分裂德国的第一步。22日，苏联决定在柏林发行新货币，美、英、法拒绝接受。24 日，德国切断了西占区和西柏林的水陆交通和货运。德国局势异常紧张，双方实行封锁与反封锁，柏林最后分裂。经过秘密谈判，1949 年 5 月 12 日双方取消一切交通封锁。5 月 23 日在巴黎召开苏、美、英、法外长会议，

柏林危机暂告结束。1955 年 5 月《巴黎协定》生效后，柏林问题又成为美、苏争夺欧洲的焦点之一。1958 年 11 月，赫鲁晓夫提出要把西柏林变成联合国管辖的"自由城市"，限定美、英、法在半年内撤出西柏林驻军，否则苏军单独与东德签订和约，把进入西柏林的通道交给东德管理。最后赫鲁晓夫在戴维营会谈上做出让步。1961 年 6 月初赫鲁晓夫又提出相同的要求。8 月 13 日苏筑起"柏林墙"，双方剑拔弩张。后又以苏联的妥协退让而宣告结束。

古巴导弹危机

亦称加勒比海危机，是美、苏就苏联在古巴设置导弹基地问题发生的尖锐冲突。1962 年苏联以保卫古巴为名，秘密向古巴运送导弹，建立基地，对美国进行核讹诈。美国发现后，经过一系列内部商讨和策划，决定以讹诈对付核讹诈。10 月 22 日，美国总统肯尼迪发表演说，要求苏联在联合国观察员监视下，迅速拆除和撤走在古巴的进攻性武器，并下令武装封锁古巴，命令世界各地美军进入戒备状态。随后，美军在古巴领海周围设置警戒线，拦截检查前往古巴的船只，集结庞大的部队准备参战。苏联因实力不足被迫退却，表示愿意在联合国的监督下撤走古巴导弹，交换条件是美国撤销封锁并保证不入侵古巴。经谈判，苏联同意分别于 10 月 28 日和 11 月 21 日从古巴撤走导弹和伊尔 28 式轰炸机。苏联轰炸机撤走后，美国解除封锁，危机基本平息。

东欧剧变

东欧社会主义国家 1989 年开始的社

会体制和政治格局的巨大变化。这既是帝国主义和平演变战略的结果，更是由于这些国家指导方针政策的失误引起的。具体表现为：1989年10月6日，匈牙利社会主义工人党改为匈牙利社会党，宣布党的目标是"民主社会主义"，不再是实现社会主义。1990年12月瓦文萨当选波兰总统，共产党被排斥在政府之外。1989年11月17日捷克斯洛伐克发生政变，捷共失去政权。同年12月22日，罗马尼亚共产党总书记齐奥塞斯库被处死，并宣布放弃一党制，实行多党制。1989年11月10日，保加利亚共产党总书记日夫科夫被迫辞职，党的目标变为更新社会主义社会，并在政治体制上实行议会民主制。1990年12月阿尔巴尼亚劳动党被迫宣布实行多党制。1991年，阿劳动党改为阿社会党。1990年1月，南斯拉夫宣布实行多党制，南的社会主义制度逐渐瓦解，并引发各民族之间的斗争，并于1991年分裂为几个共和国。1989年10月，民主德国共产党总书记昂纳克辞职，人民大量涌入联邦德国。1990年2月，民主德国共产党改为民主社会主义党。10月，德国统一。1990年苏联政局变动，至1991年12月分裂为15个独立国家，苏联解体。

苏联解体

20世纪80年代末，苏联改革出现失误，帝国主义加紧了和平演变。1989年东欧社会主义国家发生政治剧变。1990

苏联解体，独联体诞生，图为独联体各国领导人1991年在哈萨克斯坦共和国首都阿拉木图举行会晤。

年苏联的立陶宛、爱沙尼亚、拉脱维亚3个共和国先后宣布独立。1991年8月14日，苏联公布了《苏维埃主权共和国联盟条约》，条约将苏联改名为"苏维埃主权共和国联盟"。这意味着苏联国家体制将面临重大变化和对民族分离活动的让步和认可、苏联瓦解的开始。一些试图维护苏联本来的联盟体制、避免苏联解体的苏联高级官员于8月19日发动事变，3天后失败，叶利钦及其支持者迅速掌握了国家大权。苏共被排挤出政权机构，国家政权发生了根本的质变；各加盟共和国分离势力急剧增长，纷纷宣布独立。12月21日，原苏联的11个加盟共和国在阿拉木图签署《阿拉木图宣言》，宣布苏联不复存在，并成立独立国家联合体。12月25日，苏联总统戈尔巴乔夫宣布辞职，第二天，苏联最高苏维埃通过最后一项决议，宣布苏联停止存在。

·第三篇·

中国名人常识

政治军事名人

夏启

夏禹之子，我国历史上第一个帝王。他破坏了原始社会古老的禅让制，在父亲禹病死后自行袭位，建立了我国历史上第一个朝代——夏，宣告了原始社会的结束和奴隶社会的开始，夏启也因此成为中国历史上由禅让制变为世袭制的第一人。他还攻杀了禹选定的继承人伯益，开创了世袭的由父传子的家天下制度。在即位后，他放弃了夏的领地阳翟，西迁到大夏（今汾河流域），建都安邑（今山西夏县西）。他在位9年，曾经艰苦朴素、勤修德政，后来变得腐化堕落，整日饮酒作乐，歌舞游猎，最终因为荒淫无度而病死。

商汤

姓子，原名履，又称武汤、成汤，商部落的杰出首领，商朝的建立者，在位13年。商族兴起在黄河下游，夏朝末年，夏桀荒淫无道，商族势力逐步壮大。夏桀担心商族威胁到自己，便将商汤召入夏都，囚禁在夏台。商族以重金贿赂夏桀的亲信，使商汤获释归商。商汤回归后决心灭夏，他迁都于亳，以此为据点大举进攻，并最终在鸣条（今河南封丘东）将夏桀一举击溃，建立了中国历史上第二个奴隶制王朝——商朝，定都亳。商朝建立后，商汤吸取夏桀亡国的教训，安抚民心，鼓励生产，减轻征赋，获得了人民的爱戴，并将商的势力扩展至黄河上游，成为当时世界上强大的奴隶制王朝。商汤也因此而成为中国历史上明君的象征之一。

盘庚

商朝著名帝王，继兄长阳甲之位，在位28年。盘庚即位时，商朝几经内乱，在政治上已经腐败不堪，王室内部奢侈腐化，你争我夺，阶级矛盾趋于激化，常年的天灾使国家贫困不堪，商朝的统治岌岌可危。为了挽救商王朝的衰亡，盘庚放弃了原来的都城亳，把都城迁移到当时一片荒芜的殷，以抑制腐化的社会风气，减少自然灾害对社会生产的影响。他还以强硬手段制止了贵族们搬回旧都的企图，并积极改良政治，减轻对人民的剥削，厉行节俭。经过不懈的努力，殷逐渐发展成为一个十分繁荣的都市，社会局面也终于安定下来。盘庚迁殷使商朝的经济、文化再度复兴，都达到了前所未有的鼎盛，成为当时世界上的文明大国。此后270多年，商的都城一直在这里，商朝也被称为殷朝、殷商。

周文王

姓姬名昌，商朝时周部落的领袖，周王朝的实际奠基者。商纣王时，姬昌被封为西伯，建国于岐山之下，曾因谗言而被纣王囚于羑里，后得释归。他在位50年，一直推行仁政，勤于政事，并拜姜尚为军师，礼贤下士，广罗人才，重视发展农业生产，使得天下诸侯多归从。与此同时，他通过充分的准备，扫除了灭商的大部分障碍。他先是向西北、西南用兵，为灭商建立了巩固的后方，接着向东攻占了商朝在渭水中游的重要据点崇，并且占领了关中的膏腴之地。此后，他又在沣水西岸营建丰邑，并把政治中心迁到丰（今西安西南），对商都形成合围之势。就在伐商指日可待之时，姬昌因病逝世。他的儿子姬发取得天下之后，追尊他为文王。

周武王

名发，周部落领袖姬昌之次子，周朝的建立者，在位3年。姬昌死后，他继续以姜子牙为相，以兄弟周公旦、召公奭为

周武王像

助手，励精图治，扩充实力，并于第二年在孟津（今河南孟县南）会集800多诸侯，一起举行伐商演习。公元前1057年，姬发联合各个诸侯国，发动了历史上著名的"武王伐纣"战争，在牧野大败商军，攻入朝歌，灭亡商朝，建立西周，定都镐京（今陕西西安西南），号称宗周。周朝建立后，姬发推行分封制，以公、侯、伯、子、男五等爵位分封亲属和功臣，让他们建立诸侯国，以巩固和扩大周朝的势力。西周建国后的第三年，姬发病死在镐京，死后庙号为武王。

晋文公

名重耳，春秋时期著名的政治家、晋国国君，为春秋五霸之一。重耳即位之前，因为国内的政治斗争，被迫长期逃亡，先后到过狄国、齐国、楚国、秦国。公元前637年，晋国惠公死，秦穆公派军队护送重耳归国即位，他就是晋文公。晋文公即位不久，先平定了内乱，然后大力治理国家，轻徭薄赋，发展生产，整顿吏治，奖拔贤能。晋国一天天强大起来。晋文公随后开始了一系列的对外战争和外交活动。公元前633年，晋楚两国交兵，晋文公用"退避三舍"之计以避敌之锋芒，而后于公元前632年4月与楚军在城濮决战，晋军大胜，从此奠定了晋国称霸中原的基础。城濮之战以后，晋文公举行了"践土之盟"，周襄王赐给晋文公象征霸主权威的礼器以及黄河以南的大片土地。晋文公便成了春秋时代的又一霸主。

楚庄王

名熊侣，春秋时期楚国国君（公元前613～前591年），春秋五霸之一，著名的

政治家、军事家。楚庄王刚即位时，国内局势十分复杂，他以静观动，3年不出号令，日夜为乐。3年后，他"一鸣惊人"，开始了自己一生的大业。他重用伍举、苏从、孙叔敖等忠直贤良之臣，虚心听取臣下的意见。攻灭了前来进犯的庸国，使楚国的势力向西北扩展。为了使国家强盛起来，能够雄踞中原之中，他大力选拔和任用人才。他知人善任，任用孙叔敖为令尹，虚心听取孙叔敖对治理国家的意见。楚庄王在位期间，国泰民安，国家逐渐强大起来。公元前606年，楚庄王观兵于周郊，饮马黄河，派人向周天子问九鼎之轻重，表现出代周称霸的雄心。公元前598年起，楚国先后打败了陈、郑、晋、宋等国，逐渐称霸于中原。

管仲

名夷吾，字仲，安徽颍上人，春秋初期齐国著名的政治家、哲学家。他早年曾经营商业，后辅佐齐桓公对内政、外交政策进行全面的改革，制定了一系列富国强兵的方针策略。在政治上，他推行国、野分治的参国伍鄙之制，并在国中设立各级军事组织，规定士、农、工、商各行其业；在经济上，他实行租税改革，合理征收赋税，减轻农民负担，并运用国家力量发展盐铁事业，增加财政收入；在军事上，他发展了民间武装力量，并统一军政的领导；在外交上，他采取"尊王攘夷"的策略，获得了外交的主动权。他秉政的三年，齐国国力空前强盛，成为当之无愧的春秋五霸之首，他也因此而成为中国历史上最著名的政治改革家之一。

齐桓公

姓姜，名小白，齐襄公弟，公元前685～前643年在位，春秋时期首先称霸中原的国君。由于齐襄公荒淫无道，他恐有不测，就逃到别国。襄公死后，他抢先于公子纠回国即位，是为齐桓公。此后他用管仲为齐相，推行政治、军事、经济改革，使齐国逐渐强大起来，成为东方的泱泱大国。此后，他首倡"尊王攘夷"的口号，北伐山戎以救燕，平定狄乱以存邢、卫，解王室之祸而定周襄王之位。公元前651年，他大会诸侯于葵丘（今河南兰考），确立了中原霸主的地位。齐桓公在位43年，纠合诸侯凡26次。齐桓公死后，发生内乱，国力大消。

孙武

春秋时期的名将和伟大的军事理论家。孙武的曾祖父和祖父都是齐国名将，家庭的熏陶使孙武非常热爱军事。当时，吴王阖闾刚夺得王位，一心想扩充军备，建立霸业，急需统兵征战的大将之才。大臣伍子胥推荐了孙武。公元前506年，吴王拜孙武为将，率3万精兵攻打楚国。孙武大展雄才，五战五捷，以3万人胜20万楚军。公元前484年，孙武辅佐吴王夫差在艾陵之战中战胜齐国，从而使吴国国威大振，在两年后的黄池会盟中取代晋国成为霸主。孙武不仅战功显赫，还给后人留下一部不朽的军事名著——《孙子兵法》，这部兵法对中国军事学术的发展产生了巨大而深刻的影响，东汉末著名的政治家和军事家曹操亲自为《孙子兵法》做了系统的注解。孙武也因他在军事上的杰出才能和成就而被后世尊崇为"兵圣"和"兵家之祖"。

孙膑

本名不传，因为他受过膑刑（剔去膝盖骨），故后世称作孙膑。年轻时，由于被同学庞涓陷害，他在魏国遭受膑刑，后来为齐国大将田忌所收留。在一次田忌与齐王的赛马中，他帮助田忌以劣马赢得了比赛。公元前354年，庞涓率魏兵围攻赵国都城邯郸，赵国向齐国求救。齐国采用孙膑的建议，没有直接增援邯郸，而是乘虚进攻魏国国都大梁。魏军只好回救大梁，在回军途经桂陵时，遭到埋伏在此的齐军的攻击，这就是"围魏救赵"。公元前342年，魏军进攻韩国，韩国向齐求救。孙膑待两国交战已久、兵力衰竭之时，又一次令齐军直捣魏都大梁，在魏军回师的途中，孙膑运用"减灶"的方法诱敌深入，同时在马陵伏击魏军，魏军死伤惨重，庞涓兵败自杀。孙膑后来对自己的作战经验进行总结，写成了著名的《孙膑兵法》。

越王勾践

春秋时期越国国君，越王允常之子，又称菼执，在位32年。勾践是我国历史上杰出的政治家，他年轻时曾经被吴王夫差打败而被迫屈膝投降，并随夫差至吴国，臣事吴王。在此期间，勾践日日卧薪尝胆，忍辱负重，以期复仇。在被赦回国后，他重用范蠡、文种等人，整顿国政、发展生产，经过10年的养精蓄锐，使越国的国力渐渐恢复起来。公元前482年，勾践利用夫差北上争霸、国内空虚之机，一举攻入吴国并杀死了吴太子，迫使夫差与越议和。公元前473年，越军再次大破吴国，并使吴王自杀，吴国灭亡。在平吴

越王勾践卧薪尝胆图

之后，勾践引兵渡淮，在徐州（今山东滕县南）大会诸侯，成为当时的霸主。由于此时春秋时代已经接近尾声，勾践因此成为春秋最后一个霸主。

商鞅

战国中期著名思想家、政治家、军事家、改革家。他是卫国国君的后裔，故以"卫"为姓，称为卫鞅，又称公孙鞅。后来由于在秦国被封为商君，因而又叫商鞅。商鞅是我国奴隶制向封建制过渡的社会大变革时期新兴地主阶级的代表，他年轻时好刑名之学，曾被魏相公叔痤推荐给魏惠王，但是不受重用，于是离魏赴秦，被秦孝公任命变法。他先是实行鼓励耕织、奖励军功、编订户籍、实行连坐、严格法令等措施，使得秦国初步富强起来，继而又推行县制，废井田、开阡陌，统一度量衡，使得秦国封建经济迅速发展，逐步成为当时的一个强国，为100多年以后秦始皇统一中国打下了基础，而且为确立和巩固封建制度做出了极大的贡献。然而由于商鞅的变法得罪了秦国旧贵族，在孝公去世后，他便被以谋反的罪名车裂而死。

秦始皇

名嬴政，战国时秦庄襄王之子，秦王朝的创建者，中国历史上第一个封建皇帝。他继承秦国王位后，延续了自秦孝公以来变法革新、奖励耕战的一系列政策，并采取李斯等人的建议，远交近攻，先后灭韩、魏、楚、燕、赵、齐六国，结束了自春秋战国以来长达数百年之久的分裂割据的局面，创立了中国历史上第一个统一的封建中央集权国家。统一天下后，他创立了"皇帝"的尊号，自称始皇帝，废除了自商、周以来的分封制，实行郡县制，并在全国统一了法律、度量衡、货币和文字，还筑长城，修驿道，北击匈奴，南定百越。这些措施奠定了中国封建社会政治、经济、文化的基本格局。但是，为了加强统治，他实行残酷的专制主义和严刑苛法，并焚书坑儒、大兴土木，钳制文化和思想，使人民痛苦不堪。他死后不久，秦朝就爆发了大规模的农民起义，并在不久后灭亡。

汉高祖

名邦，字季，泗水郡沛县（今江苏沛县）人，西汉开国皇帝。为汉王 4 年，在帝位 8 年。他原本是秦朝泗水亭长，大泽乡起义爆发后率众起义，称沛公，后投奔项梁，逐渐成为反秦的主力之一。公元前 207 年，他率军攻入咸阳，秦朝灭亡。此后他被项羽封为汉王，并和项羽展开了长达 4 年之久的楚汉之争，最终打败项羽，平定天下，建立了汉朝。初建都洛阳，不久迁至长安，史称西汉。刘邦在位期间，采取了诸如减轻田租、什五税一、与民休息、豁免徭役等重要措施，对安定民生、恢复残破的社会经济、稳定封建统治秩序起到了重要的作用。他还修改《秦律》，制定《汉律》九章，定算法、历法和度量衡，并翦除异姓诸侯王以加强统一的中央集权国家。公元前 195 年，他在平定英布叛乱中胸部受箭伤，后创伤复发而死，终年 53 岁。死后庙号为太祖，称高皇帝，历史上习惯称他为汉高祖。

项羽

名籍，字羽，下相（今江苏宿迁西南）人，秦末著名将领。他幼年丧父，跟随叔父项梁长大成人，秦二世元年（前 209 年），助叔父项梁杀秦会稽郡守，起兵响应陈胜。项梁死后归楚怀王节制。项羽勇猛善战，率 5 万人打破秦军，取得了巨鹿之战的胜利，并逼迫秦将章邯举军投降，名震诸侯。公元前 206 年春，项羽挟灭秦之功分封诸侯，自号西楚霸王，建都彭城，并使人杀怀王。在楚汉战争中，由于他刚愎自用，优柔寡断，而且不善于谋划纳谏，逐渐失去优势和主动，最终被刘邦大败于垓下，自刎而死，时年 31 岁。

张良

字子房，城父（今安徽亳县东南）人，汉朝最重要的开国功臣。他的祖先是韩国人，秦灭韩后，他倾全部家财结交刺客，企图暗杀秦始皇，结果在博浪沙（今河南原阳东南）阻击秦始皇未遂。于是变更姓名，亡匿下邳（今江苏睢宁西北），曾跟随圯上老人学《太公兵法》。陈胜、吴广起义后，张良聚众响应，不久归属刘邦，此后成为刘邦的重要谋士。楚汉战争期间，他协助刘邦制订作战方略，提出了联结英布、彭越，重用韩信等策略，又主张追击项羽，歼灭楚军，这些建议对刘邦夺取楚汉战争的胜利和建立西汉王朝起了重要作用。刘邦登基后，张良被封为留侯。他力主建都关中，并劝说刘邦安抚功臣的不满情绪，为调整统治阶级内部关系，稳定封建统治秩序立下了功劳。汉惠帝六年，病卒，谥号文成侯。

韩信

淮阴（今江苏清江西南）人，秦汉之际的名将，我国历史上著名的军事家。韩信早年家贫，常从人寄食。陈胜、吴广起义后，他投奔了项梁起义军，项梁阵亡后归属项羽，但未受到重用，后来归属刘邦。他协助刘邦制定了还定三秦以夺天下的方略，并率军开辟了北方战场，先后击破魏、赵、齐、楚，并参与指挥了垓下（今安徽灵璧南）决战，围歼楚军，迫使项羽自刎。在整个楚汉战争中，韩信发挥了卓越的军事才能，为汉王朝的创建做出了重要贡献，他的用兵之道也为后世兵家所推崇。由于韩信功高盖主，而且手握重兵，刘邦对他心存疑忌，因此在项羽败亡后，便夺取了他的兵权，徙为楚王，后来又黜为淮阴侯。汉高祖十一年（公元前196年），韩信被吕后与萧何设计诱至长乐宫，以谋反罪名杀害。

汉文帝

名恒，汉高祖刘邦第三子。汉惠帝死后，吕后立非正统的少帝。吕后死，周勃等人杀死吕产，迎立刘恒为帝。他在位23年，病死，终年46岁，死后葬于霸陵（今西安东郊）。汉文帝在位期间，继续推行汉初以来轻徭薄赋、与民休息的措施，鼓励农民发展生产，减轻人民负担，并厉行节约，使当时社会经济获得显著的发展，封建统治秩序也日臻巩固，从而开创了封建社会著名的盛世——"文景之治"。他还对秦代以来的刑法做了重大改革，明令废止"收孥相坐律令"，废除黥、劓、刖等刑法，改用笞刑代替。这些改革在中国历史上有着重要的意义。

汉景帝

名启，汉文帝第三子，在位16年，病死，谥号景帝，葬于阳陵（今陕西高陵区西南15千米处）。刘启即位的时候，诸侯王势力发展迅速，使中央政权受到了严重的威胁。为了削弱诸侯王势力，巩固中央集权，他采纳御史大夫晁错的建议，实行"削藩"。这一举措触动了诸侯王的利益，公元前154年，以吴王刘濞为首的7个诸侯国打着"清君侧"的旗号发动叛乱，史称"七国之乱"。刘启先是腰斩了晁错，见七国并没有退兵，便任用周亚夫为太尉，一举平定了这次叛乱。此后，刘启将诸侯王任免官吏之权收归中央，加强了封建集权统治。与此同时，他继续推行文帝时期减轻赋税徭役、与民休息的政策，进一步促进了社会经济的稳定和发展。他统治期间，汉朝国内殷富，府库充实，国力强盛，因此与文帝时期一起被誉为"文景之治"。

李广

李广，陇西成纪人，西汉著名军事将领。其先祖李信为秦国名将。公元前166年，匈奴大举犯边，李广少年从军，抗击匈奴。他作战英勇，受到汉文帝的赏识。汉景帝即位以后，李广升为骑郎将，成为景帝身边的禁卫骑兵将军。吴楚七国之乱时，李广在平叛战争中立下显赫战功。叛乱平定后，李广被调往上谷、上郡、陇西、雁门、代郡、云中等西北边陲做太守，抗击匈奴的入侵。汉武帝时，召为中央宫卫尉。公元前126年，李广以骁骑将军的身份率兵出击匈奴，受伤被俘后借机逃脱。回国后，出任为右北平太守，匈奴对其十分畏服，称他为"飞将军"，多年未敢进犯。公元前119年，李广随大将军卫青出击匈奴，深入失道，引咎自杀。李广一生经历大小70多次战役，为阻止匈奴对西汉的侵扰立下了不朽的战功。

李广射石图（局部） 清 任伯年
唐代诗人卢纶诗："林暗草惊风，将军夜引弓，平明寻白羽，没在石棱中。"即讲李广射石这件事，极力称赞李将军的高超箭术和神勇。

张骞

字子文，西汉成固人。汉武帝时，张骞以军功受封为博望侯，后又拜为中郎将。公元前139年，汉武帝派遣张骞出使西域。张骞率领100余人，出陇西向西域进发。在西行途中，张骞被匈奴抓住并被扣留了10多年。后来他寻机逃脱，西越葱岭，经大宛、康居到达大月氏，过了一年多开始返还。归途中经过羌中时，又被匈奴扣留了一年多。元朔三年（公元前126年）张骞同胡妻及仆从甘父回到长安。此次出使，获得了大量的闻所未闻的西域资料，传播了汉朝的声威。公元前119年，张骞再度出使西域，同西域各个政权建立了广泛的友好关系。张骞两度出使西域，开拓了丝绸之路，沟通了东西交通，促进了东西经济文化的广泛交流。从此，汉与西域的交通日益频繁，天山南北地区与中原地区联为了一体。张骞是中国历史上第一位有影响的对外友好使者。

汉武帝

名彻，汉景帝第三子，在位54年。汉武帝是中国历史上一位具有雄才大略的皇帝，在他统治期间，中国的封建社会达到了空前的鼎盛时期。他颁行推恩令、左官律、附益法，建立察举制度，设立太学，巩固了封建中央集权；他北击匈奴，南灭南越，两次遣张骞出使西域，并开辟了自长安到欧洲罗马帝国的"丝绸之路"。还实行均输平准，算缗、告缗等政策，使得社会经济迅速发展。文化上，他实行"罢黜百家，独尊儒术"的政策，从此确立了儒家思想的统治地位。刘彻的这一系列措施，使西汉帝国发展到了鼎盛时期。但他后期变得好大喜功起来，不但举行数次劳民伤财的封禅仪式，还沉迷于长生不老术。后元二年（公元前87年）二月，刘彻外出巡游，到达扶风（今陕西兴平时，得病。不久，刘彻病死于巡视途中，庙号为世宗，谥号为武帝，葬于茂陵（今陕西兴平东北8.5千米处）。

卫青

字仲卿，本姓郑，河东平阳（今山西临汾西南）人，汉朝著名军事家。少时为平阳公主家骑从，因其同母异父姊卫子夫得幸武帝，始以卫为姓，入宫当差。不久被武帝升为建章监、侍中，迁大中大夫。元光六年（公元前129年）春，以车骑将军率万骑出上谷郡（治沮阳，今河北怀来东南）击匈奴，进至龙城（今内蒙古东、西乌珠穆沁旗境），斩获700人，受爵关内侯。此后他6次出击匈奴，解除了匈奴对汉的威胁，为汉朝边疆的稳定立下了汗马功劳。卫青为将号令严明，与士卒同甘苦；用兵敢于深入，奇正兼擅；作战常奋勇争先，将士皆愿为其效力；处世谨慎，奉法守职，是不可多得的军事人才。

霍去病

河东平阳（今山西临汾西南）人，西汉名将。他是大将军卫青的外甥，从小随舅父习武，骑射、击刺技艺超群，智勇兼备。17岁即为汉武帝侍中，同年随卫青出征匈奴，任票姚校尉，率领800精骑长驱数百里，突袭匈奴后方，斩杀匈奴兵2028人，俘获匈奴的相国和当户，并杀死匈奴单于的祖父和季父，勇冠全军，被封为冠军侯。霍去病一生6次领兵出击匈奴，均大获全胜而回，歼灭匈奴11万多人，降服匈奴4万余众，开河西、酒泉之地，消除了匈奴对汉王朝的威胁，对汉朝的稳定起到了重要作用。汉武帝在京师长安为他建造了豪华的宅第，他却说："匈奴不灭，无以家为也。"元狩六年（公元前117年），霍去病因病去世，年仅24岁。

汉光武帝

名秀，字文叔，南阳蔡阳（今湖北枣阳西南）人，汉高祖刘邦九世孙，东汉王朝的开国皇帝，在位33年。王莽末年，先后爆发了赤眉、绿林起义。公元22年，刘秀在春陵（今湖北枣阳南）起事，组织了"春陵军"，并在促使新莽政权覆灭的昆阳之战中立下了大功。此后刘秀的势力逐渐壮大，并最终与农民军彻底决裂。公元25年，刘秀在鄗县（今河北柏乡北）称帝，不久定都洛阳，史称东汉。他用了十几年时间，先后削平群雄，完成了统一事业。在位期间，他致力于整顿吏治，淘汰冗员，加强专制主义中央集权，并采取减轻赋税、释放奴婢等措施来安定民生，恢复残破的社会经济。在他统治期间，社会生产得到了发展，国力得到恢复，史称"光武中兴"。

曹操

名操，字孟德，小名阿瞒，东汉末沛国谯县（今安徽亳县）人，魏国的实际奠定者。曹操是我国历史上著名的政治家、军事家和文学家，世有"奸雄"之称。他年轻时镇压黄巾起义有功，升为济南相，后来将汉献帝劫持到许昌，"挟天子以令诸侯"，并颁布"屯田令"，大力发展生产，不断壮大势力，先后灭掉吕布、袁术、袁绍等诸侯，统一了北方。但公元208年于赤壁败于孙刘联军，形成了三国鼎立的局面。公元216年，曹操受封为魏王，4年后病逝，葬处不明。死后，其子曹丕称帝，追尊他为魏武帝。曹操还是文学史上著名的文学家，与儿子曹丕、曹植并称"三曹"，诗歌苍凉雄健，为"建安风骨"的代表。

刘备

字玄德，涿县（今河北涿州市）人，三国时蜀国的开国皇帝，在位3年。他是汉中山靖王刘胜的后代，幼年家贫，与母亲织草席、贩草鞋度日，并与关羽、张飞桃园结义，参与镇压了黄巾起义，逐渐步入政坛，但一直颠沛流离，无处容身。后来在诸葛亮的谋划下，与孙权合力在赤壁之战中击败曹操，并乘机进占荆州，夺取益州和汉中，自立为汉中王。曹丕称帝后，刘备于公元221年也称帝，国号"汉"，定都成都，史称蜀汉或蜀。公元219年，刘备为替关羽报仇而亲自率领大军进攻东吴，结果在夷陵（今湖北宜昌境内）之战中全军覆没。刘备逃到白帝城（今四川奉节东）后，悔恨交加而病倒，最终死于白帝城。死后谥号为昭烈帝，史家又称为刘先主，葬于惠陵（今四川成都南郊）。

四川成都刘备墓

诸葛亮

字孔明，琅玡郡阳都（今山东沂水）人，三国时期杰出的政治家、军事家。他年轻时隐居于南阳隆中，被人们称为"卧龙"。刘备三顾茅庐，诸葛亮在著名的"隆中对"中，为以后的蜀汉制定了总的战略。此后他协助刘备、孙权取得了赤壁之战的胜利，然后佐定益州，使蜀与魏、吴鼎足而立。刘备称帝后，诸葛亮出任丞相，总理国家大事。后主刘禅即位，诸葛亮受封武乡侯，又兼任益州牧，掌管蜀汉的军、政、财各方面事务。他七擒孟获，安定了后方，并先后6次北伐，意图驱逐曹魏，恢复中原，但都因力量相差悬殊而未能成功，最终在六出祁山时病卒于五丈原，谥忠武侯。诸葛亮生前用兵如神，善于治军，留下了空城计、火烧藤甲兵等战例；他恪尽职守、忠心耿耿，被后代封建统治者推为"鞠躬尽瘁，死而后已"的忠君典型。

孙权

字仲谋，三国时吴国的开国皇帝。在位31年。孙权继承父亲孙坚、兄长孙策在江东创下的基业，在张昭、周瑜等人的扶持下广罗人才，励精图治，成为江东的实际统治者。公元208年，孙权与刘备合作，在赤壁之战中大败曹操。不久，又联曹反蜀，派吕蒙袭杀蜀汉大将关羽，夺取荆州，并在此后的夷陵之战中大败刘备。公元222年，孙权在武昌（今湖北鄂城）称帝，国号"吴"，史称东吴，不久迁都建业（今江苏南京）。孙权在位期间，曾在吴国设置农官，实行屯田，并加强对山越地区的管理，促进了江南地区的开发，还派人进行大规模的航海活动，加强与夷洲（今台湾）等地的联系。公元252年，孙权因病不治而死，死后被追尊为大帝，葬于蒋陵（今江苏江宁钟山南面4千米处）。

魏文帝

名丕，字子桓，曹操第二子。曹操病死后，曹丕嗣位为丞相、魏王。公元220年，他废汉献帝，自立为帝，国号"魏"，定都洛阳，建年号为"黄初"，史称"曹魏"，在位7年，病死，谥号为文帝，葬于首阳陵（今河南渑池首阳山南）。曹丕称帝后，继续进行统一全国的战争，但是未能完成便病死在洛阳。他在位时推行"九品中正制"，确立了士族豪强在政治上的特权，开辟了魏晋南北朝时期的氏族门阀制度。曹丕也是中国文学史上重要的文学家，建安时期的文坛领袖。他善作散文，还写过不少诗，流传到今天的有40首左右。他所著的《典论·论文》，是我国较早的文艺理论批评专著。

晋武帝

名炎，字世安，河内温县（今河南温县西南）人，西晋开国皇帝，在位26年。其祖父司马懿、伯父司马师、父亲司马昭是曹魏重臣，相继专断曹魏政权。公元265年，司马炎废黜魏元帝曹奂，自立为帝，建国号为晋，建都洛阳，史称西晋。公元280年，他消灭东吴，结束了三国分立的时代，统一了全国。此后他收兵入库，劝课农桑，使动荡已久的社会得到了短暂的安定与复苏，被后世称为"太康繁荣"。但他同时又奢侈淫乐，横征暴敛，甚至公开卖官鬻爵，使得政治渐趋黑暗腐朽，在表面的繁荣之后隐藏着各种危机。公元290年四月，他病死于洛阳宫中的含章殿，葬于峻阳陵（今河南洛阳附近）。

苻坚

字永固，一名文玉，氐族人，原籍略阳临渭（今甘肃天水东北），生于邺城，十六国时期前秦皇帝，在位29年。苻坚是十六国时期封建帝王中的杰出人物，公元357年，他杀死暴虐的苻生，自立为大秦天王。即位后，他励精图治，整饬军政、提倡儒学、广兴学校、鼓励农耕、兴修水利，使得前秦获得了长足的发展。经过多年经营，前秦国力日渐强盛，为统一北方准备了条件。从公元370年开始，苻坚先后攻灭前燕、仇池氐族、前凉和代，统一了北方，并进军西域。其疆域东极沧海，西并龟兹，南包襄阳，北尽沙漠，成为十六国中最强大的政权。当时只剩下地处东南的东晋没有统一，苻坚不顾群臣劝阻，倾前秦之力南征，以图一举消灭东晋，却于公元383年在淝水之战中大败而归。此后，前秦分裂，苻坚也为叛乱的姚苌所杀。

梁武帝

字叔达，祖籍江苏常州，出生在秣陵（今南京），南朝梁的建立者，在位48年。他博学多才，年轻时与文坛新秀沈约等七人并称"竟陵八友"。后出任雍州刺史，举兵攻克建康，平定齐内乱，被封为梁王。齐中兴二年（公元502年），齐和帝禅位于萧衍。即帝位，国号梁，是为梁武帝。在位期间，萧衍提倡尊儒崇佛，注重兴修水利，奖励农耕，严肃吏治，使国家在政治、经济、军事、文化各方面都得到了发展，百姓安居乐业，都城建康发展成为人口超过百万的大城市，并涌现了一批卓越的科学家、文学家、艺术家，出现了一个短暂的"文化盛世"。晚年政治渐趋腐朽，后因"侯景之乱"，宫城被困，饿死于台城，葬于修陵（今江苏丹阳市陵口）。著作多佚，今存有明人所辑《梁武帝御制集》。

隋文帝

名坚，弘农华阴（今陕西华阴）人，隋朝开国皇帝，在位24年。他本是北周隋王，公元581年，他废黜9岁的北周静帝宇文阐，代周称帝，改国号为隋，定都大兴，后改为长安。杨坚称帝后，先后灭梁、陈，统一中国，结束了西晋末年以来近300年的分裂局面，并奠定了这以后中国几百年的统一局面。隋文帝是历代帝王中一位有作为的政治家。他在位期间轻徭薄赋，继续推行均田制，使隋初的社会经济呈现繁荣景象。他废除了魏晋以来的九品中正制，在中央建立三省六部制，开创科举制，以考试取士。这一系列措施，加强了中央集权，使隋王朝得以巩固、强盛。公元604年，他被次子杨广谋杀，终年64岁，葬于泰陵（今天陕西城县西南10千米）。

唐高祖

名渊，字叔德，祖籍陇西成纪（今甘肃秦安西北），唐代开国皇帝。他原本是隋朝的太原留守，公元617年，他在晋阳举兵反隋，同年十一月攻占长安，立代王杨侑为帝，遥尊隋炀帝为太上皇，以号召天下。次年三月，隋炀帝在扬州被宇文化及所杀，李渊于同年五月废杨侑，自立为帝，建国号为唐，建年号为"武德"，定都长安。在此后的10年期间，李渊父子消灭了各地的割据势力，统一了全国。公元626年八月，被次子李世民逼迫禅位，被尊为太上皇。公元635年十月，李渊病死，庙号高祖。

唐太宗

名世民，唐高祖李渊次子，在位23年。他曾经策动李渊起兵反隋，唐朝建立后，他领兵南征北战，先后消灭了刘武周、王世充等割据势力，逐步统一了全国，是唐朝的实际开创者。公元626年八月，他发动"玄武门之变"，杀死了太子李建成，并逼迫高祖让位，由他即位称帝，是为唐太宗，第二年改年号为"贞观"。他即位后居安思危，任用贤良，虚怀纳谏，实行轻徭薄赋、疏缓刑罚的政策，并且进行了一系列政治、军事改革，把一个民不聊生、边患无穷的中国，建设成一个经济繁荣、国力强盛、政治清明、社会安定的国家，使中国成为当时世界上最富强昌盛的封建国家，史称"贞观之

唐太宗像

治"。他也成为历代帝王中杰出的政治家之一，是后世帝王的楷模。公元 649 年，李世民患痢疾而死，终年 51 岁，葬于昭陵（今陕西礼泉东北 25 千米的九宗山）。

房玄龄

名乔，字玄龄，齐州临淄（今山东淄博东北）人，唐代初年名相。他年轻时博览经史，18 岁时中进士，官拜羽骑尉。李渊起兵反隋后，他投奔了李世民，协助李世民经营四方，削平群雄，并参与策划了玄武门之变，为贞观之治的到来立下了功勋，李世民称赞他有"筹谋帷幄，定社稷之功"。李世民即位后，房玄龄被任命为中书令，总领百司，掌管政务达 20 年，主持制定了唐初的律令、格敕和各种典章制度，并调整政府机构，精简中央官员，为政府选拔了大量优秀人才。他任职期间善于用人，恪守职责，不自居功，后世把他和杜如晦作为良相的典范，合称"房、杜"。唐太宗征高句丽时，他留守京师，贞观二十二年（公元 648 年）病逝。

魏徵

字玄成，馆陶（今属河北）人，唐代著名的政治家，我国古代以刚直不阿、勇于犯颜进谏而闻名的大臣。他从小父母双亡，曾出家当过道士，隋末农民起义爆发后被李密任为元帅府文学参军，并随李密降唐，后被太子李建成引用为东宫僚属。玄武门之变以后，由于被李世民器重而任命为谏议大夫，后任秘书监、侍中，封郑国公。魏徵为人耿直，敢于抗颜直谏，据理力争，从不委曲求全。他在任期间前后陈谏 200 余事，多次规劝太宗以隋亡为鉴，居安思危，薄赋敛，轻租税，与民生

息，为贞观之治做出了重要贡献。他还奉命主持编写了《隋书》《周书》《梁书》《陈书》《齐书》（时称"五代史"）等。他的思想和行为已经成了封建政治家的典范，为历代所赞赏和遵循。

武则天

又名武曌，并州文水（今山西文水）人，中国历史上唯一的女皇帝，在位 16 年。她本是唐工部尚书武士彟之女，14 岁时被选入宫，为太宗才人，太宗死后通过各种手段成为高宗皇后，逐步掌握了国家权力，并于公元 690 年九月废黜睿宗，登基称帝，改国号为"周"，自尊号为"圣神皇帝"。在称帝后，她采取重用人才、奖励农耕、管束亲近者等有力措施，并一举收复了被吐蕃侵占达 22 年之久的安西四镇，并在庭州（今新疆吉木萨尔）设置北庭都护府，与安西都护府分辖天山南北等地。她的这些措施有效地维持了社会的安定，使得社会经济在贞观之治的基础上继续发展，为后来的开元盛世奠定了坚实而雄厚的基础。她执政中国实际长达半个世纪，后病死，终年 82 岁，葬于乾陵（高宗陵附近）。

唐玄宗

名隆基，武则天之孙，唐睿宗李旦第三子，在位 44 年。武则天死后，韦皇后毒杀了唐中宗李显，准备自己登基称帝。李隆基发动羽林军攻入宫中，杀死韦皇后，然后拥睿宗李旦复位。公元 712 年，睿宗禅位给李隆基。他初登帝位时励精图治，任用贤才，鼓励生产，改革弊政，使得唐王朝政治安定、国力强盛、百姓富庶、经济文化发展到了封建社会空前绝后

的顶峰，史称"开元盛世"。但他晚年变得骄傲怠惰，宠溺杨贵妃，重用杨国忠、李林甫和宦官高力士等奸臣，使得政治一片混乱，天宝十四载（公元755年）爆发了安史之乱，成为唐朝由盛转衰的转折点。安史之乱平息后不久，唐玄宗禅位于肃宗，后抑郁而死，终年78岁，葬于泰陵（今陕西城县东北15千米的金粟山）。

郭子仪

华州郑县（今陕西华县）人，唐代著名的军事家、政治家。初以武举补左卫长史，唐天宝八载（公元749年）任横塞军使，后以天德军使兼九原太守、朔方节度右兵马使。安史之乱时被任命为朔方节度使，在河北打败史思明。后联合回纥收复洛阳、长安两京，平定天下，对挽救唐朝的危亡起到了至关重要的作用。唐代宗时，叛将仆固怀恩勾引吐蕃、回纥进犯关中地区，郭子仪正确地采取了结盟回纥、打击吐蕃的策略，保卫了国家的安宁。郭子仪戎马一生，屡建奇功，84岁高龄时才告别沙场，天下因有他而获得安宁达20多年。尽管郭子仪一生功劳显赫，但他忠勇爱国，宽厚待人，从不居功自傲，因此在朝中有极高的威望，是我国封建社会忠臣良将的典范。

辽太祖

名耶律阿保机，小名啜里只，汉名亿，契丹族迭剌部人。他是我国杰出的少数民族政治家，原本出身于耶律氏的贵族家庭，因战功而被选举为契丹可汗，后经过征战统一契丹八部称帝。在位期间，他任用汉人韩延徽等，大胆地改革契丹习俗，发展农业生产，开展商业贸易，造契

丹文字，推进了契丹政权的封建化过程，使之成为当时我国北方的一个强大政权。公元926年七月，他率军回国途经扶余城（今吉林四平）时病死，终年55岁，死后谥号为太祖，葬于祖陵（今内蒙古林西木叶山）。

宋太祖

名匡胤，涿州（今河北涿州市）人，宋朝的开国皇帝，在位17年。他原本是后周的殿前检点，掌握着后周兵权。公元960年，他发动"陈桥兵变"，废去周世宗之子柴宗训，自己称帝，建国号为宋，定都汴京（今河南开封），史称北宋。即位后，他先后攻灭了各个地方割据政权，统一了大半个中国，同时又加强了对北方契丹的防御。他通过"杯酒释兵权"加强了中央集权，同时又将地方上的行政权、财政权收归中央，使得中国历史上多次出现的地方割据局面基本结束。他还重视农业生产，注意兴修水利，减轻徭役，促进了社会经济的发展。然而，他重文轻武，过于强调安内守外，最终导致了北宋后来的积贫积弱的局面。公元976年病死，庙号太祖，葬于永昌陵。

宋太宗

名匡义，因避讳宋太祖的名字而改名赵光义，即位后改名赵炅，太祖赵匡胤之弟，在位22年。他曾参与陈桥兵变，拥立其兄赵匡胤为帝，封为晋王。宋太祖死后，他于同月继位，改年号为"太平兴国"。他登基后继续进行统一全国的事业，征服吴越，攻灭北汉，又发动了数次对辽战争，却均遭大败。他执政时注重发展农业，兴修水利，鼓励垦荒，使社会生产有

所发展，但对百姓的盘剥颇重。晚年，他血腥镇压了四川地区的王小波、李顺起义。公元997年，赵匡义因箭伤屡发而死于汴京万寿殿，死后的庙号为太宗，葬于永熙陵（今河南巩义市西南堤东保）。

司马光

字君实，陕州涑水（今山西夏县）人，世称涑水先生，宋代杰出的政治家、历史学家。幼时就聪颖过人，有"司马光砸缸"的故事流传。他历仕宋朝四朝，仁宗宝元二年（1039年）进士；庆历八年（1048年），官大理寺丞，召试，授馆阁校勘，累除知制诰，改天章阁待制，知谏院。英宗朝，任龙图阁直学士，改右谏议大夫。神宗时，擢翰林学士，判西京留司御史台，拜资政殿学士。因竭力反对王安石变法，熙宁四年（1071年）离朝退居洛阳，致力编撰《资治通鉴》。哲宗即位次年，任尚书左仆射、门下侍郎，废除新法。同年卒，封温国公，谥文正。

王安石

字介甫，号半山，江西临川（今江西抚州）人，宋代著名的改革家、思想家和文学家。庆历二年（1042年）进士及第，曾任地方官多年。为改变宋代长久以来积弱积贫的局面，王安石力主变法改革，获得了宋神宗的赏识，于1069年出任参知政事，次年拜相，在神宗的支持下开始大力推行包括青苗法、保甲法、募役法、农田水利法、均输法等在内的"熙宁新政"，从农业到手工业、商业，从军事到科举、教育，从乡村到城市，展开了广泛的社会改革。这是北宋历史上最为重要的一次政治改革实践。由于变法触犯了大地主、大官僚的利益，王安石被两次免职，晚年闲居江宁府。宋神宗去世后，新法被旧党全部废除，王安石不久便抱憾病逝。王安石也是北宋著名的文学家，他的诗歌、散文都卓有成就，是"唐宋八大家"之一。

金太祖

名完颜阿骨打，按出虎水（今黑龙江哈尔滨东南阿什河）女真完颜部人，金国建立者，在位9年，病死，终年56岁，葬于睿陵（今北京房山西面三峰山下）。1113年，完颜阿骨打担任女真各部的都勃极烈（即部落联盟长），此后他先以武力逐步统一了女真各部，后又领导女真族发动了反抗辽国奴役的战争，并不断地取得胜利。1115年，阿骨打称帝，国号金，定都会宁。此后，他不断攻占辽的领地，并于1123年与北宋联合攻破辽国，辽天祚帝西逃夹山（今内蒙古萨拉齐西北）。阿骨打在位期间，定制度，立刑法，造文字，加强皇权，为金的立国奠定了基础。死后庙号为太祖，谥号为武元皇。

宋高宗

名构，字德基，宋徽宗第九子，宋钦宗之弟，在位36年，葬于永思陵（今浙江绍兴东南17.5千米处宝山）。北宋灭亡后，赵构在南京应天府（今河南商丘南）即位，改年号为"建炎"。他在位初期曾起用抗战派李纲为相，以宗泽为东京留守，发动军民抗金。但不久便罢免了李纲，起用投降派黄潜善、汪伯彦，把宋军防线由黄河一线南移至淮、汉、长江一线，从而使抗战形势急转直下。在他逃抵临安后，又为形势所逼，任用岳飞、韩世忠等主战派将领抗金，后却又任用投降派秦桧为宰相，一味地屈膝妥协，并杀害了抗金将领岳飞，以割地、纳贡、称臣的屈辱条件，与金朝订立了"绍兴和议"，并对内镇压了洞庭湖地区的钟相、杨幺农民起义。后为形势所迫而让位给太子，不久病死。

成吉思汗

名铁木真，姓孛儿只斤，乞颜氏，蒙古开国君主，我国历史上著名的军事家、政治家。他出身于蒙古部贵族家庭，年少时父亲被仇人毒死，部属离散，他投奔克烈部首领王罕，收集亡父部下，经过多年的努力，连续击败蒙古纷争部落，终于统一蒙古。1206 年，铁木真在斡难河畔举行大聚会，建大蒙古国，铁木真被推戴为蒙古大汗，号成吉思汗。在成吉思汗的率领下，蒙古国先后攻金、灭夏，统一了中国北方，并不断西征，先后建立了钦察、察合台、窝阔台、伊儿四个属国（汗国），打通了亚洲和欧洲的陆路交通线，促进了东西方文化和经济的交流，为元朝的建立奠定了基础。他军事才能卓越，用兵注重详探敌情、分割包围、远程奇袭、佯退诱敌、运动中歼敌等战法，史称"深沉有大略，用兵如神"。另外，他的作战也带有野蛮残酷的特点，大规模屠杀居民，毁灭

成吉思汗像

城镇田舍，破坏性很大。元代建立后，被追加庙号太祖。

耶律楚材

字晋卿，号湛然居士，又号玉泉老人，元代著名的政治家。他原本是辽宗室，在青年时代就以博学多才而闻名，曾任金开州同知、中都左右司员外郎等职。蒙古军破中都后，成吉思汗对他的才能大为赞赏，并带他随军西征。在窝阔台汗时期，他力主废除了蒙古军的屠城旧制，竭力保全攻陷诸地人民，并改革蒙古陋习，制定君臣礼仪，建立课税制度，使蒙古国初步具备了仪制和法制，元朝立国的规模大多由他亲手制定。元朝建立后，他曾被任命为相，主持设立了编修所、经籍所，刊印儒家经典，弘扬儒家文化，并主持开科取士，召用儒者，渐兴文教，使得元朝一度出现了文化复兴的迹象。死后赠广宁王，谥文正。有《湛然居士集》传世。

元世祖

名忽必烈，成吉思汗之孙，拖雷第四子。初从蒙哥进攻南宋，1259 年蒙哥死于四川合州，次年他在开平（在今内蒙古正蓝旗）即大汗位。与此同时，其弟阿里不哥在和林即位，双方内证长达 5 年多。1264 年他取得胜利，将都城由和林迁至燕京（今北京），称为大都，1271 年改国号为元。1279 年，统一全国。此后，又向邻国发动战争，均遭失败。他在位期间，确立中央集权政治，建立包括行省在内的行政、军事、赋税等制度，加强中央政府对边疆地区的管理，巩固并发展了统一的多民族国家。他重视农业，设置司农司专掌农田水利，大规模推行屯田；统一

货币，疏浚运河，设置驿站，对元初社会经济的恢复和发展起了一定的积极作用，但他将人民分为蒙古人、色目人、汉人、南人四等，实行民族歧视和民族压迫政策，致使各族起义斗争始终不绝。

文天祥

字宋瑞，一字履善，号文山，南宋庐陵（今江西吉安）人，南宋著名政治家、文学家。1275 年，元军进逼南宋，文天祥在江西赣州组织义军，开赴临安（今浙江杭州）帮助朝廷抗敌。第二年担任右丞相，奉命去元营谈判时被扣留。后来脱险，冒着九死一生到达福州，继续抗元，兵败被俘后被送往燕京（今北京），囚禁了 3 年。元朝统治者千方百计利诱威胁，要他投降，但他坚贞不屈，从容就义。他死后留下了大量诗文，其中如《过零丁洋》《正气歌》，都已成为光照日月、气壮山河的绝唱，成为民族精神财富的宝贵部分。

明太祖

名元璋，字国瑞，濠州钟离（今安徽凤阳）人，明朝的开国皇帝，在位 31 年。他出身于贫农之家，年轻时为了糊口而出家为僧。红巾起义爆发后，他参加了濠州郭子兴领导的红巾军，逐渐取得领导权，并击败了陈友谅、张士诚等起义军势力。1368 年正月，朱元璋在应天（今江苏南京）称帝，国号大明，建年"洪武"，定都应天。同年八月，明军攻克元大都，元朝灭亡。朱元璋创建明朝后勤奋治国，采取与民安息的政策，减免赋税，奖励农耕，整肃吏治，巩固边防，对生产力的恢复、社会的稳定和国家的统一都起了积极

作用。但他大兴冤狱，诛杀功臣，对官民实行残暴的专制统治，使权臣和宦官更容易控制政权，为明末的宦官专权埋下了隐患。1398 年，朱元璋病死于南京西宫，谥为高皇帝，庙号太祖，葬于应天孝陵（今南京城外钟山南面独龙阜玩珠峰下）。

明成祖

名朱棣，明太祖朱元璋第四子，在位 22 年。明太祖朱元璋去世后，皇太孙朱允炆即位，年号建文。朱棣从北京起兵发动政变，于 1402 年占领南京，后在南京即位，年号永乐。朱棣是历史上争议颇大的一位帝王，他在位期间营建北京城，重修万里长城，解除了北方少数民族对中央政府的威胁；他设置奴儿干都指挥司，管辖黑龙江、乌苏里江、乌弟河、库页岛等地，使上述地区归属于明中央政府；他还派郑和下西洋，扫除了禁海闭关的痼疾。在他的统治下出现了明初的盛世。但他以血腥的屠杀清除建文帝余党，设置东厂加强特务统治，还重用宦官开始干预明朝政事，埋下了明朝宦官专政的祸根。1424 年，朱棣病逝于北征返程途中，葬于长陵（今北京十三陵），庙号太宗。1538 年，嘉靖帝将他的庙号改为成祖。

郑和

本姓马，小字三保，明云南昆阳（今晋宁）人，我国历史上最著名的航海家。他在朱元璋征云南时被俘，后来进入燕王朱棣藩邸为宦官，"靖难"之役中因为监军从征有功，赐姓郑，擢内官监太监，人称三保（宝）太监。郑和开辟了我国乃至整个世界的航海新纪元，在 1405 年到 1433 年之间，他率领宝船船队先后 7 次

通使西洋诸国，足迹从中国海到印度洋、波斯湾，远及非洲，开创了中外交通史上最远的航路，并帮助马来西亚建国，还使得海外诸国争相来明朝朝贡，时人称为三保太监下西洋，是明代初年的盛事。后病卒于南京。

张居正

字叔大，号太岳，明江陵人，我国古代杰出的政治家、改革家。他在明穆宗时入阁，明神宗时成为首辅大臣，对明代政治、经济进行了全方位的改革。他提出著名的"考成法"整顿官僚机构，抑制宦官势力，并采取整学政、清通欠、惩贪墨、汰冗官、省支出等项改革，使得明末腐败的政治局面得到了改善；他改革了赋役制度，在全国推行"一条鞭法"，并重用潘季驯，把黄河从水患变成水利，使得国家财政状况有了很大好转，社会生产得到了恢复和发展；他还重用戚继光、李成梁等名将，平定外患，扭转了边防的败坏局面。他为相的 10 年期间，是明朝中叶以来最好的时期。有《太岳集》《帝鉴图说》等著作传世。

努尔哈赤

名爱新觉罗·努尔哈赤，明晚期建州女真人，后金国（清）的创立者，在位 11 年。他原本是明朝的龙虎将军，1583 年，他起兵自立为王，与明合作，经过 30 多年努力，统一了原本四分五裂的女真各邦，于 1616 年在赫图阿拉城（今辽宁新宾）称帝，国号大金，年号"天命"，史称后金。建国后，努尔哈赤坚持整顿内部，发展生产，扩大兵力，并不断向明朝发起进攻。1626 年，努尔哈赤在攻打宁

远堡（今辽宁兴城）时为火炮击伤，后不治而死，葬于沈阳福陵（今辽宁沈阳东北 15 千米处的东陵），清朝建立后被追尊为清太祖高皇帝。他生前建立了对满族影响深远的八旗制度，并借鉴汉文制定了满文，这些措施对发展民族文化，加速社会封建化，起到了重要作用。

皇太极

名爱新觉罗·皇太极，清太祖努尔哈赤第八子，在位 17 年。皇太极是清朝历史上一位承前启后的重要人物，他在努尔哈赤死后被推举为后金大汗。在此后的 10 年时间里，他统一了整个东北地区，并降服朝鲜和蒙古，使后金获得了与明政府相抗衡的实力。1635 年，皇太极改女真族为满洲，第二年在盛京称帝，改国号为"清"，年号为"崇德"，在关东地区建立起强大统一的清帝国。此后，皇太极继续保持着对明政府的进攻，发动了数次对明的战争，并先后 4 次绕过山海关进入内地，大大削弱了明政府的力量，为清朝的最终建立扫平了障碍。1643 年 8 月，皇太极在沈阳中风而亡，火葬于沈阳昭陵（今沈阳北陵公园北），庙号太宗文皇帝。

李自成

字鸿基，陕西米脂人，明末农民起义军领袖。他童年时为地主牧羊，20 岁充银川驿卒，崇祯三年（1630 年）于米脂号召饥民起义，先投农民起义军领袖高迎祥，高迎祥战死后被推举为起义军首领，号称"闯王"。他提出了"均田免粮""五年不征""平买平卖"等口号，同时实行"劫富济贫"的政策，并打开官府的粮食金库，开仓放赈，救济饥民，使得农民军

受到了人民的拥护。农民军迅速壮大，不久打到西安。1644 年正月，李自成在西安正式建立农民政权，称大顺王，年号永昌。他采纳谋士顾君恩的建议，先取关中，以关中为基地，进而攻取山西，经山西攻打北京，并于同年攻克北京，推翻朱明王朝。后来清兵入关，李自成战败，退至湖北通山九宫山，被当地地主武装杀害。

郑成功

名森，字明俨，号大木，福建南安人，明末清初的著名将领。他年轻时曾经在南京国子监太学拜名儒钱谦益为师，南明弘光政权覆灭后回到福建，在厦门建立了抗清根据地，并利用控制台湾海峡制海权的优势，发展海上贸易，以商养战，建立起一支强大的军事力量。1661 年，他发动收复台湾的战争，并于次年迫使荷兰殖民者投降，使得荷兰殖民者对台湾长达 38 年的统治宣告结束，台湾重新回到中国的怀抱。郑成功收复台湾的壮举，为中华民族的统一建立了不朽的丰功伟绩。郑成功在台期间，加强政治经济建设，置府县、务屯垦、废苛税、兴学校，改善军民关系，安抚台湾土著，颁布各种法令和条例，为台湾社会经济的发展打下了基础。在收复台湾不久，郑成功便因病去世，年仅 39 岁。

顺治

名爱新觉罗·福临，皇太极第九子，在位 18 年，世称顺治皇帝。皇太极病死后，年幼的顺治继位，继续发动对明朝的进攻。1644 年 4 月，清军攻入山海关，击败李自成起义军，同年 10 月，顺治迁都北京，成为清入关后的第一个皇帝。在位期间，顺治吸收汉族文化，倚重汉族官吏，下令剃发、圈地，颁布《大清律》，整饬吏治，与民生息，使得明末以来混乱的社会局面和凋敝的社会经济得到了恢复。与此同时，他继续派兵西进和南下，镇压农民军，消灭南明政权，使得中国绝大部分地区重归中央政府的管辖，从而奠定了清王朝的基础。1661 年，他神秘猝死于宫中，年仅 24 岁，葬在河北孝陵（今河北遵化西北昌瑞山），庙号为世祖章皇帝，史称顺治皇帝。

康熙

名爱新觉罗·玄烨，顺治皇帝第三子，清入关后第二个皇帝，在位 61 年。康熙是中国历史上在位时间最长的皇帝，也是一位雄才大略的政治家和睿智的君主。他 8 岁继位，16 岁时成功铲除了专权大臣鳌拜及其党羽，随后平定三藩之乱，收复台湾，驱逐了入侵后盘踞雅克萨的沙俄军队，还平定了新疆、西藏反动贵族的叛乱。这些举措巩固了中央政府的统治，奠定了中国今日的疆域，加强了多民族国家的统一，使中国成为当时世界上一个繁盛、统一的封建强国。康熙在位期间，清代社会政治安定，经济繁荣，为历史上著名的"康乾盛世"打下了坚实基础。他死后葬于景陵（今河北遵化西北），庙号为圣祖仁皇帝，史称康熙皇帝。

雍正

名爱新觉罗·胤禛，康熙皇帝第四子，康熙病死后继位，在位 13 年。雍正是历史上毁誉参半的一位皇帝。他继位后残酷屠戮曾参与皇位争夺的兄弟，并大兴文字狱，严厉镇压具有反清思想的知识分

雍正帝临雍讲学图

雍正帝在位期间曾多次到国监讲学，努力做到让文化为专制统治服务。

子，以特务机构强化君主专制，这些都使得他以严酷、残忍而闻名。但他平定青海和硕特部贵族的叛乱，反击准噶尔部贵族的骚扰，在西南少数民族地区实行改土归流，与沙俄订立《中俄布连斯奇界约》《中俄恰克图界约》等措施，对中国的领土完整和国家统一做出了卓越的贡献。他在位期间励精图治，有步骤地进行多项重大改革，取得了重要的成果，为乾隆时期的盛世奠定了坚实的基础。他死后葬于河北泰陵（今河北易县西），庙号为世宗宪皇帝，史称雍正皇帝。

乾隆

名爱新觉罗·弘历，雍正皇帝第四子，雍正病死后继位，在位60年。乾隆在位期间务实足国，减免赋税，重视农桑，使得社会生产持续发展，"康乾盛世"在他统治期间达到了顶峰。同时，他继续推行康熙、雍正以来的内政、外交策略，对内平定了准噶尔部叛乱，对外严厉拒绝英国特使马嘎尔尼提出的侵略性要求。这些措施对于中国多民族并存的局面和领土的完整做出了重要贡献。但他统治后期任用中国历史上最大的贪官和珅20年，致使政治腐败，民怨沸腾，农民起义频繁爆发，原本强盛的清王朝也由此转向了衰败。1795年，乾隆将皇位禅让给皇太子，4年后病死，葬于河北裕陵（今河北遵化西北），庙号高宗纯皇帝。

林则徐

字元抚，又字少穆，福建侯官（今福建福州）人，清末伟大的爱国主义者。他是嘉庆年间的进士，早年担任过清政府道台、巡抚等职，为官清廉而正直，颇有政绩。1837年初，他出任湖广总督，此后坚持在海关查禁鸦片，鸦片战争爆发后他曾上书道光皇帝禁烟，并受命为钦差大臣赴粤禁烟，于1839年6月3日主持了著名的"虎门销烟"。此外，联合水师提督关天培筹划海防，多次挫败英军的武装挑衅。他还设立译馆，将大量外国书报、律例、军事著作等介绍到中国，并编成《四洲志》，成为近代中国向西方学习的先驱。晚年因遭谗害而被流放新疆，后病死于广东普宁县。

曾国藩

字伯函，号涤生，湖南湘乡人。1853年，咸丰帝任命他为帮办团练大臣，在湖南督办地主武装团练。他建立了一支地主武装，兵勇及其将领全用湖南人，因此被称为"湘军"或"湘勇"，为清王朝平定了太平天国运动。曾国藩被封为一等勇毅侯，成为清代以文人而封武侯的第一人，后历任两江总督、直隶总督，官居一品，死后被谥"文正"。曾国藩所处的时代，是清王朝由乾嘉盛世转而为没落、衰败，内忧外患接踵而来的动荡年代，由于曾国藩等人的努力，一度出现"同治中兴"的局面。曾国藩正是这一过渡时期的重心人物，在政治、军事、文化、经济等各个方面产生了令人瞩目的影响。这种影响不仅仅作用于当时，而且一直延至今日。从而使之成为近代中国最显赫和最有争议的历史人物。其所著《曾国藩家书》至今仍为人们所重视。

曾国藩像

左宗棠

字季高，湖南湘阴人，晚清著名军事家、政治家。早年曾中过举人，太平天国运动爆发后，他编练了"楚军"，在镇压太平天国运动的过程中屡建奇功，人称"常胜将军"。在洋务运动中，他与沈葆桢在福州设马尾造船厂，制造轮船，为中国近代造船工业做出了贡献。左宗棠是我国近代对国家领土贡献最大的人物之一。他于光绪元年（1875年）被任命为钦差大臣，组建西征军，将脱离祖国10余年的新疆一举收复。平定新疆后，他提出了新疆建省方案，以及浚河渠、建城堡、清丈地亩、厘正赋税和分设义塾等项主张，并呈请与俄国交涉收复伊犁。左宗棠以他收复新疆

的巨大功绩而名垂青史。1881年，左宗棠出任军机大臣，调两江总督兼通商事务大臣，后病死福州。有《左文襄公全集》传世。

洪秀全

原名仁坤，广东花县人，清末伟大的农民起义领袖，太平天国创建者及思想指导者。他于1843年创立拜上帝会，深入广西，以宗教发动农民群众。于1851年举行金田起义，编组太平军，颁布《太平军目》，又以"十款天条"严明军纪。此后，太平军围长沙，克武汉，下九江，于1853年3月占领南京，定为都城，改称天京。此后，因领导层发生内讧，导致太平军实力大大削弱，形势急转直下，南京被困。洪秀全忧虑成疾，于1863年病逝。他死后不久，清军便攻破南京，轰轰烈烈的太平天国运动宣告失败。太平天国运动是一场前所未有的农民运动，洪秀全于1853年颁布的《天朝田亩制度》，提出了改变土地制度和其他改革社会的措施，其纲领内容的完备性和深刻性，使太平天国革命达到了中国历代农民革命所能达到的最高境界。

李鸿章

本名铜章，字渐甫（一字子黻），号少荃（泉），晚年自号仪叟，别号省心，安徽合肥人。其前半生战功赫赫，率淮军与湘军共同镇压了太平天国。其后半生与洋务运动紧密相连，他创办了江南制造局、金陵机器局、天津机器局3个中国近代早期军工企业。1870年李鸿章出任直隶总督后，综观世界各国的发展，得出了"必先富而后能强"的认识，将洋务运动的重点转向"求富"。1872年底，他首创

中国近代最大的民用企业——轮船招商局，从客观上促进了近代资本主义在中国的发展。1888年，李鸿章亲自缔造了当时亚洲最强大的海上力量——北洋海军。1895年，甲午中日战争中北洋海军的覆灭标志着他一生为之努力的洋务运动的失败。另外，李鸿章代表清政府签订了一系列丧权辱国的条约，如《中法会订越南条约》《马关条约》《辛丑条约》等。其一生功过是非至今仍众说纷纭。

刘铭传

字省三，安徽合肥人。刘铭传因参与湘军镇压太平军有功，官至直隶提督。1884年，中法战争爆发。刘铭传奉旨进京，呈《海防十事》，被授予巡抚衔督办台湾军务。他密抵台湾后，积极布防、备战，历8个月之久，以中方胜利告终。1885年10月12日，清政府宣布台湾正式建省，刘铭传被任命为台湾省的第一任巡抚。他于台湾巡抚任上6年，积极实行新政，开办洋务，实行了一系列改革，例如创办军工企业、通商惠工、修筑铁路、发展近代交通等等，成为台湾近代化建设的先驱。刘铭传在抵抗法国侵略、台湾建省和建省后经济、文化建设等方面，做出了卓越贡献。是中国近代史上杰出的爱国人物，受到海峡两岸人民长久的怀念。

邓世昌

清末海军名将，民族英雄。原名永昌，字正卿，广东番禺人。1867年，考入船政学堂海军驾驶班第一期学习。1874年，以优异成绩毕业。1880年，李鸿章将其调入北洋水师。1887年，任"致远"舰管带。1894年9月17日，在中日黄海海战中，邓世昌指挥"致远"舰一直冲杀在前，后在日舰围攻下，"致远"多处受伤，船身倾斜。随后，邓世昌毅然驾舰全速撞向日第一游击舰队旗舰"吉野"号，决意与敌同归于尽。"致远"不幸为日军鱼雷所击中而沉没。邓世昌与全舰官兵250余人一同壮烈殉国。邓世昌牺牲后，清廷谥以"壮节"之号，按提督例从优议恤并追赠太子少保衔，入祀京师昭忠祠。山东威海百姓感其忠烈，于1899年在成山上为邓世昌塑像建祠，以志永久敬仰。1996年12月28日，中国人民解放军海军命名新式远洋综合训练舰为"世昌"号，以示中国海军风骨。

康有为

原名祖诒，字广厦，号长素，广东南海人，近代政治家、思想家、文学家。康有为是19世纪后期中国政治学术界一位突出的思想家和活动家。他先后7次上书清廷，请求变法图强，其中以中日甲午战争失败后的"公车上书"最为有名。他与梁启超等人一起创办《万国公报》，建立强学会，发行《强学报》，为维新变法制造舆论。1898年与梁启超等人发动戊戌变法运动，变法失败后，逃亡国外。其后思想日趋保守，反对孙中山领导的民主革命。他的文学成就主要是诗歌创作。

科技经济名人

鲁班

姓公输，名般，又名盘，因为般和班读音相同，所以又名鲁班，春秋末期鲁国的著名工匠、发明家。在兵器方面，他发明了攻城的"云梯"和水战用的"钩拒"，在建筑方面发明了立体石质九州地图，在机械器具方面发明了机动的木马车、只有用钥匙才能打开的锁等。他发明的曲尺、墨斗、刨子、锯子、凿子、铲子等木工工具，大大地提高了工作效率，同时也将木匠工艺提升到了一个很高的水平。在此后的 2000 多年里，他一直被奉为木工始祖。

《鲁班经匠家境》营造家具图

甘德

战国时齐国人，先秦时期我国杰出的天文学家。他对恒星作了长期细致的观测，编制了世界上最古老的星表，从而对全天恒星的分布位置等予以定性的描述。甘德还建立了行星会合周期的概念，并且测得了木星、金星和水星的比较准确的会合周期值。虽然由于时代条件的限制，他的这些认识还相对比较粗疏，但这些开拓却为后世传统的行星位置计算法奠定了坚实的基础。甘德对木星的观测尤为精细，在还没有望远镜的公元前 4 世纪中叶，甘德仅凭肉眼就发现了木星的卫星木卫二，比伽利略早了近 2000 年，这是天文学史上的一个奇迹。他著有关于木星的专著《岁星经》，后人把这部著作和战国时的另一位天文学家石申的《天文》放在一起，称为《甘石星经》。

石申

战国中期大梁人，是先秦时期与甘德齐名的天文学家。他与甘德和商朝的巫咸，是中国最早编制星表的天文学家，也是世界方位天文学的始祖。和甘德一样，他也对恒星进行了系统的观测，比欧洲的阿里斯拉鲁斯与铁木查理斯早了60 多年。他原著有《天文》8 卷，其中测定的恒星有 138 座，共 800 颗。后人把这部著作和甘德的《岁星经》编在一起，称为《甘石星经》。由于石申对天文学的研究所做出的杰出贡献，他在世界天文史上占有特殊而重要的地位，在月球背面的环形山中，就有一座以他的名字命名。

扁鹊

扁鹊像

姓秦，名越人，战国时期齐国的名医。他年轻时跟随当时的名医长桑君学习医术。学成后不辞辛劳，周游列国行医，治好了许多疑难杂症。后来当他在秦国行医时，被秦国的医官李醯派人杀害。扁鹊大胆地挑战当时社会上流行的巫术可以治病的观念，不断地用高超的医术来揭穿巫术把戏，为使医学摆脱巫术迷信、走上科学的发展道路做出了卓越的贡献。他首创了中医望、闻、问、切的四大诊法，形成了一个比较完整的科学诊断体系。把中药制成丸、散、膏、丹、汤剂等品类也是他的创造。他是我国中医发展史上一位承前启后的重要医学家，为我国传统中医学的发展奠定了基础，人们把他比作传说中黄帝时代的神医扁鹊，后来的中医都尊他为祖师。

李冰

战国后期的水利专家，大约在秦昭王五十一年（公元前 256 年），李冰被任命为蜀郡守。当时的成都是一个水旱灾害频繁的地区，李冰到任后，组织了大规模的治水工作。他和儿子沿岷江两岸进行实地考察，设计、建造了都江堰，不但消除了困扰成都人民的水祸，而且还巧妙地治理、利用了河道，使之得以灌溉成都平原的农田。都江堰的出现彻底改变了成都平原 10 多个县的农业生产面貌，使成都平原变成了"沃野千里"的富饶粮仓。都江堰虽然修建在 2000 多年前，但它的规划、设计和施工都具有高度的科学性和创造性。

蔡伦

字敬仲，桂阳（今湖南耒阳）人，我国古代伟大的发明家。他于东汉明帝永平十八年（公元 75 年）入宫为宦，章和元年（公元 87 年）任尚方令，掌管宫廷御用手工作坊。他总结西汉以前用麻质纤维造纸的经验，于元兴元年（公元 105 年）改进了造纸术。他使用树皮、麻头、破布、旧渔网等原料，经过挫、捣、抄、烘等工艺造纸，既解决了过去造纸原料不足的问题，又降低了造纸成本，而且在工艺上也比以往的造纸术有很大的进步。蔡伦对造纸术的改革使造纸从此成为独立的行业，纸的生产得到迅速发展，从而为推进中国，乃至世界文化的传播、发展，做出了巨大的贡献。造纸术也因此成为影响世界文明进程的中国古代四大发明之一。

张衡

字平子，南阳（今河南南阳）人，东汉著名科学家、文学家。他第一次正确地解释了月食形成的原因，并依据当时的天文学知识，肯定了宇宙的物质性和无限性。他继承和发展前人的浑天理论，制造了浑天仪，利用漏水转动和浑象联动把天象变化形象地演示出来。他创制了一种叫作"瑞轮蓂"的机械日历，同样利用漏水转动和浑象联动来表示日期，显示月亮的圆缺变化。他还发明了世界上第一台地震仪——地动仪。他的天文学思想主要体现在他的著作《灵宪》和《浑天仪图注》中。此外，他还制造过指南车和记里鼓车，并著有数学名著《算罔论》。张衡把中国古代自然科学和哲学推向了一个新的高度。张衡同时也是汉代知名的文学家，他既擅长散体大赋，又开创了抒情小赋的体制，是汉赋发展史中一位重要的代表作家。

张衡像

华佗

字元化，沛国谯县（今安徽亳县）人，东汉末年的著名医学家。他精通内科、外科、儿科、妇科、针灸科等，曾游学徐州，行医足迹遍及现在的河南、江苏、安徽、山东等地，后来为曹操所杀。华佗在医学史上首先采用了以麻沸散进行全身麻醉对患者进行手术治疗的方法，将外科手术的范围空前地扩大，同时也为医学的发展开辟了新的道路。他还是体育疗法的创始者，创造了"五禽戏"，通过模仿虎、熊、鹿、猿、鸟的动作而保证血脉通畅，使消化能力加强，从而达到锻炼身心的目的。华佗对后世的中国医学产生了深远的影响，不但在当时被称为"神医"，而且被历来的医家推崇为"外科鼻祖"。

张仲景

名机，字仲景，南阳郡涅阳（今河南南阳）人。他自幼便酷爱医学，拜当时的同郡名医张伯祖为师，获得了他的真传，青年时代便声名远扬，曾被推作孝廉。张仲景倾毕生之力完成了《伤寒杂病论》。这是我国第一部理、法、药兼备，理论与实践结合的临症诊疗专著，全书共16卷，包括"伤寒"和"杂病"两部分。张仲景科学地概括了外感发热病发展过程中的各个阶段的综合症状，系统地论述了外感热性病"伤寒"的病理、诊断、治疗和用药，确立了"辩证用药"的规律。同时，《伤寒杂病论》也对内科杂病以及外科、妇科、儿科、急救等40多种病的病理、治疗做了详细分析。中医学发展到张仲景时，已经具备了诊断、用药的严谨法度。由于张仲景在中医诊断治疗学方面的杰出贡献，他被后人称为"医圣"和"方剂学之祖"。

葛洪

字稚川，自号抱朴子，丹阳郡句容人，晋代著名的炼丹家。他曾经在东晋建立后立了一些战功，做过一些低级官职，后来便一直在广州罗浮山专心修道炼丹，著书立说，一直到老。葛洪是我国古代炼丹术的集大成者，也是我国古代化学研究的代表性人物。他的著作《抱朴子》是我国现存较早又较完整的一部炼丹术著作。在这部著作中，他提出了化学反应的可逆性问题，并记载了铅的可逆性变化。书中记载的矿物质也比前人增加了许多种类，使得化学研究的范围空前地扩大了。他在医学方面也有一定的成就。在《金匮药方》中，对许多传染病如天花作了详细的记述，对肺结核的传染性有着深刻的认识，他还记录了治疗狂犬病的办法，初步体现了医学中的免疫思想。此外，他还有医学著作《肘后备急方》和笔记《西京杂记》传世。

祖冲之

字文远，河北涞水人，生活在南朝的宋、齐两代，是我国古代杰出的数学家、天文学家和发明家。他在数学上第一次把圆周率的数值精确到了小数点 7 位之后。这一成果直到 1000 年以后才被 15 世纪的阿拉伯国家的数学家阿尔·卡西和 16 世纪的法国数学家维叶特超过。他还对球的体积计算做出了重要贡献，得出了"等高处截面积相等，则二立体体积相等"的结论。这一结论比西方也早了 1000 多年。在天文学方面，他创制的《大明历》第一次证实了岁差的存在，并采用了 391 年加 144 个闰月的新闰法。这些在历法史上都具有重大的意义。

陶弘景

字通明，晚年号华阳隐居，丹阳秣陵（今江苏南京）人，我国古代杰出的医学家。他幼年受葛洪的影响，立志修仙学道，在 37 岁时辞去官职，隐居句容茅山，

听松图
图中道教著名学者陶弘景倚松听涛，悠然自得。

遍游名山，寻访仙药，炼丹修道。他知识渊博，在药物、天文、地理、冶炼、生物、数学方面都有研究。他最大的贡献是在医学方面。在《神农本草经集注》中，陶弘景共收集药物 730 种，比《神农本草经》多出一倍。他对《神农本草经》中原有的药物仔细作了校订，并结合自己的临床经验，把新搜集到的药物用途以及不同的记载进行了逐一的鉴别和补充，而且按照药物的天然来源分成玉石、草木、虫鱼、禽兽、果蔬、米食 6 类。这种分类法在药物学上有较大的影响。他还规定了丸、散、膏、丹、汤、酒的制作规程，统一细分了称量药物的斤两标准。这部著作是《神农本草经》之后几百年间药物知识的一次总结，在本草学的发展史上具有承上启下的重要地位。

郦道元

字善长，北魏范阳人，我国古代杰出的地理学家。他曾经先后在平城、洛阳等地任过御史中尉等官职，还做过鲁阳郡太守、东荆州刺史、河南尹等官。他为官执法清明严峻，使豪强惧怕。北魏孝明帝孝

昌三年（公元527年），他在去关中任关右大使的途中被人暗害。《水经》是汉代桑钦撰写的一部专门研究河流水道的书籍，文字非常简略，也没有把水道的来龙去脉和详细情况叙述清楚。郦道元通过自己的实地考察，并参照古代的地图，在《水经》的基础上完成了《水经注》。这部著作不但详细记述了每条河流的水文情况，而且记述了每条河流流域内各种自然、人文情况，如地质、土壤、气候、物产、民俗、城邑兴衰、历史古迹与神话传说等等，并做了全面的研究。《水经注》不但是一部具有重要科学价值的地理学著作，而且全书文字优美、笔调清新，也是一部极具特色的山水游记。

贾思勰

我国古代杰出的农业科学家，北魏时期人，当过高阳郡的太守。他所著的《齐民要术》是我国现存最早、最完整、最全面、最系统的农业科学著作，也是世界上最早的农业科学著作之一。这部著作成书于公元533～544年，总结了黄河流域的农业生产经验，内容涉及土壤工作、栽培技术、选种留种技术、畜牧兽医、桑蚕技术、农产品加工储藏、野生植物的经济利用等农业生产的各个方面，并包含着丰富的植物学知识，是对我国农业技术的一次重要的总结和发展。贾思勰在我国农业史上起到了承前启后、推陈出新的重要作用。

孙思邈

京兆华原（今陕西耀州区）人，唐代杰出的医学家。他一生不图名利，坚持在民间医伤治病，用毕生精力写成了两部医学巨著《急备千金方》和《千金翼方》。在这两部著作中，他第一个主张把妇科、儿科从医学中独立出来，并赋予了相应的内容。他最早重视采药的季节，并把各地所产的各种药材列出来，以供人们按时采集。鉴于他对医药学做出的巨大贡献，后人称他为"药王"。这两部书集当时和前代医学之大成，在我国医学史上具有极其重要的地位。此外，孙思邈在化学领域也做出了很大贡献，他写的《丹经内伏硫磺法》最早记录了黑火药的配方。

僧一行

本名张遂，河北巨鹿人，唐代杰出的天文学家。他年轻时出家当了和尚，一行是他的法名。唐玄宗开元五年（公元717年），他从隐居的荆州当阳山佛寺来到京都长安，充当唐玄宗的顾问，直到去世。在长安的10年中，他主要致力于天文研究和历法改革，在天文、历法、数学以及仪器制造方面做出了突出贡献。《大衍历》是僧一行最重要的成就。这部历法正确地掌握了太阳在黄道上运行速度变化的规律，创造了不等距间的二次内插公式。《大衍历》还把过去没有统一格式的历法科学地归纳成7个部分，使得这部历法内容系统、结构合理、逻辑严密，一直到明代都还在沿用。此外，僧一行还组织了世界上第一次大规模测量地球子午线的活动，并制造了观测日月星辰位置和运行情况的黄道游仪，和用水力驱动模仿天体运行的水运浑天仪。

毕昇

徽州（今安徽歙县）人，我国古代伟大的发明家，活字印刷术的发明者。早期的印刷方法是把图文刻在木板上用水墨印刷的，统称为"刻版印刷术"，这种印刷术的刻版造价昂贵，而且使用起来不是很方便。宋代庆历年间，毕昇首创泥活字印刷术，彻底改变了印刷术的现状。他使用胶泥片刻字，一字一印，烧硬后便成为字模。排版前，先在置有铁框的铁板上敷一层掺和了纸灰的松脂蜡，活字依次排在上面，通过加热使蜡稍熔化，以平板压平字面，泥字便会附着在铁板上，可以像雕板一样印刷。这种活字版可以反复使用，而且造价低廉，比刻板印刷术的木板整版雕刻更加经济方便。活字印刷的发明使书籍印刷更为方便，大大促进了社会文化的发展和传播。

沈括

字存中，钱塘（今浙江杭州）人，宋代卓越的科学家、政治家和军事家。他曾经积极响应王安石变法，作为王安石的助手参与变法，出使过契丹。晚年退居润州（今江苏镇江）梦溪园，专事写作。沈括的科技思想体现在他的笔记《梦溪笔谈》中，其内容包括数学、天文、地质、物理、化学、水利、建筑、生物等各个领域，非常富有创见性。这本书最早记载了石油的用途，并第一个提出了"石油"这个科学的命名，甚至还预言"此物后必大行于世"。《梦溪笔谈》反映了我国北宋时期自然科学所达到的高度，是世界科技史上的一本重要著作。为了纪念他，1979年国际上曾以沈括的名字命名了一颗新星。

黄道婆

南宋时期的纺织专家，她出生于松江乌泥泾（今上海华泾）的一个贫苦家庭，从小被卖作童养媳，由于不堪忍受凌辱而

黄道婆塑像

出逃，流落到海南岛的崖州。在那里她向黎族人民学会了先进的棉织技术。13世纪末她回到故乡，在黎族人民棉织技术的基础上，制造了新的捍弹纺织的棉织工具，创制了一种搅剥棉籽用的车，从而大大地提高了当地的生产效率。她还研究了错纱配色技术和增强棉花弹力、去除杂质的技术，并把黎族人民织提花被的技术传给人们，使得当地的纺织工艺水平有了质的飞跃。从此以后，原本生产落后的松江变成了先进的棉纺织中心。黄道婆对我国纺织工业的发展做出了巨大的贡献。

郭守敬

字若思，元代顺德邢台（今属河北）人，我国古代著名的天文学家、水利学家和数学家。他曾经师从当时的天文、地理学家刘秉忠，并在他的推荐下受到元世祖召见，被任命为都水监，兴复西夏濒河、五州诸渠，后来又兴修了通惠河。1276年，他又受命修治历法，参与编制了比过去准确的《授时历》。这部《授时历》是在大量的天文学实践的基础上编成的。郭守敬认为，治历必须根据实际测量校准，因此他先从事制造天文仪器，创造和改进了简仪、仰仪、高表、候报仪、景符和窥几等近20件观测天象的仪器。他还在全

国各地设立 27 观测站，进行规模巨大的测量工作，重新观测了二十八宿及其他一些恒星的位置，测定了黄赤交角，达到极高的精确度。这部历法推算极为精研，因而得以在中国施行达 360 年，是中国历法史上施行最久的历法。

朱丹溪

名震亨，字严修。元代金华（今浙江义乌）人，因世居丹溪，故人称朱丹溪，或尊称为丹溪翁。他是金元四大医学家之一，为"滋阴派"的创始人。他认识到江南地区依山傍海，地土卑弱，加上战火连年，百姓营养不良，身体羸弱的现状，纠正了当时医学界盛行用辛燥药较多的《局方》治疗南方百姓湿热相火为病的错误偏向，力主在治疗原则上采用清滋之品来滋阴降火，勿妄动相火，开滋阴清热之先河，在学术上独树一帜。他所创立的养阴派学说及其著作，大大丰富了中国医学对病因病机的认识及处方用药的内容和范围，对中国医学的发展有很大的贡献。朱丹溪有《格致余论》《丹溪心法》《金匮钩玄》《医学发明》《局方发挥》《本草衍义补遗》及《素问纠略》等著作传世。

李时珍

字东壁，号濒湖，湖北蕲州（今湖北蕲县）人，明代卓越的医药学家，也是当时世界上伟大的科学巨匠之一。他出生在一个以医为业的家庭，青年时期考取过秀才，但此后就一直随父亲行医。他针对《神农本草经》分类不科学、名目混乱的问题，经过二三十年的钻研与实践，写成了医学巨著《本草纲目》。全书分为 16 部、62 类，共收药物 1892 种，收录药方 11096 个，并附有药物形态图 1160 幅。李时珍打破了药物的人为分类方法，对药物重新做了科学的分类。书中除了植物性药物外，还有动物性药物 445 种，矿物性药物 276 种。《本草纲目》系统地总结了我国 16 世纪以前医药学的经验和成就，极大丰富了我国的药物品种，对我国乃至世界医药学的发展都起了重大的推进作用。

徐光启

字子先，号玄扈，上海人。他一生担任过庶吉上、赞善等多种官职，但他终身都致力于科学研究，是我国 16 世纪自然科学的杰出代表。他的科学成就是多方面的。在农业上，他的《农政全书》系统地从农本、田制、水利、农器、农时、开垦、栽培、酿造等多方面阐述了农业生产理论，是我国古代农业知识的一次大的总结。他尤其重视农田水利的理论，提出的用水五法至今还具有重要的借鉴价值。在数学上，他与利玛窦合作，翻译了欧几里得的《几何原本》，译本中的许多数学专用名词如几何、点、线、面、三角形、四边形等，都一直沿用到了今天。他还写了《勾股义》和《测量异同》，用数学方法把中西测量方法做了比较。在天文上，他主张改革历法，并借鉴西方历法编定了《崇祯历法》。他为我国科学技术进入中西结合的研究开辟了道路，在我国科学史上享有崇高的地位。

徐霞客

名宏祖，字振之，霞客是他的别号，江阴（今江苏江阴）人，明代伟大的地理学家。他从 22 岁起第一次到太湖地区进行考察，直到逝世的 30 多年间，几乎每年都要外出进行地理考察，足迹踏遍了中国的 16 个省市。他把自己的考察所得记录下来，这就是闻名于世的《徐霞客游记》。这本书以散文和日记体的形式，记载了徐霞客在游历中所经历和观察到的各种地理现象、自然规律、气候状况、动植物情况，乃至少数民族地区的风俗习惯、经济状况等。他特别考察和研究了我国石灰岩地貌的分布区域、地貌特征及其发育规律，比西方人的考察早了两三百年。这部著作是我国地理史上的重要著作，在世界地理学史上也有着重要的地位。徐霞客对我国水文地理学的发展也做出了杰出的贡献。他对长江和盘江做了详细的考察后，写了《江源考》和《盘江考》。这两部书是水利科学史上的重要著作。

宋应星

字长庚，江西奉新人，明代著名的科学家。万历四十三年（1615 年），他同哥哥宋应升同中举人。崇祯七年（1634年），出任江西分宜县教谕，在此期间，他总结了长期积累的生产技术方面的经验，写成了《天工开物》。这本书分 3 卷，从豆麻的栽培和加工、蚕丝的纺织与染色技术，到陶瓷的制作，煤炭、石灰的开

《天工开物》之铸鼎图

采冶炼，再到兵器的制造和颜料的生产，广泛而详细地记载了当时农业生产和手工业生产的具体操作方法。《天工开物》中的化学知识也是相当丰富的。书中记载的连续鼓风的活塞木风箱比欧洲早100 多年，锌的冶炼和铜锌技术是世界上的首次文献记载，发现磷的自燃现象也比德国的布朗特早。这部著作发表的初期轰动了全欧洲，在日本甚至兴起了"开物之学"。即使是在科学技术突飞猛进的今天，仍有许多学者对《天工开物》很感兴趣。

李善兰

字壬叔，号秋纫，浙江海宁人。清代最出名的数学家。他自小喜欢数学，10岁时就能通晓《九章》，青年时代客居上海从事西方科学著作翻译。太平天国攻陷苏州等地后，他曾投入到曾国藩军中。1868 年进入同文馆，担任数学教学的负责人，70 岁时死于任上。李善兰著有《则古昔斋算学》丛书，共 14 种。在书中，他提出了高阶等差级数求和公式，即著名的"李善兰恒等式"；他阐释了三角函数、反三角函数、对数的幂级等数展开式，以及尖锥求级术、判定素数定理等，其中的尖锥求级术已经有了初步的微积分思想。他还与英国传教士伟烈亚力合作翻译了《代微积拾级》《代数学》《圆锥曲线说》以及《几何原本》后 9 卷等西方数学著作，以及《重学》《植物学》《天文学纲要》等，为近代中国的科学进步做出了巨大的贡献。

徐寿

中国近代化学的先驱者。在洋务运动

中，他曾经被曾国藩推荐到江南制造局工作多年，设计制造了中国第一艘轮船，为中国的造船工业奠定了技术基础。后来他致力于西方近代化学书籍的翻译工作，编辑了《化学材料中西名目表》，其中许多化学名词沿用至今。他参与创办了中国近代第一所讲授科学技术的学校——格致书院，并编辑出版了中国近代第一部科技方面的定期刊物《格致汇编》。他与傅兰雅合译的《化学鉴原》《化学考质》《化学求数》等书为西方近代化学在中国的传播奠定了基础。他译定的 24 个元素名称，如钡、铋、镍、碘、铱、锂、镁、锰、钼、钯、铂、硒等，都已成为标准译名沿用至今。他是把西方化学知识系统地介绍到中国的伟大先驱。

华蘅芳

字若汀，号畹香，江苏金匮（今无锡）人，我国清末杰出的机械工程专家、数学家。他与同乡好友徐寿是中国早期掌握和传播近代科技的代表人物，共同在江南机器制造总局试制成功中国第一艘实用的以蒸汽为动力的轮船，并主持制成硝酸和氢气球。此后他主要致力于数学等方面的研究和西方科技著作的翻译。在数学研究领域，他著有《行素轩算稿》《积较术》《数根术解》《学算笔谈》等著作，在开方术、积较术、数根术等方面取得了不俗的成就。他与人合译的《决疑数学》是中国第一部概率论译著，《地学浅释》首次向中国介绍了赖尔的地质进化均变说和达尔文的生物进化论，《金石识别》则将近代矿物学和晶体物理学知识系统地介绍到中国。他的翻译工作在中国近代科学启蒙中

发挥了重要作用，为中国科技的近代化做出了贡献。

詹天佑

字达朝，号眷诚，生于广东省广州府南海县（现广东南海）。我国近代科学技术的先驱，伟大的爱国主义者，杰出的铁路工程师。他是清政府派出的第一批出洋学习的幼童之一，学成归国后，曾修建和主持修建京奉、京张、张绥、津浦、川汉、粤汉、汉粤川等铁路，历任工程师、总工程师、督办和交通部技监。其中，京张铁路是克服了国内外强大的政治、经济压力和艰巨的工程难度而自行设计修建的，体现了独特的技术创新，是中华民族智慧的结晶和中外铁路的典范之作。他主持制定了铁路建设技术标准和规范，坚持采用标准轨距，研究并建议全国使用自动车钩，这些措施为中国铁路的统一和通畅创造了有利条件。詹天佑对我国铁路网的规划，干线的勘测设计，线路、桥梁、隧道的设计和施工，都有开创性的重大贡献。

冯如

原名冯九如，字鼎三，号树垣，生于广东恩平。12 岁时随亲戚赴美国旧金山谋生，在耶稣教会做童工。八国联军侵华战争爆发后，他决心以航空救国，先后在船厂、电厂和机器制造厂当学徒和工人，历时近 7 年，终于学会了多种机器制造技能。1909 年 9 月 21 日，他完成了中国人自己设计、制造的第一架飞机，从而跻身于早期世界航空之林。1911 年 2 月，冯如谢绝美国多方的聘任，带着助手及自己制造的两架飞机回到中国。

辛亥革命后，冯如被广东革命军政府委任为飞行队长。1912年8月25日，冯如在广州燕塘飞行表演中不幸失事牺牲，被追授为陆军少将。他是我国从事飞机研制和飞行的第一人，为我国动力载人飞行史谱写了光辉的第一页，被美国报纸赞为"东方莱特"。

冯如像

李四光

原名李仲揆，湖北黄冈人。早年加入同盟会，参加了辛亥革命。1919年毕业于英国伯明翰大学，获硕士学位。建国后，担任过中国科学院副院长、地质部部长、中国科协主席等职务。李四光是中国地质力学的创立者。他创立了"构造体系"的基本理论，把各种构造形迹看作是地应力活动的结果，主张用力学研究地壳现象、探索地壳运动与矿产分布的规律。他用这一理论分析了中国东部地质构造特点，指出了新华夏构造体系的3个沉降带具有大面积储油层，为我国的地质、石油勘探和建设事业做出了巨大贡献。在地震地质工作方面，他主张在研究地质构造活动性的基础上观测地应力的变化，为实现地震预报指明了方向。他对地热的利用也有着突出的贡献。有《中国地质学》《地质力学概论》《地震地质》《天文、地质、古生物》等著作传世。

侯德榜

福建闽侯人，我国近代著名的化学家，世界著名的制碱专家。早年曾留学美国，1920年获哥伦比亚大学研究院化学工程博士学位。回国后他与范旭东创办了中国第一家民族制碱企业，该厂生产的"红三角"牌纯碱于1925年在美国费城博览会上荣获金质奖章。1932年他写的《制碱》一书在美国出版，这是世界上第一部有关纯碱工业生产的专著。他于1939年首先提出了联合制碱的连续工程，这就是在世界上被广泛称颂的"侯氏制碱法"。这种制碱法将制碱厂、合成氨厂与石灰厂联合了起来，降低了生产成本，提高了原料的利用率，在制碱的同时可以生产化肥，这是世界制碱工艺上的重大突破，是侯德榜最重要的成就。侯德榜为中国，乃至全世界的制碱工业做出了卓越的贡献。

竺可桢

浙江上虞人，杰出的气象学家、地理学家、教育家。1909年毕业于唐山路矿学堂，之后赴法留学，1918年获得博士学位回国。1936年后任浙江大学校长。新中国成立后，曾任中国科学院副院长，中国气象学会名誉理事长、中国地理学会理事长等职。竺可桢是中国近代地理学和气象学的奠基者。他创建了中国第一个地学系，成为当时培养地学英才的摇篮。他最先在中国开设了地学通论、气象学、世界气候和世界地理等课程，为开拓中国现代地理学和气象学事业准备了条件。他还领导创建了中国第一个气象研究所和首批气象台站。竺可桢在气候变迁、物候、农业自然区划、气象学、地理学和科学发展史等领域都取得了卓越的成绩，不愧为中国地理学和气象学界的一代宗师。

茅以升

字唐臣，出生于江苏丹徒（今镇江），我国杰出的土木工程学家、桥梁专家、工程教育家。1937 年 11 月，他在水文地质条件极其复杂的情况下，克服重重困难，设计建成了钱塘江大桥，打破了外国人垄断中国近代大桥设计和建造的局面，这是中国桥梁史上一个伟大的里程碑，也是中国桥梁建设史上的一项重大成就。建国

茅以升像

后，他主持我国铁道科学研究院工作 30 余年，为铁道科学技术进步做出了卓越的贡献。是将土力学学科应用于工程中的开拓者。在工程教育中，始创启发式教育法，坚持理论联系实际，致力教育改革，为我国培养了一大批科学技术人才。茅以升长期担任学会领导工作，是我国工程学术团体的创建人之一。著有《桥梁次应力》《钱塘江桥》《中国的古桥与新桥》，主编有《中国古桥技术史》。

梁思成

出生于日本东京，原籍广东新会，我国近代杰出的建筑学家和建筑教育家，著名学者梁启超之子。他 11 岁由日本回到北京，14 岁进清华学校（清华大学前身）学习，1924 年赴美国入宾夕法尼亚大学学习建筑，获得建筑硕士学位。回国后应东北大学之邀去沈阳创办了建筑系，1946 年创设清华大学建筑系。他毕生都从事中国古代建筑的研究和建筑教育事业，系统地调查、整理、研究了中国古代建筑的历史和理论，是这一学科的开拓者和奠基者。他曾经参加主持中华人民共和国国徽、人民英雄纪念碑以及扬州"鉴真和尚纪念堂"的设计，还提出文物建筑保护的理论和方法。他的《中国建筑史》《中国雕塑史》《营造法式注释》都是典范之作。

童第周

字蔚孙，浙江鄞县人，我国实验胚胎学研究创始人之一，国际知名胚胎学家。早年曾在比利时留学，取得博士学位。建国后，历任中国科学院海洋研究所、动物研究所所长，中科院副院长等职务，参与领导了我国有关生物学方面

规划的编制工作。童第周最突出的贡献在于对鱼类、两栖类动物和无脊椎动物卵子发育能力的独特创见。从 20 世纪 50 年代开始，他对文昌鱼的卵子发育规律进行了系统研究，为进一步确定文昌鱼在动物学上的位置提供了重要证据，丰富了实验胚胎学理论。60 年代后，他又在细胞分化和性状遗传中的相互关系以及细胞核和细胞质在鱼类个体发育方面取得了突破性进展。此外，他在经济鱼类育种的新途径、经济水产动物的人工养殖和海洋有害生物的防治等方面也有着骄人的成就。1989 年出版的《童第周文集》是他科研成果的集粹。

苏步青

浙江平阳人。1927 年毕业于日本东北帝国大学数学系，后入该校研究院，获理学博士学位。回国后，受聘于浙江大学数学系。1952 年全国院系调整，到复旦大学任教，任教务长、副校长、校长等职，1983 年起任复旦大学名誉校长。1985 年起任温州大学名誉校长。历任第七、八届全国政协副主席，第五、六届全国人大常委，民盟中央副主席。1955 年当选为中国科学院数学物理学部委员，兼任学术委员会常委。专长微分几何，创立了国内外公认的微分几何学派。撰有《射影曲线概论》《射影曲面概论》等专著 10 部。研究成果有"船体放样项目""曲面法船体线型生产程序"等。

华罗庚

江苏金坛人，我国杰出的数学家。初中毕业后刻苦自学，被著名数学家熊庆来发掘，破格调入清华大学任教。20

1974 年，华罗庚（左三）下乡推广优选法。

世纪 60 年代中期之后，在我国工业部门从事数学普及工作。长期担任中国科学院数学研究所和中国数学会的领导工作，为中国数学事业的发展做出了突出贡献。1985 年逝世于日本东京。华罗庚在矩阵几何学、偏微分方程、高维数值积分、解析数论、多复变函数论等诸多领域取得了突出成就。他解决了高斯完整三角和的估计这一历史难题，得到了最佳误差阶估计；他证明了历史长久遗留的一维射影几何的基本定理。他的名著《堆垒素数论》系统地总结、发展与改进了哈代与李特尔伍德圆法、维诺格拉多夫三角和估计方法及他本人的方法，其主要成果至今仍居世界领先地位，是 20 世纪经典数学理论著作之一。

钱三强

原名钱秉穹，出生于浙江绍兴，他的父亲钱玄同是中国近代著名的语言文字学家。他就读于清华大学物理系，毕业后进入巴黎大学居里试验室做研究生，导师是居里的女儿、诺贝尔奖获得者伊莱娜·居里及其丈夫约里奥·居里。在法国学习和研究期间，钱三强在原子核物理学领域中取得了突出的成果。他首先从理论和实验上确定了 5 万电子伏特以下的中低能电子的（真）射程与能量的关系。他根据实验继续分析研究得出能量与角分布等关系，对三分裂现象从实验与理论两方面做出了全面的论述，得到了全世界的公认。1948 年回国后，他培养了一批从事研究原子核科学的人才，建立起中国研究原子核科学的基地。在原子弹的研究中，钱三强担任技术上的总负责人、总设计师，在"两弹一星"的领域创造了世界上最快的发展速度，为中国原子能科学事业的创立、发展和"两弹"研制做出了突出贡献。

邓稼先

安徽怀宁人，我国现代著名的核物理学家，中国科学院学部委员。1945 年毕业于西南联合大学物理系，后在北京大学任教。1948 年 10 月赴美国普渡大学物理系留学，1950 年获物理学博士学位，同年回国。邓稼先在我国的原子弹、

邓稼先像

氢弹研究中做出了巨大的贡献。他领导完成了原子弹的理论方案，并参与指导核试验的爆轰模拟试验。他领导开展了爆轰物理、流体力学、状态方程、中子输运等基础理论研究，对原子弹的物理过程进行了大量模拟计算和分析，迈出了中国独立研究核武器的第一步。在原子弹试爆成功后，他马上组织领导了氢弹设计原理、选定技术途径的研究，组织领导并亲自参与了 1967 年中国第一颗氢弹的研制与试验工作。

陈景润

福建闽侯人，我国杰出的数学家。他年青时代就立志于解决哥德巴赫猜想，1953 年从厦门大学毕业后，他的数学论文受到华罗庚教授的赏识，把他调到中国科学院数学研究所当实习研究员，从此便在华罗庚的指导下，向哥德巴赫猜想进军。1966 年，陈景润在物质条件极端简陋的情况下，攻克了世界著名数学难题"哥德巴赫猜想"中的（1＋2），创造了距摘取这颗数论皇冠上的明珠（1＋1）只有一步之遥的辉煌。他证明了"每个大偶数都是一个素数及一个不超过两个素数的乘积之和"，这就是著名的"陈氏定理"。这一定理被誉为筛法的光辉顶点，在世界上被广为征引。他研究哥德巴赫猜想和其他数论问题的成就，至今仍然在世界上遥遥领先。他在组合数学与现代经济管理、科学试验、尖端技术等方面也卓有成就，有《数学趣味谈》《组合数学》等著作传世。

艺术名人

俞伯牙

传为春秋时人，生卒不详，擅长鼓琴。《荀子·劝学篇》里曾载道："伯牙鼓琴，而六马仰秣。"伯牙起初学琴于成连先生，3年内就学会了成连的所有技艺，然而却始终不能达到成连的那种"精神寂寞，情之专一"的水平。后随成连至东海蓬莱山，闻海水澎湃、群鸟悲号之声，心有所感，乃援琴而歌，作成著名的《水仙操》。据说他所弹奏的琴曲美妙动听，但只有一个叫钟子期的人能够听明白曲中之意。钟子期死后，再没有人能听懂伯牙的琴声，伯牙悲痛世上再无知音，遂摔碎琴，从此不再为别人弹奏。相传除《水仙操》外，他的作品还有《高山流水》等。

钟繇

字元常，颍川长社人。三国时魏国人，出生于河南长葛，官至太傅，我国书法史上第一位楷书大家。他幼年曾向蔡邕、刘德升等求教，在外寻师访友，16年从未返家一次。他擅长各种书体，但是最有名、对后世影响最大的还是楷书。他的楷书结体疏朗、宽博，同成熟的唐楷比起来，在各方面虽然都还显得幼稚，但却

有一种浑然天成的古雅、拙朴的风格，有一种后人无法企及的盎然天趣，因而被誉为"正书之祖"。钟繇的书法体呈现出中国书法由隶入楷的新面貌，是晋王羲之真书的先驱，故与王羲之并称"钟王"。有《力命表》《宣示表》《荐季直表》等，可惜真迹不传。宋以来的《宣师表》《力命表》《荐季直表》及《墓田丙舍帖》等法帖，都是后人的临摹本。

王羲之

字逸少，号澹斋，原籍琅玡临沂（今山东临沂），后迁居山阴（今浙江绍兴），东晋伟大的书法家，被后人尊为"书圣"。他出身于一个书法世家，7岁时拜女书法家卫铄为师，后官至右军将军，会稽内史，世称王右军。王羲之对中国书法做出了巨大的贡献，他把钟繇与隶书相近的横体势转化为一种方整而稍长的体势，因而使得当时还十分拙朴的楷书，成为更接近现在的妍美的楷书。这一改变，是隶书向楷书过渡的最为重要的标志之一，已经孕育着唐代楷书诸大家的胚胎，也成为后世人们写楷书的基本样式。他的行书《兰亭序》笔势飘若惊鸿，矫若惊龙，人称"天下第一行书"。中国书法艺术在他笔下成就最高，

走到了个人的顶峰。

王献之

字子敬，小字官奴，琅玡临沂（今山东临沂）人，东晋大书法家。他是王羲之的第七子，在书法史上被誉为"小圣"，与其父并称为"二王"。曾经担任过州主簿、秘书郎、长史，累迁建武将军、吴兴太守，征拜中书令，故人称"大令"。王羲之一家数子均谙书法，唯独王献之最具禀赋，敢于创新，不为其父所囿，从而也为魏晋以来的今楷、今草作出了卓越贡献。他的字在笔势与气韵上要超过其父，米芾称他"运笔如火箸画灰，连属无端末，如不经意，所谓一笔书"，即是指在草书上的"一笔书"狂草。他还劝其父"改其体"，足见其书艺创造上的胆略，不愧被后世褒称"小圣"。可惜他43岁便谢世，否则他在书艺上的成就当更为可观。传世作品有《兰草帖》《舍内帖》《诸舍帖》《中秋帖》《洛神赋》《授衣帖》等。

顾恺之

字长康，晋陵无锡（今属江苏）人，东晋大画家。他出身士族，多才多艺，以"画绝、才绝、痴绝"而驰名于世，曾任参军、散骑常侍等职。顾恺之对中国绘画及绘画理论做出了重要贡献。他的人物画善于用淡墨晕染增强质感，运用"铁线描"勾勒出劲挺有力的细线，衣服线条流畅而飘逸，优美生动，并以人物面部的复杂表情，来隐现其内心的丰富情感，具有强大的艺术魅力。他在《魏晋胜流画赞》《论画》《画云台山记》等画论中还提出了传神论、以形守神、迁想妙得等观点，主张绘画要表现人物的精神状态和性格特征，通过形象思维来把握对象的内在本质，对后世的绘画产生了深远影响。现今传世的顾恺之作品摹本有《洛神赋图》《女史箴图》《列女仁智图》等。

张僧繇

吴中（今江苏苏州）人，南朝著名画家。他在仕途上一直较为顺利，在梁武帝时做过武陵王国侍郎、吴兴太守，掌宫廷秘阁绘事，后来又历任右军将军、吴兴太守等职务。张僧繇吸取天竺（今印度）佛画中的"凹凸花"技法，也就是现在所说的明暗法、透视法，一改魏晋以来人物画的"秀骨清像"型，而致力于形体的空间塑造，从而创作出一种与以往大不相同的丰满健康、华艳悦目且具有立体感的新形象，这是绘画技法上的一大进步。他还是专绘寺院佛像的高手，被后世奉为楷模，称之为"张家样"。张僧繇在艺术表现的传神和逼真性方面达到了一个前所未有的崭新高度，包括"画圣"吴道子在内的很多大画家都深受他的影响。可惜他的画迹今已不存。

欧阳询

湖南临湘人，曾任太常博士、太子率更令，我国隋唐时期的大书法家，与虞世南、褚遂良、薛稷并称初唐四大家。在隋朝时他受到唐高祖李渊的赏识，入唐后被提拔为给事中，后来长期担任弘文馆学士，主编类书，教授书法。欧阳询创立了对后世影响极大的"欧体"楷书，在他的书法中，大到整体的章法、汉字形式的类别，小到点画之间的主次关系、穿插挪让，都成为一种严肃的、郑重其事的创作方式，一切变化都是按照法度原则而表现得完整、坚实、充分、和悦，趋于尽善尽美，因而具有一种典雅、庄严的气派。欧阳询对楷书结构的整理，为我国书法做出了独特贡献。所谓"欧阳结体三十六法"，就是以他的书格总结的结字规律。传世作品有《化度寺邕禅师舍利塔铭》《九成宫醴泉铭》《皇甫诞碑》等，我国古代著名的类书《艺文类聚》也是在他的主编下成书的。

虞世南

字伯施，浙江余姚人，初唐四大书法家之一。他从小就过继给叔父为子，曾跟随著名书法家智永和尚习书法，深谙王羲之的笔法。虞世南生性沉静，刚直忠贞，为唐太宗李世民所器重，官至银青光禄大夫、弘文馆学士。太宗常称虞世南有德行、忠直、博学、文词、书翰"五绝"，对其评价极高。虞世南的书法用笔深粹、典丽，圆融遒逸而外柔内刚，风骨遒劲而几无雕饰或火气，被称为"虞体"流派，与欧阳询的"险劲"一路并称"欧虞"。唐太宗曾誓言远学王羲之，近学虞世南，足见其影响力。他的行草书，则几乎是王羲之行草诸帖的嫡传。传世作品有《孔子庙堂碑》《汝南公主墓志铭并序》《积时帖》等。

褚遂良

字伯高，浙江钱塘（今杭州）人，初唐四大书法家之一。他出身名门贵族，唐太宗时，曾被提升为中书令，成为继魏徵之后在唐代政坛上起着举足轻重作用的大臣。高宗时曾作为尚书右仆射执掌朝政大权，晚年被贬到中国本土以外的河内西南

雁塔圣教序　唐　褚遂良

在此序中足见褚书俏丽、瘦劲的特色，此书端雅质朴，结体疏展而章法明朗，金声玉润，堪称书林精品。

一带，并在流放之中死去。褚遂良是一位具有唯美气息的大师，他既是初唐楷书风格的创造者，同时也是晋人书风的继承者。他的书法具有一种瘦硬清挺的空灵境界。他刻意地处理每一笔画，每一根线条，使得笔下的线条充满生命，具有一种飞动之美。在唐初四大书家中，褚遂良善于把虞、欧笔法融为一体，方圆兼备，波势自如，比前辈更显舒展。代表作品有《房玄龄碑》《孟法师碑》《雁塔圣教序》等。

阎立本

雍州万年（今陕西临潼）人，唐代著名画家。他出身于贵族世家，具有极高的政治才干，曾担任工部尚书、右丞相、中书令等职务。阎立本是中国绘画史上承前启后的一代人物画大师。他善画道释、山水、鞍马等，尤长于重大题材的历史人物画。他继承南北朝的优秀传统而又勇于开拓，线条刚劲有力，色彩古雅沉着，人物神态刻画细致，在各个方面都超过了前朝的水平。他的作品被誉为"丹青神化"而

为"天下取则"，在绘画史上具有重要地位。传世作品有《步辇图》《古帝王图》《职贡图》《萧翼赚兰亭图》等。

古帝王图（局部）　唐　阎立本
本图绘13位历代帝王，这是其中一幅，为隋炀帝杨广。图中帝王身躯伟岸，侍从则相对矮小，体现了中国传统绘画中"主大仆小""君大臣小"的思想。

颜真卿

字清臣，京兆万年（今陕西西安）人，南北朝时期著名学者颜师古的五世孙，唐代最伟大的书法家，我国书法艺术的集大成者。他3岁丧父，由母亲训导成才，并得到草圣张旭真传。他一生刚正耿直，历任玄宗、肃宗、代宗、德宗四朝大臣，在平定安禄山的斗争中立下显著功勋，最终为叛军所杀害。在中国书坛上，颜真卿集500年雄健派之大成，而又最富革新精神，继王羲之之后把我国书法推向了所能达到的最高峰。他所创造的"颜体"楷书一反初唐书风，行以篆籀之笔，化瘦硬为丰腴雄浑，结体宽博而气势恢宏，骨力遒劲而气概凛然，这种风格体现了大唐帝国繁盛的风度，开拓了中国书法

艺术崭新的恢宏境界。颜体法度之严峻、气势之磅礴前无古人；颜体的端庄美、阳刚美为后世立则。颜真卿造就了在书法中的盛唐之音，成为盛唐气象鲜明的标志之一。代表作品有《多宝塔碑》《颜勤礼碑》《寒食帖》《祭侄季明文稿》《东方朔画赞碑》等。

吴道子

原名吴道玄，河南阳翟（今河南禹县）人，唐代杰出画家。他年幼时丧失父母，生活贫寒，曾去洛阳追随书法家张旭、贺知章学书法，后因唐玄宗召他入宫，遂改名道玄为道子。吴道子是古代画家中最享盛名的一个，他一变古来因袭的高古游丝描的细笔，发展了线描的艺术方法，线条遒劲雄放，变化丰富，富有运动感、节奏感，被人们称为"吴带当风"。他还创造出"于焦墨痕中，略施微染"的淡彩法，称作"吴装新格"。他所作人物、鬼神、鸟兽、台阁都冠绝一世，千年来被后人奉为"画圣"和民间画工的"祖师"。他生前作宗教壁画有300壁之多，但是流传下来的只有摹本《送子天王图》。

张旭

字伯高，唐代吴郡（今江苏苏州）人，杰出的书法家。他初仕为常熟尉，后官至金吾长史，人称"张长史"。张旭是一位极有个性的草书大家，他为人洒脱不羁，卓尔不群，喜欢饮酒，往往大醉后挥毫作书，或以头发濡墨作书，如醉如痴，世人称之为"张颠"，并与李白、贺知章等人相善，称为"酒中八仙"。他精工楷书、草书，尤以草书著称，师学"二王"

而又能独创新意，用抽象的点线去表现书法家思想情感博大清新、纵逸豪放之处，远远超过了前代书法家的作品，把书法艺术升华到新的境界，具有强烈的盛唐气象。传世书迹有《郎官石柱记》《肚痛帖》《古诗四帖》等。

怀素

俗姓钱，湖南零陵人，是书法史上领一代风骚的唐代大书法家。他原本出身世家，少年时忽发出家之意，皈依佛门改字藏真，史称"零陵僧"或"释长沙"，晚年在四川成都宝园寺撰写经文，后患风痹病去世，享年 62 岁。怀素与唐代另一草书家张旭齐名，人称"张颠素狂"或"颠张醉素"。他虽然身在佛门，却嗜酒茹荤，醉后兴之所至，便笔走龙蛇，留下风骤雨旋般气势磅礴的作品，给人以剑气凌云的豪迈感。他的草书用笔圆劲有力，使转如环，奔放流畅，一气呵成，称为"狂草"，和张旭齐名。传世作品有《千字文》《自叙帖》《圣母帖》《论书帖》《藏真帖》等。

柳公权

字诚悬，京兆华原（今陕西耀州区）人，唐朝最后一位大书法家。他 31 岁进士及第，历仕宪宗、穆宗、敬宗、文宗、武宗、宣宗、懿宗七朝，一生基本上都在京城为官。柳公权从颜真卿处接过楷书的旗帜，自创"柳体"，登上了中国书法的又一峰巅。他一变中唐书法的肥腴之风，用笔爽利快健，骨力深注，以方为主，济之以圆，法度森严而清劲挺拔，具有瘦硬通神的艺术境界。这便是著名的"柳骨"。"柳体"与"颜体"齐名，并称"颜筋柳骨"，是中国书法史上最具影响的书体。传世作品有《太子太傅刘沔碑》《魏公先庙碑》《高元裕碑》《玄秘塔碑》《神策军碑》等。

米芾

字元章，号襄阳漫士、海岳外史，祖籍山西，后迁居襄阳，因此有"米襄阳"之称。北宋最杰出的书法家、画家之一。他 7 岁学书，10 岁写碑，21 岁步入官场，晚年居润州丹徒（今属江苏），是个早熟的艺术怪才。在书法上，他是"宋四家"（苏、黄、米、蔡）之一，他重视书法作品的整体气韵，又兼顾细节的完美，潇洒奔放而又严于法度，形成飘逸超迈的气势和沉着痛快的风格，对后世影响深远。在绘画上，他独创山水画中的"米家云山"之法，善以"模糊"的笔墨作云雾迷漫的江南景色，用大小错落的点簇来再现层层山头，世称"米点"。传世作品有《蜀素帖》《草书四帖》等，并有《宝章待访录》《书史》《画史》《砚史》等著作传世。

张择端

字正道，一字文友，东武（今山东诸城）人，宋代著名画家。他早年曾游学汴京（今河南开封），后转学绘画，在宋徽

清明上河图（局部） 北宋 张择端

宗时供职翰林图画院。他擅长宫室界画，尤长于舟车、市肆、桥梁、街衢、城郭，在北宋画坛上自成一家。他的代表作《清明上河图》是我国 12 世纪初期一幅杰出的风俗画，在北宋风俗画中具有典型的代表意义。画家以周密的观察力为基础，对北宋清明时节汴京各阶层在城郊一带的生活情景，以及汴河上的繁华景象，作了真实而详尽的描写。它集宋代各画种的高超技艺于一图，纷繁多变，于繁杂间游刃有余，实为我国古代绘画之瑰宝。

赵孟頫

字子昂，号松雪，浙江湖州人，元代在书法、绘画界都堪称泰斗的伟大艺术家。他原本是宋太祖赵匡胤的十一世孙，入元后被征召入仕，官至翰林学士，封魏国公。赵孟頫是中国书画史上影响最大的艺术家之一，他的书法华美而不乏骨力，流丽而不落庸俗，潇洒中见高雅，秀逸中吐清气，集晋唐书法之大成，有"赵体"之称。他的绘画标榜复古，提倡笔墨法趣，人物、鞍马、山水、花木、竹石、禽鸟，各种题材，下笔皆成妙品，扭转了北宋以来古风渐湮的画坛颓势，使绘画从工艳琐细之风转向质朴自然。赵孟頫绘画艺术的完美性及其成就可称得上是空前的。除书画外，他还长于诗文、考据学，精通音乐，并在篆刻艺术、鉴定古器物上皆有一定的成就。传世作品有《兰亭十三跋》《归去来兮辞》《赤壁赋》《道德经》《洛神赋》等。

黄公望

字子久，江苏常熟人，"元四家"中声望最高的大画家。他原姓陆名坚，后过继给温州黄家，故改姓黄。曾经做过浙西廉访司一名书吏，因为受到上司贪污案的牵连而入狱。出狱后加入新道教，改号"大痴"，从此云游四方，曾以占卜为生，还曾在苏州等地开设教堂，宣传全真教义。他的画初学董源、巨然一派，后受赵孟頫熏陶，善用湿笔披麻皴，为明清画家大力推崇。不过，他虽受过赵孟頫的影响，但他更多地着意于董、巨画法，而且更专意于山水画，水墨纷披，苍率潇洒，境界高旷，把董、巨一派山水画推向了画坛主流地位。传世作品有《九峰雪霁图》《丹崖玉树图》《天池石壁图》《富春山居图》等，此外还有《写山水诀》《论画山水》等理论著作，皆为后世典范之学。

倪瓒

字元镇，号云林，江苏无锡人，元代大画家，"元四家"之一。倪瓒生性洒脱不羁，淡泊名利，50 岁后尽卖田产，携眷隐遁太湖，成为一名全真教徒，在山水、书画中终老。倪瓒把中国文人画发展到空前完美的形式，为元代画坛和整个中国画坛增加了奇异的光彩。他的山水作品以深秀、苍润、含蓄的特点，改变了李成、马远、夏圭等人以斧劈皴、墨块为特征的挺拔刚健的画风，形成自己独具特色的萧疏风格，以其独特的意境和鲜明的性格，呈现出空前的美。他的书法恬淡瘦劲、静穆秀雅，秀逸俊美而无妩媚柔弱之嫌，兼之清润遒丽、淡雅拔俗，堪称大家。作品主要有《水竹居图》《江岸望山图》《松林亭子图》及诗文《自书诗稿》《静寄轩诗文》等。

第三篇　中国名人常识

王冕

字元章，浙江诸暨人，元代著名花鸟画家。他一生淡泊名利，蔑视权贵，不求仕进，晚年避居会稽九里山，自筑"梅花屋"，种粟养鱼，以清贫生活了其余生。王冕创立了在绘画史上影响深远的"墨梅流派"。他的"墨梅"构图以密取胜，同时做到密而不乱，繁而有韵，令人感到风神绰约、奕奕有致。他笔下的梅花千蕊万朵，含笑盈枝，香气凌风，占满在画幅上，显示了他的乐观主义精神。王冕的墨梅具有神韵秀逸的独特风格，对后代影响深远，特别通过徐渭等人的发展与丰富，逐渐出现了大写意与没骨花卉繁荣并存的局面。

沈周

字启南，号石田，晚号白石翁，人称白石先生，江苏苏州人，明代中期的著名画家，吴门画派的创始人。沈周出身书香门第，一生都家居读书，优游林泉，从事书画创作，从未参加科举考试。他博采众长，既借鉴南宋李、刘、马、夏劲健的风格，又继承了董源、巨然以及"元四家"的水墨浅绛体系，融会贯通，刚柔并用，自成一家，形成了粗笔水墨的新风格。他早年多作小幅，40岁以后始拓大幅，中年画法严谨细秀，用笔沉着劲练，以骨力胜，晚岁笔墨粗简豪放，气势雄强。沈周的绘画技艺全面，功力浑朴，发展了文人水墨写意山水、花鸟画的表现技法，在元明以来文人画领域有承前启后的作用，是吴门画派当之无愧的领袖人物。代表作有《仿董巨山水图》《沧州趣图》《卒夷图》《墨菜图》《卧游图》等。

祝允明

字希哲，号枝山，长洲（今江苏苏州）人，明初的草书大家，与唐寅、文徵明、徐祯卿齐名的"吴中四才子"之一。祝允明和唐寅一样有着深厚的家学渊源，能诗文，工书法。他将草书的表现力推上了一个新的高度，增强了气度和内涵，从而成为明代浪漫书风的成功者。最能代表祝允明草书成就的是他晚年的狂草大作。他为人豪爽，性格开朗，这种洒脱不羁的气质体现在草书中，就形成了激越奔放的艺术特征。他将字中妍媚和巧丽的笔画起收动作幅度缩短，增加行笔过程中的饱满度和厚实感，使得作品狂而不乱，笔势雄强，纵横秀逸而情浓势足，气度不凡，具有极强的艺术魅力。传世作品有《箜篌引》等。

文徵明

初名璧，字徵明，江苏长洲（今江苏苏州）人，明代画坛巨匠，"吴中四才子"之一。他年少时欲求取仕途，但屡试不第。曾荐授翰林院待诏，不久，即致仕归田。毕生致力于诗书画，成为享誉大江南北的画坛高手。文徵明是沈周的学生，山水、人物、花卉无所不长，而尤以山水画题材数量最多，成就也最高。尤其是他笔下的青绿山水，创立了极具文人画意趣的小青绿样式，对后世有深远的影响。他是吴门画派的杰出人物，董其昌把他推为"南宗"正统。他的书法也卓有成就，尤长行书与小楷，法度谨严，颇有晋唐书风。传世作品有《古木寒泉图》《溪桥策杖图》《江南春图》《惠山茶会图》等。

唐寅

初字伯虎，更字子畏，号桃花庵主，晚年信佛，有六如居士等别号，吴县（今江苏苏州）人，是我国绘画史上杰出的画家、书法家、文学家。在绘画上，他是"吴门画派"中的杰出代表，擅长山水，又工画人物，尤其是精于仕女，画风既工整秀丽，又潇洒飘逸，被称为"唐画"，与沈周、文徵明、仇英齐名，合称"明四家"。他的书法取法赵孟頫，俊逸秀挺，韵味悠远。他还是明代有名的诗人，诗风清朗洒脱；又擅长采用民歌形式写曲，与祝允明、文徵明、徐祯卿切磋诗文，蜚声吴中，世称"吴中四才子"。传世作品有《春山伴侣图》《落霞孤鹜图》《莳田行犊图》《杏花仙馆图》《草堂话旧图》等。

仇英

江苏太仓人，"明四家"之一。他是明代四大画家中唯一不是文人，而是出身工匠，终生只以职业画家身份活跃于画坛的。在四人中，仇英的绘画风格最富有特色，也最多样化。他擅长各种画科和题材，其中人物画的成就最为突出。他有着观察和体验生活的敏锐眼光，能够准确地捕捉到生活中最生动、最能反映精神本体的特质，加上他的线条在秀雅纤丽中透露出欢快和飘逸的气息，因而能做到虽然精巧如生，但不失儒雅之气，为当时的雅、俗者所共赏。他的山水构图加大了画中物象的景深，具有全景式的大山大水的布局特征，视野开阔清旷，从而跃出了南宋马远"一角"和夏圭"半边"的构图程式，具有独特的艺术魅力。传世作品有《柳下眠琴图》《临溪水阁图》《双勾兰花图》等。

徐渭

字文清，号天池山人，晚年号青藤道士，山阴（今浙江绍兴）人，明代杰出的画家、诗人、戏剧家。他为人性情放纵，少年屡试不第，中年曾因为受到打击而一度精神失常，误杀妻子而被捕入狱。出狱后专心从事文学艺术创作活动，后来用铁钉贯耳而死。徐渭擅长画花鸟，兼能山水、人物、水墨写意，气势纵横奔放，赏心悦目。他的作品不拘于物象，能抓住其神气，用秃笔铺张，势如疾风骤雨，纵横睥睨。尤其长于水墨大写意花卉，笔简意浓，酣畅淋漓，形象生动，开启了明清以来水墨写意法的新途径。他的诗文风格清奇，不落窠臼，有"明代第一诗人"之称。他还是一位有名的剧作家，他的杂剧《四声猿》曾得到汤显祖等人的好评，并有戏剧论著《南词叙录》。

董其昌

字玄宰，号香光，别号思白，明代南直隶松江府上海（今属上海）董家汇人，是一位在书法、山水画、美术鉴赏、美术理论上都有卓越贡献的书法家、画家、理论家。他17岁参加会考，却因为文章虽好而字差屈居第二。深受刺激的董其昌从此发愤练习书画，终成大家。他的书法结构森然而天真烂漫，神秀淡雅，在赵孟頫妩媚圆熟的"松雪体"称雄书坛数百年后独辟蹊径，称雄一代。他的山水画潇洒生动，特别讲求用墨的技巧，水墨画兼擅泼墨、惜墨的手法，浓淡、干湿自然合拍，着墨不多，却意境深邃，韵味无穷。他的创作成为文人画追求意境的典范。传世作品有《鹤林春社图》《浮岚暖翠图》《神楼图》《西湖八景图》《溪回路转图》等。

陈洪绶

字章侯，号老莲，浙江诸暨枫桥人，明代杰出画家。他10岁时拜杭州著名画家孙杕伙、蓝瑛为师，14岁便小有名气。1646年，他在绍兴云门寺出家，改号为悔迟、悔僧，亦号云门僧，6年后去世于杭州。陈洪绶是中国绘画史上引人注目的一代大师。他才华横溢，于诗书画中均能独树一帜，尤其是他的人物画创作，自清以来，一直被奉为楷模。他的人物版画在壮年时凝神聚力，细圆而利索，已由"神"入"化"；晚年则更加苍老古拙，勾线也十分随意，意到便成，炉火纯青，愈臻化境。他笔下的人物及笔墨的舒缓状态，达到了中国传统文人审美的最高境界，因而独霸明清人物画坛，无人能比。代表作有《归去来图》《折梅仕女

陈洪绶像

图》《屈子行吟图》《水浒叶子》《博古叶子》等。

朱耷

号八大山人，江西南昌人，明清以来的画坛巨擘。他本是明代皇室后裔，20岁时便弃家避祸山中，23岁剃发为僧，释名传綮，号刃庵，中年时曾因为躲避清政府征召而佯狂装疯。康熙十九年（1680年）还俗，此后便在家乡以诗文书画为事，直至去世。朱耷是明清近300年来成就最高、影响最大的画家之一，他绘画做到了削尽冗繁，返璞归真，笔墨清脱，以一种含蓄蕴藉、丰富多彩、痛快淋漓的艺术语言，塑造了一个前所未有的纯净、酣畅境界，不愧为300年画坛的领袖人物。他的书法平淡天成，藏巧于拙，笔涩生朴，不加修饰，静穆而单纯，不着一丝人间烟尘气，有着很高的艺术成就。传世作品有《快雪时晴图》《河上花图》《行书四箴》等。

石涛

原名朱若极，后更名元济、原济，又名超济，号清湘老人，晚号瞎尊者，北京人，清代最杰出的画家之一。他本是明代皇族，10岁时即遭国破家亡之痛，削发为僧，改名石涛。为了逃避兵祸，他四处流浪，从事作画写生，最终成为名扬海内外的大画家。石涛饱览名山大川，形成了自己苍郁恣肆的独特风格。他作画构图新奇，无论是枯树寒鸦、悬崖峭壁，还是江南水墨、黄山云烟，都力求布局新奇，意境翻新。他还善用墨法，通过水墨的渗化和笔墨的融合，表现出山川的氤氲气象和深厚之态。他尤其善用"截取法"，以特

写之景传达深邃之境。他的画笔纵情恣肆，淋漓洒脱，不拘小处瑕疵，具有一种豪放郁勃的气势。他在绘画艺术上成就极为杰出，是明清时期最富有创造性的绘画大师。代表作有《采石图》《云山图轴》《梅竹图卷》《山林乐事图轴》《梅竹兰图》等。

郑板桥

名燮，字克柔，号板桥，清代杰出的艺术家、文学家。他的前半生在读书、授课、著文、卖画、出游中度过，40 岁后曾中举人、进士，并任山东范县、潍县县令。后因在饥荒中赈济难民侵犯了豪商富贾的利益而被诬告，撤职罢官，回到扬州卖画终老。郑板桥的书法在清代自成一家，他以真、草、隶、篆四体相参，创造出一种"六分半书"的新体，这种书体雄浑清劲，书法中还渗入画法，因而生气勃发，飘逸绝俗，甚得气韵生动之致。他还创造过一种叫"柳叶书"的书体，其特点是中锋放笔为之，给人以柳叶飘动之感。他一生最喜画兰、竹、石，构思巧妙，笔墨多变，形象生动，风格爽朗，确是艺术精品。郑板桥还是清代享有盛誉的现实主义文学家，他的诗、词、曲真挚风趣，为人民大众所喜诵。传世作品有《竹石图》《九畹兰花图》《修竹新篁图》等，后人辑有《郑板桥全集》《郑板桥先生印集》。

程长庚

名椿，一名闻翰，字玉山，祖居安徽怀宁，出生于潜山县，清代杰出的京剧表演艺术家。程长庚的父亲程祥桂是道光年间三庆班掌班人，他幼入三庆班坐科，道光二年（1822 年）随父北上入京，始以《文昭关》《战长沙》的演出崭露头角，后为三庆班老生首席演员。从道光、咸丰至同治年间，长期主持三庆班并任主要演员。咸丰时开始兼任精忠庙会首，直至逝世。他的演唱熔徽调、汉调、昆曲等优长于一炉，以徽音为主，调高声宏，字正腔圆，气势磅礴，当时称徽派。他的表演善于体察人物的性格、身份，注重表现其气质、神采，做功身段沉稳凝重。程长庚为京剧艺术的形成做出了重要贡献，有"徽班领袖，京剧鼻祖"之称。代表剧目有京剧《战樊城》《文昭关》《战长沙》《让成都》《法门寺》《群英会》《华容道》和昆曲《钗训大审》等。

吴昌硕

名俊，又名香补，中年后易字昌硕，别号缶铁，安吉人，清末艺术巨匠。他12 岁中秀才，此后便不再应考，而专心于艺术。年轻时离乡到杭州、苏州、上海等寻师访友，晚年曾发起筹创西泠印社，并被推为会长。吴昌硕在书法、篆刻、绘画诸方面均有很深的造诣。他的书法凝练遒劲，貌拙气酣，极富金石气息，尤以篆书最为著名。他所临石鼓文突破了陈规，参以周代金文及秦代石刻，朴茂雄健，别具一格。他的篆刻气势恢宏，雄伟奇兀，独具风格。他还把书法、篆刻的行笔、运刀及章法、体势融入绘画中，形成了富有金石味的独特画风，所作花卉木石，笔力深厚老辣，力透纸背，又纵横恣肆，气势雄强，是"后海派"的大师。传世作品有《设色菊花图》《墨荷图》《双钩兰图》等。

谭鑫培

原名金福，原籍湖北江夏，我国近代伟大的京剧表演艺术家。他的父亲是当时有名的旦角，有"叫天"之称，因而他被世人称作"小叫天"。他自小便进入金奎科班学武生，出科后搭入永胜班担任配角，变声期间改演武生，在京东一带流动演出，回北京后入三庆班。谭鑫培是一位善于革新的艺术家，一些传统的剧目如《珠帘寨》《连营寨》《空城计》等，经他的删减增益后，显得更为精练精湛，成为后学所宗法的上演剧目。他创立了京剧的"谭派"唱法，在京剧表演艺术创造上作出了卓著的成就，为京剧老生表演艺术开拓了新的天地，有"伶界大王"的美誉，影响极其深远。

齐白石

原名纯芝，字渭清，后更名璜，字萍生，号白石，湖南湘潭人，我国 20 世纪国画大师和书法篆刻家。早年曾做雕花木匠，后师从陈少蕃、胡沁园学习绘画、书法等，并以卖画、刻印为生。解放后曾任北京画院名誉院长、中国美术家协会主席等职。齐白石以文人画为根基，开掘民间传统，探讨雅俗结合，为传统花鸟画注入了蓬勃生机。他作画喜欢将阔笔大写的花卉与工细草虫合于一图，以求相反相成之韵趣，用笔雄浑健拔，用墨滋润淋漓，用色浓艳泼辣，极为简括大气。除了绘画，他在诗、书、印方面也取得了卓越成就，被授予"人民艺术家"的称号。传世作品有《虾趣图》《千帆过尽图》《鳞桥烟柳图》等，并著有《白石诗草》《白石印草》。

黄宾虹

原名懋质，后改名质，字朴存，中年更字宾虹，祖籍安徽歙县，出生于浙江金华，我国近代艺术巨匠。他早年激于时事，参加了同盟会、南社等革命社团，后潜心学术，深研画史、画理。黄宾虹对中国的传统山水画笔墨做了总结性的考察研究，他的作品已经走到了传统山水画模式的边缘，其抽象性格又和世界现代艺术倾向接近，为中国画史进入现代竖起了一块新的里程碑，堪称中国传统山水画精华之集大成者和现代艺术的开拓者。著有《古印概论》《古文字释》《古画微》《虹庐画谈》《鉴古名画论》《画法要旨》《宾虹诗草》等。

沈尹默

原名君默，字中，号秋明、瓠瓜，浙江湖州人，我国现代著名诗人、书法大师。早年留学日本，1912 年回国后任北京大学教授。五四时期，曾任《新青年》编委，从事新文化运动，后任河北省教育厅长、北平大学校长。建国后，历任中央文史馆副馆长、上海中国书法篆刻研究会主任等职。沈尹默的书法由唐人入手，上溯魏晋，楷书、行书、草书俱佳，尤善行书，功力深邃，风格清圆秀润，劲健遒逸，自成风格，是 20 世纪书法界的一代宗师。他在书法理论方面也有着很高的成就，著有《书法论丛》《二王法书管窥》《秋明诗词稿》等。

梅兰芳

名澜，字畹华，原籍江苏泰州，北京人，我国近代伟大的京剧表演艺术家。他

民国初年的梅兰芳
民国时期，梅兰芳以自己精湛的演技征服了一个时代。

出身于梨园世家，早年父母双亡，由伯父抚养成人，8岁开始学戏，10岁首次登台，先后加入翊文社、双庆社、喜群社、崇林社等班，与谭鑫培、杨小楼等人合作，为中国京剧事业的发展立下了不可磨灭的功勋。他早期演出以青衣戏为主，随即学演了花旦戏和刀马旦戏，被称为京剧"四大名旦"之首。他对人物的化妆、头饰、服装进行了大胆的革新，创造了"绸舞""镰舞""盘舞""剑舞""袖舞""羽舞"等新的舞蹈，丰富了京剧旦角的表现手段。由他创立的"梅派"，被称为近现代京剧中最重要的流派之一。

刘海粟

字季芳，江苏武进人，我国近现代杰出的美术家、教育家、美术史家、画家。他14岁到上海入画家周湘主持的背景画传习所学西洋画，1912年在上海创办现代中国第一所美术学校——上海国画美术院（上海美术专科学校前身），招收了徐悲鸿、王济远等高材生，并冲破封建势力，首创男女同校，增加用人体模特和旅行写生，结果因此受孙传芳迫害通缉逃亡日本。1938年春回上海，应上海中华书局之邀，写成80万言的巨著《海粟丛书》，并著有《米勒传》《塞尚传》介绍西洋艺术。建国后，历任上海美术专科学校校长，南京艺术学院院长等职。刘海粟是一位兼容并包的艺术家，他兼擅中国画、油画、书法、诗词和美术史论，笔力深厚，苍拙老到，如高山坠石，笔、墨、彩的混用，创立了独家面貌，是我国20世纪最杰出的画家之一。代表作品有《彩荷》《山茶锦鸡》《白菡新开初过雨》等。

徐悲鸿

江苏宜兴人，兼采中西艺术之长的现代绘画大师，美术教育家。他少年时代随父学画，20岁时便在上海卖画。1918年，他接受蔡元培聘请，任北京大学画法研究会导师。解放后曾任中央美术学院院长，全国美术工作者协会主席，直至病逝。徐悲鸿擅长中国画、油画，尤精素描。他的绘画线条坚卓清爽，既像行云流水般畅达，又有力透纸背的沉雄劲健，满含激情而技巧极高。最能代表其艺术成就的是写马的画卷。他笔下的马筋强骨壮，气势磅礴，形神俱足，笔墨酣畅淋漓，精微处不琐屑，奔放处又不狂狷，是价值极高的艺术珍品。他的代表作有油画《溪我后》《田横五百士》，国画《九方皋》《愚公移山》《会师东京》等。

潘天寿

原名天谨，后改作天寿，字大颐，浙江宁波人，我国 20 世纪时书画大师、书画理论家。他 19 岁入浙江省立第一师范学校求学，得李叔同等人指导。27 岁就任上海美专、新华艺学校中国画教授，后任浙江美术学院院长。潘天寿充分发挥了中国画表现方法以线为主的特长，汲取书法"屋漏痕""折钗股"的手法入画，运笔苍劲泼辣，构图豪放奇崛、疏密相适，风骨遒劲，诗意盎然，成就极高。他所独创的指墨画更是以其沉郁古拙、气势恢宏而独步画坛。代表作有《松鹰》《秋夜》《和平鸽图》《雁荡山花》《泰山图》等等。他的书法风格豪迈朴茂，真草隶篆，无一不精。同时也精通画史、画论，有《中国绘画史》《中国画院考》《中国书法史》等著作传世。

尚小云

原名德泉，字绮霞，出生于河北南宫，后定居北京，现代杰出的京剧表演艺术家，京剧"四大名旦"之一。他是清代平南王后裔，幼年时入北京三乐科班（后改名正乐）学艺，艺名三锡。他最初学习武生，后跟从孙菊仙学正旦，改名小云，以演青衣戏为主。他的演唱字正腔圆，高亢洪亮，有穿云裂石之胜；动作节奏鲜明，刚烈中富于柔媚，柔情中蕴涵坚贞；做功端庄优美，勇健挺拔，富于美感，形成了独树一帜的"尚派"京剧艺术。他一生排演、改编了大量京剧作品，主要有《雷峰塔》《珍珠扇》《花蕊夫人》《鞭打芦花》等，还编排了 3 部取材于外国及少数民族生活的新剧目，即《摩登伽女》《相思寨》《北国佳人》，对我国京剧艺术的发展起到了重要的作用。

张大千

名爰，又名季、季菱，字大千，别号大千居士，四川内江人，我国近代国画大师，杰出的艺术家。他幼年时便受到母亲和兄长的熏陶指引，并师从曾农髯、李梅庵，年轻时便与以画虎著称、自号"虎痴"的二哥张善子齐名。在早、中年时期，张大千主要从事临古仿古，从临摹到仿作，进而到伪作，几能以假乱真。57 岁时，他在继承唐代王洽的泼墨画法的基础上，糅入西欧绘画的色光关系，自创出一种新的山水画笔墨技法——泼彩画法。这种技法的变化始终能保持中国画的传统特色，创造出一种半抽象墨彩交辉的意境，是他最可贵之处。他的创作集文人画、作家画、宫廷画和民间艺术为一体，画人物、山水、花鸟、鱼虫、走兽，无所不能，无一不精，是一位天才艺术家。代表作品有《巫峡清秋》《山雨欲来》《秋水清空》等。

程砚秋

原姓承名麟，学戏之后，即改姓程，出生于北京，我国现代杰出的京剧表演艺术家。他本是满族皇室后裔，清朝覆灭后拜京剧名角荣蝶仙为师，学演武生戏。15 岁时改拜梅兰芳为师，技艺大进。1932 年起，他更名为程砚秋，同时改字为御霜。抗战时，他曾经远离舞台务农，坚决不与日伪政权合作。解放后恢复了艺术生命，率团在各地演出。程砚秋在京剧的唱、念、做、打等各个基本方面，都具有很扎实的功夫和很独到的风格，显示出极高的艺术造诣。由他创制成型的程派唱腔旋律非常丰富，委婉幽咽，曲折低回，缜密绵延，具有百听不厌的艺术魅力。代表作品有《梨花记》《龙马姻缘》《荒山泪》《英台抗婚》等。

傅抱石

　　原名瑞麟，号抱石斋主人，生于江西南昌，我国现代山水画大家。早年曾得到徐悲鸿资助留学日本，回国后在中央大学艺术系任教。建国后任江苏省国画院院长、中国美术家协会副主席。傅抱石在艺术上崇尚革新，他长期深入体察真山真水，摆脱了古人的笔墨，在山水画上取得了巨大的成就。他创作时章法结构不落俗套，别出心裁，线条纵逸挺秀，设色沉浑质丽，善于把水、墨、色融合为一体。在布局上，他打破了传统形式，常在满纸上下充塞山峦树木，不大留出天空，以"大块文章"的结构形成遮天盖地、壮丽沉雄的磅礴气势。人民大会堂的巨幅山水画《江山如此多娇》便是他与关山月合作的杰作。他还擅绘水和雨，独创"抱石皴"法。他的人物画也用笔洗炼，着重气韵，自成一格，达到了传神的效果。有《傅抱石美术文集》

阳朔诗意图　傅抱石

等数十种著作行世，影响至为深远。

冼星海

　　原籍广东番禺，生于澳门一个贫苦船工家庭，中国近现代著名的音乐家。他少年时代曾在岭南大学附中学小提琴，后来入北大音乐传习所、国立艺专音乐系学习，1940年去苏联学习、工作，不幸于1945年病逝于莫斯科。在他短暂的一生中，创作出了不少不朽名作，如脍炙人口的《黄河大合唱》和《生产大合唱》等作品，并写有交响曲《民族解放》《神圣之战》，管弦乐组曲《满江红》，管弦乐《中国狂想曲》以及小提琴曲《郭治尔－比戴》等。此外还写了《论中国音乐的民族形式》《聂耳——中国新兴音乐的创造者》等大量音乐论文。

聂耳

　　原名聂守信，字子义，又作紫艺，云南玉溪人，我国近代杰出的作曲家。他早年自学小提琴、钢琴等乐器，并与友人组织九九音乐社。后因参加革命活动而被迫前往上海，曾在商号当店员。1935年，由于国内白色恐怖的蔓延，他决定经日本去苏联学习，不幸在日本藤泽市鹄沼海滨溺水逝世，年仅23岁。在中国音乐史上，聂耳最早把革命现实主义和浪漫主义相结合，创作出大量富有时代气息和民族风格的作品，为中国革命音乐的发展开辟了道路。他创作的《义勇军进行曲》被定为中华人民共和国国歌，其他如《毕业歌》《前进歌》《大路歌》《卖报歌》，歌剧《扬子江暴风雨》，民族器乐曲《翠湖春晓》《金蛇狂舞》等，都是传颂一时的经典之作。

思想学术名人

老子

姓李，名耳，字伯阳，谥曰聃，楚国苦县（今河南鹿邑）人，春秋时期伟大的思想家，道家的创始人。他幼年牧牛耕读，聪颖勤快，曾做过周朝的守藏史，孔子曾向他请教关于礼的问题。晚年在故里陈国居住，后出关赴秦讲学，死于扶风。老子是我国思想史上影响至为深远的伟大思想家，他所撰述的《老子》（又称《道德经》）是道家的开山著作，开创了我国古代哲学思想的先河。这部著作中已经体现出了朴素的辩证法思想和唯物主义色彩，它以"道"为思想体系的核心，反对天道有知，宣扬自然无为的天道观和无神论。老子的哲学思想和由他创立的道家学派，不但对我国古代思想文化的发展做出了重要贡献，而且对我国 2000 多年来思想文化的发展，产生了深远的影响。

孔丘

字仲尼，世人尊称孔子。春秋鲁国陬邑（今山东曲阜东南）人，春秋末期伟大的思想家和教育家，我国儒家学派的创始人。他 3 岁丧父，青年时代做过管理仓库和牛羊的小官，30 岁时开始私人讲学。大约 47 岁时，孔子曾在鲁国短期地行摄相事，却因为和当权者发生矛盾而不得不辞去职务，率弟子周游列国，志欲改良时政，复兴周礼，但是都没有得到重用。68 岁时他重返鲁国，从此专心从事整理和传授典籍的文化教育工作。他整理了《诗》《书》《礼》《易》等古代文献，编著了《春秋》，这些典籍自西汉罢黜百家、独尊儒术后，便被统治阶级定为必读的教科书，儒家学说由此成为中国封建文化的核心，对整个封建时代的政治生活和精神生活起着指导作用，从积极方面和消极方面都给中国文化教育的发展以极其深刻的影响。他的言论由门徒记录整理，编为《论语》一书。这部作品蕴含着丰富的政治、文艺、教育思想，是中国最伟大的著作之一。作为儒家学派的创始人，孔子在长期的封建社会中都被作为"圣人"和"万世师表"，这是中国历史上任何一个思想家所不曾有过的特殊地位。

墨子

本名翟，鲁国人，一说是宋国人，春秋末战国初的思想家、学者，墨家学派的创始人。墨子出身平民，做过小工业者，精通手工技艺，可与当时的巧匠鲁班相比。他做过宋国大夫，曾经从师于儒者，但后来逐渐对儒家的烦琐礼乐感到厌烦，

临车模型
又叫楼车、巢车，墨家学派发明的攻城工具，用以观察城中敌情、发射箭矢、掩护攻城人员攀登城墙的高架战车。

最终舍掉了儒学，形成自己的墨家学派。墨子对统治者发动战争带来的祸害以及平常礼俗上的奢侈佚乐，都进行了尖锐的揭露和批判，提出了"兼爱""非攻""尚贤""尚同""节用""节葬""非乐"的主张，并终生为实现这些思想奔走不止。他也是中国古代逻辑思想的重要开拓者之一，他比较自觉地大量运用逻辑推论的方法，以建立或论证自己的政治、伦理思想。墨子的哲学思想反映了从宗法奴隶制下解放出来的小生产者阶层的二重性，他的思想中的合理因素为后来的唯物主义思想家所继承和发展，其神秘主义的糟粕也为秦汉以后的神学目的论者所吸收和利用。

孟子

名轲，战国中期邹国（故城在今山东邹县）人，伟大的思想家，孔子之后儒家学派的集大成者。他早年受业于孔子的孙子子思的门人，曾经为了实现政治理想而游说于各国诸侯之间，却不被重视。晚年和门徒从事著述，曾序《诗》《书》，发挥孔子的学术思想。孟子是继孔子之后儒家学派最杰出的代表，他以民本思想为基础，提出了"仁政""王道"的思想和"人性本善"的观点，并提出静心、养性、诚心、寡欲等主张，尽管不被当时诸侯所用，但是在后来的封建社会里却和孔子的学说一起，成为主导的统治思想。在元朝时，孟子被加封为"亚圣公"，以后就称为"亚圣"，地位仅次于孔子。

庄子

名周，宋国蒙（今河南商丘东北）人，先秦著名思想家。他大概生活在齐宣王、梁惠王时代，比孟子稍晚，比屈原略早。曾经做过蒙地的漆园小吏，管理生产漆的工匠。后来厌恶政治，脱离仕途，依靠编草鞋糊口，过着隐居生活。楚威王听说他是贤才，曾派人以重金迎他到楚国去做国相，却被他拒绝了。庄子涉猎各家学说，但独对老子的学说特别敬重，并最终继承老子的衣钵，成为战国时期道家学派的代表人物和集大成者。他所著的《庄子》一书是道家与道教的经典，对后世产生了极其深远的影响。在封建社会，庄子曾被统治者封为南华真人，《庄子》也被尊为《南华真经》。

荀子

名荀况，字卿，又称孙卿，战国末期赵国人，我国儒家学派的集大成者之一。他15岁时到齐国稷下游学，齐襄王时，成为最有声望的稷下学者。他曾到过秦国和赵国，但是都没有得到重用，后来到了楚国，被楚相春申君任命为兰陵令。春申君死后，他也被废置，此后一直居住在兰陵，从事著述和讲学。荀子是继孟子之后儒家学派最重要的代表人物，他的思想集中体现在自己的著作《荀子》中。荀子站在儒家学派的立场上，总结了百家争鸣的理论成果，提出了自己既尊崇礼义又提倡法治的观点，并主张人性本恶，应该通过学习使人接受礼仪教化。最可贵的是，他提出了天道有其内在规律性，不以人的意志而改变；同时，他又主张发挥人的主观能动性，提出了人定胜天的思想。这些思想已经具备了唯物主义的因素。

韩非

战国末期韩国人，法家学说的集大成者。他出身于韩国贵族，曾多次上书韩王，力主变法图强，都未被采用，于是写下《孤愤》《五蠹》等文章。秦王嬴政看到文章后大为赞赏，便发兵攻韩，使韩王送韩非入秦。但由于李斯等人从中作梗，韩非并没有受到重用。后来又由于李斯、姚贾的陷害而入狱，最终被毒死在狱中。韩非子的思想集中体现在《韩非子》一书中。在政治上，他主张法治，并提出了一套法、术、势相结合的封建君主统治术，为封建中央集权奠定了理论基础。在历史观上，他认为历史是发展的，人们应该按照现实的要求进行变革。他发展了荀子的朴素唯物主义思想，否定天命鬼神，崇尚人力。这些思想为秦代统治者所实行，并对后代的封建统治产生了极其深远的影响。

董仲舒

广川（今河北枣强广川）人，西汉著名儒家学者、哲学家、今文经学大师。他少年时专治《春秋》，汉景帝时被召为博士，潜心钻研孔子学说。汉武帝时，召试天下贤良文学之士，董仲舒以"天人三策"相对，要求汉武帝罢黜百家、独尊儒术，为汉武帝采纳，使得儒学从此成为封建社会的正统。他的学说以儒家宗法思想为中心，杂以周朝以来的阴阳五行说，把神权、君权、父权、夫权贯穿在一起，并提出"三纲""五常"的封建伦理，对后世影响极大。在教育方面，主张以教化为"堤防"，立太学，设庠序，为汉代教育事业的发展做出了贡献。后来托病辞官，专心于著述，朝廷遇有大事时，汉武帝常常派人到他家里听取意见。

王充

字仲任，会稽上虞（今浙江上虞）人，东汉时期杰出的唯物主义思想家。王充自幼聪明好学，青年时期曾到京师洛阳入太学，拜班彪为师。他一生撰写了《论衡》《讥俗节蚁》《政务》和《养性》4部著作，其中《论衡》一书流传至今。《论衡》85篇，是我国思想史上一部重要著作。在书中，王充以唯物主义观点批判了统治者提倡的对于天道神权命运的迷信，系统地清算了神秘主义的思想体系，表现了作者反正统思想的战斗精神。从这种精神出发，作者对当时以辞赋为主的正统文学的"华而不实，伪而不真"的文风也进行了尖锐的批判，并在许多篇章如《艺增》《超奇》

《论衡》内页

《佚文》《案书》《对作》《自纪》等篇中提出了不少进步的主张。

范缜

南朝杰出的无神论者。南乡舞阴（今河南泌阳）人。他生活在佛教盛行的齐、梁时期，一生勇敢地向佛教宣战。针对佛教宣扬的有神论，发表《神灭论》，系统地阐述其无神论思想。他认为人的精神和肉体是互相结合的，有了肉体，才有精神；肉体毁了，精神也就随着消灭。《神灭论》揭露了统治阶级利用佛教进行欺骗的本质。面对统治阶级的打击和围攻，范缜毫不屈服，始终坚持自己的真理。范缜继承和发扬荀况、王充等人的唯物论思想，有力地抨击了当时流行的有神论，这种战斗精神值得赞扬。

刘勰

字彦和，山东莒县人，早年丧父，家境贫寒，但笃志好学。青年时随僧佑在定林寺（今江苏南京紫金山）整理佛教经典，历10余年。梁武帝时，历任奉朝请、东宫通事舍人等职，深为萧统所重用。晚年出家为僧，改名慧地。是中国文学史上著名的文学理论家和批评家。刘勰所著《文心雕龙》共50篇，内容博大精深，采用骈文体裁，却具有议论文的性质。书中论述了文学发展的外部原因和内部规律，总结了许多文学创作的宝贵经验，揭示了创作活动的奥秘。它的出现标志着中国文学理论和文学批评已建立起完整的体系。

程颢

字伯淳，祖籍黄陂（今属湖北）。程颢生于宋仁宗明道元年（1032年），童年时，多随父辗转迁徙。程颢一生多从事政治活动。他在宋仁宗嘉祐二年（1057年）中进士，曾先后担任过上元县（今属江苏）主簿、泽州晋城（今属山西）等地方官吏。宋神宗熙宁二年（1069年）二月，王安石任右谏议大夫参知政事，设置三司条例司，程颢为其属官。他上疏10余章，反对王安石变法。次年改签书镇宁军节度判官。翌年黄河在澶州曹村决口，他亲自率兵众抢险。熙宁五年（1072年）以后，程颢先后监西宁竹木务、知扶沟县事、监汝州酒税，但把更多的时间和精力投向了学术和教育。元丰八年（1085年）三月，宋神宗逝世，召程颢为宗正寺丞，程颢还未动身就患病而死。时年53岁。

程颐

字正叔，祖籍黄陂（今属湖北）。程颐生于宋仁宗明道二年（1033年），是程颢的弟弟。和程颢相比，程颐的时间则大多投入在学术研究和教育活动中。程颐曾在汉州、许州、洛阳、关中等地讲学，与当时著名学者张载切磋学术，又接纳游定夫、吕大临、周纯明等众多学生，成为一时之盛。绍圣四年（1097年）春，朋党议论再起，程颐被黜放。同年底送涪州（今重庆涪陵）编管。宋徽宗登极后被赦免，回到洛阳。在流放的10多年中，他完成了《伊川易传》，接纳罗从彦为弟子，讲授《易》学。崇宁二年（1103年）范致虚奏称"程某以邪说行，惑乱众听"，程颐由于心灰意冷，退居洛阳龙门以南把楼山下（今嵩县程村）。3年后，程颐复职为宣义郎。大观元年（1107年）病逝。程颐主要哲学著作有《周易程氏传》，还有《遗书》《文集》《经说》等。他与程颢的著作，明代后期合编为《二程全书》。

朱熹

字元晦，又字仲晦，号晦庵，别称紫阳，徽州婺源（今属江西）人，南宋诗人、哲学家。宋代理学的集大成者，继承了北宋程颢、程颐的理学，完成了客观唯心主义的体系。认为理是世界的本质，"理在先，气在后"，提出"存天理，灭人欲"。注释《大学》《中庸》《论语》《孟子》"四书"，被后世奉为继孔孟之后的儒学正统，"四书"也成为明清学子的必读经典。他学识渊博，对经学、史学、文学、乐律乃至自然科学都有研究。其词作语言秀正，风格俊朗，无浓艳或典故堆砌之病。除词外，还善作诗，《春日》和《观书有感》是他最脍炙人口的诗作。其词集有《晦庵词》。

朱熹行书墨迹

黄宗羲

明末清初思想家、文学家。字太冲，号梨洲，又号南雷。余姚（今属浙江）人。父黄尊素是东林党中重要人物，黄宗羲深受家庭影响，重气节，轻生死，反对宦官和权贵，成为东林子弟的著名领袖。清兵南下，黄宗羲组织同志起兵抗击，失败后走入四明山，结寨自固，又依鲁王于海上。抗清斗争失败后，从事著述，坚不出仕。他坚决反对明末空洞浮泛的学风，倡言治史，开浙东研史之风，为清代史家之开山祖。史学之外，对经学、天文、历算、数学、音律诸学都有很深的造诣。黄宗羲著作宏富，《明夷待访录》是他进步思想的集中表现，带有鲜明的民主思想色彩。书中明确指出："为天下之大害者，君而已矣。"对于八股取士的科举制度，也予以猛烈抨击。著作还有《明儒学案》《宋元学案》《律吕新义》《行朝录》等等。

顾炎武

初名绛，字忠清，后改名炎武，字宁人，号亭林，学者称亭林先生，明末清初著名思想家。少年时参加复社反宦官权贵斗争。清兵南下，嗣母王氏殉国后，参加昆山、嘉定一带人民的抗清斗争，唐王立，除兵部主事。入清不仕，专心学术。治经重考据，注意经世致用，开清代汉学风气。与黄宗羲、王夫之并称"清初三大儒"。其诗沉郁苍凉，有强烈的爱国精神。他生平著作有40多种，累计400多卷。有《日知录》《亭林诗文集》等，现存的诗歌还有420多首。

魏源

原名远达，字默深，一字墨生，又字汉士，湖南邵阳隆回人，晚年信佛教，法名承贯。晚清思想家、文学家，中国近代向西方寻求救国真理的先行者之一。魏源论学以"通经致用"为宗旨，提出"变古愈尽，便民愈甚"的变法主张，成为晚清学术的开风气者。道光初年，魏源曾先后任江苏布政使、巡抚幕僚，主持《皇朝经世文编》纂辑事宜，对海运、水利诸政多所建言。鸦片战争后，感愤时事，撰成《圣武记》14卷。又遵友人林则徐嘱，据《四洲志》，参以历代史志及两人记录，辑为《海国图志》50卷，后续增至100卷。《海国图志》率先介绍西方各国历史、地理状况，主张学习西方的先进科学技术，提出"师夷长技以制夷"。他有经学、史学、文学、佛学著作多种存世。1976年，中华书局集魏源诗文杂著合为《魏源集》刊行。

黄遵宪

字公度，别号人境庐主人，广东嘉应（今梅州）人，中国近代卓越外交家、启蒙思想家、改革家，著名诗人。4岁入家馆读书，10岁学诗。德宗光绪间举人。历任清廷驻日本、英国参赞，驻美国、新加坡总领事，尽力保护华侨权益，深受华侨爱戴。1894年奉召回国后，参加强学会，出资参与创办《时务报》，以救亡图存为己任，并协助湖南巡抚陈宝箴推行新政。后被弹劾。他在驻外期间，曾潜心研究日本明治维新的历史，考察英国的政治制度，主张向西方学习，同时也大力向外国介绍中国文明，颇受外国人欢迎。他撰写了50余万字的《日本国志》，全书共40卷，是近代中国系统介绍日本政治、历史、人文、地理的重要专著。其诗作《日本杂事诗》等反映了近代中国许多重大历史事件，被称为"诗史"。

严复

初名体乾、传初，改名宗光，字又陵，后又易名复，字几道，晚号愈野老人，别号尊疑，又署天演哲学家。福建福州人，中国近代资产阶级启蒙思想家、翻译家、教育家，是中国近代史上向西方寻找真理的"先进的中国人"之一。1877年他作为首批海军留学生进入英国皇家海军学院学习，学成归国后极力倡导维新变法，并翻译达尔文的《天演论》，亚当·斯密的《原富》，斯宾塞的《群学肄言》，约翰·穆勒的《群己权界论》《穆勒名学》，甄克斯的《社会通诠》，孟德斯鸠的《法意》等西方名著，达160多万字。他是近代中国系统翻译介绍西方资产阶级学术思想的第一人。他将科学进化论等带到中国，对中国近代思想界产生了极大影响。除译著外，他还倾心于教育事业。但辛亥革命后，严复的思想日趋保守。他的著述有《严几道文集》《愈懋堂诗集》等。

严复像

蔡元培

中国著名的民主革命家、教育家，为发展中国教育文化事业功绩卓著。被称为"学界泰斗，人世楷模"。蔡元培出身于商

蔡元培像

贾之家，少年时期饱读经史，1898 年戊戌变法失败，他认为革新必先培养人才，于是走上倡导教育救国之路。同年 9 月，他弃官归故里，任绍兴中西学堂监督。1906～1916 年间，他赴德、法留学，为兼通中西文化奠定了基础。1912 年他出任中华民国第一任教育总长，对封建教育进行改革，初步建立了资产阶级教育体系。1917 年任北京大学校长后，提出"思想自由""兼容并包"的办学方针，对北大进行全面改革，使之成为新文化运动的中心，成为研究学术、传播新思想、培养新人才的基地。蔡元培的教育主张，能根据本国需要，兼采各国所长，"食而化之"。这在当时的历史条件下，对中国教育的发展，起了推动作用。

梁启超

字卓如，号任公，笔名主要有过哀时客、饮冰子、饮冰室主人、新民子等。广东新会人，中国近代资产阶级改良派的著名政治活动家、思想家、文学家和学者。16 岁中举人，1894 年 6 月，他随康有为入京参加会试时，联合在京参加会试的 1300 多名举人，上书皇帝，这就是著名的"公车上书"。他是《中外纪闻》《时务报》等的主笔，是维新变法的主要领袖。戊戌变法失败后，梁启超流亡日本，和康有为组织保皇会，创办《清议报》《新民丛报》《新小说》等杂志，后反对革命，为袁世凯服务，但最终认清其真面目。1917 年后，梁启超主要从事教育和学术研究，是清华国学研究院"四大导师"之一，在哲学、佛学、史学、政治经济学、先秦诸子学、文学等多个领域的学术研究上取得了丰硕的成果。著有《饮冰室合集》《清代三百年学术》等。

王国维

字静安，又字伯隅，号观堂，浙江海宁人，清末民初著名学者。他为近代博学通儒，其功力之深、治学范围之广、对学术界影响之大，为近代以来所仅见。他16 岁考中秀才，1907 年起任学部图书馆编辑，从事中国戏曲史和词曲的研究，著有《曲录》《宋元戏曲考》《人间词话》等。其中《人间词话》一书乃是他接受了西洋美学思想之洗礼后，以崭新的眼光对中国旧文学所作的评论，具有划时代的意义。1913 年从事中国古代史料、古器物、古文字学、音韵学的考订，尤致力于甲骨文、金文和汉晋简牍的考释。1925 年任清华研究院教授，除研究古史外，兼做西北史料和蒙古史料的整理考订。1927 年 6月 3 日在北京颐和园昆明湖投水自尽。其生平著作甚多，身后遗著收为全集者有《王忠悫公遗书》《王静安先生遗书》《王观堂先生全集》等数种。

徐特立

徐特立（中）和青年朋友们合影

中国无产阶级革命家、教育家，湖南长沙人。徐特立生于贫寒之家，自幼酷爱读书，他的一生充满传奇色彩，在近代中国教育家中，是绝无仅有的一位。他曾断指于杏坛，以热血教育青年。他将大量精力投入师范教育，为当地教育界培养了大批教师。1919 年以前的长沙教育，差不多都是徐特立一手创办起来的。那时长沙共有 800 多所小学校，绝大部分教员都经他培训过，因此，他被誉为"教育界的长沙王"。在湖南师范学校，聚集了一大批有志青年，如蔡和森、向警予、李立三、田汉等等，他们都曾是徐特立的学生。

钱玄同

原名师黄，字德潜，辛亥革命前曾改名夏，五四运动前改名玄同。原籍浙江吴兴，幼年随父生长在苏州。清光绪末年赴日本留学，入早稻田大学师范科。1917年，他向陈独秀主办的《新青年》杂志投稿，倡导文学革命，成为"五四"新文化运动的揭幕人之一，成为倡导新文化，攻击封建主义，提倡民主、科学的勇士。1918～1919 年的《新青年》杂志，钱玄同是轮流编辑之一。在这期间，他曾动员

鲁迅给《新青年》写文章。鲁迅的小说《狂人日记》就是钱玄同催促他写出的第一篇作品，并且第一次用鲁迅作笔名。钱玄同在教学和学术研究方面的贡献也是很显著的。他所著的《文字学音篇》是我国高等学校最早的音韵学教科书。

陈寅恪

江西义宁（今修水）人，生于湖南长沙。清光绪二十八年（1902 年）经上海去日本求学，后因病回国。1907 年入上海吴淞复旦公学。宣统二年（1910 年）起先后在德国柏林大学、瑞士苏黎世大学、法国巴黎高等政治学校、美国哈佛大学研究古文字学和佛学。通晓英、法、德、日、拉丁、希腊、梵、蒙、满、藏等多种文字，对魏晋南北朝史、隋唐史、蒙古史以及梵文、突厥文、西夏文等古文字和佛学经典，均有精到研究。著有《隋唐制度渊源略论稿》《元白诗笺证稿》《寒柳堂集》《金明馆丛稿》《柳如是别传》，有《陈寅恪文集》。

陶行知

原名文浚，后改名知行，再改名行知，是我国现代伟大的人民教育家、思想家、大众诗人、革命战士。陶行知是安徽

陶行知与重庆育才学校的孩子们在一起

歙县人，家境清贫，幼年接受父亲和塾师的教育，此后一生都从事于人民的教育事业，他是我国现代教育史上最早倡导职业教育思想的教育家之一。陶行知于20世纪20年代初曾为争取女子受教育权利而呐喊。1920年，他在南京高师继续进行改革，就包含有提倡男女同校和招收女生等措施。陶行知是一位伟大的人民教育家。

梁漱溟

名焕鼎，字寿铭，曾用笔名寿民、瘦民、漱溟，后以"漱溟"行世，是著名的思想家和社会活动家。梁氏远祖乃元朝宗室，元顺帝时改汉姓。祖籍广西桂林，实自曾祖即已定居北京，先生自幼便受到半西化的教育，他曾将自己一生的思想发展分为三个时期：西方功利派、佛教出世主义、儒学。他最先在北大发起了东方学及

梁漱溟像

梁漱溟一生以研究人生问题和社会问题为主，强调政治问题、经济问题的解决要与文化相适应。他把人类文化列成顺次发展的三条路向，即西方文化、中国文化和印度文化，它们分别代表意欲向前发展、意欲调和持中和意欲反身向后要求三种精神。

孔子哲学的研究，并于1921年出版了《东西文化及其哲学》一书，且由此成为现代新儒学的先驱。《东西文化及其哲学》一书对中国、印度、西方三个文化系统的特点及其在世界文化发展史上的地位做了系统的分析，预测了世界文化未来的趋势，对儒学的前途作了乐观的估价。此书成为其一生最有代表性的著作。同时他也是一位继往开来的思想家。

冯友兰

中国科学院学部常务委员。字芝生，河南唐河人。著名的哲学家、教育家。冯友兰出生在一个当地远近闻名的书香世家。1918年，冯友兰从北京大学毕业后，回到河南开封，在河南留学欧美预备学校和省立师范学校里教国文和修身。1919年秋，冯友兰来到北京，顺利通过了教育部组织的出国留学资格考试，1920年1月，进入美国哥伦比亚大学研究院，1924年获哲学博士学位。冯友兰是中国近代以来能够建立自己体系的少数几个哲学家之一。他的思想在中国现代史上占有重要地位，在国内外都有很大影响。他在中国哲学史的研究方面，形成了富有思辨性的独特思想体系，是第一个把中国哲学和西方哲学进行比较研究的人，也是较早地把中国哲学介绍到西方的中国人之一。他一生著述甚丰，中、英文著作近500万言。代表作有《中国哲学史》。

世界名人常识

政治军事名人

汉谟拉比

古代巴比伦王国国王，政治家。汉谟拉比继承王位后，首先致力于集聚实力，消除内争。从继位第六年起，汉谟拉比开始对外扩张。经过35年的征战，汉谟拉比终于消除了城邦割据，统一了两河流域，建立了一个从波斯湾至地中海的中央集权的奴隶制国家，并自称"巴比伦之王"。汉谟拉比主要以他的《汉谟拉比法典》著称于世。《汉谟拉比法典》内容涉及经济、政治、军事、文化等各个方面，人们认为它是人类历史上第一部较为完备的成文法典。尽管如此，汉谟拉比所建立的国家，政权并不牢固，内部各种矛盾斗争也从未停止。汉谟拉比逝世后，巴比伦王国逐渐走向衰落，《汉谟拉比法典》也逐渐被遗忘。

所罗门

古代以色列国王，政治家。作为统一的以色列王国国王，所罗门是一位贪求权利和爱慕虚荣的人，但这并不妨碍他成为一名出色的政治家。他在位期间，以色列王国对外采取与邻国结好的政策，以保证对重要商路的控制，促进商业的发展；对内则进行行政改革，加强军队建设，巩固中央集权统治。同时，所罗门还以其进行广泛的建筑活动而著称，为后世留下了许多珍贵的艺术遗产。由于南北地区发展的不平衡，所罗门统治下的以色列矛盾重重；所罗门死后，统一的以色列分裂为犹太和以色列两个国家。在历史传说中，所罗门在位时期被称为犹太历史上的"黄金时代"，他也被看作是一位英明的君王，同时对后世的文学艺术也产生了深远影响。

梭伦

古希腊雅典时期著名的政治改革家和诗人，古希腊"七贤"之一。梭伦出身没落贵族，年轻时曾经商，并到各地游历，在游历的过程中写过许多诗篇。他在诗中坚信道德胜于财富，抨击贵族的专横和残暴，因而赢得了"雅典第一位诗人"的美誉。后来，他在收复被邻邦夺走的萨拉米斯岛的战争中立了功，成为雅典最有名气和影响的人物。公元前594年，梭伦担任首席执政官，实行政治改革。改革的主要内容有：废除农民债务并禁止债务奴役；按收入多寡把公民划分为4个等级；创立管理国家的新机构"四百人会议"和"陪审法庭"等。改革打击了氏族贵族的势力，但是未能实现公民之间真正的平等。晚年他隐居在家，从事研究和著述。

居鲁士

古代波斯帝国的开国君主。居鲁士征战一生，致力于扩张疆域。他打败米底王国，征服亚美尼亚、吕底亚，控制小亚细亚的希腊城邦，消灭巴比伦王国，进入巴比伦城，建立起庞大的波斯帝国。居鲁士虽然征战一生，但他对被征服地区实施宽厚开明的政策。例如他打败米底王国后，仍把米底国王当作帝王对待；他征服巴比伦，但禁止军队扰民，尊重当地的风俗习惯和宗教信仰；他释放巴比伦国王掳掠来的奴隶，派军队送他们回故乡；他帮以色列先民重建耶和华圣殿，重建犹太教，他的事迹因此被写入《圣经》。居鲁士虽然征服了许多国家，但他所征服的国家及其文明却没有被毁灭。所有这一切，使居鲁士成为古代文明的创造者和崇拜者，而不仅仅是文明的征服者。后他在远征中亚的作战中阵亡。

这幅油画是由 17 世纪大画家鲁斯本所绘。图中，居鲁士大帝在与中亚草原的马萨革泰人交战中阵亡，他的头颅被马萨革泰女王托米丽斯浸入血水中。

大流士一世

古代波斯帝国国王。大流士于公元前 522 年即位。即位初期，大流士采取了一系列措施，以确立中央集权的专制统治：镇压各地叛乱，进行行政制度改革；制定严酷的法律；开凿运河；改革税制；统一度量衡和币制等等。在此基础上，大流士也积极进行对外军事扩张：征服色雷斯，侵占马其顿，控制达达尼尔海峡，逐渐建立了一个西至埃及、东达印度、南到波斯湾和阿拉伯半岛、北接里海及黑海的大帝国。从公元前 492 年起，大流士一世发动了对希腊的战争，最后于公元前 490 年在马拉松战役中以失败告终。大流士一世统治期间，波斯帝国的商业和贸易获得了很大发展，某种程度上也促进了东西方文化交流。

伯里克利

古希腊民主派代表人物，雅典政治活动家。伯里克利出生于希腊名门望族，连续 15 年当选希腊十将军委员会的首席将军，是当时雅典国家的实际统治者。他统治时期是古希腊的极盛时期，史称"伯里克利的黄金时代"。在政治上，伯里克利以加强民主政治为核心，致力于实现雅典国家制度的民主化，解除选举官职的财产资格的限制。在对外政策上，伯里克利以扩大雅典的势力和利益为根本原则，坚持提高海上实力，扩大对外贸易。在文化方面，伯里克利是古典希腊文化的推崇者和倡导者，并使雅典成为希腊文化中心，对后世艺术的发展产生了深远影响。公元前 429 年，伯里克利死于瘟疫。

亚历山大

古代马其顿国王，军事家和政治家。亚历山大 18 岁随父出征，20 岁继承王位，曾从师于希腊著名哲学家亚里士多德。亚历山大在其短暂的一生中，一直致力于对东方的军事远征，通过多年征战最终征服了波斯帝国，建立了横跨欧亚非三洲的马其顿王国。公元前323年，亚历山大病逝，马其顿王国随即崩溃。

亚历山大的远征，是对被征服地区的野蛮掠夺，给东方各民族带来了深重灾难和无穷痛苦。但在客观上，远征却促进了东西方的经济和文化交流，开阔了人们的眼界，丰富了东西方知识宝库，对后来历史的发展产生了重要影响。亚历山大曾在东方建立了许多亚历山大城，最著名的是尼罗河口的亚历山大城。

阿育王

古代印度摩揭陀国孔雀王朝国王。阿育王即位后，就开始对外扩张：他征服湿婆萨国，远征羯陵伽国，统一了印度北部大部分地区，建立了印度历史上第一个统一的奴隶制国家，开创了孔雀王朝的极盛时代。阿育王统治前期，对内任意残害人民，用欺骗手段加强专制统治；对外野蛮掠夺和杀戮被征服地区的人民。不过，在征服羯陵伽国后，阿育王的内外政策发生了转折性变化：他开始皈依佛教，用佛教的诚实、仁慈和非暴力进行统治，努力实践达摩规范，并且允许其他宗教的传播。阿育王大约在公元前236年病逝。他死后不久，孔雀帝国便土崩瓦解，此后再没有恢复。但是佛教在阿育王的支持下，却得到了极大的发展，并迅速传向邻国，逐渐成为世界性宗教。

汉尼拔

汉尼拔·巴卡，古代迦太基国军事统帅，杰出的军事家。作为一名将帅，汉尼拔的战绩主要是在第二次布匿战争中取得的。在第二次布匿战争期间，汉尼拔在特

拉比亚战役、特拉西梅诺湖战役和坎比战役中大败罗马人，取得了最辉煌的胜利。作为军事家的汉尼拔，足智多谋、学识渊博，具有战略眼光和杰出的组织才能。他智勇双全，善于抓住战机；他勇敢而不鲁莽，懂得集中优势兵力打击敌人。汉尼拔曾计划把一切反罗马的力量团结起来，但由于迦太基政府不同派别的争权夺利斗争，他最终却落了个悲惨结局，公元前182年，汉尼拔在被追捕途中服毒自尽，成为统治者斗争的牺牲品。

庞培

格涅乌斯·庞培，古罗马共和国军事统帅和政治家。庞培出生于贵族之家，17岁随父出征。公元前83年，庞培投靠贵族派领袖苏拉，受到赏识和重用，开始其辉煌的军事生涯。庞培先后在西西里、北非作战，参与镇压塞多留起义和斯巴达克起义。公元前70年当选为执政官。后来庞培又受命清剿地中海海盗，征服强大的本都，结束米特拉达梯战争，并最终吞并巴勒斯坦和叙利亚，胜利回到罗马。公元前60年，庞培与克拉苏和恺撒结成"前三头同盟"，逐渐左右罗马政局。同盟解体后，庞培在法萨卢战役中被恺撒打败，后来在埃及被诱杀。庞培虽然在军事上取得了辉煌战绩，但作为顽固维护旧制度的没落贵族，他阻碍了历史前进的步伐，他的失败是历史的必然。

恺撒

古罗马共和国末期政治家和军事统帅。他出身没落贵族，靠发动掠夺战争成为富有者和大奴隶主。他曾与庞培、克拉苏结成罗马历史上有名的"前三头同盟"。

在后来的对外战争中，恺撒立下了赫赫战功，赢得了很高的威望。在一次战争胜利后，他用"到，见，胜"（veni, vidi, vici）作为捷报，这就是历史上著名的"三V文书"。这表现出他用兵神速、语言简洁的特点。他被元老院授予终身荣誉头衔——"大将军"和"祖国之父"。恺撒建立了一个强大的中央集权帝国。他还改革历法，采用儒略历。这部以恺撒命名的历法就是现在大多数国家通用的公历的前身。恺撒还是一个文学家，他的主要著作《高卢战记》和《内战记》，文笔清晰简朴，行文巧妙，是初学拉丁文者的必读之书。公元前44年3月15日，恺撒到元老院开会，被共和派贵族刺杀。恺撒死后，西方帝王往往用他的名字来作为自己的头衔。他被看作历史上才干卓绝、仁慈大度的君主的楷模，一位出类拔萃的真正的政治家。他使罗马帝国成为古代最负盛名的帝国。

斯巴达克

公元前73年古罗马奴隶起义的领袖。作为古代世界最大的一次奴隶起义——斯巴达克奴隶大起义的领导者，斯巴达克富于反抗精神，具有卓越的军事组织才能。他领导的起义军，纪律严明，作战勇敢，体现出极强的战斗力和良好的组织纪律性。斯巴达克本人则英勇无畏，身先士卒。因此，起义军很快从只有几十人发展到十几万人，危及罗马奴隶主贵族的统治，从而引起了罗马统治者的恐慌，遭到统治者的残酷镇压，斯巴达克起义最终以失败告终。斯巴达克起义是对奴隶解放运动的一次巨大推动，它极大地动摇了罗马的奴隶制基础，迫使奴隶主对生产方式进行某些调整，从而在一定程度上促进了经济发展和社会进步。而斯巴达克本人则成为古代世界杰出的人民英雄，直至今日，他的形象仍放射着光芒，成为后世文艺创作的题材。

奥古斯都

原名盖乌斯·屋大维，罗马帝国开国皇帝，古代杰出的政治家。奥古斯都出生于骑士家庭，后来成为恺撒养子。恺撒被刺后，奥古斯都开始登上政治舞台。经过一系列的斗争，奥古斯都逐渐成为罗马唯一的统治者。为加强统治，奥古斯都对内进行军事改革，加强军队建设，创立元首制，调整行省制度；对外则实行灵活的外交政策，并积极对外扩张，使罗马成为一个东至幼发拉底河、西至大西洋、南到撒哈拉大沙漠、北达多瑙河与莱茵河的大帝国。他所采取的内外政策，顺应了当时形势发展的要求，开创了相对安定的政治局面，为罗马帝国初期的繁荣奠定了基础。公元14年，奥古斯都病逝于巡视途中。

君士坦丁大帝

弗拉维乌斯·瓦列里乌斯·奥列利乌斯·君士坦丁，罗马帝国皇帝。君士坦丁早年从军，曾随父出征不列颠。公元306年，君士坦丁被军队拥立为皇帝。即位初期，君士坦丁致力于巩固政权，确立其统治地位。他于公元312年战胜马克森提，确立对帝国西部的统治；于公元313年和东部皇帝共同发布"米兰敕令"，承认基督教为合法宗教；于公元323年和东部皇帝决裂，并进行战争；于公元324年，统一罗马帝国，成为罗马帝国唯一的皇帝。

统一罗马帝国后，君士坦丁成为罗马第一位信仰基督教的皇帝，制定了鼓励基督教发展的许多政策，使基督教逐渐变为在欧洲占统治地位的宗教。同时，君士坦丁还进行军事、政治、经济改革，实行文武分治，迁都到拜占廷，改名君士坦丁堡。公元 337 年，君士坦丁病逝。

查士丁尼

拜占廷帝国皇帝。查士丁尼于公元 483 年出身于农民家庭，后来继承叔父王位，成为拜占廷帝国皇帝。查士丁尼当政后，对内积极革新内政，主持编纂《查士丁尼法典》《查士丁尼学说汇纂》与《查士丁尼法学阶梯》等，对后世产生了重要影响；对外则积极发动一系列的战争，包括入侵北非，征服达尔—阿兰王国，征服意大利的东哥特王国，占据西班牙的西哥特王国东南部，从而建立了疆域空前广大的拜占廷帝国。查士丁尼统治时期，经济相对稳定，工商业兴盛，城市繁荣，但多年的征战也大大削弱了帝国实力，为外敌入侵提供了可乘之机。公元 565 年，查士丁尼死后不久，拜占廷帝国所侵占的领土就大部分丧失。伴随着拜占廷帝国的最终灭亡，查士丁尼的业绩也就成了历史。

查理大帝

法兰克王国加洛林王朝国王，查理帝国皇帝，西欧中世纪初期最强大的统治者。在近 40 年的统治期内，查理大帝先后进行了 50 多次对外扩张远征，逐渐成为西欧大部分地区的统治者，建立了疆域广阔的查理帝国。公元 800 年，查理被罗马教皇加冕为皇帝，史称查理大帝。查理帝国建立后，查理大帝进行了政治、经济、军事等各方面的改革，大大促进了帝国内的经济与文化交流。为了加强统治，查理大帝还十分重视文化教育事业，派人搜集和抄写了许多希腊文和拉丁文文稿，保留了许多典籍，创造了著名的"加洛林文化"。查理大帝对基督教十分虔诚，使查理帝国成为第一个接受基督教的日耳曼人国家。公元 812 年，查理病逝，查理帝国即告解体。

腓特烈一世

中世纪"神圣罗马帝国"皇帝。腓特烈一世于 1152 年继承其伯父之位成为德意志国王。作为当时的德意志国王，腓特烈一世一心要驾驭教皇，使教皇成为他统治帝国、进行对外扩张的工具。为此，他通过《康斯坦茨条约》被教皇加冕为皇帝，正式成为神圣罗马帝国皇帝。腓特烈一世被加冕后，随即展开了与教皇夺权的斗争。他曾 7 次入侵意大利，但均告失败，导致了其侵略意大利政策的最终破灭。此后，腓特烈一世致力于巩固国内政权，虽取得了一定成效，但未能从根本上

腓特烈一世（右）与其子

结束德国的封建割据状态。1189年，腓特烈一世参加了第三次十字军东侵，对拜占廷进行了残酷的大掠夺，但没有如愿占领该城。1190年，腓特烈一世在东侵途中渡河时不幸溺水身亡。

伊凡四世

俄罗斯第一任沙皇。伊凡四世（雷帝）3岁继位，17岁亲政，由莫斯科大主教加冕，称为沙皇。伊凡四世亲政后，依靠中小贵族，建立了"重臣会议"，开始实行政治、经济、军事、司法等各方面的改革。通过改革，伊凡四世巩固了专制政权，强化了国家中央集权，确立了俄国的沙皇制度。随着专制君权的加强，伊凡四世解散了"重臣会议"，实行赤裸裸的独裁统治。在独裁统治期间，伊凡四世对内打击大贵族的分裂活动，实行特辖区制度，颁布"禁年令"，加紧奴役农民；对外则推行扩张政策，掠夺大量土地，同时也为俄罗斯变为多民族国家奠定了基础。1584年，伊凡四世突然病逝。

中央集权的沙皇制度尽管有其腐朽性，但伊凡四世为了打击大贵族，力主削弱地方割据势力，也为国家的统一和发展做出了一定的贡献。

伊丽莎白一世

英国都铎王朝女王伊丽莎白于1558年即位，统治英国45年。在位期间，伊丽莎白依靠新贵族和新兴资产阶级，不断加强专制统治。她于1559年颁布《至尊法案》，重申国王为教会最高首领；于1571年促使国会通过"三十九信条"，确立了英国国教；于1588年打败西班牙"无敌舰队"，独占海上霸权。伊丽莎白奖励工商业和航海业，积极发展海外贸易；支持英国商人的海盗活动，鼓励罪恶的奴隶贸易。同时也颁布血腥法案，迫害在圈地运动中流离失所的农民。所有这些措施，大大促进了英国资本主义的发展，为后来不列颠帝国的建立奠定了基础。因此伊丽莎白一世统治时期被称为英国历史上的黄金时代。伊丽莎白死后，王位传给苏格兰王詹姆士一世，都铎王朝也被斯图亚特王朝取代。

瓦伦斯坦

阿尔伯莱希特·瓦伦斯坦，捷克贵族，神圣罗马帝国的军事统帅。作为一名军事统帅，瓦伦斯坦的战绩主要是在30年战争中取得的。30年战争中，他参与镇压捷克起义，后出任驻捷克军队统帅；他受命于危难，于1625年成为神圣罗马帝国军事总指挥。在战争中，他大败新教诸侯军队，收复卢特城，攻入西里西亚，挥师日德兰半岛，攻克梅克伦堡，逐渐把帝国势力扩大到波罗的海南岸。他也因此被誉为"皇冠上的第三颗宝石"，并晋升为公爵，威震一时。从1627年后，瓦伦斯坦思想发生变化，开始主张一致对外和宗教自由，以缓和国内矛盾，这与皇帝产生了分歧，最后众叛亲离，于1634年被刺身亡。瓦伦斯坦虽然征战一生，战功显赫，但最终还是落了个悲惨下场。

路易十四

法国国王，史称路易大帝。路易十四岁即位，1661年亲政。他亲政后，对内推行科尔伯的重商主义政策，保护关税，促进了法国资本主义工商业的发展；对外推行扩张政策，先后发动了对西班牙、荷兰的战争，直至成为整个欧洲的敌人而不得不同反法联盟作战。路易十四还大肆宣扬"君权神授""朕即国家"，加强对人民的思想控制。这一系列措施的施行，使法国的专制主义中央集权达到顶峰，并曾一度称霸欧洲。但路易十四统治后期，战争不断，国库空虚，农业凋敝，人民生活在水深火热之中，导致专制主义中央集权逐渐衰落。1715 年，路易十四在人民的怨声中死去。路易十四执政的 55 年，是法国历史上专制主义极盛时期，伏尔泰曾称这一时期是"路易十四的世纪"。

彼得一世

俄国沙皇，史称彼得大帝。1682 年彼得与其兄伊凡五世并立为沙皇，1696 年彼得独掌政权。1697 年他秘密出国考察西欧，学习西方的文化、科学和技术，1698 年回国，效法西欧发达国家，在国内实行军事、经济、文化、教育、政治全面改革，史称彼得一世改革。彼得一世照搬西方模式开办学校，创立科学院，兴办报纸，他提倡西欧的生活方式，并鼓励外国人在俄设厂；大力发展对外贸易；还加强中央集权，着手中央与地方的行政改革；他对外实行侵略扩张政策，重点是夺取出海口，马克思曾称之为"世界性侵略体制"。在发动对外战争中，彼得不断取得胜利，俄国逐渐进入欧洲强国之列，他因而也被尊为"大帝"。但在推行扩张政策同时，他不断增加赋税，导致国内阶级矛盾的尖锐化，引发了农奴起义。

克伦威尔

英国功名显赫的军事领袖，17 世纪英国资产阶级革命中新贵族集团的代表人物、独立派的首领，也是英国议会民主制的奠基人。克伦威尔 1599 年生于英国亨廷顿。他在两次国内战争中，先后率"铁骑军"和新模范军，击溃保皇党人的力量。1648 年，他根除了国会中长老派的势力，于 1649 年处死国王查理一世，宣布成立共和国。同时，他还残酷地镇压了平均派和掘土派的民主运动和爱尔兰的民族起义。从 1653 年到 1658 年，克伦威尔作为"护国公"进行军事独裁统治。克伦威尔自任"护国王"，还进行对外扩张和争夺海上霸权战争。1658 年，克伦威尔死于疟疾。克伦威尔最主要的贡献是使得议会民主制在英国得以确立和加强。1660 年，反动势力打回英国，克伦威尔的尸体被掘出施以绞刑。

富兰克林

美国政治家、思想家和科学家。1706 年 1 月 17 日生于波士顿。家庭贫寒，做过印刷工，靠自学成才。21 岁在费城创办共读社，后发展为美利坚哲学会。25 岁时在费城创办公共图书馆，后发展为北美公共图书馆。45 岁时创办费城学院，即后来的宾夕法尼亚大学。独立战争前夕，他提出奥尔巴尼计划，赴英谈判。战争爆发后，归国参战，参加起草《独立宣言》。1776 年任驻法大使，利用英法矛盾，赢得法国等国参战，加速独立战争的胜利。1785 年归国任宾州州长。1787 年参加制宪会议。1790 年因病逝世。他还是科学家，曾用风筝进行吸引闪电的实验，并发明避雷针。他一生在政治、外交和科学等方面均做出卓越贡献，但他的墓志铭只自称"印刷工富兰克林"。后有人称赞他"从苍天那里取得了雷电，从暴君那里取得了民权"。

腓特烈二世

普鲁士第三代国王，史称腓特烈大帝。1712 年生于柏林，年轻时受启蒙思想的影响，后被其父制服。1740 年即位，自称"普鲁士第一公仆"。他遵循"强权即公理"的原则，四十余年如一日地东征西伐，直到 1786 年去世。在 40 年间的两次西里西亚战争中，他击败奥地利，占领西里西亚。后与英国结盟，经过多次战争，击败奥地利，成为中欧强国。后又参加瓜分波兰，组织反奥"诸侯同盟"等战争。他因而被奉为"大王"。在国内，他代表容克地主的利益，致力于建立君主专制国家；但又主张开明改革，推行重商主义政策。他在提倡发展文化和艺术的同时，对思想严格控制，以符合他的军事扩张政策。他的军事强权和俾斯麦的"铁血政策"深刻影响了德国的历史。

叶卡捷琳娜二世

俄国沙皇。叶卡捷琳娜 1729 年出生于德意志贵族之家，后来嫁给俄国彼得三世为妻。1762 年她发动宫廷政变，处死彼得三世，登上俄国皇帝的宝座而成为叶卡捷琳娜二世。叶卡捷琳娜统治期间，在政治上，通过加强农奴制和改革国家机关，建立了高度集中的沙皇专制制度；在经济上，实行鼓励工商业发展的政策，并在对外贸易中实行保护主义政策；在文化上，仇视进步思想，迫害进步知识分子；在军事上，发动了 6 次战争，瓜分和灭亡波兰，打败土耳其，打通黑海出海口，为俄国争夺欧洲霸权奠定了基础。在叶卡捷琳娜的统治下，俄罗斯帝国国力空前增强，她因此也被授予"大帝"称号。1796 年，叶卡捷琳娜病逝。俄国的迅速发展，说明她是俄国历史上有作为的皇帝之一。

华盛顿

美利坚合众国的奠基人，美国独立战争中的军事领袖，立宪会议主席，第一任总统。他 1732 年生于美国弗吉尼亚的威克弗尔德庄园，是一位富有的种植园主之子。他指挥才能卓越，性格坚韧不拔。早年在英国殖民军中服役，1775 年北美独立战争爆发，他任十三州起义部队总司令，领导独立战争取得胜利，赢得了国家独立。1787 年他主持制定联邦宪法。1789 年他当选为总统并连任两届。在任期内他制定了一系列有利于美国资本主义发展的措施，发展工商和保护对外贸易，建立合众国银行，颁布司法条例，成立联邦最高法院。他拒绝了国会推选他为第三届总统，辞职还乡。1799 年 12 月他在弗吉尼亚的家中病逝。华盛顿保持了美国的统一，他既不想做国王，又不想做独裁者，开创了美国历史上主动让权的先例。

普加乔夫

俄国农民起义领袖。普加乔夫出生于贫农家庭，18 岁服兵役。1773 年，普加乔夫聚集了 80 名哥萨克人起义，揭开了俄国历史上一场反对农奴制压迫的农民战争的序幕。作为一个杰出的农民领袖，普加乔夫深知人民群众的苦难，他宣布解放农奴，取消人丁税，给农民分土地和森林等。因此，起义队伍不断发展壮大，很快席卷了伏尔加河流域大部分地区并且直接威胁莫斯科。但由于战略战术上的失误，加上沙皇的重兵镇压，普加乔夫所领导的农民战争以失败告终，普加乔夫也于1775年被沙皇处死。普加乔夫领导的农民战争虽然失败了，但它沉重打击了沙皇的专制统治，动摇了农奴制的国家基础，加速了俄国封建农奴制的崩溃，在俄国历史上留下了光辉的一页。普加乔夫也因此被载入史册。

杰弗逊

美国资产阶级民主派领袖，美国第三任、第四任总统，美国民主传统的开创者。作为美国资产阶级民主派代表人物，1775年，杰弗逊参加起草了美国《独立宣言》，并反对美国建立君主制，主张建立共和国。在担任总统期间，杰弗逊从法国手中购买了路易斯安那，使美国领土扩大了一倍，为美国资本主义的迅速发展创造了条件；签署法令，禁止奴隶贸易；取消财产资格限制，扩大选举范围；精简机构，缩减开支。杰弗逊还经常接触普通民众，听取意见，因此被誉为"平民总统"。综观杰弗逊一生，他的最大贡献在于起草《独立宣言》和开创美国的民主传统，马克思称赞《独立宣言》为"第一个人权宣言"；而民主制的开创，则促进了美国的民主化进程，对美国历史产生了深远影响。

库图佐夫

俄国军队元帅，军事家，有"独目将军"之称。库图佐夫于1745年出生于军人家庭，驰骋沙场50余年，在战争舞台上显示了自己高超的军事指挥才能。在其军事生涯中，库图佐夫曾远征波兰，参加

过1768～1774年和1787～1791年俄土战争；曾任驻外使节，积极处理涉外事务；在抗击拿破仑侵俄的战争中，库图佐夫的军事才能发挥了重要作用，挫败了拿破仑吞并俄国的企图。作为一名军事家，库图佐夫推崇机动灵活的战略战术，主张在敌强我弱的情况下，可以采取必要的退却，以等待时机歼灭敌人，从而形成了他先进的战略防御理论。库图佐夫通过吸收国内外优秀的军事思想，逐渐形成了自己的军事思想体系，为俄国军事思想的发展做了重要贡献，也使他跻身俄国著名军事家的行列。1813年库图佐夫病逝。

罗伯斯庇尔

法国资产阶级革命家，法国大革命时期雅各宾政权的领袖。1758年5月6日，他生于阿尔图瓦郡阿腊斯城。1778年进入巴黎大学学法律，在这里他阅读了启蒙思想家的著作，信仰卢梭的学说。后来在巴黎，他参加了雅各宾俱乐部，从此走上了革命道路。1791年，罗伯斯庇尔成为雅各宾派的领袖人物。1792年8月起义后，他坚决主张处死国王路易十六和抗击普奥联军。1793年5月，颁布1793年宪法，摧毁了封建土地所有制，粉碎了欧洲各君主国家的干涉，在保卫和推动法国革命中起过很大作用。1794年6月，罗伯斯庇尔被推选为主席，后被大资产者和新富人于同年7月27日发动的热月政变中逮捕，次日被处死。

门罗

詹姆士·门罗，美国第五任、第六任总统。门罗曾参加独立战争。在担任总统期间，门罗致力于维护国家统一，制定和

门罗主义的诞生
图片表现了门罗（中间站立者）召开内阁会议时的情景。

执行发展美国资本主义的政策，并将立法权完全委托给国会。他最重要的贡献是在外交领域提出的"门罗主义"。门罗主义的基本内容主要是：欧洲列强不得把美洲大陆已独立的国家作为殖民对象；美国不干涉欧洲事务，欧洲也不能干涉美国事务；提出了"美洲是美洲人的美洲"的口号。门罗主义的发表，是美国早期对外扩张政策的标志，后来成了美国干涉拉美事务的指导方针和借口。作为美国近代史上资产阶级民主派的代表人物，门罗对美国的独立和扩张，对美国资本主义的发展，都起了巨大作用，而且深深地影响了后来的决策者。

纳尔逊

英国海军统帅，军事家。纳尔逊出生于教师家庭，12 岁开始海上生活。纳尔逊于 1794 年参加欧洲第一次反法联盟的对法海战，在战斗中右眼负伤失明；1797 年指挥圣维森特角海战，率单舰冲入敌方舰队，俘获 2 艘敌舰；1798 年任地中海分舰队司令，在阿不吉尔海战中消灭法国分舰队；1801 年任波罗的海舰队副司令，在哥本哈根海战中打败丹麦舰队；1803

年任地中海舰队司令，封锁法国土伦港长达两年。在 1805 年 10 月 21 日的特拉法尔加角海战中，纳尔逊指挥地中海舰队大败法兰西联合舰队，击沉和俘获敌舰 19 艘，粉碎了拿破仑进攻英国本土的计划。但在这次海战中，纳尔逊中弹身亡。作为一代将才，纳尔逊为英国建立海上霸权作出了巨大贡献，他的海军战术思想也受到各国海军重视。

丹东

法国资产阶级大革命时期的革命家、政治活动家。丹东于 1759 年出生于律师家庭。1789 年大革命爆发后，丹东积极投身革命，从而开始了他的政治生涯。在不长的政治生涯中，丹东曾参加吉伦特派临时政府，成为政府实际首脑，并处死国王路易十六；曾建议成立救国委员会，并任领导人，积极抗击国内外敌人；曾参加雅各宾派专政，强调与民众建立联盟，提倡经济恐怖政策。1793 年，丹东因主张宽容政策而与罗伯斯比尔决裂，后来被捕，1794 年 4 月 4 日以"反革命罪"被送上断头台。作为法国资产阶级革命活动家，丹东为拯救法兰西共和国的独立和安全做出了杰出贡献，不愧为资产阶级革命中的英雄人物。恩格斯因此称他为"一位最伟大的革命策略家"。

拿破仑

法兰西第一帝国和百日王朝皇帝，政治家和军事家。拿破仑生于破落贵族家庭，巴黎军事学校毕业，在法国资产阶级革命时参军，在作战中立功，并获上校军衔。督政府时期，法国受到欧洲反动势力组成的反法同盟的威胁。他于 1796 年率

阿尔卑斯山上的拿破仑雄姿

兵先后进攻意大利，打败奥地利，并入侵埃及。1799年雾月18日发动"雾月政变"，组成执政府，1804年5月18日称帝，建立了法兰西第一帝国，这时他的政治生涯到了顶峰。但由于连年战争，国内的阶级矛盾加剧，被侵略国家的民族解放运动高涨。1814年欧洲的反法同盟攻进巴黎，他被放逐到一个孤岛上。1815年3月他逃回巴黎，建立百日王朝。在6月18日滑铁卢一战中失败，再次被流放，并于1821年病死。拿破仑把法国大革命成果用法律形式固定下来，沉重打击了欧洲反动封建势力。他的军事才能也为后人所称道。

坎宁

英国外交家。1770年出生于英国，1796～1799年任副外交大臣，1807～1809年任外交大臣，从1822年开始复任英国的外交大臣，掌管1822～1827年间的英国外交事务。在任职期间，他采取远攻近交的外交策略。他一方面阻挡法国出兵镇压拉丁美洲独立运动的军事行动，同时主张英美两国在西属美洲殖民地的独立性问题上，应该采取共同立场和共同行动，来反对神圣同盟的干涉，并建议两国发表联合声明；另一方面承认拉丁美洲国家的独立，并同他们建立外交、贸易关系，从而打破了由欧洲反动封建君主国组成的神圣同盟的大一统局面，恢复了英国在欧洲事务中的领导作用。他于1827年去世。坎宁是英国历史上最卓越的外交官之一。

梅特涅

奥地利首相，外交家。梅特涅于1773年出生于贵族之家，于1809年担任外交大臣，从此主持奥地利内政和外交事务40余年。梅特涅奉行"大国均势"外交策略，积极维护欧洲旧有的封建专制统治秩序，并千方百计扩大奥地利的影响。梅特涅采取灵活机动的外交手段，主持了维也纳会议，从而重新安排了欧洲的政治版图；梅特涅积极主张通过建立"欧洲联盟""四国同盟"，干涉欧洲事务，镇压各国革命运动。梅特涅一系列外交政策的实施，遭到资产阶级和自由主义者的强烈反对。1848年欧洲革命后，梅特涅被迫下台，曾流亡国外。1859年10月梅特涅去世。梅特涅一生致力于维护旧秩序，最终还是被淹没于革命的洪流之中。

何塞·圣马丁

南美殖民地独立战争领导人之一。圣马丁出生于阿根廷，曾到西班牙从军。圣马丁于1812年回阿根廷参加反对殖民统治的斗争，担任北方军总司令，率部在两次战役中重创侵略者，使阿根廷在1816年宣布独立；于1817年率军远征智利的西班牙守军，彻底打败敌人，使智利在1818年宣布独立；于1821年，率军解放秘鲁，使秘鲁在1821年获得独立。1822年，圣马丁在会见了美洲"北部解放者"玻利瓦尔，因意见分歧，他主动隐退，迁居法国。1850年，圣马丁在法国逝世。圣马丁被称为秘鲁、智利、阿根廷三个共和国的"自由的奠基人"和"共和国之父"。他把自己毕生奋斗所取得的最高权力与荣誉让给玻利瓦尔，受到了人们的敬仰，被称为"一个在历史上几乎无双的灵魂"。

玻利瓦尔

拉美独立运动领导人、军事家。他生于委内瑞拉白人贵族家庭，曾在加拉加斯和马德里读书，受启蒙思想影响和法国大革命鼓舞，决心推翻西班牙在美洲的殖民统治。1807年他回到加拉加斯，从事反西班牙殖民政权的活动。他因此多次流亡，但不气馁，鼓舞人们继续战斗。1811～1822年，他率领军队与殖民军展开不屈不挠的斗争，最终建立了委内瑞拉共和国，因而被授予"解放者"称号。1824年他率军击溃殖民军，最终解放秘鲁。1830年12月因病逝世。玻利瓦尔为拉美的独立解放事业立下了不朽功勋。他在建立南美资产阶级共和政权方面也做出了重要贡献。他的革命业绩和民主思想对拉美有深远影响。1980年联合国把玻利瓦尔列为世界民主战士。

布朗

美国废奴运动领袖。布朗于1800年出生于白人农民家庭，受其父影响，积极投身奴隶解放运动。在废奴运动前期，布朗倾向于通过非暴力手段解救奴隶，虽然解救了一些奴隶，但却遭到了奴隶主的镇压。在后期，布朗则主张用暴力和武器展开对奴隶主的斗争。布朗逐渐由非暴力主义的废奴派转变为主张用暴力进行斗争的积极战士。1859年，布朗在哈普斯渡口起义。起义军一度占领政府的军火库，解放附近的奴隶，但由于寡不敌众，起义最终失败，布朗被俘，并以谋叛罪被判绞刑。布朗起义虽然失败了，但它大大推动了废奴运动的发展；布朗虽然牺牲了，但他却鼓舞了更多的人加入废奴运动的行列。布朗起义是美国1861～1865年内战的先声，它加速了美国内战的爆发。

加里波第

意大利民族统一运动的领袖、军事家，1807年7月4日生于渔民家庭。他幼年机智勇敢过人，早年当过水手和船长，1832年加入青年意大利党。1834年参加起义，起义失败后，他先流亡法国，后流亡南美，并建立青年意大利党红衫军。1848年革命爆发，他返回意大利，组建志愿军参加独立战争，后率军辗转各地，宣传意大利统一思想，成为家喻户晓的民族英雄。后他再度流亡。1854年5月返回意大利，1859年组织"阿尔卑斯

加里波第率"千人红衫军"远征西西里岛

猎人军团"，在北意大利的统一中做出贡献。1860 年他组成"千人团"，解放西西里岛。后曾两次组织部队进攻罗马，均遭失败。1870 年普法战争中率志愿军援助法国。1882 年 6 月 2 日病逝。加里波第是一位富有传奇色彩的民族英雄，也是一位伟大的爱国者，为意大利的统一立下了不朽的功勋。

林肯

美国第十六任总统，共和党人，曾任律师。1809 年 2 月 12 日，阿伯拉罕·林肯出生在肯塔基州哈丁县一个伐木工人的家庭，迫于生计，他从事过多种工作。1834 年当选为州议员，开始政治生涯。1847～1849 年当选为众议员。1860 年他当选为总统，此时正值南北内战一触即发之际。战争爆发后，初期形势对北方军极为不利，为了扭转局势，林肯于 1862 年颁布了《宅地法》和《解放黑奴宣言》，次年又提出"民有、民治、民享"的纲领性口号，从而使战争成为群众性的革命斗争。他的威望提高，再次当选总统，北方军也最终取得胜利。1865 年 4 月，内战结束时他被南方奴隶主派人暗杀。马克思称赞林肯是一个"不会被困难所吓倒，不会为成功所迷惑的人"，"是一位达到了伟大境界而仍然保持自己优良品质的罕有的人物"。

加富尔

意大利王国首相，资产阶级君主立宪派领袖。1810 年 8 月 10 日加富尔生于都灵贵族家庭，他自幼受过良好教育，1820 年入都灵军事学院，毕业后，成为一名工兵少尉。1831 年辞去军职，周游英国、瑞士和比利时等国，回国后兴办实业。

1847 年创办民族主义报纸《复兴报》，宣传君主立宪思想。他还创办过银行，参加过 1848 年革命，当过议员、农业和通商大臣。1852 年出任首相，主张实现意大利的统一。他以割地为条件于 1859 年联合法国发动对奥战争，收复部分领土。但因割地给法国，遭反对，被迫辞职。1860 年复职，利用国内有利形势和加里波第的力量，最终实现了意大利的统一，他任第一任首相。1861 年 6 月 6 日病逝。加富尔领导了意大利的统一运动，为意大利民族做出了很大的历史贡献。

赫尔岑

亚历山大·伊万诺维奇·赫尔岑，俄国革命民主主义者，俄国民粹主义创始人，政论家、哲学家和作家。1812 年，赫尔岑出身于贵族家庭。作为一位资产阶级革命民主主义者，赫尔岑的一生基本上都是在与沙皇的斗争中度过的。赫尔岑曾多次被流放，曾迁居法国、意大利、瑞士，但一直致力于民主革命斗争。1855 年，赫尔岑创办《北极星》杂志，后又出版《钟声》杂志，揭露沙皇制度的腐朽，疾呼解放农奴，为俄国人民和革命做了大量舆论工作，逐渐成为俄国革命的中心枢纽。与车尔尼雪夫斯基在伦敦会晤后，赫尔岑逐渐成为坚定的民主主义者。晚年的赫尔岑日益接近马克思主义，继续为革命斗争而奋斗。1870 年，赫尔岑逝世。列宁称其为"在俄国革命的准备上起了重要作用的作家"。

维多利亚

英国女王。维多利亚于 1837 年即位，在位 60 多年，是英国历史上在位时间最长的国王。维多利亚 18 岁即位，初期积极参与朝政，但由于英国实行君主立宪制，她的权力不断受到限制。统治后期，维多利亚意识到立宪君主的权势不在于同大臣争议，而在于安做虚君。基于这一认识，维多利亚积极支持内阁的殖民侵略政策，充分行使女王的"鼓励权"，从而促进了英国资本主义的发展。维多利亚在位期间，英国的君主立宪制得到了充分发展，经济空前繁荣，并且建立了庞大的殖民地，在历史上被称为维多利亚时代。作为一位立宪君主，维多利亚的过人之处在于，她用自己的行动向世人说明一个立宪君主应如何行使自己的权力，并且使自己成为英国繁荣的象征。

兴登堡

　　冯·兴登堡，德国魏玛共和国时期总统，军事家。兴登堡于 1847 年出生于贵族之家，后来参军，64 岁退伍。第一次世界大战中，兴登堡重新受命，并凭借坦能堡战役的胜利开始名噪德国。1925 年，兴登堡当选魏玛共和国第二任总统。兴登堡的当选，表明德国最高军政大权开始落到反动势力手中。1932 年，兴登堡第二次当选总统，并于 1933 年任命希特勒为总理，法西斯恐怖专政开始在德国建立。1934 年，兴登堡病逝，希特勒趁机集国家行政大权与军事大权于一身，公开实行法西斯独裁统治。兴登堡在任总统期间，为希特勒法西斯独裁统治铺平了道路，使世界人民蒙受了空前灾难。这虽然是历史发展所趋，但与兴登堡不无关系。

明治天皇

　　日本天皇。生于 1852 年，是孝明天皇第二皇子，名睦仁。1866 年 12 月继承皇位，第二年实行王政复古。1868 年将江户改名为东京，随即举行即位典礼，并改年号为明治。在他即位初期，日本发生维新运动，建立了天皇专制政权。在他的主持下，日本先后实行一系列资产阶级改革，推出版籍奉还、废藩制县、制定征兵令等改革措施，促进了日本资本主义的发展，摆脱了被殖民的危机。他在位的 45 年，日本经济得到了发展，国力加强。明治政府于 1889 年制定大日本帝国宪法，即明治宪法，使得天皇成为总揽各种大权于一身的神人。1894 年发动侵略中国和朝鲜的战争，1904 年发动日俄战争。1912 年 7 月 3 日明治天皇死于尿毒症。他在位时期也是日本作为一个近代国家诞生的时期。

明治维新大搞"文明开化"，学习西方。图为东京音乐学院的学生穿着欧洲服饰在举行一场西洋音乐会。

威尔逊

　　美国第二十八任、第二十九任总统。威尔逊是美国历史上第一个具有博士头衔的总统。在出任总统前，威尔逊曾从事教育工作 25 年，其中 8 年担任普林斯顿大学校长。1912 年，威尔逊当选总统。在任总统期间，他采取了一系列措施，对内主张节制私人资本，对外干涉拉丁美洲国家内政，一定程度上适应和促进了美国垄断资本主义的发展。在第一次世界大战期间，威尔逊签署对德宣战书，为美国在一战中的崛起和战争胜利做了很大努力。战后，威尔逊提出了以"商业自由和国际门户开放"为基本内容的"十四点原则"和建立国际联盟的计划，企图建立他所设想的国际新秩序。同时，威尔逊出席巴黎和会，缔结《对德凡尔赛和约》，但未获国会批准。1919 年，威尔逊获诺贝尔和平奖。

俾斯麦

德意志帝国宰相，因执政期间采取"铁血政策"，有"铁血宰相"之称。俾斯麦出身容克世家，17 岁在柏林大学学法学，毕业后任候补文官，后回家经营庄园，逐渐成为资产阶级化的容克。1847 年他担任普鲁士议会议员，政治上属于顽固的保守派。1862 年任普鲁士首相后，为德意志的统一，他采用"铁血政策"，认为"只有通过铁和血才能达到目的"。他建立起一支普鲁士正规军，发动了一系列战争，最终实现了德意志的统一。统一后，他对内镇压工人运动，对外缔结军事同盟，成为欧洲政治舞台上的风云人物。1890 年因与新德皇意见不合被迫辞职。此后他住在自己的庄园，著有《思考与回忆》。1898 年去世。他的思想对实现德意志统一有积极意义，但他的"铁血政策"却成为后来战争的根源之一。

麦克唐纳

英国工党创始人之一，改良主义政治家，英国首相。麦克唐纳于 1866 年出生于工人家庭；1885 年参加社会民主同盟，成为社会民主主义者；后来参加资产阶级改良主义团体费边社。麦克唐纳得以名噪英国政治舞台，是从他作为英国工党领袖开始的。他于 1911 年当选工党议会党团主席，后来经过几次起落，终于在 1924 年受命组阁，工党第一次上台执政，麦克唐纳则出任首相兼外交大臣。作为改良主义政治家，麦克唐纳积极倡导改良，反对革命。他的毕生业绩在于，把工党从一个默默无闻的组织变成为一个与保守党轮流执政的主要议会政党，而且试图把工人运动引入资产阶级改良轨道。

尼古拉二世

尼古拉·亚力山德罗维奇·罗曼诺夫，俄国末代皇帝，曾有"血腥的尼古拉"之称。尼古拉二世于 1894 年即位。在统治期间，他继续奉行反动政策，维护腐朽的沙皇制度。即位初期，他就制造了"流血的星期日事件"，死伤 3000 多人，并导致了 1905 年革命的爆发；后来，他又解散国家杜马，逮捕社会民主工党人士，使全国陷入恐怖之中。在对外政策上，尼古拉二世推行侵略扩张的帝国主义政策。他于 1896 年攫取中东铁路建设权，后来又强占大连、旅顺；1900 年参加八国联军，趁机侵占中国东北；1904 年在中国领土上发动日俄战争，使中国人民遭受苦难。1917 年，尼古拉二世被迫退位，从而结束了罗曼诺夫王朝在俄国的统治。1918 年，尼古拉二世全家被枪决，俄国历史上的最后一位暴君就这样消失了。

张伯伦

尼维尔·张伯伦，"二战"初期的英国首相，对法西斯德国实行绥靖政策的代表人物。1869 年，张伯伦出身于贵族之家。1937 年出任英国首相，积极奉行对德国的绥靖政策，主张对德妥协、退让、姑息，希望以此换取英国的安全。为推行绥靖政策，他一方面打击以丘吉尔为代表的强硬派，一方面同希特勒秘密会晤，并最终签订《慕尼黑协定》，企图以牺牲捷克、波兰等小国的利益来换取英国的安全。但德国军队的步步紧逼促使张伯伦在 1939 年被迫对德宣战。由于绥靖政策所造成的恶果，张伯伦在 1940 年被迫辞职，后抑郁而终。张伯伦的绥靖政策，不仅使英国丧失了"二战"初期的战争主动权，助长了法西斯的嚣张气焰，遭到了欧洲许多国家的反对，而且最终还使英国卷入了战争的深渊。

甘地

莫汉达斯·卡尔姆昌德·甘地，印度民族独立运动领导人，国大党领袖。他在印度被尊称为"圣雄"。他是一位苦行僧式的人物，上身赤裸，皮肤黧黑，总是随身携带着一架木制纺纱机，他一有空就纺纱。他有非凡的智慧、超人的胆识和坚强的意志。他曾留学英国，回国后，领导印度国大党。他创造了一种独特的争取印度民族独立解放的方式，即"非暴力不合作运动"。这对印度民族独立起到了重要作用，经过长期斗争，印度人民终于获得了独立。在成立制宪会议上，甘地被称为"向导和哲学家""印度自由的灯塔"。英国驻印度总督蒙巴顿则称他为"印度自由的建筑师"。1948 年他在印度的教派纠纷中，被极端分子刺杀。"圣雄"甘地永远活在了印度人民和世界人民的心里。

列宁

弗拉基米尔·伊里奇·列宁，马克思、恩格斯无产阶级革命学说和事业的继承者，全世界无产阶级的伟大导师和领袖，世界上第一个社会主义国家的缔造者。列宁一生致力于无产阶级革命事业，并取得了巨大成就。他是无产阶级政党的缔造者，俄国社会主义革命的领导者，世界无产阶级革命斗争的导师。1917 年 11 月 7 日（俄历 10 月 25 日）他领导彼得格勒武装起义，推翻了资产阶级临时政府；他提议成立了共产国际；积极领导了苏联的社会主义建设，把科学社会主义理论发展到一个新的阶段，即列宁主义阶段；他还同形形色色的修正主义、机会主义进行了坚决的斗争。1924 年，列宁逝世。列宁把自己的一生都奉献给了无产阶级革命事业，为全人类解放事业做出了杰出的贡献。

丘吉尔

温斯顿·丘吉尔，英国首相。第二次世界大战爆发后，丘吉尔出任英国海军大臣，1940 年，出任英国战时内阁首相兼第一财政大臣、国防大臣，迅速把国民经济转入战时轨道。在其就任首相期间，促成美国通过《租借法案》；制定"先欧后亚"的战略方针；签署《大西洋宪章》，对日宣战；参与起草和签署《联合国宣言》；签署《开罗宣言》，开辟欧洲第二战场；签署《德黑兰宣言》，参与雅尔塔会晤。1945 年辞职后，曾发表"铁幕演说"，主张英美联盟，对抗苏联，拉开了战后"冷战"序幕；提出"三环外交"政策，反对美国的对朝战争。丘吉尔坚定地领导英国及英联邦国家人民进行反法西斯战争，为世界反法西斯战争的胜利做出了重要贡献。1951 年 10 月丘吉尔再次当选首相，1955 年退休。著有《第二次世界大战回忆录》等书。1953 年获诺贝尔文学奖。

麦克阿瑟

美国军事家，美国陆军五星上将。1880 年麦克阿瑟出生于军人世家，毕业于美国陆军军官学校（西点军校），在菲律宾和日本等地服役。麦克阿瑟为人们所熟知，主要是基于他在"二战"期间所创造的战绩。"二战"中，麦克阿瑟任西南太平洋战区总司令，指挥部队进行了 56 次两栖登陆；在太平洋战场重创日本海军，夺回太平洋战场的主动权。"二战"后，代表盟军成功占领日本，对其进行民主改造；1950 年以"联合国军"总司令的名义指挥侵略朝鲜的战争，最终失败。麦克阿瑟战争生涯的最大业绩，在于他对日本的成功改造。占领日本期间，他有力地削弱了天皇权威，用专制手段使日本由封建军国主义政体转变为资产阶级现代民主政体，使日本摆脱了封建专制统治，为

在太平洋战场上，美日疯狂争夺海上霸权。当时，麦克阿瑟将军担任西南太平洋战区总司令。

日本战后的崛起奠定了基础。1964 年，麦克阿瑟逝世。

斯大林

原名约瑟夫·维萨里奥诺维奇·朱加施维里，苏联共产党和苏维埃社会主义共和国联盟领导人。1922 年担任苏共总书记。列宁逝世后，斯大林成为苏联党和国家的主要领导人。领导苏联共产党和苏联人民保卫和巩固了世界上第一个无产阶级专政的国家，并进行了社会主义改造和社会主义建设。在苏联卫国战争时期，领导苏联人民和苏联军队取得了反法西斯战争的伟大胜利。斯大林一生中也有严重错误。斯大林在社会主义建设中所做的种种探索，为人们提供了有益的借鉴；而他在"二战"中的战略决策和领导，在世界反法西斯史上做出了不可磨灭的贡献。

马歇尔

乔治·卡特立特·马歇尔，美国陆军五星上将，美国国务卿。1939～1951 年，马歇尔历任美国陆军参谋长、陆军航空队参谋长、联合参谋部成员、驻中国大使、国务卿、国防部长等职，对美国在第二次世界大战中的战略决策及战后内外政策有重大影响。马歇尔在"二战"中提出了"首先打败德国"的战略决策，积极主张对德作战；马歇尔在"二战"后提出了"马歇尔计划"，即"援助欧洲复兴方案"。马歇尔计划的实施，促进了西欧各国经济的恢复和发展。1945 年马歇尔作为特使来华"调处"国共关系，支持国民党发动内战。1950 年在国防部长任内发动侵略朝鲜的战争。1959 年，马歇尔病逝。

季米特洛夫

格奥尔基·米哈依洛维奇·季米特洛夫，国际共产主义活动家，保加利亚共和国部长会议主席，保加利亚共产党总书记。季米特洛夫 1882 年出生于贫苦工匠家庭。1902 年加入保加利亚社会民主党，开始其政治生涯。在其政治生涯中，季米特洛夫为国际共产主义运动和世界反法西斯斗争积极贡献自己的力量。他在莱比锡法庭揭露希特勒法西斯制造"国会纵火案"的阴谋，树立了共产党人同法西斯英勇斗争的榜样；曾为共产国际领导人，为共产国际第七次代表大会的召开贡献了力量；曾倡议和组织"国际纵队"，支持西班牙人民的反法西斯斗争。保加利亚人民政权建立后，季米特洛夫任保共总书记、部长会议主席，致力于民主改革、社会主义革命和社会主义建设。1949 年 7 月 2 日，季米特洛夫在莫斯科逝世。著有《国会纵火案》和《莱比锡审判》等。

罗斯福

美国第三十二任总统，民主党人。1882 年，生于一个显贵的家庭。他早年曾从事律师工作，1910 年后转向政界发展。1921 年他患上了脊髓灰质炎症，但依靠自己的坚忍、乐观、智慧和才干，当选为总统。1932 年就任总统后，面对经济危机，他告诉人们：我们唯一害怕的就是害怕本身。他在被称为"百日新政"的短时间内，推行改革，使美国的经济逐渐恢复。"二战"中，1941 年 12 月日本偷袭珍珠港后，他领导美国正式加入反法西斯战争，为反法西斯战争的胜利做出了巨大的贡献。他对世界的影响是巨大的，在《大西洋宪章》《联合国宣言》《雅尔塔协定》等影响世界的重大决定里，都可以发现他所起到的重要作用。1944 年他第四次当选为美国总统，在任内的第二年病逝。罗斯福是美国历史上唯一任职四届的总统，也是美国历史上杰出的总统之一。

布琼尼

谢苗·米哈依洛维奇·布琼尼，苏联元帅。1883 年，布琼尼出生于贫农家庭。在其 70 年的军事生涯中，布琼尼参加过包括两次世界大战在内的多次大的战争，并屡建奇功。在布琼尼的战术思想中，他重视并善于使用骑兵，认为"骑兵永远神圣"，并积极组织建立骑兵团。在这一战术思想指导下，布琼尼在国内革命战争中取得了辉煌战绩，得到人们的高度赞誉。第二次世界大战中，布琼尼过时的战术思想使其战绩一般，并因为基辅保卫战的失利而被撤职。即使如此，布琼尼的功绩仍受到世人的高度评价，他也因此获得 8 枚列宁勋章、6 枚红旗勋章和多枚外国勋章、奖章。1973 年，具有传奇经历的布琼尼在莫斯科逝世。

杜鲁门

美国总统，民主党人。杜鲁门生于密苏里州，早年生活艰苦，做过银行职员、杂工，后回乡经营农场。参加过第一次世界大战。曾在炮兵学校学习，后以少校军衔退役，接着去经商，破产后投身于政界。1934 年当选为参议员。1945 年 1 月任副总统，同年罗斯福病逝后，杜鲁门继任总统，并于 7 月参加波茨坦会议。8 月批准对日本使用原子弹。1949 年竞选总统连任获胜。任内实施"杜鲁门主义"，镇压希腊武装斗争；以"复兴欧洲"为名，推行"马歇尔计划"，订立《北大西洋公约》，提出"第四点计划"，加强对第三世界的渗透活动。1950年发动侵朝战争，并派遣海空军侵占中国领土台湾。1953年任期届满后回到故乡独立城。1972年12月逝世。著有《杜鲁门回忆录》等。他的政策对20世纪中期的政治产生了很大影响。

巴顿

美国军事家，美国陆军五星上将，有"铁胆将军"之称。1885年巴顿出生于军人世家，毕业于美国陆军军官学校（西点军校）。巴顿将军在"二战"中创造了辉煌战绩，因此而被载入史册。在巴顿的战争生涯中，他强调快速进攻，重视坦克的使用，加之作战英勇顽强，因此取得了辉煌的胜利。1942年，巴顿将军指挥参加北非登陆战役，占领摩洛哥；1943年，指挥美军第七集团军发动西西里岛登陆战役，并收复该岛；1944年，在法来斯战役中重创德军；1945年，指挥军队突破"齐格菲防线"，深入德国腹地。巴顿将军的第三集团军在欧洲大陆转战281天，歼灭德军144.4万，为"二战"的胜利做出了贡献，他也成为少数使德军望而生畏的西方将领之一。1945年，巴顿将军因车祸而逝世。

蒙哥马利

英国军事家，英国陆军元帅。1887年，蒙哥马利出生于牧师家庭。作为一名军人，蒙哥马利在"二战"期间取得了最为辉煌的战绩，因此被世人所熟知。1942年，蒙哥马利在北非战场成功地指挥了阿拉曼战役，击溃了有"沙漠之狐"称号的隆美尔的军队，彻底扭转了北非战场局势，赢得"沙漠之鼠"的称谓，从而一举成名。阿拉曼战役后，蒙哥马利又指挥和参加了突尼斯战役，以及西西里和意大利本土登陆战役。1944年6月，蒙哥马利成功地指挥了诺曼底登陆，为他的戎马生涯又添了光辉一页。蒙哥马利军事生涯50年，赢得了无数荣誉和尊敬。他在1958年退休后，于1960年和1961年两次应邀访问中国，对改善中国的国际地位、缓和中国与西方国家的关系起了积极作用。

尼赫鲁

印度民族主义运动领导人，国大党领袖，印度第一任总理。尼赫鲁在其一生的政治生涯中一直致力于争取印度的民族独立。在几十年的斗争中，尼赫鲁曾投身甘地领导的反对英国殖民统治的非暴力不合作运动，曾先后9次被捕，在狱中度过10余载，1947年印度独立后，一直担任总理职务到逝世。在尼赫鲁任期内，曾希望建立"国家财富平均分配"的所谓的"社会主义"类型，但最终没能实现。1949年底，尼赫鲁代

甘地与尼赫鲁（左）在一起

表印度率先承认新中国。1954年，尼赫鲁访问中国，并和周恩来总理一起提出处理国际关系的和平共处五项原则，奠定了中印关系的基础。尼赫鲁还是不结盟运动和万隆会议的倡导者之一，为第三世界国家的联合斗争贡献了自己的力量。

戴高乐

法兰西第五共和国总统，政治家、军事家。1890年戴高乐生于里尔。1912年军校毕业。参加过"一战"。"二战"爆发后先在军界，后任国防部副部长而进入政界。在英国时，领导"自由法兰西运动"，建立法国部队，与盟国一起作战，为反法西斯战争胜利做出贡献。1944年任临时政府主席。1958年在法国陷入政治危机时，出任第四共和国总理，后两次当选总统。在总统任期内，他提出新宪法草案，扩大了总统权限，使法国变为半总统制国家。任职期间完成法国的非殖民化，对外奉行独立自主的外交政策，重视与第三世界的关系。1969年辞职，撰写回忆录。1970年病逝。著有《战争回忆录》《希望回忆录》等。终其一生，他领导法国走向解放和胜利，拯救了法国的荣誉，战后维

1944年6月解放后，戴高乐将军凯旋法国。

护着法国的尊严，受到法国人民的爱戴。

艾森豪威尔

美国陆军五星上将，美国第34任、第35任总统。艾森豪威尔出生于贫寒家庭，于1915年毕业于西点军校。在第二次世界大战期间，他担任美国驻欧洲战区总司令，北非战场盟军总司令，北非和地中海盟军总司令，欧洲盟军远征军最高统帅，并成功指挥了英美联军的北非登陆行动、诺曼底登陆行动等重大战役，为打败法西斯做出了贡献。艾森豪威尔也凭借在"二战"中的赫赫战功，由一名普通的参谋官逐渐成为将军。1952年，艾森豪威尔出任美国第三十四任总统，后来连任成功。在担任总统期间，他批准签订《朝鲜停战协定》，提出"艾森豪威尔主义"，继续推行"冷战"政策，同时会晤了赫鲁晓夫，开了美苏首脑会晤的先例。1969年，艾森豪威尔在华盛顿病逝。

胡志明

越南劳动党主席，越南民主共和国第一任主席。1890年出生，幼名阮必成，后名阮爱国，20世纪40年代初改名胡志明。早年做过教师、海员和杂役。胡志明一生致力于争取越南的民族解放和独立。曾于1927年在广州成立越南青年革命同志会；1930年成立印度支那共产党；1941年发起成立越南独立同盟，与法国殖民者和日本帝国主义展开了坚决斗争。1945年革命胜利后，发表《独立宣言》，成立越南民主共和国，并任临时政府主席，后任主席、总理。在胡志明的领导下，越南人民取得了长达9年的抗法战争的胜利，60年代取得了抗美救国战争的

胜利。1969 年，胡志明在河内逝世。胡志明一生都在斗争生涯中度过，为越南人民的独立与解放贡献了毕生精力，赢得了越南人民的爱戴。胡志明还多次到中国，奠定了中越关系的基础，受到中国人民的尊敬。

隆美尔

法西斯德国陆军元帅，有"沙漠之狐"之称。隆美尔出生于德国平民家庭，参加过"一战"，成名于"二战"。在第二次世界大战中，隆美尔曾担任第七装甲师师长，率部横扫西欧，迫使比利时投降，占领法国；曾担任"德国非洲军团"总指挥，德国非洲装甲集团军总司令，数次重创英军，并赢得"沙漠之狐"的称号；曾任驻意大利北部集团军司令，驻法国 B 集团军司令等职。1944 年，隆美尔被迫服毒自杀。隆美尔征战一生，主张进行闪电攻击，认为最好的防守就是进攻。在这一战术思想的指导下，他指挥战斗灵活机动、避实就虚，取得了重大的胜利，逐渐升为最年轻的元帅。但由于所进行的战争的非正义性，隆美尔注定要失败。尽管如此，他的军事造诣和战术天才还是受到了世人的重视。

铁托

约瑟普·布罗兹·铁托，南斯拉夫联邦人民共和国联邦政府主席、最高统帅。铁托 1892 年出生于克罗地亚贫农家庭。20 岁加入克罗地亚社会民主党。一战中因反战受处分，后被俄军俘获。回国后参加南斯拉夫共产党，致力于南斯拉夫的独立解放运动，并为此进行了不懈斗争。在几十年的斗争生涯中，铁托不仅使南斯拉夫共产党走上了健康发展的道路，而且领导南斯拉夫人民取得了反法西斯战争的伟大胜利。1945 年，南斯拉夫联邦人民共和国成立，铁托任联邦政府主席、最高统帅。同时，作为一位有国际声望的政治活动家，在铁托的参与和发起下，第一次不结盟国家首脑会议于 1961 年胜利召开，从而为世界和平与进步做出了重要贡献。1980 年，铁托逝世。

1961 年，铁托在贝尔格莱德宣布不结盟国家第一次会议开幕。

苏加诺

印度尼西亚民族运动的领导者，印度尼西亚共和国第一任总统。苏加诺 1901 年出生于贵族家庭，1927 年出任印尼民族联盟主席，提出立即独立的口号，后被捕。苏加诺一生致力于争取印尼的民族独立，并为此进行了不懈的斗争。1945 年，苏加诺发表《独立宣言》，宣告印尼独立，并当选为第一任总统。1955 年 4 月他主持召开了万隆会议，为亚非国家的团结和联合斗争发挥了重要作用。1965 年后，其总统权力逐渐被剥夺，1967 年开始退居二线，将权力交给苏哈托。后被迫辞去总统职务，1970 年病逝。作为印尼历史上的首位总统，苏加诺不仅为印尼的民族独立做出了重要的贡献，而且为加强亚非人民的团结也贡献了积极的力量。

勃列日涅夫

苏共中央委员会书记处总书记、最高苏维埃主席团主席。生于冶金工人家庭。17岁入共青团，1931年入党。1939年任第聂伯罗波德罗夫斯克州党委书记，后任第一书记。卫国战争期间，在前线从事政治工作。1952年，当选为中央书记。1960～1964年担任苏联最高苏维埃主席团主席，1964年10月当选为苏共中央第一书记，两年后任总书记。后获大将军衔和元帅军衔。1977年起，兼任苏联最高苏维埃主席团主席。1982年11月逝世。在他任领导人期间，苏联社会各方面虽有明显的进展，但晚年由于限制了人们的探索，经济发展下降。他对外推行霸权主义，入侵多个国家，受到了国际舆论的谴责。著有《遵循列宁主义方针》《发达社会主义的经济管理问题》等。

金日成

原名金成柱，朝鲜劳动党中央委员会总书记、朝鲜民主主义人民共和国主席。1912年金日成生于普通农民家庭。1925年他移居到中国东北吉林省。1926年建立朝鲜第一个真正的共产主义革命组织"打倒帝国主义同盟"。第二年8月，成立了朝鲜共产主义青年同盟。1936年5月，创建了朝鲜第一个反日民族统一战线组织"祖国光复会"。在几十年的革命斗争中，金日成领导朝鲜人民完成了反帝反封建的民主主义革命，于1948年创建了朝鲜民主主义人民共和国，出任内阁首相和国家元首。1950～1953年在中国人民志愿军的援助下，取得朝鲜战争的胜利。此后，对生产关系进行社会主义改造，努力把朝鲜建成社会主义工业国。金日成曾多次访问中国，并于1961年同中国签订了《中朝友好合作条约》，与中国共产党和中国人民有着深厚的友谊。金日成1994年7月8日因病逝世。

尼克松

美国第三十七任总统，第一位因信任危机而被迫辞职的美国总统。尼克松1946年当选美国众议员，开始其政治生涯，1968年就任美国第三十七任总统。在尼克松就任美国总统期间，制定了收缩美国全球义务、调整国际关系的新方针，即所谓的"尼克松主义"。在尼克松主义指导下，美国实现了从越南撤军，逐渐结束对越侵略战争；调整与苏联的关系，提出以"伙伴关系、实力和谈判"为三大支柱的"新和平战略"；改善中美关系，制定了新的中国政策，一方面积极支持中国恢复在联合国的合法地位，一方面访问中国，成为第一位访问新中国的美国总统，也是美国历史上第一位首次出访一个没有同美国建立外交关系国家的美国总统，从而为中美关系的发展奠定了基础。1973年，尼克松由于"水门事件"被迫辞职。1994年，尼克松在纽约病逝。

科技经济名人

欧几里得

古希腊数学家，几何学的鼻祖，雅典人，柏拉图的学生。公元前300年左右，在托勒密王的邀请下，欧几里得来到亚历山大，并长期在那里工作，建立了以他为首的数学学派。他是一位温良敦厚的教育家和有志数学之士。他治学严谨，反对在做学问时投机取巧和追求名利。他曾说过："在几何里，没有专为国王铺设的大道。"欧几里得总结希腊数学成果，写成了13卷的《几何原本》，使几何学成为一门独立的科学。这部著作的观点统治了数学界1000多年。欧几里得对光学、天文学、音乐也有研究，他主张光的直线性观点。欧几里得的著作较多，如《数据》《图形分割》《论数学的伪结论》《光学之书》《反射光学之书》等。

阿基米德

古希腊数学家、力学家。约公元前287年生于西西里岛的叙拉古，他出身贵族，家庭富有，从小就对数学、天文学特别是几何学有浓厚的兴趣。11岁时，到亚历山大城学习多年。公元前212年，被入侵的罗马士兵杀死。他的墓碑上刻着一个圆柱内切球的图形，以纪念他。阿基米德的贡献是多方面的。他确立了杠杆定律，并称"给我一个支点，我将撬起地球"；发现了流体静力学的基本原理，并用来鉴别皇冠的真假；在天文学方面，认为地球绕着太阳转。他的著作很多，有《论球和圆柱》《抛物线求积》《论螺线》等数学著作和《论浮体》《论杠杆》《论重心》等力学著作。后人称他是"理论天才与实验天才合于一人的理想化身"。

托勒密

托勒密·克罗丢，古希腊天文学家、数学家、地理学家和地图学家。生于埃及，父母都是希腊人。公元127年，年轻的托勒密被送到亚历山大去求学。在那里，他阅读了大量书籍，并且学会了天文测量和大地测量。他曾长期住在亚历山大城，直到公元151年。他在公元168年去世，终年78岁。他是"地心说"的集大成者。他集古希腊天文学之大成，建立地心宇宙观，即托勒密地心学说，形成"托勒密体系"。他的地球中心说支配西方达1500年之久，并被教会利用作为宗教的理论支柱，直至哥白尼"日心说"问世。托勒密著有四本重要著作：《天文学大成》《地理学》《天文集》和《光学》。其中《天文学大成》是当时的天文学百科全书，直到 16 世纪，一直是天文学家的必读书。此外，他在地理学、年代学和占星学等方面也有所成就。

盖伦

希腊医学家、解剖学家。生于小亚细亚的佩尔加曼一个建筑师家庭，早年跟随当地柏拉图学派的学者学习，17 岁时在亚历山大等地学医，掌握了解剖术，并一生专心致力于医疗实践解剖研究，还从事学术写作。他通过对动物进行解剖实验和研究，建立了血液的运动理论和对三种灵魂学说的发展，这是他对医学的最大贡献。盖伦在药物的研究上也卓有成效，记载了植物药物 540 种，动物药物 180 种，矿物药物 100 种。盖伦一生共写有 131 部著作，大部分已经散失。其中《论解剖过程》和《论身体各部器官功能》是他最有影响的著作。他的血液运动理论，在哈维提出新的理论前，一直影响着西方，在生物学史上产生了很大影响。在古罗马时期他被认为是仅次于希波克拉底的第二医学权威。

哥白尼

波兰天文学家，日心说的创立者，近代天文学的奠基人。1473 年生于托伦富商家庭。中学时对天文学发生兴趣。1491～1495 年，在克拉科夫大学学习时，对天文、数学和观测技巧发生极大兴趣，发现了托勒密体系存在的问题。后到意大利波伦亚和帕多瓦大学学习法律、神学和医学等。后来他从事过多种工作，写过经济学著作，行过医，且医术高明，被人们称为"神医"。1515 年，哥白尼开始写作《天体运行论》一书，1536 年写成，1543年出版。该书推翻了托勒密的"地球中心说"，创立了"太阳中心说"。1543 年 5 月 24 日，哥白尼病逝。哥白尼的名字就表示"谦卑"的意思。他的最大成就是以日心说否定统治 1000 多年的地心说。这是天文学上一次伟大革命，使人类的宇宙观发生了根本变革，揭开了近代自然科学革命的序幕。

韦达

法国 16 世纪最有影响的数学家之一。1540 年生于法国的普瓦图。韦达青年时期，学习法律，当过律师。后他从事政治活动，并当选过议会的议员。他后来把兴趣转向科学研究，主要致力于数学的研究。1579 年他最早的数学专著《应用于三角形的数学定律》发表，是早期系统论述平面和球面三角学的著作之一。1591 年他完成《论方程的识别与订正》。1593 年他又出版了另一部代数学专著《分析五篇》，同年他的《几何补篇》用代数方法解决几何问题的思想由笛卡儿继承，发展成为解析几何学。1603 年 12 月 13 日他逝世于巴黎。韦达最重要的贡献是对代数学的推进，他最早系统地引入代数符号，创造了"韦达定理"，推进了方程论的发展。由于他做出的这些贡献，他在欧洲被尊称为"代数学之父"，成为 16 世纪法国最杰出的数学家。

第谷·布拉赫

丹麦天文学家、占星学家。1546 年 12 月 14 日出生于丹麦斯甘尼亚省的一个律师家庭，祖籍是瑞典。14 岁时被送到哥本哈根的大学读书。1560 年，一次日偏食的观测，使 15 岁的第谷将注意力转向了天文学。1562 年，第谷被送到莱比锡，但他没有遵从家庭意愿去学习法律，而是继续钻研天文学理论。那时还没有天文望远镜，第谷凭借着锐利的肉眼和惊人的机械操作能力，来测定恒星方位和观测日、月、行星，并制成了比以往更精确的包括 1000 多颗恒星的星表。1599 年第谷在布拉格担任罗马帝国鲁道夫二世的御前天文学家。1601 年 10 月 24 日因病在布拉格去世。1627 年，在好友开普勒的帮助下，他的遗作《鲁道夫天文表》得以出版，它是有史以来最准确的一份天文表。

布鲁诺

意大利自然科学家、思想家和哲学家。1548 年，出生于那不勒斯附近的诺拉镇。17 岁进入多明教会，读了不少禁书，并勇敢地批判《圣经》的创世说。1577 年以"异端"罪被开除出教。后因与罗马教会冲突而在西欧四处流亡。流亡期间他到处演讲和著书立说，反对地心说，捍卫哥白尼的学说，宣扬新思想。1592 年，被诱骗逮捕。1600 年 2 月 17

西班牙宗教法庭进行审讯的恐怖情形。图中，布鲁诺被视为异端分子，竟然被活活烧死。

日，这位"在真理面前，我半步也不退让"的战士，最后以"异端分子和异端分子的老师"的罪名，被烧死在罗马鲜花广场。1889 年在鲜花广场上人们树起布鲁诺铜像以表纪念。他的主要著作有《论无限宇宙和世界》《论原因、本原和同一》《挪亚方舟》等。他继承了哥白尼的太阳中心说，并且纠正其学说中的错误，具有巨大的科学意义。

伽利略

意大利文艺复兴时期天文学家和物理学家。生于比萨贵族家庭。17 岁入比萨大学，发现钟摆的等时性定律。先后在比萨大学和帕多瓦大学当教授。通过实验，推翻了亚里士多德"物体落下的速度和重量成比例"的学说，发现了落体定律，结果被赶出比萨大学。1609 年自制望远镜观察天体，发现新宇宙，写成《星空使者》，轰动一时。1613 年发表证明哥白尼的学说正确的《论太阳黑子》，被宗教裁判所传讯。1633 年被判终身监禁，被迫承认"错误"。后被保释回乡。1638 年完成他最重要的著作《两种新科学的对话》，为牛顿第一定律和第二定律的研究铺平了道路。1642 年病逝。伽利略是经典力学和实验物理的先驱，也是利用望远镜观察天体的第一人，被誉为"近代科学之父"。1983 年罗马教廷承认对他判决错误。

开普勒

德国天文学家、光学家。1571 年 12 月 27 日生于德国符腾堡。他从小体弱多病，但勤奋努力，智力过人。16 岁入蒂宾根大学学习，成为哥白尼学说的忠实维护者。1591 年获文学硕士学位，1594 年，被聘请到奥地利路德派高校讲授数学，并开始研究天文学。1596 年出版《宇宙的神秘》一书，受到第谷的赏识，1600 年任第谷的助手。第谷去世后，他成为第谷事业的继承人。他对光学很有研究，1611 年出版阐述近代望远镜理论的《光学》。1612 年移居奥地利，继续研究天文学。晚年他生活极度贫困，1630 年 11 月 15 日病逝。开普勒对天文学做出了卓越的贡献，他发现了行星运动三大定律，把天文学推进到一个新阶段，使哥白尼日心说取得了彻底的胜利，为牛顿天体力学打下基础。他还发明了开普勒望远镜，发现大气折射的近似定律，在多个方面都有所成就。

哈维

英国生理学家，胚胎学家，医生。他 1578 年出生于英国一个富裕的农民家庭。19 岁从剑桥大学毕业后，去意大利留学，5 年后获得医学博士学位。哈维在医学上的突出贡献是提出了血液循环学说。1628 年，他发表了划时代的著作《关于动物心脏与血液运动的解剖研究》（又译《心血运动论》），在书中他指出心脏是一个可以压出血液的肌肉实体，血液以循环的方式在血管系统中不断流动。这一石破天惊的发现标志着近代生理学的诞生，同时也确立了哈维在科学发展史上的重要地位。可叹的是他的这一结论遭到了当时学术界权威的一致攻击，直到他死后的 4 年，人们将显微镜用于医学观测，才确认了哈维的科学结论。哈维 1657 年逝世。哈维的贡献是划时代的，他的医学发现标志着新的生命科学的开始。

费马

17 世纪法国数学家。生于法国南部，在大学里学法律，后以律师为职业，还被推举为议员。他涉猎广泛，对哲学、文学、历史、法律等等都有兴趣。他从 30 岁起直到 64 岁病逝，一直迷恋着数学。他一生中有许多伟大的发现。他对数学的贡献是多方面的，包括了微分学的概念、解析几何和数论。尤其在数论方面，他留有费马最后定理、费马小定理、费马二平方数定理以及无限下降法和费马数等等。其中有数学难题中少有的千古之谜"费马大定理"。他还研究了掷骰子赌博的输赢规律，从而成为古典概率论的奠基人之一。费马有个不动笔墨不读书的习惯，后世数学家从他读过的书的页边的评论中获益，称赞他是"业余数学家之王"。

帕斯卡

法国数学家、物理学家，近代概率论的奠基人。1623 年 6 月 19 日出生在法国奥维涅省的克莱蒙费朗。帕斯卡 16 岁时就参加了巴黎数学家和物理学小组的活动并发表了论文，小小年纪就扬名于学术界。18 岁时发明了二进制的数学运算器。1639 年，他在一篇数学论文《论圆锥曲线》中提出了一条定理，后人把它命名作帕斯卡定理。31 岁时提出了二项式的三角形排列方法，即通常所说的帕斯卡三角形。他还同其他的数学家合作建立了组合论和概率论的基础。他在物理学上的贡献是流体静力学和大气压强的研究。他认为液体产生的压力和深度有关，并运用这一理论成功设计和改良了柱式水银气压计。由于在工作上过度操劳，帕斯卡的身体健康受到很大损害，于 1662 年 8 月 19 日逝世，年仅 39 岁。

波义耳

英国化学家、物理学家，近代化学之父。生于爱尔兰贵族骑士之家。因他从小瘦弱多病，被送到伊顿公学读书，后去日内瓦深造，4 年后回国创办私人实验室。当时有贵族不宜从事化学研究的偏见，但他一如既往。1663 年，他被选为英国皇家学会会员，后成为该会会长。他一生贡献很多，在化学方面，开始进行分析化学的研究，将元素定义为不可分解的物质，整个近代化学以此为基础得以建立。他还是火柴的发明者，制造出历史上第一根火柴。在物理方面，他发现了波义耳定律。他还是液体比重计（现叫密度计）的发明者。波义耳的代表作有《怀疑派化学家》《关于颜色实验和考察》《空气发光》等。波义耳献身科学的精神和取得的成就对后人影响是巨大的。

列文虎克

荷兰博物学家。他出身贫寒，没有受过教育。成年后做着一份低级工作，但他利用工作的空暇埋头磨制镜片，学会了玻璃制作透镜的技术。有人认为他是"疯子"，在"干没有出息的事"。但他却做成了人类历史上第一架显微镜，他用这个仪器获得了很多发现。1668 年他证实了红血球细胞是怎样通过兔子耳朵的毛细血管和青蛙脚上的网循环的；1674 年他对红血球细胞做了精确的描述；1675 年他发现原生动物；1677 年他描述了动物的精子，证实了精子对胚胎发育的重要性；1683 年他又发现细菌，并描述了细菌的三种类型，此外，他对动植物的显微构造也有所观察。他的探索精神是执着的，他曾对别人说"要想成就一项事业，必须花掉毕生的时间"，他也用他的一生实践了这句话。列文虎克是 17 世纪最著名的显微镜专家和微生物学的开山鼻祖，对人类科学的发展做出了很大贡献。

牛顿

英国物理学家、天文学家和数学家。他出生于林肯郡一个农村家庭。牛顿是早产儿，差点夭折。12 岁他进金格斯中学上学。他性格腼腆，学习成绩不佳，但他爱好思索，特别喜欢制作各种机械玩具。1661 年进入剑桥大学，师从著名数学家巴罗，1668 年获硕士学位。27 岁时经巴罗教授推荐，牛顿继任数学教授，他从此在剑桥待了 30 年，取得了巨大的成就。牛顿是 17 世纪最伟大的科学巨匠，他的成就遍及物理学、数学、天体力学的各个领域。恩格斯曾做出恰当评价："牛顿由于发现了万有引力定律而创立了科学的天文学；由于进行了光的分解，而创立了科学的光学；由于创立了二项式定理和无限理论而创立了科学的数学；由于认识了力的本质，而创立了科学的力学。"牛顿对

牛顿像

人类的贡献如此巨大，为纪念牛顿的贡献，国际天文学联合会将 662 号小行星命名为牛顿小行星。

哈雷

英国天文学家、数学家。1656 年 11 月 8 日出生于伦敦附近的哈格斯顿。哈雷有归算和处理大量数据的非凡才能。他曾就读于牛津大学，1676 年在南太平洋圣赫勒拿岛建立了南半球的第一座天文台，测编了第一个南天恒星表（共有 341 颗），并于 1678 年发表，在当年他被推选为皇家学会会员。他通过精密观测和分析，指出 1531 年、1607 年、1682 年以近似轨道 3 次出现的是同一颗彗星，并且预言 1758 年它会再度重现，这一推测后来得到了证实，人们因此把这颗彗星命名为哈雷彗星。1705 年，他发表了《彗星天文学论说》；1720 年担任格林尼治天文台第二任台长；1742 年 1 月 14 日在格林尼治去世。他曾鼓励并资助牛顿出版了《自然哲学的数学原理》这一科学巨著。他制成了世界上第一个海上盛行风气象图，并出版了《大西洋太平洋地磁图》（1701 年）等著作。在物理学中，他还找到了透镜共轭点之间的关系。哈雷是一个有着诸多建树的科学家。

纽科门

英国工程师，蒸汽机发明人之一。他小时候仅受过初等教育，少年时代做过锻工。20 多岁时同别人一起经营铁器，后开始共同研制蒸汽机，并终于在 1705 年取得了"冷凝进入活塞下部的蒸汽和把活塞与连杆联接以产生运动"的专利权。他一直在为改进蒸汽机努力。1712 年他首次制成大气式蒸汽机，并在斯塔福德郡的达德利堡附近安装运行。这后来被称为纽科门蒸汽机。纽科门蒸汽机在发明出来后的 60 多年里被广泛应用。后来他还试制成一台蒸汽泵。纽科门发明的蒸汽机是第一个实用的蒸汽机，为后来蒸汽机的发展和完善奠定了基础，是瓦特蒸汽机的前身。纽科门在人类科技史上的贡献是不可磨灭的。

泰勒

英国数学家，18 世纪早期英国牛顿学派最优秀代表人物之一。1685 年 8 月 18 日出生于米德尔塞克斯的埃德蒙顿。1709 年后移居伦敦，获法学硕士学位。1712 年当选为英国皇家学会会员，并于 1714 年获得法学博士学位，同年出任英国皇家学会秘书。1718 年因健康问题而辞退职务。1717 年，他以泰勒定理求解了数值方程。1731 年 12 月 29 日逝世于伦敦。泰勒的主要著作是 1715 年出版的《正的和反的增量方法》，书中阐释了著名的"泰勒定理"。"泰勒定理"的提出使泰勒成了有限差分理论的奠基者。泰勒在书中还讨论了微积分对一系列物理问题的应用，其中以有关弦的横向振动的结果最为重要。1715 年，他出版了另一名著《线性透视论》，1719 年发表再版的《线性透视原理》。泰勒在微积分领域取得了巨大成绩。

哥德巴赫

德国数学家。1690 年 3 月 18 日出生于格奥尼格斯别尔格。他曾经在英国牛津大学学习；先是研习法学，由于在欧洲各国访问期间结识了贝努利家族，所以产生了数学研究的兴趣；他当过中学教师，做过驻俄国的公使；从 1725 年开始，成为彼德堡科学院院士。哥德巴赫主要从事微分方程和级数理论的研究。他喜欢和别人通信讨论数学问题，著名的"哥德巴赫猜想"就是他在 1742 年 6 月 7 日给老友——著名瑞士数学家欧拉的信中提出的。他的大胆设想是任何不小于 6 的偶数均可表示为 2 个奇数之和。这位数学天才逝世于 1764 年 11 月 20 日。遗憾的是，在"哥德巴赫猜想"发表以来的 270 多年里，无数的数学家为了解决这个猜想付出了艰辛的劳动，但是迄今为止，它仍然是一个没有被完全证明的猜想。

欧拉

瑞士数学家和物理学家。他从小就对数学着迷，是一位不折不扣的数学天才。他 16 岁获硕士学位，23 岁就晋升为教授。由于过度的劳累，致使他双目失明。但他凭着惊人的记忆力和心算能力，通过口授等方式，完成了大量的科学著作，直至他生命的最后一刻。欧拉一生著书颇丰，是从古至今成果最丰硕的数学家之一。他最重要的贡献是在解析几何、微积分上。欧拉在数学上的建树很多，以欧拉的名字命名的数学公式、定理等在数学书中随处可见。与此同时，他还在物理、天文、建筑以至音乐、哲学等方面取得了很大成就。欧拉是历史上对数学贡献最大的 4 位数学家之一（另外 3 位是阿基米德、牛顿、高斯），他被誉为"数学界的莎士比亚"。

林奈

瑞典植物学家。1707 年生于瑞典。父亲是乡村牧师，对园艺非常爱好。受其影响，林奈从小喜爱植物，8 岁就有"小植物学家"之称。20 岁时他入大学学习，系统地学习了植物学的知识和方法。25 岁时他进行野外考察，收集了不少宝贵的资料。28 岁时他用 3 年时间周游欧洲各国，并在荷兰取得医学博士学位。其间出版了《自然系统》，学术思想得以成熟。1738 年他回到故乡，在大学担任植物学教授。此后 20 余年，共发表了 180 多种科学论著。1753 年发表了《植物种志》，用他新创立的"双名命名法"对植物进行统一命名。1778 年去世。林奈是近代植物分类学的奠基人，建立了人为分类体系和双名制命名法，他首创了纲、目、属、种的分类概念。瑞典政府为纪念他，先后建立了林奈博物馆、林奈植物园等，并于 1917 年成立了瑞典林奈学会。

卡文迪什

英国物理学家和化学家。1731 年 10 月 10 日生于法国尼斯。18 岁考入剑桥大学，他尚未毕业就去巴黎留学，后来回伦敦定居，并一直在他父亲的实验室中做电学和化学方面的研究工作。1766 年他发表了《论人工空气》，获皇家学会科普利奖章。1781 年他制得氢气。1785 年他制出纯氧。因为他的贡献，他得到了很高的荣誉，先后被选为英国皇家学会会员和法国科学院外籍院士。1810 年 2 月 24 日去世。后来麦克斯韦整理了他的实验论文，于 1879 年以《尊敬的亨利·卡文迪什的电学研究》为书名出版。卡文迪什从事实验研究达 50 年之久，在化学、热学、电学等方面进行了成功的实验研究，取得了很大的成绩。他被称为"化学中的牛顿"，

"最富有的学者，最有学问的富翁"。

库仑

　　法国物理学家。1736 年 6 月 14 日生于法国昂古莱姆。因家境富裕，他受到了良好的教育。后来他到巴黎军事工程学院学习，毕业后，在一家工程公司工作了 8 年。后在军队中服役，并开始从事科学研究工作。他主要研究工程力学和静力学。1777 年他成功地设计了新的指南针结构，因此受到法国科学院奖励。1782 年他当选为法国科学院院士。1785 年到 1789 年之间他连续在皇家科学院备忘录中发表了很多文章。1785 年提出静电学中著名的库仑定律。1806 年 8 月 23 日，库仑在巴黎因病逝世，终年 70 岁。他最主要著作是《电气与磁性》一书，共 7 卷，于 1785 年至 1789 年出版发行。库仑是 18 世纪最伟大的物理学家之一，他为科学发展做出了杰出的贡献。

瓦特

　　英国发明家、工程师。1736 年 1 月 19 日生于苏格兰的一个小镇格里诺克。他的父亲是一个多才多艺的工匠，受其影响，瓦特从小就很有探索精神，传说他小时候看到沸腾的水把壶盖顶开，就思考其中的原因。他先是在格里诺克文法学校学习，后因身体不好辍学，15 岁学完了《物理学原理》，1753 年跟从有名的机械师摩尔根当学徒。1756 年在格拉斯哥大学当仪器修理员，这是他人生的一大转折。他于 1790 年完成了蒸汽机的整套发明过程。这一发明极大地推动了欧洲的第一次工业革命，使世界进入了"蒸汽机时代"。由于他在科学技术上的杰出贡献，

1785 年被选为伦敦皇家学会会员；1806 年被授予格拉斯哥大学法学博士头衔；1814 年被选为法国科学院外籍院士。1819 年 8 月 19 日瓦特在伯明翰附近的希斯菲逝世。

舍勒

　　瑞典化学家，氧气的发现人之一。1742 年 12 月 19 日出生于瑞典的斯特拉尔松。由于家庭经济困难，舍勒只勉强上完小学，年仅 14 岁就到歌德堡的班特利药房当学徒。他早年先后在歌德堡、马尔默、乌普萨拉、斯德哥尔摩等地的药房做过短期工作，后来大部分的时间都在小镇彻平的药房中度过。他忍受着贫困，利用简陋的设施进行大量的化学实验和研究。他一生发现的新物质有 30 多种，其中最为突出的贡献是发现氧气和氯气，并于 1777 年出版了他的著作《论空气和火的化学》。1775 年 2 月 4 日当选为瑞典科学院院士。由于过度的劳累和贫寒，1786 年 5 月 21 日英年早逝，死于哮喘。舍勒的很多实验研究成果，生前没有发表，直到 1942 年在纪念舍勒 200 周年诞辰的时候，人们才将他的全部实验记录重新整理发表，竟有 8 卷之多。

拉瓦锡

　　法国化学家。1743 年 8 月 26 日出生于巴黎，从小就受到良好的教育。1763 年获法学学士学位，并取得开业律师资格证书。从 21 岁起开始研究地质学，后来又致力于化学的研究。1765 年当选为法国巴黎科学院候补院士；1768 年研制成功了浮沉计，可以用来检测矿泉水；从 1772 年开始担任皇家科学院副教授，

1778 年晋升为教授，并从 1775 年开始担任皇家火药局局长一职。1794 年 5 月 8 日在法国革命期间被砍头。拉瓦锡的突出贡献是证明了燃烧是一种有氧参加的化学反应，推翻了燃素说，用实验证明了化学中的质量守恒定律。他还提出水是氢气和氧气的化合物，并且引入了一套统一的化学术语系统。他的代表著作有《化学概要》《物理学和化学的重量》等。拉瓦锡是近代化学的奠基人，他被人们尊称为"现代化学之父"。

赫歇耳

英国天文学家，现代天文物理学先驱。赫歇耳 1738 年 11 月 5 日出生于德国汉诺威，他从小接受音乐训练，并在 20 多岁时成为一名风琴演奏家。在 30 岁左右，赫歇耳对天文学有了浓厚的兴趣。1781 年，他发现了天王星，因而获得乔治三世授予的薪俸，使赫歇耳得以全力投入天文学研究；1783 年，赫歇耳制作完成一具焦距 6 米长，镜面口径 47.5 厘米的反射式望远镜，并利用望远镜发现两个天王星卫星及两个土星卫星；1789 年，赫歇耳又制作完成一具焦距 12 米的反射式望远镜（直到 1969 年，它仍是英国境内最大的望远镜）；1816 年，赫歇耳受封骑士爵位。1822 年，逝于斯劳（温莎附近）。赫歇耳对天文物理学的突出贡献是他为星团及星云用演化的概念进行分类，建立本银河系为透镜形状的说法；证明多数目视双星实则由两恒星重力相互牵引的物理系统；提出太阳会移动的观点，并定出太阳移动方向；还利用太阳光谱上下不同定点处，测量辐射所产生的热，发现最热的区域中没有可见的辐射，因而推断出红外线的存在。

伏特

意大利物理学家。1745 年 2 月 18 日出生于科莫。从学生时代起伏特就对自然科学产生了浓厚的兴趣。1774～1779 年任科莫大学预科物理学教授；1779～1815 年任帕多瓦大学哲学系主任；1819 年退休后回到故乡科莫。1827 年 3 月 5 日在该地逝世。伏特从 1765 年开始从事静电实验研究，1769 年发表了他的静电学著作《论电的吸引》。1776 年发现了甲烷，测定了空气的膨胀系数。他最重要的贡献是 1800 年发明的"伏特电堆"，这是第一个可以产生持续、稳定电流的装置。这一发明开创了电学研究的新局面，引起了极大的轰动。1801 年拿破仑一世曾召见他到巴黎表演电堆实验，授予他金质奖章和伯爵称号；1803 年当选为法国科学院外籍院士。人们为了纪念他在电学上的贡献，根据他的姓氏把电动势、电势差、电压的单位命名为伏特。

琴纳

英国医学家，天花病的攻克者。1749 年他生于英国一个乡村，父亲是个牧师。他 13 岁起跟随一位外科医生学医。21 岁时他跟随当地名师学习。老师的献身精神和高明医术，给他很大的影响。26 岁时，他大学毕业回家乡从医。那时天花病泛滥，他决心研究治疗天花病的方法。他发现凡是得过天花的人，就不会再得天花。1796 年他证实了他的假想。他根据研究成果，写成《牛痘的成因与作用的研究》。但当时没有人相信他。直到 1801 年他的

天花病的攻克者琴纳医生

研究成果才被承认。英国皇家学会在伦敦建立了皇家琴纳学会，他任主席。在这里他继续进行研究工作，直到逝世。琴纳种牛痘消灭了天花，给人类带来无穷福音。

拉普拉斯

　　法国数学家和天文学家。1749 年 3 月 23 日出生于诺曼底的博蒙昂诺日的一个农民家庭，家境虽贫寒，但他勤奋努力。1767 年经达朗贝尔介绍，他到巴黎陆军学校执教数学；1785 年当选为法国科学院院士；1795 年任综合工科学校教授；后来又到高等师范学校任教。1816 年当选法兰西学院院士，1817 年任该院院长。拉普拉斯在科学上的主要贡献是他用数学方法证明了行星的轨道大小只有周期性变化，即著名的"拉普拉斯定理"。他的代表性著作有《概率分析理论》《天体力学》和《宇宙体系论》等。他因研究太阳系稳定性的动力学问题而被赞为法国的牛顿和天体力学之父。拉普拉斯是天体力学的奠基人，是天体演化论的创立者之一，是概率分析论的创始人，是应用数学的先驱。1827 年 3 月 5 日拉普拉斯在巴黎逝世。

富尔敦

　　美国发明家、工程师。1765 年出生于美国。他年轻时曾经留学英国学习绘画，在英国和其他一些造船比较发达的西欧国家进行过技术考察。1803 年，他在巴黎发明了第一艘以瓦特蒸汽机为动力，以桨轮为推进方式的船，并于同年在塞纳河下水试航。这艘汽船在逆水航行时，速度已经超过在河岸上快步前进的行人。但是它的推进系统还不够完善，航速和稳定性方面都还不够理想。由于缺乏研究资金，富尔敦无奈回国。他幸运地得到了另一位发明家利文斯顿的资助，终于在1806 年建成了第二艘汽船"克勒蒙"号，并在次年试航成功。富尔敦在其他方面也有突出的贡献，如他还发明了水闸，研制了蒸汽艇、潜水艇和水雷等。

道尔顿

　　英国化学家，自然哲学家，原子论的创立者。他生于贫苦织工家庭，没条件读书，主要靠自学成才。从 1778 年开始主要从事教育。1799 年以后，则把主要精力投入到科学研究中去。1801 年提出气象学中的气体分压定律，即道尔顿定律。他的主要研究工作在化学方面。1803 年提出原子量表和倍比定律。1808 年，他出版了主要化学著作《化学哲学的新体系》，发表了"道尔顿原子学说"。原子论建立以后，各种荣誉纷至沓来，他先后被选为法国科学院外籍院士，英国皇家科学院院士等。在荣誉面前，他起先是谦虚的，后来变得骄傲、保守，甚至阻挠别人的探索。1844 年病逝。道尔顿既有理论思维头脑，又有实验才能，他的原子论奠定了近代化学和原子物理学的基础，有划时代的意义。

布朗

英国植物学家、物理学家。1773年12月21日出生于苏格兰的蒙特罗斯。他从小就对植物有浓厚的兴趣。早先在阿伯丁大学马里夏尔学院学习，后来进入爱丁堡大学学习医学。21岁时在英军中任助理外科医生，在工作的闲暇，他注意收集各种植物制作标本。1801～1805年间他在澳大利亚远洋勘察船"调查者"号上收集了大量的大洋洲植物标本。1805年返回伦敦后，写成《澳洲植物志》一书，在书中将自己收集的近3900种标本进行分类、整理，对植物分类学做出了巨大贡献。布朗对物理学的贡献是发现了著名的布朗运动。1827年他用显微镜观察悬浮在水中的花粉颗粒时，发现了一个有趣的现象，即花粉颗粒在水中不停地做无规则运动，颗粒越小越活跃。这个发现将分子的微观运动和颗粒的宏观运动联系了起来，打开了物理学研究的思路。1858年6月10日，布朗在伦敦逝世。

安培

法国物理学家、数学家。1775年1月22日，生于里昂一个商人家庭。他自幼聪明好学，记忆力惊人，特别是在数学方面有非凡的天赋。12岁学习微积分，13岁发表关于螺旋线的论文。18岁时，就通晓了拉丁语、意大利语和希腊语三门语言。他不仅钻研数学，还广泛涉猎其他学科，比如物理和化学。在化学方面，他最先指出了氯、氟、碘三种物质是元素，并且独立地发现了"阿伏伽德罗定律"。

安培最重要的贡献是在电磁学方面。1820年，安培受到奥斯特电流磁效应实验的启发，通过精妙的实验，得出了著名的"安培定律"。他的著作《电动力学现象的数学原理》，是电磁学史上的经典论著。安培1836年逝世。由于他在电动力学方面的开创性贡献，人们把他称为"电学中的牛顿"。

高斯

德国数学家和天文学家，公认为有史以来最多产和影响最深远的数学家之一，有"数学王子"之称。他是一个农民的儿子，从小就在数学方面显示出非凡的才华。19岁时高斯发明了只用圆规和直尺就能做出正17边形的方法，解决了2000年来悬而未决的几何难题。22岁时发现了复数的概念。1801年，他发表了《算学专论》，发展了数论理论。后担任哥廷根大学天文台台长，直至去世。他在数学科学方面做出了广泛而多样化的重要贡献。他一生共发表323篇著作，完成了4项重要发明，提出了404项科学创见。高斯去世后，人们建立了以正17边形棱柱为基座的高斯像来纪念这位伟大的数学家。他被公认为是和牛顿、阿基米德、欧拉齐名的数学家。

史蒂芬森

英国设计工程师、蒸汽火车之父。1781年出生于英国纽塞的一个矿工家庭。他自幼家境贫寒，没有受过正规的学校教育。14岁就到煤矿工作，后来又当了机器保管员。在工作的闲暇时间，他刻苦地自学物理学的相关知识。1812年，他设计制造了用于机车的蒸汽机。起初他设计的蒸汽机速度慢，功能也不稳定，但他不断地改进技术，到 1821 年左右，他的机车功能就比较完备了。1821 年，他主持修建了世界上第一条铁路，他发明的蒸汽机车"旅行"号也正式通车。1830 年，史蒂芬森又主持修建了从利物浦到曼彻斯特的铁路，还设计了功能更完备的"火箭"号火车。这段铁路带来了周边地区经济的极大发展。史蒂芬森的发明，迅速在世界各国推广起来，从而开辟了火车铁路运输的新时代。1843 年史蒂芬森在英国逝世。

欧姆

德国物理学家。1789 年生于德国埃尔兰根城。欧姆的父亲虽然是个锁匠，但他自学了数学和物理知识，然后把所学的知识教给少年欧姆，使欧姆对科学产生了强烈的兴趣。16 岁时欧姆进入埃尔兰根大学研究数学、物理和哲学，但由于经济困难，他中途辍学，直到 1813 年才完成博士学业。后他长期担任中学教师。尽管条件和环境艰难，但他自己动手制作仪器，始终坚持不懈地进行科学研究。后他终于提出了欧姆定律，但由于这一成果在当时没有受到正确理解和评价，使欧姆精神抑郁。直到 1841 年英国皇家学会授予他科普利金牌，才引起德国科学界的重视。1854 年他逝世。为了纪念他，人们以欧姆的姓氏命名测量电阻的物理量单位。

法拉第

英国物理学家和化学家。1791 年 9 月 22 日生于一个贫寒的铁匠家庭。13 岁当报童、学徒工，自学成才。21 岁时听的一次化学讲座，引发了他对科学的极大兴趣。后来他如愿成为皇家学院实验室里的助手。经过自己的刻苦工作，成为试验室的主任。随着科学探索上的成功，他得到很多荣誉。1825 年当选为英国皇家学会会员。1833 年起，担任皇家研究院化学教授。1867 年 8 月 25 日逝世。他一生取得了一系列重大科学技术发现和发明成果。他发现了电磁感应原理，奠定了电磁学的实验基础，在科技史上有着划时代的重大意义。还发现电解定律和法拉第效应。他的重大科研成果，都收在《电学的实验研究》中。

楞次

俄国著名物理学家。1804 年 2 月 24 日出生于爱沙尼亚。16 岁以优异成绩考入家乡的道帕特大学。1828 年被推选为俄国圣彼得堡科学院的初级科学助理，两年后又被推选为圣彼得堡科学院通讯院士，1834 年提升为院士。曾先后担任圣彼得堡大学物理数学系主任、校长等职。1831 年他发现线圈中的感应电动势等于每匝线圈中电动势之和，跟导线的种类和粗细无关；1838 年他用楞次定律解释了电动机和发电机之间的转换原理。楞次在物理学上的主要贡献是他在 1833 年的论文《关于用电动力学方法决定感生电流方向》中提出了电磁感应的楞次定律；1843 年，在不知道焦耳发现电流热作用定律（1841 年）的前提下，独立提出了有关电热效应的焦耳－楞次定律。1865 年冬，楞次在意大利罗马因中风去世。

达尔文

英国博物学家，进化论的奠基人。1809 年，生于英国一个医生家庭。先是进化论的奠基人，英国博物学家达尔文彻底改革了关于生物的概念。

学医，后在剑桥大学学神学。毕业后，参加贝格尔舰的环球考察航行，历时5年，搜集了动、植物和地质等方面的大量材料。回国后，经过实验、归纳整理和综合分析，形成了生物进化概念。于1859年出版《物种起源》，提出以自然选择为基础的进化学说，摧毁了各种唯心的神造论、目的论和物种不变论，震动了学术界，成为生物学史上的一个转折点。随后又发表了一系列著作，进一步充实了进化学说。1882年，卒于肯特郡达温村。他一生不断追求真理，取得了重大成就，留下了一笔宝贵的科学遗产，是一位划时代的伟大科学家。恩格斯曾把他的进化学说誉为19世纪自然科学三大发现之一。

焦耳

英国物理学家。1818年12月24日出生于曼彻斯特附近的索尔福德。16岁时曾师从于著名化学家道尔顿学习，激发了他对科学研究的兴趣。1840年焦耳开始研究电流的热效应。他的发现和楞次不谋而合，故这一发现被命名为焦耳－楞次定律。他1843年发表的论文《论磁电的热效应及热的机械值》曾引起极大的轰动。1840～1879年间，焦耳锲而不舍地研究热功当量，最终得出了热功当量是一个普适常量，与做功方式无关的正确结论。1845年他做了气体自由膨胀的实验。1852年他和开尔文共同进行了多孔塞实验，发现了气体经多孔塞膨胀后温度下降的现象，被称为焦耳－汤姆逊效应。焦耳在电磁学、热学、气体分子运动理论等方面都有杰出贡献。为了纪念他，国际计量大会将能量、功、热量的单位命名为焦耳。1889年10月11日焦耳在塞尔逝世。

霍夫曼

德国化学家。1818年4月8日出生于德国的吉森。18岁时进入吉森大学学习法律，但他的学习兴趣却在化学上。他跟随恩师李比希进行"煤焦油中的碱性物质"研究，1841年以论文《关于煤焦油中有机碱的化学研究》获得博士学位。1843年，被聘为李比希实验室的助理；1845年，被聘为波恩大学讲师，主讲农艺化学；很快又被聘为英国皇家化学学院教授，在那里一待就是20年。霍夫曼研究了大量的有机化合物，并把煤焦油的研究列为最重要的课题。1858年霍夫曼成功地合成了紫色染料，被人们称为"霍夫曼紫"。他还提出了著名的"霍夫曼反应"。1865年回国后任柏林大学化学教授，1868年成立德国化学学会，担任第一任会长。此后将自己主要的精力都投入到学会的组织工作中，培养了大批的化学人才。1892年5月5日在柏林逝世。

傅科

法国实验物理学家。1819年9月18日出生于巴黎。他从小就对手工创制活动情有独钟。早年曾学习外科和显微医学，后来转向照相术和物理学方面的实验研究。1853年测定了光速，并获得物理学博士学位，还被拿破仑三世委任为巴黎天文台物理学教授。他在1862年发表的论文《光速的实验测定：太阳的视差》中，提出光在空气中的速度为每秒289000千米。他博学多才，有多项发明创造，在全球科学界享有很高声誉。1864年当选为英国皇家学会会员，柏林科学院、圣彼得堡科学院院士。1866年被选为巴黎科学院院士。傅科毕生致力于物理学的研究探索，做出了多方面的贡献，特别是在力学、光学、电学方面更为突出。他最引人注目的成就是对光速的测定、"傅科摆"实验以及提出了涡电流理论。傅科于1868年2月11日在巴黎逝世。

南丁格尔

意大利近代护理学、护理教育奠基人。她1820年5月12日出生于意大利佛罗伦萨的一个富有的移民家庭，后来随家迁居英国。她自幼勤奋好学，曾就读于法国巴黎大学，精通英、法、意、德数国语言。1844年，她从英国出发考察了法、德、比、意等各国的医院。1850年在德国一所女护士学校接受了短期的医护训练。1853年担任伦敦患病妇女护理会的监督一职。1854～1856年克里米亚战争期间，南丁格尔在前线担任救护工作。1856年，她担任陆军医院妇女护理部总监。1857年，她促成皇家陆军卫生委员会的建立，同年还开办了陆军军医学校。1860年，南丁格尔创建了世界上第一所正规护士学校——南丁格尔护士学校，她还创办了助产士及济贫院护士的培训工作。1901年，南丁格尔因操劳过度而双目失明。1907年，英王授予南丁格尔功绩勋章，她成为英国历史上第一位获得这一最高荣誉的女性。她于1910年8月13日逝世。人们把她的生日5月12日作为国际护士节。

孟德尔

奥地利遗传学家，遗传学的奠基人。1822年7月22日出生于奥地利的海因岑多夫一个贫寒的农民家庭。父母都是园艺师，这使他从小就对植物产生了浓厚的兴趣。1851年至1853年在维也纳大学学习物理、化学、数学、动物学和植物学。1853年，他从维也纳大学毕业后到了修道院。1854年被委派到布吕恩技术学校任物理学和植物学的代理教师，直到1884年1月6日逝世。在1856年至1863年间，他进行了长达8年的豌豆杂交实验，1866年发表了《植物杂交实验》的论文，在这篇论文里他提出了遗传因子、显性基因、隐性基因等概念，并阐明了遗传规律，后人称之为"孟德尔定律"。遗憾的是，他的这一发现并没有引起当时学术界的重视，直到1900年才被人们重新发现。孟德尔是当之无愧的遗传学之父。

巴斯德

法国微生物学家，化学家，近代微生物学科的奠基人。1822年12月出生于法国东部多尔镇的一个家境贫寒的工人家庭。巴斯德的少年时期，在课业方面的表现并不突出，但却展露出了非凡的绘画才能。1843 年进入巴黎高等师范学校学习，开始潜心于化学的研究。26 岁时发现了旋光性原理；1854 年开始担任里昂理科大学教授，在其执教期间发现了酵母菌；1860 年发明了著名的"巴氏消毒法"。巴斯德最著名的成就是研发出了炭疽病及狂犬病的疫苗。他的科学发现挽救了英、法等国的养蚕业、啤酒和酿酒业，给 19 世纪的科学研究带来了一场革命。他的著作有《乳酸发酵》《酒精发酵》《蚕病学》等。巴斯德逝世于 1895 年 9 月 28 日。他开辟了微生物领域，被人们称为"科学界至臻完美者"，他理论与实践兼备，是一位科学巨人。

法布尔

　　法国昆虫学家，科普作家。1823 年 12 月 22 日出生于法国南方阿韦龙省圣雷翁村一个农民家庭。从小热爱大自然，喜欢花鸟鱼虫。15 岁那年，进入沃克吕兹省阿维尼翁市的师范学校学习，毕业后，当了 20 多年的中学教员。在教学期间，他自学生物学，终于在 31 岁那年，凭借《关于兰科植物节结的研究》和《关于再生器官的解剖学研究及多足纲动物发育的研究》两篇论文获得博士学位。就在同一年，他发表了《节腹泥蜂习俗观察记》这篇昆虫学文章，开始引起人们的注意。1879 年，他的《昆虫记》第一卷问世，从此一发不可收拾，共创作了 10 卷本的《昆虫记》。法国文学界曾以"昆虫世界的维吉尔"为称号，推荐他为诺贝尔文学奖候选人。遗憾的是还没来得及做最后决议，1915 年 11 月便传来法布尔已经在法国逝世的消息。

华莱士

　　英国动物学家、植物学家。华莱士一生爱好广泛，广博好学。年轻时曾经在南美洲考察 4 年，归来后写成《亚马孙与里约尼格罗游记》一书，1853 年出版。1854～1862 年，他在马来半岛采集生物标本。华莱士是现代生物学上的异类，1858 年 7 月他曾与达尔文在伦敦林奈学会发表相同观点的论文，提出自然选择的理论，这成为现代进化论的起点。他从 1865 年开始转向灵学研究，并于 1875 年出版了《论奇迹和现代唯灵论》，开始迷信超自然现象。华莱士在自然观上持进化论观点，但是他却同时认为生物的进化是由超自然的力量决定的，这就偏离了科学理性的角度。他后来还出版了《人类在宇宙中的地位》（1903 年）等书，来阐释他的主张。1913 年逝世，终年 90 岁。

赫胥黎

　　英国博物学家、科学家。1825 年 5 月 4 日生于伦敦。他自幼家境贫寒，只受过两年小学教育。15 岁开始学医。21 岁时，随船行医，研究海洋动物。25 岁回国后，他到大学任教。1871～1885 年任英国皇家学会秘书、会长。1893 年他应邀到牛津大学作了题为《进化论与伦理学》的讲演，比达尔文的《物种起源》迈进了一大步。1895 年逝世。赫胥黎学识渊博，自学并精通多种外语。他从博物学入手对多个领域都进行了广泛研究。他支持和宣传进化学说，进一步发展了达尔文的思想，是第一个提出人类起源问题的学者。主要著作有《人在自然界中的地位》和《进化论与伦理学》等。《不列颠百科全书》评价道："虽然有的科学家成就比他大，但在对科学发展的深刻影响等方面，几乎没有人比得上他。"

麦克斯韦

英国物理学家，经典电磁理论的奠基人。1831 年 6 月 13 日出生于爱丁堡。10 岁进入爱丁堡中学学习，勤奋刻苦，方法灵活多样。15 岁时就在《爱丁堡皇家学会会刊》上发表了第一篇科学论文。1847 年进入爱丁堡大学听课，专攻数学，同时广泛涉猎电化学、光学、分子物理学等学科。1850 年考入剑桥大学，毕业后留校工作。1856～1874 年担任苏格兰阿伯丁大学马里沙耳学院的自然哲学讲座教授。经法拉第举荐，从 1860 年起担任伦敦皇家学院的物理学和天文学教授。1871 年在剑桥大学创办卡文迪什实验室并担任首任负责人。1879 年 11 月 5 日因癌症在剑桥逝世，年仅 48 岁。麦克斯韦的突出贡献在经典电磁理论方面。1873 年出版的《电磁理论》被认为是可以和牛顿的《自然哲学的数学原理》相媲美的巨著。

诺贝尔

瑞典化学家、硝酸甘油炸药的发明人。1833 年出生于瑞典的斯德哥尔摩。他一生致力于炸药的研究，在硝酸甘油的研究方面取得了重大成就。他不仅从事理论研究，而且进行工业实践。他一生共获得技术发明专利 355 项，并在欧美等 5 大洲 20 个国家开设了约 100 家公司和工厂，积累了巨额财富。1896 年 12 月 10 日，诺贝尔在意大利逝世。他在逝世前夕立下

遗嘱，将部分遗产（920 万美元）作为基金，以其利息分设物理、化学、生物或医学、文学及和平 5 种奖金，授予世界各国在这些领域对人类做出重大贡献的学者。1900 年 6 月，瑞典政府批准设置了诺贝尔基金会，并于次年诺贝尔逝世 5 周年纪念日，即 1901 年 12 月 10 日首次颁发了诺贝尔奖。

门捷列夫

俄国化学家。1834 年 2 月 7 日出生于俄国西伯利亚的托波尔斯克市。1850 年就读于彼得堡师范学院，主修化学，1855 年毕业后当过一段中学教师。1857 年被聘为彼得堡大学副教授。1859 年他到德国海德堡大学深造，1861 年回到彼得堡后继续从事科学研究。1863 年担任工艺学院教授。1865 年获得化学博士学位。1866 年担任彼得堡大学普通化学教授，1867 年任化学教研室主任。从 1893 年起，担任度量衡局局长。1890 年当选为英国皇家学会外籍会员。门捷列夫在化学上最突出的贡献就是发现了元素周期表，他还研究过气体和液体的体积与温度、压力的关系，研究了溶液的性质，为近代溶液学说奠定了基础。他的代表著作是《化学原理》一书。1955 年科学家们为了纪念他，将 101 号元素命名为钔。门捷列夫 1907 年 2 月 2 日于彼得堡逝世。

马赫

奥地利物理学家。1838 年 2 月 18 日出生于奥地利。14 岁之前一直受家庭教育，后来读过短期的大学预科班，17 岁进入维也纳大学，1860 年获物理学博士学位。毕业后在维也纳大学任教，直到

1863 年转入格拉次大学教授数学。1867 年担任布拉格的卡尔洛瓦大学的实验物理学教授,在那里工作的 28 年间,马赫开始了他的重要研究工作。1873～1893 年间,他发展了测量光的传播和声波的光学技术和照相技术;1887 年他提出了超声学原理和"马赫数"的概念。他还提出了"马赫原理",即惯性对一个孤立的物理实验来说,是不具备意义的。这成为爱因斯坦建立相对论的一个启示。1895 年他重返维也纳大学担任归纳科学理论的哲学教授。1901 年当选为奥地利议会议员。1916 年 2 月 19 日,马赫在奥地利逝世。

贝尔

电话发明者。1847 年生于苏格兰爱丁堡市。他只在学校念过几年书,但是通过家庭的熏陶和自学,也有了良好的教育。其父是语言生理、语言矫正和聋哑教学方面的专家,这引起了贝尔对语音复制的兴趣。1871 年他移居美国。在担任波士顿大学生理学教授期间,进行利用电流传送声音的试验,于 1876 年发明电话。他申请电话发明的专利权被批准。一个叫伊莱沙·格雷的人也申请类似装置的专利权,但已经晚了一个小时。贝尔及其同事一起于 1877 年成立了一家公司,就是今天美国电话电报公司的祖先。电话发明使贝尔成了富翁,但是他兴趣广泛,从来没有中断研究工作。1882 年贝尔加入美国籍,1922 年去世。贝尔发明电话对人类的通讯影响是重大的。

爱迪生

美国电学家,发明家。1847 年 2 月 11 日出生于美国俄亥俄州米兰小镇。读小学时被老师斥为低能儿,并被赶出学校。从此,爱迪生在母亲的启发下读书学习,他的发明创造才能逐步显现出来。从 12 岁起,他一边工作,一边买仪器设备做各种实验。1863 年开始,爱迪生成为一名电信报务员。1868 年他获得了第一项发明专利权,这是一台自动记录投票数的装置。1869 年发明"爱迪生普用印刷机"。从 1872 年至 1875 年,爱迪生先后发明了二重、四重电报机,还协助别人制成了世界上第一架英文打字机。1877 年他发明了留声机。爱迪生一生的发明创造数不胜数,最著名的是 1879～1880 年经数千次的挫折后发明的高电阻白炽灯,这是人类发明史上的创举。1931 年 10 月 18 日,这位伟大的发明家在美国逝世。

巴甫洛夫

俄国生理学家。1849 年 9 月 26 日出生于俄国梁赞。1875 年毕业于彼得堡大学数理系生物科学部,后来进入军事医学院深造,1879 年获学士学位,1883 年获博士学位,并留校任生理学讲师。1884～1886 年在德国路德维希和海登海因实验室进行心血管和胃肠生理学的研究。1888～1890 年在彼得堡包特金实验室进行循环和消化生理学的研究。1890～1924 年任军事医学院药理学教授,1891 年起兼任实验医学研究所生理研究室主任。晚年他担任苏联科学院生理研究所(现为巴甫洛夫生理研究所)的领导工作。巴甫洛夫的突出贡献是在消化生理学方面,他曾因《主要消化腺讲义》一书获 1904 年的诺贝尔生理学或医学奖。他还建立了"条件反射"学说,其代表著作有《大脑两半球活动讲义》（1927 年）和《动物高级神经活动客观性研究实验 20 年》（1923 年）。

贝克勒尔

法国物理学家，放射性的发现者。1852 年 12 月 15 日出生于巴黎。1872 年就读于巴黎工艺学校，1874 年进入桥梁公路学校学习，1877 年毕业后任桥梁工程师。1892 年继任父亲在自然史博物馆物理学教授的职位。他最早从事光学的研究，在伦琴发现 X 射线之后的次年，他开始检验荧光物质是否会放出 X 射线。1896 年 3 月他发现某种铀化物盐会自动发射出一种性质不明的、特殊的、不可见的射线。这种现象引起了居里夫妇的注意，他们在发现钍的类似射线后，判定这是一种新的物质特性，并把这种现象命名为放射性。安东尼·亨利·贝克勒尔是发现天然放射性的先驱，居里夫妇证实和拓展了他的发现并揭示出其重要意义，他们因此共享了 1903 年的诺贝尔物理学奖。贝克勒尔 1908 年 8 月 25 日逝世。

伦琴

德国实验物理学家。1845 年 3 月 27 日生于莱因兰州的伦内普镇。3 岁时全家迁居荷兰并入荷兰籍。1865 年进入苏黎世联邦工业大学机械工程系学习，1868 年毕业。1869 年获苏黎世大学博士学位，并担任声学家 A. 孔脱的助手；1870 年随孔脱返回德国，先后到维尔茨堡大学及斯特拉斯堡大学工作。1894 年任维尔茨堡大学校长。1900 年任慕尼黑大学物理学教授和物理研究所主任。1923 年 2 月 10 日因患癌症在慕尼黑逝世。伦琴毕生致力于物理学的实验研究工作，有诸多的发现和发明。他最重要的贡献是 1895 年发现的 X 射线，这实际上打开了通向人类身体内部的一扇窗户。X 射线的发现成为 19 世纪 90 年代物理学上的三大发现之一，伦琴借此获得了 1901 年的诺贝尔物理学奖。他是 20 世纪最伟大的物理学家之一。

赫兹

德国物理学家。1857 年 2 月 22 日出生于德国汉堡。青少年时期，聪颖勤奋，在数学、物理实验等方面表现出了非凡的才华。1876 年进入德累斯顿理工学院学习工程，经过短暂的一个学期，就去了铁路军团服役。1877 年在慕尼黑大学主修数理科学。1878 年转入柏林大学，成为亥姆霍兹的学生并进行研究工作。1879 年成功解决了亥姆霍兹提出的导体中的运动电荷有无惯性质量这一问题，因此获得金质奖章。1880 年以《旋转导体的电磁感应》一文获博士学位，并成为亥姆霍兹的助手。1883 年任基尔大学物理学讲师；1885～1889 年任卡尔斯鲁厄高等工业大学物理学教授；1889 年开始担任波恩大学物理学教授。1894 年 1 月 1 日因血液中毒在波恩逝世，年仅 37 岁。赫兹在物理学上的突出贡献是发现了电磁波，这一发现直接带来了后来无线电通信技术的飞速发展。后人将频率的单位命名为赫兹，以纪念这位伟大而早逝的物理学家。

普朗克

德国物理学家，量子论的奠基人。普朗克于 1858 年 4 月 23 日出生于德国的基尔，父亲是基尔大学著名的法律教授。普朗克先后在慕尼黑大学和柏林大学学习，曾经在基尔霍夫等人的指导下学习和研究热力学，并于 1879 年获得博士学位。1880 年，普朗克成为慕尼黑大学物理学讲师，1885 年被基尔大学聘为理论物理学特约教授。1889 年普朗克重返母校，成为柏林大学的教授，并一直在此工作到 1926 年退休。1894 年，普朗克被选为普鲁士科学院院士；1926 年，他被英国皇家学会吸收为会员；同时还兼任柏林威廉皇家研究所所长。普朗克最主要的成就是提出了著名的普朗克辐射公式，创立了能量子概念。1900 年，他在黑体辐射研究中引入了能量量子。他的这一发现对物理学的发展做出了突出贡献，由此获得 1918 年诺贝尔物理学奖。他出版了《热辐射讲义》（1906 年）等著作。

摩尔根

美国遗传学家，实验胚胎学家。他出身于名门望族。20 岁时毕业于肯塔基学院，获动物学学士学位，1890 年在霍普金斯大学获博士学位。后到布赖恩·莫尔学院任教达 13 年。从 1904 年起先后在哥伦比亚大学和加州理工学院任教。1917 年发表了名著《基因论》，在这里他首次把"遗传因子"命名为"基因"，用确凿无疑的证据证明了染色体是基因的载体。1942 年退休后仍坚持科学研究。1945 年在加州病逝。他从 1909 年起对果蝇遗传进行了实验研究，发现了伴性遗传规律。以后又发展了染色体遗传学说。他因发现了在果蝇中的遗传传递机理，创立了基因学说而荣获 1933 年诺贝尔生物学奖。他的主要著作有《孟德尔式遗传的机制》

《基因论》和《实验胚胎学》等。摩尔根是遗传学的先驱，他的基因论开辟了遗传学说的新领域，是遗传学发展史上的一大创举，为后人研究奠定了基础。

居里夫人

波兰物理学家。1867 年 11 月 7 日出生于沙皇俄国统治下的华沙，父亲是中学老师。16 岁时，她以金质奖章毕业于华沙中学，因家境困难而中断学业，曾经担任了长达 6 年的家庭教师。1891 年去巴黎大学求学，4 年后以优异成绩毕业，并获得了物理和数学两个硕士学位。1898 年 7 月居里夫妇共同发现了"钋"这一元素；1898 年 12 月，他们又把另一种元素命名为镭。由于对放射性物质镭的发现，居里夫妇获得了 1903 年诺贝尔物理学奖。1906 年，丈夫比埃尔·居里去世后，居里夫人接任了丈夫在巴黎大学的物理学教授职位，成为该校第一位女教授，并继续放射性物质的研究，于 1911 年再次获得诺贝尔物理学奖。"一战"期间居里夫人积极参与伤员的救治工作。由于长期受到辐射物质的侵害，她的健康受到极大损伤，于 1934 年 7 月 4 日在巴黎逝世。

莱特兄弟

哥哥威尔伯·莱特（1867～1912年），弟弟奥维尔·莱特（1871～1948年），美国发明家。威尔伯·莱特和奥维尔·莱特出生于美国俄亥俄州的一个工人家庭，由于家境贫寒，兄弟俩只念到中学就不得不辍学务工而养家糊口。他们靠给人修理自行车为生，兄弟两人对机械设计情有独钟。他们在工作之余，经常研究人类对飞行器的设计并总结飞行的各种经验，不久就成为远近闻名的航空问题专家。1903年12月17日，奥维尔·莱特驾驶动力飞机试飞，在12秒内飞了36米远，然后跌跌撞撞地落到沙地上。又经过了两年的努力实验，他们才真正建造起并驾驶了世界上第一架可控制的飞机。莱特兄弟发明了世界上第一架飞机，实现了人类几千年飞翔的梦想，开拓了人类飞行史的新纪元，他们的勇敢和聪颖永远值得人类纪念。

卢瑟福

英国物理学家。1871年8月30日出生于新西兰纳尔逊附近的泉林村。他从小就对物理实验有浓厚的兴趣。1894年以优异的成绩从坎特布雷学院毕业，获得理学学士学位。留校工作一年后，进入英国剑桥大学卡文迪什实验室学习。他先是研究无线电，并用自己的发射器和检波器实现了3.2千米的收发距离。1896年开始将研究方向转到放射性上。1897年，发现并命名了α射线、β射线和γ射线。从1898年他开始担任加拿大麦吉尔大学物理学教授。他和来自英国的青年化学家F.索迪合作，于1902年发现了放射性元素的半衰期。1905年他利用放射性元素的含量及其半衰期，计算出太阳的寿命约为50亿年。从1907年开始担任英国曼彻斯特大学物理学教授。他于1910年设想出原子的核式结构模型。由于卢瑟福在物理学上的突出贡献，他获得了1908年诺贝尔物理学奖。1937年10月19日，他患肠阻塞并发症逝世，葬于威斯敏斯特大教堂牛顿的墓旁。

德福雷斯特

美国电子管之父。1873年8月26日出生于美国爱达荷州。幼年时期的德福雷斯特并不出众，老师都认为他是个普通的孩子。他的唯一爱好是拆装各种机械小玩意。20岁那年进入耶鲁大学学习，在学校除了电学、特别是电磁波传播之外，他似乎对其他学科都不感兴趣。1899年，他获得物理学哲学博士学位。1902年，他在纽约泰晤士街租了间破旧的房子，创办了德福雷斯特无线电报公司。他受到弗莱明发明真空二极管的启发，把导线改造成栅栏式的金属网，在二极管的灯丝和板极之间巧妙地加了一个栅板，这样电子管就有了3个"极"——丝极、屏极和栅极，这在很大程度上放大了电流，这也就是最初的真空三极管，德福雷斯特于1907年申请了该项专利。德福雷斯特是一位多产的发明家，一生有多达300余项的专利，人们称他为"电子管之父"。1961年德福雷斯特在美国逝世。

马可尼

意大利物理学家，人类无线电通信的创始人。1874年出生于意大利波洛尼亚的一个富裕家庭，自幼就对机械有浓厚的兴趣。1894年，20岁的马可尼偶然读到赫兹论述电磁波实验的文章，它深深触动了马可尼，从此他便把兴趣全部转移到利用电磁波进行通信的实验上，立志实现无线电通信。他先是在自家花园里成功地进行了无线电波传递实验。1897年，22岁的马可尼来到英国，在英国政府的资助下，和他的助手在英国西海岸进行了跨海通信实验。从此以后，马可尼一边改进通信装置，一边增大通信距离，终于在1901年，他实现了从英国到意大利的

2000 多英里的跨洋通信，这开创了人类历史上无线电通信的新纪元。鉴于马可尼在无线电通信上的杰出贡献，1909 年他被授予诺贝尔物理学奖。

爱因斯坦

20 世纪最伟大的自然科学家，现代物理学的开创者和奠基人。1879 年 3 月 14 日生于德国乌尔姆一个犹太人家庭。从小受到科学和哲学的启蒙及音乐熏陶，脑中充满许多奇思幻想。少年时，更是勤奋好学。他 1921 年获诺贝尔物理学奖。在德国时，任威廉皇家研究院物理研究所所长。后因受纳粹迫害移居美国，在普林斯顿高级学术研究所任终身研究员。1940 年入美国籍。1955 年 4 月 18 日逝世。遵照他的遗嘱，他的骨灰撒在永远对人保密的地方，为的是不使任何地方成为圣地。爱因斯坦是人类历史上最具创造性才智的人物之一。他一生在物理学的 4 个领域中有开创性意义：狭义相对论、广义相对论、宇宙学和统一场论。他的相对论的观念和方法对现代理论物理学的发展影响深远。他晚年还致力于世界和平运动。可以说他既是一位伟大的科学家，还是一位杰出的思想家，同时也是一位有强烈正义感的世界公民。

魏格纳

德国气象学家、地球物理学家。1880 年 11 月 1 日出生于柏林。魏格纳少年时便喜欢探险，进入大学后，主修气象学。1905 年，他以优异成绩获得气象学博士学位，毕业后致力于高空气象学的研究。1906 年，他和弟弟两人驾驶高空气球连续飞行了 52 小时，打破了当时的世界纪录。他还参加过格陵兰岛的探险队，那里冰山的缓慢移动启发了他的想象，他开始有了大陆漂移的大胆设想。魏格纳因倡导大陆漂移学说而举世闻名，他在《大陆和海洋的形成》这部著作中努力建立地球物理学、地理学、气象学和地质学之间的联系，来证明大陆漂移学说。可悲的是，当时的地质学界对这一伟大发现意见不一，魏格纳为此多次去格陵兰岛实地考察，最终于 1930 年 11 月在格陵兰岛考察冰原时遇难。他去世 30 多年后，板块构造学说风靡地质学界，他的伟大设想终于得到了证实。

弗莱明

英国细菌学家，青霉素的发现者。1881 年出生于苏格兰洛克菲尔德一个穷苦的农民家庭。他从伦敦圣马利亚医院医科学校毕业后，一直从事免疫学研究。"一战"爆发后他作为一名军医，深切地体会到人们迫切需要一种对细菌有害而对人体无害的药物。1922 年他从某种植物和动物的分泌液中发现了一种能杀灭细菌的物质，称之为溶菌酶。1928 年又发现在培养葡萄球菌的器皿中，被青霉菌污染

弗莱明像

的周围没有葡萄球菌菌落，这证明青霉菌能分泌一种杀灭葡萄球菌或防止葡萄球菌生长的物质。他把这种物质称为青霉素。后来英国病理学家佛罗理和德国生物化学家钱恩肯定了它的治疗价值，三人共同获得1945年诺贝尔生物或医学奖。弗莱明曾担任伦敦大学细菌学教授和瑞特—弗莱明研究所所长。著有《青霉素——它的实际应用》等。他于1955年逝世，享年74岁，他被人们尊称为"青霉素之父"。

罗伯特·戈达德

美国最早的火箭发动机发明家，被公认为现代火箭技术之父。出生于美国马萨诸塞州。24岁大学毕业，后进入克拉克大学攻读博士学位。29岁取得博士学位，留校任教。从1909年开始进行火箭动力学方面的理论研究。1919年发表了经典性论文《到达极高空的方法》，开创了人类飞向其他行星的时代。从1920年开始研究液体火箭，1926年成功地进行了世界上第一次液体火箭发动机的飞行。1929年又发射了一枚载有仪器的火箭。1935年他发射的一枚液体火箭第一次超过了声速。他一生共获得过214项专利。戈达德起初是不为人们所了解的，人们称戈达德为"月亮人"。在他死后，他获得了极高的荣誉，被追授予航天勋章，美国国家宇航总局以他的名字命名了一个主要基地。

查尔斯·林白

美国飞行家，第一位独自驾机飞越大西洋的人，也是第一位驾机从纽约飞到巴黎的人。查尔斯·林白1902年2月4日生于美国密歇根州的底特律，少年时就读过11所学校，成绩很差；1918年高中毕业后，经营父亲的农场两年；后进入威斯康星大学的土木工程系，但由于对所学专业极度缺乏兴趣，林白在大二时辍学，进入内布拉斯加州林肯郡的一所飞行学校。学习飞行表演。1923年，他买下第一架飞机，即"詹尼"教练机后进行个人表演将近一年；1925年，以全年级第一名毕业，被任命为陆军空勤预备队的第二中尉，不到一年时间，林白辞职，积极准备尝试人类历史上首度由纽约到法国，中途不着陆的飞行，也就是奖金25000美元的奥泰格奖。他在圣路易商人的资助下设计制造出著名的"圣路易精神"号飞机，并于1927年5月20日上午7时52分从长岛的罗斯福机场起飞，到5月21日下午18时22分到达巴黎布尔歇机场，用时33.5小时，创造了历史上不着陆飞越大西洋的奇迹。其后14年，林白成为世界知名度最高、最受人喜爱的平民。在"二战"期间，林白与福特合作制造B—24轰炸机，并在太平洋战场担任过50次战斗任务。战后他担任泛美航空公司顾问，1954年被授予空军后备队准将军衔。林白写有《我们》（1927年）一书详述他早年生活；又著有《圣路易斯精神号》（1953年），叙述更为详尽，并获普立策奖。林白于1974年卒于夏威夷帕胡卢的茂伊。

哈勃

美国天文学家，研究现代宇宙理论最著名的人物之一，河外天文学的奠基人。1889年11月20日出生于美国密苏里州。曾就读于芝加哥大学，获数学和天文学的校内学位，从那时开始产生了对天文学的浓厚兴趣。在度过短暂的律师生涯后，来到芝加哥大学设于威斯康星州的叶凯士天文台工作。在获得天文学哲学博士学位和从军参战以后，他便开始在威尔逊天文台（现属海尔天文台）专心研究银河外星系。在 20 世纪 20 年代有了一系列新发现，其中最重要的贡献是发现了银河系外星系的存在，并对它们进行了分类，发现红移现象，从而论证了他的宇宙不断膨胀的理论。由于他对天文学的贡献，因而获得许多荣誉称号和奖章。他的著作有《星云光谱的红移》和《哈勃星系图集》等。哈勃1953 年 9 月 27 日在帕罗马山逝世。

李约瑟

英国科学家，英国皇家学会会员，英国学术院院士，中国科技史大师，当代杰出的人文主义者。1900 年 12 月 9 日出生于伦敦。1922 年毕业于剑桥大学生物化学专业。1924 年获哲学博士和科学博士两个学位。1931 年和 1942 年分别出版了颇受好评的论著《化学胚胎学》《生物化学与形态发生》。1937 年，受到中国剑桥留学生鲁桂珍博士的影响，他开始沉迷于中国古代科技文明，从那时起辛勤耕耘半个世纪，撰著了《中国科学技术史》这部皇皇巨著，以浩瀚的史实、确凿的证据向世界证明了中国古代科技和知识的发达。他还为中国培养了大批的优秀科技史学家，1994 年被选为中科院首批外籍院士。李约瑟一生著作很多，被誉为"20 世纪的伟大学者""百科全书式的人物"。1995年逝世，终年 95 岁。

费米

美籍意大利裔物理学家。1902 年 9 月 29 日出生于意大利罗马。1922 年获比萨大学博士学位。先后在德国、荷兰的研究所工作。1926 年出任罗马大学理论物理学教授。1929 年当选意大利皇家科学院院士。1934 年用中子轰击原子核产生人工放射现象，从此开始了中子物理学研究。1936 年出版著名的《热力学讲义》。他对理论物理学和实验物理学方面均有重大贡献，首创了 β 衰变的定量理论，还设计建造了世界第一座自持续链式裂变核反应堆，发展了量子理论。由于他在中子轰击方面的突出贡献，1938 年荣获诺贝尔物理学奖。1939 年开始执教于美国哥伦比亚大学。1945 年之后转向介子物理学和天体物理学研究。他曾获得德国普朗克奖章等多项奖励，被耶鲁大学等多所学校授予荣誉博士称号。1953 年被推选为美国物理学会主席。1954 年因胃癌死于芝加哥。

冯·诺伊曼

20 世纪最杰出的数学家之一。1903年生于匈牙利布达佩斯。小时候是一个数学神童，显示出很高的数学天赋。12 岁时就对深奥的数学领域了如指掌。青年时期师从著名数学家希尔伯特学习。获数学博士之后，不到 30 岁他就成为美国普林

世界上第一台电子计算机"埃尼阿克"

斯顿大学的第一批终身教授。1944 年，他参加原子弹的研制工作，涉及极为困难的计算。他迅速决定投身到计算机研制者的行列。1945 年提出了"程序内存式"计算机的设计思想，为计算机的逻辑结构设计奠定了基础，他的设计思想成为计算机设计的基本原则。他为此写出了101 页的总结报告，这是计算机发展史上一个划时代的文献，表明电子计算机的时代开始了。1954 年他到美国普林斯顿高级研究所工作。1957 年逝世。诺伊曼在计算机逻辑结构设计上的创新，推动了电子计算机的发展，他因此被誉为"计算机之父"。

约翰·洛克菲勒

　　美国实业家、美孚石油公司创办人。1839 年 7 月 8 日生在美国一个小村，家境贫寒。他从小就接受父亲的商业训练，并继承了母亲的勤俭美德。1858 年开始创办公司。23 岁时决定从事炼油业。1863 年，他与别人合资在克利夫兰建立炼油厂。1870 年，他创建俄亥俄美孚石油公司。接下来的 8 年内，控制了全国石油工业。1882 年，成为美国历史上第一个托拉斯。后洛克菲勒财团和大银行联合，形成垄断。1884 年公司迁到纽约市百老汇街 26 号，成为全世界最大的石油集团企业，他成了"石油大王"。1896 年他退休。退休后发展慈善事业，并于1913 年设立了"洛克菲勒基金会"，负责募捐工作。1937 年 5 月 23 日去世。他是美国历史上第一个十亿富翁，创设了托拉

约翰·洛克菲勒像

斯企业制度，在美国资本主义经济发展史上占有重要的地位。

亨利·福特

　　美国"汽车大王"。1863 年 7 月 30日出生于美国一个富裕的农场主家庭。他从小就对机械有浓厚的兴趣。17 岁那年，他到了底特律的密西根汽车制造公司上班，但很快辞职。后来做过机械修理、手表修理、船舶修理等工作，并一边工作一边学习。1896 年春天，福特的第一辆汽车研制、试验成功，这是汽车发展史上的里程碑。在后来的几年里福特连续成立了两家汽车公司，但都以倒闭告终。但福特并没有因失败的经历而灰心，他再接再厉，相继研制出了 A 型、R 型、S 型等功能稳定的车型，逐步打开了局面。1908年 T 型车的问世，使福特获得了巨大的成功，从此汽车成为普通民众的交通工具，并极大地改变了人们的生活方式，将人类带入汽车时代。1947 年 4 月 7 日，福特因脑出血死于底特律。

思想学术名人

泰勒斯

西方历史上第一个哲学家和第一个科学家，被誉为"科学之祖"，米利都学派的创始人。约公元前640年出生于米利都一个名门望族，早年曾做过商人，后游历埃及等地，掌握了天文和几何知识。他创办了第一个哲学学派米利都学派。他提出"水是万物的本原"。这句话是哲学思维的开始，也是以科学态度对待自然界的第一个原则。他还是古希腊第一个天文学家、几何学家。在数学方面的贡献是开始了命题的证明。在天文方面，他曾推得了公元前585年5月28日日食的发生。泰勒斯是古希腊数学、天文、哲学之父，生前有崇高的声望，被尊为希腊七贤之首。公元前546年死去。他的墓碑上刻着："这里长眠的泰勒斯是最聪明的天文学家，是米利都和爱奥尼亚的骄傲。"

毕达哥拉斯

古希腊哲学家、数学家、天文学家。生于爱琴海中的萨摩斯岛，自幼聪明好学，曾在名师门下学习几何学、自然科学和哲学。后游历埃及、巴比伦等地，学习天文、数学知识，最后定居在意大利南部的克罗托内，在那里广收门徒，建立一个宗教、政治、学术合一的秘密团体，后人称之为毕达哥拉斯学派。他们很重视数学，企图用数学来解释一切，认为数最崇高，最神秘，提出"数即万物"。毕达哥拉斯本人以发现勾股定理（西方称毕达哥拉斯定理）而著名。该学派在科学、天文学和音乐等方面都有贡献，他们的思想和学说，对希腊文化有巨大影响。到了晚年，毕达哥拉斯不仅政治上趋向保守，而且在学术上反对新生事物，最后死于非命。

希罗多德

古希腊历史学家，被尊称为"历史之父"。公元前484年生于小亚细亚的一座古老城市里。他从小学习勤奋，酷爱史诗。成年后他参与推翻篡位者的斗争，遭到放逐后，便长期在外游历，他到过埃及、巴比伦、黑海沿岸和希腊的许多地方。在雅典居留期间，他和伯里克利、索福克勒斯等人交往甚密。公元前443年，雅典在意大利南部建立图里城，他成为这里的公民，并在这里度过晚年，直至去世。希罗多德崇拜雅典民主政治，他写了一部完整叙述希波战争的历史著作《历史》，又名《希腊波斯战争史》。他创造了叙述历史的新方法，把记载史实和加以阐释有机地结合起来。《历史》是西方史学上的一座丰碑，为西方历史编纂学"开辟了一个新时代"。

苏格拉底

古希腊哲学家，被公认为道德哲学的创始人和教育家。他生于雅典，娶了一个悍妇。然而，他却是一只"牛虻"，永远的反对派，因为他的存在，能使人们时时审视自己的良知。他一生都是在和别人的交谈和辩论中度过，没有留下任何著作。他辩论的方法分为四个步骤：反讽，接生术，归纳法，下定义。这就是"苏格拉底问答法"，它让人接近真理。他的问题时常把雅典城搞得人心混乱，他因此以作恶者、败坏青年罪被处死刑。他在死前还和自己的弟子讨论灵魂的再生问题，这就是他伟大而从容的死。苏格拉底堪称为真理的助产士，无论是他生前还是死后，都有一大批狂热的崇拜者和一大批激烈的反对者，他对后世的西方哲学产生了极大的影响。

苏格拉底之死　雅克—路易·达维特　法国
苏格拉底因坚持自己的信念将被判处鸩刑，但他神色安然，面无惧色。

柏拉图

古希腊哲学家、思想家和教育家。他出身名门望族，从小就受到良好的教育。20 岁时师从苏格拉底，跟随 10 年。苏格拉底死后，柏拉图游历过很多地方，宣传他的政治主张。但他想说服统治者建立一个由哲学家管理的理想国的目的没有达成。后来回到雅典，创办了一所学园，即阿卡德米学园，将全部精力放在哲学研究和教学工作上。这个学园成为古希腊重要的哲学研究机构。柏拉图在这里讲学，著书立说，直到去世，终身未婚。柏拉图留下的著作有《辩诉篇》《曼诺篇》《理想国》《智者篇》《法律篇》等，其中《理想国》是代表作。他是西方哲学史上第一个使唯心论哲学体系化的人，他的著作和思想对后世产生了十分重要的影响。

亚里士多德

古代希腊哲学家、政治思想家和科学家。公元前 384 年生于斯特基拉城。从小对自然科学就很爱钻研。父亲是马其顿国王的侍医，他曾跟随父亲学过医。17 岁去雅典，在柏拉图学园学习达 20 年。柏拉图曾称赞他为"学园之灵"。公元前 343 年他任王子亚历山大的教师。亚历山大执政后，他一度回乡。公元前 335 年他在雅典创办吕克昂学院，由于他和他的学生经常在花园里边散步边讨论问题，因而被称为逍遥学派。公元前 323 年，亚历山大病故，他在政治上不得志，便回乡隐居。公元前 322 年病逝。亚里士多德是希腊古典文化的集大成者，恩格斯称他是最博学的人。他的著作是古代的百科全书，其中《工具论》《伦理学》《政治学》《形而上学》《物理学》《诗学》等，对后来的哲学和科学的发展影响深远。

伊壁鸠鲁

古希腊哲学家、伊壁鸠鲁学派的创始人。公元前 341 年生于萨摩斯，父母是雅典人。18 岁时到雅典服兵役，之后去小亚细亚学习和教学，受柏拉图和德谟克利特学说影响。公元前 306 年在雅典创建了伊壁鸠鲁学派，直到去世。这个学校开办在他家的花园里，因此他和他的弟子们被称为"花园哲学家"。在这里他的教导被严格执行，形成了这个派别独尊师长的传统。伊壁鸠鲁发展了前人的享乐主义，并与德谟克利特的原子论结合起来，追求一种不受干扰的宁静状态。他说过：神不足惧，死不足忧，祸苦易忍，福乐易求。他生前享有崇高威望，被当作神圣者来崇拜。他的著述有 300 余卷，只有一些残篇流传下来。

卢克莱修

伊壁鸠鲁派哲学家，罗马诗人，唯物主义者，无神论者，也是一位诗人，他把老师的教诲用诗歌记录了下来，这就是长诗《物性论》，将近 7500 行。他在诗中提出原子结构的规律可以解释人的大脑和灵魂的存放。后来他服错了药，精神错乱，最后死于精神疾病。他用诗歌的形式把伊壁鸠鲁哲学表达了出来。这对于将伊壁鸠鲁哲学传入罗马起了很大的作用，因而他的影响巨大。

普罗提诺

新柏拉图主义的创始人。他的一生是在罗马史上灾难的时期度过的。他是一个道德纯洁高尚的人。他出生在埃及，年轻时到亚历山大求学，在那儿住到 39 岁。其师是新柏拉图主义的奠基者安莫尼乌斯·萨卡斯。后来他参加了罗马皇帝对波斯人的远征。他意在研究东方的宗教。公元 244 年皇帝被谋杀，他便定居罗马，开始教学。他的听众间有很多有势力的人，他想让这些人帮助他建立柏拉图的理想国和柏拉图城，但没得到支持。49 岁后他开始著述，并由他的弟子整理出来。公元 270 年去世。普罗提诺是古代伟大哲学家中的最后一个人，他就希腊人而言是一个终结，就基督教世界而言是一个开端。他在许多方面澄清了柏拉图的学说，又给基督教世界以巨大的启发。

奥古斯丁

神学家和哲学家。生于北非，幼年从母入基督教。7 岁入小学，12～17 岁在修辞学校学习，19 岁成为摩尼教的追随者。他毕业后，先在迦太基城，后到罗马和米兰教授修辞和演讲术达 8 年之久。33 岁时，因厌弃摩尼教而改信基督教；此后回到北非的家乡隐居。公元 396 年成为省城希波教会主教。在任职期间，他精心从事著述、组织修会、讲经布道、反驳异端歪教。晚年在战乱中度过，公元 430 年逝世。奥古斯丁是基督教教父哲学的集大成者。他的著作被称为神学百科全书。其代表作有《忏悔录》《论三位一体》《上帝之城》。他是把哲学用在基督教教义上，使哲学和宗教结合起来，创立了基督教哲学，后来成为经院哲学依据的权威。他的教育哲学也成为中世纪基督教教育的基础理论。

托马斯·阿奎那

意大利中世纪神学家和经院哲学家，有"神学界之王"的称号。他生在意大利一个贵族家庭，小时候受教会教育达 9 年。14 岁时在那不勒斯大学学到很多科学与哲学知识。1244 年加入天主教组织多米尼古学团，是一个重要转折。20 岁以后进入巴黎大学学习神学并取得硕士学位，后在巴黎大学教授神学。1259 年被任命为罗马教廷的神学老师。后来，回到意大利，从事神学研究和著述，其间曾到巴黎教授神学。1274 年死于一个修道院。1323 年被追封为"圣徒"。托马斯·阿奎那是经院哲学的集大成者，他建立起一套系统的、完整的神学体系，被称为托马斯主义。他的 18 部巨著中，《神学大全》集基督教思想之大成。他的学说后来被引申为新托马斯主义，对基督教神学的发展产生了重要的影响。

莫尔

英国空想社会主义者、欧洲早期空想社会主义学说的奠基人。1478 年生于英国，他出身贵族，品性正直善良。曾在当时的文艺复兴运动的中心牛津大学读书，跟随林纳克和科利特学习。他接受了人文主义思想的熏陶。当时英国正在进行工业革命，出现了所谓"羊吃人"的圈地运动，资本原始积累的残酷性让他对现实很失望。1516 年他写下了影响深远的名著《乌托邦》，批判资本主义私有制的罪恶，阐述了他的空想社会主义的理想。后来他当了国家的高级大法官。当时国王亨利八世想当英国天主教的元首，莫尔认为这是倒行逆施。他竭力进谏上书，结果和国王矛盾对立，1535 年在伦敦塔被绞死。他的《乌托邦》中设计了一个尘世的理想国，此后各种乌托邦就接踵而来。他的乌托邦思想对人类历史产生了很大的影响。

加尔文

瑞士宗教改革家，神学家，新教加尔文教创始人。他 1509 年生于法国。16 世纪 30 年代他参加了巴黎的宗教改革运动，由于法国政府对新教徒的迫害，他逃往瑞士，发表其主要神学著作《基督教原理》。从 40 年代起，他在瑞士日内瓦领导宗教改革和市政工作：废除主教制，代之以共和式的长老制；简化宗教仪式；鼓励经商致富，宣称做官执政，蓄有私产，贷钱取利，同担任教士职务一样，均可视为受命于上帝。加尔文的神学思想在许多方面与路德教相同，如强调《圣经》是基督教信仰的唯一根据和权威；主张因信称义等。但加尔文还主张"预定论"，认为人的得救与否，贫穷与富贵，早已由上帝"预定"。加尔文宗又称归正宗，"归正"一词译自英文 reformed，意指经过改革复归正确。加尔文教的广泛传播在于它符合了当时新兴资产阶级的发展，更在于加尔文对新教的信心和贡献。加尔文的名字和"加尔文教"联系在一起。

培根

英国唯物主义哲学家。1561 年培根出生在英国伦敦的一个贵族家庭，12 岁入剑桥大学。培根非常反感那里的经院哲学的统治。他一生大部分时间在官场中度过，然而作为政客，他饱尝了仕途之艰辛。他的两卷集《学问的促进》抨击了中世纪的蒙昧主义，论证了知识的巨大功用，对法国百科全书派有很大的启发作用。1620 年，培根总结了他的哲学思想，出版了《新工具》一书。在书中他提出了

"知识就是力量"的观点。培根还是一位散文家，留有文笔优美、语言凝练、寓意深刻的《论说文集》。1626年培根离开了人世。培根对近代哲学史、科学史做出了重要的贡献。马克思称他是"英国唯物主义和整个现代实验科学的真正始祖"。

霍布斯

英国哲学家、政治学家。1588年4月5日生于一个牧师家庭。1608年毕业于牛津大学。1610年出访欧洲大陆时结识伽利略等思想家。1637年回国担任培根的秘书，思想受到很大影响。后因他的政治观点不为当局所容，1640年逃亡法国。1651年，他的重要著作《利维坦》出版。1652年回国，在王政复辟后得宠。但因《利维坦》被视为异端而遭迫害，他进行了申辩，虽然有一定效果，但他的政论著作仍被禁止出版。84岁时发表了拉丁诗体自传。1679年12月4日逝世。霍布斯作为政治学家，是近代英国君主制以及国家政治学说的最重要奠基人。他对经验主义和实验主义哲学做出新的发展，在数理逻辑和符号语言哲学方面有开创性贡献。他在认识论和逻辑问题上的研究，启发了后来的许多哲学家。

笛卡儿

法国哲学家、数学家、物理学家，解析几何学的创始人。出身贵族家庭，从小就勤于思考。1616年获法律博士学位，后当上一名军官，长期服役。1618年他结识了物理学家伊萨克·毕克曼，受其影响而从事科学研究。1625年回到法国，开始致力于科学研究活动。1629～1649年隐居荷兰，潜心著述。1649年受聘于瑞典宫廷，次年病逝。笛卡儿在科学上的贡献是多方面的。他著有关于生理学、心理学、光学、代数学和解析几何学方面的论文和专著，有影响的著作有《方法谈》《形而上学的沉思》《哲学原理》。他的"普遍怀疑"和"我思故我在"的哲学思想对后来的哲学和科学的发展，产生了极大的影响。

洛克

英国哲学家和政治思想家，唯物主义经验论著名代表之一。1632年出生于英国灵顿。他就读于牛津大学，厌恶经院哲学，转向实验科学。他精通医学、化学，1688年成为皇家学会会员，后参加辉格党活动。詹姆士二世复辟期间，流亡法国，5年后因"光荣革命"成功回国，任政府部长等职。此后一直住在伦敦。洛克终身未娶，1704年溘然长逝。著有《人类理智论》《政府论》《论宗教宽容的书信》等著作。洛克的哲学观点基本上是经验主义的，他继承并发展了培根和霍布斯的思想，制定并论证了唯物主义经验论"知识起源于感觉"的学说。在政治上，他提出了自由宪政民主的基本思想，批驳了王权神授观念。他的思想深刻地影响了美国及法国启蒙运动中的许多重要哲学家。

莱布尼茨

德国哲学家、数学家和物理学家。出生于德国莱比锡一个书香门第。其父是大学教授，在他6岁时去世，留下大量藏书，使他得以阅读许多著作，打下坚实的文化功底。15岁时进入莱比锡大学学法律，但他却对数学产生了浓厚的兴趣。17

岁时，获耶拿大学哲学硕士学位。20岁时转学到阿尔特道夫大学，并发表了第一篇数学论文《论组合的艺术》，闪耀出他的数学才华。后在该校获博士学位。之后他投身外交界，与外界获得广泛交流。1673年，他被吸收为英国皇家学会会员。1700年，他被选为巴黎科学院院士，并促成建立了柏林科学院，他任首任院长。1716年11月14日，他在汉诺威逝世，终年70岁。莱布尼茨是一个科学天才，他涉猎广泛，知识渊博，对人类科学知识的进步做出了很大的贡献。

贝克莱

爱尔兰主观唯心主义哲学家。1685年3月12日出生于爱尔兰一个普通农家，他是家中的长子。他15岁考进都柏林三一学院，1704年和1707年分别取得学士学位和硕士学位，并留校任教。1709年他发表了《视觉新论》，此书对心理学的发展产生了重要影响。第二年他又发表了《人类知识原理》。1712年访问英国，他的《论情绪》和次年出版的《海拉和菲伦诺的三篇对话》，在当时英国大学中引起热烈讨论。1715～1720年，做了几年的家庭教师，后去多所大学执教。1734年被任命为自己家乡的主教，任职18年。1753年1月14日逝世，葬在牛津大学附近。贝克莱的重要影响是他的主观唯心主义。他的名言是"存在就是被感知"。

孟德斯鸠

法国启蒙运动思想家、法学理论家。1689年1月18日生于法国一个贵族家庭。19岁获法学士学位，1716年继承世袭的波尔多法院院长的职务。1726年高价卖出院长职位后，迁居巴黎，并于1728年进入法兰西科学院。接着他花了3年时间周游欧洲，对各国的政治制度和国情进行了深入考察。1734年，他出版《罗马盛衰原因论》，轰动了整个欧洲。1748年，他发表《论法的精神》。这部著作发展了资产阶级国家学说，主张"三权分立"，即立法权、行政权和司法权分属于3个不同的国家机关以相制衡。1755年2月20日孟德斯鸠因病在巴黎逝世。孟德斯鸠的思想对当时的世界产生了重大的影响，尤其是他的"三权分立说"，对法、美国家的制宪工作以重要指导，后来成为资产阶级政治制度和立法思想的基本原则。

伏尔泰

法国启蒙思想家、作家、哲学家。本名叶弗朗索瓦·马利·阿鲁埃，伏尔泰是他的笔名。出生于一个公证人家庭。他从小就热爱文学，曾学过法律，从事过多种职业，曾赢得"法兰西最优秀诗人"的桂冠。1717～1726年，由于著文抨击封建专制，两次被关进巴士底狱，出狱后被驱逐出境，3年后又回到巴黎，进行启蒙宣传。1734年因他的《哲学通信》被当局查禁，而再次离开巴黎。此后，伏尔泰进行多方面的创作活动，并取得丰硕的成果。有史学名著《路易十四时代》，哲理小说《老实人》《天真汉》等。他的声望越来越高，1778年他返回巴黎，受到公众的隆重礼遇。同年因病逝世，被安葬于法国名人公墓。伏尔泰这个"投向旧制度的第一颗炸弹"，是启蒙运动中公认的领袖和导师。他以其思想启迪民众的心智，影响了几代人。

休谟

18世纪英国哲学家、历史学家、政治思想家和怀疑论者。1711年出生于苏格兰一个贵族家庭。他很小的时候就决定研究哲学，16岁时宣称要像一个哲学家一样说话。1728年他遵循家人的要求，在大学学法律，并结识哲学家西塞罗。后来他生病4年，其间培养起对哲学的强烈热爱。他毕业后当过职员，但很快就辞职。他到法国待了3年，专心研究哲学，并写出专著《人性论》，但这本书并没有他预料的那样受到当时人们的重视。后来休谟从事过多种工作。最后终于在爱丁堡法学系当了一名图书管理员，生活安定下来。这时他的哲学受到人们的指责。5年后他去了巴黎，这时他的哲学又突然受到了人们的重视，因而他赢得了世界声誉。后来他返回英国，在外交部任职，一年后辞职回到了爱丁堡生活，直到1776年逝世。他的怀疑论哲学一直影响着后来的哲学家。

狄德罗

法国哲学家、文学家、启蒙思想家，《百科全书》的主编。他追求真理，知识渊博，是百科全书派领袖人物。出身于手工业者家庭。童年时父母指定要他献身教会。起初由父亲规定学法，但他更喜欢人文科学。由于拒绝做神父，家里停止了对他的接济。从1734~1744年的10年间，他过着贫困的生活。他也因发表无神论著作而一度被捕。1751~1772年主持《百科全书》的编纂工作，呕心沥血，历20余年完成该巨著。晚年创作了多本剧作。

1784年去世。主要著作有《哲学思想录》《拉摩的侄儿》《达兰贝尔之梦》《对自然的解释》《关于物质和运动的哲学原理》等。狄德罗在哲学、美学、小说和戏剧创作以及理论上都有重要建树，对后世影响深远。

卢梭

18世纪法国启蒙思想家、哲学家、教育学家、文学家。出生于瑞士一个钟表匠的家庭，青年时过着流浪生活，从事过多种工作。他自学成才，1749年以征文《论科学与艺术》获头奖而出名。后著有他的四大名篇《新爱洛绮丝》《社会契约论》《爱弥儿》和《忏悔录》。当时，因《爱弥儿》激怒了当局和百科派，卢梭四处逃难。晚年很孤独，1778年死在一个侯爵的庄园里。1794年，他的遗体被移葬在巴黎先贤祠。他在哲学上强调情感高

《社会契约论》封面

于理智，信仰高于理性。在社会政治观方面，提出天赋人权说，主张返回自然，有"自然主义之父"之称。在教育上，被称为"教育史上的哥白尼"，主张让儿童的身心自由发展。

达兰贝尔

法国数学家、百科全书派代表人物。1717 年 11 月 17 日生于法国，是一位贵妇和将军的私生子。他兴趣广泛，才能非凡。早年曾研究法律，当过律师。后来研究医学和自然科学，再后来又热衷于哲学和数学。23 岁时就被选为巴黎科学院院士。26 岁时提出了动力学的基本规律，即达兰贝尔原理。他还和法国唯物主义哲学家狄德罗共同编纂了《百科全书》。他提出《百科全书》的目的是改变人们的思想。在哲学上，他基本上是唯物主义的。他在数学方面也有很多贡献，如他提出了代数基本定理的证明，现在被称为达兰贝尔辅助定理。他还和别人一起奠定了数学物理学的基础。达兰贝尔一生未婚，于1783 年 10 月 29 日逝世，享年 66 岁。他对当时的法国启蒙运动产生了深远的影响。

亚当·斯密

英国古典政治经济学的主要代表人物之一。1723 年他出生于苏格兰一个海关官员的家庭，14 岁考入格拉斯哥大学，学习数学和哲学，并对经济学产生兴趣。17 岁时转入牛津大学。毕业后，1748 年到爱丁堡大学讲授修辞学与文学。1751～1764 年回格拉斯哥大学执教，其间他的伦理学讲义经修订在 1759 年以《道德情操论》为名出版，为他赢得了声誉。1764

年他辞了教授，担任私人教师，并到欧洲旅行，结识了伏尔泰等名流，对他有很大影响。1767 年他辞职，回家乡写作《国富论》，9 年后《国富论》出版，从而成为最受欢迎的经济学家之一。1787 年他出任格拉斯哥大学校长。1790 年逝世。他的《国富论》是一部划时代的巨著，它是古典政治经济学代表作，标志着自由资本主义时代的到来。亚当·斯密因而被奉为现代西方经济学的鼻祖。

康德

德国哲学家和天文学家。1724 年 4 月 22 日生于德国哥尼斯堡。在哥尼斯堡大学毕业。1755 年起在母校任教，这一时期是他思想上的"前批判期"。他埋头于自然科学研究，讲授多门学科，同时发表了许多关于自然科学的著作。1770 年被聘为教授，他的思想转入"后批判期"。从 1781 年开始，他完成了《纯粹理性批判》《实践理性批判》和《判断力批判》3 部著作，这标志他的批判哲学体系的诞生，并带来了一场哲学上的革命。1793 年他因一些观点，被告蔑视基督教教义，遇到一些麻烦。但他仍不断探索和写作，直到 1804 年 2 月 12 日病逝。康德深居简出，过着极为有规律的学者生活。他一生独身，从未走出过家乡。但他是一个有丰富生活内容和细腻生活情调的人。康德是近代西方哲学史上划时代的哲学家，后世哲学家想入哲学之门就必须通过康德之桥。

赫尔德

德国哲学家、批评家、神学家、新教牧师，狂飙突进运动的领袖。1744 年 8

月 25 日出生于东普鲁士的小城摩隆根。1762 年进入哥尼斯堡大学学医，后转入神学系。在康德的课上很受康德赏识。1769 年他旅行法国，结交了很多启蒙运动的重要人物，开阔了他的视野。回国后他掀起了一场新的文学运动：狂飙突进运动。1770 年他和歌德相识，这是德国文学史上的一件大事。1776 年他迁到魏玛担任神职。从 1784 年到 1791 年，他出版了自己的主要哲学著作《人类历史哲学思想》。晚年他在魏玛离群索居，非常孤立。1803 年 12 月 18 日逝世。他的墓碑上写着他最喜爱的 3 个词：光明、仁爱、生命。赫尔德著述丰富，后人编的《赫尔德全集》达 33 卷之多。他的著述涉及各个领域，对当时德国的思想界发生了广泛的影响。

边沁

英国法学家、哲学家、伦理学家，功利主义学说的创始人。他出生于一个律师家庭，有"神童"之誉，13 岁进入牛津大学学法律，16 岁毕业后曾一度从事律师事务，后转而专门从事法学理论研究。1776 年他完成了成名作《政府论片断》。1781 年起担任伦敦大学教授。1789 年他的代表作《道德与立法原理》出版。1832 年创办了著名的《威斯敏斯特评论》。边沁的主要著作有《政府片论》《道德与立法原则导论》《司法证据原理》《宪法典》。其中，《道德与立法原则导论》是其最主要的著作。其著作后被编成《边沁文集》出版。边沁学说的中心是功利主义，他极力反对十七八世纪以来的古典自然法学的理性法观点，认为最好的立法是达到"最

大多数人的最大幸福"。边沁的功利主义法学使整个 19 世纪英国制度一直处于不断进行合理化改革的过程中，对其他西方国家的立法和司法发展也产生过重大影响。

圣西门

法国第一位空想社会主义者、思想家、哲学家。他出生在一个贵族家庭。幼时因达兰贝尔做他的老师而受唯物主义思想的影响。19 岁时他参加了北美独立战争，受到资产阶级革命的洗礼。1789 年法国大革命爆发，他在家乡参加革命活动，宣传自由思想。后来离开革命，由资产阶级民主主义向社会主义转变，致力于建立未来社会。1802 年在《一个日内瓦居民给当代人的信》中，他设想出美好社会制度。但他把希望寄托在国王和大人物身上，反对暴力革命和阶级斗争，其学说也成为空想。在政治上，他批判资本主义制度；在哲学上，坚持唯物主义立场。他的主要著作有《人类科学概论》《关于社会组织的理论》《论实业制度》和《新基督教》等。圣西门的著作为科学社会主义提供了有益的思想材料。

费希特

德国哲学家、教育家，古典哲学的代表人物。他生于 1762 年，父亲是个纺织

1808 年，费希特在柏林发表了《对德意志人的演讲》，强烈谴责分裂的德国向拿破仑的军队投降。

工，家境贫寒，无力供应他读书。10 岁时受到一个有钱人的赏识，资助他接受教育。他在大学读的是神学，毕业后当家庭教师。1790 年他接触到康德哲学，深受启发，写了《天启哲学批判》，给他带来一定的声誉。但他一直不能找到工作，直到 1794 年开始在耶拿大学教书，4 年后却被人控告，他愤而辞职。从 1809 年起，他就一直在柏林大学教书。1814 年病逝。他的主要著作有《知识学基础》《知识学导论》和《人的使命》等。费希特生活在法国大革命后复辟和反复辟的斗争时期，他相信理性会带来社会的进步。他的自我哲学对浪漫主义美学和后来的黑格尔、谢林都有一定的影响。

马尔萨斯

英国经济学家。他 1766 年 2 月 14 日生于英国萨里郡多金。家庭富有，小时候在家跟家庭教师学习。1784 年他入剑桥大学读书。大学时期，他成绩很好。1791 年他获得硕士学位，毕业后当了牧师。18 世纪末英国进行工业革命，面对工人失业问题，理论家们进行了思考。马尔萨斯对这些问题也感兴趣，他从人口问题思考，于 1798 年写出了影响深远的《人口原理》，使他一鸣惊人。1802 年他写了《政治经济学原理》，在政治经济学上提出地租论，影响了后来的经济学家。他 38 岁结婚。1805 年他被任为东印度公司学院历史和政治经济学教授，并担任此职一直到 1833 年 12 月 23 日在美国巴斯逝世，终年 67 岁。马尔萨斯晚年被选为英国皇家文学学会会员，在欧洲具有相当高的声誉，他的理论也产生了深远影响。

黑格尔

德国哲学家。1770 年 8 月 27 日生于德国斯图加特一个官僚家庭。1780 年入中学。18 岁时入图宾根神学院学习神学和哲学。1793 毕业后，先后在瑞士和法兰克福任家庭教师。1801 年开始在耶拿大学工作，并做过报纸编辑。1816 年后，任海德堡大学和柏林大学哲学教授。1830 年任柏林大学校长。1831 年 11 月 14 日病逝于柏林。青年时期的黑格尔思想进步，崇尚卢梭，反对专制制度，向往民主、自由，是一名资产阶级共和派。晚年，思想趋向保守。黑格尔一生著述丰富，其代表作品有《精神现象学》《法哲学原理》《哲学史讲演录》《历史哲学》和《美学》等。他的著作集德国古典哲学之大成，并创立了一个完整的客观唯心主义哲学体系，产生了深远的影响。其中他的唯心主义辩证法思想的合理内核被马克思吸收，创立了唯物辩证法。

黑格尔像

欧文

英国空想社会主义者。生于一个手工业者家庭，10 岁辍学当学徒，19 岁成为一家纱厂经理，1800 年以后管理一个大纺纱企业。1817 年提出组织"合作村"安置失业者的方案，后把方案发展成一套完整的合作社会主义思想体系。他成为欧洲有名的慈善家。1824 年在美国实验合作村，以失败告终。1829 年回到英国，创办杂志，宣传他的观点，并积极参加和领导工会运动和合作社运动。1832 年他在伦敦建立全国公平劳动交换商场，1834 年又发起成立全国产业大联合，均失败。欧文反对工人进行政治斗争，晚年走向唯灵论。1858 年 11 月 17 日逝世于故乡。主要著作有《新社会观》《新道德世界书》等。欧文促进了英国工会运动的发展，他的学说启发了工人觉悟，并影响了后来社会主义思想的发展。

弗里德里希·施莱格尔

德国作家、文学评论家和哲学家，史称小施莱格尔。1772 年 3 月 10 日生于德国汉诺威的一个新教牧师家庭，天资聪慧。1790～1791 年间他在哥廷根大学学习法学和哲学，后进入莱比锡大学学习。1796 年左右他对古希腊很痴迷，被席勒笑称为"希腊崇拜狂"。1798 年他与其兄创办了《雅典娜神殿》，这是德国浪漫史上最重要的杂志。1800～1801 年他在耶拿大学做讲师。1802 年他开始研究梵文，1803 年他创办了刊物《欧罗巴》，并任主编直到 1805 年。后他加入天主教，思想趋向保守。1812～1813 年，他创办了《德意志博物馆》杂志，并担任主编，他

成为梵语研究和比较哲学的创始人。1829 年 1 月 11 日逝世于德累斯顿，终年 57 岁。他是德国早期浪漫派的真正奠基人，开创了德国思想史上的浪漫主义运动，影响深远。

傅立叶

法国哲学家、经济学家、空想社会主义者。1772 年 4 月 7 日生于一个富商家庭。他自学成才。20 岁时，继承其父遗产经营商业。后因参加起义被捕，对革命失去热情，影响了他以后的思想。19 世纪初，他发表了一系列著作，揭露了资本主义制度的罪恶，主张以他设计的"和谐制度"来代替资本主义制度。他理想的和谐社会名称叫"法朗吉"。他不主张革命，想靠资本家或权贵人物来实现社会改造。他刊登广告说在每天中午 12 点到下午 1 点接见出资创办"法朗吉"的富翁。他还和门徒创立"法朗吉"，结果以失败告终。1837 年 10 月 10 日在巴黎去世。他的主要著作有《四种运动论》《宇宙统一论》《新的工业世界》等。傅立叶的空想社会主义学说是马克思的科学社会主义学说的宝贵的思想资料。

谢林

德国古典哲学的代表，美学家。他和黑格尔既是同乡又是同学，据传他们曾在一起种"自由树"。他大学读的是神学，1795 年毕业，曾当过家庭教师。年仅 23 岁时他成为耶拿大学的教授。在耶拿他成了当时浪漫主义小组的哲学理论家。1803～1806 年他到乌尔兹堡大学当教授，后到慕尼黑美术学院工作，再后来到多所大学任教。1841 年，他成为普鲁士政府

顾问，一直到 1854 年 8 月 20 日逝世。他是一个早熟的哲学家，20 多岁的时候他的名声就传到了国外。晚年他宣传神秘主义启示哲学，成为皇家的御用哲学家。谢林的主要著作有《自然哲学》《先验唯心论体系》《艺术哲学》等。他的哲学思想经历了自然哲学、同一哲学、天启哲学 3 个阶段，对当时及以后德国哲学发展产生很大影响。

叔本华

德国唯意志论哲学的创始人，美学家。他于 1788 年 2 月 22 日生于但泽一个银行家家庭。他从小傲慢、孤僻、带点神经质。1809 年入哥廷根大学学医，后改学哲学。1814 年获哲学博士学位。1819 年他发表重要著作《意志和表象的世界》，标志着他思想发展的顶点。1822 年被聘为柏林大学哲学副教授，与黑格尔争夺听众败北而辞职。尽管他的哲学受到同代人的冷落，但他很自负，坚信真理的最后胜利。1836 年他发表论文《论自然界中的意志》，来维护他的意志学说。然而直到 1853 年之后，他的哲学才为人重视。他于 1860 年 9 月 21 日病逝。叔本华是新的生命哲学的先驱者。他从非理性方面来寻求哲学的新出路，提出了生存意志论。他对人间苦难很关注，被称为"悲观主义哲学家"。他所开启的非理性哲学对后世思想发展影响深远。

孔德

19 世纪法国哲学家，实证主义和社会学的创始人之一，被称为社会学之父。他于 1798 年生于法国一个笃信天主教的税务官家庭，但却在 14 岁时宣布不再信天主教，政治上倾向共和派。16 岁时在巴黎综合技术学校学习数学，两年后因政治立场问题被开除。1817 年至 1824 年他成为空想社会主义者圣西门的秘书。1822 年他开始形成他的实证主义思想。后来他同圣西门终因在政治上和理论上的不同而决裂。从 1826 年开始他开课讲授实证哲学。在 1848 年，他创立实证哲学研究会。晚年的时候，他企图将实证思想运用到政治实践中去，但遭到失败。他生前有一批弟子，但他生活得却穷困潦倒。1857 年逝世。孔德认为在科学的世纪，要强调实证经验，一切理论要用证据来证实。他所开创的实证主义哲学超越了法国的国界，影响到今天整个世界。

费尔巴哈

德国古典哲学最后一个代表，唯物主义哲学家，无神论者。1804 年 7 月 28 日出生于一个法学教授之家。上中学时，立志做神学家，后对神学失望。1824 年进入柏林大学哲学系，在黑格尔的课上深受影响。1826 年转入埃尔朗根—纽伦堡大学，毕业后留校任教。后因宣称无神论被迫离开，于是他便隐居乡间，从事哲学研究，开始向唯物主义转变。1837～1843 年，他归属青年黑格尔派，发表了《黑格尔哲学批判》和《基督教的本质》等主要著作，其哲学观点已是唯物主义的。接着又写出《宗教的本质》等重要著作。他拥护资产阶级民主制，1870 年参加德国社会民主党。晚年读马克思的《资本论》。1872 年逝世。他的哲学观点是机械唯物主义的，其唯物主义的基本内核为马克思主义吸收和发展。

马克思

全世界无产阶级的伟大导师和领袖，马克思主义的创始人。1818 年 5 月 5 日生于普鲁士莱茵省特里尔城。先后在波恩大学和柏林大学学习，最后在耶拿大学取得博士学位。后从事新闻工作，担任过《莱茵报》的主编。他和燕妮结婚后被迫迁居巴黎。1844 年他创办《德法年鉴》，发表一系列文章，标志着他的世界观转变完成。同年和恩格斯在巴黎会见，结下终生友谊。不久他因从事革命活动，被驱逐，迁居布鲁塞尔。1847 年他加入共产主义者同盟，并同恩格斯一起起草了影响广泛的《共产党宣言》。1848 年他回德创办《新莱茵报》参加斗争，再次遭驱逐，他先到巴黎，后定居伦敦。1867 年他最重要的著作《资本论》（第一卷）出版。1864 年他创建国际工人协会，即第一国际。晚年，他继续撰写《资本论》。1883 年 3 月 14 日与世长辞。马克思的一生是战斗的一生，他创立的马克思主义思想为全世界工人阶级所接受和实践，对世界历史产生了深远而重大的影响。

恩格斯

马克思主义创始人之一，全世界无产阶级革命导师，马克思的亲密战友。1820 年 11 月 28 日生于普鲁士莱茵省马门市。中学未毕业，就被迫经商。后去英国父亲的棉纺厂工作。他刻苦钻研，边研究理论著作，边参加工人运动。1844 年，发表《政治经济学批判大纲》，标志着他已成为唯物主义者和共产主义者。同年 8 月和马克思相见，结为终生挚友。1847 年，同马克思创立共产主义者同盟，撰写了《共产党宣言》。1848 年与马克思回国参加革命，创办《新莱茵报》。1850 年至 1870 年，重新经商资助马克思完成《资本论》。此期间他专心研究，在理论上也取得重大建树。马克思逝世后，他呕心沥血达 12 年整理出版《资本论》，同时关怀和指导国际社会主义运动。1895 年 8 月 5 日，病逝于伦敦，骨灰投葬于大海中。他所从事的事业具有世界历史意义，对人类历史产生了重大影响。

斯宾塞

19 世纪下半叶英国实证主义哲学的代表和不可知论者，社会学家。1820 年他出生于英格兰中部一个中学教师家庭。少年因病不能上学，在家受其父指导，后基本靠自学成才。一度当过教师。20 岁左右在铁路当技师。1843 年他到了伦敦开始了他的著述生涯。他的哲学和社会学观点是从 1848 年任《经济学家》杂志编辑时形成的。他结交学术名流，和别人交往，思考。他曾去法国旅行，认识了孔德。后来他有了一个庞大的写作计划，最终就是他的《综合哲学》的诞生。书中提出了一个无所不包的实证主义哲学体系。他于 1903 年逝世。他的主要著作有《综合哲学》《心理学原理》和《社会学原理》等。斯宾塞终身未娶，过着孤僻的生活。他知识渊博，其思想在当时就产生了世界影响。

马赫

捷克哲学家，自然科学家。他出生于捷克一个教师家庭。童年和少年都是在农村度过。他在父亲的指导下学习。后在维也纳大学读数学和物理，22 岁时毕业并获得博士学位。毕业后先做家庭教师，后在维也纳大学做编外教师。1864 年当选为大学教授。1867 年任布拉格大学的物理学教授，后来任该校校长。1895 年起在维也纳大学主持讲座，主要是对自然科学进行哲学概括。他由此成为现代西方最早的科学哲学家之一。63 岁时他退休，在维也纳继续从事哲学活动。后来他当选为奥地利议员，支持和同情工人运动。1916 年逝世。马赫的学术活动产生了广泛的影响，在他之后出现了一个以他的名字命名的哲学流派"马赫主义"。他们和实证主义哲学有血缘关系，被称为"最新实证主义""最新的自然科学的实证主义"。

詹姆斯

美国实用主义哲学家、机能主义心理学先驱。1842 年他出生于纽约一个笃信宗教的富有家庭。他最初在纽约上学，13 岁到 20 岁之间他在欧洲多个国家接受教育。1861 年进入哈佛大学劳伦斯理学院学习。1865 年随同著名生物学家阿加西斯去巴西进行自然考察。1867～1868 年赴德国留学，在冯特等人的指导下学习医学和心理学，企图把哲学和它们结合起来研究。1869 年获哈佛大学医学博士。1872 年他被聘为哈佛大学讲师。1875～1876 年，他在美国第一个开设心理学课程。1885 年升为哲学教授，后又任心理学教授和哲学教授。1907 年退休，专门撰写著作。1910 年逝世。他的著作有《心理学原理》《实用主义》和《真理的意义》等。詹姆斯是美国行为主义心理学的先导，美国心理学会的创始人之一，在现代西方心理学发展史上产生过重要影响。

尼采

德国哲学家。1844 年尼采生于勒肯的一个牧师家庭，因而身上有极浓厚的宗教色彩。他自幼身体孱弱，性情孤僻。他在语言方面的才华很高，这在大学里就表现出来。1869 年，巴塞尔大学给他一个语言学教授的职位。他接受下来，但不久因为他的健康状况，不得不在 1879 年辞职。后来他住在意大利和瑞士。1888 年他精神失常，一直到他死去。尼采对叔本华的哲学和瓦格纳的音乐都很偏爱。他提出超人哲学，推崇权力意志。他喊出的"重估一切价值"的口号，震动了思想界。他用自己的灵感作出对哲学的理解。他有影响的代表作有《权力意志论》《查拉图斯特拉如是说》和《超越善与恶》等。尼

《查拉图斯特拉如是说》（1884 年），尼采著，书中尼采阐述了自己的哲学思想体系。

采哲学发展了叔本华的非理性主义，其意义在于对理性主义和基督教的批判，对德国社会乃至世界都产生了巨大影响。

弗洛伊德

奥地利精神病医生，精神分析学派的创始人。1856 年 5 月 6 日出生于奥地利一个犹太商人家庭，4 岁时全家迁居维也纳。他天资聪颖，勤奋好学，17 岁考入维也纳大学，1881 年获得医学博士学位。随后 10 年他任临床神经专科医生。1886 年结婚。1900 年他的《释梦》问世。1902 年他在维也纳组织了一个心理学研究小组。1908 年他到美国作了一系列演讲。1920 年他成为维也纳大学的教授。1938 年因遭纳粹迫害迁居伦敦，于 1939 年 12 月 23 日在伦敦逝世，终年 83 岁。他的主要著作有《精神分析引论》《自我和本我》和《弗洛伊德全集》等。弗洛伊德最重大的贡献是揭示了人类的无意识过程，开创了潜意识研究的新纪元。他的研究超出了医学科学的范围，对 20 世纪人文科学的研究提供了重要理论支持，产生了重大影响。

杜威

美国实用主义哲学家、教育家和心理学家，机能主义心理学的代表。他 1859 年生于佛蒙特州一个商人家庭。1875 年进佛蒙特大学读书。后到霍普金斯大学学习，于 1884 年获博士学位。从此他开始了他的大学教授生涯，并逐渐成为世界著名的教育家。他先在密执安和明尼苏达大学任教。1894 年他到芝加哥大学任教 10 年，这 10 年中他在心理学研究方面取得重大成果。1904 年他到哥伦比亚大学教

书。从 1919 年起，他开始了一系列国外讲学旅行。1919～1921 年曾到中国讲学。1929 年他以荣誉教授退休。1952 年逝世。杜威主要著作有《哲学的改造》《经验与自然》《确定性的追求》《逻辑：探究的理论》和《能知和所知》等。杜威是实用主义的集大成者，他使实用主义成为美国特有的文化现象，并产生了世界性的影响。

罗素

英国哲学家、数学家、逻辑学家。1872 年 5 月 18 日生于英国蒙茅斯郡，4 岁前父母双亡，由祖母和家庭教师抚养和教育。11 岁开始学习欧氏几何，18 岁入剑桥大学三一学院学习数学和哲学。1895 年获得学位。从 1901 年开始，经过 10 年的奋战，写成 3 卷本《数学原理》，提出著名的"罗素悖论"，引起所谓"第三次数学危机"。1911 年他当选为亚里士多德学会会长。1918 年他因反战而遭监禁。1920～1921 任北京大学客座教授，其学术观点对当时的中国产生较大影响。1950 年获诺贝尔文学奖。1964 年设立罗素和平基金会。1970 年 2 月 2 日逝世于英国威尔士。他的代表作品有《西方哲学史》《幸福之路》和《哲学问题》等。罗素是一个人道主义者，他充满正义和良知而又温情、睿智。

荣格

瑞士精神病学家，分析心理学的创始人，苏黎世学派的领导者。他 1875 年生于瑞士凯斯威尔乡村，从小性格孤僻。1900 年获巴塞尔大学医学博士学位。1902 年他又获苏黎世大学医学博士学位。1906 年开始与弗洛伊德通信，1907 年在

荣格（前右）与弗洛伊德（前左）及其他同事在一起。早年两人曾合作，但后来决裂，荣格创立自己的新学说——分析心理学。

维也纳和弗洛伊德会晤，得到器重。1911年他们共同创立国际精神分析协会，荣格任第一任主席。1914年与弗洛伊德在理论上产生分歧，他自己创立了分析心理学。20年代由于研究集体潜意识的需要，他远赴非洲考察原始人的心理历程。后他又先后任苏黎世大学和巴塞尔大学教授，直到1961年逝世。荣格的主要著作有《力比多的转化与象征》《潜意识心理学》《集体潜意识原型》和《心理学和东方》等。他对心理学、宗教、历史、艺术及文学都有重要贡献，他的理论影响直至今日。

本杰明

德国思想家、作家，被誉为欧洲真正的知识分子。1892年7月15日生于德国一个富有的犹太人家庭。1912年在弗莱堡大学学哲学，后又在慕尼黑大学、柏林大学和瑞士伯尔尼大学读文学和心理学，并获博士学位。"一战"期间，结识布洛赫。20年代常去法国，与纪德等作家过从甚

密。1923年他与阿多尔诺相识并结为密友。1933年纳粹上台，他离开德国，流亡国外。后曾到丹麦造访布莱希特。1939年被德国剥夺国籍。1940年9月26日因不堪纳粹追捕而在西班牙自杀。他的主要著作有《论语言》《单行道》《德国悲剧的起源》和《柏林记事》等。同时他还译过波德莱尔的《恶之花》和普鲁斯特的《追忆逝水年华》。本杰明自20世纪60年代以来在西方思想界的地位和影响日深，一度形成了"本杰明复兴"现象。

弗洛姆

美国心理学家，新精神分析学派社会文化学派的代表人物之一。1900年生于德国法兰克福一个犹太人家庭。他先后在法兰克福大学、海德堡大学和慕尼黑大学学习，22岁获得博士学位。毕业后他去柏林精神分析研究所研究弗洛伊德的学说。1928年他去法兰克福精神分析研究所和社会研究所工作，加入法兰克福学派。1934年受纳粹迫害，迁居美国，在哥伦比亚大学、耶鲁大学和纽约大学任教。1946年他创建了怀特精神分析和心理学研究所。49岁时他应邀到墨西哥大学任教，创立墨西哥精神分析研究所。1971年他到瑞士居住直到去世。弗洛姆一生勤奋，著述丰富，主要著作有《逃避自由》《自我的追寻》《爱的艺术》等。他毕生在认识人、改造人、美化人，他开展了现代社会的心理革命，对精神分析的发展做出了重要贡献。

艺术名人

米隆

古希腊雕塑家，古典时期的开创者。他的生平事迹不详。据材料和传说，他生于希腊伊柳塞拉，长期在雅典活动。据说他受过良好的体育训练，力量非常大，能扛起公牛。他的作品题材和对象大多是传说中的神、运动家、英雄和动物等，但他大部分作品业已失传，现保留下来的是罗马时期的复制品。他的代表作有《雅典娜和玛息阿》和《掷铁饼者》等，部分收藏在意大利罗马的拉特朗美术馆。米隆善于用写实的艺术手法刻画人物在运动时的状态，赋予雕像以生动的表现力，他的作品中的这些完美艺术技巧，是后世的雕塑家们所难以企及的。他对希腊雕塑艺术的发展起了巨大的推动作用，从他开始，希腊雕塑艺术进入了一个全新的黄金时期，并一步步趋向成熟。

乔托

意大利文艺复兴时期雕刻家和建筑师。约1267年出生在佛罗伦萨附近的农村，父亲是农民。少年时非常喜欢画画，他曾在画坊当过学徒，后跟画家契马布埃学习。乔托进步很快，创作了许多宗教画。后来他到罗马、那不勒斯、米兰等多个地方作壁画。1305年至1308年，他在阿累那教堂创作的描绘圣母及基督生平事迹的壁画，被誉为"14世纪意大利艺术的重要纪念碑"，现保存完整，成为世界重要艺术宝库之一。他的其他作品还有《金门之会》《逃亡埃及》和《犹大之吻》等。1334年6月他设计了佛罗伦萨大教堂的钟楼。1337年1月8日死于佛罗伦萨。他被授予"艺术大师"的称号。乔托被誉为"意大利绘画之父"，现实主义画派的鼻祖。他的绘画影响意大利长达一个世纪之久。

达·芬奇

意大利画家、科学家。1452年生于佛罗伦萨的芬奇小镇，故取名叫芬奇。5

达·芬奇像

岁时凭记忆画出母亲的肖像，表现出绘画天赋。14 岁跟随名画家佛罗基奥学习，练习画蛋，打下坚实的素描基础。在老师的工作室的 6 年中，他接受多方面的艺术教育。1482 年，他到米兰，形成米兰画派，完成了《最后的晚餐》等重要作品。1515 年被聘为法兰西宫廷画家，定居法国。1519 年客死他乡。他的绘画把科学知识和艺术想象结合起来，发展到一个新的水平。其著名的代表作是《最后的晚餐》和《蒙娜丽莎》。他还是一位科学家，在科学上提出了不少创造性的见解和设想，给后世科学家以启示。他的学生评价说："芬奇的死，对每一个人都是损失，造物主无力再造一个像他这样的人了。"

丢勒

德国文艺复兴时代画家。1471 年 5 月 21 日生于德国纽伦堡。其父精于首饰活，他自小从父习艺兼学绘画，表现出很高的才能。1486 年在一个画室工作 3 年。1495 年去威尼斯，学习、吸收威尼斯画派的技法，形成自己的风格。1498 年作《启示录》插图，开始闻名于画坛。1505 年他再次去意大利广泛学习美术技艺和理论，积极进行人文主义学术活动。丢勒具有科学的头脑，曾研究数学和透视学并写下了很多笔记和论著。他的画作往往是将科学的技艺同人文主义和哲学思想融合在一起。1513 年他完成的版画《名手版画》体现了这一点。丢勒 1528 年 4 月卒于自己的故乡。丢勒是自画像之父，一生画过许多自画像，成为德国文艺复兴时代最有成就的画家之一，其艺术成就很高。在艺术风格上，他保留和发展了巴洛克风格，

给后人以重要影响。

米开朗琪罗

文艺复兴时期意大利雕刻家、画家和建筑师，意大利艺坛三杰之一。1475 年 3 月 6 日生于意大利佛罗伦萨。他 6 岁丧母，从小喜爱艺术，长大后不顾父亲的反对，学习绘画和雕刻。13 岁进入佛罗伦萨画家画室学画，后学雕塑，达 14 年之久。24 岁开始创作，雕刻出《哀悼基督》等有着很高艺术水平的作品。后来他从佛罗伦萨到罗马为教堂画壁画。最后 20 年他专搞建筑，主持了圣彼得大教堂的建筑工作，他也成为文艺复兴时期著名建筑师。他还是一位爱国志士，曾参加抵御外国侵略者的战斗。他一生未婚。1564 年 2 月在自己的工作室逝世。米开朗琪罗最有成就的雕塑有《大卫》《摩西》《朝》《夕》和《昼》等。米开朗琪罗的作品在艺术上具有坚强的毅力和雄伟的气魄。

拉斐尔

文艺复兴时期意大利艺坛三杰之一。他父亲是宫廷画师，他从小随父学画，生

雅典学院　　1510～1511 年　　拉斐尔
此图系拉斐尔为梵蒂冈教皇宫殿所绘的壁画。图中柏拉图和亚里士多德师徒正在门厅闲谈，旁边其他不同地域和不同学派的著名学者在自由讨论。

活幸福。但不久他父母相继去世。1504年他进入画家画室当助手，学习佛罗伦萨画派的作品，后走上独立创作的道路。22～25岁期间，他在梵蒂冈宫廷作壁画，创作了大量圣母像，声名大扬。1515年他主持了圣彼得教堂的建设。1520年4月6日去世，年仅37岁。拉斐尔是文艺复兴盛期最红的画家，他的作品中最完满地表现了鼎盛时期文艺复兴的艺术风格。他一生创作了不少作品，其中《大公的圣母》和《教皇利奥十世》等最为著名。他还作了一些建筑设计，为教堂设计画稿。他创造出最合乎当时人们口味的形象，作品被称为具有一种特别"秀美"的风格，延续了400年之久，被后世古典主义者认为是不可企及的典范。

提香

意大利文艺复兴盛期威尼斯派画家。少年时，他跟随哥哥在威尼斯等地辗转作画，并在贝利尼画室里工作，遇见乔尔乔内，给他以重要影响。1510年他离开威尼斯到帕多瓦，在这里他作了一些壁画。1516年，贝利尼死后他取代了他的位置，成为威尼斯的首席画家。1518～1530年在人文主义思想指导下，创作了一系列作品。1530～1550年他创作了一些裸体画。1548年他被查理五世召去给他画肖像画。1533年查理五世授他贵族称号。后来他就一直在自己的故乡。1576年8月27日逝世。提香生前共画了千幅以上的作品，很有名气的作品有《纳税银》《圣母升天》和《爱神节》等。他还擅长画肖像画。他发展了威尼斯派的绘画艺术，把油画色彩、造型和笔触的运用提到一个新阶段，

在油画技法上对后期欧洲油画发展有较大影响。

鲁本斯

法兰德斯巴洛克风格画家。1577年6月28日生于德国的锡根，父亲是律师，后随母迁回法兰德斯。15岁时就精通多种语言，曾当过一位伯爵夫人的侍童。他先后师从几位画家习画。1600年至1603年的意大利之旅行使他真正完成了自己的美术教育。1609年他成为荷兰宫廷画家。1610年左右创作出他的《走上十字架》和《走下十字架》。20年代他作为外交官忙碌起来。53岁时他再婚，后在郊区得到一所房子，幸福地生活着。1640年5月30日逝于安特卫普。他最有影响的作品是《劫夺柳西帕斯的女儿》，现藏于慕尼黑美术馆。鲁本斯是欧洲第一个巴洛克式的画家，他的创作以对生活富于诗意的表现来歌颂生活，他擅长绘制宗教、神话、历史、风俗、肖像以及风景画，是

劫夺柳西帕斯的女儿　鲁本斯
这幅画是鲁本斯最优秀的作品，描绘的是古罗马神话的"抢劫"情节。

17 世纪西方成就最大的画家之一。

巴赫

德国古典作曲家。生于一个著名音乐世家。早年精通管风琴演奏。先是任教堂管风琴师，后到魏玛，任宫廷管风琴师，直至宫廷乐长。38 岁起在莱比锡圣托马斯教堂任乐长，直至逝世。巴赫笃信宗教，又深受启蒙思想影响，使他的作品具有丰富的世俗情感和大胆的革新精神。他刻苦钻研，创作异常勤奋，流传下来 500 多首作品，主要有《马太受难曲》《约翰受难曲》《b 小调弥撒曲》和 200 余部康塔塔，以及古钢琴曲《法国组曲》《英国组曲》等等。巴赫在德国民族音乐的基础上，集 16 世纪以来各国音乐之大成，把巴洛克音乐发展到顶峰。其作品对近代音乐具有深远的影响，因此被称为"西方音乐之父"和"不可超越的大师"。

海顿

奥地利作曲家，维也纳古典乐派代表人物之一。1732 年他出生于贫苦铁匠家庭，从小在很艰苦的条件下学习音乐，作曲主要靠自学。8～17 岁在教堂唱诗班当歌童。1759 年任一个伯爵私人乐队长，1761 年起在一个公爵家任宫廷乐长约 30 年。18 世纪 90 年代成为出色的音乐家。1791 年、1794 年两次去伦敦旅行，写下了他一生中最优秀的 12 部《伦敦交响曲》，从此声名鹊起。1809 年逝世。他的创作吸取民族、民间音乐素材，风格质朴，感情明朗、乐观。他一生共创作了 100 多部交响曲，其中较著名的交响曲有《告别》《时钟》《狩猎》《惊愕》《军队》《伦敦》《牛顿》等。海顿为近代交响乐的发展奠定了基础，被誉为"交响乐之父"。他直接影响了贝多芬等后来的大音乐家。

莫扎特

奥地利作曲家。1756 年出生于萨尔兹堡一个音乐世家，父亲是小提琴手。他 3 岁开始学弹钢琴，4 岁就能演奏，5 岁学作曲，6 岁在欧洲巡回演出，12 岁开始指挥乐队演奏自己的作品，轰动了欧洲，被人们誉为"音乐神童"。后由于他不能忍受上流社会对他人格的蔑视和侮辱，25 岁辞职，成为奥地利第一位不依附于贵族的自由作曲家。1786 年他创作了歌剧《费加罗的婚礼》，取得极大的成功，达到事业的顶峰。他最后几年的生活极为困难。1791 年 12 月在写作《安魂曲》时逝世。莫扎特给人们留下近 50 部交响曲，22 部歌剧，50 部各种形式的协奏曲，主要代表作品有歌剧《费加罗的婚礼》《魔笛》，交响乐《朱彼特交响曲》和协奏曲《D 大调小提琴协奏曲第四号》等。

贝多芬

德国作曲家，维也纳古典乐派代表人物之一。出生于莱茵河畔波恩城的一个音乐世家，自幼从父学音乐。1792 年起在维也纳定居，进行音乐创作和教学。26 岁听力发生障碍，晚年全聋，但仍然坚持创作。他一生十分坎坷，没有结婚成家，毕生追求自由、平等、博爱的理想。在欧洲音乐史上，他集古典派之大成，开浪漫派先河。其作品展现出慑人的活力、罕见的高贵情操以及完美的技巧，他创作的 9

部交响乐，两首弥撒曲，还有不胜枚举的序曲、协奏曲、奏鸣曲和弦乐四重奏曲，都深深影响了后来作曲家的风格，例如：交响乐《英雄》《命运》《田园》，第九交响乐的最后乐章《欢乐颂》；序曲《爱格蒙特》；第五号钢琴协奏曲《皇帝》；《悲怆奏鸣曲》《月光奏鸣曲》等等已是家喻户晓。他为人类留下了一笔宝贵财富，对世界音乐的发展也产生了巨大的影响，因而被世人尊称为"乐圣"。

舒伯特

奥地利作曲家，浪漫主义音乐的开创者之一。1797年1月31日生于维也纳一个教师家庭，8岁开始随父学习提琴和钢琴。11岁被送入免费寄宿的神学院充当童声合唱团的歌童，过了5年牢狱般的艰苦生活。13岁创作第一首歌曲《哈加尔的悲哀》，14岁作第一交响曲，17岁为歌德的诗篇《野玫瑰》等谱曲。18岁完成多部作品。1828年11月19日去世，年仅31岁。他总共写下14部歌剧、9部交响曲、100多首合唱曲、567首歌曲等近千件作品，其中最著名的有《未完成交响曲》《C大调交响曲》《死神与少女》四重奏、《鳟鱼》五重奏、声乐套曲《美丽的磨坊姑娘》《冬之旅》及《天鹅之歌》、剧乐《罗莎蒙德》等。他尤以歌曲著称，被称为"歌曲之王"。他的许多作品已成为世界音乐的宝贵财富。

门德尔松

德国作曲家，19世纪欧洲浪漫派作曲家杰出代表之一。1809年2月3日，生于汉堡。他出身贵族家庭，受过极其正规的音乐教育。他兴趣广泛，天赋很高，

11岁开始创作，17岁即完成《仲夏夜之梦序曲》。曾在英国和南欧一些国家游历，创作了一批著名的作品。1829年指挥巴赫的《马太受难曲》，将巴赫发掘出来。1835年任指挥，传播德国古典音乐。1843年和舒曼等创办了莱比锡音乐学院。1847年11月4日病逝，终年38岁。门德尔松作品的风格温柔优美、完整严谨，富有诗意幻想。他的代表作品有交响曲《苏格兰》《意大利》，《e小调小提琴协奏曲》，序曲《芬格尔山洞》等。他还独创了"无词歌"的钢琴曲体裁，成为早期标题音乐的代表。他对19世纪德国音乐产生了很大的影响。

舒曼

德国作曲家，音乐评论家。1810年6月8日生于一个出版商家庭，自幼显露出音乐、诗歌、戏剧等多方面的才华。1828年在莱比锡大学学法律，19岁起学钢琴，因勤奋练琴而伤指，转而从事作曲和音乐评论。1830年起投入音乐创作，1834年创办《新音乐报》，刊发了大量评论文章。1844年去俄国演出。1850年任音乐总监。1853年因精神疾病离职，后病情加重，1856年7月29日病逝于精神病医院。舒曼的代表作有钢琴曲《蝴蝶》《狂欢节》《交响练习曲》《幻想曲集》等，这些乐曲促进了浪漫主义音乐风格的发展。他1840年写了138首歌曲，被称为"歌曲文萃"，还写了4部交响曲及《a小调钢琴协奏曲》《曼弗雷德序曲》等。舒曼是19世纪最有独创性的钢琴作曲家之一。他的歌曲构思精致，富于诗意，被称为"诗人音乐家"。

肖邦

波兰作曲家、钢琴家，浪漫主义音乐语言的创造者。他从小喜爱波兰民间音乐，7岁写了波兰舞曲，8岁就登台演出，不满20岁已成为华沙公认的钢琴家和作曲家。他的后半生正值波兰亡国，于是侨居国外，在国外时他经常募捐演出，但为贵族演出却很勉强。1837年严词拒绝沙俄授予他"俄国皇帝陛下首席钢琴家"的职位。晚年生活非常孤寂，痛苦地自称是"远离母亲的波兰孤儿"。临终嘱咐亲人把自己的心脏运回祖国。他的主要作品有《第一叙事曲》《降A大调波兰舞曲》《革命练习曲》《b小调谐谑曲》等。肖邦一生不离钢琴，所有创作几乎都是钢琴曲，被称为"钢琴诗人"。他是波兰历史上出现的一个举世闻名的音乐家，是19世纪欧洲民族乐派最杰出的代表，也是欧洲浪漫主义音乐的重要人物。

李斯特

匈牙利作曲家、钢琴家、指挥家，浪漫主义大师，是浪漫主义前期最杰出的代表人物之一。他生于匈牙利雷定，1817年起学钢琴，1823年赴维也纳学习，先后成为多位钢琴名家的弟子。16岁定居巴黎。之后，又访英、法、意、德、俄等国，进行演出活动。1848年起他开始了大量的创作活动，并定期回匈牙利。1875年创建匈牙利音乐学院，并任院长。他写有13部前奏曲、19首匈牙利狂想曲、12首高级练习曲等。他的代表作品有交响诗《塔索》、钢琴曲《匈牙利狂想曲》19首，大大开拓了钢琴音乐的表现力。李斯特有

"钢琴之王"的美称，他的钢琴创作气势宏伟、技巧绚丽。他开创了"交响诗"的体裁。他的作品结构自由、富于文学性，体现了欧洲浪漫主义音乐中各种艺术相结合的理想。

瓦格纳

德国作曲家、指挥家、评论家。1813年5月22日生于德国莱比锡。从小喜爱音乐，20岁开始歌剧创作。1841年他创作出第一部歌剧代表作《漂泊的荷兰人》。1842年他进入重要创作时期。1849年因参加革命受到通缉，在国外流亡15年。流亡期间他取得丰硕成果，他创作的《特里斯坦与伊索尔德》，标志着他的理想乐剧诞生。1862年他获赦。1876年他建成专门上演他的乐剧的剧院并上演《尼伯龙根的指环》，获极大成功，成为盛极一时的音乐大事。后他接受了叔本华、尼采等人的思想，大力宣传大日耳曼主义，走向反动。1883年2月13日病逝。他的歌剧代表作品有《尼伯龙根的指环》《莱茵的黄金》《诸神的黄昏》等，还写有《艺术与革命》《歌剧与戏剧》等著作。瓦格纳的音乐成为德意志帝国主义意识形态和普鲁士精神的一面旗帜，对德国民族精神产生了深刻影响。

约翰·施特劳斯

奥地利小提琴家、指挥家、圆舞曲及维也纳轻音乐作曲家。做过银行职员，后自学小提琴与作曲。1844年自建乐团，演奏自己创作的圆舞曲，并任指挥。1849年带领乐团在欧美各国旅行演出。后在俄国圣彼得堡任音乐会指挥10年。1862～1863年任奥地利宫廷舞会乐队指挥。

1872 年在美国任纽约和波士顿音乐会指挥。1870 年起创作了一批轻歌剧，对欧洲轻歌剧的发展有深远影响。1899 年逝世。他有 500 余首作品，其中圆舞曲 400 余首，世称"维也纳圆舞曲"。最著名的有《蓝色多瑙河》《维也纳森林的故事》《春之声》《美酒、爱情和歌曲》等，《蓝色多瑙河》被誉为奥地利第二国歌。他的作品节奏自由，音乐语言真挚而自然，维也纳圆舞曲也因而风靡全欧。他有"圆舞曲之王"的称誉。

马奈

法国 19 世纪画家，印象派领袖。1832 年 1 月 23 日生于巴黎一个富有的中产阶级家庭，父亲是官员，门第高贵，他从小受到良好的教育。青年时当过海员，后进入学院派画家库图尔画室学习。1856 年他建立自己的画室，并到荷兰、意大利和德国旅行。1863 年他的大幅油画《草地上的午餐》和《奥林匹亚》在巴黎被拒绝参展，并受到批评家的谴责。1867 年

草地上的午餐　1863 年　马奈
这幅画是为挑战学院派传统规范而作。画面中，两个衣装齐整的绅士和一个裸女正在草地上野餐，远处还有一个穿着睡衣的妇女。这种创作伤害了士绅阶层的体面，同时因其古典式的田园主题而遭到众多非议与攻击。

他仿效库尔贝的做法，结合一部分落选画家，举行了"落选作品展览会"。后来一批年轻画家聚集在他周围，受他新颖画风影响，努力探求新的艺术风格与手法，被当时人讽刺为"马奈帮"，可这却是后来著名的印象派。1883 年 4 月 30 日他在巴黎病逝，享年 51 岁。死时有人认为"马奈要比我们所想象的更伟大"。的确，马奈使他所处时代的绘画发生了巨大的变化。

塞尚

法国后期印象派画家。1839 年 1 月 19 日生于一个银行职员家庭。1858 年到巴黎学画，并与文学家左拉等人结识。19 世纪 60 年代初，与印象派画家马奈、毕沙罗、雷诺阿等结识，1872 年，在毕沙罗的影响下，积极参加印象主义运动。1869 年塞尚结婚，他的夫人成为他最有耐心的模特儿。1886 年，他的父亲去世，兄长为他安排了舒适的生活，他勤奋作画。1900 年在巴黎万国博览会上，他的 3 件作品入选。1904 年巴黎出版了介绍包括塞尚在内的画家的小册子，他因此出名。1906 年 10 月 22 日由于心脏病猝发，他在作画中死去。他一共创作了 250 多幅油画，他的画色彩和谐美丽。他毕生追求表现形式，对运用色彩、造型有新的创造，被称为"现代绘画之父"。塞尚的绘画风格深刻影响了后来的画家，其中毕加索从塞尚的艺术中萌发了立体主义的观念。

莫奈

法国画家。1840 年 2 月 14 日生于法国巴黎。其父是位商人。莫奈童年在阿佛尔度过。上学期间他唯一的爱好是绘画。

15 岁时他的漫画在当地已小有名气。后认识画家布丹，后又对荷兰画家琼康的画感兴趣，并从布丹和琼康那里接受了基本艺术修养。1859 年，莫奈来到巴黎，1863 年他在格莱尔学院的画室里待了一段时间，但他不想在学院完成他的学画过程。他对各种理论学说不感兴趣，于是怀着火热的信念投入对自然生活的纯直觉观察中，形成自己的一套绘画方法。1874 年他曾与马奈和雷诺阿一起工作。1880 年他举办了个人画展，受到人们的赞誉。19 世纪 90 年代他画了几组整套的画。1926 年 2 月 8 日逝世。从莫奈的观念看他是一个现实主义者，从他本性看他是一个幻想家。他在绘画技巧和精神上的努力深刻影响了后来者。

柴可夫斯基

俄国作曲家，俄罗斯民族音乐与西欧古典音乐的集大成者。10 岁开始学习钢琴和作曲。1862 年入彼得堡音乐学院学习作曲，毕业后赴莫斯科音乐学院任教，并开始了紧张的创作活动。约 10 年间，他创作出自己的早期名作。他性格敏感，加上婚姻的不幸，几乎使他精神崩溃。此时他得到富孀梅克夫人资助，使他把全部精力投入创作。此后的 10 多年取得了辉煌的成就。后来染上霍乱去世，时年仅 53 岁。他留下的世界名曲有歌剧《叶甫根尼·奥涅金》《黑桃皇后》，舞剧《天鹅湖》《胡桃夹子》《睡美人》和《第四交响曲》《第五交响曲》《第六交响曲》，幻想曲《罗密欧与朱丽叶》《大露雨》等。他的作品有浓郁的民族风格，具有很高的艺术水准，是世界音乐文化中的宝贵财富。

罗丹

法国艺术家。1840 年 11 月 12 日生于巴黎一个普通职员家庭。小时候就显示出美术方面的天赋。14 岁时开始进入美术学校学习，受到很好的绘画技能训练。1864 年他师从雕塑家巴里学习，给他以深刻影响。后来他从事过一段时间的装饰工作。1875 年他去意大利旅行，决心致力于创作。1876～1877 年他完成了雕塑《青铜时代》。1880 年他应政府要求，装饰巴黎装饰艺术博物馆，他在那里开始制作《地狱之门口》。这一项伟大工程用了他的一生。1884 年他开始建造《爱斯塔什·圣皮埃尔纪念碑》，这座纪念碑取得了世界性的声誉。53 岁的罗丹接着创作了《巴尔扎克》纪念碑，在 1898 年沙龙美展上展出时，引起了激烈的争论。这时的罗丹已经是人们公认的有声望的雕塑家，他的作品被世界上的大博物馆收藏，他得到各种各样的荣誉。他利用自己的地位，创建了国家组织——艺术家协会。他

罗丹的雕塑——思想者

一直在工作着，直到 1917 年 11 月 17 日逝世。他的最有名的作品还有《吻》《思想者》等。

列宾

俄国 19 世纪末现实主义画家。1844 年出生在俄国边境一个小镇，家中生活贫困而艰难。19 岁时他到彼得堡学画画，后考入美术学院。1871 年他的毕业作品《睚鲁女儿的复活》获得学院大金质奖，并获得赴意大利和法国留学机会，但他更多的时间在巴黎度过。1876 年回国后，他坚持在乡村和民间写生。1878 年他加入克拉姆斯科依的美术家工厂巡回展览协会，和革命民主主义知识分子保持联系。1917 年俄国十月革命后，他的故乡划为芬兰领土。列宁写信请他回到祖国，但因年老未能成行。1930 年 9 月 29 日病逝于故乡。他的代表作有《宣传者的被捕》《临刑前拒绝忏悔》《意外归来》《不期而遇》《宗教行列》和《索菲亚公主》等。列宾是俄国 19 世纪后期批判现实主义绘画派的主要代表，他的《伏尔加河上的纤夫》是世界绘画艺术的杰作。

高更

法国画家。1848 年 6 月 7 日出生于巴黎。两岁时全家迁居秘鲁，幼年在此度过。1855 年他们搬回法国，定居下来。青年时期，他当过海员，做过证券交易所的经纪人，在闲暇时，他从事绘画和收藏。1883 年他辞去工作，决定当画家。1888 年在阿尔与凡·高共同生活，后因凡·高的"割耳事件"离开阿尔。1890～1891 年他一人到塔希提去实现他的原始生活和原始艺术的理想。后从塔希提跑到多米尼加岛上定居。1903 年 5 月 8 日在此去世。高更的祖父具有西班牙血统，外曾祖父是秘鲁人。这种西班牙和秘鲁混合来的血统使他成为一个为了理想而甘愿牺牲自己的狂热的人，他温柔而无聊，天真而狡黠，犹豫而坚定，被称为"野蛮人"。他的"野蛮"风格是画界前所未有的，而恰恰就是他奏响了 19 世纪艺术的新声。

凡·高

荷兰印象派画家，一位用心灵作画的大师。他说："我的作品就是我的肉体和灵魂，为了它，我甘冒失去生命和理智的危险。"1853 年 3 月 30 日生于一个牧师家庭。小时候的他很有语言天赋。16 岁在画廊工作。25 岁时到一个矿区传教。27 岁立志当画家，开始自学绘画。33 岁时在巴黎，受到印象派的影响。35 岁时厌倦城市生活，到法国南部小城阿尔寻找他所向往的金色的阳光和无垠的田野。租下"黄房子"，准备建立"画家之家"。此时他的创作也进入了高潮。但不久他得了精神病。1890 年 7 月自杀。凡·高的主要作品有《向日葵》《农民》《邮递员罗

《星月夜》是一幅充满幻想的画作，奔放的笔触，浓烈的色彩，来自直觉或瞬间的灵感，而不受理性思想或严谨技法的约束。

兰》等。生前他的作品不为世人所睬，后在巴黎举办他的画展，引起轰动。现在他的作品为世人欣赏，产生了广泛的影响。

毕加索

法国现代画派的主要代表。1881年10月25日出生于西班牙一个美术教师家庭。他自小在父亲指导下画画，8岁完成第一件油画作品。14岁进入巴塞罗那美术学校学习，颇有神童之风。16岁进入马德里圣费南多美术学院就读。19岁时他来到巴黎。20岁时毕加索以蓝色调作画，开始蓝色时期。21岁完成《蓝色自画像》。1904年定居于巴黎，创作《洗衣船》，开始粉红色时期。24岁以马戏团题材创作《卖艺人家》等。26岁创作《亚维农的少女》。1937年创作《格尔尼卡》。1944年加入法国共产党。1950年获列宁和平奖章。1973年4月8日逝世。毕加索是一位最富有创造性的艺术家，除去绘画以外，还涉及雕塑、陶艺、书籍装帧等方面。他的作品约达6万件，仅油画就有1万件以上。他对20世纪的艺术家都产

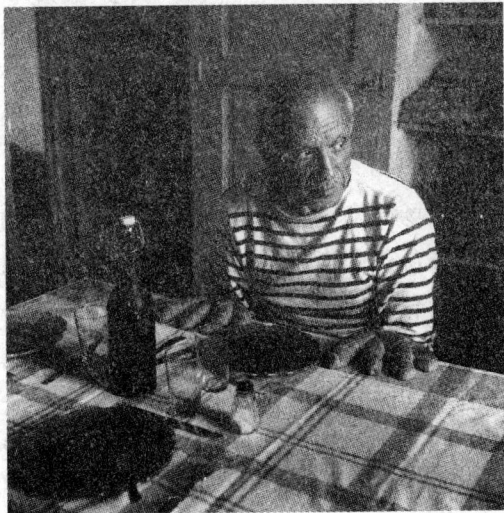

毕加索像

生过很大的影响。

夏加尔

俄国现代派画家。他1887年生于俄国一个贫困的犹太家庭。他笃信犹太教，从小受俄国宗教艺术和犹太民间艺术的熏陶。23岁来到巴黎，迷恋过立体主义，后又受到印象派、野兽派和立体派的影响。20年代后他的画风变得浪漫自由，很有梦幻色彩。但由于他的国家只允许一种类型的艺术存在，1922年他被迫远走他乡，1931年他被邀请参加创建特拉维夫博物馆而来到巴勒斯坦和叙利亚。1941年，他决定应邀去美国，此时画风大变。1947年，他回到法国定居。夏加尔是个高产画家，代表作有《散步》《生日》和《火鸟》等。他善于把立体构成因素自由地融化在富于抒情味和幽默感的绘画语言中。他的风格兼有童稚和老练，在色彩的构成中将真实与梦幻相融合。夏加尔被称为乡愁与爱的画家，他是现代派绘画开创者，对于当代艺术产生了重大影响。

杜尚

达达派绘画的典型代表人物。1887年7月28日出生于法国。1902年开始作画，画了第一张作品《薄兰韦勒的风景》。1911年开始画立体主义风格的画，画《下楼的裸女》。1915年去纽约宣传他的艺术主张，受到欢迎。他画了《大玻璃》，人们以"现成品"来称呼他的艺术风格，他的艺术主张形成。1917年他送《泉》参加独立艺术家展，未获准展出。1942年后他住在美国，和超现实主义艺术家一起出版超现实主义刊物《VVV》。1955

他成为美国公民。1961年他被美国的三所大学授予荣誉博士学位,知名度空前的高。1968年10月1日在法国巴黎去世。他的代表作有《下楼的裸女》《泉》《大玻璃》等。杜尚是战后观念艺术的先驱,他的出现改变了西方现代艺术的进程。在他以后,"现成品"成了创造的一种方式,他也成了后现代主义的鼻祖。

卓别林

著名艺术家,世界电影史上最伟大的喜剧演员之一。出生于伦敦一个贫苦演员家庭,父母都是游艺场的歌舞演员。由于父亲早亡,母亲精神失常,他的童年生活充满了辛酸和不幸。19岁那年,他当上了一个著名剧团的演员,1913年他来到美国,开始从事电影事业。卓别林一生主演过80多部影片,他的代表作品有《安乐狗》《狗的生涯》《寻子遇仙记》《淘金记》《城市之光》《摩登时代》《大独裁者》等。他的作品具有独特的艺术风格,他的喜剧性的表演令人捧腹大笑,但是又使人笑后感到泪水的苦味。1972年,美国影艺学院特别颁了一座奥斯卡奖表扬卓别林对影坛的特殊贡献。1977年12月25日他在瑞士逝世,终年88岁。卓别林是影坛的喜剧泰斗,他关注"小人物"的命运,创造了世界喜剧电影不可逾越的高峰。他对电影艺术的贡献在世界电影史上留下了光辉的一页。

达利

西班牙超现实主义画家、版画家。1904年5月11日生于西班牙菲格拉斯。他对绘画产生兴趣,1910年创作第一幅绘画。22岁时对印象派产生兴趣并尝试印象派画法。后在马德里和巴塞罗那学习美术。20年代末期,他受弗洛伊德潜意识意象学说的影响,画风日趋成熟。1929~1937年间所作的画使他成为世界最著名的超现实主义艺术家。1954年他的画展在罗马帕拉维西尼宫、威尼斯和米兰成功举办。1958年他发起"视觉艺术",探寻视觉和错觉效果。1957年达利为《唐·吉诃德》所作系列插图,他同时获得"法国贵族勋章"。1989年1月23日去世,享年84岁。达利的一生充满了传奇色彩。达利是一位具有卓越才华和想象力的画家。他在把梦境的主观世界变成客观的形象方面,为超现实主义和20世纪的艺术做出了巨大的贡献。

乌兰诺娃

俄罗斯第一位芭蕾舞舞蹈家,被誉为"芭蕾女神"。1910年1月8日出生于圣彼得堡一个舞蹈之家,母亲是一位芭蕾演员,父亲是芭蕾导演。她天生有舞蹈资质,1919年她跟随芭蕾教育家瓦冈诺娃学习。瓦冈诺娃把乌兰诺娃身上的优势发掘出来,使她逐渐形成自己的风格。1928年乌兰诺娃演出了她的毕业剧目《仙女们》。1951年赴伦敦皇家歌剧院演出,获盛誉。1960年她在莫斯科大剧院跳了她最后一场演出。在她蜚声天下的时候,她退出舞台,去当舞蹈教师。她终生没找到理想的伴侣。1998年3月去世。乌兰诺娃是20世纪最伟大的芭蕾舞艺术家,她创造了《巴赫奇萨拉伊泪泉》和《罗密欧与朱丽叶》中的重要角色。她被认为是俄罗斯芭蕾舞学派的化身,"脚尖上的莎士比亚"。

中国军事常识

先秦军事

阪泉之战

　　阪泉之战是中华文明有史以来记载的最早的一次战争，是黄帝在征服中原各个部落的战争中与炎帝部落在阪泉地区进行的一场大战。炎帝和黄帝据传都是少典氏的后裔，当时神农氏统治着各部落，神农氏日渐衰微后，出现了以黄帝和炎帝为首的两大部落联盟。黄帝部落不断进攻周围的部落，很多小的部落纷纷归附，黄帝部落的势力不断壮大。炎帝部落沿黄河向东发展进入中原，成为黄河中游地区最强大的部落联盟，势力不断扩大。两个部落联盟终于在阪泉爆发了冲突。阪泉在今河北省涿鹿县东南，地势险要。黄帝部族与炎帝部族各自占据有利地形，黄帝统领以熊、罴、貔貅、虎为图腾的部落，与炎帝进行决战。经过3次激烈的战斗，最终战胜了炎帝，炎帝的部落并入黄帝的部落，组成华夏族（部落），黄帝成为中原地区部落联盟的首领。

涿鹿之战

　　黄帝战胜炎帝后，沿着黄河向今华北大平原西部地带发展，东迁至河北平原西部。而兴起于今冀鲁豫交界地区的九黎族，在首领蚩尤的率领下则由东向西发

涿鹿之战

展。两大部落为争夺适于牧猎和浅耕的中原地带，展开了长期的战争。蚩尤九黎族联合巨人夸父部落把炎帝打败，并夺其居住之地。后又乘势北进涿鹿（今河北涿鹿县），攻击黄帝部落。

　　传说蚩尤率领所属72氏族（或说81氏族），利用浓雾天气围困黄帝部落。黄帝率领以熊、罴、狼、豹等为图腾的氏族，屡战不胜。后得到玄女族帮助，吹号角，击夔鼓，乘蚩尤族迷惑、震慑之际，以指南车指引方向，冲破迷雾重围，终于一举击败敌人，并在中冀之野（今河北冀州）将蚩尤擒杀。此后，黄帝继续征战，征服了中原地区的其他部落，"凡五十二战而天下咸服"。黄帝成为中华民族的共同祖先。

鸣条之战

　　夏朝末年，夏王桀暴虐无道，民众怨声载道。商族在夏的东方崛起，商族首领

汤对内任贤举能，对外联合其他部落，国力日盛，积极进行灭夏准备。商汤先采取由近及远、各个击破的策略，攻灭了夏东部地区许多依附于夏的小国，随后商汤停止向夏纳贡。于是夏王桀率军至有仍氏居地（今山东济宁东南）会盟攻商，但无人响应，陷于孤立。汤乘机誓师伐夏，率战车70辆，敢死士6000人和各诸侯国联军采取战略大迂回，绕道至夏都以西突袭夏都，桀仓促应战，西出拒汤。双方决战于鸣条，商军士气高昂，阵容整齐，战斗力强，而夏军则士气低落，抵挡不住商军的进攻。商军大败夏军。桀逃至三朡（今山东定陶东北），汤率军乘胜追击，克三朡，桀又逃奔南巢氏（今安徽巢湖北岸）。汤占夏地，建立商朝，定都亳，夏朝灭亡。

战车

战车便于在平原上冲击驰骋，行军时可运输粮草辎重，是我国古代一种重要的兵器。

战车的最大编制是300乘，按左、中、右分为3队。战车以5车为一小队，其中有一个令车。战车除本车的3名甲士外，还配有一定的"徒卒"（步兵），以战车为中心协同作战。

战车是一种大型的兵器，机动性差，难以回转，所以十分讲究阵形。阵形可以保障整个部队行动的统一协调，最大限度地发挥整体力量。

在作战时，战车一字排开，把徒卒部署在战车的前方，将领通过金鼓和旗帜来指挥车队的进退、快慢和调整队列，以保证阵形始终严整有序。两军交战时，双方较远时先用弓箭对射，以扰乱对方的阵形，接近时使用矛、戈格斗。

阵形的整齐一定程度上决定了战斗的胜负，所以在交战时也要不停地调整阵形。在交战过程中战车不能快速行驶，步兵也不能快速奔跑，追击时也要保持阵形。

牧野之战

商朝末年，商纣王荒淫暴虐，致使众叛亲离，政权摇摇欲坠。地处渭水流域的周部落，其首领周武王励精图治，发展实力，迅速崛起，力图推翻商的统治。周武王见商朝的政治腐败，内部混乱，乘商军主力远征东夷，朝歌空虚，遂率兵车300乘，虎贲3000人，甲士4.5万人联合周围各诸侯的军队进攻商朝。周军渡过黄河，进军商都殷（今河南省安阳西北），到了离殷不远的牧野（今河南淇县以南卫河以北地区）。商纣王惊闻周军来袭，仓促武装大批奴隶，连同守卫国都的军队17万（一说70万），开赴牧野迎战。双方展开了大战，史称"牧野之战"。商朝迎战周的军队主要是临时武装起来的奴隶，他们都不愿为商纣打仗，所以当周军猛烈进攻时，商军阵前倒戈，让开通道。商纣逃回朝歌，登上鹿台，放火自焚，商朝灭亡。

穆王西征

周穆王，名满，西周昭王之子，周朝第五代天子，中国历史上最富有神话色彩的君王之一。穆王时，西北方犬戎的势力逐渐强大，阻碍了周朝与西北各国的往来，成了西周最重要的外患。犬戎是古戎族的一支，商周时游牧于泾渭流域，是商周的劲敌。由于在朝见周穆王时没有献纳贡品，于是穆王决定西征犬戎。在西征前，祭公谋父曾提出过不同意西征的意见，但周穆王没有采纳。战争的结果是周穆王大获全胜，"获其五王，又得四白鹿、四白狼，王遂迁戎于太原"，即俘虏了5个酋长，得到白鹿、白狼各4只，并将一批犬戎部落迁到太原（今甘肃平凉、镇原一带），这些情况在《后汉书·西羌传》中有记载。周穆王战胜犬戎后，打通了周与西北各国的道路，对于加强周人和西北各族人民的友好往来具有重要意义。

"宣王中兴" 战争

周宣王名姬静，周厉王之子。周宣王即位后，国家危机重重：内有贵族之间的矛盾和阶级矛盾，社会动荡不安；外部四周的部族，乘周朝衰落之机，不断侵扰。其中威胁最大的是周朝西北的猃狁。另外，周朝西南方的淮夷各邦也联合起来向周进攻。在危机面前，周宣王励精图治，勤理国政，由二相（召公和周公）辅佐，采取了一系列的政策，缓和了矛盾。为了解除四周少数民族的侵犯，周宣王四处征伐，大举用兵。由于猃狁威胁镐京，所以周宣王首先派文武双全的尹吉甫征讨猃狁。周军在战车的军事优势下，击退了猃狁。宣王又派大将南仲筑城设防，解除了猃狁的威胁。周宣王五年（公元前823年）八月，派元老方叔率军进攻南方楚国，大获全胜，各国纷纷归附。次年，徐国联合淮夷反周，宣王率军亲征，经过多年讨伐，徐国臣服，淮夷平定，使周朝出现了短暂的中兴局面。

平原野战

西周时期的战争方式是平原野战。这是因为商周时期大部分战争都发生在黄河中下游，地势开阔的大平原非常适合当时盛行的车战。当时的战车长宽各3米左右，再加上两侧的步兵，有将近10平方米的面积。这样一个庞然大物的机动性很差，所组成的队形作纵深配置也很困难，所以只有大排面横列发起冲击才能发挥战车威力。此外，横列队形还可以做到左右照应，有效地抵御敌人的攻击。在交战中，距离较远时双方用弓箭互射，给对方造成混乱，以扰乱对方阵形。接近时，使用矛、戈等进行搏杀。这样车战的战斗方式，能否取得胜利，很大程度上取决于队形的整齐程度。所以在战斗前和战斗时要不停地调整队形。在牧野之战时，周武王命令士兵每前进六七步就要停下来，重新排列，以保证队形的整齐。这样呆板的队形和机械的动作决定了车战只能在开阔平坦的平原进行。

长勺之战

齐国公子纠和公子小白（即后来的齐桓公）争做齐国国君，鲁国站在公子纠一边，并公开出兵支持公子纠争夺君位。但最终公子小白继位，是为齐桓公。齐桓公对鲁国耿耿于怀，不肯善罢甘休。周庄王十三年（公元前684年），齐桓公率军进攻鲁国。鲁庄公闻报齐军大举来攻，于是动员全国的军事力量，在长勺迎击齐军。鲁将曹刿建议庄公坚守阵地，以逸待劳，伺机破敌，鲁庄公接受了曹刿的建议，暂时按兵不动。齐军凭恃强大的兵力，向鲁军发起3次猛烈进攻，但都在鲁军的严密防守下失败。齐军筋疲力尽，士气低落。曹刿见时机已到，建议庄公果断进行反击，鲁军全线出击，齐军败走。鲁庄公想乘胜追击，曹刿怕齐军有诈，登车看到齐军阵形不整，车辙混乱，才建议鲁庄公追击，鲁军大胜。长勺之战是中国历史上一次著名的以弱胜强的战役。

假途灭虢之战

春秋时，晋献公积极扩军，拓展疆土。晋献公为了夺取崤函要地，决定南下攻虢（初都厂阳，今山西平陆东北，后迁上阳，今河南三门峡东）、虞（今山西平陆北）两个小国。晋献公害怕两国联合，于是采用各个击破之计，先向虞借道攻虢，再伺机灭虞。周惠王十九年（公元前658年），晋献公派人携美女、骏马等贵重礼品献给虞公，请求借道攻虢。虞公贪利，不但应允借道，还自愿做攻虢先锋。当年夏，晋虞联军攻下虢国重镇下阳（在今山西平陆境内），使晋控制了虢、虞之间的要道。公元前655年，晋又故技重演向虞借道。虞国大夫宫之奇用"唇亡齿寒"的道理，劝虞公决不能答应借道。但虞公认为晋、虞是同宗，不会相欺，遂不听劝告。十月十七日，晋军围攻虢都上阳。十二月初一破城灭虢。晋军班师暂住虢国休整。后乘虞不备，发动突然袭击，俘虞公，灭其国。

齐国图霸战

齐国是春秋时的一个大国。齐桓公继位后，任管仲为相，委以国政，进行政治、军事、经济改革，齐国国力大增，奠定了称霸的基础。齐桓公打着"尊王攘夷"的旗号，开始了他的称霸大业。齐桓

齐国遗址复原图

公北伐山戎保卫了燕国，驱逐了狄人，存邢救卫。齐桓公还多次以"尊王"的名义派兵平定周王室的内乱，召集诸侯国的军队帮助周天子戍守国都成周。当时南方的楚国，实力强大，势力已经逼近中原，大有北上争霸的势头。公元前656年，齐桓公率鲁、宋等8国军队，征伐楚国，在召陵（今河南郾城东北）迫楚订盟，阻其北进，奠定了霸主的地位。公元前651年，齐桓公大会诸侯于葵丘（今河南兰考），与会的有鲁、宋、郑、卫、许、曹等国，周天子也派人前往。齐桓公的霸业达到了顶峰。齐桓公死后，诸子争立，齐国从此衰落。

泓水之战

春秋时期，中原地区的第一个霸主齐桓公去世后，齐国因内乱而中衰。长期以来受齐桓公遏制的楚国，企图乘机进入中原，夺取霸权。一贯自我标榜仁义的宋襄公，想凭借宋国爵位最尊的地位以及领导诸侯平定齐乱的余威，出面领导诸侯抗衡楚国，继承齐桓公的霸主地位，于是出现宋、楚争霸中原的局面。宋襄公率军进攻臣服于楚国的郑国，楚国出兵救郑。宋襄公屯兵泓水北岸，摆好阵势以待楚军。楚军进至泓水南岸，并开始渡河。部下建议乘楚军渡到河中间时发起进攻。但是却被

宋襄公拒绝，使得楚军得以全部渡过泓水。楚军渡河后开始列阵，这时部下劝宋襄公乘楚军列阵未毕发动攻击，但宋襄公仍然拒绝。等到楚军布阵完毕后，宋襄公率军进攻。结果宋军大败，宋襄公本人也受了重伤，在部下的拼死掩护下，宋襄公才得以突围，狼狈逃回宋国。

晋楚邲之战

春秋中期，楚庄王继位后，国势日强，欲霸中原，与晋斗争日益激烈。周定王十年（公元前597年）六月，楚庄王为了彻底征服叛服无常的郑国，亲率大军攻破郑都新郑（今属河南），郑降楚。当楚围郑时，晋景公派元帅荀林父率军救郑。晋军到达黄河时听到郑降楚的消息，荀林父准备撤军，副将先縠却擅自率部渡河攻楚，荀林父被迫命令全军尽渡。得知晋军渡河，楚庄王率军北进，与晋军对峙于管（今河南郑州）。楚庄王派人至晋营求和，示弱于敌，以麻痹晋军，又派小股部队袭扰晋军，诱其出战。晋将赵旃、魏绮乘赴楚营议和之机，向楚军发动进攻，楚军乘机大举反攻。荀林父正待楚使前来订盟，忽闻楚大军迫近，惊慌失措，急令全军后撤。撤到黄河南岸的邲时，晋军抢船争渡，自相残杀，惨败而归。此战奠定了楚庄王的霸主地位。

晋楚鄢陵之战

周简王十一年（公元前575年），楚国把汝阴（今河南叶县一带）的土地送给郑国，使之叛晋与楚结盟，并且进攻与晋国结盟的宋国，宋军不敌，向晋国求援。晋厉公以栾书为中军帅，联合齐、鲁、卫等国伐郑救宋。楚共王亲自统率楚军，以司马子反为中军主帅，援救郑国，两国军队在郑地鄢陵相遇。楚军利用晨雾作为掩护，向晋军发起突然进攻。此时晋军的盟军未到，加之营垒前方有泥沼，兵车无法出营列阵。晋厉王当机立断，派军从营前泥沼两侧向楚军发起进攻。楚共王望见晋厉公所在的中军兵力薄弱，即率中军攻打，企图先击败晋中军，结果遭到晋军的顽强抵抗。楚共王的左目被射瞎，后撤，楚军顿时军心大乱，晋军乘势猛攻，楚军大败。

晋阳之战

春秋末年，晋国公室衰微，朝政被赵、魏、韩、智4个卿大夫把持。实力最强、独专国政的智伯，逼韩康子、魏桓子割让大片领地后，又向赵襄子索地，被拒。周贞定王十四年（公元前455年），智伯胁迫韩、魏共同发兵攻赵。赵襄子自知寡不敌众，退守晋阳（今太原西南）。智伯率联军包围晋阳，久攻不克。公元前453年，智伯引晋水（汾水）灌城，城中变为汪洋泽国。城内人们只好"悬釜而炊"，粮食吃完后，竟"易子而食"。赵襄子利用韩、魏与智伯的矛盾，派人乘夜潜出城外，密见韩、魏，说服他们倒戈。一天夜里，赵襄子派人杀死智伯守堤的士卒，掘堤放水，倒灌智氏军营。智氏士卒从梦中惊醒，乱作一团。赵军乘势进攻，韩、魏两军从两翼夹击，擒杀智伯，智氏军逃散。赵、魏、韩灭智氏，瓜分其地。"三家分晋"标志着战国时代的开始。

吴楚战争

吴国是春秋晚期兴起于长江流域的一个小国，为了争夺江淮的霸权，吴国和楚国进行了长期的战争。从公元前584年第一次州来之战算起，两国之间在60余年时间里，先后发生过10次大战，吴胜多负少，渐渐由弱变强，开始占据战略上的主动。晋国实施联吴制楚的战略，积极扶持吴国与楚国对抗。而楚国由于长期征战搞得民疲财竭，国力大衰，而且内部政治黑暗，君臣离心。当时的楚国虽然还是大国，可其实早已外强中干，不堪一击了。吴王阖闾励精图治，重用伍子胥、孙武，不断进攻楚国，占领了很多战略要地，又不停地派兵轮番袭扰楚国，消耗了楚国大量的人力物力。等到时机成熟后，吴倾全国之兵全力攻楚。吴军灵活机动，以迂回奔袭、后退疲敌、寻机决战的战法，一举战胜楚国，占领了楚都郢，给楚国以沉重打击，为吴国争霸中原奠定了基础。

吴越战争

春秋晚期，吴越两国相继勃兴于南方。吴国地处长江流域，建都姑苏（今江苏苏州）。越国地处钱塘江流域，建都会稽（今浙江绍兴）。晋国联吴制楚，楚国联越制吴，两国彼此征战不休。吴国连年向楚国发动进攻，使楚国疲于奔命，国力大耗。公元前506年，吴王阖闾率军伐楚，大战于柏举，消灭了楚军主力，攻占郢都。后来楚国搬来秦国救兵，越国又乘吴国远征国内空虚之机发起进攻，吴国被迫撤军。后吴王阖闾攻越失败，受伤而死。夫差继位后，为报父仇，再次攻越，越国战败投降。吴国乘胜北上，大败齐国，成为霸主。越王勾践降吴后，卧薪尝胆，立志复仇。公元前482年，乘吴军主力北上，国内空虚之机大举伐吴。后又经

吴越战争图

过多次大战，终于灭吴，吴王夫差自杀。越王勾践率军北上，会诸侯于徐州，成为春秋最后一个霸主。

《孙子兵法》

《孙子兵法》是春秋末年孙武所著。孙武，齐国人，出身军事世家。因齐国内乱奔吴，向吴王阖闾献兵书，任大将军。

《孙子兵法》的战术观点主要有以下几个方面：

一是"知己知彼，百战不殆"。孙子主张战争前应对敌我双方的各种情况进行详细的了解，然后制定正确的作战方针，获得胜利。

二是"致人而不致于人"。孙子主张应掌握战争的主动权，避免被动挨打。

三是"兵者，诡道也""因敌变化而取胜"。孙子主张在战争中根据情况的变化，灵活机动地改变作战方法。

四是"兵贵胜，不贵久"。孙子主张速战速决，在最短的时间内以最小的代价取得胜利。

孙子认为决定战争胜负的有5大因

素："一曰道，二曰天，三曰地，四曰将，五曰法。"

《孙子兵法》共13篇，约6000字，它的出现标志着我国古代军事思想体系的基本形成。

桂陵之战

战国初年，魏国推行改革，国力逐渐强盛。魏惠王即位后，连年对外扩张。齐威王面对魏国扩张的威胁，极力拉拢韩、赵以抗魏。周显王十五年（公元前354年），赵国进攻魏国的属国卫国，魏国便派将军庞涓率军围攻赵都邯郸（今河北邯郸）。次年，赵求救于齐。齐威王以田忌为主将，孙膑为军师，领兵8万前往救援。田忌听从孙膑的建议，放弃奔赴邯郸与魏军决战的计划，转而进攻魏国的首都大梁。魏惠王大惊，立即命令庞涓回援。庞涓指挥部队昼夜兼程，直奔大梁。桂陵（今山东菏泽北）是魏国的交通要道，也是魏军主力回援的必经之地，这里地形险要，易守难攻。孙膑、田忌率军埋伏于此。魏军连续行军，士兵疲惫不堪，又因为长期攻赵，兵力消耗很大。在桂陵以逸待劳的齐军，斗志高昂，大败魏军，庞涓狼狈逃回大梁，邯郸也回到赵国手中。

马陵之战

魏军虽在桂陵之战中严重失利，但是并未因此而一蹶不振，仍然拥有相当的实力。公元前342年，魏国发兵攻打韩国。韩国向齐国求救。齐威王以田忌为主将，孙膑为军师，发兵救韩。齐军直驱魏都大梁。魏惠王以太子申为主将，庞涓为将军，率兵10万迎击齐军。孙膑利用魏军求胜心切的弱点，主动后撤，诱敌冒进。在撤退途中，第一天造了10万人吃饭的锅灶，第二天减为5万，第三天则减为3万。庞涓看到齐军锅灶日减，以为齐军胆怯，丢下辎重和步兵，只领骑兵日夜追击齐军。齐军退至马陵，此地道路狭窄，地势险隘。孙膑命士卒伐木堵路，1万名弓弩手埋伏在道路两侧的山上，以待魏军。庞涓率军追到马陵时已是傍晚，两旁弓弩手万箭齐发，魏军猝不及防，乱作一团，庞涓自杀。齐军乘胜追击，俘获魏军主将太子申，歼灭魏军10万。魏国从此一蹶不振。

长平之战

公元前262年，秦国进攻韩国，韩国割上党郡（今山西长治西南）求和。韩上党守冯亭不愿降秦而将其地献给了赵国，赵派廉颇率军接收长平。秦昭王大怒，于公元前260年派王龁攻长平。赵军初战不利，廉颇筑垒固守，不与秦军交战。赵孝成王中秦反间计，用赵括替代廉颇，秦国也改派白起为主将。赵括到任后，一反廉颇的防守策略，全线出击。白起佯败退兵，赵括率军追至秦军壁垒，秦军坚守不出。白起派骑兵2.5万人迂回至赵军后，断其归路，又派5000骑兵牵制、监视赵军大营中的留守部队。赵军只好就地筑垒，固守待援。秦昭王亲赴河内，征发15岁以上壮丁至长平，增援秦军。赵军被困，绝食45日，以人肉充饥，虽分四队轮番冲击，仍不能突围。赵括亲率精锐突围，被秦军乱箭射死。赵军降秦。白起将降卒40万人活埋。长平一战，使赵国元气大伤。

合纵连横

战国七雄，互相征伐不休。秦在西，

齐在东，中间从北到南依是燕、赵、魏、韩、楚。古人称东西为横，南北为纵。连横就是事秦齐而攻众弱，合纵就是联众弱而攻秦齐。

燕昭王拜乐毅为将，联合五国伐齐，齐只剩即墨、莒二城。虽然后来田单复国，但已元气大伤。

齐国衰落后，连横就变成了事秦国而攻六国，合纵就是六国联合攻秦国。商鞅变法后，秦国大举东侵，东方六国压力倍增，苏秦遂提出东方六国联合抗秦。六国多次组成联军攻秦，迫使秦去帝号，归还了部分侵占的土地。

秦国张仪鼓吹连横，对韩、魏又拉又打，使之臣服。战国七雄中，楚国国土最大，实力雄厚，"横成则秦帝，纵成则楚王"。张仪用计破坏了齐楚联盟，楚王怒而攻秦，惨遭失败，楚国从此一蹶不振。

战国时期，各国为了自己的利益，时而连横，时而合纵，世称"朝秦暮楚"。

吴起和《吴子》

吴起（公元前440～前381年），卫国左氏邑（现在山东曹县）人，战国时期著名的军事家、法家。初在鲁国做将军，后又到魏国，战功卓著。

因在魏国受到排挤，投奔楚国。楚王重用他为令尹。吴起整顿武备，四处征伐，使楚国成为当时的强国。

楚王死后，贵族发动叛乱，射杀吴起。吴起伏在楚悼王的遗体上，箭射到楚悼王身上。太子继位后，把射杀吴起和射中楚王尸体的人全部诛杀。

吴起著有《吴子》一书，《汉书·艺文志》收录有48篇之多，但后来都散失了。现只存两卷6篇，即《图国》《料敌》《治兵》《论将》《变化》《励士》。在书中，他对战争的性质进行了深入的探索，把战争的起因归纳为5种：争名、争利、积恶、内乱、困饥，以此为基础，又将战争分为5种性质：义兵、强兵、刚兵、暴兵、逆兵。

吴起与孙武齐名，并称"孙吴"。

《孙膑兵法》

孙膑，战国时期著名军事家，孙武后裔，齐国阿（今山东阳谷东北）、鄄（今鄄城北）一带人。早年曾与庞涓师从鬼谷子习兵法。庞涓出任魏将后，妒孙膑之才而将其骗至魏，施以膑刑（割去膝盖骨），因有孙膑之称。后逃往齐国，为田忌门客，助田忌在桂陵、马陵两败魏军，杀庞涓复仇。后辞官归隐。

著有《孙膑兵法》一书，后失传。1972年，在山东银雀山汉墓发现了这部兵法的残简，分上、下编，15篇，经过整理，现已出版。《孙膑兵法》凡16篇，系原上编诸篇加下篇中的《五教法》而成，其篇目依次为：擒庞涓、见威王、威王问、陈忌问垒、篡卒、月战、八阵、地葆、势备、兵情、行篡、杀士、延气、官一、五教法、强兵。

《孙膑兵法》继承了《孙子兵法》的军事思想，提出了"战胜而强立"和"乐兵者王"等有价值的战争观点和原则。

秦汉军事

蒙恬北击匈奴

匈奴是我国古代北方的一个游牧民族。战国时期，匈奴逐渐强大，再加上中原地区七雄纷争，匈奴贵族常率兵南下侵扰。秦朝建立时，匈奴已占领了自阳山至河南地（今内蒙古河套和鄂尔多斯）的广大地区，对秦王朝构成了严重的威胁。秦完成统一后，为了解除匈奴对秦的威胁，秦始皇命蒙恬率 30 万大军北击匈奴，当时匈奴的首领是头曼单于。蒙恬的第一个目标是收复河南地，他采用集中兵力、速战速决的作战方法，很快收复了河南地和榆中。公元前 214 年，蒙恬率军渡过黄河，大规模进攻匈奴，头曼单于难以抵挡，只好北移，蒙恬乘机率军占领了高阙、阳山、北假等地。秦政府一方面在这些地区设置44 个县，实行有效的行政管理；另一方面还大量迁徙刑徒，并鼓励一些民众移居边地。为巩固抗击匈奴取得的胜利成果，秦始皇又命蒙恬负责修建了秦长城。

秦平百越

在今天的浙江、福建、江西、广东、广西、云南一带，有一个人数众多的民族，即越族。越族部属众多，而且部落差异很大，被称为"百越"。依据其分布地区不同，可分为于越、闽越、瓯越、南越、西瓯等 8 部分。王翦在灭楚后，率军南下，夺取越人一部分土地，置会稽郡（今江苏苏州）。秦统一后，秦始皇命尉屠雎为统帅，兵分 5 路，统率 50 万大军进攻南越，遭到了南越和西瓯的顽强抵抗。越人转入山林继续战斗，秦军伤亡惨重，统帅尉屠雎不幸战死。公元前 214 年，秦始皇派监御史禄负责开凿沟通漓、湘两水的灵渠，把长江和珠江两大水系连接起来，灵渠修建完工后，解决了秦军的军粮运输问题。秦军攻势猛烈，于公元前 214 年攻占岭南，设置了桂林、南海和象郡。公元前 213 年，秦始皇下令将中原 50 万罪犯流放到岭南地区，与越族杂居，共同开发珠江流域。

楚汉战争

秦二世三年（公元前 207 年），刘邦、项羽相继率兵入关。刘邦先入咸阳，理应为关中王，但项羽自恃兵多企图消灭刘邦，刘邦卑辞求和。项羽自封为西楚霸王，又分封十八路诸侯王，刘邦被封为汉王。不久，田荣起兵反楚，自立为齐王。项羽调遣主力击齐。刘邦乘项羽无暇西顾之机，迅速平定三秦，接着领军东出，攻陷彭城。项羽亲率 3 万精兵回击，刘邦兵溃败走，退守荥阳、成皋一线。

刘邦一方面坚守荥阳、成皋一线，一方面袭击楚军的后方和侧翼。韩信接连平定魏、代、赵、燕，进军齐地，包围西楚。刘邦命彭越率兵渡过睢水，直逼彭城。项羽不得不亲自回援。刘邦乘机大破楚军，收复成皋，项羽被迫与刘邦议和，刘邦趁机追击楚军，围歼项羽。项羽被围于垓下，后在乌江自刎而死。历时 4 年的楚汉战争，最后以刘邦夺取天下、建立汉朝而告终。

井陉之战

公元前 205 年，刘邦为了牵制项羽，派韩信率军北上，开辟北方战场。韩信率军 3 万，对依附项羽的赵国发起攻击。赵王歇、赵军主师陈余闻讯后，即以号称 20 万的大军集结于井陉口防守。韩信半夜时点两千骑兵，命每人带一面汉军旗，迂回到赵军大营的后方埋伏。天亮后，韩信背水列阵，向陈余叫战。陈余见韩信兵少，于是率轻骑蜂拥而出。交战后不久，韩信诈败后退，陈余下令全营出击，这时预先埋伏的两千骑兵则乘机攻入赵军空营，遍插汉军红旗。汉军因背河而战，无路可退，于是人人奋勇杀敌，与赵军决一死战。双方厮杀半日，赵军仍不能取胜，忽然发现营垒已遍插汉旗，赵军以为汉军已经占据了营地，一时军心大乱，汉军趁势反攻，和占营的两千汉军两面夹击，赵军大败。韩信背水一战，出奇制胜，是中国古代著名的以少胜多的典型战例。

垓下之战

成皋之战后，刘邦乘楚军疲敝，乘胜追击，并命韩信、彭越南下夹击楚军。韩信、彭越按兵不动，楚军反击，刘邦大败。为了调动韩信、彭越攻楚，刘邦封韩信为齐王、彭越为梁王，再次进攻项羽。韩信率军南下，彭越率军北上，刘邦率军东进，40 万汉军三面进击，与 10 万楚军对阵于垓下。韩信首先进攻项羽，被打败后撤退。其他汉军乘项羽追击韩信时从两翼进攻，夹击项羽，韩信乘机率汉军主力反攻，大败楚军，项羽率军退入营垒之中，陷入汉军重重包围。深夜，韩信让人唱楚歌，楚军以为楚地已经全部被汉军占领，军心大乱。项羽率 800 骑南逃，刘邦派大将灌婴率 5000 骑追击，项羽屡战屡败，迷了路，部下只剩下 100 余人，退至乌江边自刎而死。历时 4 年的楚汉战争，以刘邦的最终胜利、西汉建立而告终。

霸王别姬图　版画

项羽生有异相，生重瞳子，少有大志，见秦始皇出巡，对其叔父项梁说："彼可取而代之矣。"遂弃文而习武，学"万人敌"，终于灭秦而称西楚霸王。但因刚愎寡断，在 4 年楚汉战争中终于强弱易势，于垓下之战中四面楚歌，恨别爱姬，无颜见江东父老而自刎乌江。其人其事至今令人扼腕叹息。

七国之乱

刘邦在剪灭异姓王后，又大封同姓王，企图靠血缘关系来维护汉朝的统治。这些同姓王拥兵自重，势力强大，对中央政权构成了严重威胁。

汉景帝采纳御史大夫晁错的建议削

藩，引起诸侯王们的不满，于是以吴王刘濞、楚王刘戊为首的吴、楚、赵、胶东、胶西、济南、淄川七国，打着"诛晁错，清君侧"的旗号，发动叛乱。景帝被迫杀了晁错，但七国之乱不但没有停止，反而愈演愈烈。景帝只好派太尉周亚夫、大将军窦婴率军平叛。

汉景帝的弟弟梁王坚守睢阳，遏制了叛军的攻势，周亚夫以坚壁固守的战术，多次挫败吴楚联军的进攻。叛军兵疲师劳、缺少粮草，只得退兵，周亚夫率军追击，大败之，刘濞逃窜，被东越人所杀，刘戊自杀，其他五国也很快被平定。

平定了七国之乱后，汉景帝借机削减诸侯国领土，并把诸侯任免官吏的权力收回，中央政权得以巩固。

河南、漠南之战

武帝元朔二年（公元前 127 年），匈奴进犯上谷（今河北怀来东南）、渔阳（今北京密云西南）等地。汉武帝避实击虚，派大将卫青率大军进攻匈奴所盘踞的河南地。卫青引兵北上，突袭占据河套及其以南地区的匈奴楼烦王和白羊王，全部收复了河南地。汉武帝迁内地民众 10 多万到该地屯田戍边。此战拔掉了匈奴进犯中原的据点，解除了匈奴对长安的威胁。匈奴不甘心失去河南，数次出兵袭扰边郡，企图夺回河南地。元朔五年（公元前 124 年），汉武帝派遣卫青率军 10 万进入漠南，进攻匈奴右贤王；李息等出兵右北平（今内蒙古宁城西南），牵制单于、左贤王部。卫青出塞六七百里，长途奔袭，乘夜突袭右贤王，右贤王仅带数百人逃走。汉军俘敌 1.5 万人，牲畜 100 万头，

凯旋回师。这次胜利，进一步巩固了河南要地，迫使匈奴主力退到漠北，彻底消除了匈奴对长安的威胁。

绿林、赤眉起义

王莽新朝末年，由于改制失败，加上天灾，农民走投无路，纷纷起义，其中绿林、赤眉实力最强。公元 17 年，荆州闹饥荒，新市（今湖北京山东北）人王匡、王凤，率众起义，由于起义军以绿林山（今湖北大洪山）作为根据地，所以称为绿林军。公元 23 年，绿林军将士推举汉宗室刘玄做皇帝，恢复汉朝国号，年号"更始"，所以绿林军又称为汉军。天凤五年（公元 18 年），琅琊（今山东诸城）人樊崇率众在莒县（今山东莒县）起义，发展迅速。为了和官兵有所区别，他们把眉毛涂成红色，故称赤眉军。刘玄对赤眉军的态度冷淡，引起赤眉军的不满。公元 25 年春，赤眉军拥立汉宗室刘盆子做皇帝。随后，赤眉军攻入长安，绞死刘玄。赤眉军进入长安后，豪强地主组织武装抵抗，起义军被迫退出长安。公元 27 年（建武三年）初，赤眉军被刘秀打败。

昆阳之战

王莽新朝末年，为了剿灭绿林军，王莽派王邑、王寻率军 42 万进攻绿林军占领的昆阳（今河南叶县）。当时昆阳只有七八千守军，绿林军将领决定由王凤坚守昆阳，刘秀去外地搬救兵。王军来到昆阳后，将昆阳团团围住，并开始轮番向昆阳城发起猛烈进攻，昆阳守军拼死抵抗，多次击退王军。王军久攻不克，士气低落。刘秀率领救兵万人驰援昆阳，在王军不远处列阵。刘秀亲率千人向王军发起进攻，

汉光武帝刘秀像

王邑、王寻等人自恃兵多，骄傲轻敌，只派出数千人迎战。刘秀率众奋勇冲杀，当场斩杀王军数十人，初战胜利，士气大振。接着，刘秀又派3000人迂回到王军的后方，向王邑、王寻大营发起进攻，绿林军奋勇杀敌，击毙王寻。城内的绿林军趁机反攻，内外夹击，王军大乱，纷纷逃命，死伤惨重。昆阳之战是一次著名的以少胜多的战役，为推翻王莽政权创造了条件。

骑兵战术

汉武帝时，为了反击匈奴，大力发展骑兵，使之成为汉与匈奴战争中的主力兵种，并开创了许多骑兵战术。

1. 长途奔袭，迂回包围。公元前127年，汉将卫青率精锐骑兵从云中郡出发，向西大迂回，直抵高阙，然后南下，突袭匈奴白羊王、楼烦王，大破之，收复河南地。长途奔袭、迂回包围的战术，利用塞外地形开阔的自然条件，充分发挥了骑兵灵活机动的特点，使汉军屡战屡胜。

2. 乘胜追击，扩大战果。公元前119年，卫青大败匈奴，单于乘夜逃走，汉军穷追不舍，俘杀敌军万余人，但未发现单于。汉军继续追击，攻克赵信城，缴获了大量粮食和军用物资。

3. 骑攻车守，协同配合。公元前119年，卫青率军与匈奴大战，"单于兵陈而待"。卫青命汉军以武刚车"自环为营"，防止匈奴骑兵袭营，同时派5000骑兵出战。黄昏时，狂风大起，卫青派骑兵左右两队，夹击匈奴大营，匈奴惨败。

东汉统一之战

建武元年（公元25年）十月，刘秀称帝，建立东汉，定都洛阳。建武三年（公元27年），消灭赤眉军，夺取长安。当时，刘秀占有司隶校尉部（今陕西中部、河南西部地区）和冀、幽、豫、并等州（今河北、山西大部、河南南部、安徽西北部），其余地方均为地方豪强所割据。从此，刘秀开始了长期的统一战争。建武三年，刘秀于睢阳击败刘永。十一月，刘秀派兵大举南下，进占南郡彝陵。建武四年（公元28年）五月，刘秀攻占燕蓟及其以北地区。七月，刘秀率主力东攻董宪。翌年二月，杀董宪，夺占东海。十月，汉将耿弇率军攻青州张步，张步投降。汉将马成率军击杀李宪于舒县（今安徽庐江西南）。关东各割据势力都被刘秀击破。刘秀随即转兵西向进攻陇西的隗嚣，隗嚣战败病死，残部很快被消灭。平陇后，刘秀从南、北两个方向，对益州的公孙述展开攻势，合围成都。建武十二年（公元36年）十一月，公孙述重伤毙命，公孙述部将投降，天下重归统一。

东汉与北匈奴之战

东汉初年，匈奴分裂为南北两部，相互攻战不休，南匈奴南下归汉。永元元年（公元89年），汉将窦宪、耿秉率军联合南匈奴大败北匈奴于稽落山，单于北遁。窦宪率军追击，分兵四路，过安侯河（今蒙古人民共和国鄂尔浑河），北匈奴20余万众投降，窦宪、耿秉登燕然山，刻石记功而还。九月，北匈奴遣使上书称臣。窦宪派班固率军出塞迎北单于，暗中遣汉将率南匈奴8000锐骑，兵分两路，乘夜合围单于庭，歼万余人，单于负伤西奔。永元三年（公元91年）二月，窦宪获悉北单于庭帐设于金微山（今阿尔泰山），遂派大将耿夔率军，出居延塞（今内蒙古额济纳旗东南）5000余里，再破北匈奴，歼敌5000余人，北单于逃走。此后，北匈奴开始向欧洲迁徙。汉军针对北匈奴飘忽不定的特点，施以先围后歼、穷追不舍的战略，终于彻底击败了北匈奴。

以夷制夷

以夷制夷就是拉拢一个或数个少数民族攻打另外一个或数个少数民族，或拉拢少数民族中归顺者攻打反叛者。这种国防战略起源于西汉，成熟于东汉。两汉时期频繁的民族战争是它产生的直接原因。

汉朝在与少数民族进行战争时，由于征役过重经常引起人民的反抗，而以夷制夷的实施大大减少了这种情况的发生。

班超出使西域后，杀匈奴使者，迫使鄯善王降服，争取到了于阗王叛匈归汉，又使疏勒臣服。班超率西域归附汉朝的国家征服不肯臣服的国家，后又率西域联军击败大月氏的进攻，重开了丝绸之路。

东汉初年，匈奴分裂为南北两部，南匈奴归汉，北匈奴则经常侵扰汉朝。东汉联合南匈奴、卢水羌胡、乌桓、鲜卑共数万人，进攻北匈奴，大胜而回。此后东汉联合南匈奴又一再击败北匈奴，北匈奴一部分迁往欧洲，一部分降汉，汉朝北部边患问题彻底解决。

沙盘的使用

东汉建武八年（公元32年），光武帝刘秀亲征割据陇右的隗嚣。汉军行至漆县（今陕西彬县），不少将领认为前方情况不明，地势险要，胜负难料，不宜进军。刘秀也犹豫不决，是战是退，难下决心。这时，大将马援进见，指出"隗嚣将帅有土崩之势，兵进有必破之状"。他命人取些米来，在光武帝面前堆成山谷沟壑之状，然后指点山川形势，标示各军进退往来的道路，"分析曲折，昭然可晓"，对战局分析得也很透彻。刘秀大喜，说"如在吾目中矣"（《后汉书·马援传》），遂决意进军。汉军势如破竹，很快消灭了隗嚣。其中马援"堆米为山"起到了重要作用，这是中国历史上第一次使用军事沙盘，是战争史上的一个创举。在战争中使用沙盘，能够使战场上双方的形势一目了然，为指挥者提供了形象直观的信息。

魏晋南北朝军事

义兵讨董卓

董卓，字仲颖，陇西临洮人。《三国志》记载他"少好侠，尝游羌中，尽与诸豪帅相结"，性残忍而有谋断。后因军功官居并州刺史。公元184年，汉灵帝封董卓为中郎将，命他镇压黄巾起义。公元189年，汉灵帝死，外戚何进立其外甥刘辩为帝，即汉少帝，同时召并州刺史董卓进京，准备将宦官一网打尽。不料事泄，何进反被宦官所杀。袁绍率军进京，杀宦官2000人。不久，董卓进京，驱走袁绍，废掉少帝，刘协即位，即汉献帝。董卓把持朝政，胡作非为。公元190年，关东各州郡的地方官吏和豪强，组成了以袁绍为首的盟军讨伐董卓，黄巾军余部也进入关东地区。董卓抵挡不住，烧掉洛阳，挟持汉献帝迁都长安，后被部将吕布杀死。董卓的另外两个部将李傕和郭汜，分别挟献帝和百官，互相攻打。关东联军在董卓西迁后散去，各自割地称雄，混战不已。

曹操征乌桓

官渡之战后不久，袁绍病死，其子袁尚、袁熙投奔居今冀东、辽宁一带的乌桓，以图东山再起。曹操为消灭袁氏残余势力，统一北方，于建安十二年（公元207年）夏，率军出无终（今天津蓟州区），东征乌桓。但是连日大雨，道路阻塞，曹操采纳当地人田畴的建议，走偏僻小道，攻其不备。曹军以田畴为向导，上徐无山（今河北遵化东），轻骑出卢龙塞（今河北喜峰口一带），在崇山峻岭中疾行数百里。八月，曹军进至距柳城（今辽宁朝阳附近）约200里处，乌桓单于蹋顿仓皇调军迎击，两军对峙于白狼山（今辽宁喀喇沁左旗境）。曹操登高望见乌桓军阵列不整，遂以张辽为先锋，率军急袭。乌桓军顿时大乱，蹋顿被斩，全军崩溃。曹操乘胜攻占柳城，并迁乌桓及汉民20余万人塞。袁氏兄弟投奔辽东太守公孙康。公孙康杀二人，归附曹操。自此，曹操统一了北方。

吕蒙袭荆州

赤壁之战后，刘备和孙权瓜分了荆州，刘备又以抵抗曹操为名借了孙权占领的荆州的南郡。后来，刘备又占据了益州和汉中，孙权向刘备索要南郡，遭到拒绝。公元219年，镇守荆州的关羽留下南郡太守糜芳守公安，将军傅士仁守江陵，自己亲率大军进攻曹魏的襄阳、樊城。驻守陆口的吴将吕蒙向孙权建议趁机夺回荆州。公元219年，孙权任命吕蒙为大都督，进攻江陵。吕蒙将战船伪装成商船，将精兵藏在船舱内，摇橹的士兵身穿白衣，扮成商人模样，日夜兼程。吴军抵达公安后，蜀将傅士仁投降，傅士仁又劝糜芳投降。吴军兵不血刃就占领了荆州的两个重镇。关羽得知荆州失守后，急忙撤军回援。关羽将士得知公安、江陵已经失守，吕蒙又善待他们的家属后，纷纷逃散。关羽势单力薄，败走麦城（今湖北当阳东南），后被吴军俘杀于彰乡（今湖北当阳东北）。孙权占据了荆州。

夷陵之战

孙权背盟，派吕蒙偷袭荆州，杀死关羽，对刘备来说是个沉重打击。章武元年（公元221年），刘备称帝，以为关羽复仇的名义，率8万精兵大举伐吴。蜀军先头部队打败了防守巫县（今湖北巴东）的吴军，进占秭归（今湖北秭归）。刘备派大将黄权驻扎在长江北岸，防止魏军袭击侧翼。吴军主将陆逊诱敌深入，后撤数百里，然后安营扎寨，坚守不战。蜀军各路大军进展迅速，深入吴境，沿途扎营数十座，直抵猇亭（今湖北宜都北）。蜀军将吴将孙桓包围在夷道（湖北宜都），陆逊拒绝分兵救援。蜀军的粮道要经过山区，运输困难，加上天气暑热，蜀军士气十分低落。刘备只好把军营移驻到深山老林里。看到时机成熟，陆逊命令士兵每人带一把茅草，趁夜潜至蜀军营地，放火连营，蜀军大乱，陆逊乘势反攻，蜀军死伤无数。刘备率残部逃到白帝城，不久病死。

诸葛亮南征

刘备死后，南中益州郡（今云南晋宁）大姓雍闿，杀太守正昂，叛蜀投吴。

雍闿又诱永昌郡人彝族首领孟获，使之煽动各族群众叛蜀。为了使蜀汉有个稳定的后方，也为了获得北伐的兵源和物资，诸葛亮决定率军南征，经过激战，大败叛军，杀死高定元，兵锋直指叛军的最后据点益州郡。这时叛军内讧，叛乱头目雍闿被高定元的部下杀死，彝族首领孟获率领雍闿余部和本族人马南逃，继续对抗蜀军。诸葛亮率军渡过泸水，追击孟获。蜀军设伏，生擒了孟获。孟获以中计被俘，心里不服。诸葛亮采用攻心为上的策略释放孟获，让他再战。结果，孟获再次被擒。经过七擒七纵，孟获诚心归降，南中全部平定。

诸葛亮北伐

蜀汉自诩为正统，视曹魏为篡逆，因此诸葛亮奉行联吴抗魏的政策，北伐曹魏。第一次北伐是在蜀汉建兴六年（公元228年）春，诸葛亮出师攻魏，初战顺利。可大将马谡被魏将张郃所败，丢失要地街亭，诸葛亮只得退回汉中。第二次北伐是在蜀汉建兴六年冬，诸葛亮包围陈仓（今陕西宝鸡西南），攻打20多天未破，魏的援军赶到，诸葛亮退兵。第三次北伐是在建兴七年（公元229年），诸葛亮打败魏军，攻占武都、阴平。次年，魏军进攻汉中，被击退。第四次北伐是在建兴九年（公元231年），诸葛亮出祁山，魏军统帅司马懿坚守不出。诸葛亮粮尽退兵，途中伏杀魏将张郃。第五次北伐是在建兴十二年（公元234年）春，诸葛亮率10万大军，扎营五丈原。司马懿拒不出战，想等蜀军粮尽再进攻。诸葛亮分兵屯田，准备长期作战。八月，诸葛亮病死，蜀军退兵。蜀国以弱攻强，以攻为守，起到了救亡图存的作用。

魏灭蜀之战

三国蜀汉末期，蜀后主刘禅昏庸无能，宦官黄皓专权，政治日益腐败，国势每况愈下，大将姜维为避祸，率军远避沓中（今甘肃岷县）屯田，削弱了汉中的防御。魏元帝景元四年（公元263年），魏权臣司马昭派兵分三路大举伐蜀：一路由邓艾率3万余人自狄道（今甘肃临洮）向沓中进攻姜维统率的蜀军主力；一路由诸葛绪领3万人自祁山挺进阴平，以断绝姜维归路；一路由钟会率10万人，欲乘虚进攻汉中，再取成都。邓艾到达沓中，姜维闻汉中已失，撤至阴平，突破诸葛绪截击后，退守剑阁，与钟会的大军对峙。邓艾绕过剑阁天险，偷渡阴平小道，进攻江油，江油守将投降。邓艾进攻涪城，诸葛瞻（诸葛亮之子）在涪城拒守不胜，退至绵竹，后与其子诸葛尚均战死。绵竹陷落后，成都已无险可守。刘禅只好开城降魏，同时遣使令姜维投降。魏军占领成都，蜀汉亡。

晋灭吴之战

曹魏咸熙二年（公元265年），司马昭之子司马炎废魏元帝曹奂，登皇帝位，即晋武帝，改国号为晋，史称西晋，改元泰始，建都洛阳。晋武帝为灭吴做了大量的准备。晋泰始五年（公元269年），晋武帝以羊祜都督荆州诸军事，训练士卒，囤积军粮，加紧备战。泰始八年（公元272年），司马炎以王濬为益州刺史，命他制造战船，训练水军，准备东下灭吴。吴主孙皓残忍暴虐，肆意挥

霍，导致大臣离心离德，国势日衰，对晋的伐吴准备视而不见，迷信长江天险。咸宁五年（公元279年），晋武帝见时机成熟，下令伐吴。王濬率水军顺江而下，突破吴军在江中设置的铁索铁锥，一路上势如破竹。与此同时，杜预率领的晋军所到之处，大多不战而胜，进展神速。晋军逼近建业（今江苏南京），吴军或降或逃。孙皓投降，吴亡。至此，分裂局面宣告结束，天下归于统一。

桓温北伐

桓温（公元312～373年），字元子，东晋大将，谯国龙亢（今安徽怀远）人，晋明帝女婿，曾率军3次北伐，欲收复中原。第一次北伐是在永和十年（公元354年），他亲率步骑4万余人，击败氐族苻健军，直抵灞上（今陕西长安东），受到当地人民的欢迎。后因军粮不继，返回江南。第二次北伐是在永和十二年（公元356年），桓温打败羌族贵族姚襄，收复洛阳。桓温向晋穆帝建议还都洛阳，但皇帝和士族都安于江南一隅，不愿北还。桓温返回江南，洛阳又落入胡人之手。第三次北伐是在太和四年（公元369年），桓温率步骑5万人大败前燕军，逼近燕都邺（今河北临漳）。后前燕得到前秦的支援，截断了晋军的粮道，桓温只得退兵，又遭到前燕骑兵的追击，死伤3万人，大败而回。祖逖和桓温的北伐虽然没有成功，但是却阻止了北方游牧民族对江南的侵扰，保护了江南地区的经济文化发展。东晋大司马桓温自认为才干威望盖世，世人都不可及，常慨叹"男子汉不能流芳百世，亦当遗臭万年"。他3次北伐，欲建功业以

提高政治威望，然而第三次北伐枋头大败，声望江河日下。参军郗超建议他废帝以重立威权。他觉得此计可行，东晋太和六年（公元371年）十一月，大司马桓温废晋帝司马奕为东海王，改立丞相、会稽王司马昱为帝，是为简文帝。

淝水之战

公元357年，苻坚称前秦天王，后统一北方。苻坚踌躇满志，欲率军渡江南下，一举灭亡东晋，统一天下。公元383年，苻坚亲率步兵60万、骑兵27万、羽林郎（禁卫军）3万，共90万大军从长安南下。东晋丞相谢安，派将军谢石、谢玄等率精锐北府兵8万沿淮河西进，阻击秦军。双方对峙于淝水（今淝河，在安徽寿县南）。谢玄派人要求前秦军稍向后退，以便晋军渡河与之作战。苻坚企图乘晋军渡河时，发动突然袭击，所以不顾劝阻，命令部队后撤。结果秦军顿时陷入混乱之中，一退不可收拾，东晋大将朱序趁机在阵中大喊"秦军败了"，不明真相的秦军军心大乱，四散奔逃。晋军乘势渡河发起猛攻，秦军全线崩溃，争相逃命，互相践踏，死伤无数。苻坚也被流矢射中，仓皇北逃。淝水之战后不久，前秦灭亡，北方重新陷入分裂割据状态。

北魏太武帝统一北方之战

北魏建国后，四处征伐，到太武帝拓跋焘继位时，北方只剩下北魏、大夏、北凉和北燕4个政权，还有漠北的柔然。公元426年，夏主赫连勃勃死，诸子争位，太武帝趁机攻夏，大获全胜，但没有攻克夏都统万城，后大掠而还。公元427年，太武帝率军再次进攻统万城，夏主赫连昌

坚守不战。太武帝派士兵诈降谎报粮草已尽。赫连昌信以为真，开城率军进攻。魏军兵分两路，夹击夏军，夏军大败，赫连昌逃走，后被擒获。后又俘其弟赫连定，夏亡。柔然是北方的一个强大的游牧民族，不断南下袭扰北魏。公元429年，太武帝亲率大军，分两路夹击柔然，魏军轻骑突进，没有防备的柔然，最后兵败国亡。北燕位于辽东，国小兵少，太武帝率军伐北燕，燕主冯弘逃往高句丽，北燕亡。北凉位于河西，公元439年，太武帝率军伐北凉，凉主沮渠牧犍降，北凉亡。至此，太武帝结束了北方100多年的分裂局面。

周武帝统一北方

公元575年，北周武帝宇文邕见北齐政治腐败，决定乘机攻灭北齐，统一北方。北周武帝北联突厥，南和陈朝，形成了对北齐的夹击之势，而自己则亲率18万大军伐北齐，数路并进，连克30余城，后周武帝染病班师。公元576年，周武帝再次伐齐，率军进攻北齐重镇平阳（今山西临汾），旋即攻克。北齐后主高纬率10万大军救援平阳，周武帝为了避敌锋锐，率军后撤，留下1万精兵守平阳。北齐军至，包围平阳，昼夜猛攻，又挖堑壕以阻挡周军救援。周武帝亲率8万大军救援，两军对峙于堑壕两侧。北齐后主下令填平堑壕，全军进攻，周军奋勇还击，双方激战。齐军左翼稍向后退却，北齐后主以为齐军战败，临阵脱逃，顿时齐军人心涣散。最终北齐军主力被歼。北齐后主先逃到晋阳，后又逃到邺城，周军穷追不舍，围攻邺城，北齐后主被俘，北齐亡，北周统一了北方。

隋唐五代军事

隋灭陈之战

南北朝末期，杨坚取代北周建立隋朝后，准备攻灭与隋隔江对峙的陈朝，统一南北。公元588年，杨坚以晋王杨广为主帅，派兵50万，分兵8路，大举进攻长江以南的陈朝。此时的陈朝，政治腐败，国势日衰。陈后主陈叔宝自以为凭借长江天险便可高枕无忧，照常饮酒赋诗，寻欢作乐。长江防线的陈军也疏于防备。隋军趁陈军欢度春节之机，分路渡江。贺若弼从广陵率军南渡；韩擒虎率军由横江（今安徽和县东南）夜渡。隋军渡江后迅猛推进，贺若弼和韩擒虎两军夹击建康。陈叔宝弃险不守，命军队仓促出战，在白土冈一带摆成南北长20里的阵势。由于陈军缺乏统一指挥，首尾进退互不相知。贺若弼率军猛攻陈军薄弱部分，陈军全线崩溃。韩擒虎率军进入建康城，俘获陈叔宝，陈亡。至此中国结束了自西晋末年以来持续了270年的分裂局面，再次实现统一。

李渊晋阳起兵

隋朝末年，农民起义风起云涌，一些隋朝的官僚见隋朝大势已去，纷纷起兵反隋。太原留守李渊和他的儿子李世民、亲信刘文静经过精心的准备，于公元617年在晋阳（今山西太原）正式起兵。李渊打着"废昏立明"的旗号，率军直捣关中。一路上招兵买马，实力日增。为了争取民心，李渊下令军队对百姓秋毫不犯，又开仓济贫，得到百姓的拥护。隋将宋老生领兵3万屯于霍邑（今山西霍县），妄图阻挡李渊进军。当时阴雨连绵，道路泥泞，粮食匮乏，又听说突厥袭击晋阳，李渊准备返回太原，被李世民阻止。抵达霍邑后，宋老生率军出击，李渊抵挡不住，被迫后撤，宋老生不顾侧翼暴露，率军冒进。李世民抓住时机，奋勇冲杀，杀死宋老生，隋军大败。随后，李渊渡过黄河，在族弟李神通和女儿平阳公主的配合下，占领长安。大业十四年（公元618年），李渊称帝，国号唐。

洛阳虎牢关之战

武德三年（公元620年），唐军进攻占据河南的王世充。武德四年（公元621年），河南大部分州县已经落入唐军之手，王世充困守洛阳，负隅顽抗。占据河北的窦建德意识到王世充灭亡后，自己将成为唐军的下一个目标，所以率军援救王世充。在这种情况下，有人主张撤军，遭到李世民的反对。李世民当机立断，派李元

洛阳虎牢关碑

吉继续围攻洛阳，自己率军进驻虎牢关，迎战窦建德军。在虎牢关，唐军屡屡挫败窦军的进攻，又截断了窦军的粮道。窦军士气低落，人心思归。窦建德率大军在虎牢关前摆开阵势，准备与唐军决战。但是，李世民按兵不动。到了中午，窦军又饥又渴，有的坐在地上休息，有的到河边喝水，阵形已乱。李世民见时机已到，立刻率骑兵冲锋，窦军全阵溃散，窦建德被擒。唐军把窦建德押到洛阳城下，王世充只好开城投降。李世民一战而克二敌，为唐朝统一奠定了基础。

唐与东突厥之战

突厥是我国北方的一支游牧民族，隋末唐初逐渐强大起来，后来分裂为东、西两部。隋朝末年，东突厥时常南下侵扰。唐朝建立后，为了集中精力统一全国，对

东突厥采取了忍让态度。武德七年（公元624年），唐朝统一全国以后，积极备战，准备彻底消除突厥的威胁。贞观三年（公元629年），唐太宗命李世勣、李靖统兵10万，出击东突厥。贞观四年（公元630年），李靖率骑兵趁黑夜攻下定襄，李世勣在白道（今内蒙古呼和浩特市北）大破东突厥，颉利可汗逃往阴山，突厥兵溃散，被杀1万余人，被俘10余万人，丢掉牲畜数10万头。颉利可汗率残部北逃，后被俘，东突厥灭亡。唐朝在东突厥故地设立了都督府，让东突厥贵族担任都督，由他们管理东突厥各部。此后几十年，唐朝北部边境没有战事。

唐与西突厥之战

唐朝初年，西突厥经常侵扰唐西部边境。显庆二年（公元657年），唐以右屯卫将军苏定方为伊丽道行军总管，与燕然都护任雅相、副都护萧嗣业，率唐兵与回纥骑兵万余人，讨伐西突厥。唐军至金山（今阿尔泰山），西突厥木昆部归顺。唐军继续前进，行至伊犁河西，被西突厥可汗沙钵罗率领10万之众所包围。苏定方命步兵持矛在南，亲自率骑兵列阵于北。西突厥军3次冲击南线，都没有得逞，苏定方率骑兵乘势反击，大败西突厥军，追击30里，斩杀数万人，沙钵罗率残部逃走。当时天降大雪，深达两尺。苏定方率军昼夜兼程，直抵金牙山沙钵罗牙帐。沙钵罗正准备去打猎，毫无戒备，唐军突然发起攻击，斩获数万人，沙钵罗逃往石国（今乌兹别克斯坦塔什干一带）。苏定方命萧嗣业率兵继续追击，石国人诱擒沙钵罗，送交萧嗣业，西突厥亡。唐朝置昆陵、漾

池二都护府于西突厥故地。

唐对高句丽、百济的战争

唐朝初年，朝鲜半岛上高句丽（公元前37年至公元668年）、百济、新罗三国鼎立。新罗与唐朝通好，高句丽、百济则千方百计地阻挠新罗向唐朝朝贡。公元660年三月，独掌高句丽大权的盖苏文，与百济联合入侵新罗，新罗王金春秋向唐朝求救。公元660年，唐高宗派以左武卫大将军苏定方为神丘道行军大总管，率水陆10万征伐百济。八月，苏定方率兵从成山（今山东荣成东北）渡海。百济王扶余义兹派兵5万在熊津江口（今锦江入海口）阻击唐军。唐军强行登陆，歼敌数千，余众溃逃。随后，唐朝和新罗联军击败百济主力，百济王降。公元661年，倭国企图火中取栗，派兵护送百济王子扶余丰回国，在白江口（今韩国锦江）与刘仁轨所率的唐军相遇，经过4次大战，倭军惨败，战船被焚烧400艘，火焰冲天，江水皆赤。唐灭百济后，高句丽陷入腹背受敌的境地，不久被灭。唐朝在平壤设立了安东都护府。

唐与吐蕃的和战

吐蕃是公元7世纪至9世纪在青藏高原建立强大的奴隶制国家。唐朝和吐蕃之间呈现了旷日持久的和战局面。贞观年间，松赞干布遣使求婚，唐太宗把文成公主嫁给了他，唐朝和吐蕃关系非常融洽。后来吐蕃逐渐强大，开始不断对外扩张。公元663年，吐蕃进攻吐谷浑，击败了来援的唐军，并占领了唐朝的安西四镇。公元692年，唐朝收复安西四镇。安史之乱爆发后，唐朝调边军入中原平叛，吐蕃乘机大举进攻，占领了河西、陇右地区，还一度攻占了长安。以后又陆续占领了西域。公元822年，唐朝与吐蕃会盟，唐朝承认吐蕃对河西、陇右地区的占领，吐蕃则表示不再扰边，双方关系有所改善，但仍战争不断。由于吐蕃王室争权，内战不断，实力大衰。沙州人张议潮率众起义，收复河西、陇右地区，重归唐朝。吐蕃从此一蹶不振。

松赞干布像

唐与南诏的和战

唐初，在洱海地区分布着6个较大的部落，史称"六诏"。"六诏"之一的南诏在唐朝的支持下，吞并其他五诏，统一了洱海地区。开元二十六年（公元738年），为了与吐蕃抗衡，唐朝封南诏主皮逻阁为云南王。南诏实力强大后，侵占了滇池地区。皮逻阁死，其子阁逻凤继位，杀死了唐朝边将，占领了32州。唐朝派鲜于仲通率8万大军讨伐南诏，南诏向吐蕃求援。在南诏、吐蕃联军的夹击下，唐军战败。从此以后，南诏叛唐，归附吐蕃。大历十四年（公元779年），南诏、吐蕃联兵20万进犯西川，唐将李晟率5000精兵南下，大败南诏、吐蕃联军，南诏元气大伤，吐蕃将惨败的罪责归咎于南诏，导致南诏不满，遂叛吐蕃，重新归附唐朝。后来南诏又起兵叛唐，大掠成都。乾符二年（公元875年），唐天平节度使高骈在大渡河击败南诏军，南诏再不敢侵扰。天复二年（公元902年），南诏灭亡。

王仙芝、黄巢起义

唐朝末年，朝政腐败，赋税繁多，农民不断起来反抗。唐僖宗乾符元年（公元874年），王仙芝、黄巢率众起义。不久王仙芝战败被杀，黄巢接收了王仙芝的部众。乾符五年（公元878年），黄巢自称"冲天大将军"，转战黄淮流域，其后又进军长江下游，接着挺进赣浙，由福建直趋广州，进行游击作战。不久黄巢就从广西挥师北伐，这时起义军已达60多万，所向披靡，唐军望风而逃，起义军很快攻占了长安，唐僖宗逃往四川。唐僖宗中和元年（公元881年），黄巢在长安称帝，国号大齐，建元金统。唐朝残余部队乘黄巢政权尚未稳固之机，联合沙陀人李克用夺回长安。不久黄巢反攻，再占长安。唐军从南北西三面包围长安，黄巢部将朱温又投降唐朝，李克用收复长安，黄巢败退至泰山虎狼谷一带，又被唐军打败。最后黄巢被叛徒杀害，起义失败。黄巢起义后，唐朝也名存实亡。

屯田

屯田是汉魏以来中央政府为了解决军队的粮食供给问题的办法。边地士卒在边将的率领下，耕战结合，平时种地，战时打仗。唐朝沿用此法，在边地军州屯田以增加军储。唐朝军防令明确规定：军队要在驻地附近的土地上种植粮食、蔬菜，以备军需。唐朝中央尚书省工部设屯田司，置屯田郎中、员外郎，掌管全国屯田政令。屯田在唐朝军需供给方面起到了极其重要的作用。武德初年，为了防御突厥，并州大总管窦静奏请在太原置屯田，一年收获粮食数千斛。此后，唐朝中央政府和各地官员非常重视屯田，并取得了很大成绩。开元年间，在西方和北方的朔方、陇右、河西、安西和北庭督护府都开屯田以供军用。开元后，唐在西起高昌、龟兹、焉耆、小勃津，北到薛延陀故地数十州置重兵，屯田已不足以供军需，政府只好出钱买粮。

募兵制

唐朝中期由于土地兼并现象严重，破坏了均田制，农民失去土地；征战频繁，不能按时轮换，长期服役，"壮龄应募，华首未归"；不能免去征徭，因此农民大量逃亡。在这种情况下，唐玄宗下令废除府兵制，代之以"募兵制"。募兵制由国家招募壮丁当兵，供给粮食，免征赋役，在边将统率下从事屯垦。募兵制的实行使军费开支暴涨，成为国家的沉重负担。边境统兵的将官称为节度使。节度使最初只掌兵权，长期统领一支军队，使兵将之间有了固定的隶属关系，后兼管地方行政和财政，权力日益扩大，"既有其土地，又有其人民，又有其甲兵，又有其财富"。唐玄宗时期，节度使已有10个，他们掌握一州或数州的军、政、财权，使中央政府越来越无力控制，成为割据一方的军阀。唐朝的安史之乱和唐末五代十国军阀割据局面的形成，都和募兵制有极大的关系。

火药的发明

火药是中国古代炼丹家在炼丹时发明的，被称为我国古代四大发明之一。隋末唐初的医药学家孙思邈在《孙真人丹经》中，记载了世界上最早的火药配方：硫黄、硝石和皂角，被称为硫黄伏火法。唐元和三年（公元808年），炼丹家清虚子所著的《铅汞甲庚至宝集成》卷二之中，记载了"伏火矾法"："硫二两，硝二两，马兜铃三钱半。右为末，拌匀。掘坑，入药于罐内与地平。将熟火一块，弹子大，下放里内，烟渐起。"该法用马兜铃代替了孙思邈方子中的皂角。唐朝末年，火药已开始用于军事。唐哀帝天祐元年（公元904年），郑璠攻打豫章（今江西南昌），他命令兵士"发机飞火"，烧了龙沙门。这是中国首次将火器用于战争的记录。大约在八九世纪时，火药传到了阿拉伯、波斯等地。13世纪时，又从阿拉伯传到了欧洲。

后周的统一战争

公元954年，后周世宗柴荣继位，北汉刘崇联合辽国南侵。柴荣率军亲征，在高平（今山西高平）大败汉军，辽兵见状，未经交战就北撤回国。击败北汉和辽国的进攻后，周世宗制定了"先南后北"的统一计划。公元955年，周世宗派大将王景伐蜀，周军连败蜀军，取得了四州之地，震慑了南方各割据政权。公元956年和公元957年两年间，后周世宗三次亲征南唐，迫使南唐主李煜称臣求和，去帝号，改称国主，用周的年号，岁输贡物10万，并割让长江以北的领土。公元959年，周世宗率军亲征辽国。周军一路上势如破竹，辽国守将纷纷献城投降。周军水路并进，迅速占领了瀛、莫、易三州，又攻取了战略要地瓦桥关、淤口关和益津关。正当周世宗准备乘胜进攻，一举攻克幽州时，不幸身染重病，班师回朝途中病逝。周世宗虽然没有完成统一大业，但却为北宋的统一奠定了基础。

禁军的创建

中央禁军是保卫皇宫和都城的军队，是国家的常备军。禁军由精锐士卒组成，装备精良，训练有素，战斗力很强。朝廷在抵御外敌入侵或镇压叛乱时，除了征发方镇兵以外，主要依靠禁军。禁军有时也出戍地方，禁军将领有时也兼任节度使，权力很大，容易导致拥兵自重或发生叛乱。为了防止此类事情，后来禁军将领主要由皇族宗室或心腹大臣担任。除了一般的禁军外，侍卫亲军也是禁军的重要组成部分。中央禁军的编制，分左右两厢，由厢主（又称厢都指挥使）统领。厢下设军，军由军主（又称军都指挥使、都校）和都虞候统领。中央禁军军制沿袭唐制，六军、诸卫分别由统军、将军统领。侍卫亲军的最高将领是侍卫亲军马步军都指挥使，下设副都指挥使、都虞候、马军都指挥使、步军都指挥使。后梁时创立的这一军制，对后世影响很大。

宋元军事

陈桥兵变

公元959年，周世宗柴荣去世，年仅7岁的恭帝即位。时任殿前都点检、归德军节度使的赵匡胤与禁军高级将领石守信、王审琦等结义兄弟掌握了军权。公元960年春，赵匡胤和赵普、石守信等，在京城散布"点检做天子"的谣言并谎称北汉和辽国的军队联合南下，攻打后周。宰相范质急派赵匡胤统率军北上御敌。军队行至陈桥驿（今河南封丘陈桥镇）时，赵匡胤授意赵匡义（赵匡胤之弟）和赵普等发动兵变。随后，赵匡胤率军回师开封，京城守将石守信、王审琦大开城门，迎接赵匡胤入城，翰林学士拿出早已准备好的禅让诏书，逼迫周恭帝退位，赵匡胤即位，改国号为宋，史称北宋，改元建隆，仍定都开封，史称"陈桥兵变"。

陈桥兵变遗址，位于今河南封丘陈桥镇，为宋太祖黄袍加身处。

杯酒释兵权

赵匡胤自从陈桥兵变，建立北宋后，为防止握有军权的武将效仿，采纳丞相赵普的计策，谋划解除禁军将领的兵权。公元961年，他先撤销禁军最高职位殿前都点检一职，改任慕容延钊为山南东道节度使，侍卫亲军都指挥使韩令坤为成德节度使。七月，又借宴饮之名，召集曾拥戴他称帝的大将石守信、王审琦等宴饮。席间以"君臣两无猜疑，上下相安"为由，采用赏赐良田美姬为诱饵，加以武力相胁迫的办法，迫使石守信等人交出兵权。次日，石守信、王审琦等将领皆称病不朝，告老还乡。由皇帝直接控制禁军兵权。公元969年，又召集节度使王彦超等宴饮，解除了他们的藩镇兵权，以消除藩镇割据的隐患。史称宋太祖此举为"杯酒释兵权"。宋太祖的做法虽然成功地防止了军队的政变，但却削弱了部队的作战能力。以至宋朝在与辽、金、西夏的战争中，屡战屡败。

会战幽州

五代时，石敬瑭割中原屏障幽云十六州给契丹以换取支持，建立了后晋。此后，中原王朝屡次北伐，企图收回幽云十六州。公元979年，宋太宗灭北汉后，乘胜北伐幽州（今北京市）。一路势如破竹，辽国守将纷纷投降。但宋军因连续作战，疲惫不堪，被辽军以逸待劳击败于高梁河一带。公元986年，宋太宗再度出兵，约30万，分三路北伐。主力东路军20万人，以曹彬为帅，进军幽州；中路军以田重进为帅，攻打蔚州（今河北蔚县）；西路军以潘美为帅，杨业为副将，进攻云州（今山西大同）。起初，宋军进展顺利。但东路军抵达幽州后，屡攻不克，粮尽退兵。辽将耶律休哥率骑兵追击，在岐沟关（今河北涿州西南）大败宋军。主力东路军失败后，中、西两路宋军被迫撤退，潘美、杨业护送人民内迁，被辽军追上，陷入重围，杨业孤军奋战，最后被俘牺牲。从此，宋朝被迫对辽由进攻转为防御。

澶渊之盟

北宋景德元年（1004年），辽萧太后和辽圣宗发兵20万南下。辽军避实就虚，绕过宋军坚守的城池，长驱直入，抵达黄河边的重镇澶州城北，直接威胁宋朝的都城开封。宋朝大多数大臣主张南逃，但宰相寇准坚决主战，并力请宋真宗亲临澶州前线督师。宋真宗勉强登上澶州北城门楼以示督战，宋军士气大振，射杀辽国南京统军使萧挞凛，辽军锐气大挫。辽军在澶州受挫，又孤军深入，而宋真宗只希望辽军能尽快北撤，并为此不惜代价。于是双方议和，交换誓书，约定：辽帝称宋帝为兄，宋帝称辽帝为弟，宋辽为兄弟之国，宋真宗尊辽萧太后为叔母；宋朝每年给辽绢20万匹、银10万两；双方停战撤兵，宋辽以白沟河为界。澶渊之盟的签订，结束了宋辽长达数十年的战争，两国的经济都得到了恢复和发展。

金灭辽之战

女真是我国东北的一支少数民族。辽建立后，女真人饱受辽的奴役和压迫。1114年，女真人在完颜部首领完颜阿骨打的带领下，举行反辽起义。阿骨打率2500人攻打辽的重镇宁江州，全歼辽军，极大地鼓舞了女真人士气。1115年，阿骨打称帝，国号金，定都会宁，是为金太祖。金国建立后，阿骨打不断率军攻辽，占领了很多州县，并且攻克了辽控制女真的军事据点黄龙府。辽天祚帝闻讯大惊，亲率70万大军出征，企图消灭金政权，阿骨打率军迎战。正当两军对峙之时，辽将耶律章奴发动政变，辽天祚帝急忙撤军平叛。阿骨打率军追击，两军相遇于护步答岗，阿骨打集中全部兵力进攻辽天祚帝率领的中军，辽军大败，"死者相属百余里"，经此一战，辽军的主力全部被歼。

金太祖阿骨打墓
位于黑龙江省阿城区会宁府城外，俗称斩将台。原建有宁神殿，现已无存。

随后，金军接连攻克辽的五京：东京、上京、中京、西京、南京，并于1125年俘获辽天祚帝，辽亡。

金灭北宋之战

在金和北宋联合灭辽之时，金就看到了北宋的虚弱无能。在灭辽的当年（1125年），金军在完颜宗翰和完颜宗望的率领下，分东、西两路南下攻宋。西路军进攻太原，遭到太原军民的顽强抵抗，被滞留不能南下。东路军长驱直入，守黄河的宋军烧桥南逃，金军从容渡河，包围了开封。惊慌失措的宋徽宗一面遣使向金军求和，一面下令各地勤王救援，又传位给太子赵桓，是为钦宗，改元靖康。宋钦宗任命李纲负责守卫开封。在李纲的指挥下，开封军民接连打退了金军的进攻。金军见不能取胜，逼宋议和后撤军。同年八月，金军再度攻宋。宋钦宗遣使求和，但金军毫不理会，继续进攻。闰十一月底，金军攻克汴京。次年三月，金军将徽、钦二帝和宗室、后妃、皇子，连同大臣共3000人掠走，此外，还掠夺了大量宝玺、法物、图册、文籍等北返，北宋亡，史称"靖康之耻"。

岳飞和岳家军

岳飞（1103～1141年），字鹏举，生于相州（今河南省汤阴县），出身农家，自幼喜读兵书，武艺高强。南宋杰出的抗金将领。

岳飞20岁时从军，因作战勇敢，从士兵升为大将，与韩世忠、张浚、刘光世并称为南宋抗金四大名将。岳飞以恢复中原为己任，屡败金军，收复大片失地。

绍兴十一年（1141年），岳飞在郾城大战中大败金兀术，进军至距开封仅45里的朱仙镇。正当岳飞准备乘胜进军时，以宋高宗赵构和秦桧为首的投降派却一味求和，一日之内发12道金牌强令退兵，岳飞扼腕长叹"十年之功，毁于一旦"。后以"莫须有"罪名被杀害。宋宁宗平反昭雪，时被追封为鄂王。著有《岳武穆遗文》。

岳飞所率的部队纪律严明，秋毫无犯，"冻死不拆屋，饿死不掳掠"，被人们称为"岳家军"。岳家军作战勇敢，屡败金军，以至于金军哀叹"撼山易，撼岳家军难"。

元末红巾大起义

元朝末年，统治者残酷压榨人民，激起了各族人民的强烈反抗。1351年，元朝征发农民修治黄河。北方白莲教首领韩山童、刘福通趁机以白莲教组织群众，准备起义。结果事泄，韩山童被杀，刘福通仓促起兵，各地纷纷响应。因起义者头裹红巾，故称红巾军。1355年，刘福通立韩山童之子韩林儿为小明王，建立政权，国号宋。由于红巾军缺乏统一指挥，各自为战，在元军的镇压下，或败或降，刘福通壮烈牺牲。元丞相脱脱率大军南下，企图消灭南方的红巾军。在高邮，脱脱被解职，元军溃散。1356年，朱元璋率领的红巾军攻占集庆（今江苏南京），建立了吴政权。随后，朱元璋又消灭了陈友谅、张士诚等，平定了江南。1368年，朱元璋称帝，建立明朝，元大都随即被明军攻克，元朝灭亡。

明清军事

鄱阳湖之战

朱元璋攻占集庆（今江苏南京）后，在江南地区主要有两个竞争对手：东面的陈友谅和西面的张士诚。1363年，小明王被张士诚围困于安奉（今安徽寿县），朱元璋亲自率兵救援。陈友谅趁机率60万大军、巨舰数百艘顺江而下，包围洪都（今江西南昌）。朱元璋率20万大军来援，陈友谅败退至鄱阳湖。陈友谅自恃兵多船大，不把朱军放在眼里。陈军巨舰联结成阵，绵延数十里，"望之如山"。朱元璋针对陈军船大行动不便的弱点，派敢死队驾轻舟小船满载火药，在黄昏时冲入陈军水寨，顺风放火，焚毁敌舰数百艘，陈军死伤大半。陈军屡战屡败，粮草断绝，士气低落。陈友谅决定向湖口突围，遭到朱军的截击，陈友谅中箭而死，残部逃回武昌。1364年，朱元璋水陆并进，攻克武昌，陈友谅子陈里出降。随后，朱元璋又消灭了张士诚、方国珍，统一了江南。

明成祖远征漠北

元顺帝北逃后不久，蒙古族分裂成瓦剌和鞑靼两部。瓦剌和鞑靼经常南下侵扰明朝，严重威胁明朝西部和北部的安全。于是，明成祖先后5次亲征，深入漠北，攻打瓦剌和鞑靼。永乐八年（1410年），成祖亲率大军北征鞑靼。在斡难河击败鞑靼首领木里雅失，鞑靼称臣，明军胜利还师。永乐十二年（1414年），成祖第二次亲征，重创瓦剌军。永乐二十年（1422年），因鞑靼首领阿鲁台扰边，成祖第三次北征。阿鲁台远逃，成祖大败阿鲁台之羽翼兀良哈部，班师而回。永乐二十一年（1423年），阿鲁台再次扰边，成祖第四次亲征。阿鲁台部众阿失帖木儿和鞑靼王子也先土干率部众归降。永乐二十二年（1424年），阿鲁台侵犯大同，成祖第五次亲征。阿鲁台远遁，成祖遂下令班师。班师途中病死于榆木川（今内蒙古多伦西北）。明成祖5次亲征，有力地打击了蒙古对明朝的侵扰和破坏。

萨尔浒之战

1616年，努尔哈赤在赫图阿拉（今辽宁新宾老城）称汗，建立后金。1618年，努尔哈赤以"七大恨"告天，正式起兵反明。消息传来，明朝朝野震惊。明朝以杨镐为辽东经略，统兵10万，联合朝鲜、女真叶赫部，进剿后金。杨镐制定了分兵四路、合击赫图阿拉的作战方案。派杜松率明军主力，从西进攻；马林和叶赫兵从北进攻；李如柏从南面进攻；刘廷和朝鲜兵从东南进攻；杨镐坐镇沈阳指挥。努尔哈赤则采取了"凭尔几路来，我只一路去"的对策。他先集中兵力，在萨尔浒进攻孤军冒进的明军主力杜松军，杜松阵亡，全军覆没。马林听到杜松全军覆没的消息后，扎营固守，努尔哈赤率军两面夹击，击败马林军。接着又伏击刘廷军，刘廷阵亡，全军覆没。杨镐听到三路大军失败的消息后，急令李如柏撤军。萨尔浒之战以后金的胜利告终。

山海关之战

李自成攻占北京，灭明朝后，逐渐骄傲自满，腐化堕落。山海关总兵吴三桂在归降途中听说父亲被捕，小妾被夺，立刻返回山海关。李自成亲率10万大军征讨吴三桂，吴三桂自知不敌，遂乞清兵抵御大顺军。多尔衮立即率清兵星夜驰援，赶到山海关下。大顺军突破吴三桂军防线，开始进攻山海关，吴三桂渐渐不敌，可驻扎在山海关下的清军却按兵不动，坐观其变。吴三桂无奈，亲自到清军大营求援，以剃发降清为条件换取清军出兵。李自成率10万大顺军，一字排开。多尔衮令吴三桂为前锋，进攻大顺军。吴三桂率军冲锋，与大顺军血战，结果陷入重围之中。大顺军连续作战，阵势渐乱。多尔衮见状，指挥清军全面进攻，吴军也趁机反扑，战局急转直下。大顺军拼死苦战，伤亡惨重，全线崩溃。李自成逃回北京，大顺军从此一蹶不振。

张居正整饬边防

明朝中期，蒙古势力复起，不断南下掳掠。

面对日益严重的边患，首辅张居正积

张居正像

极进行军事改革，大力整饬边防。首先，他推举优秀的将领镇守边关，授予将领"专断"之权，摆脱了监察官员的掣肘，以利练兵。其次，加强练兵。戚继光从当年浙江"戚家军"中招募3000人，作为示范进行练兵。他还建立车营，与骑兵、步兵进行混合训练，练习协同作战的本领。此外，还配备了火铳等先进的火器。再次，大力修筑长城。东到山海关西到镇边（今北京昌平），增筑了1000座空心敌台，并加高加厚长城的城墙。从此，北方边防的战守能力大大提高。

与此同时，张居正还积极改善与蒙古的关系。1570年，鞑靼内讧，俺达之孙投奔明朝，张居正派人护送回蒙古。俺达上表称谢，并请求"通贡互市"，明朝许可，封俺达为顺义王，从此结束了明朝与蒙古的战争。

清统一台湾之战

郑成功于收复台湾的次年去世，其子郑经嗣立。清朝屡次招抚，均被郑经拒绝。后郑经病死，郑经子郑克塽嗣立。这时清朝的政策已由招抚变为进剿。1683年，康熙命郑成功的降将施琅率水军2万人，战船230余艘，进军澎湖。郑军大将刘国轩率军2万，战船200艘，防守澎湖。由于六月台风较多，不利海战，故刘国轩认为施琅只是虚张声势，所以毫无防备。当施琅率领的清军水师突然出现在澎湖海域时，刘国轩惊慌失措，仓促迎战。施琅分派左右各50艘战船，夹击郑军；而自己则率56艘战船从中央突进，剩下的80艘战船紧跟其后。这时南风大起，清军水师扬帆直进，乘势扑向郑军。郑军拼死力战，奋勇抵抗。澎湖海面上顿时"炮火矢石交攻，有如雨点。烟焰蔽天，咫尺莫辨"，郑军死伤1.2万人，刘国轩逃回台湾。不久郑克塽献表投降，清朝统一了台湾。

巡视台湾图卷（局部）　清
康熙统一台湾以后，于1772年设巡台御史，负责稽核官吏，清查积案，整军统武等重大事务。

平定噶尔丹叛乱

准噶尔部是漠西蒙古的一支，游牧于新疆伊犁一带。自从噶尔丹成为准噶尔汗以后，积极对外扩张，先是兼并了漠西蒙古的其他部落，后来又控制了天山南北。1690年，噶尔丹以追击漠北喀尔喀蒙古为名，进军内蒙古，大肆掠夺。康熙帝在屡次劝说无效的情况下，率军亲征。清军两路大军，分别出古北口和喜峰口，与噶尔丹大战于乌兰布通（今内蒙古克什克腾旗境内）。噶尔丹用万余骆驼背负木箱，排列成一道"驼墙"。清军用火炮猛烈轰击，大败噶尔丹军，噶尔丹北逃。几年后，噶尔丹东山再起，再次南下。1696年2月，康熙帝亲率10万大军，分三路大举出击。5月13日，西路军在昭莫多（今蒙古乌兰巴托以南的宗莫德）大败噶尔丹，消灭了噶尔丹所有的精锐部队，控制了漠北蒙古。1697年2月，康熙帝再次出兵，准备彻底剿灭噶尔丹。噶尔丹众叛亲离，服毒自杀。噶尔丹叛乱平息。

第二次鸦片战争

第一次鸦片战争后，英国并不满足，企图进一步打开中国市场。

1856年，中国水师在中国船"亚罗"号上查办海盗，英国竟说"亚罗"号是英国船，要求中国赔礼道歉并以此为借口，进攻广州。后因兵力不足撤退。

1857年10月，英法联军5600人，攻占广州，俘虏两广总督叶名琛。随后，英法联军北上，到达天津，并炮轰大沽口。清政府被迫与其签订了《天津条约》，英法联军撤退。1859年，英法前来换约，并进攻大沽炮台。清军奋起反击，联军惨败而回。

1860年，不甘心失败的侵略者再次前来。由沙俄军舰的领路，额尔金和葛罗率英法联军在天津北塘登陆，攻陷大沽北炮台，直隶总督乐善和守军全部牺牲。接着，侵略军进犯北京，在通州大败清军，咸丰帝逃往热河。侵略军洗劫并焚毁了圆明园。清政府与英法联军签订了《北京条约》。

安庆保卫战

安庆自 1853 年被太平军占领后，就成为太平天国天京长江上游的屏障和天京的粮饷基地，战略地位十分重要。湘军将领曾国藩和胡林翼乘太平军主力进攻江南大营时，率湘军主力占领了安庆周围的石碑、太湖、潜山等重要据点，包围安庆，并派水师控扼长江。曾国荃部在安庆城外挖掘了两条深壕，前壕防止城中太平军突围；后壕阻止城外的太平军救援。英王陈玉成率军前往救援，驻兵于安庆城外的集贤关。从此太平军与湘军在安庆周围地区展开激战。陈玉成率军两万进攻挂车河，惨遭失败。湘军又攻破赤岗岭的营垒，太平军全军覆没。陈玉成率军列营 40 余座，城中的守军也列阵于安庆西门一带。太平军分 10 余路，向湘军的后壕发起了 10 余次冲锋，但均被湘军的强大火力所阻，死伤惨重。此时安庆弹尽粮绝，湘军发起猛攻，轰塌城墙，蜂拥而入，安庆陷落。

马尾海战

位于福建东南的马尾（也称马江）港，是闽江下游的天然良港，也是福建水师的基地。1884 年七月中旬，法国远东舰队司令孤拔率舰队将陆续驶入福建马江，与福建水师同泊一港。福建官员根据清廷"不可衅自我开"的禁令，对法舰毫不阻拦，并令中国海军不得主动进攻，否则虽胜亦斩。8 月 23 日 8 时，法国驻福州领事向闽浙总督何璟下了战书，何璟惊慌失措，不仅向福建水师隐瞒，还

幻想法军改日开战。下午一时三刻，法舰向福建水师发动突然袭击，用大炮和水雷袭击中国军舰。福建水师仓促迎战，水军士兵英勇还击。旗舰扬威号在管带张成和驾驶官詹天佑的带领下，炮击法舰"伏尔泰"号，后被鱼雷击沉。"振威"号和"福星"号也奋起反击，重创敌舰。广大爱国官兵奋不顾身，视死如归，最终福建水师全军覆没。

点石斋画报·法犯马江战事

镇南关大捷

法国占领越南后，又攻陷广西门户镇南关。后法军因兵力不足，补给困难而退回谅山，伺机再犯。清朝起用老将冯子材帮办广西军务。冯子材率军来到广西前线，被推为主帅。冯子材到任后，在镇南关前修筑了一道长 1.5 千米的土石长墙，横跨东西两岭之间。墙外又挖掘 1 米多深的堑壕，东西岭上修筑炮台数座，加强了镇南关的防御。他还把清军分成左、中、右三路，成犄角之势，互相策应。法军在尼格里的率领下，再次进攻镇南关。冯子材率军扼守长墙，顽强抵抗。法军攻至墙下，有的已经爬上墙头。在这千钧一发的时刻，冯子材手持长矛大呼而出，身先士

卒，杀入敌阵。全军将士见此，无不奋勇杀敌，法军伤亡千余，尼格里重伤，法国内阁因此倒台。中国军队大获全胜。

黄海海战

中国海军提督丁汝昌率北洋水师完成护送陆军去朝鲜的任务后，在返航途中的鸭绿江口大东湾海面，遭遇前来偷袭的日本舰队。丁汝昌下令迎战，投入战斗的北洋水师军舰共10艘，日舰12艘。日舰吨位重，航速快，速射炮多，北洋水师有"定远""致远"两艘铁甲舰，铁甲厚，重炮多。北洋水师旗舰"定远"号首先开炮，双方展开激战。"两军大小各炮，连环轰发，不少间断。"北洋舰队处于有利地位。日本舰队迅速改变队形，绕过北洋水师的右翼，从后面发起攻击，北洋水师腹背受敌。"致远"号在炮弹打光后，管带邓世昌下令向日舰"吉野"号撞去，不幸被鱼雷击中沉没，全舰200多名将士全部壮烈殉国。"经远"号在管带林永升的指挥下，以一舰敌四舰，直到军舰下沉时，水兵们还在开炮击敌，一直战斗到最后一刻。双方激战5小时，日舰首先逃离战场，北洋水师返航。

北洋水师

同治十三年（1874年）日本入侵台湾，让清政府感到了来自海上的威胁。于是任命沈葆桢、李鸿章为南、北洋海防大臣，负责筹建新式海军，每年从海关和厘金项下拨款400万两作为海军经费。清政府决定先建成北洋水师。北洋水师从创立之初就控制在李鸿章手中，共有各类舰船27艘，其中22艘购自外国，其余5艘为福州船政局制造。它以旅顺口和威海卫为基地，在大沽、大连湾等地修筑港口，还聘英德军官充任教习。于1888年建成，李鸿章声称："就渤海门户而论，已有深固不摇之势。"由于慈禧太后挪用海军经费大修颐和园，所以在1888年以后，北洋水师就没有添置新舰，1891年以后又停止购买军火。甲午战争中，北洋水师全军覆没。

辛亥革命

1894年，孙中山在檀香山（今夏威夷火奴鲁鲁）创立了兴中会。截止到1904年，国内相继创立了华兴会、光复会等革命组织。1905年，这些革命组织联合起来，在日本东京成立了同盟会，推举孙中山为总理，提出了"三民主义"。1905年同盟会成立后，革命党人发动了一系列的反清起义。1906年发动萍浏醴起义，1907年镇南关起义，1908年云南河口起义等6次起义，但均以失败告终。1911年，爆发了广州起义。起义者进攻总督署，战斗异常惨烈。由于寡不敌众，起义失败，但却极大地鼓舞了各地的革命党人。1911年10月10日，武昌新军的革命士兵发动起义，很快占领武汉三镇。各地的革命党人和新军纷纷响应，不到两个月，就有14个省脱离清政府，宣告独立。清政府的统治迅速土崩瓦解。1912年1月1日，中华民国临时政府在南京成立，孙中山就任临时大总统。1912年2月12日，清帝退位，清朝灭亡。

民国军事

护国战争

二次革命失败后，袁世凯强迫国会选其为正式大总统，不久又解散国会，废除《临时约法》。1916 年 1 月 1 日，袁世凯正式称帝，改中华民国为中华帝国，1916 年为洪宪元年。袁世凯称帝，激起全国人民的义愤。孙中山再度号召各省讨袁，云南都督蔡锷首先宣布云南独立，组织中华民国护国军，进军四川、贵州，节节胜利，各省也纷纷响应。孙中山领导的中华革命党也组织武装起义。在全国一片反袁声中，袁世凯的亲信见风使舵，纷纷表示拥护共和，反对袁称帝。在众叛亲离的情况下，袁世凯只做了 83 天皇帝就被迫取消帝制，并于 1916 年 6 月郁郁而死。护国战争终于取得了胜利。

护法战争

为了维护《临时约法》，1917 年孙中山联合西南军阀陆荣廷、唐继尧在广州建立护法军政府，孙中山任海陆军大元帅，以对抗由北洋军阀操纵的北京政府，形成南北对峙的局面。段祺瑞决定以武力消灭护法军政府，派北洋军进攻护法军。护法军进攻湖南、四川等省，打败北洋军，占领长沙、衡阳、重庆等地，湖北、浙江、山东、山西等省宣布独立。段祺瑞被迫下台。冯国璋上台，调遣北洋军击败了护法军。护法军战败，遂与北洋军阀媾和，并改组护法军政府，排挤孙中山。孙中山被迫辞职，护法战争失败。

孙中山北伐

1921 年，根据孙中山的建议，在广州组织了中华民国政府，孙中山就任中华民国非常时期大总统，陈炯明任陆军部长。粤军自收复广东后，就准备讨伐桂系军阀。桂系军阀陆荣廷也企图重返广州。1921 年 6 月，孙中山任命陈炯明为总司令，讨伐陆荣廷。粤军一路势如破竹，陆荣廷的部下也纷纷与他脱离关系，响应粤军。粤军占领南宁，陆荣廷逃往上海。孙中山随即来到桂林，建立了北伐大本营，决定讨伐北洋军阀。但陈炯明居功自傲，已经蜕变成一个军阀，公开反对北伐。1922 年，孙中山发布了北伐动员令，北伐军进攻湖南。陈炯明与吴佩孚相勾结，阴谋夹击北伐军。孙中山只好率军返回广州，陈炯明出走惠州。5 月 4 日，孙中山在韶关建立北伐大本营，改从江西北伐。北伐军进展迅速，直逼南昌。此时陈炯明公开叛变，炮轰孙中山的住所，孙中山乘"永丰"舰赴上海。北伐失败。

世界军事常识

古代军事

骑兵的出现

亚述是最早把骑兵用于战争的国家，时间大约是公元前9世纪。但当时还没有发明马鞍和马镫，骑兵们骑在马上只能用双腿夹紧马腹，防止自己掉下来。在作战时，骑兵与车兵和步兵联合作战，负责从两翼迂回包抄敌人。亚述帝国末期，出现了马鞍，骑兵们的活动比较自如一些了。

正规的骑兵最早建于古希腊。希腊北部盛产良马，马其顿人非常重视骑兵的建设，他们的骑兵分为不穿盔甲、手持长矛的轻装骑兵和身穿盔甲、手持盾牌和短矛的重装骑兵。

战争中的马
马用于战争已有好几个世纪。它们能拉动战车，运载枪炮，也能用于坐骑。马强壮且快速，但能被远距离武器拦截。

公元前378年，哥特骑兵和罗马重装步兵在亚德里亚堡发生激战。哥特骑兵发挥机动灵活的长处，从侧翼发动突袭，大获全胜。此后，罗马军队的主力逐渐变成了长矛骑兵和弓箭骑兵。

欧洲中世纪时，由于马镫的传入，骑兵得到了进一步的发展。当时欧洲各国军队的主力是骑士。他们从小就接受严格的军事训练，身穿重甲，手持长矛和盾牌，腰配长剑。

职业化常备军

世界上第一支职业化常备军产生于亚述。

公元前8世纪中期，亚述建立了世界上第一支职业化常备军。亚述军队以兵种齐全著称，分为战车兵、骑兵、步兵和工兵。亚述军队的作战单位一般是200步兵、10名骑兵和一辆战车。步兵的主要分为标枪兵和弓箭兵。战车兵是军队的主力，机动性很强。在远处，战车兵向敌人投掷标枪和射箭，近处则用长矛和短剑砍杀敌人。亚述是最早拥有骑兵的国家，但当时的骑兵发展得还不完善，只能增加军队机动作战能力。

亚述是世界上第一个建立工兵的国家。亚述工兵负责开路、架桥、筑垒、建城等工作。在行军时，遇到茂密的森林或险要的峡谷，工兵们就挥舞工具开辟道路；遇到河流，工兵们就将许多气囊连在一起，铺在河面上，然后在上面铺上木板或树枝，迅速搭建起一座浮桥。

在作战时，亚述人非常注重各兵种间的配合。先用弓箭兵射击，然后在派战车兵冲锋，骑兵从两翼包抄，最后由步兵将敌人歼灭。

因为拥有这样一支优良的军队，所以亚述成为当时西亚的最强国。

大流士军制

波斯帝国是一个军事强国，大流士一世即位后开始进行军事改革。

大流士把波斯全国分为23个省，每个省设立一名军事首领，由国王委派到波斯贵族担任。他又把全国划分为5个军区，每个军区长官管辖几个省的军事首领。军区长官直接向国王负责，大流士是全国军队的最高统帅。他还规定了各省驻军的数量，驻军中的大多数军官都由波斯人担任，确立了波斯贵族对军队的绝对领导。

大流士将军队分为万人团、千人团、百人团和十人团4级。其中军中精锐御林军也有一万人，全都有波斯人组成，号称为"不死军"。因为一旦有人死去，就会立即得到补充，人数总是一万。波斯军队以波斯人组成的骑兵和步兵为主，同时还将其他民族也编入军队以壮大波斯的军事力量。例如，将擅长航海的腓尼基人编成海军，建立了一只拥有1000艘战船的舰队。米底人和巴克特利亚人组成的军队也是波斯军队中的重要力量。

《伯罗奔尼撒战争史》

《伯罗奔尼撒战争史》是古希腊雅典著名的历史学家和政治家修昔底德（约公元前460～前395年）他结合自己的亲身经历、耗费30多年心血写成的一部军事历史名著。

公元前431年，伯罗奔尼撒战争爆发，修昔底德应征入伍，并参加了一些陆军和海军的战役，曾被推选为雅典十将军之一。

在书中，修昔底德不仅严格按照时间顺序描述了战争的进程，而且以理性主义精神对一些重要的军事问题做出了合理的解释。修昔底德的在书中主要讨论了3方面的内容：1.战争的发生有着深刻的社会原因。修昔底德是第一个尝试揭示历史事件的真正因果关系的历史学家。他没有简单地将战争发生的原因归于某个偶然事件，而是寻找更为深刻的原因。如他认为"伯罗奔尼撒战争不可避免的真正原因是雅典势力的增长和因而引起斯巴达的恐惧"。2.强调经济对战争的决定作用。3.政治因素对战争的进程与结局有着重大影响。此外，修昔底德还提到了其他许多因素，如联盟战略、民心士气、军队纪律等对战争的影响。

罗马军团

罗马军团是罗马军队的基本战术单位。在罗马共和早期，平时有2个军团，战争增加4个军团，人数约为5000人。军团分为30个连队，每个连队分为2个百人队。罗马军团多数为重装步兵，少数为轻装步兵。罗马军队最高指挥官是罗马执政官，军团的指挥官是6位军事保民官，军事保民官之下是百人队长。

作战时，各军团排列成宽 200 米、纵深 90 米的阵型。最前面的是轻装步兵，组成散兵线。后面是重装步兵，根据年龄、经验和训练程度不同，重装步兵分为枪兵、主力兵和后备兵，排成 3 列。每列分为 10 个连队，前两列连队各 120 人，后备兵连队 60 人。前两排是新兵，最后一排是战斗经验丰富的老兵。军团的两翼由骑兵做掩护。

罗马军队纪律非常严明，严重违犯军令者处死，其他处罚还有鞭笞、服苦役、降薪、降职和剥夺公民权等。对临阵脱逃的军队，实行"什一抽杀律"，即令全体列队进行抽签，抽中签的士兵将被处决。被处决的士兵大概占 1/10，所以被称为"什一抽杀律"。

罗马海军

罗马海军创建于与布匿战争时期。为了打败海上强国迦太基，罗马人建造了数以百计的战舰。罗马人在战舰上安装了被称为"乌鸦嘴"的吊桥。这种吊桥前端装有爪钩，两侧装有栏杆。战船行驶行，吊起竖起，捆在桅杆上。当接近迦太基战舰后，放下吊桥，吊桥前端的像"乌鸦嘴"一样的爪钩就会勾住敌舰的甲板，使两艘战舰连在一起。这时，擅长陆战的罗马士兵就跳到迦太基战舰上，与迦太基海军士兵展开肉搏。在第一次布匿战争中，罗马人靠这种战法大败迦太基海军。

布匿战争后，罗马人一度忽视了海军。但为了对付地中海上猖獗的海盗，罗马人再次大规模建设海军，很快肃清了海盗。

公元前 31 年，屋大维和庞贝在希腊亚兴克进行了一场海战。屋大维的战舰上装备了一种名为"钳子"的铁钩，系着绳子，然后用弩炮发射出去，勾住敌人的战舰后，绞动绳索把敌舰拉回来，士兵们再跳上甲板去打击敌人，大获全胜。

亚兴克海战后，罗马迎来了长期的和平，地中海仅保留了少量防御海盗的小型巡逻舰。

罗马炮兵

罗马炮兵指的是投石兵和巨弩兵。

罗马人使用的投射兵器主要是从希腊军队学来的。罗马军团中每个大队拥有一部投石车，每个百人队拥有一部巨弩机。

投石车在公元前 200 年就有记载，但大规模使用是在罗马帝国晚期。它的一个优势是生产和训练周期很短，维修和保养比较容易。它主要用于攻城，将巨石投进敌人的城墙和城中，造成破坏，以减少步兵攻城的伤亡。

罗马军团使用的巨弩最主要是车弩。这是一种装在两轮木车上的巨弩，发射类似长矛的巨箭。它的机动性和杀伤力都很强，射程达 300 米，在战场是一种强大的压制兵器，对付敌人的方阵非常有效。

在罗马史书中曾多次记载了投石车和巨弩在战争中的使用。罗马皇帝尼禄死后，南日耳曼省长和镇压犹太暴动的埃及省长韦帕芗（后为帝）为争夺帝位，在意大利北部发生激战，双方动用了大量的投石车。公元 1 世纪犹太战争时期，罗马人攻打犹太人城市时就曾经使用过投石机和巨弩机，最终攻破城市，残酷地镇压了犹太人的起义。

筑堡与围攻战术

公元前 4 世纪，罗马军事理论家弗拉维乌斯·韦格蒂乌斯·雷纳图斯写了一本《罗马军制》的书，书中提到了当时罗马的城池防御。他讲到了城防分天然防御和人工防御两种，前者利用险峻的地势和河道，后者利用人工修建的城墙。他主张修建城墙是应筑成凹凸不平的形状，来对抗敌人的攻城槌。另外，还要在城墙的拐角突出部修建塔楼，监视敌人。

罗马人早期的攻城技术比较落后，一般都采用长期围困的持久消耗战。比如，罗马人围攻了 3 年才攻克了迦太基。后来，罗马军队出现了工兵部队，攻城的方法大大进步了。他们一般在城下扎营，然后架设好攻城器械，在城墙边修筑攻城平台，然后罗马士兵们从平台上架上木桥，跳到城墙上。有时罗马人也使用云梯。为了阻止敌人的守军反攻和援军救援，罗马人会在城墙外修建两道围墙。

攻城时，罗马人经常使用弓箭和弩箭发射火箭，火箭上有硫黄、松脂、沥青等物，除了可以大量烧杀人和物外，还能产生有刺激性气味的烟雾。

亚述的征服

亚述战争指的是公元前 8～前 7 世纪，西亚强国亚述发动的一系列对外扩张战争。

公元前 745 年，亚述王国进行了一系列的军事改革，亚述的军事力量迅速强大起来。亚述军队不仅装备了当时先进的铁制兵器，而且建成了一支兵种齐全的军队。

公元前 744 年，亚述军队征服了死敌乌拉尔图的东北同盟者米底部落。公元前 736 年，亚述军队南下围攻乌拉尔图的首都，但没有攻克。公元前 714 年，亚述军队攻陷乌拉尔图的宗教中心穆萨西尔，大肆掠夺，乌拉尔图元气大伤，再也无力与亚述抗衡，成为亚述的一个附属国。

为了争夺富饶的两河流域，亚述又将矛头指向了占据巴比伦城的迦勒底人。公元前 649 年，亚述军队苦战 3 后，终于击败了巴比伦和埃兰联军。公元前 639 年，亚述攻入埃兰首都苏萨，埃兰沦为亚述属地。不久，亚述再次攻陷巴比伦。后来，亚述又击败了埃及，国力达到极盛。

由于亚述对西亚民族实行残暴的统治，激起了他们的强烈反抗。公元前 614 年，亚述被米底和迦勒底联军所灭。

希波战争

希波战争指的是公元前 492 年～前 449 年，希腊各城邦反抗波斯帝国侵略的一场战争。战争主要在地中海东部地区。公元前 6 世纪中期，波斯帝国占领了小亚细亚沿海的希腊殖民城邦。公元前 500 年，小亚细亚城邦米利都爆发反波斯起义，希腊本土的雅典和爱勒特里亚进行了援助。但不久，米利都起义被波斯镇压，波斯随即以希腊城邦对米利都提供援助为借口发动了对希腊的侵略战争。希波战争共进行了 3 次：第一次（公元前 492 年），波斯军队的海军在横渡爱琴海时遭到风暴袭击，全军覆灭。第二次（公元前 490 年），波斯 10 万大军，600 艘战舰先占领了爱勒特里亚，然后又在雅典附近的马拉松平原登陆。雅典人奋勇作战，击败了波斯军队。第三次（公元前 480 年），波斯 50 万大军进攻希腊，攻占了雅典。但不久，波斯海军在萨拉米湾被希腊海军击败，陆军也在希腊中部被击败，希腊军队转入反攻。公元前449年，波斯与希腊签订了《卡利亚斯合约》，承认希腊各城邦独立。希波战争以希腊的胜利告终。

马拉松之战

马拉松之战是公元前490年第二次希波战争时，雅典军队在马拉松平原以少胜多战胜波斯军队的一次会战。公元前490年，波斯王大流士一世派遣5万大军、400艘战船再次远征希腊。波斯军队的2万大军在雅典附近的马拉松平原登陆。雅典紧急动员，组织了1万人的军队，赶赴马拉松迎战。希腊城邦布拉底也派了1000人援军援助雅典。雅典军队先是占据有利地形，然后针对波斯军的常用战术布成一个长约1千米，主力配置于两翼的方阵。战斗开始后，雅典军乘波斯骑兵尚未赶到之机，首先发起攻击。波斯军队随即发动反击。希腊军队且战且退，波斯军队步步深入。希腊军队突然发动两翼进攻，夹击波斯军队，波斯军队无法抵挡，纷纷后退，希腊军队紧追不舍。波斯军队乘船逃到海上，仓皇回国，希腊军队大获全胜。此战，希腊军队抓住有利战机，以少胜多，歼敌6400人，缴获战船7艘，自身损失仅192人。马拉松之战的胜利，增强了希腊人抵抗波斯的信心。

温泉关之战

温泉关之战是第三次希波战争时（公元前480年）的一场在战斗，因为发生于希腊北部的温泉关而得名。公元前480年，波斯王薛西斯一世率50万大军，1000艘战舰，分海陆两路进攻希腊。波斯陆军从希腊北部南下，进攻希腊的门户温泉关。当时驻守温泉关的希腊军队只有7200人（其中斯巴达人有300人），由斯巴达国王列奥尼达斯指挥。希腊军队凭借险要地形，多次打败波斯军队的进攻，甚至击败了波斯王牌军队"不死军"的进攻。波斯军队损失达2万人，波斯人一筹莫展，无计可施。后来由于叛徒的告密，波斯军队从山间小路迂回到温泉关的后方，使希腊军队处于腹背受敌的境地。面对严峻的形势，为了避免全军覆没，列奥尼达斯下令希腊军队的主力撤走，只留下300人的斯巴达军队。波斯军队向温泉关发起了总攻，斯巴达人进行了殊死抵抗，最终因寡不敌众而全军覆没。温泉关之战为希腊全军树立了榜样，鼓舞了整个民族的士气。

列奥尼达斯在温泉关战役中
在温泉关战役中被敌人重重包围时，列奥尼达斯解散了他的部队，只留下300名近卫队员战斗到全军覆没。关于斯巴达人永不投降的传说就来源于他的事迹。

萨拉米海战

萨拉米海战是第三次希波战争中的决定性会战，以希腊的胜利告终。温泉关之战后，波斯大军南下，占领了雅典城。雅典人疏散到其他城邦，雅典海军退到萨拉米湾，与其他希腊城邦的海军集中在一起，准备同波斯海军决一死战。公元前480年9月20日早晨，波斯海军从萨拉米湾两端夹击希腊海军。当时波斯海军有1000艘战船，而希腊海军只有400艘战船，波斯海军在数量上占绝对优势。但波斯海军的战舰体积庞大，不灵活，拥挤在狭窄的海湾里，难以发挥战斗力，而希腊海军的战舰体积小，机动灵活。波斯海军排成三线战斗队形，向希腊海军压来，而希腊海军则排成两线战斗队形迎战。希腊海军发挥灵活机动的优势，在波斯战船间横冲直撞，波斯战舰顿时陷入了被动挨打的境地。波斯战舰被击沉、搁浅和因自相撞击而沉没的战舰达300艘，而希腊仅损失了40艘。萨拉米海战是波希战争中的决定性战役，是希腊人由防守转入进攻的转折点。此战确立了雅典在爱琴海上的强国地位。

伯罗奔尼撒战争

伯罗奔尼撒战争是公元前431～前404年，古希腊以斯巴达为首的伯罗奔尼撒同盟和以雅典为首的提洛同盟之间的争霸战争。战争的起因是雅典要求伯罗奔尼撒同盟成员科林斯的殖民地波提狄亚加入提洛同盟，结果引发了双方的战争。伯罗奔尼撒战争大致可以分为3个阶段：十年战争、西西里战争和德凯利亚战争。十年战争（公元前431～前421年），也称阿希达穆斯战争（以斯巴达王阿希达穆斯二世的名字命名）。公元前431年5月，斯巴达国王阿希达穆斯率军进攻雅典的盟邦阿提卡，战争全面爆发。公元前421年，双方签订合约，宣布休战。西西里战争（公元前415～前413年），雅典人冒险远征斯巴达盟邦西西里岛上的叙拉古城邦，结果陷入斯巴达与叙拉古的夹击之中，全军覆没。德凯利亚战争（公元前413～前404年），斯巴达占领要地德凯利亚，长期消耗和破坏雅典。后又勾结波斯，扩充海军，全歼雅典海军，最终获胜。伯罗奔尼撒战争是古希腊从繁荣走向衰落的转折点。

十年战争

十年战争（公元前431年～前421年），又称阿希达穆斯战争（以斯巴达王阿希达穆斯二世的名字命名）。

公元前431年3月，伯罗奔尼萨同盟的成员之一的科林斯袭击提洛同盟的布拉底，引发战端。5月，斯巴达国王阿希达穆斯率军进攻提洛同盟的成员阿提卡，战争全面爆发。斯巴达充分发挥陆军优势，企图包围雅典，最终孤立雅典。而雅典则利用海军优势，在陆上固守，派海军袭击伯罗奔尼萨同盟。

斯巴达攻占阿提卡，煽动提洛同盟的成员背叛雅典。公元前427年，米底利尼等城邦先后发生了反雅典起义，形势对雅典越来越不利。公元前425年，雅典海军占领了许多伯罗奔尼萨同盟的沿海地区，并煽动斯巴达国内的希洛人起义，斯巴达陷入了困境。公元前422年，双方在安非波利斯展开决战，双方的主要将领雅典的克里昂和斯巴达的伯拉希达双双战死。

公元前 421 年，雅典和斯巴达签订《尼西阿斯合约》。合约规定交战双方各自退回自己的领地，并且保证 50 年之内不发动战争。

西西里战争

公元前 415 年 5 月，雅典将军阿尔基比阿德斯、尼基阿斯和拉马科斯率军（战船 136 艘、轻装步兵 1300 人、重装步兵 5100 人、桨手 2.6 万人）远征西西里岛上的斯巴达盟邦叙拉古。出发前夕，雅典城内发生赫尔墨斯（商旅之神）神雕像被毁事件，但为了大局，远征军还是按时出发了。远征军在行军途中，雅典派一艘战舰，要涉嫌毁坏赫尔墨斯神雕像的阿尔基比阿德斯回国受审。在归国途中，阿尔基比阿德斯投奔了斯巴达，并为其献计献策。雅典远征军在拉马科斯和尼基阿斯指挥下包围了叙拉古，但不久拉马科斯阵亡，尼基阿斯成为雅典远征军的唯一统帅。这时斯巴达的援军赶到，形势急转直下。雅典虽然也派来援军，但由于尼基阿斯指挥不利，雅典军队全军覆没。西西里之战是伯罗奔尼撒战争的转折点，从此以后，雅典丧失了海上优势。

高加米拉之战

公元前 331 年 9 月 30 日，为了阻止马其顿军继续东进，波斯国王大流士三世集结 24 个部族的步骑兵约 10 万人、200 辆刀轮战车、15 头战象，在高加米拉布成两道防线：一线为骑兵，二线为步兵；战象配置最前方，刀轮战车分置于两翼。亚历山大率 4.7 万马其顿军人在波斯军对面展开，一线中央为步兵，两翼为骑兵，

二线骑兵配置在两翼后方，是机动兵力。第二天早晨，决战开始。亚历山大首先命令马其顿军右翼进攻波斯军，大流士随即命令波斯军左翼骑兵迎战，但被击退。随后大流士三世派刀轮战车攻击也没有取胜。亚历山大利用波斯军左翼暴露的缺口，率骑兵迅猛楔入，直扑波斯军大营。大流士三世再次临阵脱逃，波斯军左翼溃散。马其顿军追杀一阵后返回，配合左翼骑兵和步兵夹击波斯军右翼，波斯军惨败。马其顿军死伤仅数百人。高加米拉之战后不久，大流士三世被部将所杀，波斯帝国灭亡。

第一次布匿战争

布匿战争指的是罗马人和腓尼基人之间的战争。因罗马人称腓尼基人为"布匿"，故名。第一次布匿战争（公元前264～前241年）的主战场在西西里岛及其附近海域。公元前265年，叙拉古人的意大利雇佣兵与叙拉古人发生冲突，雇佣军向迦太基人求援。迦太基海军击败叙拉古人，占领了梅萨纳（今墨西拿）。罗马人担心迦太基控制整个西西里岛，所以决定出兵干涉。公元前264年，罗马军队登陆西西里岛，击败迦太基军，占领梅萨纳。迦太基向罗马宣战，第一次布匿战争爆发。公元前264年，罗马军队攻占迦太基人在西西里岛的据点阿格里真托，占领了西西里岛大部分。但迦太基仍具有海军优势。为此，罗马人建造了120艘战舰，并且在每艘上配备了接舷板。在海战时，罗马人从接舷板上跳到迦太基战舰上近身搏杀，大败迦太基海军。公元前256年，罗马又在北非登陆，但被迦太基人击败。

公元前 241 年，罗马海军在埃加迪群岛附近打败迦太基海军，迦太基被迫签订和约。第一次布匿战争后，罗马人取得了地中海西部的制海权。

利帕里海战

公元前 260 年，在第一次布匿战争中，罗马海军和迦太基海军在西西里岛以北第勒尼安海利帕里群岛海域进行的一次海战。布匿战争前，罗马海军实力不如迦太基海军。为此，罗马人依据罗马士兵擅长格斗但不熟悉海战的弱点，在战舰上装配了一种新装置——称为"乌鸦嘴"的接舷吊桥（前端有铁钩，两侧装栏杆）。公元前 260 年，罗马执政官杜伊利乌斯率罗马舰队（113 艘战船）与迦太基将领安尼巴尔率领的迦太基舰队（140 艘战船）在利帕里群岛海域附近遭遇。迦太基人企图利用自己战舰速度快，机动灵活的优势撞沉罗马战舰。但当接近罗马战舰时，罗马士兵放下乌鸦嘴吊桥，钩住迦太基战舰，然后冲到迦太基战舰上进行白刃格斗。迦太基人从来没有见过这种战法，顿时陷入混乱，大败。此战，罗马人共俘获和击沉 55 艘迦太基战船。迦太基人战死 3000 人，被俘 700 人，罗马军损失很小。利帕里海战之后，迦太基的主力舰队被消灭，罗马成为西地中海的海上霸主。

第二次布匿战争

第二次布匿战争（公元前 218～前 201）的战场遍及西班牙、意大利和北非。第一次布匿战争后，迦太基人卧薪尝胆，矢志复仇。公元前 219 年，迦太基将领汉尼拔出兵攻占了与罗马结盟的西班牙城市萨贡托，罗马向迦太基宣战。随后汉尼拔

公元前 6 世纪初，希腊人在卡塔兰沿岸建立了恩波利城。公元前 3 世纪，该城的港口在第二次布匿战争中发挥了重要作用。

率步骑精兵约 6 万人、战象数十头，从西班牙的新迦太基城出发，翻越阿尔卑斯山，抵达意大利北部。在意大利，汉尼拔多次打败罗马军队，但鉴于兵力有限，因而没有攻打罗马城。汉尼拔不断补充给养，修整军队，同时分化瓦解罗马和它的同盟者。罗马人吸取失败的教训，避免决战，积蓄力量，惩罚背叛的同盟者，切断汉尼拔的补给。同时，罗马军队转而进攻西班牙和迦太基本土，汉尼拔被迫回国救援。公元前 202 年，罗马将领大西庇阿和汉尼拔在迦太基西南的扎马决战，汉尼拔战败。迦太基被迫乞和。第二次布匿战争后，罗马取代迦太基成为西地中海的霸主。

第三次布匿战争

第三次战争（公元前 149～前 146 年）的主战场在北非。第二次布匿战争后，迦太基又迅速崛起。罗马害怕迦太基复仇，决定彻底消灭迦太基。公元前 150 年，罗马纵容北非的努米底亚王国侵占迦太基的沿海地区，迦太基被迫自卫。罗马借口迦太基破坏合约，于公元前 149 年向迦太基宣战，第三次布匿战争爆发。罗马

派出由8万步兵、4000骑兵、600艘战舰组成的大军在北非登陆，包围迦太基城。迦太基无力应战，向罗马求和。罗马向迦太基提出了许多无理要求，甚至要求毁掉迦太基城。迦太基人忍无可忍，决心拼死抵抗。他们释放奴隶，重建军队，制造武器，修筑工事，誓死保卫迦太基。由于迦太基人顽强作战，城防坚固，粮草充足，罗马军久围不克。公元前146年春，迦太基城内发生饥荒，疾病流行，罗马人才破城而入。迦太基人与罗马人展开激烈巷战，顽强抵抗了六天六夜。战争结束后，罗马人将迦太基剩余的5万居民全部收为奴隶，迦太基被付之一炬。迦太基的领土被划入罗马的阿非利加省。

马其顿战争

马其顿战争是罗马征服马其顿王国及其属地希腊的战争，共进行了3次：第一次马其顿战争（公元前215～前205年）、第二次马其顿战争（公元前200～前197年）和第三次马其顿战争（公元前171～前168年）。马其顿三次皆败。在第二次布匿战争期间，马其顿国王腓力五世得知汉尼拔大胜罗马军队，所以就与迦太基结盟，企图将马其顿的势力扩展到意大利。罗马虽然兵力不足，但积极挑动希腊反对马其顿。由于腓力五世优柔寡断，马其顿进展不大。后双方签订合约。第二次布匿战争后，罗马将注意力转向东方，在巴尔干半岛推行侵略政策，与马其顿王国产生了激烈冲突。公元前197年，罗马在锡诺斯克法莱山击败腓力五世，取得了希腊的统治权。腓力五世之子佩尔修励精图治，积极进行反罗马的军事准备。但在皮得那会战中，马其顿惨败，佩尔修被俘，后死于狱中。马其顿王国灭亡。公元前149年，马其顿爆发了声势浩大的反罗马起义，但随即被镇压。马其顿成为一个罗马行省。

叙利亚战争

叙利亚战争又称安条克战争，是公元前192～前188年罗马与塞琉西王国之间的战争。因塞琉西国王安条克二世得名。塞琉西王国以叙利亚为统治中心（所以又称叙利亚王国，中国史书称条支），是一个西亚大国。安条克三世（公元前223～前187年在位）在第二次马其顿战争结束后，率军攻占马其顿的色雷斯，与正在向东扩展的罗马产生冲突。罗马人要求安条克三世退出色雷斯，但遭拒绝。公元前192年，希腊反罗马联盟攻击与罗马结盟的城邦，并请安条克三世派兵支援。安条克三世率1万人进军希腊，同时罗马也派兵进入希腊。叙利亚战争爆发。公元前191年，两军在温泉关大战，塞琉西军战败，退回叙利亚。公元前190年，罗马海军又大败塞琉西海军。罗马军队侵入小亚细亚，在马格尼西亚（在今土耳其西部）再败塞琉西军。公元前188年，塞琉西被迫接受苛刻的和约。从此，罗马确立在整个地中海地区的霸权。

斯巴达克起义

斯巴达克起义是公元前73年罗马爆发的一次奴隶大起义，是世界古代史上最大的一次奴隶起义。斯巴达克是色雷斯（今保加利亚一带）人，在战斗中被罗马人俘虏，被卖到卡普亚城一所角斗士学校当角斗士。斯巴达克不堪忍受角斗士学校

斯巴达克雕像

里非人的待遇，率领 70 多名角斗士发动起义，逃往维苏威山区。周围许多逃亡奴隶和破产农民都纷纷前来投奔，起义队伍不断发展壮大，多次击败罗马人的军队。斯巴达克希望率领起义军北上翻越阿尔卑斯山，返回家园。但在翻越阿尔卑斯山时遇到了困难，斯巴达克改变计划，挥师南下，希望前往西西里岛。但由于缺乏船只也只好作罢。在阿普里亚省南部，起义军和罗马军队展开了总决战。由于寡不敌众，斯巴达克战死，起义失败。斯巴达克起义军在战斗中能组织好步兵和骑兵的协同进攻，力求夺取和掌握主动权；行军时隐蔽迅速，设置埋伏，实施突袭，对敌人实行各个击破战术，多次打退罗马精锐部队，对后来的奴隶起义提供了许多宝贵的经验。

高卢战争

高卢战争是公元前 58～前 51 年，罗马为征服山北高卢而进行的侵略性远征，同时也是高卢总督恺撒为壮大自己的实力而进行的掠夺战争。高卢战争分为 8 次远征。恺撒就任山南高卢总督后，就开始大举扩张向山北高卢大局进攻。前三次远征，恺撒征服了山北高卢所有的部落。后五次远征则是镇压高卢人的起义。由于罗马的掠夺和压迫，公元前 53 年，高卢中部的阿弗尔尼部落族长韦辛格托里克斯联合其他部落，举行共同反抗罗马的入侵和暴政的大起义。起义军声势浩大，实行"焦土"政策，使罗马的军粮发生困难，并多次击败罗马人。恺撒采取挑拨离间的政策，唆使高卢各部落互相攻击，极大地削弱了起义军的力量。最后将起义军主力包围在阿莱西亚城（在今法国第戎市西北）。起义军突围不成，援军又被击败，被迫投降。高卢战争使罗马获得面积两倍于意大利的土地和 800 多座城镇，在这里建立了高卢行省。恺撒个人获得大量的财富和雄厚的政治资本，为他以后建立独裁统治奠定了基础。

罗马内战

罗马内战指的是古罗马共和国后期，罗马奴隶主集团之间为争夺最高统治权的战争。公元前 88 年，马略和苏拉为争夺战争指挥权而展开激战。苏拉派先发制人，击败马略，夺得战争指挥权。苏拉随后率军出征，马略派乘机攻占罗马。公元前 83 年，苏拉得胜回国，再次击败马略，成为罗马史上第一位大权独揽的终身独裁官。公元前 78 年，苏拉病故，罗马陷入混乱。公元前 60 年，克拉苏、庞培和恺撒结盟，史称"前三巨头同盟"。公元前

53 年，克拉苏战死，"前三巨头同盟"解体。公元前 50 年，元老院与庞培联合起来共同对付恺撒。在公元前 48 年的法萨卢之战中，恺撒击败庞培，在罗马建立个人独裁统治。公元前 44 年，恺撒遇刺身亡。公元前 43 年，屋大维、安东尼和李必达结成"后三巨头同盟"，进军罗马，打败贵族共和派军队。此后，三人间争权夺利。公元前 36 年，屋大维剥夺李必达的权力。公元前 31 年，屋大维在亚克兴海战中击败安东尼。不久安东尼自杀，内战结束。屋大维被授予"奥古斯都"的称号，从此罗马进入奴隶制帝国时代。

亚克兴海战

　　亚克兴海战是罗马内战中，屋大维战胜安东尼的决定性海战。恺撒遇刺后，他的继承人屋大维在公元前 43 年与安东尼、李必达结成"后三巨头同盟"，掌握了罗马大权。公元前 36 年，屋大维剥夺李必达的权力。公元前 32 年，屋大维与安东尼公开决裂。公元前 31 年，屋大维率军 8 万、战船 400 艘渡海东征，安东尼和埃及女王率军 10 万人、战船 500 艘来到希腊西海岸迎战。安东尼将舰队分为左、中、右 3 个编队成一线展开，并准备亲自率领右翼迂回攻击屋大维，女王率预备队尾随。屋大维也将舰队分成左、中、右 3 个编队，也成一线展开，迎战安东尼。9 月 2 日，战斗打响。屋大维充分发挥自己舰队船体轻、航速快、机动灵活的优势，避开安东尼战舰远程矢炮的轰击，运用撞击、火攻、接舷等战术进

行攻击。安东尼船体庞大，机动性差，顿时陷入了被动挨打的境地。埃及女王见势不妙，率领预备队逃走。安东尼见大势已去，无心再战，下令撤退。不久屋大维攻入埃及，安东尼和埃及女王相继自杀。罗马内战结束。

帕提亚战争

　　帕提亚战争指的是罗马帝国和波斯帕提亚帝国为争夺东西方商路和小亚细亚而进行长达 300 多年的战争。公元前 247 年，波斯的帕尔尼部族建立了阿萨希斯王朝，中国史书称为安息王朝，西方史学家称为帕提亚王朝。公元前 65 年，罗马将领庞培率军东侵安息，大胜。公元前 53 年，罗马名将克拉苏率领 4 万大军入侵波斯，但在卡雷之战中被击败，克拉苏战死。公元前 38 年，帕提亚入侵罗马东疆，被罗马打败，帕提亚王子战死。公元前 34 年，安东尼率军从亚美尼亚迂回攻击波斯，但在美索不达米亚平原北部遭到顽强抵抗，被迫撤退。公元114 年，罗马皇帝图拉真，突然向帕提亚发难，兵分两路：北路由亚美尼亚顺底格里斯河南下，西路由叙利亚沿幼发拉底河东进。公元 115 年，罗马军队攻占帕提亚首都泰西封。不久，波斯人举行起义，罗马人被迫撤退。公元 162～166 年，维勒斯打退帕提亚入侵，攻克泰西封，罗马因大疫退兵。帕提亚战争是罗马和帕提亚在西亚的争霸战争，在长期的战争中，双方消耗巨大，致使两国走向衰落。

中古军事

骑士制度

　　欧洲骑士制度源于中世纪法兰克王国，后逐渐推行到欧洲各国。

　　法兰克王国的查理大帝在位期间，进行了大规模的扩张战争。他把征服的土地划成小块，连同上面的农民，一起赐给有功的将士。这些封地的小领主就变成了欧洲最早的骑士阶层，成为社会的中坚力量。

　　封建领主的子弟从小就要接受严格的骑士教育，他们要学会骑马、射箭，使用矛和剑，并随领主出征。到了21岁的时候，领主们就会授予他们骑士的头衔。骑士只效忠于自己直接的主人。因此，除了直属王室的骑士外，骑士都分别属于全国各地的诸侯或爵士。这些骑士虽然名义上有服从国王的义务，但实际上他们的地盘和部署，国王都不能控制。这被称为"我的附庸的附庸，不是我的附庸"。

　　从军事角度而论，战争和竞技是骑士的主要职能。在中世纪一名全副武装的骑士及其侍从就是一个作战单位。其在战场上冲锋陷阵、势不可当。当时，每一座城堡都是一个地区的封建军事、政治、经济和社交的中心，而城堡的捍卫者则是骑士。中世纪欧洲骑士是军队的核心和战场

的主角，他们的武器装备以及道德准则是影响战争的主要因素。10～15世纪，没有骑士，任何一支的部队都不可能在战场上取得决定性胜利。

炮兵出现

　　炮兵是指以火炮、火箭炮和战役战术导弹为基本装备进行地面火力突击任务的兵种，是陆军的重要组成部分和主要火力突击力量。炮兵具有火力强、射程远、机动快等特点。它既可以与其他兵种、军种协同作战，也可独立作战。

　　炮兵最早出现在中国明代永乐年间（1403～1424年），当时守卫首都的军队中就有主要使用火炮的军队——"神机营"。

　　在世界上，中国的火药和火器制造技术西传后，火炮在欧洲开始发展。14世纪，欧洲一些国家先后制造和使用火炮，雇用炮匠进行操作，用于攻守城堡。15世纪，炮兵不仅用于攻守城堡，而且用于野战，从而出现野战炮兵。15世纪50年代，法国组建了专门攻城的炮兵部队。17世纪30年代，瑞典建立了炮兵部队。作为独立的兵种，炮兵开始在战场上大展神威。

　　从军事史上看，炮兵的出现，改变了

整个战争时的面貌，城堡防御被迫革新，骑兵也开始失去优势。

火器用于战场

火药是中国四大发明之一，它被发明后很快就用到了战争中，出现了"突火枪"等火器。

在1250年左右，欧洲人从阿拉伯人那里懂得了使用火药。14世纪时，欧洲人开始制造枪械。欧洲最早的火枪是火门枪，射击时点燃药室中的火药，射出石子或金属弹丸。这种枪虽然还很不完善，但仍显示了巨大的威力。1331年，德国骑士团用火门枪大败法国骑士。15世纪时，有人发明了更先进的火绳枪，这种枪大大提高了射击精度。到16世纪时，火枪已经成为西欧各国步兵的主要武器。

14世纪初，中国人发明的火炮制造技术通过阿拉伯人传到了欧洲。到了14世纪中期，欧洲各国都装备了火炮。欧洲火炮吸取了中国和阿拉伯火炮的优点，射程远，射速快，杀伤力强。火炮用于攻城战中，大大缩短了攻城的时间。最典型的攻城战是1453年，奥斯曼土耳其围攻君士坦丁堡。土耳其动用了巨炮轰城，很快攻克了这个中世纪最大的城堡。火器的运用，改变了战争的形态，人类从冷兵器时代进入了热兵器时代。

地中海式战舰

地中海式战舰指的是装备火炮的木制战船。

这种战船出现于1350年左右，当时一些西班牙战船上除了弓弩外，还装备了铁炮和加农炮（一种能远距离发射小炮弹的大炮）。1个世纪后，每艘战船上有5门4米长的重炮，能发射直径4英寸（1英寸合0.0254米）的石弹。

当时欧洲的战舰主要是单甲板平底船。火炮出现后，给这种船的设计带来了革命性的变化。首先舰首的金属撞角被取消，取而代之的是大炮平台，平台上放置着一门重炮，两侧是一些护卫轻炮；原来由3人一组，人手一桨，现在变为3个或3个以上的桨手划动一个巨桨，船速不断增快，船体不断增大，船员不断增多。船上的火炮也不断进步，由原先的发射石弹铁炮变为发射金属弹体的铜炮，数量也不断增多，炮弹的重量由原来的50磅逐渐变为100磅甚至200磅。

更大的战船，更多的船员，更多的大炮，更快的速度，形成了强大的战斗力。1571年，先进的欧洲联合舰队在勒班多海战中大败落后的奥斯曼帝国的舰队。

君士坦丁之围

君士坦丁堡之战是阿拉伯倭马亚王朝企图夺取拜占廷帝国的首都君士坦丁堡的战役。从公元669年起，阿拉伯人就多次进攻拜占廷首都君士坦丁堡，但每次都大败而回。公元717年，阿拉伯人趁拜占廷政局动荡之机，再次进攻君士坦丁堡。阿拉伯军队分水陆两路。陆路主要是骑兵和骆驼兵，约有12万人，经小亚细亚渡过达达尼尔海峡进军君士坦丁堡；水路有战舰1800艘，从叙利亚和埃及驶向君士坦丁堡。面对强敌，拜占廷皇帝利奥三世采取诱敌深入、聚而歼之的战略。拜占廷人拆除了金角湾入口处的铁链，使得阿拉伯舰队驶入港湾。拜占廷军队趁机向阿拉伯军队发射火箭、火矛和"希腊火"，阿拉伯舰队损失惨重，几乎全军覆没。阿拉伯陆军遭到了与拜占廷结盟的保加利亚人的重创，再加上冬季严寒、疾病流行、供给不足，士气十分低落，前来援助的海军又遭惨败。公元718年8月，阿拉伯军队被迫撤离，结束了历时13个月的君士坦丁堡会战。此战，阿拉伯军队共损失了17万人、战舰2500多艘。

查理征服西欧

查理（公元742~814年），又称查理曼（查理大帝）、法兰克王国加洛林王朝国王（公元768~814年）和查理帝国（公元800~814年）皇帝。加洛林王朝第一代国王矮子丕平之子。

公元768年查理即位，在平定阿基坦叛乱，稳定了国内局势之后，他开始向外扩张。从公元772年起，他就多次渡过莱茵河进攻萨克森部落。公元773年，查理率军越过阿尔卑斯山，消灭了意大利北部的伦巴德王国，接着进军罗马，被教皇封为"罗马人长老"。公元777年，查理率军越过比利牛斯山，进攻被阿拉伯人占领的西班牙，但未能获胜。公元801年，查理再次出征西班牙，攻占巴塞罗那，占领埃布罗河以北地区。公元787年，查理率军攻入意大利南部，迫使本尼文托公国臣服。

公元800年，他打着保护罗马教皇的旗号进军罗马，被教皇加冕为"罗马人皇帝"。从此，查理建立起了包括中欧和西欧大部地区在内的庞大帝国——查理帝国。公元814年，查理病逝。

查理积极推行军事改革，建立了严密的军队组织与指挥系统；发展重装骑兵，组建攻坚队和后勤队。他的军事思想和改革措施在当时欧洲影响很大。

黑斯廷斯之战

1066年10月14日，法国诺曼底公爵威廉一世的军队同英国国王哈罗德二世的军队在英格兰南部黑斯廷斯附近进行的一场争夺英国王位的决战。1066年1月，英王爱德华去世，他的亲属法国诺曼底公爵威廉要求继承英国王位，但英国贵族会议选举哈罗德二世为英国国王。威廉决定以武力夺取王位。9月28日，威廉率领一支由重甲骑兵和步兵组成的7000人的军队从法国诺曼底渡海，在英格兰南部登陆，向英国首都伦敦挺进。29日进抵黑斯廷斯。哈罗德二世闻讯后率领一支7000人的军队来到黑斯廷斯西北的森拉克高地布成方阵迎战威廉。威廉军队以弓箭手、重甲步兵和骑兵三路进攻，但被哈罗德二世居高临下的军队击退。英军一部分乘胜离开方阵，冲下高地前往追击，但被威廉军队围歼。威廉看准英军方阵的破绽，下令猛攻，同时命令弓箭手射击，哈德罗二世中箭身亡，英军溃败。1066年12月25日，威廉在伦敦加冕为英国国王，建立诺曼王朝，史称"诺曼征服"。黑斯廷斯之战对英国历史影响深远。

黑斯廷斯战役（地毯画）。威廉一世在这场战役中实现了"诺曼征服"，建立了诺曼王朝。

德国远征意大利

10～15 世纪，历代德国国王和皇帝为了获得称号和财富而对意大利进行的侵略性远征。10 世纪下半期，意大利各封建势力与教皇不断斗争，两败俱伤。德国国王奥托一世两次南下侵略意大利，获得了伦巴第国王和神圣罗马帝国皇帝的称号。从此，德国历代国王都定期对意大利进行远征。1176 年，德国皇帝腓特烈一世率领骑兵远征意大利，遭到了北意大利城市联盟——伦巴第同盟的顽强抵抗。腓特烈一世亲率 3000 骑兵猛攻，米兰骑士不敌，溃败而走。但手持长矛和盾牌的步兵上前固守营垒，坚守不退，德国骑士久攻不克，逐渐陷入了混乱。布雷西亚骑士趁机从德国骑士的侧翼发起突击，配合步兵的正面作战。德国骑士大败，腓特烈一世被迫投降。德国远征意大利在军事学术史上有重要价值。它表明以排列密集队形的步兵为主力，再加上骑兵的协同配合，将防御和进攻巧妙结合在一起，足以击败优势骑兵。

英法百年战争

英法百年战争指的是 1337～1453 年，英法两国间持续长达百年的战争。战争的起因是两国王室争夺富庶的佛兰德斯和英王在法国的领地。1328 年法王查理四世病死，法国贵族腓力即位，称腓力六世，但英王爱德华三世也觊觎法国王位。导致两国战争。1337 年 11 月英国对法国宣战。战争过程可分作 4 个阶段：第一阶段（1337～1360 年），在这一阶段，英军多次获胜，俘虏法国国王，法国被迫议和。第二阶段（1369～1396 年），法军经过卧薪尝胆，收复大部分失地，双方缔结 20 年停战协定。第三阶段（1415～1420 年）。英军趁法国内乱之机再度侵入法国，占领巴黎及卢瓦尔河以北广大地区。第四阶段（1428～1453 年），英军进一步南下，围攻法国南部门户奥尔良城。法国人民在贞德的率领下奋起抗英，收复许多北方失地。1435 年，法国统治集团重新联合，实力增强，向英军发起总攻。1453 年 10 月，法军收复英国占领的所有法国领土（加莱港除外）。至此，百年战争以法国的胜利告终。

"百年战争"中发生在斯鲁斯港口外的大规模海战。

土耳其扩张战争

1299 年，突厥部落的一支奥斯曼人从塞尔柱突厥人的统治下独立，建立了奥斯曼土耳其王国，随即开始了对外扩张。

土耳其对外扩张长达 200 多年，可以分为 3 个阶段。第一阶段 1360～1402 年。在穆拉德一世和巴耶塞特一世两位皇帝率领下，经过马查河、科索沃、尼科波尔等战役，土耳其征服了欧洲多瑙河以南大部分领土和亚洲幼发拉底河上游地区，使奥斯曼的国土面积扩大了数倍。第二阶段是 1451～1512 年。奥斯曼由于帖木儿的入侵一度衰落，经过内战和对外战争又得以复兴。在这一时期，奥斯曼帝国灭亡了拜占廷，迁都君士坦丁堡（改名为伊斯坦布尔），占领了巴尔干半岛，完成了安纳托利亚的统一。第三阶段是 1512～1571 年。塞利姆一世和苏莱曼一世击败伊朗萨菲王朝，灭亡埃及马木鲁克王朝，几乎征服了匈牙利，奥斯曼帝国达到鼎盛，成为地跨亚欧非三洲的大帝国。

但后来奥斯曼帝国在对外战争中一再失利，由盛转衰。

胡斯战争

胡斯战争（1419～1434 年）是捷克人民反对本国封建主的压榨、德意志封建主和天主教会入侵的民族解放战争。13 世纪，德意志人逐渐控制了捷克的政治、经济和宗教，引起了捷克人民的强烈不满。15 世纪初，捷克爱国者胡斯发起反对教皇和德意志天主教会的改革运动，结果被教皇和德皇以"异端"罪处以火刑。1419 年，胡斯党人在布拉格等地举行武装起义，胡斯战争爆发。1420 年，德皇率领大军亲征捷克，起义军统帅杰式卡指挥起义军在布拉格北部的重镇古登堡迎敌。起义军占领了城外的一块高地，把他们的大车用锁链围成一圈。德国骑兵向起义军发起猛冲，起义军的车阵突然分成两列，中间站满了士兵。当德国骑兵冲入两列大车之间时，起义军迅速将大车再次联在一起，将德国骑兵团团围困，全部歼灭。接着，起义军向车阵外的德军发起进

攻，德皇率领残部狼狈逃窜。这就是历史上有名的"车堡战术"。后来被出卖，起义失败。但胡斯战争沉重打击了教皇和德皇的势力，使捷克获得独立。

君士坦丁堡之战

君士坦丁堡之战是 1453 年奥斯曼土耳其帝国攻克君士坦丁堡、灭亡拜占廷帝国之战。15 世纪初，拜占廷帝国领土只剩下首都君士坦丁堡及其附近的几个城市。1453 年，奥斯曼土耳其苏丹穆罕默德二世率领 7 万步兵、2 万骑兵、320 艘战舰，从海陆两面包围了君士坦丁堡，企图彻底灭亡拜占廷帝国。当时君士坦丁堡城内仅有 9000 人驻军，海上有一支由 20 多艘船组成的舰队。

奥斯曼土耳其军队对君士坦丁堡实行强攻，他们用火炮、攻城槌和投石器猛烈破击城墙，填平壕沟，挖掘坑道，架设云梯。但君士坦丁堡军民在皇帝君士坦丁十一世的率领下，同仇敌忾，顽强抵抗，多次打退奥军的进攻。穆罕默德二世买通热那亚商人，使奥斯曼海军从他们控制的加拉太地区潜入城北的金角湾内。随后，奥军从海陆两面对君士坦丁堡发起总攻，君士坦丁堡守军浴血奋战，但终因寡不敌众，城市陷落，拜占廷帝国灭亡。君士坦丁堡之战是中世纪最著名的城堡攻坚战。

近代军事

火绳枪的发明

　　最早的火药枪于 13 世纪出现在中国，14 世纪经阿拉伯人之手传到欧洲。欧洲人从战争中认识到，管形火器确实威力很大，于是，纷纷学习制造火药和火器，并获得了突破性的进展。

　　最早的枪是火门枪。所谓火门枪，就是枪上有一个点火的火门。火门枪结构很简单，它有一个铸铜或熟铁制造的枪管，枪管的下端有一火门，用来点燃火药。火门枪的发射一般需要两个人。一人负责填装火药和弹丸并持枪瞄准，另一人点火。很不方便，特别是骑兵，根本无法两人操作。为克服这一缺点，一位英国人发明了一种新的点火装置，用一根可以燃烧的"绳"代替红热的金属丝，并设计了击发机构，这就是在欧洲流行了约一个世纪的火绳枪。

　　火绳枪一在战场上出现，立即引起各国军队的注意。很快，火绳枪就淘汰了火门枪，成为相当长一段时期内的主战兵器。当时，由于采用大群人马进行战斗，队形较为密集，故容易杀伤敌人。16 世纪初，西班牙建立起欧洲第一支正规的火枪步兵部队，这支部队所有的官兵均使用火绳枪，并创建了与之相适应的横列作战队形。西班牙靠这支部队于 1525 年的帕维亚会战中，彻底击败了在数量上占优势的法国军队，称霸欧洲数十年。之后，欧洲各国纷纷仿效，相继成立以火绳枪为主要武器的步兵军团。

　　火绳枪的出现，彻底改变了骑兵垄断战争舞台的局面，大大加强了步兵的地位。

火绳枪
火绳枪在欧洲使用到 18 世纪，而在印度部分地区一直使用到 20 世纪。

大炮的改进

　　14 世纪，火炮传到欧洲，西班牙、

葡萄牙等国开始仿制。欧洲火炮吸取了中国火炮和阿拉伯火炮的优点，射程远、射速快、杀伤力强，并开始铸造铁炮。

欧洲早期的火炮，炮身笨重，装填不便。为了提高火炮的功能，欧洲人加长了炮筒，改善了铸造工艺，到1470年，攻城炮已经能够彻底摧毁中世纪的城堡了。15世纪末，法国造出了移动灵活，射击精度较高的野战炮。1494年，装备这种野战炮的法军在与意大利军队的战斗中大获全胜。随后，野战炮为欧洲各国仿制，并得到广泛应用。在长期的使用中，火炮的铸造和性能不断改进和提高，威力越来越大。16世纪时，大炮家族出现了加农炮（长管炮），17世纪，榴弹炮（短管炮）问世，并开始装备军队。

到了17世纪，瑞典国王古斯塔夫十分重视炮兵的作用，组建了世界上第一个炮兵连。1629年，他把6个炮兵连合并，组建了一个炮兵团。在实战中，瑞典炮兵成功击败西班牙军队。此后，大炮成为决定战争胜负的主要武器。

炮弹的发明

炮弹是供火炮发射的弹药，一般由弹丸和发射装药两部分组成。它是火炮系统完成战斗任务的核心部分，广泛配用于地炮、高炮、舰炮、坦克炮、航空机关炮等武器，可以毁伤各种目标完成各种战斗任务。

早期的炮弹是石头弹丸。将石头弹丸填入火炮后，再填充火药，火药爆炸产生的巨大能量将石头弹丸发射出去，毁伤人或物。当时的石弹重达300磅以上，发射是要把整个炮管填满火药，石弹放在炮口

外面，所以发射毫无精确度可言。当时炮兵们不得不把火炮推进到距离目标很近的地方发射，靠炮弹的冲击力来破坏和摧毁目标。大约在1450年，金属制炮弹逐渐代替了石头炮弹，增强了炮弹的冲击力、穿透力和杀伤力。这些金属制炮弹都是空心的，里面填满火药，在装上引擎，点然后放入炮膛，发射出去后会发生爆炸，金属碎片会四处横飞，大量杀伤敌人。

到了近现代，炮弹的种类和功能越来越多。除了直接毁伤目标的主用弹外，还出现了特殊弹、辅助弹以及高科技炮弹。

意大利式防御

火炮发明后，很快就运用到军事防御上，欧洲兴起了一场要塞革命。

为了安置大炮，要塞和碉堡的建设做了很大调整：原来角楼和门垛的箭孔被加大，成为"炮眼"；增加要塞侧翼角楼的数量，以增强要塞的火力；城墙和角楼被加固加厚，以承受重炮的重量和滚动，以及发炮时的后坐力等。

15世纪40年代，意大利建筑师莱昂·阿尔贝蒂提出把防御工事建造成锯齿状或波浪形，就会大大增加防御力度，随后有人提出修建多边形有角度的防御工事。他们的观点引起了当时意大利统治者的重视，一些要塞开始按照他们的观点建造。在这些要塞周围按一定距离建造了大角度棱堡，这样既可以避开敌人的火炮攻击，又可以从侧翼发炮打击敌人。1515年，帕潘港口周围建造了一圈四边形棱堡，构成了一个完整的火力可以互相支援的防御体系。这就是有名的意大利式防御。

1526年，意大利军事家马基雅维利

提出了一种最科学最经济的设计方案：将原有城墙的高度降低，厚度增加；重新设计角楼和棱堡门道，制造坡度形成火力区。这种方案经济快捷，再加上士气高昂的守军，足以抵挡强大的敌人。果然，这种新型设计在战斗中大显神威。1566年，经过科学建造的匈牙利锡盖特城在800多名士兵的守卫下，成功地挫败了土耳其数万大军两年的围攻。

从方阵到横队

16世纪前半期，火药武器已经出现在了战场上，虽然它还仅处于初级阶段，但却给战争带来了革命性的变化。其中之一就是步兵方阵的变化。

起初欧洲战场的步兵都由长矛手排成密集的方阵，后来阵型逐渐让位于主要由火枪手组成的横队线性编队。

由于当时的火枪无法做到连续发射，个人的火力极其有限，只有发挥集体齐射才可能大规模地消灭敌人，所以线形战术也就应运而生了。具体方法是，第一列人开火后，迅速后撤进行装弹，准备下一轮射击，第二列的人马上上前继续发射，这样就形成较为连续的火力。为了进行有效的指挥与调度，每一个横队基本上由10人组成。当时的步枪的最大射程不超过70米，为了射击准确，交战双方开火时的距离很近，在15米至30米之间。

线性编队必须在有较多兵力的前提下才能进行，因为它的战线很短，容易受到骑兵的侧翼袭击。

望远镜用于军事

17世纪初，荷兰的一位眼镜制造商汉斯·里帕斯发现了把凸透镜和凹透镜叠在一起可以让远处的物体变大，于是单筒望远镜就诞生了。汉斯的发明引起了一位荷兰将军的重视。此后，望远镜很快就传到欧洲其他国家，人们称它为"荷兰柱"。

由于望远镜的具有可以望远观察的功能，所以很快就用到了军事上。工匠们根据战争需要，研制了军用望远镜。在战斗时，将领们骑在马上或站在高处，通过望远镜可以观察战场的情况，及时调整部署，下达命令。望远镜成了不可缺少的军需品和指挥权的象征。

随着技术的进步，军事望远镜由原来的单筒发展为双筒，除了用于观察战场、研究地形地物和侦察目标外，还可用右目镜中的密位分划进行简易测量，而且还衍生出了许多其他望远产品，如瞄准镜、光学测距仪、炮队镜、方向盘、周视镜、潜望镜、侦察经纬仪等。20世纪八九十年代，望远镜开始普遍向电子化发展，出现了更多的种类。

舰队列阵

17世纪时期，欧洲各国的海军在海上交战时主要阵型为横队列阵。这种阵法是：一旦在海上发现敌方舰队，己方舰队就立即一字排开，逼向敌军。等接近敌军后，一旦己方的旗舰开炮，每个战舰就立即向距离自己最近的敌方军舰发炮。通常这种阵型会在海上排5英里甚至更长，海战很快会陷入胶着状态，时间长达几天。

这一时期的战舰，因为配备了大炮，所以威力剧增。但是就连当时最大32磅重的炮弹也不能击沉敌方战舰，最多爆炸时在敌方船上炸开一个大洞，但对船的整体结构却没有太大损伤。只有因爆炸引起的大火才能焚毁军舰，或致使军舰操作失灵。所以，这一时期的海战，无非就是船多胜船少，船大胜船小，炮（射程）远胜炮近，炮多胜炮少。

1666 年 7 月 25 日，在英国肯特郡附近海域，英国 89 艘军舰与 88 艘荷兰军舰发生海战。双方都排成了一条超过 9 英里的战线，进行了激烈的炮战。

后来，战舰上侧舷炮威力逐渐强大，英国皇家海军开始采用线式队形，横队列阵的海战方式没落。

法军的混编队形

"七年战争"中，法国遭到惨败。为了雪耻，法军开始进行提高素质的改革运动。

运动的核心是纵队阵型和横队阵型之争。所谓纵队阵型，也就是将许多线式分队（通常以营为单位）进行纵深排列，以加强进攻力度，并对敌人产生一种心理威慑作用。

横队阵型非常古板，常见的就是部队横向排列，一个梯队接一个梯队地向敌人发起冲锋。前一排倒下了，后一排跟上。

1772 年，法国雅克·德·吉贝尔伯爵出版了《战术概论》一书，书中分析了这两种基本队形的优点，认为在战斗中应根据不同情况灵活应用。交战时，先派散兵袭击敌人。如果遭遇敌人的顽强抵抗，军队就应该展成横队用密集的火力向敌人射击，继续进行战斗。一旦敌阵出现混乱迹象，横队应立即减少排头的宽度，变换成纵队发起冲锋，最大可能地歼灭敌人，扩大战果。

这种先进的战术使法国革命军队在抵抗反法同盟的战斗中多次以少胜多。

来复枪的改进

滑膛枪射程短，准确性差，这就促使人们不断革新。据传，奥地利人科尔纳发明了有枪管内膛线的来复枪。来复枪又称线膛枪，它与滑膛枪的主要区别是枪膛里不再是滑溜溜的了，而是有膛线。最早的线膛枪是直膛线枪，它是在枪膛内刻上一条直线，能加速从膛口装弹和发射子弹。

因膛线的英文单词是"rifling"，后又派生出"rifle"（线膛步枪），所以汉语将线膛枪音译为来复枪。1776 年，英国的弗格森改进了来复枪，发明后膛枪。由于重新设计了枪栓，在枪膛内刻上螺旋形的纹路即来复线，并装上了标尺，因而使子弹飞行的稳定性、射程、穿透力和命中率都有了很大提高。来复枪改进后，很快传到北美。在美国独立战争期间，美国民兵大量装备。使用来复枪的美军将使用滑膛枪的英国人打得一败涂地。

1854 年，英国人意特沃斯枪管内刻制螺旋膛线，研制成功意特沃斯步枪。在火药的作用下，子弹在刻制螺旋膛线的枪膛里飞速旋转，转速达每秒 3000 转，从而能克服空气阻力，不断向前飞去，射程达及几千米。1865 年，英国人梅特福在意特沃斯步枪的基础上进行改进，使膛线在枪上获得广泛的应用。

合成部队

合成部队通常指以一个兵种（分队）为主体，与其他兵种（分队）共同编成的部队。比如以步兵（摩托化步兵、机械化步兵分队）或坦克部队（分队）为主体，与炮兵、工程兵、防化兵、通信兵等兵种

（分队）共同编成的部队，就是合成部队。合成部队是新兵种不断产生、作战方法不断变革产生的结果。

19世纪初，拿破仑为了协调步兵、炮兵、骑兵几个兵种的协同作战，实施集中统一指挥，进而形成战术优势，就将步兵、炮兵、骑兵按一定比例合编一起，形成了世界上最早的合成部队。

第一次世界大战期间，各交战国陆军中普遍组建了由步兵、骑兵、炮兵以及坦克兵、航空兵、通信兵和化学兵等编成的合成部队，战场的形式出现了巨大的变化。

随着武器装备的不断发展、新的兵种不断出现和战争的新需要，合成部队得到迅速发展。"二战"后，合成部队发展到一个新的阶段。很多国家陆军成机械化步兵、导弹部队、电子对抗部队、直升机部队组成的合成部队。

水雷的改进

水雷是布设在水中，由于舰船碰撞或进入其作用范围而爆炸的水中武器。水雷的特点是隐蔽性好、布设简便、造价低廉等特点。

水雷是最早是由中国人发明的。1558年明朝人唐顺之在《武编》一中，详细记载了一种"水底雷"的构造和布设方法。1778年1月7日，北美独立战争中，北美人民把火药和机械击引信装在小啤酒桶里制成水雷，顺流漂下，攻击停泊在费城特拉瓦河口的英国军舰，史称"小桶战争"。

从19世纪开始，水雷的结构和引爆装置日益完善，并得到广泛应用。克里米

亚战争中，俄国曾将水雷应用于港湾防御战中。在第一次和第二次世界大战中，水雷的使用达到高峰，交战各国共布下了110万枚水雷，炸沉艇船3700多艘。在朝鲜战争、越南战争和中东战争都曾大量使用水雷。

在现代海战中，水雷是不可缺少的武器。一枚造价低廉的老式水雷足以炸沉一艘造价数千万乃至上亿美元的现代化军舰。

西点军校

西点军校的全称为美国陆军军官学校，是美国培养陆军初级军官的学校，成立于1802年7月4日美国独立纪念日这一天。它是美国历史上第一所军校。因校址位于纽约北郊哈得逊河边的西点，因此又称"西点军校"。

在美国独立战争期间，为了争夺交通大动脉哈得孙河，美军在西点设防，重创英军。战后，华盛顿等开国元勋决定在这里建立培养军事人才的军校。西点军校首批学员10人，其中包括后来被称为"西点之父"的西尔韦纳斯·塞耶上校。

西点军校从成立第一天开始就把培养第一流的军官作为办校宗旨，学员的入学选拔非常严格，规定凡报者必须是美国公民（除盟军学员外），年龄在17～22岁，身高1.68～1.98米，学校将对学员的德、智、体等方面全面衡量，择优录取。

西点军校的毕业生中有3700多人成为将军，2人成为美国总统（格兰特和艾森豪威尔）。美国陆军中有超过40%的将军是西点军校的毕业生。西点军校的毕业生几乎参加了美国参与的所有战争。

法国圣西尔军校

法国圣西尔军校全名圣西尔军事专科学校，由拿破仑于 1803 年创办，因坐落于巴黎郊外凡尔赛宫附近的圣西尔而得名（"二战"后迁至距巴黎以西约 300 千米的雷恩市郊外的科埃基当）。

圣西尔军校为法国陆军各兵种培养初级指挥军官，招收对象是 17～22 岁的未婚法国男女青年。他们必须在通过国家高中统一会考以后，再经过两年大学预科或圣西尔专科预备学校的学习，经考试合格，才能被圣西尔录取。学生入校后，根据个人志愿，分别到文、理、工、经济各科学习。圣西尔军校每年录取新生 160～170 名。圣西尔军校教育有两大特点：一是结合学校悠久的历史、光荣的传统和英雄人物，加强爱国主义教育。二是与部队的需要接轨，着重培养学员的动手、动脑能力和第一任职能力。

两个世纪以来，圣西尔军校为法国陆军培养了 6 万名优秀军官，几乎所有的法国高级将领都毕业于此，因此被称为"将军的苗圃"。其中最著名的有戴高乐、朱安、贝当、魏刚、塔西尼、勒格莱克等人。

德国汉堡联邦国防军指挥学院

德国汉堡联邦德国高等军事学府，其前身是 1810 年创建于柏林的高级军官学校，是世界上第一所培养高级参谋人员的学校。西方著名军事家克劳塞维茨曾任该校校长。1859 年，该校更名为军事学院。第一次世界大战后停办，1935 年恢复，第二次世界大战结束后又被取消。1957 年 4 月 1 日，在原军事学院、海军学院、空军学院的基础上，组建成建联邦国防军指挥学院，主要是培养和轮训三军高级参谋人员和中级指挥官。1958 年迁至汉堡。1972 年，参谋学院和国防学院并入联邦国防指挥学院，从而成为联邦德国一所综合性的高等军事学府，成为高级参谋人员的训练中心。

1974 年，联邦德国国防部规定，德国三军所有准备提升为高级参谋人员的上尉军官和现任高级参谋人员，都必须轮流接受指挥学院的基础训练。

联邦国防军指挥学院培养出了许多世界著名的军事人物，如老毛奇、施利芬、鲁登道夫、古德里安、邓尼茨等。所以该校被称为"德军将帅的摇篮"。

克虏伯兵工厂

1811 年，弗里德里希·克虏伯在普鲁士境内的埃森城建造了一个小熔铁炉，发明了一种生产铸钢的新方法，这就是克虏伯军火工业公司最早的雏形。

1826 年，阿尔弗雷德·克虏伯继承父业，果断地将公司的主要业务转向军火生产，从而使一个小型炼钢厂企业逐步发展成为普鲁士最主要的军火制造商和世界军火业的巨头。克虏伯工厂为普鲁士生产了大批精良的枪炮，使普鲁士相继战胜了奥地利和法国，完成了德意志的统一。克虏伯兵工厂也随之成为德意志军国主义的柱石，受到德皇的青睐。克虏伯兵工厂的军火远销到了世界各国。

"一战"后，克虏伯兵工厂被拆除。但在德国总参谋部的支持下，克虏伯兵工厂得以重建，并开始秘密武装德国，为德军生产了大量的制造大炮、装甲车、坦克、潜艇和各种轻武器。

"二战"结束后，克虏伯兵工厂被英军接管。冷战开始后，克虏伯兵工厂受到了西方扶植，一度复兴，但不久破产。

铁甲战舰

19世纪后半期，海军战舰发生巨变，纵横大海的风帆战舰迅速被铁甲战舰取代，海上战争的面貌被彻底改变。与风帆战舰相比，铁甲战舰有三大进步：一、蒸汽动力取代风帆驱动；二、铁甲战船取代木制战船；三、套筒炮和可旋转的装甲炮塔代替了威力较小的侧舷炮。

19世纪初，工业革命全面展开，蒸汽机开始作为新的动力被使用在战船上。1815年，美国建成了第一艘明轮蒸汽舰"富尔顿"号，船由明轮推进，其排水量达2745吨。后来，有人把蒸汽机装置于舰船吃水以下的舱室，克服了明轮暴露易受打击的缺点。发明于1837年的螺旋桨，经瑞士人约翰·埃里克森等人改进后用于战舰。这样，蒸汽机逐步成为战舰的主动力装置。

1829年，法国海军军官蒂埃里发明了新的造炮方法，后来美国人利用这个发明制成用于海上实战的套筒炮，威力巨大。性能优越的火炮对木质战船产生灾难性的打击，木质战舰无法抵御，被迫向铁甲战舰过渡。

1859年，英国建成了"光荣"号铁甲舰。这是世界上第一艘真正的铁甲战舰。该舰排水量5617吨，装备36门舰炮，装甲厚11厘米。1860年，英国铁甲舰"勇士"号下水。舰上装有4台920千瓦的蒸汽机，排水量9210吨，舰速14节，装炮40门。"勇士"号的下水，标志着木壳战列舰漫长时代的结束。1861年，可旋转炮塔用于战舰。

后膛炮的发明

后膛炮是指从炮管后方填装炮弹的火炮。它是火炮发展史上的一大进步，首先是比前膛炮威力增大很多，其次是填装速度加快。

1846年，意大利卡韦利少校发明了世界上第一门后膛炮。这种炮的炮管中刻有两条旋转的来复线，使用一种圆柱形的炮弹。后膛炮发明后，引起了欧洲各国的重视，纷纷仿制。在战争中，后膛炮显示了巨大的威力。1859年，法军和奥军在意大利作战，使用后膛炮的法军大胜使用前膛炮的奥军。

1854年，英国阿姆斯特朗爵士又改进了炮栓，从而使后膛炮更加完善。经过改进的后膛炮，使用钢材制造，炮弹改为圆柱尖头。在发射时，强大的爆炸力使炮弹嵌入膛线，这样既能解决漏气问题，又使炮弹能高速运动，而且增加了准确度。

英格兰火炮
一位炮手拉起了掩体，而另一位正准备点燃火炮发射石弹。

在后膛炮的制造者中，最著名的是德国克虏伯公司。克虏伯公司制造的后膛炮使用优质钢材，工艺一流，得到了世界各国的青睐。今天，为了满足战争的需要，后膛炮的种类越来越多。

毛瑟枪的发明

毛瑟枪是由德国人毛瑟在 1865 年发明的一种新型步枪。它与传统步枪相比，在精度、射速、射程和杀伤力上都有很大进步，被称为现代步枪的始祖。

经过多次改进，1871 年毛瑟又成功研制出第一支发射金属外壳子弹的步枪。这是一种采用金属弹壳枪弹的机柄式步枪。它可靠性好，操作简单方便，很快就得到了德国军方的高度重视，并装备部队，在战争中显示了强大的战斗力。

起先，毛瑟枪枪管下方的枪托里有可容 8 发枪弹的盒形弹仓。弹仓装满后，可以连续射击。1884 年被德国政府把它用作基本的步兵武器。毛瑟不断改进设计，最后发明一种装在枪内的 5 发匣式弹仓。1898 年，毛瑟枪成为德国陆军的制式武器。毛瑟步枪是世界上第一种采用金属弹壳黑火药枪弹的步枪，曾出口到世界多个国家，在世界范围内产生了较大影响。

一战中，英国人在战争中使用了坦克。毛瑟公司又研制了一种反坦克枪。它单发装填一种特殊的、使用钨芯的"K"型子弹，能成功地穿透坦克的前装甲，给坦克带来了很大威胁。但随着反坦克火炮的出现，反坦克枪很快被淘汰。

现代枪弹的发明

枪弹是枪械威力的最终体现，从枪管内发射的弹药，统称枪弹，又称子弹。一般由弹头、弹壳、发射药和底火四大部分组成。底火点燃发射药，高温高压火药气体推动弹头飞出枪口，以达到杀伤或破坏目标的目的。

早期的枪，装填的是石头弹丸或金属弹丸，严重影响射程与精度。19 世纪中叶，后膛枪问世，与之相应，人们研制出圆锥子弹，步枪威力大增。不久，就有人把将火帽、弹壳、弹头结合在一起，真正意义上的子弹出现了。1872 年，手枪和步枪都开始使用这种金属子弹，其中最具代表性的是毛瑟步枪和手枪枪弹，19 世纪末 20 世纪初，由于技术上的成熟，枪弹逐渐走向成熟。

枪弹的成熟大大促进了枪械的发展，从 19 世纪末至今，人类研制出品种繁多的各种枪支，但子弹的形制基本没有太大的变化。枪弹的性能除直接影响武器的威力外，它的结构尺寸及膛压大小对武器的结构也有很大的影响，枪弹的发展趋势是：减小质量、缩小体积、降低成本、改进空气动力性能、提高对软硬目标的效果。

战争机械化

拿破仑战争结束后，欧洲经历了一个长期的和平发展时期。随着科技的不断进步，科技对社会生活的影响日益深入，包括军事，战争的形式也随之发生了翻天覆地的变化。

1854 年，俄国入侵土耳其，英法对俄国宣战。双方在克里米亚半岛展开激战。克里米亚战争在战争史上具有重要意义，因为科学技术，而不是训练或纪律，第一次在战场上发挥了关键作用。

英法士兵使用的先进的膛线枪和锥形来复枪弹能击中300码外的敌人，而俄国士兵步枪的射程要短得多。在海上，英法海军使用海上汽船能将士兵运送到任何地方投入作战。在战场上，英法军官们通过电报进行联系，能随时协调各联军之间的进攻或撤退。

英法联军在克里米亚登陆后，虽然遭到了俄军的猛烈进攻，但装备先进的联军士兵轻而易举地就将他们击退，很快包围了塞瓦斯托波尔港。在一次战斗中，俄国人伤亡达1.2万人，而联军仅伤亡3000人。克里米亚战争的结果是俄军惨败。

克里米亚战争表明，过去是战术水平决定胜负，现在是科技水平。

飞艇

飞艇是指有推进装置，可控制飞行的航空器。它主要由艇体、动力装置、尾翼和吊舱组成。艇体的气囊内是比空气轻的氢气或氦气，飞艇就是利用它受到的空气浮力升空的。按结构划分，飞艇可分为软式、半硬式、硬式。

第一艘飞艇是1852年法国人吉法尔制造的。1900年德国的齐柏林公司制造出了大型硬式飞艇。和许多新技术一样，飞艇很快就应用于军事用途。第一次世界大战爆发后，1914年，德国齐柏林飞艇轰炸了比利时的列日要塞，不久又轰炸了法国巴黎。1915年，德国飞艇轰炸了英国首都伦敦。由于当时的飞机不仅数量少，而且性能很差，所以根本无力阻挡飞艇。后来由于飞机性能的飞速发展，飞艇逐渐被挤出了空中舞台。

"二战"后，随着新技术的发展，飞艇又获得了新生。1977年，英国在北海设立飞艇警戒中队，以保卫北海油田和英国的渔场。英国的大型军用运输飞艇可输运整营的部队及技术兵器。美国海军也在20千米高空建立一个气艇式雷达台站。

现在，飞艇在反潜、反舰、海上巡逻和电子对抗等方面都发挥着重要作用。

鱼雷

鱼雷是由携载平台发射入水，能在水中自动航行、自控和自导，爆炸毁伤目标的水中武器，有"水中导弹"之称。它具有航行速度快、航程远、隐蔽性好、命中率高和破坏性大的特点。鱼雷主要用舰船携带，有时也由飞机携带，主要用于攻击舰船和潜艇，也可以用于封锁港口和狭窄水道。鱼雷由前段（雷头）、中段（雷身）和后段（雷尾）3段组成，分别装有装药引爆系统、导引控制系统和动力推进系统。

鱼雷的前身是美国南北战争期间的撑杆雷。撑杆雷用一根长杆固定在小艇舰首，然后冲向敌舰，用撑杆雷撞击爆炸毁沉敌舰。1866年，在奥匈帝国工作的英国工程师R.怀特黑德发明了世界上第一颗鱼雷。1887年1月13日，俄国舰艇发射鱼雷击沉了土耳其"因蒂巴赫"号通信船，这是海战史上第一次用鱼雷击沉敌舰船。第一次世界大战爆发后，鱼雷被人们公认为杀伤力仅次于火炮的舰艇武器。

目前世界各国都非常重视鱼雷的研究和改进，以使它更轻便、命中率更高和爆炸力更强。

鱼雷艇

鱼雷艇是以鱼雷为主要武器的小型军舰，主要在近岸海区以编队形式对敌大、中型舰船进行鱼雷攻击，也可用于反潜、布雷等。它体积小，航速快，威力大，隐蔽性好，造价低廉，但耐波性差，活动半径小，自卫能力弱。现代鱼雷艇有滑行艇、半滑行艇、水翼艇3种船型。

鱼雷艇的前身是美国南北战争的水雷艇（当时还没有鱼雷）。鱼雷发明后，1877年英国很快制造了专门用来发射鱼雷的舰艇便是鱼雷艇"闪电"号。1887年，俄国"切什梅"号和"锡诺普"号第一次用鱼雷击沉了土耳其海的"国蒂巴赫"号通信船。此后，鱼雷艇的性能也不断得到改善，欧洲各国海军都相继制造和装备了鱼雷艇。

在"一战"和"二战"中，鱼雷艇都取得了较大战果。在1918年，意大利鱼雷艇发射了2枚鱼雷，击沉了奥匈帝国的万吨级战列舰"森特·伊斯特万"号。

"二战"后，随着鱼雷技术的不断进步，鱼雷艇仍然受到世界各国特别是发展中国家的重视。

马克沁机枪

马克沁机枪是由美国工程师海勒姆·斯蒂文斯·马克沁于1884年发明的，是世界上第一种真正成功的以火药燃气为能源的自动武器。它重27.2千克，口径为11.43毫米，容弹量为333发，理论射速600发/分，可以单发也可以连发。在近代战争中曾被普遍使用。

马克沁机枪一诞生，立即在战场上显示出了巨大的威力。1893年，50名英军步兵使用4挺马克沁机枪击退了5000名祖鲁人的猛烈进攻，击毙了3000人。1905年日俄战争期间，装备了马克沁机枪的俄军给日军造成了重大伤亡。1916年7月，第一次世界大战期间，德国军队以平均每百米一挺马克沁机枪的火力密度，向正面40千米宽冲锋的14个英国师疯狂扫射，一天之内就造成了6万名英军士兵伤亡。

英国《武器装备百科全书》说："马克沁机枪的出现标志着一个时代的结束，它标志着自拿破仑时代起曾经使用过的战术完全没用了。"

潜艇

潜艇是能潜入水下活动和作战的舰艇，又称潜水艇。潜艇主要由艇体（固壳和外壳），操纵系统，动力装置，武器系统及导航、观察、通信、水声对抗、救生等设备组成，具有隐蔽性好，自给力强，突击威力大等特点。

潜艇的雏形是荷兰人德雷贝尔于1620年发明的世界上第一艘人力潜艇，它曾在泰晤士河潜航了2个小时。1885年，瑞典人诺德费尔特和英国人加莱德使用设计建造的"诺德费尔特－1"号。它以蒸汽机为动力，还装有鱼雷发射装置，是第一艘现代意义上的潜艇。

在"一战"和"二战"中，德国海军潜艇对英国等国的运输船展开了疯狂攻击，击沉了几千艘舰船，显示了潜艇的巨大威力。"二战"后，美国制造了世界上第一艘核动力潜艇"鹦鹉螺"号。此后，苏联、英国、法国和中国相继制造了本国的核潜艇。装备有核弹头远程导弹的核潜艇，具有核威慑力量，可以进行核反击。它的战术功能和战略意义已超出了"海战"的概念。

制海权理论

制海权指的是交战一方的海军，在一定时间内对一定海区的控制权。它的目的是确保己方兵力或运输在海上自由行动，同时剥夺敌方兵力和运输在海上自由行动。

近代美国海军理论家马汉首次把制海权概括为军事理论，随着海军武器装备的不断发展，海军夺取制海权的手段也在不断变化。中日甲午海战，中国北洋水师因为置制海权于不顾，结果全军覆没。日俄战争期间，俄军虽然在陆战中多次击退日军进攻，但因为丧失制海权，最终导致失败。

"一战"期间，英国海军击败德国海军，取得了大西洋的制海权，德国海军被迫龟缩在基尔港，最后爆发了起义。"二战"期间，日本海军偷袭珍珠港，消灭了美国太平洋舰队的主力，取得了太平洋地区的制海权，使得日军在短时间内占领了东南亚和太平洋很多地区。在"二战"后期，美国掌握制海权后，对日本本土进行封锁、轰炸，最终迫使日本投降。

19世纪以前，夺取制海权主要依靠水面舰艇，后来又增加到潜艇和空军。20世纪50年代起，又增加了导弹和核武器。

驱逐舰

驱逐舰是以导弹、鱼雷、舰炮等为主要武器，具有多种作战能力的军舰，用于攻击潜艇和水面舰船、防空、护航、侦察巡逻警戒、布雷、袭击陆上目标等。

1893年，英国建造了世界上最早的驱逐舰——"哈沃克"号鱼雷驱逐舰和"霍内特"号鱼雷艇驱逐舰。此后，各国竞相建造。截至第一次世界大战前，英、美、法、德、俄等国共建造了近600艘驱逐舰，其中英国最多，有200多艘。这些驱逐舰多采用燃油的蒸汽轮机动力装置，满载排水量1000～1300吨，航速30～37节，装备88～102毫米舰炮数门和450～533毫米鱼雷发射装置2～3座。

第二次世界大战中，驱逐舰除了反潜护航任务外，还在舰队防空、支援岛岸作战、输送人员物资、基地巡逻等任务中发挥了重要作用，因而被称为"海上多面手"。

"二战"后，驱逐舰因其具有灵活性和多功能性，备受各国海军的重视，并迅速向导弹化、电子化、指挥自动化的方向发展。

迫击炮

迫击炮是以座钣承受后坐力的一种曲射火炮。它是步兵的一种传统装备，是火炮家族中最小的一个炮种。它的优点是死界小、射速快、威力大、重量轻、体积小、灵活机动、易于操作、造价低廉等，非常适合步兵在复杂地形上和恶劣天气下使用。它可以消灭遮蔽物后的敌人，摧毁敌障碍物和轻型工事，为步兵开辟道路。

它是20世纪初出现的，第一次使用是在1904～1905年的日俄战争期间。俄军把一门47毫米口径的海军炮装在一种带车轮的炮架上，发射超口径长尾形炮弹，杀伤躲在战壕中的日军，显示了巨大的威力，引起了世界各国军事家的注意。

第一次世界大战中，交战双方大打阵地战，战争进入胶着状态。为了打破战争僵局，双方大量使用迫击炮，使这种武器得到飞速发展。

第二次世界大战中及战后，迫击炮的发展更是日新月异。迫击炮由过去的人背马驮，现在也实现了牵引、自行和车载。随着陆军开始向机械化迈进，迫击炮也将成为一种作战威力巨大的近程攻击兵器。

巡洋舰

巡洋舰是一种以远洋巡航为主的具有多种作战能力的大型军舰。它常与战列舰组成海上舰艇编队的核心，主要担负为战列舰巡舰、护卫的任务。巡洋舰分为重巡洋舰、轻巡洋舰和辅助巡洋舰三种。

1514年，英国"亨利"号巡航舰是现代巡洋舰的起源。1904年，英国建造了世界上第一艘装有汽轮机的巡洋舰"紫石英"号，标志着现代巡洋舰的诞生。现代巡洋舰问世后，在日俄战争、第一次世界大战和第二次世界大战的多次海战中都有出色的成绩。巡洋舰的排水量一般为5000～2万吨，主炮口径为150～280毫米。"二战"期间，曾出现过排水量在万吨以上的重型巡洋舰。

"二战"后，随着导弹技术、电子技术与核技术的迅速发展，巡洋舰的主要武器由大炮变为导弹，所以现代巡洋舰称作导弹巡洋舰或战略导弹巡洋舰。现代巡洋舰的主要任务是为航空母舰或其他舰艇护航、保卫海上交通线、攻击敌方舰艇、潜艇和岸上目标、防空和反导弹作战、火力支援登陆作战等。

"无畏"战舰

1906年2月10日，当时世界上最大的战列舰——英国皇家海军的"无畏"号下水。这是一艘划时代的战列舰，它引起了当时世界上所有海军强国的关注。

1904年，英国第一海务大臣约翰·阿巴斯诺特·费舍尔爵士提出一个新型战列舰的设计方案："无畏"号战列舰。

"无畏"号战列舰标准排水量达到17900吨，使用了4台可以长时间内保持高速运行的蒸汽轮机组，使它的航速比其他任何战列舰的航速都要快，相对旧式的蒸汽机组有质的飞跃。它船体长宽比比较小，为主炮提供了稳定的射击平台。"无畏"号防御装甲采用表面硬化处理，重要部位的装甲厚度达到11英寸，全面提高了防护能力。舰体舱室水线下水密舱加强水密结构，提高战舰的抗沉能力。

"无畏"号与以往战列舰最大的区别是引用"全重型火炮"概念，装备了10门型号统一、弹道性能一致的12英寸口径主炮。

"无畏"号的革命性的设计，被各海军强国关注，主要海军强国纷纷仿制"无畏"号战舰（被称为无畏舰），引发了新一轮的海军军备竞赛。

"一战"前的军备竞赛

20世纪初帝国主义兴起，新兴的帝国主义德国与老牌帝国主义，尤其是英国在争夺世界市场和世界霸权的斗争日益激烈。双方拉拢盟国，在欧洲逐渐形成了两大军事对抗集团：以英国、法国和俄国为主的协约国集团与以德国、奥匈帝国和意大利为主的同盟国集团。两大集团疯狂扩充军备，掀起了军备竞赛。

当时协约国（英法俄）及其殖民地总人口为7亿，可动员陆军兵力达977万；德奥两国及其殖民地总人口只有1.3亿，可动员陆军兵力 643 万。但德国军事工业发达,战争准备得也比较充分。

英国海军为了保持优势,建造了先进的无畏舰,德国海军不甘落后,奋起直追,两国在海军展开了军备竞赛。到了 1914 年,英国拥有 21 艘无畏舰,而德国只有 13 艘。英国拥有的大型战舰总数达 177 艘,德国只有 87 艘。为了弥补不足德国拼命发展潜艇、鱼雷和水雷等。

截止到"一战"前,德国常备军扩充至 87 万,法国达 80 万,沙俄准备增加到 230 万。随着军备竞赛的不断升级和各种矛盾日益激化,终于引发了第一次世界大战。

无线电用于战争

无线电不是用导线而是用不见的波,把信息从一个地方传到另一个地方,进行远距离通信。由于无线电方便快捷,所以一出现就引起了军界的关注。

早在 1904 年,日俄战争期间,日军指挥船就通过无线电指挥日本军舰炮击旅顺港内的俄国军舰,最终取得了战争的胜利。第二次巴尔干战争爆发后,巴尔干各国交战的军队就开始使用在战场上使用无线电。

第一次世界大战爆发后,无线电通信的创始人马可尼就携带他发明的无线电报机到意大利军队中服役。从此,无线电通信成为战争中的重要指挥手段。

第二次世界大战初期,德军坦克部队之所以能横扫欧洲大陆,是因为每一辆德军坦克都配备了无线电,相互间可以及时保持联系,协调作战,能针战场的变化及时进行战略调整,抓住战机。后来美军和

英军也在坦克上加装无线电设备。

在第一次世界大战和第二次世界大战中,无线电都发挥了很大的威力,所以有人把第二次世界大战称之为"无线电战争"。

战斗机的出现

战斗机是指主要用于保护己方制空权或摧毁敌人制空权能力的军用机种。它的特点是飞行性能优良、机动灵活、火力强大。

世界上公认的第一架战斗机是法国的莫拉纳·索尔尼埃公司制造的 H 型飞机。它长 6.28 米,高 2.3 米,翼展 9.12 米,最高飞行速度 135 千米/时,能在天空停留 3 小时,并配有机枪。一战开始后,莫拉纳·索尔尼埃公司又制造了 H 型战斗机的改进型 L 型和 N 型。L 型战斗机装备了"偏转片系统",解决了解决了飞机机载机枪射击时被螺旋桨干扰的难题,使飞行员不需要另外配备机枪手就可以在驾驶飞机时攻击敌机。

1915 年 4 月 1 日,法国飞行员罗兰·加洛斯驾驶莫拉纳·索尔尼埃 L 型飞机击落了一架德国双座侦察机,取得了战斗机第一次空战胜利。随后,德国的"福克 E3"式战斗机装备了性能更好的机枪同步射击装置,成为第一次世界大战中性能最好,击落飞机数量最多的战斗机,被协约国方称为"福克式的灾难"。

战斗机的出现,使战争规模从地面、海洋扩展到了天空。

高射炮的改进

高射炮是一种在地面对空中飞行目标进行射击的火炮,简称高炮。

1870 年 9 月,普军包围了巴黎,法

国内政部长乘气球成功逃出巴黎，重新组织部队与普军作战。此后，法国政府多次通过气球与外界保持联系。

普军很快就研制出了专门打气球的火炮。它的口径为 37 毫米，装在四轮车上，由几个士兵操作。这种炮曾打下了不少法国气球，因此被称为"气球炮"。它就是高射炮的原型。

20 世纪初，飞机开始用于战争。德国人对"气球炮"加以改进，研制出了专门对付飞机的高射炮。这种高射炮装在汽车上，口径为 50 毫米，并有防护装甲，最大射高 4200 米。这就是世界上第一门高射炮。后来，西方各国也不断研制新型高射炮。

高射炮的迅速进步，给军用飞机造成严重威胁。1918 年 9 月，德国派出 50 架飞机轰炸巴黎，结果竟有 49 架被高射炮击落。第二次世界大战中，高射炮有了很大的进步，在防空中发挥了重要作用。

"二战"以后，随着飞机飞行高度的提高和防空导弹的使用，高射炮逐渐被淘汰。

装甲运输车

装甲运输车是一种设有乘载室的轻型装甲车，它主要用于向战场输送步兵和武器、器材等，具有很强的机动性、一定的防护力和火力，有时也可以战斗。但它火力较弱，防护力差，不便于步兵乘车战斗。在机械化步兵中，装甲运输车装备到班。分为履带式和轮式两种类型。

装甲运输车重 6～16 吨，长 4.5～7.5 米，宽 2.2～3 米，高 1.9～2.5 米，乘员 2～3 人，载员 8～13 人，可以在水

上行驶。

第一次世界大战时，英国研制出了装甲运输车。战后，美国和德国也研制出了装甲运输车。"二战"时，德国首先将装甲运输车装备到军队，美、英、法、日等国也相继装备。"二战"后，装甲运输车迅速发展，已经成为衡量一个国家陆军机械化程度的标志之一。

装甲运输车的出现，提高了步兵的机动能力，给战争带来了很大改变。现在，步兵战车有取代装甲运输车的趋势。但有的国家也认为这两种车用途不同，应该共同发展。

坦克

坦克是一种具有强大直射火力、高度越野机动性和坚固防护力的履带式装甲战斗车辆。

第一次世界大战开始后，由于作战双方各自建立了由壕沟、铁丝网、机枪火力点等组成的防御阵地，战争进入了僵持状态。为了打破这种僵局，英国战地记者温斯顿提出制造一种有装甲、带武器的越野战车，得到了海军大臣丘吉尔的支持。他们组织人员将一辆美国拖拉机焊上厚钢板，装上炮塔，建成了世界上第一辆坦

第一次世界大战中的坦克
M1 型坦克可以越过 3 米宽的战壕，射程达 24 千米。

克。它的样子很像西亚地区的运水车，英国军方就称它为 tank，意为水车，这就是坦克译名的由来。这种坦克被称为马克I型坦克，重 26 吨，105 马力，需要 8 人驾驶，最高时速 4 英里，左右两侧各装备了一门炮，配备了 6 挺机枪。

1916 年 9 月 15 日，英国首次在战场上投入了 18 辆坦克参战。这 18 辆坦克闯过地雷区，压倒铁丝网，跨过壕沟，德国的机枪扫射对它毫无作用。英国步兵很快跟上，突破了德军防线，显示了巨大的威力。

坦克的出现，标志着陆军机械化新时代的来临，从此陆战发生了革命性的变化。

远程大炮

在第一次世界大战时，双方进行了多次炮战。除了以密集火炮群外，为了进行攻坚战。德军研制了火炮中的巨无霸——远程大炮，其中最有名的是"大伯莎巨炮"和"巴黎大炮"。

1914 年 8 月，德军入侵比利时，但在比利时列日要塞受阻。列日要塞由 12 座炮台组成，每座炮台都建在地下，共400 门大炮。德军决定动用"大伯莎巨炮"。"大伯莎巨炮"重 62 吨，炮身长 9 米，炮弹重 520 千克。巨炮一个接一个地向列日要塞炮台发射炮弹，将整座要塞彻底摧毁。

"巴黎大炮"炮身长 35 米，重 750吨，射程 120 千米。德军用它轰击巴黎，炸毁了很多建筑，引起了巴黎市民的恐慌。

"二战"前，为了对付法国的马其诺防线，德国制造了"多拉大炮"，但没有派上用场。多拉大炮身长 43 米、宽 7 米、高 12 米、重 1350 吨。苏德战争时，"多拉大炮"向苏联的塞瓦斯托波尔发射了48 枚巨型炮弹，炸毁了一个地下火药库，致使该市最终被德军攻占。

"二战"后，随着火箭和导弹的发明，远程大炮逐渐退出战场。

毒气战

毒气战又名化学战、瓦斯战。

第一次世界大战爆发后，德国速战速决的计划很快破产，双方在西线大打阵地战，战争进入僵持局面。为了打破僵局，德国决定对英法军队实施毒气战。

1915 年 4 月 22 日，德军在比利时伊普尔前线撬开 6000 个盛有氯气的毒气罐，18 万升黄绿色的氯气随着西北风飘向英法联军阵地。英法军队根本不知道这是毒气，更不用提防护措施了。吸进毒气后，英法士兵立刻感到呼吸困难，不一会儿，人人脸色惨白，瞳孔放大，口角流血，四肢抽搐，共死亡了 1 万人。德军趁机把战线向前推进了几千米。这是世界上第一次毒气战，它揭开了近代化学战的序幕。不久，协约国开始实施报复，也对德国军队进行毒气战。据统计，"一战"期间双方士兵共有 10 万名士兵死于毒气战，120万人负伤。

随着科技的发展和现代战争的需要，现代化学毒剂也越来越多，通常可以分为6 类：刺激性毒剂、糜烂性毒剂、全身中毒性毒剂、失能性毒剂、窒息性毒剂和神经性毒剂。

生化武器

生化武器旧称细菌武器，是生物武器和化学武器的总称。生物武器由生物战剂及其施放装置组成，化学武器主要是化学毒剂，它们在战争中能杀伤人员、牲畜和毁坏农作物，而且还有传染性，具有污染范围广、危害时间长、传播途径多、不容易侦察等特点。

生化武器由来已久。在 2000 多年前，锡西厄王国的弓箭手把箭头在粪便和腐烂的尸体上蘸过。西班牙人在征服美洲时，也传入了天花等病毒，导致印第安人大量死亡。在征服印度时，英国人和法国人把有天花病毒的毯子送给不友好的部落。

在 20 世纪早期，英国、法国、德国、苏联、日本等众多国家曾研究过如何发动生物战。第一次世界大战时，德国人在敌军骑兵部队中撒播病毒，使军马患上鼻疽病。第二次世界大战期间，日本人建立了"731"部队，专门研制细菌武器，向中国各地撒播感染了瘟疫的跳蚤，使无数中国军民深受其害。

无敌舰队之战

无敌舰队之战是英国海军击败西班牙无敌舰队的大海战，风帆战舰的第一次较量。西班牙在美洲殖民地掠夺了无数金银，一跃成为欧洲最强大的国家。它与急于向海外扩张的英国产生了激烈冲突。英国海盗经常袭击西班牙运载金银财宝的船只，西班牙损失很大。1588 年，在多次抗议无效后，西班牙派出包括 134 艘战船、8000 水手、2.3 万名步兵，组成了欧洲历史上空前庞大的无敌舰队，远征英国。英国任命著名海盗德克雷为英国舰队总指挥，负责迎战。当无敌舰队停泊在加莱港时，英军派 6 艘涂满了柏油的旧船潜入港内四处纵火。无敌舰队一片混乱，许多军舰被烧毁。两天后，双方在加莱附近进行决战。英军军舰虽然小，但机动灵活，大炮射程远，炮火猛烈，而西班牙军舰高大笨重，大炮射程近。双方进行了一天的激烈炮战，无敌舰队损失惨重。在逃回国的途中，无敌舰队遭遇风暴，又损失了一些军舰，最后只有 43 艘军舰返回了西班牙。无敌舰队之战后，西班牙一蹶不振，英国成为大西洋的霸主。

1588 年，侵入英国的西班牙无敌舰队，在英国舰队的炮火轰击下慌张撤退。

三十年战争

三十年战争是指 1618～1648 年，哈布斯堡王朝同盟和反哈布斯堡王朝同盟两大集团间的第一次全欧洲性战争。它是欧洲国家为争夺领土、王位、霸权以及宗教矛盾尖锐化的产物。哈布斯堡王朝同盟有神圣罗马帝国、德意志天主教诸侯和西班牙，而反哈布斯堡王朝同盟有德意志新教诸侯、丹麦、瑞典、法国、荷兰、英国和俄国。1618 年，捷克爆发了反哈布斯堡王朝的起义是战争的开端。战争大致分 4 个阶段：捷克—普法尔茨时期（1618～1624 年）、丹麦时期（1625～1629 年）、瑞典时期（1630～1635 年）和法兰西一瑞典时期（1635～1648年）。比较重要的战役有比拉山会战，布莱藤费尔德会战和吕岑会战。三十年战争以反哈布斯堡王朝同盟的胜利结束。战后，法国取得欧洲霸权，瑞典取得波罗的海霸权，神圣罗马帝国名存实亡，德意志遭到严重破坏，西班牙进一步衰落。战争形式变为首先集中使用炮兵轰击，然后用骑兵突击，最后再由步兵扩大战果的三段式战法，这成为滑膛枪时代的标准战法。欧洲国家的军队开始从募兵制转为征兵制。

英荷战争

英荷战争是英国和荷兰为争夺海上霸权而进行的战争，时间长达20多年，共进行了3次。第一次英荷战争（1652～1654年）是由于英国颁布《航海法案》，损害荷兰海上利益而引起的。1652年7月28日，荷兰首先发动向英国的战争。英荷双方在欧洲北海、地中海和印度洋等地进行多次海战，参战总兵力达2～3万人，战船200余艘。由于荷军装备较落后和指挥不力最终失败，被迫承认《航海法案》。第二次英荷战争（1665～1667年）是英国为了夺取荷兰在北美的殖民地新阿姆斯特丹（今纽约）而引起的。1665年1月24日，荷兰对英国宣战。英国海军先后在敦刻尔克海域和泰晤士河口击败英国舰队。1667年7月，英国被迫与荷兰缔结《布雷达和约》。第三次英荷战争（1672～1674年）是由于英国企图侵占荷兰沿海地区引起的，在这次战争中，法国与英国结盟。1672年3月，英法联合舰队向荷兰发动进攻，但在次年8月被荷兰舰队击败。1674年2月，英国同荷兰签

订和约。英荷战争导致荷兰海上力量严重削弱，英国成为新的海上霸主。

魁北克之战

魁北克之战是七年战争期间，英法两国争夺法国殖民地魁北克的战斗。自从新大陆被发现后，英法殖民者蜂拥而入，建立了大片殖民地。魁北克是法国建立殖民地"新法兰西"的首府。七年战争爆发后，英军向魁北克发起进攻。守卫魁北克的法军只有6000人，当时法国正同普鲁士交战，因此无法救援。1759年6月6日，英军将领沃尔夫率领119条战船和9000名士兵从圣·劳伦斯河向魁北克城进发。由于法军将领的内部争执，所以法军未做任何防御措施，致使英军从容地在魁北克城外安营扎寨。7月12日，保卫魁北克城的英军开始炮击，法军也发炮反击，双方互有伤亡。1759年9月13日，4500名英军从魁北克城一侧的悬崖峭壁攀缘而上，突然出现在魁北克城下，法国人大吃一惊。蒙特卡姆急忙命5000法军向英军发起进攻，但却遭到英军大炮的轰击，死伤惨重。最后，魁北克被英军攻占。英军攻克魁北克后，很快占领了法国的殖民地，成了加拿大的主人。

瓦尔密会战

瓦尔密会战是法国大革命期间，法国革命军队与普鲁士、奥地利外国干涉军在法国马恩省瓦尔密村进行的一场会战。1789年法国爆发资产阶级革命，引起了欧洲各国封建君主的仇视和恐惧。1792年2月奥地利和普鲁士结成反法联盟。8月，普奥联军侵入法国东北部，并向巴黎推进。9月19日，法军两个军团（5万多

人）在瓦尔密附近设防。20日，普奥联军（约4万人）来到瓦尔密，开始对法军进行炮击。法军抢占小丘，开炮反击。联军向法军发起了两次冲锋，但都没有击溃法军，被迫停止进攻。双方进行了大规模的炮战。后来，联军后勤补给困难，再加上天气不好，于9月30日开始撤退，法军开始追击。10月5日，普法联军被全部赶出法国国境。瓦尔密会战是一次典型的炮战。法军将领指挥灵活镇定，两个军团密切配合，战士斗志高昂，作战英勇。反观联军，将领指挥权处处受到掣肘，行动迟缓，计划多变，最终失败。瓦尔密会战是法国第一次取得反击欧洲反法联盟的胜利。

英国征服印度

18世纪初，印度马拉塔国家分裂为5个半独立的封建王国。各国之间为了利益和领土征战不休，这就给西方殖民者提供了可乘之机。英法等国的势力纷纷渗入印度。英国殖民者干预马拉塔联盟，于1775～1818年先后挑起了3次入侵马拉塔的战争。1803年8月，第三次马拉塔战争爆发。英军出动3.4万人，兵分南北两路侵入马拉塔。虽然马拉塔人奋起反抗，但由于武器悬殊，最终失败。1767年，英军对南印度的迈索尔发动了侵略战争。1781年，英军在波多诺伏战役中击溃迈索尔大军。1799年，英军再次大举入侵迈索尔，迈索尔亡国。经过迈索尔战争和马拉塔战争，英国消除了两大劲敌，大大加快了征服印度的脚步。在七年战争中，英国又排挤了法国的势力。英国人利用分化瓦解、各个击破的策略很快征服了

印度其他的王公势力，最终完成了对印度的征服。

拿破仑战争

1799～1815年，法兰西第一帝国（拿破仑帝国）与以奥、普、俄、英为核心的反法联盟进行的一系列战争。

1798年，欧洲各国组建了第二次反法同盟，企图推翻法国革命政府。拿破仑发动军事政变，建立独裁政权。随后拿破仑率军进攻意大利，击败奥地利，迫使第二次反法同盟解体。但欧洲各国并不死心，后来又组建了第三次反法同盟（1805年）、第四次反法同盟（1806年）和第五次反法同盟（1809年），但都被拿破仑击败，被迫解体。

为了彻底击败反法同盟，拿破仑曾计划入侵英国，但法国海军被英国海军击败，计划失败。1812年，拿破仑入侵俄国，惨遭失败，欧洲各国趁机组建第六次反法同盟（1813年），在莱比锡之战中击败拿破仑，拿破仑被流放到厄尔巴岛。

1815年，拿破仑重返巴黎，建立"百日王朝"。欧洲各国组建了第七次反法同盟，在滑铁卢再次击败拿破仑，拿破仑被流放到圣赫勒拿岛。拿破仑战争结束。

拿破仑战争前期是法国保卫法国大革命果实的自卫战争，而后期则转变为与欧洲列强进行争霸的战争。

法国入侵西班牙

拿破仑战争期间（1808～1814年），拿破仑为了控制比利牛斯半岛而对西班牙进行的侵略战争。1808年，拿破仑利用西班牙王位纷争，使其兄约瑟夫·波拿巴成为西班牙国王。6月6日，西班牙临时

第六篇 世界军事常识

首都塞维利亚全国委员会号召全国人民抗击法国侵略者。在西班牙政府军和游击队的进攻下，法军很快失败。11 月，拿破仑亲自率领 20 万法军进攻西班牙。1809 年 3 月，西班牙政府军被击溃。英国远征军前来支援，但先胜后败，仓皇撤走。1810 年，拿破仑控制了整个西班牙，但广泛的游击战争在西班牙各地展开。1812 年，拿破仑远征俄国，随着战事的恶化，不断抽调驻西班牙的法军。1813 年，英西联军在维多利亚城附近击败法军，将法军全部赶出西班牙。西班牙人民经过长期艰苦卓绝的斗争，终于捍卫了自己的独立和自由。拿破仑在西班牙损失了 50 万大军，为他的最终失败埋下了伏笔。同时，由于拿破仑的入侵，导致西班牙统治者无暇顾及拉美殖民地，拉美殖民地人民掀起了独立运动，最终脱离了西班牙的统治。

拿破仑远征俄国

1812 年，拿破仑率领从法国及其欧洲盟国与附庸国中征集的 60 万大军，企图征服俄国，称霸欧洲。6 月 24 日，法军进入俄境。面对法军咄咄逼人的攻势，俄军被迫撤退，沿途坚壁清野，以阻滞法军前进。9 月 3 日，俄军统帅库图佐夫组织俄军在莫斯科附近的博罗季诺布防，以阻止法军进攻莫斯科。9 月 7 日，双方激战开始，13 万法军向 12 万俄军发起猛烈进攻。法军连续对俄军发起了多次冲锋，双方短兵相接，战斗十分激烈。俄军抵挡不住，被迫撤退。最终，法军夺得俄军阵地，占领博罗季诺。9 月 14 日，法军进入莫斯科，但莫斯科却被俄国人放火烧掉。但俄军到处袭击、骚扰法军，破坏交

通线，再加上严寒，法军陷入了绝境。拿破仑被迫撤退。在法军撤退途中，一路上遭到了哥萨克骑兵的围追堵截和严寒、饥饿、伤病的沉重打击，最后回国的只有 2 万人。法军失败的原因是由于孤军深入，后勤供给严重不足，不适应俄国的寒冷气候，还有拿破仑把占领莫斯科看得过重，没有歼灭俄军的有生力量。

第二次美英战争

美国独立后，英国企图重新控制美国，不断从政治、经济和军事上对美国施加压力，而美国也对英国殖民地加拿大垂涎三尺。1812 年 6 月 18 日，美国正式向英国宣战，美英战争爆发。美军大军进攻加拿大，但英军顽强抵抗，以少胜多，大败美军。美军虽然在陆上失败，但在海战中却大获全胜，俘虏了 500 艘英国舰船。拿破仑征俄失败后，英国抽调了大批陆军和海军开赴北美战争。英军在奇珀瓦河和兰迪之战中大败美军，美国被迫放弃攻占加拿大的计划。英国海军经常袭击美国沿海地区，发动大举进攻。1814 年，英军攻占美国首都华盛顿，火烧白宫。英军的暴行激起了美国人民的爱国热情，美国人民纷纷拿起武器同英军作战，在巴尔的摩和普拉茨堡多次击败英军。12 月 24 日，美英双方在根特签订和约，但军事行动一直持续到 1815 年 1 月新奥尔良之战的结束。美英战争又称"第二次美国独立战争"，战后美国彻底摆脱了英国政治和经济的压迫，赢得了真正独立，为工业革命的开展扫清了道路。

莱比锡会战

莱比锡会战是拿破仑在莱比锡（今德

国莱比锡）与第六次反法同盟进行的决战。战争的一方是俄国、奥地利、普鲁士、瑞典组成的约 30 万反法联军，另一方是约 20 万法军和莱茵联邦的军队。因有许多民族的军队参战，所以被称为"民族大会战"。拿破仑入侵俄国失败后，欧洲国家趁机组织第六次反法联盟，准备一举击溃拿破仑。为了阻止反法联盟军队会合，1813 年 10 月拿破仑率领法军和莱茵联盟军队集结在莱比锡。反法同盟集中 30 余万兵力，首先从南、北、东三面包围莱比锡。拿破仑建议谈判，结果遭到拒绝，联军随即向莱比锡发动进攻。拿破仑在莱比锡城外大约 4 千米处部署了 15 万人和 630 门火炮，企图阻止联军的攻势。两军展开激战，联军依仗人数优势，步步紧逼，法军不断撤退，丢失许多村庄。正在两军大战之际，法军的盟军萨克森军队突然倒戈，宣布加入反法联盟，使法军的处境更加恶化。拿破仑被迫放弃防御阵地，开始撤退。联军占领莱比锡城，会战结束。莱比锡会战是拿破仑战争中最大的一次战役，它导致了拿破仑的垮台。

巴黎战役

巴黎战役指的是在拿破仑战争时，六次反法联盟军队与法军在巴黎城下进行的战役。1814 年 3 月，拿破仑实施突然发动，率军深入反法联盟的大后方，削弱了巴黎的防御力量。10 万反法同盟军队在吕歇尔元帅的率领下，切断了拿破仑与巴黎之间的联系，随后向巴黎急行军，希望在拿破仑军队赶回之前占领巴黎。反法同盟的军队强渡马恩河，于 3 月 17 日黄昏到达巴黎近郊。

巴黎守军有 4.5 万，总指挥是拿破仑的哥哥约瑟夫·波拿巴。3 月 18 日凌晨，反法同盟军队开始进攻巴黎。反法同盟军占领了巴黎东部和北部的许多居民点，攻下了蒙马特尔，逼近市中心。波拿巴被迫同反法同盟谈判，最后达成协议，法军撤出巴黎。3 月 19 日晨，反法同盟军隆重开进巴黎。在外作战的拿破仑听到巴黎陷落的消息，以急行军重返首都，但为时已晚。

巴黎战役，标志第六次反法同盟取得了胜利，同时也标志着拿破仑的垮台和拿破仑帝国崩溃。

滑铁卢会战

第七次反法联盟期间，英普联军与法军在比利时滑铁卢镇进行的决战。1815 年 3 月，拿破仑从囚禁地厄尔巴岛逃回法国，重新称帝，建立"百日王朝"。欧洲各国大为惊恐，立即组织了第七次反法联盟，调集 70 万大军，分路进攻法国。为了摆脱被动局面，拿破仑军队主动出击，各个击破。6 月 15 日，拿破仑率 12 万法军进入比利时。在 16 日的利尼会战中打败布吕歇尔率领的普军，普军败逃。英荷联军急忙在滑铁卢附近部署兵力，以阻击法军。6 月 18 日，法军赶到滑铁卢，以优势兵力向联军发起进攻，佯攻联军右翼，主攻联军左翼，但遭到联军顽强抵抗。拿破仑见状，只好改为进攻联军中

滑铁卢会战场景

部。法军多次进行正面攻击，并逐次投入预备队，但没有取得重大战果。在此期间，法军骑兵曾两次杀入英军阵地，但因没有步兵支援而被击退。傍晚，布吕歇尔率普军赶到滑铁卢，联军立即组织反攻，法军无法抵挡，全线崩溃。拿破仑逃回巴黎。滑铁卢之战后，"百日王朝"灭亡，拿破仑被流放到大西洋圣赫勒拿岛。

阿亚库巧战役

阿亚库巧战役是南美解放运动时期，南美起义联军与西班牙殖民军于1824年12月9日在阿亚库巧（今利马东南）进行的一次决战。西班牙总督拉塞尔纳将军率领9000西班牙殖民军在丘陵一带设防，企图阻挡起义军的攻势。由秘鲁、委内瑞拉和哥伦比亚等国组成的5000起义联军，在玻利瓦尔的战友苏克雷将军的率领下，开始进攻西班牙军队阵地。苏克雷将军命令科尔多瓦将军率领哥伦比亚第二师进攻敌人左翼，拉马尔将军指挥秘鲁步兵进攻敌人右翼。经过激战，这两支军队攻入西班牙人的阵地，西班牙人大败，全线退却。苏克雷抓住战机，率领骑兵进行追击。起义军骑兵击败西班牙骑兵，将西班牙步兵围歼。此役，西班牙殖民军死伤和

1824年12月9日，大哥伦比亚—秘鲁联军与西班牙主力部队在阿亚库巧平原上进行决战。

被俘2600人，拉塞尔纳本人也被俘。南美起义联军伤亡800人。阿亚库巧战役后，上秘鲁全部解放。为了纪念玻利瓦尔，该国改名为玻利维亚。此战后，西班牙几乎丧失了在南美所有的殖民地，不久南美洲获得独立。

阿富汗抗英战争

阿富汗抗英战争是19世纪30年代到20世纪初阿富汗人民抗击英国殖民者的战争。英国占领印度后，将侵略矛头指向了阿富汗。1839年4月，英军3万多人入侵阿富汗。英军很快就攻占了坎大哈、喀布尔，建立傀儡政权。阿富汗人民组织游击队，展开了广泛的抗英游击战争。1841年11月2日，喀布尔市民手执各种武器举行大起义。起义军英勇作战，当晚就占领了喀布尔全城。第二天起义军向城外的英军据点发起进攻。9日，起义军攻占了喀布尔至巴拉喜萨尔要塞间的全部据点，击毙英国公使麦克诺顿。英军狼狈从喀布尔向贾拉拉巴德撤军。在撤退途中，英军不断受到阿富汗游击队的袭击，最后只有一名身负重伤的军医跑回贾拉拉巴德，报告了英军全军覆没的消息。第一次阿富汗战争以阿富汗人民大获全胜而告终。1878年和1919年，英国又侵略阿富汗，结果都惨遭失败。

美墨战争

美墨战争是1846年至1848年美国为了扩张领土而对墨西哥进行的侵略战争。美国独立后就开始进行大规模的扩张，首当其冲的是美国南部的近邻墨西哥。1846年，美国向墨西哥宣战，美墨战争爆发。爆发初期，美军依仗优势兵力和先进武

器，多次击败墨军，占领了墨西哥大片领土。1947 年 8 月 6 日，1 万美军兵临墨西哥城下。已经没有退路的墨西哥军民在郊区与美军展开了激战，但终因寡不敌众，墨军退入墨西哥城中。9 月 12 日，美军偷袭墨西哥郊外的要地查普尔特佩克小山工事。驻守这里的墨西哥军事学院的学生们与美军展开了殊死搏斗，美军付出了惨重代价攻占这个墨西哥城外的制高点。9 月 13 日，墨西哥总统逃亡。9 月 14 日清晨，美军进入墨西哥城。为显示威风，美军身穿崭新制服，举行盛大的入城仪式，结果遭到了墨军狙击手射击，死伤惨重。美军与墨军展开了整整一天的激烈巷战，在付出了伤亡 860 多人的代价后才完全控制了墨西哥城。墨西哥被迫与美国签订不平等条约，向美国割让了 230 万平方千米的土地。

克里米亚战争

克里米亚战争是俄国与英国、法国、土耳其争夺近东地区的战争。18 世纪后，土耳其不断衰落，它的领土成了欧洲列强垂涎的对象。1853 年 7 月，俄国占领了土耳其的部分领土。10 月，土耳其正式对俄国宣战。战争初期，土耳其接连惨败。为了维护自己在近东的利益，英法对俄宣战。1854 年 9 月，英法土联军在俄国克里米亚半岛登陆，围攻俄国的塞瓦斯托波尔港。俄军凭借坚固的工事固守，联军久攻不克。6 月 18 日，联军决定发起一次大规模冲锋。但由于法军把爆炸弹看成信号弹而提前进攻，结果打乱了联军的行动步骤，双方陷入混战。联军损失 5000 人，俄军损失 7000 人。7 月 10 日，

塞瓦斯托波尔守军的主要将领纳希莫夫在巡视阵地时被联军击毙，俄军士气受挫。9 月 5 日，联军 700 门大炮猛烈轰击塞港，摧毁了全部工事。8 日，6 万联军发起了总攻，消灭了 4 万抵抗的俄军士兵，最终占领了塞港。克里米亚战争是世界上第一场现代化战争。

意大利统一战争

意大利自从中世纪以来就一直没有形成统一的民族国家。到 19 世纪上半期，意大利共有 8 个邦国和地区。东北部的伦巴底和威尼斯是奥地利的一部分，中部是教皇国和帕尔马、摩地纳、托斯坎那 3 个小国（君主是奥地利人），南部的两西西里王国处于西班牙的统治之下，只有西北部的撒丁王国处于意大利人的统治下。随着近代资本主义的发展，意大利人民要求统一的呼声不断高涨。

1860 年，两西西里王国爆发起义。意大利民族英雄加里波第率领志愿军——"红衫军"南下支援，在西西里岛的登陆后受到当地人民的热烈欢迎。当地人纷纷参加红衫军，加里波第志愿军的力量迅速扩大，很快攻克了西西里岛的首府巴勒莫。

经过短暂的修整，加里波第率领红衫军渡过墨西拿海峡，在亚平宁半岛南部的萨尔沃港登陆。红衫军势如破竹，在不到 12 天的时间里，就占领了两西西里王国的大片国土，许多军队闻风而降。不久，两西西里王国和撒丁王国合并为意大利王国，为意大利统一奠定了基础。

后来，意大利王国利用普奥战争和普法战争之机，相继收复了其他领土，最终

完成了统一。

葛底斯堡之战

葛底斯堡之战是美国内战最激烈的战役，是美国内战的转折点。1863 年 6 月，罗伯特·李率领 8 万南军攻入宾夕法尼亚州，林肯总统命令米德率 11 万人迎击。米德率军在交通枢纽葛底斯堡堵住南军。7 月 1 日，南军向北军防守的公墓岭高地发起猛攻，遭到了北军重炮的狂轰，双方各有损失。李命令南军停下来休息，等待后续部队。7 月 2 日下午，南军以 300 门大炮猛攻北军阵地，接着派 5000 骑兵冲锋，骑兵后面跟着 3 万步兵，双方进行了惨烈的肉搏战。北军不敌，被迫撤退，南军占领了阵地。但到了晚上，北军发动偷袭，夺回阵地。7 月 3 日，南军发起总攻，北军也拼死反击。伤亡惨重的南军终于冲上北军主阵地，双方展开白刃战。最后，北军全线反攻，南军败退。4 日夜，罗伯特·李率残部连夜渡过波托马克河，仓皇逃走。这一仗，南军死伤 2.8 万，北军伤亡 2.3 万。葛底斯堡之战扭转了战局，从此北方完全掌握了战争的主动权。

丹麦战争

丹麦战争是普鲁士和奥地利因石勒苏益格和荷尔斯泰因的归属问题而与丹麦进行的战争。

石勒苏益格和荷尔斯泰因两个小公国位于丹麦和普鲁士之间，战略地位非常重要。两国都拥戴丹麦国王为大公，但一直没有与丹麦合并。

1863 年丹麦颁布新宪法，宣布吞并两个小公国，遭到两国人民的抗议。普鲁士首相俾斯麦为夺取这两个战略要地，趁机挑起对丹麦的战争。为了防止腹背受敌，俾斯麦还将奥地利作为盟友拉入战争。

普鲁士、汉诺威和萨克森 3 个德意志国家组成的联军进入石勒苏益格和荷尔斯泰因。1864 年 4 月 18 日，德意志联军在居赔尔击败丹麦。丹麦同普奥两国签订《加斯泰因协定》：石勒苏益格划给普鲁士，荷尔斯泰因划给奥地利。

丹麦战争其实是俾斯麦的阴谋。因为奥地利管辖的荷尔斯泰因中间隔着普鲁士，当奥地利希望用荷尔斯泰因换取其他土地时，遭到俾斯麦拒绝。从此双方在领土问题上不断发生摩擦，最终导致普奥战争爆发。

日本戊辰战争

1868 年，日本明治元年（农历戊辰年），日本新政府军同幕府军进行的一场战争。1868 年 1 月 3 日，主张倒幕的萨摩、长州等强藩和公卿在京都发动政变，宣布废除幕府，建立以天皇为首的新政府。幕府将军德川庆喜决心以武力维护幕府体制。26 日，德川庆喜指挥幕府和会津等藩的联军 1.5 万人分两路进攻京都，幕府海军副总裁本武扬指挥幕府军舰炮击萨摩藩的船只，戊辰战争爆发。以萨摩、长州两藩为主的新政府军（4500 人）在鸟羽、伏见击败幕府军，并乘胜追击，攻占大阪。3 月 3 日，明治天皇下诏东征，政府军直抵江户（今东京）城郊。德川庆喜投降。幕府倒台后，会津、庄内、奥羽等藩继续反对新政府，并准备用武力恢复幕府统治。政府军继续讨伐，先后平定了彰义队、"奥羽越列藩同盟""虾夷共和国"等幕府残余势力，戊辰战争结束。戊辰战争为明治维新扫清了障碍。倒幕军之所以取胜，是因为在战前萨摩、长州等藩进行了军事改革，引进了西方先进的军事体制和武器，组建了新式军队。

色当之战

色当之战是普法战争（1870～1871年）中，普军与法军在色当（法国东北部城市，位于阿登省马斯河畔）进行的重大战役。普法战争开始后，法军侵入普鲁士，但随即被普军击败，法军败退回国内。法军元帅麦克马洪和随军督战的拿破仑三世率领夏龙军团渡过马斯河，退入色当要塞。普军第3集团军和新编马斯河集团军连夜追赶，将法军包围在色当。1870年9月1日，色当会战开始。普军用700门大炮猛轰法军，色当全城顿时成了一片火海，法军死伤无数，麦克马洪也身受重伤。紧接着普军20万人向色当发起猛攻。下午3时，法军抵挡不住，在色当城楼举起了白旗，宣布投降。9月2日，拿破仑三世会见普鲁士首相俾斯麦，正式签署了投降书。拿破仑三世、39名将军、10万士兵全部做了普军的俘虏。法军体制平时不设军、师两级编制，只是在临战时才仓促组建，所以协调性很差。而且法军战前没有制定周密的战争计划，狂妄自大，只想进攻不想防御，结果被在数量、炮兵装备和战斗训练方面都占优势的普军一举击败。

美西战争

美西战争是美国和西班牙之间为重新瓜分殖民地而进行的世界上第一次帝国主义战争。主战场在古巴和菲律宾。1898

1898年6月，美国军队在古巴登陆。这是一场殖民者践踏弱小国家利益的战争，就连美国大文豪马克·吐温也愤慨地说：美国国旗上的"白条应当涂成黑色，旗上的星条应当改为骷髅头和交叉骨"。

年美国军舰"缅因"号在古巴哈瓦那港（西班牙殖民地）爆炸沉没（后调查是船上煤堆自燃引起的），美国随即对西班牙宣战。5月1日，美国亚洲舰队驶入西班牙殖民地菲律宾的马尼拉湾，对停泊在湾内的西班牙舰队发起突袭，西班牙舰队全军覆没。随后美国远征军在菲律宾登陆，攻占马尼拉。西班牙在菲律宾的统治结束。6月22日，美国陆军在海军和古巴起义军的帮助下，在古巴圣地亚哥湾登陆。7月3日，被美国海军围困在圣地亚哥湾的西班牙舰队冲出海港，企图突围。美国军舰与西班牙舰队进行了激烈的海战。西班牙全军覆没，而美国损失很小。

7月10日，美军与古巴起义军联合进攻圣地亚哥城。7月16日，城内弹尽粮绝的西班牙守军被迫投降。这场战争表明国家的经济实力和新式战斗武器对战争进程的影响越来越大，其中美军新式铁甲舰的使用标志着海军战术发展到了一个新阶段。

英布战争

英布战争（1899～1902年）是英国对荷兰人的后代布尔人在南非建立的德兰士瓦共和国和奥兰治共和国进行侵略的战争。1899年秋，英国人开始在德兰士瓦共和国边境附近集结军队，不断进行颠覆活动。布尔人在要求英军撤退遭拒绝后，于1899年10月11日对英宣战。在战争初期，布尔人凭借武器和人数优势，进攻时采用散开队形，防守时善于利用地形构筑野战工事，而英军武器陈旧，训练很差，纪律松弛，进攻时采用密集队形，作战时也不进行伪装，结果伤亡惨重。但由于布尔人将主要兵力用于围城，结果削弱了进攻力量。1900年，英军援军赶到，相继占领奥兰治共和国首都布隆方丹和德兰士瓦首都比勒陀利亚，德兰士瓦和奥兰治沦为英国的殖民地。英布战争是帝国主义来临的一个重要标志。英布战争使武器和军事理论、战术有了许多新的发展。步兵进攻采用散兵线和各种机动战术。防御时开始组织火力，构筑野战工事，实施近迫作业和进行伪装。

旅顺口之战

日俄战争期间，日军进攻俄军旅顺口要塞的战役。1904年6月6日，日本第3集团军在乃木希典率领下在大连湾登陆，26日开始进攻俄太平洋第一分舰队的主要基地旅顺口外围老横山等战略要地。（1898年，俄国强租中国旅顺、大连后，投入巨资修建旅顺口要塞。）7月30日，日军攻占凤凰山，将俄军压缩在要塞内。8月19日，日军对要塞发起第一次强攻。乃木希典采取"肉弹"战术，命令日军士兵轮番冲击，结果遭到俄军的机枪扫射，死伤惨重。9月19日，日军发起第二次强攻，攻占两座堡垒，但没有攻占旅顺口西北制高点203高地。10月26日，日军发起第三次强攻，仅攻克一座堡垒。11月26日，日军开始第四次总攻。俄军坚守203高地多次打退日军进攻。日军实施坑道作业，凿开岩石，爆破堡垒，终于在12月5日攻下203高地。日军在203高地架设大炮猛轰旅顺口港内的俄舰，俄舰几乎完全丧失战斗力。1905年1月1日望台炮台失守后，俄军宣布投降。旅顺口之战表明，临海要塞只有在守军和陆海军紧密配合下才可能长期固守。

巴尔干战争

巴尔干战争共发生过两次，第一次是巴尔干各国同盟共同反对土耳其的斗争（1912年10月9日～1913年5月30日），第二次是巴尔干同盟之间的战争（1913年6月29日～8月10日）。1912年8月，阿尔巴尼亚和马其顿爆发反土耳其起义，已经独立的希腊、保加利亚、塞尔维亚和黑山纷纷表示支持。1912年10月9日，黑山首先对土耳其宣战。18日，保加利亚、塞尔维亚和希腊也相继对土耳其宣战。第一次巴尔干战争爆发。战争主要在保加利亚和土耳其之间进行。保军越过保土边界向南推进。10 月 29 日至 11 月 3 日，保军在吕莱布尔加兹击败土军，推进到离伊斯坦布尔 30 千米的查塔尔贾防线。1913 年 5 月 30 日，土耳其与巴尔干各国签订了《伦敦条约》，承认阿尔巴尼亚独立。但很快保加利亚与巴尔干其他各国在瓜分马其顿领土上发生矛盾，以保加利亚为一方，希腊、塞尔维亚、黑山、罗马尼亚为一方，爆发了第二次巴尔干战争。结果保加利亚战败，割让了大片领土。西方帝国主义列强干涉巴尔干事务，使这里的矛盾更加尖锐，加速了第一次世界大战的爆发。

马恩河战役

马恩河之战是第一次世界大战期间德军和英法军队进行的一场战役。1914 年 8 月法国边境之战后，法军和英军撤退到马恩河以南，在巴黎至凡尔登一线布防。法军总参谋长霞飞将军将大量法军部署在巴黎外围，准备实施反攻。德军总参谋长小毛奇获悉这一情报，命令德军在巴黎以东转入防御，并命令其他部队协同从东面进攻，合围凡尔登以南的法军。但由于德军克卢克将领拒不执行命令，继续率军南下，结果造成了有利于英法联军反击的态势。9 月 5 日，霞飞命令英法联军进行反击。法第六集团军先头部队与德第一集团军在马恩河以北的乌尔克河西岸遭遇。法军首次使用 1200 辆汽车把第六集团军从巴黎运往前线投入战斗。双方在马恩河一带长达 200 千米的战线上展开大战。由于作战不利，小毛奇于 10 日下令德军全线停止进攻，后撤到凡尔登一线。马恩河之战以德军失败告终。马恩河之战虽然短

暂，但意义重大。它宣告了德军速战速决战的破产，被迫转入阵地战，战争主动权转到协约国一方。

凡尔登战役

凡尔登战役是第一次世界大战期间，德法两军于 1916 年 2 月 21 日～12 月 18 日为争夺凡尔登而进行的战役。凡尔登是巴黎的东大门，战略地位十分重要。德军企图进攻凡尔登，吸引法军主力增援，借机消灭法军主力。2 月 21 日，德军炮群开始对法军阵地炮击，法军伤亡惨重。炮击停止后，德军步兵分拨次推进，很快突破了法军第一道阵地。在 5 天当中，德军前进 5 千米。25 日，法军组织 3900 辆卡车将 19 万援军和 2.5 万吨军用物资运送到前线。这是战争史上第一次大规模的公路输送。法军援军及时赶到，加强了防御，凡尔登防线日益巩固。正面进攻难以取得进展，德军开始进攻法军阵地的左右两翼。但由于法军顽强抵抗，每个阵地都反复争夺，双方伤亡很大，德军进展不大。法军发动反攻，收复了失地，双方又恢复到战前的状态。凡尔登战役是典型的阵地战、消耗战，双方伤亡近 100 万人，因此凡尔登战役被称为"绞肉机"。这次战役是第一次世界大战的转折点，德国从此逐步走向失败。

索姆河战役

索姆河战役是第一次世界大战期间，英法联军于 1916 年 7～11 月在法国索姆河地区对德军发动的进攻战役。1916 年 7 月 1 日，英法联军向索姆河地区的德军阵地发动大规模进攻。当日，法军和英军突破德军第一道防线。2～3 日，英军和法

军又攻破德军第二道防线。但因为联军组织协同不力，进展迟缓。德军迅速调集援兵加强了索姆河上游地区的防御。此后，双方不断向索姆河地区增加兵力，索姆河战役变成了一场阵地消耗战。9月3日，英法联军再次发动大规模进攻，深入德军防御纵深2～4千米。9月15日，英军使用18辆坦克配合步兵进攻，突破德军第三道防线。这是战争史上第一次使用坦克。9月下旬至11月中旬，英法联军步兵和坦克协同发动两次进攻，但都没有取得决定性突破。索姆河战役牵制了德军对凡尔登的进攻，迫使德军收缩防线。这场战役表明，进攻方即使兵力兵器占优势，但如果逐次投入兵力，也难以达到突破敌方纵深防御的目的。

日德兰海战

日德兰海战是第一次世界大战期间，英国和德国在1916年5月31日至6月1日在日德兰半岛斯卡格拉克海峡附近海域进行的一场大海战。第一次世界大战爆发后，英国对德国进行了海上封锁。为打破封锁，1916年5月，德国海军前往斯卡格拉克海峡附近，诱使英国海军出海，计划用德国海军主力舰队主力将其歼灭。英国舰队获悉德国舰队出海后，前往斯卡格拉克海峡迎击。5月31日下午，双方在斯卡格拉克海峡附近海域遭遇，德舰先行开炮。战斗1小时后，英国海军损失两艘战舰。英国舰队北撤与己方舰队主力会合，德国舰队乘胜追击。英国海军主力与德国海军展开了激战。6月1日，德国舰队首先撤退，英国舰队也随之撤退。此战，英国损失巡洋舰3艘、驱逐舰8艘，伤亡6800人；德国损失战列舰、巡洋舰各1艘，轻巡洋舰4艘、驱逐舰5艘，伤亡3100人。日德兰海战是第一次世界大战期间最大规模的海战，也是世界海战史上最后一次战列舰大编队交战。它表明了大炮巨舰主义的失败，迫使各国海军寻求新的战法。

康布雷坦克战

康布雷坦克战是第一次世界大战期间，英军在法国北部的康布雷地区发动的首次有坦克参战的战斗。1917年冬，英军趁德军东调之机，决定在法国北部发起一次战役，突破德军阵线。总参谋部的富勒上校坚决主张用大批坦克来突破德军防线，得到英军参谋部的同意。11月20日早晨6时，为了不让德军察觉到地面坦克出动时的隆隆声，英军出动了大批飞机在前线上空嗡嗡盘旋。20分钟后，381辆坦克同时发动，向德军阵地猛冲过去。坦克凭借厚厚的装甲和履带，把带刺铁丝等障碍物碾平了。在德军挖掘的用来阻止坦克前进的宽十几米的堑壕前，坦克将携带着用链条缚紧的长长柴捆投到堑壕里，作为临时的便桥。坦克借助着便桥越过堑壕，继续向敌人阵地冲去。在坦克的突然进攻面前，德军陷入混乱之中，不是被坦克打死打伤，就是投降逃跑。这天，英军深入德军阵地6千米，俘虏德军7500名。如果没有坦克的冲锋，根本无法取得这次胜利。康布雷坦克战在战争史上具有划时代的意义，它标志着陆战装甲时代的来临。

现代军事

轰炸机

　　轰炸机是专门用于对地面、水面（水下）目标实施轰炸的飞机，是空军实施空中打击的主要机种。轰炸机不但能执行摧毁敌军工事、杀伤敌军人员等战术轰炸任务，还能执行摧毁敌军的兵工厂、发电站、通信枢纽，甚至一个城市等战略轰炸任务。轰炸机不但以摧毁敌方人力物力为目的，而且还将摧毁敌方精神作为目标。

　　1911年11月，意土战争爆发。意大利飞行员利奥·加沃蒂驾驶飞机在土耳其阵地上空投放了4枚重2千克的炸弹，这是世界上轰炸机第一次参加实战。1915

年，俄国军队首先装备了轰炸机。随后，英、法、德等国军队也相继装备了轰炸机。

　　"二战"时，美、英、德相继研制出了许多新型轰炸机。美国的B－17战略轰炸机和英国的"兰开斯特"轰炸机对德国实施昼夜轰炸，最终使德国丧失了战争能力。美军B－29型轰炸机向日本长崎、广岛投下了原子弹，加速了"二战"的结束。从此，轰炸机成为投掷核武器平台，成为具有战略地位的武器。

　　"二战"后，轰炸机开始向隐形化和超音速化方向发展，更具战斗力。

编队飞行

　　飞机开始投入战争时，主要作战形式是单机格斗。但是，单机作战时，缺乏保护的飞机自身十分危险，于是，飞机配对开始出现，这就是最早的双机编队飞行。随后，两架或两架以上飞机按一定队形编组或排列飞行成为空军战斗常用的战斗队形。飞机的基本的编队队形有楔队、梯队、横队和纵队。这些队形由单机或分队组成，可减小或加大各机的距离、间隔而组成疏开或密集队形。在编队飞行中，各机之间必须保持规定的距离、间隔和高度差。编队飞行主要用于攻击、轰炸、侦

　　"二战"后期，法国空军在对撤退中的德军阵地进行轰炸。

察、空投、防御等。

编队飞行是空中兵力部署的重要战术之一。采用正确的队形在空战中有着巨大的现实意义，它有助于取得空中优势，而一旦脱离编队，单机就十分容易受到敌方的攻击。在保持规定队形的前提下充分发挥飞机性能是编队飞行的中心问题。在飞行中，主机可根据实际需要发出指令改变编队方案和各机相对位置。主机在选择飞行状态时应给僚机修正偏差的余地，僚机要与长机密切配合。

在现代空中行动中，轰炸机编队飞行已经渐渐退出舞台，但根据战术的需要，轰炸机、歼击机和电子干扰机混合编队飞行的情况却有所增加。在混合编队飞行中，歼击机的主要任务就是利用编队来克敌制胜。

深水炸弹

深水炸弹是由舰船、飞机发（投）射，在水下一定深度爆炸的、专门用来攻击潜艇的一种水中武器。由水面舰艇投放的称为舰用深弹，由飞机和直升机投放的称为航空深弹。深水炸弹一般重 70～350千克，弹长 0.7～2 米，破坏半径达 8～23 米，射程数十米到数千米不等，能在300 米左右水深使用。

第一次世界大战期间，德国出动大量潜艇封锁了英国，击沉了许多向英国输送物资的运输船。英国海军进行研制对付潜艇的武器。1915 年底，英国研制出了世界上第一颗深水炸弹。这种深水炸弹又舰艇投入水中后，碰到潜艇或达到一定深度后就会爆炸，最深可达 200 米。1916 年，一艘英国巡逻船向水中投下了一颗深水炸

弹，一举将一艘德国潜艇炸沉。第二次世界大战期间，德国故技重施，英国研制出了世界上第一门专门发射深水炸弹发射跑"刺猬炮"，它一次可以发射 4 枚深水炸弹，提高了对潜艇的攻击效率。在两次世界大战期间，绝大部分潜艇都是被深水炸弹炸沉的。

时至今日，深水炸弹仍是重要的反潜武器。

防弹衣的改进

防弹衣是一种用于防护枪弹或破片对人体伤害的装具。

在古代战争中，士兵们身穿盔甲，能有效地抵挡刀、矛、弓箭等冷兵器的伤害。但自从火器出现后，盔甲便渐遭淘汰。但是，人们并未放弃对身体防护装备的追求。第二次世界大战前，西方国家的军队为了减少士兵的伤亡，曾将 6.4 毫米厚的丝织物制成布袋塞入军服内，形成了近现代防弹衣的雏形。它可以有效地抵挡当时的子弹。但随着武器杀伤力的提高，这种防弹衣很快就失去了效用。

第二次世界大战期间，美国研制出了两种玻璃纤维和聚酯复合材料，即杜龙和尼龙。军方以它们为材料制成防弹衣，在战争中起到了良好的防弹作用，这成为现代防弹衣问世的标志。

在 1960 年代前，世界各国都采用不锈钢、钛合金和铝合金等板材制成防弹板。1960 年美国研制出以氧化铝防弹陶瓷板为材料的防弹衣。目前世界各国大多数防弹衣都采用不锈钢板和陶瓷板作为硬质防弹材料。

在防弹材料的研制上，各国展开了激

烈的竞争，不断涌现出更加优良的防弹材料。

声呐

声呐是利用水声传播特性传感探测水中目标进行的技术设备，可以分为被动式声呐和主动式声呐。

1912 年，泰坦尼克号巨轮沉没的悲剧，促使人们寻找一种能侦测水下目标的技术。英国气象学家查理森最早提出了声呐的设想。1916 年，法国朗之万发明了世界上第一部声呐。

声呐发明后，很快用到了军事上。早期潜艇只能依靠潜望镜进行观察，但潜望镜对水下目标则无能为力，于是潜艇经常在水下撞上暗礁、水雷和其他潜艇。装备了声呐后，潜艇的事故率就大大减低了。"二战"期间，德国潜艇击沉了许多开往英国的运输船，使英国陷入了困境。英国科学家就将声呐安置在军舰上，侦测德国潜艇，然后释放深水炸弹，德国潜艇遭到沉重打击。

"二战"后，随着科技的进步，声呐进入了现代化阶段，开始向全面数字化发展。

航空母舰

航空母舰（简称"航母"）是以舰载飞机为主要武器，并作为舰载飞机编队海上活动基地的大型军舰，它是现代海军水面战斗舰艇中最大，作战能力最强的军舰。大型的航空母舰长 330 米，宽 80 米，高 70 米，相当于两个足球场的面积，20 层楼的高度。

1909 年，法国著名发明家克雷曼·阿德第一次提出了"航空母舰"这一概念。1918 年，英国将"卡吉士"号邮船改建为航空母舰，更名为"百眼巨人"号。它是第一艘真正意义上的航空母舰，飞行甲板长 168 米，可载机 20 架。从"二战"时的珍珠港、中途岛海战到马岛战争、海湾战争、伊拉克战争的历次战争中，航空母舰都立下了赫赫战功。在现代海战中，如果没有航空母舰的参与，几乎不可能胜利。

航母与巡洋舰、驱逐舰、战列舰、护卫舰、补给舰、扫雷舰、潜艇、救护舰等组成庞大的战斗群，集防空、反舰、反潜以及对岸攻击的作战能力为一体，具有攻守兼备的能力。航空母舰是足以与核武器比肩的战略性武器。

目前世界现役航母有 26 艘，美国最多，有 12 艘。

军用运输机

军用运输机是指用于运送军事人员、武器装备和其他军用物资的飞机。军用运输机通常分为战略运输机和战术运输机两大类。

"一战"后，军用运输机在轰炸机和民用运输机的基础上逐渐发展起来。1919 年，德国制造了世界上第一架军用运输机——Ｊ—13。此后，各国也开始竞相制造运输机。"二战"期间，美国建立了战略空运部队，在战争中发挥了巨大作用。1942 年 5 月到 1945 年 9 月，美国通过"驼峰航线"向中国空运各种物资 72.5 万吨，人员 33477 名，极大地支持了中国的抗日战争。

1968 年，苏联入侵捷克时，先用军用运输机运送了空降部队，在短时间内控制了捷克全部要地，然后又源源不断地运来了大量的增援部队和武器装备，苏军在短时间内就占领了捷克全境。

由于现代战争具有突发性强、作战节奏快、作战强度大、物资消耗大等特点，所以对后勤保障和空运的依赖性越来越大，能快速、灵活和有效地保障作战人员和物资的供应军用运输机已经成为决定战争胜负的重要因素之一。

制空权理论

制空权指的是交战一方在一定时间内对一定空间的控制权。在战争中，如果掌握了制空权，就可以限制敌人空军的战斗活动，保障己方空兵的行动自由，进而使陆、海军的作战行动得到有效的空中掩护，最终取得战争的胜利。

随着飞艇、飞机的出现和用于战争，制空权的理论也随之产生。1921年，意大利军事理论家杜黑在他的《制空权》一书中系统地提出了制空权的理论：阻止敌人空军在空中飞行，而保持自己能在空中飞行。杜黑的制空权理论，对许多国家的空军建设产生了一定的影响。

第二次世界大战期间，交战双方为了争夺制空权的斗争展开了激烈的战斗。在重大战役中，交战双方都动用数百架甚至上千架飞机争夺制空权。如1943年库尔斯克会战时，苏联共出动飞机约32000架次。1944年诺曼底登陆时，美英联军共使用作战飞机1万多架，轰炸了德军99个机场。1999年，科索沃战争期间，北约军队完全掌握了制空权，仅凭空军就取得了战争的胜利。现在，制空权对战争的进程和结局能够产生重大甚至决定性的影响。

空降部队

空降部队又称空降兵或伞兵，是经过专门的空降训练，武器装备轻便，能伞降或机降的军队。空降部队能对敌方政治、军事、经济等战略要地进行突然袭击；夺取重要目标或地域，在敌后进行特种作战。它一般隶属于陆军。最高建制单位在大多数国家为师或旅，少数国家为军。

1918年，美国军官米切尔等曾提出用轰炸机群将步兵空降到德军战线后方实施攻击的设想。1927年，苏军使用运输机在中亚细亚地区空投部队，一举歼灭了当地的匪徒，是世界上的第一次空降战。1930年，苏联正式建立世界上第一支正式的伞兵部队。第二次世界大战中，苏联、德国和美国都多次运用空降兵进行作战。德国在闪击丹麦、挪威时，美、英、波军进攻荷兰时都曾使用空降部队。"二战"后，法军在印度支那战争中，美军在越南战争中都使用了空降兵。

随着空中运输工具和武器装备的不断进步，空降部队必将在未来战争中发挥越来越大的作用。

火箭炮

火箭炮是炮兵装备的火箭发射装置，由于通常为多发联装，所以又称多管火箭炮。火箭炮能多发联射和发射弹径较大的火箭弹，它的发射速度快，火力猛，突袭性好，但射弹散布大，适用于对目标实施大面积打击。

1933年，苏联研制出的BM13型导轨火箭炮是世界上第一门现代火箭炮。它安装在载重汽车的底盘上，可连装16枚

132 毫米尾翼火箭弹，最大射程 8500 米，1939 年正式装备苏军。1941 年 8 月，火箭炮在斯摩棱斯克地区首次实战应用。苏军的一个火箭炮连摧毁了德军的铁路枢纽和大量军用列车。不仅消灭了敌人大量有生力量和军事装备，而且给敌人以精神上的巨大震撼。

1941 年，德国研制的 158.5 毫米 6 管牵引式火箭炮和 280/320 毫米 6 牵引式火箭炮，是世界上最早的具有炮管式发射装置的多管火箭炮。

"二战"以后，各国都非常重视火箭炮的发展与应用，火箭炮又有了新的进步，其性能和威力日益提高，成为现代炮兵的重要组成部分。

雷达用于军事

雷达利用电磁波探测目标的电子设备。它发射电磁波对目标进行照射后接收回波，由此获得目标至雷达的距离、距离变化率（径向速度）、方位、高度等信息。雷达是英文 RADAR（Radio Detection And Ranging）的译音，意为"无线电检测和测距"。它的优点是不受昼夜和天气的影响，都可以侦察目标。雷达已经成为现代战争中不可缺少的电子装备。

在 20 世纪初，欧洲和美国的一些科学家已知道电磁波被物体反射的现象。1922 年，意大利科学家马可尼发表了无线电波可能检测物体的论文。1925 年，美国开始研制能测距的脉冲调制雷达，并首先用它来测量电离层的高度。1936 年，美国研制出作用距离达 40 千米、分辨力为 457 米的探测飞机的脉冲雷达。1938 年，英国本土海岸线上布设了一条观测敌方飞机的早期报警雷达链。第二次世界大战期间，由于作战需要，雷达技术突飞猛进，地面和飞机都装备了雷达，大大提高了炮火的精确度。"二战"后，由于电子技术的发展，雷达技术日新月异，在战争中起着越来越重要的作用。

装甲部队

装甲部队，也叫坦克部队，是以坦克和其他装甲车辆为基本装备的陆军战斗兵种。装甲部队机动性好、火力和强大、防护力强，是陆军的重要突击力量。在合同作战中，装甲兵可配属步兵作战，也可在其他军种、兵力协同下独立执行作战任务。

装甲兵诞生于第一次世界大战时期，在第二次世界大战中得到迅速发展，目前已成为世界发达国家军队中地面作战的主要战斗兵种。

在 20 世纪 30 年代中期，德国组建了具有独立作战能力的装甲师，这是装甲部队摆脱从属地位，成为独立兵种的重要标志。在第二次世界大战初期，德军依赖装甲部队发动闪击战，取得巨大战果。随后，轴心国和盟军开始大量生产坦克，装备了大批坦克部队。许多重要战役中，装甲部队都是战场决胜地主角，甚至出现了数百辆乃至数千辆坦克会战的场面。装甲部队也因此而成为一个举足轻重的强有力的兵种。

今天，在"支援坦克作战的一切兵器，应具有与坦克同等速度和越野能力"总目标的指导下，国外一些主要军事大国已完成了陆军的机械化、装甲化，装甲兵已成为这些国家陆军的主要突击力量。

喷气式战斗机

喷气式战斗机是指采用活塞式发动机，靠螺旋桨产生的拉力来推动的战斗机。

世界上最早提出喷气推进理论的是法国的马克尼和罗马尼亚的亨利·康达。1839年8月7日，德国亨克尔公司研制成功了世界上第一架喷气式飞机He178。

"二战"爆发后，各国军事科学家对战斗机不断进行改进，航空技术突飞猛进。1942年，德国人和美国人分别研制出了喷气式歼击机。7月27日，德国研制成功了一架"梅塞施密特"—262型喷气式战斗机，成为世界上第一架喷气式战斗机。10月2日，美国也研制成功了一架P—59型喷气式战斗机。从此，战斗机进入了喷气式时代。

1944年，德国和英国的首批喷气式战斗机投入战斗，轻松地击落了旧式战斗机。到1949年，世界上主要军事大国都拥有相当数量的喷气式飞机。其中比较著名的喷气式歼击机有美国的F—80、英国的"吸血鬼"和苏联的"米格—15"。喷气式轰炸机有英国的"坎培拉"、苏联的伊尔—28等。

F86"佩刀"喷气式战斗机
1953年5月18日，美国女飞行员杰奎伦·科克伦驾驶"佩刀"战斗机完成了超音速飞行，创造了新的纪录。

今天，世界上绝大部分作战飞机都已实现了喷气化。

战略轰炸

空袭是指从空中用炸弹、导弹和火箭等对地面、水上目标进行袭击。包括战略空袭和战役、战术空袭。它的目的是摧毁、破坏敌人后方重要目标，削弱敌人军事实力和战争潜力。

1849年意大利独立战争时期，就使用气球进行空袭，这是世界上最早的空袭。1911年的意土战争，意大利飞行员驾驶飞机对土耳其阵地投掷炸弹。第一次世界大战中，由于飞机的技术还不是很完善，所以空袭造成的危害都不大。第二次世界大战时，随着科学技术的进步，交战双方不但进行了战役、战术空袭，还进行了大规模的战略轰炸。德国发动的不列颠之战，使用了V—1和V—2导弹对英国进行空袭。后来，英国也出动大量飞机对德国本土进行轰炸，美国使用轰炸机使用原子弹对日本进行空袭都是战略轰炸。"二战"后的一系列局部战争中，战略轰炸继续被运用。马岛战争期间，阿根廷空军使用"飞鱼"导弹，击沉了英国"谢菲尔德"号驱逐舰。科索沃战争期间，北约根本就没有进行地面战，而是连续不断地对南联盟进行空袭，实现了其"零伤亡"战略。

随着时代的进步和科学的发展，战略轰炸将成为战争的主要甚至决定手段。

闪击战

闪击战又称闪电战，它是用优势的战略力量，实施战略突袭和快速进攻，以最快的速度摧毁敌人的战争能力和抵抗意志，达到战争目的的一种作战方式。它有3个基本要素：行动的突然性、打击的致命性和作战的快速性。闪击战的发展过程大致经历了地空闪击、海空闪击、立体闪击和精确闪击4个阶段。

闪电战的起源是英国人富勒在"一战"后提出的关于机械化战争的理论。"二战"初期，纳粹德国多次运用"闪击战"，在106天就占领了波兰、丹麦、挪威、卢森堡、荷兰和法国等大片领土，随后又闪击苏联，使苏联在战争初期损失惨重。

此后这一理论被世界军队广泛运用，显示了巨大威力：1941年日本偷袭珍珠港、1945年苏联进攻东北关东军、1950年美军在朝鲜仁川登陆、2003年美英闪击伊拉克等。现在，闪电战又与信息化相结合，在未来的信息化战场上的地位将越来越重要，成为未来战争的主要样式之一。

电子战

电子战起源于20世纪初无线电通信应用于军事之后。第一次世界大战期间，交战双方曾用无线电通信设备窃听对方的军事情报和干扰对方通信联络。第二次世界大战期间，战争双方大量使用无线电设备传送情报和指令，一方面用尽一切手段让对方的电子设备故障或者降低效率，另一方面又要保证自己这边电子设备的安全运转，这就是电子战的序幕。当时，英军在空袭德国汉堡时，以及苏军在斯大林格勒会战，盟军在诺曼底登陆中，都成功地运用各种电子战，有效地保障了战役、战斗的胜利。20世纪50年代中期以后，随着电子技术、航天技术、导弹技术飞速发展，电子战开始全面发展。在越南战争、中东战争和马岛战争中，电子战发挥了重要作用。

导弹出现后，电子战进入了新阶段。由于导弹是由电脑控制的，所以制导和反制导成了电子战的重点。随着电子计算机在战争中的广泛应用，电子战逐渐渗透到了战争的各个领域。现在电子战已经往外层空间发展，利用人造卫星侦察对方的雷达、通信等方面的情报。有的国家还在研制电子干扰卫星等军用卫星，甚至还有对付敌人拦截卫星的假卫星。

电子战实际上是双方科技的较量，但是它对现代战争的影响是巨大的。在未来战争中，电子战将成为对抗敌方自动化指挥系统和武器控制系统的重要手段。

武装直升机

武装直升机是装配武器执行战斗任务的直升机，主要用于攻击地面、水面和水下目标。它的特点是机动灵活，反应迅速，能在运动和悬停状态开火，适于低空、超低空抵近攻击等。武装直升机可分为专用型和多用型两大类。专用型机是专门为战斗任务而设计的，作战能力较强；多用型除了用于战斗外，还可用于运输、机降等任务。

直升机最初参加战争主要是执行一些运输和侦察任务。1942年，德国空军在一架运输直升机前部安装1挺机枪，这是世界上最早的武装直升机，与此同时美国陆军也进行直升机装载武器的试验。在朝鲜战争中，美军给几架直升机安装了火箭，执行火力支援、抢送伤员等任务。在阿尔及利亚独立战争，法军武装直升机执行扫射、轰炸等任务。在越南战争中，第一批专门设计的武装直升机装备部队，其中装备了"陶"式导弹的武装直升机专门对付坦克。后来，在历次中东战争、阿富汗战争、两伊战争、马岛战争中，都有武装直升机参战。

"蛙跳"战术

"蛙跳"战术最早诞生于第二次世界大战后期的太平洋战场。

1943年，太平洋战争就陷入了拉锯状态：以美国为首的盟军开始反攻，日军坚守岛屿负隅顽抗。当时双方在太平洋上展开了逐岛争夺，战争异常惨烈。面对严阵以待、以逸待劳而且在"武士道"精神刺激下拼死顽抗的日军，美军伤亡惨重。为了加快战争进程，美军将领麦克阿瑟和尼米兹决定放弃一线平推的传统做法，改为跳跃前进，越岛进攻。此后，美军利用海军优势，避开日军防守严密的战略要点，转而进攻战略纵深中地位重要但守备空虚的岛屿，以此切断前线岛屿的军需补给线，最终轻易地将其攻克。因为军队前进不是按部就班，而是像蛙跳一样，所以这种战术被称为蛙跳战术。

"二战"时的"蛙跳"战术是以海军为"助跳器"。"二战"后，随着空中运输能力的增强，"蛙跳"战术逐渐成为美军空降作战的主要理论。

导弹

导弹是依靠自身动力装置推进、依靠制导系统控制其飞行轨迹的火箭或无人驾驶飞机式的武器，它的炸药弹头或核弹头可以摧毁目标。

导弹是"二战"时期由纳粹德国发明的。1944年2月15日，德国V－1导弹进行第一次发射试验。V－1导弹外表上与普通飞机相似，弹长7.9米，重2180千克，最大射程可达到280千米。1944年，德国军队向英国发射了数千枚V－1导弹，给英国带来了巨大的损失。不久，在V－1的基础上，德国又研制除了更先进的V－2导弹。V－2导弹长14米，能把1吨重的弹头运送到260千米以外。它同样也给英国带来了巨大损失。同时，德国还研制了地空导弹、反坦克导弹、反舰导弹等。

"二战"结束后，美国得到了100枚V－2导弹和包括冯·布劳恩在内的一批德国导弹专家，苏联也得到了大量的V－2导弹和一大批研制者。从此，美国和苏联都在德国导弹技术的基础上各自升展了导弹研制工作，其他发达国家也陆续参加到了研制与开发导弹的行列中。

现在，导弹已成为具有战略地位的主要兵器。

原子弹

原子弹是一种利用核裂变原理制成的核武器，爆炸时会放出很强的核辐射，具有很强的破坏力和杀伤力。制造原子弹的关键材料是铀235和钚－239。

1939年，德国科学家哈恩和斯特拉斯曼发表了关于铀原子核裂变现象的论文，为制造原子弹提供了理论基础。1942年，美国建立了第一座可控原子核裂变链式反应堆。1942年8月，美国制订了研制原子弹的"曼哈顿计划"。

1945年，美国研制出了3枚原子弹，

分别命名为"胖子""瘦子"和"男孩"。1945 年 7 月 16 日，美国在新墨西哥州阿拉莫戈多沙漠中将"瘦子"引爆，进行了人类有史以来的第一次核试验，原子弹的威力相当于 2 万吨 TNT（三硝基甲苯，一种烈性炸药）。

为了加速日本投降，1945 年 8 月 6 日和 1945 年 8 月 9 日，美军分别在日本广岛和长崎投下了其他两颗原子弹，炸死炸伤数十万人。日本是迄今为止唯一遭到原子弹轰炸的国家。

1949 年，苏联成功研制原子弹。1952 年和 1960 年，英国和法国也研制出了的原子弹，1964 年，中国研制出了原子弹。1998 年，印度和巴基斯坦进行了核试验。

军用电子计算机

军用电子计算机是应用于军事领域的电子计算机，是一种按照程序自动完成问题解算和信息处理的电子机器，能够自动地进行科学计算、数据处理、文件和事务处理、信号和图像处理、语言翻译、语音识别等。

1946 年，世界上第一台电子计算机在美国问世后，很快就应用于军事部门，经过几十年的发展，军用计算机已成为现代军队指挥、侦察、军事训练、武器系统自动控制、军队后勤管理自动化等的重要技术装备。

现在，军用计算机在军事上发挥了越来越大的作用：以计算机为核心的训练模拟器，已成为各国训练飞行员和舰艇驾驶员不可缺少的设备；军用电子计算机在现在的军事演习中可以显示作战双方参战兵力、战线分布、实力消耗和补充等，代替过去的沙盘和地图作业；导弹、鱼雷等武器自从应用数字计算机后，命中精度提高了数十倍乃至数百倍。

军用电子计算机一方面将深刻地影响军事技术装备的进步，另一方面改变了军事指挥、通信、侦察、训练、后勤等工作的面貌，使现代军事产生了革命性的变化。

北约

北约是"北大西洋公约组织"的简称，是北美、西欧的主要发达国家建立的军事集团组织，总部位于比利时的布鲁塞尔，是目前世界上最大的军事集团。

"二战"以后，美国推行遏共产主义的战略。1949 年 4 月 4 日，美国、加拿大、英国、法国、意大利、比利时、荷兰、卢森堡、丹麦、挪威、冰岛和葡萄牙 12 国在华盛顿签订了《北大西洋公约》，宣布成立北大西洋公约组织，简称北约。同年 8 月 24 日，北约正式成立。后来又陆续有其他国家加入。

截至目前，北约共有 26 个成员国，它们分别是：美国、加拿大、英国、法国、意大利、比利时、丹麦、荷兰、葡萄牙、卢森堡、冰岛、挪威、希腊、土耳其、德国、西班牙、波兰、匈牙利、捷克、斯洛伐克、爱沙尼亚、拉脱维亚、立陶宛、斯洛文尼亚、保加利亚和罗马尼亚。

北约的最高决策机构是北大西洋理事会，实行集体防御，就是说任何一个成员国同其他国家发生战争时，北约将出兵援助。除法国、西班牙外，多数成员国的一部分军队归北约统一指挥。

氢弹

氢弹又称聚变弹、热核弹，是利用原子弹爆炸的能量点燃氢的同位素氘、氚等轻原子核的聚变反应瞬时释放出巨大能量的核武器。根据热核材料的不同，氢弹可以分为"湿式"氢弹、"干式"氢弹以及脏弹，它的运载工具一般是导弹或轰炸机。一颗氢弹的爆炸力是原子弹的几十倍乃至几百倍，是当今世界上威力最大的武器。

1942年，美国科学家在研制原子弹时，推断出原子弹爆炸所提供的能量可以点燃轻核，进而引起聚变反应，可以制造出一种威力比原子弹更大的核武器。1952年11月1日，美国进行了世界上首次氢弹试验，爆炸达1000万吨TNT当量以上，是第一颗原子弹的500倍。到了20世纪60年代后期，苏联、英国、中国和法国都相继研制成功氢弹，并装备部队。

氢弹是人类有史以来威力最大的武器，到目前为止还没有在实战中使用过，只是作为大国的核威慑战略的工具。

步兵战车

步兵战车是供步兵机动作战用的装甲战斗车辆，主要用于协同坦克作战，也可以单独作战，可以快速运送步兵，消灭敌方轻型装甲车辆、步兵反坦克火力点和低空飞行目标等。步兵战车重量12～28吨，乘员2～3人，载员8～9人，能进行水陆两栖作战。车上的武器有机关枪、机关炮和反坦克发射架等。

20世纪50年代时，各国都用装甲输送车输送步兵。1954年，法国把一辆轻型坦克加以改装，制成了世界上第一辆步兵战车，1956年装备部队。1967年，苏军将制造了更先进的步兵战车。20世纪70年代后，一些国家开始陆续装备步兵战车。装备了步兵战车的陆军，提高了机动力和机械化水平，加强了火力和防护力，战斗力升到了一个新台阶。

步兵战车还可以改装成指挥车、侦察车、炮兵观察车、修理工程车和救护车等。未来步兵战车的发展前景主要3方向：一、加强装甲，制造重型步兵战车；二、研制坦克和步兵战车合二为一的战车；三、继续发展现在的轻型步兵战车。

华约

华约全称为华沙条约组织，是苏联和东欧国家针对美、英、法决定吸收联邦德国加入北约一事而成立的军事集团。

1955年5月14日，苏联、捷克斯洛伐克、匈牙利、民主德国、波兰、保加利亚、罗马尼亚、阿尔巴尼亚8国，在波兰首都华沙签订了《友好互助合作条约》，同年6月条约正式生效。总部设在莫斯科。

该组织实行集体防御，规定如果一个华约缔约国受到其他国家的攻击，华约的其他国家都要给予军事援助。华约最高决策机构是政治协商委员会，军事指挥机构是联合武装部队司令部。

华约组织成立初期，在对抗北约组织、维护世界和平等方面起了一些作用。但后来它日益变成苏联控制东欧社会主义国家、同美国争夺霸权的工具。1968年8月，苏联以华约组织名义出兵侵入捷克斯洛伐克，不久阿尔巴尼亚退出。1990年9

月 24 日，德国统一后，民主德国也退出。

1991 年 7 月 1 日，华沙缔约国在布拉格举行的会议上，正式宣布华沙条约解散。

洲际导弹

洲际导弹是指射程在 8000 千米以上的导弹，是战略核武器的重要组成部分。由于各国所处地理位置和军事战略意图不同，所以对洲际导弹的射程规定也不同，有的国家把洲际导弹射程定在 5000 千米以上，有的国家则定在 6000 千米以上。它具有推力大、飞行速度快、射程远、命中精度高、威力大等优点。洲际导弹按飞行弹道可分为洲际弹道导弹和洲际巡航导弹；按发射点和目标位置可分为地地洲际导弹和潜地洲际导弹。

1957 年 8 月 21 日，苏联试射了世界上第一枚洲际导弹——SS－6 地地洲际弹道导弹，射程 8000 千米。同年，美国也研制成功射程为 8000 千米的"鲨蛇"地地洲际巡航导弹，不久又研制成功了射程达 12000 千米的"宇宙神"地地洲际弹道导弹。此后，洲际弹道导弹得到迅速发展。20 世纪 70 年代，出现了潜地洲际弹道导弹。

几经换代，洲际弹道导弹战术技术性能大大提高，命中精度从数千米精确到百米左右，射程可达 1 万多千米，可以携带核弹头和多弹头。现在，巡航导弹已经成为各核大国核威慑力量的重要支柱。

预警机

预警机是空中预警指挥机的简称。

"二战"期间，雷达开始广泛用于战争，但由于雷达的声波是按直线传播的，

而地球是圆的，所以会产生盲区。"二战"后期，美国空军将最先进的雷达装载飞机上，制成了世界上第一架预警机。它扩大了预警范围，扫除了雷达盲区，为"二战"的胜利立下了汗马功劳。

"二战"后，美国继续进行预警机的研究。1958 年，美国研制出了预警机。除了远程预警外，它还具有探测海上和空中目标、识别敌我、引导己方飞机攻击敌方目标等能力，并且在历次战争中大显身手。1982 年，在叙利亚的贝卡谷地，以色列凭借预警机的准确指挥和引导，击落 81 架叙利亚战斗机，摧毁 19 个地空导弹营，而以军战斗机却无一损失。1991 年海湾战争中，联合国军数千架，飞行了 10 万多架次，没有发生相撞与误伤事件，全是预警机的功劳。在现代战争中，没有预警机的指挥和引导，根本无法进行大规模空战。

目前，世界上只有美、俄、英、法、中、以色列等少数国家能制造预警机。

导弹艇

导弹艇是以舰舰导弹为主要武器的小型高速水面军舰，主要用于近岸海区作战，以编队或单艇对水面舰船实施进行攻击，也可用于巡逻、警戒、反潜、布雷等。导弹艇的特点是吨位小，航速快，威力大；但耐波性差，活动半径小，自卫能力弱。导弹艇分为滑行艇、半滑行艇、水翼艇和排水型艇 4 种。

1959 年，苏联将"冥河"式舰舰导弹安装在拆除了鱼雷发射管的鱼雷艇上，改成"蚊子"级导弹艇。这是世界上第一艘导弹艇。导弹艇诞生后，深受发展中国

家的青睐。1967 年 10 月 21 日，埃及的"蚊子"级导弹艇击沉以色列"埃拉特"号驱逐舰，这是海战史上导弹艇第一次击沉敌方军舰的战例。1973 年 10 月，以色列的"萨尔"级导弹艇击沉击伤埃及和叙利亚导弹艇 12 艘，这是导弹艇击沉同类艇的首次战例。从此，导弹艇引起各国海军的重视，开始竞相发展导弹艇。

随着导弹技术的不断进步，未来的导弹艇的威力必将越来越大。

战略火箭军

战略火箭军是俄罗斯军队中与陆军、海军、空军并列的四大独立军种之一，是俄核威慑战略的最重要基础。它装备着俄罗斯 65％的核武器（海军占 30％，空军占 5％），担负着核报复行动中 50％以上、回击和迎击行动中 90％以上作战任务的重任，在俄各军兵种中的地位举足轻重。

战略火箭军成立于 1960 年 1 月 14 日，它的使命是平时实行战略核威慑，在核战争与其他核力量共同实施战略任务，摧毁敌人的核袭击手段、军工生产设施、军政指挥与控制机构、后勤和运输设施等。目前，战略火箭军有 17 万兵力，编为 4 个火箭集团军（共 19 个火箭师），装备着近 800 枚各型洲际弹道导弹和 3385 枚核弹头，能把整个西欧、日本、美国的大部分地区置于核打击范围之内。另外，它还担任发射运载火箭、卫星、宇宙飞船等任务。

在现阶段俄罗斯常规武器明显逊色于美国的今天，而美国又大搞 TMD（战区导弹防御系统）和 NMD（国家导弹防御系统）的情况下，俄罗斯战略火箭军的地位变得更加举足轻重。

军事卫星

军事卫星是指用于搜集和截获军事情报的人造地球卫星，它的特点是侦察范围广、速度快、不易被攻击，可不受国界限制定期或连续地监视某个地区，获取敌人或潜在敌人的经济军事情报。按照所执行的任务和所采用的侦察手段划分，军事卫星可以分为照相侦察卫星、电子侦察卫星、海洋监视卫星、导弹预警卫星和核爆炸监视卫星等。军事卫星对于增强一个国家的军事实力和综合国力具有重要意义。

世界上最早部署国防卫星系统的是美国。自 1962 年至 1984 年，美国共部署了三代国防通信卫星，共 68 颗，这使得美国国防部能运筹帷幄之中，决胜千里之外。美国总统向遍布全球的美军部队下达作战命令仅需 3 分钟。1991 年海湾战争期间，多国部队共动用了 14 颗通信卫星，构成完整的陆、海、空一体化通信网，协调三军作战，很快就击败了伊拉克。

现在，许多国家都把军事卫星当作国防竞备的重要内容，目前世界上拥有自行研制和发射人造卫星能力的国家有 8 个（俄、美、英、法、中、日、印度和以色列）。

精确制导武器

精确制导武器是以微电子技术、计算机技术、光电转换技术为核心，以自动控制技术为基础发展起来的高科技武器。它包括精确制导的导弹、航空炸弹、炮弹、鱼雷、地雷等，通常采用非核弹头，主要用于打击坦克、装甲车、飞机、舰艇、雷达、指挥中心、桥梁和武器库等点目标。

精确制导武器的精确制导系统主要由测量装置、计算机、敏感装置、执行机构等部分组成，它们能即时纠正武器的飞行姿势和方向，准确击中目标。

制导武器在"二战"中就已出现，但因为技术不成熟，所以命中精度不高。"二战"后，计算机技术、微电子技术的发展为精确制导武器的发展提供了科技基础。1972年，美国在越南战争中大量使用激光和电视制导炸弹，它的作战效能比无制导武器高很多倍。1974年以后，西方军界把这些制导武器统称为"精确制导武器"。

此后，在中东战争、海湾战争、车臣战争、科索沃战争、阿富汗战争中，精确制导武器得到广泛使用。它不但是新军事技术革命的产物，并且将成为未来高技术战争的主角。

核威慑

核威慑指的是以核力量为基础，以使用核武器相威胁，使敌人害怕遭到核报复，从而不敢发动核战争或常规战争，已到达保卫国家的方略。核威慑实质上是一种"攻心术"和心理战，它能给敌人造成巨大的心理压力，以达到"不战而屈人之兵"的目的。

冷战时期，西方最具有代表性的军事战略思想是"核威慑"战略理论。核武器诞生后，显示了巨大的破坏力，核武器成为国家防务的重要支柱。此后各国竞相发展核武器和核威慑战略理论。冷战期间，美国的核战略（或北约的核战略）经历了5个阶段，即遏制战略、大规模报复战略、灵活反应战略、现实威慑战略和新灵活反应战略。西方国家通过实施核威慑战略，与苏联进行了长期的核军备竞赛，极大地削减了苏联的经济实力，最终拖垮了苏联。

核威慑虽然不能保证永远不发生核战争，但它却是遏制核战争的最好方法。在今天"相互确保摧毁"的核均势下，核威慑战略还是非常有效的。

核竞赛

核竞赛指的是有核国家竞相发展核武器以扩充核武库，尤其特指冷战时期的美国和苏联。

"二战"时期，美国研制出了原子弹，轰炸了日本的长崎、广岛，显示了惊人的威力。"二战"后，世界各大国开始竞相研制核武器。1949年，苏联研制成功了原子弹，打破了美国的核垄断。1952年和1953年，美苏相继试爆了氢弹。为争夺核优势，美苏核试验次数不断增加，核武器的数量不断增多，核军备竞赛如火如荼。

1962年，古巴导弹危机后，苏联认识到与美国的差距，加快了核武器的研制，核竞赛进入白热化。到了20世纪70年代末，美苏都拥有了超过实际需要、足以毁灭对方数次甚至毁灭人类数次的核武器。

由于美苏两国认识到即使用核武器对对方核袭击成功，自己也无法承受对方的核报复，核战争没有胜利者。1972年5月，美苏签订《美苏关于限制进攻性战略武器的某些措施的临时协定》（后来又签订多项条约），以缓解核竞赛。

1991年，苏联解体，核竞赛结束。

中子弹

中子弹是一种以高能中子辐射为主要杀伤力的低当量小型氢弹。它与其他核武器的最大区别是只杀伤敌方人员，而对建筑物和设施破坏很小，也不会带来长期放射性污染。

1945年美国向广岛和长崎投下原子弹，显示了惊人的破坏力。一些有良知的政治军事领袖和科学家认为原子弹是不可再用的武器，应研制其他的武器加以代替。冷战开始后，为了防止苏军坦克群入侵西欧，美国科学家加紧研制另类核武。1977年，美国科学家试爆中子弹成功。美国军方以美制和苏制先进坦克试验中子弹，结果中子弹爆炸后坦克内的动物全部死亡，而坦克却损坏很小。美国卡特总统以中子弹为政治武器，逼迫苏联裁军。1980年法国试爆了中子弹，不久苏联拥有了中子弹。中国在1964年成功试爆第一颗原子弹后，也开始研制中子弹，20世纪80年代末期成功试爆中子弹。

虽然中子弹从未在实战中使用过，但军事家仍将它称为战场上的"战神"——一种具有核武器威力而又可用的战术武器。

激光武器

激光武器是一种利用定向发射的激光束毁伤敌方目标或使之失效的武器。激光武器迄今为止已有30多年的发展历史，这一领域技术最先进国家是美国、俄罗斯、中国、法国和以色列等。

激光武器可以分为战术激光武器和战略激光武器两大类。一、战术激光武器。战术激光武器是以激光为能量，可以像常规武器那样杀伤敌方人员、击毁坦克和飞机等。这种武器的主要代表有激光枪和激光炮，它们能够发出激光束来打击敌人，打击距离可达20千米。1978年3月，世界上的第一支激光枪在美国诞生。激光枪的样式与普通步枪没有太大区别，主要由四部分组成：激光器，激励器，击发器和枪托。二、战略激光武器。战略激光武器可攻击数千千米之外的战略导弹和太空中的侦察卫星、通信卫星等。战略导弹激光武器的种类有化学激光器，准分子激光器，自由电子激光器和调射线激光器。

它的优点有：1. 无须进行弹道计算。2. 无后坐力。3. 操作简便，机动灵活，使用范围广。4. 无放射性污染，效费比高。

在未来战争中，激光武器必将成为主角。

隐形飞机

隐形飞机是通过运用多种隐形技术降低飞机的信号特征，使敌方雷达难以发现、识别、跟踪和攻击，以实现反雷达、反红外线、反电子、反声波探测目的，从而达到隐身效果的作战飞机。隐形飞机之所以能够隐形，主要是综合采用了隐身外形技术、隐身材料技术等。

第一代隐形飞机诞生于美国，以F—117A"夜鹰"隐形战斗轰炸机为代表。1983年，F—117A服役后，在1989年美军入侵巴拿马和1991年海湾战争中大显身手，屡立战功，引起了世界各国军队的广泛关注。第二代隐形飞机进一步改进了隐形措施，其"隐身"本领大大增强，飞行性能也大大提高。目前在美国军队中服

"夜鹰"隐形战斗机

F—117"夜鹰"隐形战斗机首次使用于1989年巴拿马战争，随后在海湾战争中使用。1999年，一架F—117"夜鹰"隐形战斗机在前南斯拉夫地区被击落。

役的第二代隐形飞机有 B—2、YF—23A、A—12 等机型。这些飞机在科索沃战争和伊拉克战争中也发挥了重要作用。现在，各国科学家们正致力于第三代的隐形飞机——无人驾驶隐形飞机的研究。

隐形飞机属于高科技武器，研制周期长，生产工艺复杂，造价极其昂贵。F—117A 造价 4500 万美元，B—2 隐形战略轰炸机造价达 70 多亿美元。

高技术战争

高技术战争的定义是"主要使用高技术性能的武器和使用与高技术武器相适应的作战工具、作战方法进行的战争"。在战争中，只要有一方大量使用高技术武器及其战略战术就可以称为高技术战争。

20 世纪 70 年代以来，新技术革命的兴起，出现了大量的高技术武器，战争也随之发展到了高技术战争。

越南战争时期，高技术兵器就已经出现。美军在战争中曾使用了大量激光制导炸弹和反辐射导弹。后来的中东战争、美军空袭利比亚、马岛战争等也使用了高技术兵器。但这些战争中使用的高技术兵器数量很少，所以不能称为真正意义上的高技术战争。

1991 年的海湾战争，被军事家们誉为"世界上第一次高技术战争"。在战争中，美国使用了包括隐形飞机在内的几乎所有的高技术兵器，使战场面貌焕然一新。以美军为首的多国部队，凭借高技术兵器上优势，在短短的 42 天战斗里，击毁伊拉克坦克 3700 辆，舰艇 57 艘，伊军士兵死伤 10 万人，被俘 17 万人。而多国部队只伤亡了 600 多人，损失飞机 49 架、舰艇 2 艘。

后来美国相继进行了科索沃战争、阿富汗战争、伊拉克战争，这些战争都是高技术战争。

TMD 和 NMD

"TMD"和"NMD"是战区导弹防御系统（Theater Missile Defence）和国家导弹防御系统（National Missile Defence）的缩写。

随着冷战的结束和苏联的解体，1993年美国总统克林顿宣布终止"星球大战计划"，取而代之的是"TMD"和"NMD"。TMD 保护的是美国在全球的军事基地和设施（包括海军舰队）以及美国盟友的安全，所以在全球部署。TMD 包括三大部分：一是保护小区域的"低层点防御系统"，二是"高层面防御系统"，三是"助推/上升段拦截系统"。目前美国只在远东战区部署 TMD。NMD 保护的是美国本土的军事设施和民用设施，所以在美国本土部署（大部分在阿拉斯加）。NMD包含六大部分：地基拦截导弹、地基雷达、天基传感器、改进型早期预警雷达，以及作战管理、指挥、控制系统和通信系统。

从实质上说，TMD和NMD是"星球大战"计划的缩小版。美国发展NMD和TMD将打破全球战略平衡，阻碍核裁军的进程，引发新一轮的军备竞赛，所以遭到了世界上大多数国家的反对。

苏俄内战

苏俄内战是十月革命胜利后俄国苏维埃政权为保卫新生的政权，与国内外反革命进行的战争。十月革命后，一些旧俄军官如高尔察克、邓尼金、克拉斯诺夫、阿列克谢耶夫等人在德国的支持下在各地纷纷组织傀儡政府，组织反革命武装白军，发动武装叛乱。由奥匈战俘组成的捷克斯洛伐克军团在遣返途中也发动叛乱，外国干涉军在海参崴登陆，干涉俄国革命。苏维埃俄国3/4的领土被占领，情况十分危急。以列宁为首的布尔什维克苏维埃政府领导全国人民同国内外敌人进行了坚决的斗争，终于击败了敌人，稳定了局势。1918年，协约国又开始支持俄国反革命武装。高尔察克、尤登尼奇、邓尼金从东、南、西3个方向向苏维埃政府发动了进攻。红军发动反攻，相继击败了这些反动武装。1920年初，红军转入大反攻，四处扫荡白军，白军残部纷纷逃到边远地区。苏维埃俄国赢得了内战的胜利。在内战中，红军善于集中主要兵力在主要战线与主要敌人作战，最终将敌人各个击破。

在战争中，红军非常注重正规军和游击队的配合、骑兵的快速机动和预备队的建设。

苏波战争

苏波战争是苏俄与波兰为了争夺白俄罗斯、西乌克兰和立陶宛而进行的战争。十月革命后，波兰获得独立，由资产阶级组成了政府。1920年，波兰白军在协约国的怂恿下，拒绝了苏俄政府关于谈判解决两国领土争端的建议，悍然对苏俄发动了进攻。波兰总统毕苏斯基趁苏俄内战之机，派兵相继占领了白俄罗斯、立陶宛等地，并再次拒绝苏俄政府的谈判请求，又占领了乌克兰。由于波军战线过长，补给困难，苏俄红军一反击，波军立即全线崩溃。红军收复乌克兰首府基辅，越过苏波边界向波兰首都华沙推进。波兰和协约国请求和谈，但遭到苏俄拒绝。红军将领图哈切夫斯基不顾红军连续作战疲惫不堪、弹药缺乏、给养不足和大量减员的情况，执意围攻华沙。结果遭到波军的反攻，遭到毁灭性打击，全线溃退，在后方预备队的支援下才稳住阵脚。1920年10月，双方签订了《里加条约》，苏波战争结束。苏波战争标志着外国干涉军对苏俄革命的干涉完全失败。

埃塞俄比亚抗意战争

埃塞俄比亚抗意战争是1935～1936年，埃塞俄比亚（当时叫阿比西尼亚）人民抗击意大利侵略者的卫国战争。墨索里尼上台后，为了扩大殖民地和控制红海通往印度洋的航道，发动了侵略埃塞俄比亚的战争。1935年10月，30万意大利侵略军不宣而战，从北、东、南3个方向向埃埃塞俄比亚国王与国民一起反抗意大利的入侵。

塞俄比亚发动进攻。埃塞俄比亚人民在国王海尔·塞拉西的领导下英勇抗击侵略者。在战争前期，埃军主要是进行阵地战。意大利军队利用空军优势，向埃军投掷炸弹和喷洒毒气，埃军损失惨重。1936年，海尔·塞拉西国王在梅丘地区集结主力部队向意大利侵略军发起反攻，虽然消耗了相当数量的意军，但埃塞俄比亚损失更为惨重。4月5日，意大利侵略军攻占埃军大本营，5月1日，首都亚的斯亚贝巴失陷，海尔·塞拉西流亡国外。意大利吞并埃塞俄比亚，但是，埃塞俄比亚人民并没有屈服，而是开展了游击战。

苏芬战争

1939年11月～1940年3月的苏芬战争是苏联侵略芬兰的战争，又称"冬季战争"。1939年，苏联以维护西北边境安全为由，要求芬兰割让大片领土，结果遭到芬兰的拒绝。11月28日，苏联单方面废除两国互不侵犯条约，并于次日宣布断交。11月30日，苏军以20个师（50万人）、2000辆坦克和1000多架飞机向芬兰发起全线进攻。当时芬军包括民兵和预备役在内，大约为40万人，坦克约60辆，火炮100门，飞机100架。芬军决心利用芬兰高寒和湖泊众多、森林密布的有利地形条件，充分发挥芬兰人擅长滑雪、射击和熟悉地形的特点来抗击苏军。芬兰军队组成一支支狙击队，埋伏在雪中，到处射杀苏军，给苏军带来了极大的伤亡和恐慌。1940年1月，苏军以密集炮火和重型坦克发动地面进攻，空军对芬兰城市和交通线进行狂轰猛炸，芬兰弹尽粮绝，被迫投降。此战，苏联虽然取得了战争的胜利，但由于苏军狂妄自大，准备仓促，战术呆板落后，协同很差，伤亡约20万人，而芬军仅损失6.8万人。

德国闪击波兰

德国闪击波兰是"二战"时纳粹德国突袭波兰的战争，导致"二战"全面爆发。1939年9月1日凌晨，德国58个师、2800辆坦克、2000架飞机和6000门大炮，从北、西、西南三面对波兰发起突然袭击。德国空军对波兰的机场、战略中心和通信指挥机构实施了猛烈轰炸。500多架波兰飞机在地面被炸毁，无数火炮、汽车及其他辎重来不及撤退即被摧毁，交通枢纽和指挥中心遭到破坏，波兰军队陷入混乱之中。德军以装甲部队和摩托化部队为先锋，很快从几个主要地段突破了波军防线。苏联也趁火打劫，从东面入侵波兰。9月3日英法两国相继对德宣战，第二次世界大战全面爆发。但英法军队却在坚固的马其诺防线后面无所作为，坐视波兰的灭亡。16日，波兰政府和波军统帅部逃往罗马尼亚。9月17日，德军包围华沙。9月28日，华沙守军投降。10月2日，波兰最后一个城市格丁尼亚停止抵抗，波兰灭亡。德国闪击波兰使德军"闪击战"的威力第一次呈现在世人面前，显示了坦克兵团在空军的配合下的巨大威力。

敦刻尔克大撤退

1940 年 5 月 26 日至 6 月 4 日，英法军队从法国敦刻尔克港向英国本土实施的战略撤退。1940 年 5 月 10 日，纳粹德国调集了 136 个师、2500 辆坦克、3800 架飞机，分为 A、B、C 3 个军团，向荷兰、比利时、卢森堡发起闪电式进攻，进而进攻法国。德军进展迅速，荷兰、比利时、卢森堡相继投降。在法国北部和比利时境内的英法军队与索姆河以南法军主力的联系被切断，被围困在敦刻尔克附近的狭小地区内，面临被歼灭的危险。为了避免英国远征军被歼，保留军事力量，26 日晚英国政府下令撤退。英国派出 693 艘船只，法国、比利时和荷兰也派出各种舰船 168 艘，共计 861 艘。从 5 月 27 日到 6 月 4 日的 9 天里，800 多艘船只在敦刻尔克和英国港口之间穿梭不停，将英法军队 33 万人（英军 22 万人，法军 8 万人，比军 3 万人）撤退到了英国。敦刻尔克大撤退保留了一大批具有战斗经验的官兵，为以后反攻德军准备了大量有生力量，尤其是英国官兵，后来成为诺曼底登陆的骨干

查尔斯·坎德尔用油画生动再现了盟军在敦刻尔克撤退的一幕。

力量。

不列颠空战

不列颠空战是第二次世界大战中英国抵抗德国空军的大规模空战。法国投降后，纳粹德国多次诱使英国投降，但均遭到了英国政府的拒绝。1940 年 7 月 10 日，德国空军开始对英国进行大规模的空袭，企图夺取英吉利海峡上空的制空权。起初，德军轰炸的主要目标是英军的军舰、海军基地、机场和雷达站。9 月 7 日，德国空军又开始轰炸伦敦等城市，企图摧毁英国人的抵抗意志。但英国人民在丘吉尔的领导下，奋起抵抗。9 月 15 日，不列颠空战达到了高潮。德国空军的战斗机倾巢出动，英国空军与德军展开了殊死搏斗。英国空军大获全胜，这一天被定为"不列颠之日"。10 月初，德国空军转入夜袭，不列颠空战接近尾声。后来由于希特勒将注意力转向苏联，"海狮计划"被无限期推迟。不列颠空战是第二次世界大战中规模最大、时间最长的空战，是德军在"二战"中第一次失败。英国成为日后欧洲抵抗运动和盟国反攻欧洲大陆的基地，德国进攻苏联后，处于两线作战的境地，为战败埋下了伏笔。

克里特岛战役

1941 年 5 月，第二次世界大战中，德军为夺取希腊的克里特岛而进行的空降作战。克里特岛位于地中海东部，是控制东地中海的战略要地。1941 年 4 月，德国侵占巴尔干半岛后，为了控制爱琴海和东地中海交通线，保障罗马尼亚油田不受英国空军袭击，决定夺取克里特岛。1941 年 5 月 20 日凌晨，满载空降兵的德国空

军运输机飞往克里特岛，克里特岛战役正式打响。德军总共在克里特岛投入了500架轰炸机、230架战斗机、50架侦察机、500架运输机和第7伞降师、第22机降师、滑翔突击团等空降部队，共计2.2万人。经过激战，德军最终占领了克里特岛，将驻守该岛的英国军队全部赶走，俘虏了近万名希腊士兵。但由于作战计划不完善和守军的顽强抵抗，德军空降部队也付出了惨重的代价，伤亡6500多人。克里特岛是第二次世界大战中唯一一次以空降部队为主力的进攻战，对以后登陆作战、战争乃至作战理论的发展产生了重要的影响。

苏德战争

1941年6月～1945年5月苏联进行的反对纳粹德国侵略的战争，苏联称之为"卫国战争"。1941年6月22日，德国撕毁《苏德互不侵犯条约》，悍然对苏联发动进攻。战争初期，德军突破苏军防御，占领了苏联大片领土，包围了列宁格勒。苏军被迫转入战略防御。9月，德军大举进攻莫斯科。苏军积极防御，广泛开展敌后游击战。次年4月取得莫斯科会战的胜利。1942年7月，德军进攻斯大林格勒苏军被迫再次转入防御。次年2月，苏军反攻，消灭了斯大林格勒的德军，从此苏军转入反攻。斯大林格勒之战是第二次世界大战的转折点。8月，苏军又在库尔斯克会战中取得重大胜利。此后苏军完全掌握了战略主动权，德军转入防御。苏军发动了一系列大规模进攻，收复全部失地，解放了许多东欧国家。4月16日，苏军对柏林发起总攻，5月2日，苏军攻克柏林。5月8日，德国无条件投降，苏德战争结束。苏德战争表明：战争规模空前增大，必须依靠军队集团才能完成战略性任务；经济因素和科学技术对战争进程影响加大。

列宁格勒战役

第二次世界大战期间，苏军于1941年7月10日至1944年8月9日在列宁格勒（今圣彼得堡）进行的抵御德军的城市保卫战。列宁格勒是苏联西北部的战略要地，是德国要夺取的首要目标之一。德军北方集团军群在芬兰军队的配合下向列宁格勒发起进攻，苏军西北方向部队奉命坚守，苏联军民在城市内外建立了完整的防御体系。德军从北、东、南三面包围了列宁格勒（西面是芬兰湾），完全切断了列宁格勒与外界的联系，并且每天派轰炸机轰炸和炮击，企图迫使守军投降。但列宁格勒军民顽强不屈，誓死不降，从海军中抽调大量人员登陆作战，以民兵作为预备队，拼死抵抗。后德军一部分抽调前往参加莫斯科会战，列宁格勒军民压力大减。苏军趁机发起反攻，在拉多加湖开辟了一条冰上运输线，得到了源源不断的补充。1944年，苏军集结兵力对包围列宁格勒的德军实施反攻，击溃了德军，将列宁格勒从德军的长期围困中解救出来。列宁格勒被围困时间长达900天，牵制了德军大量的精锐部队，有力地支援了苏军在其他战场的胜利。

莫斯科保卫战

在第二次世界大战期间。苏军于1941年9月至1942年4月在首都莫斯科附近进行的抵抗德军进攻的防御战。1941

年9月底，德军北线包围了列宁格勒，南线攻占了基辅，中央攻占了斯摩棱斯克，集中兵力向苏联首都莫斯科进攻，企图在冬季到来之前攻占莫斯科。苏军在莫斯科以西建立了3道纵深300千米的防线。德军攻势猛烈，消灭了大量苏军，从西、北、南三面包围了莫斯科。但苏军迅速组建了新的部队，再次同德军展开了殊死搏斗，阻止了德军的攻势。冬季到来后，德军准备不足，没有冬衣，没有防寒设备，攻势大为减弱。苏军赢得了宝贵的休整时间。1942年1月5日，苏军发动全线反击，将德军打退了150～400千米，收复了大片领土，取得了莫斯科会战的胜利。在莫斯科会战中，苏军不断完善纵深梯次配置的防御体系，加强空中和对坦克的防御，组建战略预备队，将炮兵进攻和各军兵种与游击队的协同作战，最终稳定了战局。莫斯科会战打破了德军不可战胜的神话，宣告了德军"闪电战"彻底破产。

太平洋战争

太平洋战争是第二次世界大战期间，反法西斯同盟在太平洋地区进行的粉碎日本侵略的战争。1941年12月，日本舰队偷袭珍珠港，美国太平洋舰队遭到重创，太平洋战争全面爆发。日本利用在太平洋地区取得的暂时的军事优势，先后侵占了泰国、中国香港、马来亚、菲律宾、印度尼西亚、缅甸、所罗门群岛和阿留申群岛部分地区等广大地区。1942年3月，美军开始局部反攻。在珊瑚海海战中，美军首次击败日军，又在中途岛海战中重创日本舰队，掌握了战争主动权。同年8月至次年2月，美军在瓜达尔卡纳尔群岛再次

重创日军。1943年11月，美军转入全面进攻。1945年初，美军占领冲绳，开始轰炸日本本土。8月6日和9日，美国在广岛、长崎投掷原子弹。15日，日本宣布无条件投降。9月2日，日本在投降书上签字，太平洋战争和第二次世界大战结束。太平洋战争进程表明：海军核心都由战列舰转为航空母舰，舰载航空兵对海上交通线的安全和掌握制海权、制空权有重大影响。

珊瑚海战役

1942年5月7日至8日，在第二次世界大战的太平洋战争中，美日海军在太平洋珊瑚海进行的一场大规模海战。

日本偷袭珍珠港后，派舰队入侵南太平洋地区，企图切断美国和澳大利亚之间的航线。截获日军行动情报后，美军弗莱彻海军少将率第17特混舰队在珊瑚海阻击。

7日，日本海军"翔鹤"号和"瑞鹤"号航母的舰载机击沉美国油船和驱逐舰各1艘。与此同时，美军舰载机从"约克城"号和"莱克星顿"号航母起飞，击沉日军"祥凤"号航空母舰。8日，双方航母编队在200海里距离上出动舰载机群展开激战。美军战斗机重创日军"翔鹤"号航母，使其失去作战能力。日军战斗机击伤"莱克星顿"号航母，重创"约克城"号。双方随即各自撤退。

珊瑚海之战是日本和美国舰队之间的首次交战。这次战斗标志着海战新时代的到来，它改变了过去交战双方战舰相互在视距之内的炮战形式，而主要依靠航空母舰上的舰载机决定战斗的结局。

中途岛海战

中途岛海战是第二次世界大战期间，于1942年6月，美国与日本在中途岛进行的一场大海战。中途岛位于太平洋中部，是海上和空中交通要冲。日本企图夺取中途岛，并诱歼美国太平洋舰队，保障日本南进和本土的安全。1942年6月4日，日本海军中将南云忠一率领日本海军第1机动编队进抵中途岛附近海域，派出第一波飞机108架袭击中途岛。但岛上和附近的美军早已严阵以待，日军袭击没有达到目的。南云决定再次攻击中途岛，下令第二波已经挂上鱼雷准备攻击美舰的飞机改装炸弹。日侦察机报告美国舰队在附近出现时，南云又下令飞机卸下炸弹改装鱼雷，舰上一片混乱。美国战斗机趁机发起猛烈进攻，日军损失惨重，山本五十六只好下令停止进攻中途岛。中途岛海战，日军共损失4艘大型航空母舰、1艘重巡洋舰、322架飞机和3500人，丧失了在太平洋战争初期所掌握的海空控制权，被迫停止进攻转为守势。中途岛海战是太平洋战争的转折点。

中途岛海战的失利使日本将战争的主动权拱手相让。

斯大林格勒战役

斯大林格勒战役是第二次世界大战期间，苏军于1942年7月17日至1943年2月2日为保卫斯大林格勒（今伏尔加格勒）而进行的战略性攻防战役。莫斯科会战失败后，德军被迫由全面进攻转为重点进攻。1942年7月17日，德军在顿河河曲发动攻势，企图攻占战略地位极其重要的斯大林格勒，斯大林格勒保卫战开始了。苏军在斯大林格勒远郊设置了三道防线，近郊构筑了两道防线，德军每前进一步都要付出极大的代价。9月13日，德军攻入市区，并一度攻占市中心。苏军战士同敌人展开了激烈的巷战。双方对每个建筑物，每条街道都展开了反复争夺。仅火车站就反复易手达13次之多。双方死伤都很大，德军无法得到补充，而苏军的援军却源源不断地开往前线。11月中旬，集结了强大兵力的苏军开始转入反攻，包围了33万德军，并击退了德国援军。在弹尽粮绝的情况下，被包围的德军只好投降。斯大林格勒战役是第二次世界大战的转折点，从此苏军由战略防御转向战略进攻，掌握了战争的主动权。

瓜岛战役

太平洋战争期间，美日军队于1942年8月～1943年2月争夺瓜达尔卡纳尔岛（简称瓜岛）而进行的战役。

瓜岛是澳大利亚的门户，并且临近日本，地理位置非常重要。日军在中途岛惨败后，将进攻重点转向南太平洋，计划把瓜岛建成进攻南太平洋的基地，以重新夺回战略主动权。1942年6月，日军占领瓜岛，并且开始在岛上修建机场。

8月7日清晨，美军舰队接近瓜岛，对瓜岛发起了惊天动地的轰炸和炮击。日军的许多重要目标被摧毁，残余日军退入岛上的丛林。轰炸炮击停止后，美军在岛上登陆，占领机场。

获悉美军在瓜岛登陆后，日军多次增兵瓜岛与美军激战，但均遭惨败，美军逐渐掌握制空权和制海权。10月15日，瓜岛日军增至2.2万人，再次向美军发起进攻，结果又遭失败。从此，瓜岛日军被迫转入防御，但补给困难，疾病流行。次年2月，日军秘密撤退。

瓜岛大战的同时，日美舰队还在附近海域进行了6次大规模海战。日本联合舰队损失过半，飞机损失900余架，首次遭到惨败。

瓜岛战役后，日军遭到进一步削弱，由战略进攻转为战略防御，美军则由战略防御转为战略进攻。

西西里岛登陆战役

西西里岛登陆战役是"二战"期间，美英军队在意大利西西里岛进行的一次大规模登陆作战。西西里岛是地中海最大的岛屿，是意大利的南部屏障，战略地位十

美英盟军登陆西西里岛

分重要。为了保障盟军地中海航线的畅通，并迫使意大利投降，美英盟军决定于1943年7～8月在西西里岛进行一次大规模登陆作战。1943年夏，盟军在北非沿海港口结集了47万人，作战飞机4000架，各种战舰和辅助船只约3200艘。1943年7月9日，盟军在西西里岛强行登陆。德意军队猝不及防，防线很快被突破。登陆后的第3天，英军占领了西西里岛的东南部。7月22日，美军攻克了西西里岛首府巴勒摩。8月17日，盟军占领重镇墨西拿，随后占领全岛。至此，西西里岛登陆战以盟军获胜告终。西西里岛战役是盟军在欧洲战场上进行的一次重要战役。战役的胜利为盟军获得了进攻意大利本土的跳板，加深了墨索里尼政权的危机，并最终为迫使意大利投降创造了条件。

克里米亚战役

第二次世界大战期间，苏军于1944年4月至5月进行的解放克里米亚半岛的战役。1944年4月8日，乌克兰第四方面军在司令员托尔布欣大将的率领下，从克里米亚半岛北部向南推进，打响了解放克里米亚半岛的战役。11日，苏军攻占铁路枢纽占克伊，德军及其仆从军罗马尼亚军队从克里米亚半岛北部撤到南部，从刻赤半岛东部撤到西部。不久之后，苏军攻占刻赤。随后，苏军在整个克里米亚半岛追歼四处逃窜的德军。15日，苏军推进到塞瓦斯托波尔。经过充分准备，苏军在5月5日从北面向塞瓦斯托波尔发起进攻。7日，主力从东面和东南发起进攻。9日，苏军解放塞瓦斯托波尔。12日，苏

军肃清了德军，解放了整个克里米亚半岛。在克里米亚战役中，苏军陆军与黑海舰队、亚速海区舰队、游击队密切配合，协同作战，取得了辉煌战果。克里米亚半岛的解放，改善了黑海舰队的驻扎条件，为解放巴尔干半岛和东南欧创造了有利条件。

诺曼底登陆

诺曼底登陆是"二战"期间，美英军队在法国诺曼底地区进行的一次大规模登陆作战。斯大林格勒战役后，德国败局已定。为了加速德国的灭亡，1944 年美英两国决定在法国诺曼底登陆，开辟欧洲第二战场。盟军集结了 287 万人，动用了 1.1 万架战斗机、2300 架运输机，用于登陆 6000 艘运输舰、登陆艇和用来支援登陆的近 400 艘战舰。1944 年 6 月 6 日，美英盟军向法国诺曼底西端海岸推进。在舰队的猛烈炮火掩护下，盟军部队在维尔河口和奥恩河口之间的海岸登陆。经过激战，盟军取得了三处滩头立足点，随后又向纵深推进了 2～6 英里。希特勒曾大肆吹嘘的牢不可破的"大西洋壁垒"被攻破了。诺曼底登陆之所以能够成功，是因为战前盟军进行了充分的准备，准确地进行了天气预报，掌握了制空权和制海权，选择了正确的登陆地点，使陆海空三军能够协同配合作战。诺曼底登陆的胜利，为盟军解放法国和进攻德国获得了立足点，德国从此陷入了苏联和英美盟军东西夹击之中，加速了灭亡。

硫磺岛战役

硫磺岛战役是第二次世界大战中太平洋战争期间，美军和日军于 1945 年争夺硫磺岛的战争。硫磺岛地处战略要津，位于东京与塞班岛之间。美军以塞班岛为基地空袭东京。但因由于硫磺岛上日军的报警，空袭效果很不理想。为总攻日本，美军势必要夺占硫磺岛。而为了东京安全，日军也要死守硫磺岛。1945 年 2 月 16 日，美军出动舰艇 200 多艘次，飞机 400 多架次，对硫磺岛进行炮击和轰炸。19 日，美军开始登陆，经过激烈战斗，美军占领了滩头阵地。20 日，登陆美军兵分三路，右路进攻东北高地，中路进攻第一号机场，左路进攻折钵山。其中以折钵山的战斗最为激烈，双方展开了殊死搏斗，阵地几经易手。23 日，美军包围折钵山，全歼守敌。随后，双方在对小岛的每一块阵地、每一个洞穴展开了激烈的争夺。美军步兵在坦克的支援下，将岛上的日军防御阵地一个个地摧毁。3 月 26 日，美军宣布占领硫磺岛。美军攻占硫磺岛，获得了进攻日本本土的前沿阵地。硫磺岛战役的重大伤亡也促使美国下决心对日本使用原子弹。

柏林战役

"二战"后期，苏军于 1945 年 4 月 16 日至 5 月 8 日攻占纳粹德国首都柏林的战役。1945 年春，苏、美、英等盟国军队

1945 年 5 月，德国纳粹终于在投降书上签字。

已经从东西两面攻入德国本土，德国败局已定。但希特勒将剩余的德军兵力集中在柏林，做困兽之斗。德军在柏林地区聚集了100万军队，在柏林外围构筑了6道坚固的纵深梯次防御。为了彻底消灭德国法西斯，4月16日，苏军统帅朱可夫下达了进攻命令，柏林战役打响。20日，苏军逼近柏林，并且开始炮击柏林，分割德军。27日，苏军攻入市区，与德军展开激烈的巷战。30日，苏军夺取国会大厦，希特勒自杀。5月2日，柏林城防司令赫·魏德林投降，柏林卫戍部队停止抵抗。8日，德军统帅部代表威廉·凯特尔元帅在柏林签署投降书。在战斗中，苏军采取了以绝对优势的兵力兵器在正面实施多路进攻，连续突破德军的坚固的纵深梯次防御，对敌军集团采取先分割而后各个歼灭的战法。柏林战役的胜利，标志着纳粹德国的灭亡、苏德战争和欧洲战争的结束。

印巴战争

印巴战争是印度和巴基斯坦之间发生的战争，共3次。战争的起因是克什米尔归属问题和东巴基斯坦问题。前两次印巴战争双方都没有取得决定性战果。1971年，东巴基斯坦发生动乱，印军于11月21日从东、北、西三面分十路大军向东巴基斯坦发起了进攻，第三次印巴战争爆发。东巴守军在数量上和武器上处于劣势，但是他们的顽强抵抗挫败了印军速战速决的意图。印军在东巴首府达卡周围空投了大批伞兵，切断了东巴守军之间的联系，包围了达卡。与此同时，印度的海军和空军从海上和空中封锁了东巴，切断了东巴与西巴之间的联系。东巴处于孤立无援的境地。12月16日，印军向达卡发起总攻，东巴指挥官尼亚兹中将向印军投降。不久，东巴成立孟加拉国。在西线，巴军主动向印军进攻，印军发起反击。双方海陆空三军激烈对峙，战线呈犬牙交错。后因东巴沦陷，巴军宣布停火。在这次战争中，印度采取了正确的西守东攻的战略，利用实力优势，集中优势兵力，利用对手东西分离的弱点，肢解了巴基斯坦，削弱了对手。

中东战争

中东战争指的是1948～1982年间，阿拉伯国家同以色列在中东地区进行的5次战争。1947年11月第二届联合国大会通过巴勒斯坦分治决议，把巴勒斯坦地区分为阿拉伯和以色列两个国家，遭到了阿拉伯国家的强烈反对。阿拉伯国家和以色

在1973年对埃、叙的军事突袭中，以色列士兵将国旗竖起在叙利亚国土上。

列先后爆发了 5 次中东战争。1973 年 10 月 6 日，第四次中东战争爆发。埃及军队强渡苏伊士运河，突破了以军的"巴列夫防线"，叙利亚军队从北部向以色列发起进攻。以色列在损失惨重、极为被动的情况下，先以北线为重点，遏制了叙军进攻，随后将重点转向西线。以军击毁埃坦克 250 辆，迫使埃军撤退。以军从埃第 2、第 3 集团军接合部穿插突击，摧毁许多埃及防空导弹阵地，占领苏伊士城，夺得西线战场主动权。1974 年 1 月 28 日和 5 月 31 日，以色列先后与埃及和叙利亚签订了停火协议。在战争中，埃、叙经过周密准备对以色列发动突然袭击，首战告捷。而以军先北后西，重点用兵，最终化被动为主动，扭转被动局面。这次战争的突出特点是广泛利用了电子技术和使用各种战术导弹。

海湾战争

伊拉克为了解决与科威特的边界纠纷和石油争端，于 1990 年 8 月 2 日出动 10 万大军入侵科威特。为了控制海湾的石油资源，从经济和军事上打垮伊拉克，维持中东地区的稳定和势力均衡，重新确立其在全球的支配地位，美国打着"维护正义"和"解放科威特"的旗号，迅速出兵。1991 年 1 月 17 日凌晨 2 时 40 分，停泊在海湾地区的美国军舰向伊拉克防空阵地、雷达基地发射了百余枚"战斧"式巡航导弹。以美国为首的多国部队开始实施"沙漠风暴"行动，海湾战争爆发。从 1991 年 1 月 17 日～2 月 24 日，以美国为首的多国部队利用自己的海空优势和高技术优势，对伊拉克进行了持续 38 天的空中打击。伊军全线溃败。多国部队于 28 日 8 时停止战斗，海湾战争结束。海湾战争是冷战结束以后规模最大、参战国最多、现代化程度最高的一场局部战争。

科索沃战争

科索沃战争是以美国为首的北约与南联盟之间的战争。南斯拉夫解体后，南联盟境内的以阿尔巴尼亚族占多数的科索沃省一直谋求独立，但遭到了南联盟境内的塞族人的反对。1999 年 2 月，南联盟拒绝签署由美国和北约起草的和平协议。3 月 24 日，美国向南联盟发动了空袭，科索沃战争爆发。北约打着"人权高于主权""制止种族清洗"人道主义幌子，向南联盟的土地上倾泻了数以万吨计的炸弹，对南联盟的军事目标和基础设施发动了大规模空袭，造成包括阿族平民在内的 1800 多无辜平民丧生、6000 多人受伤，给南联盟带来了难以估量的损失。最后在俄罗斯和芬兰的斡旋下，南联盟被迫签署了北约强加给他们的不平等协议。北约之所以能够获胜，是因为完全掌握着制天权、制空权和战场制信息权，形成了信息与火力一体化的作战系统。科索沃战争被称为第五代战争的雏形，它表明以后战争

北约依靠其强大的空中军事力量，对南联盟境内的军用、民用目标进行了野蛮轰炸。

不再是陆、海、空三位一体的传统战争，而变为陆、海、空、天、电一体的多元空间的战争。

阿富汗战争

阿富汗战争是2001年美国联合阿富汗北方联盟对阿富汗塔利班政权发动的战争。2001年9月11日，美国五角大楼、世贸大楼遭到本·拉登指使的恐怖分子劫持的飞机的撞击。美国要求庇护本·拉登的阿富汗塔利班政权将其交出，遭到塔利班政权的拒绝。于是美国决定对阿富汗塔利班政权进行军事打击。美国联合了塔利班的敌对势力北方联盟展开军事行动。2001年10月7日，美国停泊在阿拉伯海的航母舰队出动了大批战斗机，打击塔利班，阿富汗战争爆发。与此同时，北方联盟也向塔利班政权发动了地面战。在地面战中，美军出动大批飞机对塔利班阵地进行轰炸，塔利班军队死伤惨重，北方联盟趁机发起进攻，取得了多次胜利。不久，北方联盟军队占领坎大哈，塔利班政权倒台。在这场战争中，美国使用了大量的高科技武器对塔利班军队进行了精确打击，而塔利班不仅武器装备落后，而且还按照以前陈旧的游击战模式来迎战，结果惨遭失败。

伊拉克战争

伊拉克战争又称第二次海湾战争，是美国于2003年推翻伊拉克萨达姆政权的

多国部队进入伊拉克沙漠区

战争。2003年3月20日，美英等国以伊拉克藏有大规模杀伤性武器和支持恐怖主义为由，对伊拉克实施大规模军事打击。美英的战斗机对伊拉克的指挥控制中心、通信防空系统和萨达姆等伊拉克领导人住所进行了精确打击。随后美军第三步兵师从科威特攻入伊拉克境内。美军地面部队进展迅速，3月24日已经抵达巴格达附近。伊军精锐"麦地那师"驻守巴格达，企图与美军决战，但遭到了美国战略轰炸机的饱和轰炸，损失惨重。4月9日，美军占领巴格达。4月14日，美军占领伊拉克最后一个主要城市提克里特。5月1日，美国总统布什宣布伊拉克战争主要作战行动结束。萨达姆的两个儿子被美军击毙，本人被俘。在战前，美军对伊拉克实行了大规模的攻心战，动摇了伊军的斗志。在战争中，美军的空中行动并不猛烈，主要是配合地面部队的进攻，主要行动仍然依赖于地面部队的进攻，又回归了传统战争。

中国文学常识

先秦两汉文学

屈原

我国古代第一位大诗人，楚辞的创立者和代表者，战国时期杰出的政治家。屈原是战国末期楚国人，名平，字原，楚武王熊通之子屈瑕的后代，丹阳人。屈原一生经历了楚威王、楚怀王、顷襄王三个时期，而主要活动于楚怀王时期。其改革和政策受到了一系列的阻挠和中伤，最终遭流放。顷襄王二十一年（公元前 278 年），秦将白起攻破郢都，屈原自沉汨罗江。屈原的作品计有《离骚》《天问》《九歌》（11 篇）、《九章》（9 篇）、《招魂》，凡 23 篇。屈原的作品表现了诗人的苦闷彷徨和

屈子祠

屈子祠位于湖南省汨罗市汨罗江岸的玉笥山上，始建于汉代，现存规模为清代乾隆二十一年（1756 年）重建。祠后有一平顶土丘，俗称骚坛，传说《离骚》就在此地写成。

峻洁坚守的人格，以及"虽九死其犹未悔"的斗争精神，抒发了他的"美政"理想和家国之思，体现了强烈的爱国主义精神。屈原的作品具有强烈的艺术性，屈原的出现，标志着中国诗歌进入了一个由集体创作到个人独创的新时代，他所开创的新诗体——楚辞，突破了《诗经》的表现形式，极大地丰富了诗歌的表现力，为中国古代的诗歌创作开辟了一片新天地。

贾谊

西汉初期的儒家学者、政论家、文学家，世称贾太傅、贾长沙、贾生。洛阳人，22 岁即为人推荐，被汉文帝征为博士，颇受重用。后遭妒，被贬。后改任文帝少子梁怀王太傅，梁怀王堕马而死，自伤无状，抑郁而亡，年仅 33 岁。贾谊主要文学成就是政论文，著有《新书》10 卷，其思想兼采儒、法，主张仁义与法治并用，而归结于儒家的六经和德政。代表作有《过秦论》《陈政事疏》《论积贮疏》等。其文说理透彻，逻辑严密，文笔犀利，为西汉鸿文，对后代散文影响很大。《汉书·艺文志》著录有赋 7 篇，被贬长沙途中渡湘水时作《吊屈原赋》，以自喻，辞清而理哀。谪居长沙 3 年，作《鹏鸟赋》，假托与鹏鸟的问答，抒写怀才不遇

忧国哀伤之情，又体现出齐生死、等祸福的思想，说明"万物变化之理"。其赋皆为骚体，形式趋于散体化，是汉赋发展的先声。

司马相如

西汉辞赋家，字长卿，蜀郡成都人。由于仰慕战国时期以完璧归赵、将相和而大名鼎鼎的蔺相如，改名相如。《汉书·艺文志》著录"司马相如赋二十九篇"，现仅存《子虚赋》《上林赋》《大人赋》《长门赋》《美人赋》《哀秦二世赋》等6篇。其代表作《子虚赋》《上林赋》虽非一时一地之作，但内容上前后相接，故《史记》将它们视为一篇，称为《天子游猎赋》。司马相如的赋重铺排、夸饰，极富于文采美和音乐美，为汉代散体大赋确立了比较成熟的形式，司马相如的赋无论在形式上还是在内容上都代表了汉赋的最高成就。

司马迁

西汉史学家、文学家、思想家，字子长，西汉左冯翊夏阳（今陕西韩城）人。司马迁具有深厚的家学渊源，其家世代为史官，祖辈中也出现过杰出的军事家和专门管理经济的人才，而其父司马谈所撰《六家要旨》中的许多观点都深深地影响了司马迁。少受业于经学大师董仲舒和孔安国。20岁后，赴各地考察游历，出游祖国的大江南北，沿途考察名胜古迹，访问了大量的历史遗迹，为以后编写《史记》积累了第一手资料。汉武帝元封三年（公元前108年），司马迁任太史令，开始阅读皇室所藏典籍，搜集史料，准备继承父志，承担起撰写《史记》的重任。当他

开始撰述《史记》时，因替投降匈奴的李陵辩解，获罪入狱，惨遭腐刑。此番经历在其《报任安书》中多有记载。此后，司马迁发愤著书，约于汉武帝征和二年（公元前91年）前后，写成了"究天人之际，通古今之变，成一家之言"的《史记》，该书无论在史学上还是在文学上都具有开创性，深刻地影响了中国的史学传统和文学传统。

《史记》书影

《史记》涉及了哲学、政治、经济、文学、美学、天文、地理、人才、伦理道德甚至医学占卜方面，几乎囊括了当时人类思想活动的全部内容，是一部百科全书式的鸿篇巨著。

《史记》

我国第一部纪传体通史，既是我国古代最伟大的历史著作，也是我国古代最伟大的文学著作。《史记》原名《太史公书》，共130篇，52万字，记事上起轩辕黄帝下迄汉武帝太初年间，分为本纪、世家、列传、书、表5个部分。司马迁希望通过撰写《史记》可以"究天人之际，通古今之变，成一家之言"，在著书过程当中秉承"实录"精神，通过对事件的记述和历史规律的研究，提出了许多富有创造性的观点，如他对于经济、民族关系、下层人民等的卓绝认识，是"史家之绝唱"。

同时，开创了我国以人物为中心的文学艺术传统，成功地塑造出众多性格鲜明的人物形象。叙事简明生动，语言朴素简练、舒缓从容、庄谐有致，体现出浓厚的抒情性，被誉为"无韵之离骚"。《史记》对后世文学影响巨大，其语言被奉为"古文"的最高成就，后世的散文、小说、戏剧等多种文体对《史记》也从语言、内容、风格、结构等各个侧面来加以学习、利用和继承。

班固

东汉史学家、文学家，字孟坚，扶风安陵（今陕西扶风）人。年少时，能属文，诵诗书。16 岁入洛阳太学，博览典籍，性宽和，为人倚重。父班彪卒后，继父志补续《史记后传》。遭人诬告私改国史，下狱，其弟超上书辩解，明帝嘉其义，召为兰台令史，转迁为郎，典校秘书。自永平中奉诏修史，历 20 余年，于建初七年（公元 82 年）修成《汉书》。《汉书》是我国第一部纪传体断代史，"前四史"之一，对后代影响极大。建初四年（公元 79 年）参加了在白虎观诸儒讨论"五经"异同的会议，据会议记录，撰《白虎通德论》。和帝永元初，随大将军窦宪出征匈奴，为中护军。后窦宪事败，连坐免官，死于狱中，时年 61 岁。所著辞赋以《两都赋》最著名，体制宏大，风格模仿《子虚赋》《上林赋》，谱写东西二都的繁华，开拓了散体大赋的新题材。此外，《答宾戏》《幽通赋》皆为述志之作，文辞丰足，多拟他人但仍不失其风。另其作《咏史诗》是现存最早的文人五言诗之一。

《诗经》

我国古代第一部诗歌总集。原称为《诗》或《诗三百》，自从汉儒尊《诗》为经，遂以《诗经》称之。汉代传《诗》者有齐、鲁、韩、毛四家，后独《毛诗集》流传于世。《诗经》编成于春秋时代，其中包括西周初年（公元前 11 世纪）到春秋中期（公元前 7 世纪）大约 500 年间的诗歌创作，大部分是闾巷歌谣，也有一部分出自士大夫之手。《诗经》共收诗歌 305 篇，《诗经》的表现手法有赋、比、兴三种。朱熹认为，"赋者，敷也，敷陈其事而直言之者也"；"比者，以彼物比此物也"；"兴者，先言他物以引起所咏之词也"。《诗经》主要采用四言诗和隔句用韵，但亦富于变化，杂言句式错落有致。章法上则具有重章叠句和反复咏唱的特点，大量使用了叠字、双声、叠韵词语，加强了语言的形象性和音乐性。《诗经》是中国诗歌的源头，它积淀了丰厚的文化内涵，开创了中国诗歌的现实主义传统；它的赋比兴手法也成为后世诗歌艺术表现的基本法则。《诗经》是我国文学史上第一座高峰。

《战国策》

《战国策》是一部记载了战国时代谋臣策士言行和事迹的著作，由西汉的刘向编校整理而成。全书 33 卷，主要记载了东周、西周、秦、齐、楚、赵、魏、韩、燕、宋、卫、中山诸国军政大事。时间上接春秋，下迄秦并六国，以策士们的游说活动为中心，全面反映了战国时期各国的政治、外交情况。与儒家传统的经典不同，这部作品反映的是纵横家的思想，他们大都崇尚谋略，审时度势，追求功名富贵，反映了"士"这一特殊阶层的思想与行为。《战国策》具有很高的文学价值，首先塑造了一系列栩栩如生的人物，如苏秦、张仪、荆轲等。其次是文章非常富于文采，铺张扬厉，气势纵横；情节波澜起伏，摹神描态细腻传神。此外，还运用很多寓言故事来说理论辨，非常具有说服力。《战国策》既是一部史学著作，又是一部文学名著，它的内容与风格影响了一代又一代的学人，在我国的文学史上占有非常重要的地位。

楚辞

《楚辞》是我国古代一部重要的诗歌作品集，它得名于公元前4世纪的战国时代在我国南方楚地形成的一种叫作"辞"的新诗体。这种诗体经屈原发扬光大，其后的宋玉等作家继续从事楚辞的创作。在楚辞之前的《诗经》，诗句以四字句为主，篇章较短，风格朴素，采用散文化的句法；楚辞则篇章宏阔，气势汪洋恣肆，诗的结构、篇幅都扩大了，句式参差错落，富于变化，而感情奔放、想象力丰富、文采华美、风格绚烂，都与《诗经》作品截然不同。一般来说，《诗经》产生于北方，代表了当时的中原文化，而楚辞则是南方楚地的乡土文学，楚辞中的大部分作品是屈原吸收民间文学并加以创造提高的结果。《楚辞》的编纂始于西汉，刘向将屈原、宋玉以及他们的仿真者的作品16篇汇编成书，取名《楚辞》。东汉王逸为16卷《楚辞》作注，并增入自己创作的《九思》，成《楚辞章句》17卷，这是现存最早的《楚辞》注本。宋代黄伯思《校定楚辞序》认为："盖屈、宋诸骚，皆书楚语，作楚声，纪楚地，名楚物，故可谓之'楚辞'。"《楚辞》在我国文学史上具有重要的地位，其代表作家是屈原，其作品直接影响了后代辞赋和骈俪文的发展，其比兴寄托的方法对后代诗歌影响深远。刘勰于《文心雕龙·辨骚》品评其为："其衣被词人，非一代也。"

汉赋

汉赋是汉代最主要的文学体裁，一般分为骚体赋、散体大赋和抒情小赋三类。汉赋一般篇幅较长，多采用问答体，韵散夹杂，其句式以四言、六言为主，但也有五言、七言或更长的句子。汉赋闳阔壮丽，但也好堆砌词语，极尽铺陈排比之能事。汉赋的形成受到了《诗经》和《楚辞》的巨大影响。汉赋的三种类型代表了汉赋发展的三个阶段。骚体赋主要盛行于西汉初年，受骚体诗或者楚辞的影响，如贾谊的《吊屈原赋》。散体大赋又称作汉大赋，也是人们一般意义上所认为的汉赋。它主要盛行于西汉中叶至东汉初年，代表作家作品有枚乘的《七发》、司马相如的《子虚赋》《上林赋》等等。抒情小赋是汉赋的新发展，它的出现预示着汉大赋的衰弱。但是抒情小赋篇幅短小，比起汉大赋的恢宏壮丽自有一番情趣。代表作家作品主要有张衡的《归田赋》、赵壹的《刺世嫉邪赋》等。

《说苑》

《说苑》是刘向采集古书经修纂而成的书籍，具有宝贵的史料价值和文学价值。刘向是西汉末期集文学家、经学家、政治家与目录学家于一身的学者。本着宗室的爱国心，刘向从古书中大量取材，重组一些条理清晰、说解简易的故事寓言成书，即《说苑》，希望借此提升皇帝的行政素养。《说苑》书20卷，共分20个主题，依次是：君道、臣术、建本、立节、贵德、复恩、政理、尊贤、正谏、敬慎、善说、奉使、权谋、至公、指武、谈丛、杂言、辨物、修文和反质。全书以治道为重心，以儒术为根本，以故事传达理念的表述方式，展示了刘向本人的政治思想，也呈现了汉武帝以后的政治思潮。同时，该书善于叙事，对话描写高超，文字简洁精到，具有独特的文学风貌。

汉乐府

汉乐府指汉代乐府机关从各地搜集来的民歌，亦称为"乐府诗"或"乐府"，代表作有《妇病行》《孤儿行》《东门行》《战城南》《陌上桑》《十五从军征》和《孔雀东南飞》等。班固认为汉乐府的特色在于"感于哀乐，缘事而发"，最基本的艺术特色就在于它的叙事性，出现了由第三者叙述故事的作品和有一定性格的人物形象和比较完整的情节，奠定了中国古代叙事诗的基础。与这种叙事性相伴随的则是汉乐府民歌所体现出来的激烈而直露的感情，形成了一次情感表现的解放。同时这种精神也开启了后代法门：建安曹操诸人古题乐府的"借古题写时事"，杜甫新题乐府的"即事名篇，无复依傍"以及白居易所倡导的新乐府运动"歌诗合为事而作"等均源于此。另外，汉乐府民歌的主要形式是杂言体与五言体，这也对后代诗歌创作影响深远，后代杂言莫不源于汉乐府，而五言体则逐渐取代了《诗经》的四言和《楚辞》的骚体，成为我国诗史上一种重要的诗歌形式。总之，作为汉代非主流的民间创作，汉乐府深刻影响了后代文人的创作，促进了诗歌的发展，在文学史上具有相当重要的地位。

《古诗十九首》

《古诗十九首》，组诗名，汉无名氏作，非一时一人所为，一般认为产生于东汉末年。南朝梁萧统合为一组，收入《文选》，题为《古诗十九首》。《古诗十九首》的作者既非一人，所以它们反映的思想内容是很复杂的，其主题有闺人怨别、游子怀乡、游宦无成、追求享乐等，但其有一个共同的特征，就是对人生易逝、节序如流的感伤，大有汲汲惶惶、如恐不及的忧虑，这些都反映了社会大动乱的前夕，失意士人对于现实生活和内心要求的矛盾和苦闷。《古诗十九首》的艺术成就十分突出，被誉为"惊心动魄，一字千金"。其主要艺术特色是长于抒情：既融情入景，寓情于景；又善于通过某种生活情节抒写作者的内心活动，抒情中带有叙事意味；同时善于运用比兴手法，着墨不多而能言近旨远，语短情长；语言不加雕琢，浅近自然，但又异常精练，含蓄蕴藉，余味无穷。其高度艺术成就是五言诗已经达到成熟阶段的标志，《古诗十九首》也被刘勰誉为"五言之冠冕"。

魏晋南北朝文学

孔融

东汉末文学家，鲁（今山东曲阜）人，字文举，孔子二十世孙。曾任北海相，亦称孔北海，为"建安七子"之一。有"孔融让梨"的著名典故。孔融是东汉末年一代大儒，亦是汉末著名文学家，著有诗、颂、议、论、策、表等个体文章25篇。所著散文简洁锋利，多讥嘲之辞，言论往往与传统相悖，终为曹操所忌，杀之，株连全家，终年56岁。魏文帝曹丕深爱孔融文辞，每赞叹说"扬、班俦也"，并推孔融为"建安七子"之首。刘勰也称赞孔融"气盛于笔"，"诗文豪气直上"。后人辑有《孔北海集》。

蔡琰

汉魏间女诗人，字文姬，又作昭姬，陈留圉（今河南杞县）人，蔡邕之女。自幼博学多才，好文辞，通音律。初嫁河东卫氏，夫亡无子，归宁于家。后兵乱中被虏，被胡兵辗转掳入南匈奴，身陷南匈奴12年，生二子。曹操素与文姬之父蔡邕善，因痛其无子嗣，故以金璧将其赎回。后嫁与同郡董祀为妻。有感于战乱别离，她曾作《悲愤诗》二篇，痛悼汉室的衰亡，嗟叹生民的苦难以及自身的遭遇，令闻者为之叹息。另有《胡笳十八拍》一篇（或被认为伪作），内容上与《悲愤诗》相似，形式上用的是楚辞体或骚体。整首诗淋漓酣畅，一气呵成，虽被认为是伪作，但也不失为一篇非常优秀的作品。

王粲

汉魏间诗人，"建安七子"之一，字仲宣，山阳高平（今山东邹城）人。少时即有才名，初依刘表，后归曹操，官至魏国侍中。王粲以诗赋见长，诗今存23首，赋今存20多篇。《七哀诗》《从军行》等5首诗作取材概括，发语悲恻，感人至深。而《登楼赋》则是当时闻名的抒情小赋，显示出抒情小赋在艺术上的成熟。《文心雕龙》《诗品》等著名评论专著均称王粲为"七子之冠冕"。

阮籍

三国时期文学代表作家，字嗣宗，陈留尉氏（今河南尉氏县）人，阮瑀之子，晚年做过步兵校尉，故世称"阮步兵"。阮籍博览群籍，本有"济世志"，后因政治黑暗终日纵酒佯狂，"发言玄远，口不臧否人物"，为人鄙弃礼法，任情自适。阮籍的诗歌对于中国五言诗的发展具有重大的影响，代表作为82首五言《咏怀诗》，组诗内容复杂，多用比兴，用笔曲折，含蕴隐约。阮籍的五言诗开拓了中国古典诗歌的广度和深度，增强了哲理性和抒情力度，《文心雕龙》认为"阮旨遥深"。钟嵘评为"言在耳目之内，情寄八荒之表"，"颇多感慨之辞，厥旨渊放，归趣难求"。阮籍的散文，以《大人先生传》最著名，文章骈散相杂，眼光锐利，说理透彻，并且成功塑造了大人先生的完美形象。

嵇康

魏晋之际文学家，字叔夜，谯郡铚县（今安徽宿州）人。魏宗室女婿，官至散大夫，世称嵇中散。少孤贫，然励志勤学，博闻广识，文学、玄学、音乐无不精通。嵇康恬静寡欲而又峻急刚烈不抱礼法，因其不合作态度，为司马昭所害。嵇康的诗歌以四言取胜，代表作有《幽愤诗》、组诗《赠秀才从军》等，其中的名句"风驰电逝，蹑景追飞""目送归鸿，手挥五弦"等流传千古。嵇康的文章成就也较高，《与山巨源绝交书》等散文嬉笑怒骂，文风大胆；《声无哀乐论》等论说文则逻辑严密，说理透彻。

陆机

西晋文学家，字士衡，吴郡华亭（今江苏苏州）人。曾任平原内史，世称"陆平原"，与其弟陆云并称"二陆"。祖父陆逊、父陆抗，均为东吴名将，地位显赫。吴亡入洛，以文才被召。惠帝时宗室相争，陆机因兵败，被诛三族。陆机才冠当世，诗、文、辞赋均有成就，在史学、书法等艺术方面也多有建树。陆机诗歌"才高词赡，举体华美"，内容多模拟，其乐府多因袭旧题，另有《拟古诗》12首也

多是变换词句。其诗歌美感丰富，语言深奥典雅，技巧纯熟，用力于修辞，句式多用排偶，词汇注重色彩声调，景物描写细致，感受敏锐细腻，代表作有《赴洛中道作》等。陆机以其"缘情绮靡"（《文赋》）的准则和自身的创作，对南朝文学产生了很大影响。陆机文赋更受人赞誉，代表作有《吊魏武帝文》《辩亡论》《豪士赋序》等。赋体的文艺批评著作《文赋》，是中国文学理论批评发展史上第一篇系统的创作论，对后世影响良多。因其多方面的成就，陆机被后人誉为"太康之英"。

干宝

东晋初史学家，字令升，据传祖籍新蔡县。少勤学，博览群书，以德才召为著作郎。东晋初年，经推荐，领修国史。东晋太宁三年（公元325年）著《晋记》20卷，直而能婉，时称良史。又有《周易注》10卷、《周官注》12卷、《春秋左氏义外传》15卷、《搜神记》20卷、《干子》18卷、文集4卷等，其著述跨四部，学识博通。《搜神记》原书已佚，今存本为后人辑录，是我国魏晋志怪小说的代表作。书中多述神仙鬼怪，并保留了许多古代传说和民间故事，如《董永卖身》《相思树》《干

《搜神记》书影

将莫邪》《李寄斩蛇》等，在民间广为流传，并对后世文学创作影响深远。

陶渊明

魏晋南北朝文学家，一名潜，字元亮，私谥靖节先生，浔阳柴桑（今江西九江）人。曾祖陶侃是东晋的开国元勋，祖父陶茂官至太守。陶渊明幼年丧父，家道败落，亦曾出仕，后去职归隐。陶渊明现存诗120多首，散文6篇，辞赋3篇等。陶渊明虽有《读山海经》《咏荆轲》等"金刚怒目"之诗，但其最有代表性的是田园诗，如《归园田居》《饮酒》等。陶渊明的田园诗表现了他以"自然"为核心的哲学，将自然景色与抽象哲理结合起来，显示出了"静穆""朴素"等美学特色。陶诗开创了田园诗这一新的审美内容，以自然朴素的形式呈现出清明淡远的艺术境界。陶渊明留存下来的散文、辞赋并不多，但名篇甚多。散文以《桃花源记》最为著名，语言优美朴素，构建了一个作者心中的乐园。《五柳先生传》是作者自况，全篇百余字，以一"不"字贯通始终，言语浅近而意味深长。辞赋以《归去来兮辞》最为著名，朴素清新，富于诗意。其余的《感士不遇赋》《闲情赋》等都各有特色。

谢灵运

晋宋间诗人，当时被誉为"江左（指南朝）第一"。祖籍陈郡阳夏（今河南太康），世居会稽，出身于东晋显赫世家，祖父谢玄。谢灵运年轻时就袭爵封康乐公，故世称"谢康乐"。他幼时寄养在外，故小名"客儿"，后世又称之为"谢客"。谢灵运因政治失意，在永初三年（公元

422年）任永嘉太守后，便恣意山水，并多有描写永嘉、会稽等地山水名胜的诗作。谢灵运的主要文学成就是山水诗，代表作有《石壁精舍还湖中作》《石门岩上宿》等，尤其是各篇当中的名句久经传诵，如"池塘生春草，园柳变鸣禽"（《登池上楼》）、"白云抱幽石，绿筱媚清涟"（《过始宁墅》）等。谢灵运的山水诗，自铸新辞，体物细微，精细生动，表现出清新、明丽又不乏幽深的意境。虽然谢诗仍带有玄言诗的痕迹，并且有"繁富为累"之病，但谢灵运开创了我国的山水诗派，打破了东晋诗坛因玄言诗占统治地位从而导致的沉闷状态，完成了从玄言诗到山水诗的演变，所谓"庄老告退，而山水方滋"。谢灵运开创的山水诗派成为我国古典诗歌中最重要的流派之一，谢诗对唐代的李、杜、王、孟、韦、柳诸大家都有深远影响。鲍照认为："谢五言如初发芙蓉，自然可爱。"钟嵘在《诗品》中也评谢灵运为："若人兴多才高，寓目辄书，内无乏思，外无遗物，其繁富宜哉！然名章迥句，处处间起，丽典新声，络绎奔会，譬犹青松之拔灌木，白玉之映尘沙，未足贬其高洁也。"

鲍照

南北朝的诗人，"元嘉三大家"之一，字明远，世称"鲍参军"，生于魏晋南北朝的混乱时代，虽胸怀大志，但一生沉沦下僚，郁郁不得志，最终死于乱兵之手。现存诗约有200多首，其中乐府诗80多首。《拟行路难》18首是其代表作，被誉为"发唱惊挺""倾炫心魂"，鲍照创造的以七言句式为主的杂言体诗，为后世七言

歌行的发展奠定了基础。鲍照的五言乐府刚劲有力，《代出自蓟北门》等从军诗，是唐代边塞诗的先驱。鲍照在诗坛上的影响既深且广，为李白、高适、岑参、杜甫等的创作奠定了坚实的基础，被杜甫赞为"俊逸鲍参军"。鲍照还擅长诗赋和骈文，代表作有《芜城赋》和《登大雷岸与妹书》等，均为名篇。刘熙载《艺概·诗概》云："明远长句，慷慨任气，磊落使才，在当时不可无一，不能无二。"

谢朓

南朝齐诗人，字玄晖，陈郡阳夏（今河南太康）人，曾任宣城太守，世称"谢宣城"。与同族前辈谢灵运均擅长山水诗，又有"大小谢"并称。谢朓的主要文学成就是山水诗，他将描写景物和抒发感情自然地结合起来，摆脱了玄言诗的尾巴，发展了谢灵运开创的山水诗。其代表作有《暂使下都夜发新林至京邑赠西府同僚》《晚登三山还望京邑》《之宣城郡出新林浦向板桥》等。谢朓主张"好诗圆美流转如弹丸"，创作中讲究平仄四声，故其诗歌音调和谐，朗朗上口；同时，其诗情景交融，自然清发，"余霞散成绮，澄江静如练"等警句为人所称道。但是，谢朓浮沉宦海有感于仕途险恶，因而软弱谨慎，唯求自保。其诗歌也就表现出对宦途的忧惧和人生的苦闷，传达出迷惘、忧伤、彷徨、凄凉的感情。谢朓的短诗也很出色，如《玉阶怨》《王孙游》《铜雀悲》等，富有民歌风味，遣词自然、音调和谐。谢朓在当时就享有盛名。萧衍曾说："三日不读谢（朓）诗，便觉口臭。"其诗歌对唐代诗坛影响深刻，宋赵紫芝认为"玄晖诗变有唐风"，明胡应麟认为唐人"多法宣城"，总之谢朓上承谢灵运"芙蓉出水"般清新的山水诗，下接唐代诗歌的新体制，在文学史上占有特殊地位。

庾信

南北朝文学家，字子山，南阳新野（今河南新野）人，梁代诗人庾肩吾之子。庾信自幼随父亲与徐摛、徐陵等出入萧纲的宫廷，吸收了南朝文学的精华，也感染了一些弊病，其诗风被称作"徐庾体"。侯景叛乱时，庾信逃往江陵投奔梁元帝萧绎。后奉命出使西魏，在此期间，梁为西魏所灭，他因此羁留长安，历仕西魏、北周，官至骠骑大将军开府仪同三司，故称"庾开府"。庾信的文学创作以42岁时出使西魏为界，可以分为两个阶段。前期在梁，诗作多为唱和之作，属宫体诗，状情摹态，细腻逼真，富于辞采之美。早期的赋，如《春赋》《对烛赋》《荡子赋》等，多写女子的美貌或相思别离，辞藻华美，然笔力纤弱，其诗赋结合的倾向影响了赋的发展。出使西魏之后，虽身居显贵，被尊为文坛宗师，但亡国之哀、羁旅之愁、身仕敌国的羞愧等夹杂的情绪深刻影响了他的创作，其诗风大变，诗作多身世之叹或故国之思，形成苍劲沉郁的风格。代表作《拟咏怀》27首，模仿阮籍的《咏怀》，自伤身世，感情深沉，语言精练。庾信是南北朝文学的集大成者，其骈文、骈赋可与鲍照并举，代表了南北朝骈文、骈赋的最高成就；其诗歌融合南北诗风，对唐诗有重要影响。杜甫在《戏为六绝句》中曾言："庾信文章老更成，凌云健笔意纵横。"明代张溥认为："史评庾诗

'绮艳'，杜工部又称其'清新''老成'，此六字者，诗家难兼，子山备之。"

《世说新语》

《世说新语》，原名《世说》，宋临川王刘义庆（公元403～444年）撰，此书带有纂辑的性质。有梁代刘孝标注，引书400余种，丰富了本书内容，也是珍贵的史料。《世说新语》主要收录了汉末至东晋士族阶层人物的逸闻轶事。全书分为《德行》《言语》《政事》《文学》等36篇，多描写魏晋风度、名士风流等，反映了士族阶层多方面的生活面貌和情趣，集中表现了他们个性自由、适意而行的文化特征。《世说新语》别有艺术魅力，文字简洁隽永，笔调含蓄委婉，人物形象生动，鲁迅

王子猷雪夜访戴图　明　佚名
图中表现的是南朝宋刘义庆所著《世说新语》中的王子猷雪夜访戴的故事。

认为《世说新语》"记言则玄远冷峻，记行则高简瑰奇"。作为记叙逸闻笔记小说的先驱，《世说新语》对后世笔记小说影响深远，是后世小品文的典范。

《文选》

《文选》是我国现存最早的诗文总集，由南朝梁萧统编著。萧统（公元501～531年），字德施，梁武帝萧衍长子，天监元年（公元502年）立为皇太子，未及即位而卒，谥号昭明，因此《文选》又被称为《昭明文选》。《文选》30卷，收录作家130家，上起子夏、屈原，下迄当时；收录作品514篇，编排的标准是"凡次文之体，各以汇聚。诗赋体既不一，又以类分。类分之中，各以时代相次"，所录作品中赋、诗所占比重最多。《文选》的分类标准体现了萧统对古代文学发展、对文体分类及源流的理论观点。《文选》的选录标准以"文为本"，对文学的独立发展有促进作用。《文选》大体收录了先秦至梁初的重要作品，反映了各种文体发展的轮廓，为后人研究这段文学史提供了重要的资料。隋唐以来，研究《文选》成为一种专门的学问，形成了"文选学"，现存最早的、影响最大的著作是唐高宗时代李善的《文选注》，其注释、体例谨严，引证赅博。

《玉台新咏》

《玉台新咏》是我国文学史上继《诗经》《楚辞》之后的又一部诗歌总集，亦称《玉台集》，汇集了东周至南朝梁代的诗歌。编纂者徐陵（公元507～583年），字孝穆，南朝梁陈间诗人、骈文家。《玉台新咏》专收题咏闺情的诗歌，"即所谓

言情绮靡之作是也"（梁启超语）。徐陵"然脂暝写，弄笔晨书，撰录艳歌，凡为十卷"，编成了《玉台新咏》，希望宫中妇女可以"对玩于书帷，循环于纤手"。《玉台新咏》所收作家自汉至梁共131人，收诗870篇，计有五言诗8卷、歌行1卷、五言四句诗1卷，共为10卷。入选各篇，"但辑闺房一体"（明胡应麟语），皆与妇女相关，有梁简文帝的《戏赠丽人》《和湘东王名士悦倾城》《赋乐府得大垂手》《美人晨妆》，萧纶的《车中见美人》等艳体诗；《种葛篇》《估客乐》之类的游子思妇诗；还有《上山采蘼芜》《陌上桑》《羽林郎》《古诗为焦仲卿妻作》等塑造了各种不同女性形象的诗歌。虽其内容全涉及女性，但并非都是靡靡之音，"未可概以淫艳斥之"。其语言大都明白浅近；南朝时兴起的五言四句的短歌句，收录达一卷之多，推动了后来唐代五言绝句这一诗体的发展；与《文选》不同，它还选录了梁中叶以后不少诗人的作品；而对于一些早期诗作和女作家作品的收集，则有查阙补漏的功效。

《古文苑》

古诗文总集，编者不详。相传为唐人旧藏本，北宋孙洙得于佛寺经龛中。所录诗文，均为史传和《文选》所不载。南宋淳熙六年（1179年），韩元吉加以整理，分为9卷。绍定五年（1232年），章樵又为增订，加注释，重分为21卷，收录了周代至南朝齐代诗文260余篇。唐之前的散佚诗文，依托此书得以流传，该书保存了大量珍贵的文献资料，是后人认识当时文学面貌的重要文献。清代孙星衍又辑金石、传记、地志和类书中的遗文，自周迄元，编为20卷，名《续古文苑》。

《木兰诗》

北朝长篇叙事民歌，产生年代及作者不详。始见于《文苑英华》，题为《木兰歌》。《古文苑》题为《木兰诗》。《乐府诗集》列入"梁鼓角横吹曲"，亦题《木兰诗》。现代学者多认为《木兰诗》产生于北魏，属民间创作。《木兰诗》记述了木兰女扮男装、代父从军的故事，塑造了勤劳善良而又爱国勇敢的一个女英雄形象。木兰既端庄从容，又果敢勇毅、机智活泼，从古到今，深受人们的喜爱。这首民歌"事奇诗奇"，富有浪漫色彩和浓郁的民歌风味，风格刚健古朴，语言浅近轻快，对话口语化，心理刻画细腻，气氛活跃，是北朝乐府民歌杰出成就的代表，对后世也有深远影响。

竹林七贤

三国魏末7位名士的合称，即谯国嵇康、陈留阮籍、河内山涛、河南向秀、沛国刘伶、陈留阮咸、琅邪王戎。语见南朝宋裴松之《三国志》注引《魏氏春秋》："嵇康寓居河南之山阳县，与之游者未尝见其喜愠之色。与陈留阮籍，河内山涛，河南向秀，籍兄子咸，琅琊王戎，沛人刘伶相与友善，游于竹林，号为七贤。"南朝刘义庆在《世说新语》中记载："七人常集于竹林之下，肆意酣畅，故世谓'竹林七贤'。"七贤都崇尚老庄，纵酒交游，但七人的思想倾向也略有不同。嵇康、阮籍、刘伶、阮咸始终服膺老庄，越名教而任自然，山涛、王戎则好老庄而杂以儒术，向秀则主张名教与自然合一。在政治态度上的分歧也比较明显。七人在文学创作上成就不一，以阮籍、嵇康为高。阮籍的五言诗，嵇康的散文，在文学史上都占重要地位。向秀的《思旧赋》，篇幅虽短，但感情深挚。刘伶有散文《酒德颂》。阮咸精通音律，善弹琵琶，但文学作品很少。山涛（字巨源）、王戎所遗留下来的著作文学性也不高。

游仙诗

游仙诗是歌咏仙人漫游之情的诗。梁朝萧统所编《文选》列"游仙"为文学体裁之一，并选有晋代何劭和郭璞的作品，"游仙诗"因此得名。游仙诗源于汉代以前的歌赋。在《楚辞·远游》篇中已有抒写仙人轻举登霞的篇章。到了秦朝，始皇帝好神仙，曾"使博士为《仙真人诗》，及行所游天下，传令乐人歌弦之"。汉乐府之中的《日出入》《天马》《秋胡行》，建安曹植的《洛神赋》《游仙篇》，都涉及了游仙的内容。魏晋之后，文人开始自觉地创作游仙诗，渐成一代诗风，成为一种成熟的体裁，刘勰的《文心雕龙》和钟嵘的《诗品》都对游仙诗有专门的评说。代表作家就是郭璞。南北朝以后，李贺等诗人的创作仍受游仙诗的影响。游仙诗在思想上表现出超脱世俗的强烈愿望；在艺术上则想象奇瑰，善于运用夸张、象征等多种修辞手法，具有浓厚的浪漫色彩。

山水田园诗

山水田园诗以描写山水自然美景和田园生活为主要内容。谢灵运是我国山水诗的开创者，他一生写了大量描写山水的诗歌，其诗作清新雅丽，这在玄言诗盛行的诗坛上是独树一帜的。他的贡献就在于将这种描写山水的内容从诗歌创作中独立出来，有利于诗歌的发展。陶渊明是我国田园诗的开创者，他的创作为中国古典诗歌注入了新的形式和内容，其《归园田居》《饮酒》等一系列的作品深受世人的喜爱。这种以山水、田园为内容的诗歌创作的不断发展，到了唐代就形成了以王维、孟浩然为代表的山水田园诗派，在中国的诗坛上具有重要的影响。

建安七子

建安年间（公元196～220年）7位文学家的合称，即孔融（字文举），王粲（字仲宣），陈琳（字孔璋），刘桢（字公干），徐幹（字伟长），阮瑀（字元瑜），应玚（字德琏）。最早提出"七子"之说的是曹丕（见《典论·论文》）。"七子"的生活，基本上可分为前后两个时期。前期他们生活于汉末的社会大战乱之中，后期都先后依附于曹操。主要作品有王粲的《七哀诗》《登楼赋》，陈琳的《饮马长城窟行》，刘桢的《赠从弟》等。"七子"的创作各有个性，如孔融长于奏议散文，作品体气高妙，而王粲诗赋散文"兼善"，其作品抒情性强；同时"七子"又都具有梗概多气的建安风格。"七子"与"三曹"一起构成建安作家的主力军，对于诗、赋、散文的发展，都曾做出过贡献，在中国文学史上具有相当重要的地位。

隋唐五代文学

卢照邻

唐代诗人，字昇之，自号幽忧子，幽州范阳（今北京市）人。曾为邓王府典签及新都尉。他一生不得志，晚年又患风疾，手足痉挛，卧病 10 余年，曾作《五悲文》自道遭遇。后来不胜病痛，投颍水而死。他最擅长七言歌行，词采富艳，内容广阔，以韵致取胜，《长安古意》是其代表作。这首诗借用历史题材，以纵横齐放、富丽铺陈的笔调，描绘了当时首都长安现实生活的形形色色：如云的车骑，壮丽的宫馆，将相，廷尉，御史，游侠子弟，歌姬舞女，市井娼家等等。描写了他们"北堂夜夜人如月，南陌朝朝骑似云"繁华狂热、堕落癫狂的生活。诗人保持清醒的头脑，指出这一切终究会发展到空虚幻灭的结局："节物风光不相待，桑田碧海须臾改。昔时金阶白玉堂，即今唯见青松在。"在末尾，以自己的冷清生活与前面所描写的统治阶级的生活做了对比："寂寂寥寥扬子居，年年岁岁一床书。"其作品在艺术上虽然没有完全摆脱六朝的藻绘余习，但是韵味深厚，不流于浮艳，继承了宫体诗，而又变革了宫体诗。明代学者胡震亨在《唐音癸签》中说他"领韵疏拔，时有一往任笔，不拘整对之意"。著作有《卢昇之集》（一称《幽忧子集》）。

骆宾王

唐代文学家，字观光，婺州义乌（今浙江义乌）人，"初唐四杰"之一。做过长安县主簿、临海县丞等。后来参加徐敬业起兵反对武则天的活动，不知所终。他生活经历丰富，"四杰"中存诗最多。其诗歌虽没有彻底摆脱齐梁浮饰夸丽文风，但以匡时济世、建功立业的理想，为诗歌注入了新鲜内容。他擅长七言歌行，颇多边塞题材的诗作，富生活实感，开唐代边塞诗歌之先河。他的咏物诗托物抒怀，慷慨悲凉。代表作是《帝京篇》《在狱咏蝉》等。《帝京篇》内容和卢照邻的《长安古意》相近，但是篇幅更大，多辞赋铺排的成分，"当时以为绝唱"。他的边塞诗歌，如《边城落日》《边夜有怀》等，都较有特色。而名作《在狱咏蝉》，艺术上更为成熟。"露重飞难进，风多响易沉。无人信高洁，谁为表予心"是咏蝉，更是以蝉自比，抒发了作者有志不得实现的悲愤沉痛之情，感情深沉真挚。除诗歌外，他的文章在当时也甚为人重，尤其是为徐敬业起兵写的《讨武曌檄》，更是名闻天下。著作有《骆临海集》。

杜审言

唐代诗人，字必简，河南巩县人，杜甫的祖父。中进士后，任隰城尉，恃才高，以傲世见疾。累迁洛阳丞，因事贬吉州司户参军。武后时授著作佐郎，迁膳部员外郎。神龙初年，因交结张易之获罪，被流放峰州。后入朝为国子监主簿、修文馆直学士。他是武后时代的宫廷诗人，写过一些内容空虚的应制诗，与同时的沈佺期、宋之问齐名。他也写有一些表现游宦生活、极富真情实感、以浑厚见长的好诗，《登襄阳城》为其代表作。他熟练运用律诗这种新体制，五律与七律均完全和律，无一粘者，对律诗的定型做出了杰出贡献，由此奠定了他在诗歌发展中的地位。《和晋陵陆丞早春游望》一诗曾被明代胡应麟誉为"初唐五言律第一"。杜甫有云"吾祖诗冠古"。

苏味道

唐代诗人，赵州栾城人，汉代并州刺史苏章十八世孙，与李峤并俱文名，时人谓"苏李"。弱冠中进士，累转咸阳尉。证圣元年（公元695年），出为集州刺史，不久召拜天官侍郎。前后居相位近10年，多识台阁故事。神龙时，被贬为眉州刺史，在眉州刺史任上病逝。他是武后时代的宫廷诗人，与杜审言、李峤、崔融号称"文章四友"。苏味道在当时颇有文名，但文章现失传，诗仅存16首，其诗风清正挺秀，绮而不艳，多咏物诗。代表作为《正月十五夜》《咏虹》《和武三思于天中寺寻复礼上人之作》等，其中《正月十五夜》写元宵夜景，有"古今元宵诗第一"之誉，诗中"火树银花合，星桥铁锁开。暗尘随马去，明月逐人来"更是佳句。另外《咏虹》诗对虹的描写刻画亦颇值得称道。

王勃

唐代文学家，字子安，绛州龙门（今山西河津）人。隋代学者文中子王通的孙子，唐初诗人王绩的侄孙。年十四举幽素科，授朝散郎，为沛王府修撰，曾漫游蜀中。补虢州参军，犯死罪，遇赦，革职。其父王福时任雍州司功参军，因受他连累，被贬谪边地。王勃渡海省亲，溺水，惊悸而死。他与杨炯、卢照邻、骆宾王并称"王杨卢骆"，是为"初唐四杰"。"四杰"中王勃才气最高，成就最大。他反对自南朝以来即蔓延的宫体诗风，提出诗歌革新主张。其诗歌创作内容充实，感情充沛，悲凉浑壮，并在七言、杂言诗体形式上也有所创新，初步摆脱了齐梁浮华空虚的文风。《滕王阁序》《采莲曲》《送杜少府之任蜀州》等是其代表作。《采莲曲》描绘了江南地区的水国风光，以及采莲女的生活情态和相思离别之情。杂用三、五、七言句式，语言活泼，节奏和谐，极富民歌气息。"海内存知己，天涯若比邻"（《送杜少府之任蜀州》）是广为传诵的名句。除诗歌外，其文章也极著名，尤其是《滕王阁序》，享誉千古，"落霞与孤鹜齐飞，秋水共长天一色"是广为传诵的名句。著作有《王子安集》。

杨炯

唐代诗人，陕西华阴县人，曾做过盈川令。幼时聪敏，年十三举神童，授校书郎。高宗永隆二年（公元681年）为崇文馆学士，迁詹事司直。武后初，任梓州

（故治在今四川省三台县）司法参军，秩满迁盈川（故治在今四川省筠连县）令，卒于官。他是"初唐四杰"之一，在"四杰"中存诗最少，成就也最低。今存诗歌以五言律、绝为主，而擅长五言律诗。较之卢照邻、骆宾王，其诗歌语言更趋明净凝练，进一步扫荡了六朝以来浮华雕饰的文风。《从军行》是他的代表作，表达了诗人慷慨从军的豪情壮志，艺术上较成熟，其中"宁为百夫长，胜作一书生"一句常为人引用。此外还有《巫峡》《西陵峡》《广溪峡》等作品。这些诗歌展现了祖国雄奇瑰玮的山水风景，表现了诗人豪迈开朗的襟怀。著作有《杨盈川集》。

杨炯像

宋之问

唐代诗人，一名少连，字延清，汾州（治所在今山西省汾县）人，一说虢州弘农（今河南省灵宝市）人。弱冠知名，上元二年（公元675年）中进士，历任洛州参军、尚方监丞等。后因附张易之，左迁泷州参军。中宗朝，与沈佺期双双以修文

馆学士身份出入宫廷文会，时人号为"沈宋"。后谄事太平公主。以知贡举时贪贿，贬越州长史。睿宗即位，被流放钦州（今广东省钦县），随即赐死。其诗与沈佺期齐名，并工律体，尤善五律，所作多粉饰太平、歌功颂德的应制诗；非宫廷应制的作品也有一些优秀作品，如《渡大庾岭》《渡汉江》，其中"魂飞南翥鸟，泪尽北枝花。山雨初含霁，江云欲变霞"（《渡大庾岭》）对仗工整，合于律体诗的要求；"近乡情更怯，不敢问来人"（《渡汉江》）语短情长，更是名句。他对初唐律诗的定型颇有贡献。

贺知章

唐代诗人，字季真，越州永兴（今浙江萧山）人。少以文词知名，征圣进士，累迁太常博士。开元中，张说为丽正殿修书使，奏请知章入书院，同撰六典及文家。后接太常少卿，迁礼部侍郎，加集贤院学士，改授工部侍郎，不久迁任秘书监。天宝初，请为道士还乡里。贺知章性格狂放开朗，晚年尤其纵诞，自号四明狂客，年八十六而卒，肃宗时迁礼部尚书。又善草隶，人共传宝。与李白、张旭等相交甚好，时常共饮，并称"醉中八仙"。醉后属词，动成卷轴。诗以七绝见长，多祭祀乐章和应制诗；也有一些风格清新自然的诗歌，最为人称诵的是《回乡偶书》："少小离家老大回，乡音无改鬓毛衰。儿童相见不相识，笑问客从何处来。"写一个少年即远离家乡的游子回到家乡后的情形，细致而生动。《咏柳》（一作《柳枝词》）："碧玉妆成一树高，万条垂下绿丝绦。不知细叶谁裁出，二月春风似剪刀。"

也是描写春光的名诗。

张若虚

唐代诗人，扬州（今属江苏）人。曾任兖州兵曹。生卒年、字号均不详。以文词俊秀驰名于京都，与贺知章、张旭、包融并称"吴中四士"。玄宗开元时尚在世。张若虚诗现仅存二首：《代答闺梦还》《春江花月夜》，其中《春江花月夜》是一篇脍炙人口的名作，它沿用陈隋乐府旧题，而能全无宫体诗风格卑下的弱点，全诗以春江月夜为背景，细致、形象而有层次地描绘了相思离别之苦，语言清新，韵律悠扬，自然地融诗情哲理于一体，初步洗脱了六朝宫体诗的浓脂腻粉。诗中以"江畔何人初见月，江月何年初照人，人生代代无穷已，江月年年只相似"这几句最为著名，为后人千古传唱。诗人在作品中表达的思想感情尽管悲伤，但仍然轻快；虽然叹息，却不失轻盈。张若虚也因此被清朝诗论家王闿运评为"孤篇横绝，竟为大家"。张若虚的《春江花月夜》在同题诗歌中最为有名，虽然也是游子思妇的传统内容，但是意境和情趣大为改变，洗清了宫香绮罗的脂粉之态。诗情哲理，在诗歌中自然融合；语言凝练优美，音节婉转悠扬。

陈子昂

唐代文学家，字伯玉，梓州射洪（今四川射洪县）人。24 岁中进士，上书论政，得到武后重视。曾两次出塞，直言敢谏，遭到排斥打击。38 岁后辞职归乡，不久蒙冤死于狱中。他倡导诗歌革新，标举"风骨""兴寄"，反对齐梁藻饰柔靡的诗风，是唐诗开创时期在诗歌革新的理论

和实践上都有重大功绩的诗人。其诗歌代表为《感遇诗》38 首，这些诗内容广阔，思想丰富，既有讽时刺事之作，也有感慨身世、抒发理想之作，总体风格苍凉激越，质朴明朗。《登幽州台歌》："前不见古人，后不见来者。念天地之悠悠，独怆然而涕下。"情调深沉孤独，引起时人及后人无数共鸣。除诗歌外，他在散文革新方面也极具功绩，他的对策、奏疏，都是朴实畅达的散文，开唐代文风之先。欧阳修评之为"文宗"。著作有《陈伯玉集》。

张九龄

唐代诗人，一名博物，字子寿，曲江（今广东韶关）人。唐中宗景龙初年进士。玄宗时，官至同中书门下平章事、中书令。在朝直言敢谏，是开元时代贤相之一。后遭李林甫排挤，贬为荆州刺史。他早年以文学为张说所赏识，被赞为"轻缣素练，实济时用"（唐刘肃《大唐新语》）。他曾提拔过孟浩然、王维，是受人钦慕的文坛宿将。他的诗歌多表现自己高洁的人格理想，以兴寄为主，含蓄蕴藉，词采富艳，情致深婉。他又喜游山水，写作了许多山水诗，其特点是突破前人仅求神似的写法，力求主观交融，《西江夜行》《望月怀远》是优秀代表，尤其《望月怀远》中"海上生明月，天涯共此时"更是为人称道的名句。晚年他遭受谗毁，感慨加深，诗歌风格转向质朴简劲。著作有《张曲江集》。

王之涣

唐代诗人，字季陵，晋阳（今山西太原市）人，后徙居绛州（今山西新绛）。

一生只任过主簿、县尉等低职。后被人诬陷，去官。曾漫游黄河南北达 15 年，后任文安县尉，在任上去世。他性格慷慨豪放，多边塞诗歌，与王昌龄、高适相唱和，被称为边塞诗人。其边塞诗雄奇豪迈，苍茫悲凉，极富音乐性。惜存诗仅 6 首，但几乎首首精品，《登鹳雀楼》："白日依山尽，黄河入海流。欲穷千里目，更上一层楼。"是写景，更把哲理融入诗情，是众口皆碑之名作。《凉州词》："黄河远上白云间，一片孤城万仞山。羌笛何须怨杨柳，春风不度玉门关。"也是广为传诵的优秀诗作，后人甚至将其评为唐人绝句压卷之作。

孟浩然

唐代诗人，襄阳（今湖北襄阳）人。前半生在家闭门苦读，曾一度隐居鹿门山。40 岁入长安应进士试不第，在江淮吴越各地漫游几年后，重回故乡。后张九龄做荆州刺史，引他做幕僚，不久即归隐，以此终身。在盛唐诗人中，他年辈较早，人品和诗风深得时人赞赏、倾慕。李白《赠孟浩然》诗中曾云："吾爱孟夫子，

孟浩然《春晓》诗意图
夜来风雨声，花落知多少。

风流天下闻。"他的诗歌，意境清远，淳朴明丽，语言流畅，多蕴自然超妙之趣。他擅长五言律诗和排律，多写隐逸生活和山水田园风光，一向与王维并称。他对山水田园诗派的形成起了重要作用。但是他的诗歌内容比较狭窄，缺乏社会意义，苏轼曾说他："浩然诗韵高而才短，如造内法酒手，而无材料耳。"（《苕溪渔隐丛话》）"春眠不觉晓，处处闻啼鸟。夜来风雨声，花落知多少"，《春晓》一诗，几乎人皆能诵。其他名作还有《过故人庄》《望洞庭湖赠张丞相》等。著作有《孟浩然集》。

王昌龄

唐代诗人，字伯安，太原（今山西省太原市）人，一说京兆（今陕西省西安市）人。开元进士，初补秘书郎，授汜水尉，谪岭南。后任江宁丞，又因事贬为龙标尉，故世称"王江宁""王龙标"。后为濠州刺史闾丘晓所杀，结局悲惨。他的诗歌涉及边塞、宫怨、闺情等题材，尤以边塞诗歌为佳。他擅长五言古诗和五七言绝句，其中对七绝用力最专，成就也最高，后人称之为"七绝圣手"。其诗歌委婉多讽，而又句奇格妙、雄浑自然。明代王世贞论盛唐七绝，认为只有他可以和李白争胜，列为"神品"（《艺苑卮言》卷四）。《从军行》《出塞》《代扶风主人答》为代表。其中《出塞》"秦时明月汉时关，万里长征人未还。但使龙城飞将在，不教胡马度阴山"一首，被推为唐人七绝压卷之作。

王维

唐代诗人、画家，字摩诘，太原祁（今山西祁县）人，出身于官僚家庭。开

元九年（公元 721 年），进士及第，做大乐丞，因事贬为济州司库参军。后来回长安，历任右拾遗、监察御史、吏部郎中等职。40 岁后过着亦官亦隐的生活。安史之乱中被强迫做伪官，乱后一度被贬，后升至尚书右丞，卒于官。故有"王右丞"之称。晚年淡漠世事，成为"以禅诵为事"的佛教徒。王维诗歌以 40 岁为界分为前后两期。前期诗歌多游侠、边塞题材的作品，风格豪放慷慨，意气风发。后期诗歌的主要题材是山水田园、隐居生活的闲情逸致。他的诗歌意境独特，想象新鲜，刻画细致，语言凝练，艺术成就极高。《山居秋暝》《渭城曲》等是其诗歌代表作。《送元二使安西》又称《阳关三叠》，是著名的送别诗。王维也有极高的书画、音乐造诣。

李白

唐代诗人，字太白，号青莲居士，祖籍陇西成纪（今甘肃天水附近），隋末其先人流寓碎叶（今吉尔吉斯斯坦北部托克马克附近），李白即诞生于此。5 岁时随父迁居绵州隆昌（今四川江油）。李白少有逸才，志气宏放。25 岁时"辞亲远游"，仗剑出蜀，先后漫游了长江、黄河

李白醉酒图

中下游许多地方。他不屑参加科举，希望走"终南捷径"，通过隐居学道来树立声誉，先后在嵩山、徂徕山等地隐居。天宝元年（公元 742 年），李白 42 岁，到达长安，太子宾客贺知章一见叹为"谪仙人"，声名由此大振。唐玄宗召见赐食，并亲为调羹，下诏供奉翰林。李白生性耿直，得罪了当时权贵，招致谗毁，3 年后辞官离京，从此浪迹江湖，终日沉饮。安史之乱爆发，李白参加永王李璘幕府。李璘谋乱兵败后，李白被牵连，流放夜郎，中途遇赦得还，时年 59 岁。两年后病卒于族叔、当涂县令李阳冰家中。文宗时，下诏以李白歌诗、裴旻剑舞、张旭草书为"三绝"。李白诗歌感情奔放，形象生动，想象丰富，语言朴素优美，富有浪漫主义精神，取得极高艺术成就，与杜甫并称"李杜"，成为我国古代诗歌的高峰。

高适

唐代诗人，字达夫，渤海蓨（今河北景县）人。20 岁到长安，求仕不遇，遂北上蓟门，漫游燕赵，终无所得。后客居梁、宋，"混迹渔樵"，过着贫困、流浪生活。天宝八载（公元 749 年）举有道科，任封丘尉，不久弃官。后入河西节度使哥舒翰幕府任书记。安史之乱时被拜为左拾遗，转监察御史，佐哥舒翰守潼关。乱后得到玄宗、肃宗重视，连续升迁，官至淮南、剑南西川节度使，最后任散骑常侍，"高常侍"之称即由此而来。高适性格狂放，抱负远大，"喜言王霸大略，务功名，尚节义"。其诗作多反映边地生活，与岑参并称"高岑"，是唐边塞诗派的代表。他的边塞诗涉及许多问题，边地将士的游

猎生活，战斗的英勇，斗争的激烈和艰苦，士卒的久战不归，将军和士兵苦乐悬殊的生活，凡此种种，在他诗歌中都有表现。他边塞诗作的代表是《燕歌行》。此外，他还有一些描写农民疾苦，感时伤乱的咏怀诗。总之，他的诗歌主要反映现实，感情深挚，风格雄厚浑朴。其《别董大》中"莫愁前路无知己，天下谁人不识君"，是人尽皆知的名句。著作有《高常侍集》。

刘长卿

唐代诗人，字文房，河间（今河北河间）人，开元进士。大历年间，官至鄂岳转运留后，为观察使诬奏下狱。官终随州刺史，"刘随州"之称即由此而来。刘长卿在上元、宝应年间以诗驰名，其诗多表现贬谪漂流的感慨，山水隐逸的闲情，以及怀古伤今。风格含蓄温和，清雅洗练，擅长近体，尤工五律，成就卓越，曾自言"五言长城"。他在五言律诗的创作上确实有独到之处，能用严格的律诗来写景抒情，而无雕琢修饰的痕迹，达到了凝练自然、造意清新的较高艺术境界。但他思想生活比较狭窄，故而诗歌内容单薄，诗境缺乏变化。唐人高仲武曾说刘长卿的诗"十首以上，语意稍同，于落句尤甚"，也不无道理。代表诗作是《疲兵篇》《寻南溪常山人山居》。著作有《刘随州诗集》。

杜甫

唐代诗人，字子美，祖籍襄阳（今湖北襄阳），生于河南巩县，出身于"奉儒守官"的官僚家庭。杜甫自幼好学，7岁开始吟诗，15岁即有文名。20岁结束书

杜甫草堂
草堂位于四川省成都市，杜甫曾在此生活3年。

斋生活，开始漫游，南及吴越，北达齐赵。这一长达15年的漫游，充实了他的生活，扩大了他的视野和心胸，使他早期诗歌具有极浓厚的浪漫主义色彩。其后诗人应科举试不第，困居长安10年，过着"朝扣富儿门，暮随肥马尘"的屈辱生活。诗人在这种生活中得到磨炼，逐渐深入人民生活，看到人民痛苦，也看到统治阶级的罪恶，最终成为一个忧国忧民的诗人。安史之乱时，杜甫被安禄山叛兵掠至长安，后来只身逃出长安，至凤翔见肃宗，被任为左拾遗，不久触怒肃宗，几受刑戮。后屡遭贬斥，公元759年，杜甫弃官，经历千辛万苦，到达成都，在成都西郊筑茅屋而居，开始"漂泊西南"的生活。在蜀8年，曾任检校工部员外郎，"杜工部"之称即由此而来。公元770年冬，诗人死在由长沙到衡阳的船上。杜甫经历了开元盛世，也经历了安史之乱的全过程，处在唐帝国由盛而衰急剧转变的时代。他写作的大量诗歌，反映了这一时期的社会面貌，展示了唐代由盛转衰的全过程，故被称为"诗史"，杜甫则被称为

"诗圣"。

岑参

　　唐代诗人，南阳（今属河南）人。出身于"一门三相"的显赫官僚家庭，但父亲早死，家道衰落。天宝进士，官至嘉州刺史，人称"岑嘉州"。先后两次出塞，居边塞共6年。其诗歌题材广泛，出塞前写作了许多感叹身世、赠答朋友以及描写山水的诗歌。出塞后诗歌主要题材是边地的瑰丽风光和激烈的战斗生活。其诗形式丰富多样，而最擅长七言歌行，以慷慨报国的英雄气概和不畏艰苦的乐观精神为基本特征，富有浪漫主义的特色。想象丰富，构思新奇，语言明快通俗，换韵自然。与高适并称"高岑"。《走马川行奉送出师西征》《轮台歌奉送封大夫出师西征》《白雪歌送武判官归京》是其边塞诗歌的代表作，"忽如一夜春风来，千树万树梨花开"更是传诵千古的名句。著作有《岑嘉州诗集》。

元结

　　唐代诗人，字次山，河南（今洛阳附近）人。早年入长安应试不第，天宝十二载（公元753年）始登进士第。肃宗乾元二年（公元759年）由国子司业苏源明推荐，上《时议》3篇，擢山南东道节度参谋，后任道州刺史。卒年五十三，赠礼部侍郎。他与杜甫同时，强调诗歌的实用功能，要求诗歌反映现实，写作有大量反映批判现实、同情人民的诗歌，情感真挚动人。他的诗歌力求摆脱声律束缚，不尚词华，不事雕饰，朴素简淡，在当时自成一格，但忽视诗歌艺术，结果艺术成就往往不高。他多写古体诗和绝句，几乎不写近

体诗。代表作是《悯荒诗》《贫妇词》《贼退示官吏》等。同时他的散文也取得了较高成就，为韩愈、柳宗元先驱，欧阳修曾说他"笔力雄健，意气超拔"（《集古录》卷七）。

张志和

　　唐代诗人，字子同，初名龟龄，金华（今属浙江）人。16岁举明经。唐肃宗时待诏翰林，深蒙赏重，授左金吾卫录事参军，并赐名"志和"。后因事被贬，遂绝意仕进，隐居于江湖间，祭三江，泛五湖，自号玄真子，又号烟波钓徒。张志和博学多才，歌、词、诗、画俱佳。他的《渔歌子》5首，是早期文人词作，据说作于颜真卿主持的一次宴会上。《新唐书》把他列于隐逸传，本传称他"每垂钓，不设饵，志不在鱼也"。可见他的《渔歌子》乃是借渔家生活自道其隐居江湖之乐的作品，其中第一首"西塞山前白鹭飞，桃花流水鳜鱼肥。青箬笠，绿蓑衣，斜风细雨不须归"最为知名。有《玄真子》集。

韦应物

　　唐代诗人，京兆长安人，出身关西望族，初以三卫郎侍玄宗，放浪不羁，后悔悟，折节读书。永泰中，授京兆功曹，迁洛阳丞。建中年间任滁州、江州刺史。贞元初任苏州刺史，故有"韦苏州"之称。他的部分作品对安史之乱后社会离乱、人民疾苦的现状有所反映，《采玉行》《夏冰歌》等揭露了官吏的横行，表达了对人民的同情。他以山水田园诗歌著名，人比之为陶潜。后世以陶、韦并称，或以王、孟、韦、柳并称，都是根据这类诗歌。他的诗歌，语言简淡，绝去雕饰，而风格秀

朗，气韵澄澈。《滁州西涧》最为知名："独怜幽草涧边生，上有黄鹂深树鸣。春潮带雨晚来急，野渡无人舟自横。"著作有《韦苏州集》（一称《韦江州集》）。

李益

唐代诗人，字君虞，陇西姑臧（今甘肃武威）人，代宗大历十年（公元775年）进士，授郑县尉。郁郁不得志，弃职游燕、赵间，幽州节度使刘济辟为从事。又历西北边地，参佐戎幕。宪宗时，任秘书少监，官终礼部尚书。他的诗歌吸收了乐府民歌生动活泼的精神，用俊伟轩昂的笔调和奇异独特的构思，写出实际的生活体验，意境阔远，不为篇幅所限；声调铿锵，富于音乐美，被时人谱入乐府歌唱。他擅长以七绝表现边塞生活，后人往往把他与王昌龄相提并论。中唐的国力较盛唐大为减弱，边塞已成为藩镇割据的地方，他的边塞诗歌已不复盛唐边塞诗歌乐观豪放的情调，多反映士卒对战争的厌倦，格调凄凉感伤。明代胡应麟评唐人七绝，认为他"可与太白、龙标（昌龄）竞爽"（《诗薮》卷六）。除七绝外，其他诗体也偶有佳作，如五律《喜见外弟又言别》《夜上受降城闻笛》《从军北征》。

韩愈

唐代文学家、哲学家，字退之，河阳（今河南孟州市）人，郡望昌黎，世称"韩昌黎"。因官吏部侍郎，又称"韩吏部"。谥号"文"，又称"韩文公"。3岁即孤，由兄嫂抚育，25岁中进士，29岁始登仕途，在科名和仕途上屡受挫折。任监察御史时，因上书论天旱人饥状，请减免赋税，贬阳山令。元和十二年（公元

817年），升为刑部侍郎。元和十四（公元819年）年，因谏迎佛骨，触怒宪宗，被贬潮州刺史。穆宗时被召回京，为兵部侍郎、吏部侍郎、京兆尹等职。韩愈思想源于儒家，以儒家正统自居，反对佛教清净寂灭、神权迷信；反对藩镇割据、宦官专权，关心人民疾苦。他与柳宗元倡导古文运动，开辟了唐以来古文的发展道路。散文内容丰富，形式多样，风格雄奇奔放，感情充沛，语言造诣很高。除散文外，韩愈又能诗，他以文为诗，引古文语言、章法、技巧入诗，开创了唐诗新领域，但也带来讲才学、发议论、追求险怪等不良风气。他工古体而近体少，但亦有律诗、绝句佳篇，如七律《左迁至蓝关示侄孙湘》《答张十一功曹》《题驿梁》，七绝《次潼关先寄张十二阁老》《题楚昭王庙》等。后人对韩愈评价很高，尊他为"唐宋八大家"之首。杜牧把韩文与杜诗并列，称为"杜诗韩笔"；苏轼称他"文起八代之衰"。著作有《昌黎先生集》。

白居易

唐代继李白、杜甫后又一位大诗人，字乐天，晚年自号香山居士，后人称"白香山"，又曾官太子少傅，故后人又称"白傅"或"白太傅"。原籍太原，后迁下邽（今陕西渭南县）。存诗近3000首，是唐诗人中存诗最多者。倡导新乐府运动，主张"文章合为时而著，歌诗合为事而作"，认为诗歌应当反映社会现实，反对辞藻华丽而内容空虚的文风。这既是他的创作纲领，也是他领导新乐府运动的纲领。他的诗作题旨鲜明，语言明白晓畅、妇孺能诵。白诗中价值极高、他本人最重

白居易像

视的是讽喻诗，这些诗作尖锐地揭露出当时的政治黑暗，反映人民疾苦，其中《新乐府》50首、《秦中吟》10首，更是杰作。讽喻诗首先对农民疾苦作了深刻表现，例如《观刈麦》《采地黄者》；其次对妇女问题也有多方面反映，《井底引银瓶》《母别子》《上阳白发人》为其代表；另外对中唐弊政"宫市""进奉"也有揭露，代表诗作是《卖炭翁》《红线毯》。除讽喻诗外，《长恨歌》《琵琶行》是著名的长篇叙事诗。"野火烧不尽，春风吹又生"，是脍炙人口的佳句。著作有《白氏长庆集》。

刘禹锡

　　唐代诗人、哲学家，字梦得，洛阳（今属河南）人。贞元进士，参加王叔文政治革新集团，失败后被贬为朗州司马，迁连州刺史。后入朝做主客郎中，晚年任太子宾客，"刘宾客"之名由此而来。与柳宗元友善，人称"刘柳"；与白居易诗歌酬唱，人称"刘白"。他才力雄健，有

"诗豪"之称。有三类诗歌成就最高：政治讽刺诗，寓意深刻，辛辣犀利；怀古诗，均用律绝形式，吊古伤今，沉郁苍凉，感慨无限；学习民歌的作品《竹枝词》《杨柳枝词》《浪淘沙词》等，新鲜活泼，健康开朗，自然流畅，尽洗文人习气。《戏赠看花诸君子》《再游玄都观》《西塞怀古》《乌衣巷》等是其诗歌名作。"旧时王谢堂前燕，飞入寻常百姓家"；"沉舟侧畔千帆过，病树前头万木春"，是人所共传的名句。除诗歌外，他的散文善于析理论辩，《陋室铭》最为知名。著作有《刘梦得文集》。

柳宗元

　　唐代文学家、哲学家，字子厚，河东解（今山西省永济市）人，世称"柳河东"。贞元进士，又应博学宏词科及第。参加王叔文革新集团，失败后被贬为永州司马，后迁柳州刺史，故又称"柳柳州"。柳宗元最突出的文学成就在散文上，与韩愈共同倡导古文运动，同列"唐宋八大家"。他的散文题材多样，论说文，表达自己的政治历史观，如《封建论》；传记叙事文，多取材于下层人物，发展了《史记》以来的人物传记传统，如《捕蛇者说》；寓言散文，篇幅短小，寓意深刻，《黔之驴》最为著名；尤其著名的是他的山水游记，这些作品，文笔清新秀美，富有诗情画意，代表作是《小石潭记》。柳宗元存诗较少，但他在独特生活经历和思想感受的基础上，借鉴前人经验，发挥自己才华，创造出独特的艺术风格，多传世之作。其诗歌精工密致，韵味深长，在简淡格调中表现深厚的感情。《江

雪》是最为人传诵的诗歌名作。著作有《河东先生集》。

杜牧

唐代文学家，字牧之，京兆万年（今陕西西安）人。26岁中进士，因秉性耿直，被人排挤，做了10年幕僚，仕途很不得意。36岁迁为京官，后受宰相李德裕排挤，出为黄州、池州刺史。李德裕失势，内调为司勋员外郎。官终中书舍人。杜牧诗歌与李商隐齐名，并称"小李杜"。他作诗重视思想内容，有些作品表现出爱国忧民的思想感情，以及诗人自己的理想和抱负。其咏史诗很著名，大体有两种倾向：借历史题材讽刺时政，如《过华清宫》；具有明显的史论特点，如《赤壁》。杜牧抒情写景的七言绝句，辞采清丽，画面鲜明，取得极高的艺术成就。他也有一些描写个人潦倒失意、带有浓厚感伤情调的诗作，及一些饮酒狎妓之作，流于颓废。除诗歌外，杜牧亦工文赋，文多谈论兵政，赋以《阿房宫赋》最著名。著作有《樊川文集》。

杜牧《清明》诗意图

李商隐

唐代诗人，字义山，号玉溪生，怀州河内（今河南沁阳）人。初受牛党令狐楚赏识，被引为幕府巡官。后李党王茂元爱其才，任为书记，并以女嫁之。牛党执政后，遂受冷遇，遭排挤，辗转于各藩镇幕府，过着贫寒的幕僚生活，潦倒至死。他关心现实，写有许多反映宦官专权、藩镇割据的诗歌。其咏史诗，曲折讽刺帝王的荒淫误国，抒发自己怀才不遇的感慨。他最为人传诵的是爱情诗，此类诗，或名《无题》，或取篇中两字为题，写得委婉含蓄，凄迷朦胧，幽渺秾艳，神秘宁静，"春蚕到死丝方尽，蜡炬成灰泪始干""心有灵犀一点通"是广为传诵的名句。《安定城楼》《登乐游原》《有感》等都是他的代表诗作。他与杜牧并称"小李杜"，对晚唐韩偓、宋初西昆派诗人等都有影响。著作有《李义山集》。

温庭筠

唐代诗人、词人，本名岐，字飞卿，太原祁（今山西祁县）人，唐宰相温彦博后代。他长期混迹于歌楼妓馆，为当时士人所不齿。早年才思敏捷，每入试，押官韵作赋，凡八叉手而成，时号温八叉。他以词赋知名，韵格清拔，然屡试不第，终身困顿，晚年才任方城尉和国子监助教，世称"温方城""温助教"。他诗词兼善，诗歌与李商隐齐名，称"温李"，但其诗作藻饰过甚，实际是齐梁宫体诗风的延续，成就实不及李商隐。而他精通音律，熟悉词调，对词这种新的文学样式的发展起了很强的推动作用，只是题材狭窄，多写花前月下，闺思情怨，风格绮艳香软，被尊为花间词派鼻祖。清代刘熙载在《艺概》中说他："温飞卿词，精妙绝人，然类不出乎绮怨。"但也有人认为他词中所写的男女之情是别有寄托的。代表作是《菩萨蛮》《望江南》《更漏子》。

韦庄

晚唐五代诗人、词人，字端己，京兆杜陵（今陕西西安）人。乾宁元年（公元894年）进士，曾任校书郎、右补阙等职。后入蜀，为王建书记。唐亡，王建建立前蜀，韦庄为宰相，死于蜀。他的诗词都很著名。《秦妇吟》一诗是他未第前写的一首长诗，时人曾因之称他为"秦妇吟秀才"。诗中虽有嘲笑黄巢起义军之语，但客观上反映了官军的腐败无能，表达了对人民痛苦的同情。他的此种诗歌为数极少，多是抒发及时行乐、追念昔日繁华之作。较有成就的是《古离别》《台城》。词史上，他属花间派，是花间派代表作家，与温庭筠齐名，号称"温韦"。其词风格清新明朗，以清丽见长，艺术成就较高。《思帝乡》《女冠子》《菩萨蛮》是其优秀代表。有《浣花集》。

李煜

五代南唐后主、词人，字重光，世称"李后主"。在位15年，对宋委曲求全，苟且偷安中还不忘纵情声色。公元975年，南唐被宋所灭，他出降，被封为"违命侯"，成为亡国之君，过了3年囚犯般的屈辱生活。公元978年七夕前夕被宋太宗派人毒死。李煜在政治上荒唐无才干，但在文艺上却极具才能：工书，善画，洞晓音律。其词以南唐亡国为界，明显可分为前后两期。前期词作是南朝宫体和花间

李煜像

词风的继续，多写宫廷享乐生活，风格柔靡；后期主要抒发对故国的怀恋眷顾，感叹身世，情调感伤，语言明净优美，生动如画，形象鲜明，风貌天然，取得很高的艺术成就，为唐、五代其他词人所不及。《虞美人》《浪淘沙令》《乌夜啼》是其代表作。"剪不断，理还乱，是离愁"（《乌夜啼》）；"问君能有几多愁？恰似一江春水向东流"（《虞美人》）；"流水落花春去也，天上人间！"（《浪淘沙令》）等都是他抒写优美的名句。

边塞诗派

唐代诗歌流派。边塞诗派是在盛唐形成的，它的代表作家是高适和岑参，此外还有李颀、王昌龄等。通常所说的边塞诗，是一个比较宽泛的概念，凡是以边塞为题材的诗歌，都可称为边塞诗。边塞诗的内容非常丰富，有戍边将士的军旅生活，有边塞自然和人文景观，以及边塞和中土的交往。边塞诗可以作于边塞，也可以作于京华内地，前者的创

作主体有边塞生活的经历，后者则是写身居中土的体验感受，并没有亲临边塞。边塞诗在唐代极为繁荣，主要是因为盛唐时期国力强盛，诗人都渴望建功立业，故而边塞对他们很有吸引力。由于当时交通很发达，这给诗人出游边塞提供了有利条件。此派诗歌多意境开阔，风格豪迈，取得了极高的艺术成就，促进了唐诗的繁荣。

山水田园诗派

唐代诗歌流派，形成于开元、天宝年间，代表作家有王维、孟浩然、储光羲、常建、祖咏、裴迪等人。盛唐山水田园诗人的出现主要是因为，老庄自然主义思想与外来佛教思想相混合，使得士大夫轻视世务，寄意于人事之外；虽不能出家，而往往自命为超出尘世，于是出现山水田园派；其次，当时社会重视隐逸，于是许多人不去应科举，却隐居山林，做隐士以博声名，于是隐逸文学自然产生。这派诗歌多歌颂山水田园生活以及自然风光，赞美山水的可爱，鼓吹乐天知命、适性自然的人生观，表现了他们寄情山水的闲情逸致，反映了他们不同流俗的清高，不同程度地存在消极避世思想。但是这派诗人在艺术上取得了较高的成就，描写细致，状物传神，寓情于景，含蓄蕴藉。

唐传奇

唐人小说，此名称始于晚唐裴铏《传奇》一书，宋以后人们概称唐人小说。历代正统文人对小说总采取鄙视的态度，而晚唐时期，许多人参加到传奇小说创作队伍中来，包括著名历史家、古文家和诗人。他们的参加充实了小说的思想内容，提高了小说的艺术水平，逐渐改变了人们对小说的传统看法，标志着中国小说发展趋于成熟。唐传奇主要有以下题材：神怪类，以《枕中记》《南柯太守传》等为代表，它们虽然谈神说鬼，但作品中也可以看到现实的影子，曲折地反映了现实；爱情类，以《任氏传》《柳毅传》《霍小玉传》《李娃传》《莺莺传》等为代表，它们在唐传奇中成就最高；剑侠类，以《虬髯客传》《昆仑奴》《聂隐娘》《红线传》等为代表。

初唐四杰

唐初四位杰出的文学家：王勃、杨炯、卢照邻、骆宾王。他们主要活动于高宗至武后初，"以文章齐名天下"。他们的社会地位都比较低下，在文学上有较一致的观点，不满齐梁绮艳的诗风，努力以自己内容充实、格调健康的作品扫荡齐梁文风。虽然他们的诗文并未脱尽齐梁风气，但是扩展了题材，笔意纵横，感情真挚，并且熟练运用了七言歌行这一诗体。声律风骨兼善的唐诗是从他们开始的。"四杰"对唐诗发展所做出的贡献大致是，在作品题材与内容上，开拓了诗歌题材：有咏史诗、咏物诗、山水诗、歌唱征人赴边远戍的、描写征夫思妇，表达对不幸妇女的同情等等。此外，初唐四杰为五言律诗奠定了基础，并且使七言古诗发展成熟。五言律诗在"四杰"之前已有出现，但作品不多。到了"四杰"的时候，五律才得到充分发挥，并在他们的作品中被逐渐固定下来。同时他们又以大量杰作把七言古诗推向了成熟阶段。

宋与金元文学

王禹偁

北宋文学家，字元之，巨野（今属山东）人，宋太宗太平兴国八年（公元983年）进士，晚年曾任黄州地方官，后世又称"王黄州"。出身贫寒，入仕后多次遭贬谪。但为人刚直，有"兼济天下"之志，信从儒家传统的政治伦理观。有文集《小畜集》。王禹偁反对晚唐五代的浮靡文风，崇尚杜甫、白居易的诗风，《对雪》《感流亡》等诗作反映了民间疾苦，而《村行》《寒食》等描绘山水景物、抒发内在情怀的作品，反映出他较高的诗艺。王禹偁对北宋一代的诗歌风气具有开启意义。王禹偁的散文，言之有物，清丽疏朗，如名篇《黄州新建小竹楼记》，骈散结合，抒情描写俱佳，是欧、苏散文的先导。他的论说文如《待漏院记》，叙事文如《唐河店妪传》等，也都是优秀的古文篇章。

林逋

宋代诗人，字君复，钱塘（今浙江杭州）人。少时多病，未婚娶，布衣终身。40岁之前，长期漫游于江淮一带，后期隐居于杭州西湖孤山。死后赐号"和靖先生"。《宋史·隐逸传》称其"性恬淡好古，弗趋荣利"，"初放游江、淮间，久之，归杭州，结庐西湖之孤山，二十年足不及城市"。他喜爱种梅养鹤，自称"以梅为妻，以鹤为子"。他常与范仲淹、梅尧臣诗词唱和。其诗除赠答以外，以自然风光、隐逸生活为主要题材，风格淡远，长于五七言律，尤以咏梅著称，"疏影横斜水清浅，暗香浮动月黄昏"（《山园小梅》）两句被视作千古绝唱。著有《和靖先生诗集》，存词3首。

柳永

北宋词人，字耆卿，初名三变。因排行第七，又称"柳七"。祖籍河东（今属山西），后移居崇安（今属福建）。宋仁宗朝进士，官至屯田员外郎，故世称"柳屯田"。为人放荡不羁，流连歌楼舞榭，为当时士人不屑。曾应试，仁宗批"且去填词"，故自谑"奉旨填词柳三变"。由于仕途坎坷、生活潦倒，他由追求功名转而厌倦官场，耽溺于绮旎繁华的都市生活，在"倚红偎翠""浅斟低唱"中寻找寄托。作为北宋第一个专力作词的词人，他不仅开拓了词的题材内容，而且制作了大量的慢词，发展了铺叙手法，使词通俗化、口语化，在词史上产生了较大影响。代表作品有《雨霖铃》《八声甘州》，"杨柳岸，晓风残月"是人所皆知的名句。著有《乐章集》。

范仲淹

宋代政治家、军事家、文学家，字希文，吴县（今属江苏）人，真宗朝进士。庆历三年（1043年），授参知政事，主持庆历改革，力图刷新，因守旧派阻挠而未果。次年罢政，自请外任，历知州、邓州、杭州、青州。卒谥文正。散文、诗、词均有名篇传世。其散文多富有政治内容，《岳阳楼记》通过写景以抒情，又转而言志，颇具匠心。最后提出"先天下之忧而忧，后天下之乐而乐"，表现出作者积极有为的抱负与忧国忧民的思想，为千古名篇。其词存世不多，仅3首比较完整，但意境宏阔，气象雄奇，以反映边塞风光和征战劳苦见长，突破了唐末五代词的绮靡风气，以《渔家傲·塞下秋来风景异》《苏幕遮·碧云天》为代表。有《范文正公集》。

晏殊

北宋词人，承接北宋词前期与中期的关键人物。字同叔，抚州临川（今属江西）人。少年以"神童"被荐入朝。景德中赐同进士出身，庆历中官至集贤殿大学士、同中书门下平章事兼枢密使，官至仁宗朝宰相，当时名臣范仲淹、富弼、欧阳修和词人张先等均出其门。卒谥元献。他一生生活优裕自在，志得意满，所以其词亦有一种雍容典雅的"富贵气"。擅长小令，多表现诗酒生活和悠闲情致，以及抒发伤春感时、好景不长的感慨。虽然其创作题材狭窄，但晏殊善于捕捉和描绘意象，表现细腻的心理感受，清丽疏淡，语言婉丽，颇受南唐冯延巳的影响。《浣溪沙》中"无可奈何花落去，似曾相识燕归来"二句，传诵颇广。此外，《蝶恋花·槛菊愁烟兰泣露》《破阵子·燕子来时新社》等也是他的优秀词作。其诗属西昆体。著作有《珠玉词》及清人所辑《晏元献遗文》。

晏殊"无可奈何花落去，似曾相识燕归来"词意图

梅尧臣

北宋诗人，字圣俞，宣州宣城（今属安徽）人，宣城古名宛陵，故世称宛陵先生。曾任尚书都官员外郎，后世又称"梅都官"。在北宋诗文革新运动中他与欧阳修、苏舜钦齐名，并称"梅欧"或"苏梅"，与欧阳修是莫逆之交，亦曾发现并举荐苏轼。梅尧臣早年与西昆诗派过从甚密，但后期诗风发生变化，并提出了同西昆派针锋相对的诗歌理论。他强调《诗经》《离骚》的传统，主张诗歌创作必须"因事有所激，因物兴以通"。并且提出了"状难写之景如在目前，含不尽之意见于言外"的艺术标准，倡导"平淡"的艺术境界。梅尧臣专力作诗，存诗达2800多首，题材广泛，内容丰富。梅尧臣创作了大量反映现实政治问题和民生疾苦的作品，如《田家四时》《田家语》《陶者》

等。梅尧臣还善于以朴素自然的语言，描画出清切新颖的景物形象，如名篇《鲁山山行》和《东溪》等。梅尧臣以琐碎平常的生活题材入诗，寻找前人未曾注意的题材或在前人写过的题材上翻新，开创了宋诗好为新奇、力避陈熟的风气。著作有《宛陵先生文集》。

欧阳修

北宋政治家、文学家、史学家，字永叔，号醉翁，晚号六一居士，卒谥文忠，吉州永丰（今属江西）人。欧阳修是北宋诗文革新运动的领袖，在诗、文两方面确立了宋代文学的基本风格；他也是"唐宋八大家"之一，在诗歌、散文、词等方面都有突出成就，其中以散文最高，影响最大。他继承了韩愈古文运动的精神，提出文道并重的观点，提倡简而有法和流畅自然的文风。欧阳修对赋的发展也有开拓意义，著名的《秋声赋》对无形的秋声作了形象的描绘，突出了作者内心对秋天衰飒气氛的敏感和悲哀。欧阳修还提出了很多有价值的文学批评观点，如提出诗"穷者而后工"，他的《六一诗话》是中国文学史上第一部诗话。欧阳修还擅长写词，风格婉丽，代表作有《踏莎行·候馆梅残》等。欧阳修在中国文学史上有重要的地位，他领导了北宋诗文革新运动，荐拔和指导了王安石、曾巩、苏洵、苏轼、苏辙等一大批文学家，开创了一代文风。著作有《欧阳文忠公全集》。

苏洵

北宋文学家，字明允，又号老泉，眉州（今四川眉山市）人。他 27 岁始发愤向学，后来应进士试不中，于是闭门苦读，精研经史百家之书，成为著名的古文家。嘉祐年间，他偕同儿子苏轼、苏辙到京师拜会当代文坛盟主欧阳修，呈上所著《权书》《论衡》等 22 篇。经欧阳修推荐，一时学者竞相仿效。遗著有《嘉祐集》《老泉文钞》。父子三人同列"唐宋八大家"，世人称洵为"老苏"，轼为"大苏"，辙为"小苏"，合称"三苏"。苏洵深于《孟子》《战国策》，擅长于史论、政论，喜谈古今形势及用兵之道，为文纵厉雄奇，文笔老练而简洁，有战国纵横家之风，以《六国论》最为知名。曾巩曾称其文："烦能不乱，肆能不流。其雄壮俊伟，若决江河而下也；其辉光明白，若引星辰而上也。"（《苏明允哀词》）著作有《嘉祐集》。

曾巩

北宋散文家，"唐宋八大家"之一，字子固，建昌郡南丰（今属江西）人，理宗时追谥文定。幼年聪慧，12 岁即能作文，言简意赅，得到欧阳修的赞赏，名闻四方。嘉祐二年（1057 年）进士。历任馆阁校勘、集贤校理等职，官至中书舍人。他接受了欧阳修先道后文的古文创作主张，而且比欧阳修更着重于道。其散文在唐宋"八大家"中是较少情致文采的一家，但曾文长于议论，语言质朴，立论精辟，说理曲折尽意，文风以"古雅、平正、冲和"见称，如《上欧阳舍人书》《上蔡学士书》等。记叙文亦常多议论，《宜黄县县学记》《墨池记》是其代表。曾巩亦能诗，存诗 400 余首，以七绝成就为高，为文所掩，不大受人重视。《宋史》本传称其"为文章，上下驰骤，愈出而愈工。本源六经，斟酌司马迁、韩愈，一时工作文者，鲜能过也"。著作有《元丰类稿》。

晏几道

北宋词人，字叔原，号小山，抚州临川（今江西抚州）人，晏殊第七子，能文善词，与其父齐名，合称二晏。自述写词是"往者浮沉酒中，病世之歌辞不足以析酲解愠，试续南部诸贤绪余，作五、七字语，期以自娱"，受五代艳词影响而又兼"花间"之长，以小令见长，工于言情，语言华丽，曲折轻婉。清代词论家陈廷焯在《白雨斋词话》中说他："北宋晏小山工于言情，出元献（晏殊）文忠（欧阳修）之右，然不免思涉于邪，有失风人之旨。而措辞婉妙，则一时独步。"其词作多抒写人生失意之苦与男女悲欢离合之情，对歌女常怀深刻之同情，感情真挚，深沉动人，如《鹧鸪天》："舞低杨柳楼心月，歌尽桃花扇底风。从别后，忆相逢，几回魂梦与君同。今宵剩把银釭照，犹恐相逢是梦中。"《临江仙·梦后楼台高锁》《鹧鸪天·彩袖殷勤捧玉钟》等也是其代表作。著作有《小山词》。

苏轼

北宋文学家、书画家，字子瞻，号东坡居士，眉州眉山（今属四川）人，苏洵子，嘉祐进士。神宗时曾任礼部员外郎，因反对王安石新法而求外职，任杭州通判，知密州、徐州、湖州。元丰二年（1079年），因"乌台诗案"发，被冤入狱，后贬黄州团练副使。哲宗时，旧党执政，任翰林学士，因与权臣不合，出知杭州、颍州、定州等。新党再次执政后，被贬谪惠州、儋州。徽宗即位，北还，第二年病死常州。南宋时追谥文忠。他在政治上属于旧党，但也有改革弊政的要求。文学上与父洵、弟辙，合称"三苏"，同为"唐宋八大家"。他具有多方面的文艺才能，是欧阳修之后北宋的文坛领袖。其文汪洋恣肆，明白畅达，文理俱健；其诗清新豪健，善用夸张比喻，独具风格。少数诗篇也能反映民间疾苦，指责统治者的奢侈骄纵。其词作开豪放一派，对后代有极大影响。其词意境开阔，豪迈奔放，《念奴娇·赤壁怀古》《水调歌头·丙辰中秋》传诵甚广。此外，他还擅长行书、楷书，用笔丰腴跌宕，有天真烂漫之趣。与蔡襄、黄庭坚、米芾并称"宋四家"。

苏辙

北宋散文家，字子由，号颍滨遗老，眉山（今四川省眉山市）人，苏洵之子，苏轼之弟，并称"三苏"，而有"小苏"之称，与父兄同列"唐宋八大家"。仁宗嘉祐年间进士，官尚书右丞、门下侍郎。神宗时，王安石行新法，与其兄苏轼力言不便。后以事忤元丰诸臣，累贬徙许州（今河南省许昌市）。徽宗时，复官大中大夫。卒谥文定。苏辙将自己的文章与兄苏轼相比，称"子瞻之文奇，余文但稳耳"（《栾城遗言》）。其为文，政论不及父兄，风格淳正厚重。但叙事写景饶有意趣，《黄州快哉亭记》是广为传诵的名篇。该文寓情于景，句法整齐而有变化。著有《诗传》《春秋传》《论语拾遗》《栾城文集》等。

黄庭坚

北宋诗人、书法家，字鲁直，自号山

谷道人，晚号涪翁，洪州分宁（今江西修水）人，英宗治平四年（1067年）进士。哲宗时，召为校书郎、《神宗实录》检讨官，后擢起居舍人。绍圣初，新党谓其修史"多诬"，贬涪州别驾，安置黔州等地。后死于宜州（广西宜山）。工诗文，早年受知于苏轼，与张耒、晁补之、秦观并称"苏门四学士"，为四学士之首。诗与苏轼并称"苏黄"，为江西诗派开山之祖，推崇杜甫，能屏除陈言，一字一句都求其有来源，诗风瘦硬峭拔。刘克庄《江西诗话》文中称他"会萃百家句律之长，穷究历代体制之变，搜猎奇书，穿穴异闻，作为古律，自成一家"。作者重视诗法，勤苦锻炼，确有独到之处，可是过于强调步趋古人，搜寻旧典，走上脱离现实的道路，形成模拟风气。也有一些反映生活的优秀诗作，《登快阁》《寄竹石牧牛》等为代表。词与秦观齐名。词风流宕豪迈，较接近苏，但有一些流于猥亵淫俗。又工书法，尤擅行草，是宋书法四家之一。著作有《山谷集》。

秦观

北宋词人，字少游、太虚，号淮海居士，高邮（今属江苏）人。曾任秘书省正字兼国史院编修官等职。政治上倾向旧党，被列为元祐党人，绍圣初，新党执政，他屡遭贬谪。徽宗即位召还，中途死于藤州。其文辞为苏轼所赏识，是"苏门四学士"之一，宋词坛上的大家，取得多方面的成就。他吸取了二晏、欧阳修、苏轼词的精华，并学习民间乐曲，形成柔婉清丽的风格。其词作语言清新秀丽，明白晓畅，很少使用典故、僻字，艺术成就较

高，是婉约派的代表。内容则多写男女恋情及感叹身世。《满庭芳·山抹微云》《踏莎行·雾失楼台》《鹊桥仙·纤云弄巧》等是其代表词作，尤其《满庭芳》为佳，因此获得"山抹微云君"的雅号。他也写诗，诗风与词风相近。著作有《淮海集》《淮海居士长短句》。

贺铸

宋代词人，字方回，自号庆湖遗老，原籍山阴（今浙江绍兴），居卫州（今河南汲县）。长身耸目，面色铁青，人称贺鬼头。他出身贵族，少时意气豪侠，做过武官，后转文职，喜论天下事，不附权贵，因此浮沉下位，郁郁不得志。晚年退居苏州。他诗、词、文皆善，尤长于作词度曲。其词题材丰富，多刻画闺情离思，也有抒发怀才不遇之慨叹及纵酒狂放之作品。其词兼具婉约与豪放的风格，各极其妙，长于锤炼语言并善融化前人成句，是北宋后期一重要词家。用韵特严，富有节奏感和音乐美。张耒在《东山词序》中指出他词风有盛丽、妖冶、幽索、悲壮等方面。《青玉案》一词中"一川烟草，满城风絮，梅子黄时雨"是最为人称道的名句，时人皆服其工，而称他为"贺梅子"。此外，《鹧鸪天·重过阊门万事非》也是其优秀词作。著作有《庆湖遗老集》和《东山词》。

晁补之

宋代词人，字无咎，号归来子，济州巨野（今山东巨野）人，元丰二年（1079年）进士。历仕秘书省正字、校书郎、礼部郎中及地方官职等，曾两度被贬。工书画，能诗词，善属文。与黄庭坚、秦观、

张耒为"苏门四学士"。与张耒并称"晁张"。词风受苏轼影响，气象雄奇沉郁，格调豪放，语言清新晓畅，但流露出浓厚的消极归隐思想。散文语言凝练、流畅，风格近柳宗元。诗学陶渊明。著作有《鸡肋集》《晁氏琴趣外篇》。

周邦彦

北宋词人，字美成，号清真居士，钱塘（今浙江杭州）人。少年落魄不羁，因献《汴京赋》而得官。历官太学正、庐州教授，知溧水县等。他精通音律，徽宗时提举大晟府为皇室制乐。周邦彦继承了柳永的铺叙，舍弃其平直，施展点染、勾勒等艺术技巧，融合不同时间地点的情景，进行多层面的描写。他的写景咏物之作，刻画入微。其词语言典雅精练，注重练字。他精通音律，为后世格律词派所宗，称之为"词家之宗""集大成者"，开南宋姜夔、张炎一派，影响巨大。近代著名学者王国维在《清真先生遗事》中称周邦彦为"词中老杜"，评说他"美成深远之致，不及欧、秦，惟言情体物，穷极工巧，故不失为第一流之作者；但恨创调之才多，创意之才少耳"（《人间词话》）。《兰陵王·柳》《少年游·并刀如水》为其代表作品。著作有《清真集》。

叶梦得

宋代词人，字少蕴，号石林居士，苏州吴县人。绍兴四年（1134年）进士。翰林学士、吏部尚书、龙图阁直学士。晚年隐居湖州卞山石林谷，以读书吟咏自乐。能诗工词，词风早年婉丽，中年学东坡，南渡后多感怀国事，转向简淡宏阔，晚年简洁。著有《建康集》

《石林词》《石林燕语》等。

李清照

南宋女词人，号易安居士，济南（今属山东）人，父李格非为当时著名学者，夫赵明诚为金石考据家。早期生活优裕，与赵明诚共同致力于书画金石的搜集整理。金兵入侵中原，流寓南方，明诚病死，境遇孤苦。所作词，前期多写少女少妇的闲适生活，格调明快，语言清新婉丽；后期多悲叹身世，情调感伤，有的也流露出对中原的怀念。善用白描，刻画深刻。论词强调协律，崇尚典雅、情致，提出词"别是一家"之说，反对以作诗文之法作词。代表作有《如梦令·昨夜雨疏风骤》《一剪梅·红藕香残玉簟秋》《武陵春·风住尘香花已尽》。并能诗，留存不多，部分篇章感时咏史，情辞慷慨，与其词风不同。"生当作人杰，死亦为鬼雄"

李清照像

是为人传诵的名句。著有《易安居士文集》《易安词》，已散佚。后人有《漱玉词》辑本。今人有《李清照集校注》。

陆游

南宋诗人，字务观，号放翁，越州山阴（今浙江绍兴）人。20 岁就有"上马击狂胡，下马草军书"之志。30 岁参加礼部考试，名列第一，因"喜论恢复"而遭秦桧打击，被除名。后任夔州（今四川奉节）通判和蜀州等州代理通判、知州等职。淳熙二年（1175 年），范成大镇蜀，邀陆游至其幕中任参议官。淳熙五年（1178 年），陆游诗名日盛，受到孝宗召见，但未得重用，孝宗只派他到福州、江西去做了两任提举常平茶盐公事，不久即罢职。光宗即位后，陆游任朝议大夫礼部郎中，连上奏章，谏劝朝廷减轻赋税，遭弹劾，再度罢官。此后，陆游长期蛰居农村，于 1210 年与世长辞。陆游为人旷达，不拘官场礼法，曾遭"不拘礼法，恃酒颓放"之讥，于是他干脆自号"放翁"。他存诗约 9300 余首。其诗歌中始终贯穿着炽热的爱国主义精神；体制上各体兼备，古体、律诗、绝句都有出色之作，其中尤以七律写得又多又好。

范成大

南宋诗人，字致能，号石湖居士，平江吴郡（今江苏苏州）人，早年境况贫寒，绍兴二十四年（1154 年）中进士，仕途比较顺利。任徽州司户参军，累迁礼部员外郎。后出知处州，减轻赋税，兴修水利，颇有政绩。淳熙时，官至参知政事。晚年隐居故乡石湖。他与陆游、杨万里、尤袤齐名，称"中兴四大诗人"。其

诗风格纤巧婉丽，温润精雅，富有民歌风味。他写诗初从江西诗派入手，后摆脱其束缚和影响，自成一家。他的诗内容充实，有许多揭露剥削、同情农民的作品，《秋日二绝》中"莫把江山夸北客，冷烟寒水更荒凉"更是对南宋统治者炫耀半壁江山无耻行为的尖锐讽刺。他的田园诗成就也较高，富有乡土气息，更可贵的是把自然景物的描写同揭露封建剥削制度结合起来，《四时田园杂兴》等为代表。

杨万里

南宋诗人，字延秀，号诚斋，江西吉水人。与范成大、陆游、尤袤称"中兴四大诗人"。绍兴二十四年（1154 年）进士，历任漳州、常州等地方官，官至宝谟阁学士。后因指责朝政，得罪权贵，罢官家居 15 年，忧愤而死。杨万里的诗歌创作大致经历了从模仿、过渡到自成一体的过程。他作诗本从江西诗派入手，中年以后转学晚唐人空灵轻快的绝句，批判江西诗派，形成了自己独特的风格——诚斋体，其特点是：仔细观察世界，用活泼的语言把亲身的感受生动而巧妙地表现出来；诙谐幽默，极富风趣。为追求诗歌语言的口语化，他有意大量采用民间俗语，有时矫枉过正，出现了近乎游戏的诗句，故后人批评它"俚熟过甚"，这是诚斋体中的一个败笔。但这种诗风为当时受江西诗派笼罩的诗坛试验了新的诗歌创作的可能性，引进了新的诗风。《戏笔》《檄风伯》等是其代表作品。

张孝祥

南宋文学家，字安国，号于湖居士，历阳乌江（今安徽和县）人。绍兴二十四

年（1154年）中进士，考取第一名。力主抗金，屡次上书言事，几乎涉及当时所有的敏感问题。曾为岳飞辩诬，主张改革政治，整顿经济，为抗金献计献策。因此，虽然他年纪很轻，影响却大。张孝祥的诗词接近苏轼的风格，气概凌云，以雄丽著称，是南宋前期爱国词人中影响较大的一位。特别是他的词，写下了一些具有深厚爱国思想内容、反映现实的名篇，但也有一些应酬性的作品，一部分感怀时事及吟咏人生情怀、咏物纪事之类的作品很出色。《念奴娇·过洞庭》最有名。此外，《六州歌头·长淮望断》也有较高成就，陈廷焯《白雨斋词话》称赞这首词"淋漓痛快，笔饱墨酣，读之令人起舞"。著作有《于湖词》。

辛弃疾

南宋词人，原字坦夫，改字幼安，别号稼轩居士。历城（今山东济南）人。出生前13年，家乡即已为金兵侵占。绍兴三十一年（1161年）率2000民众参加北方抗金义军，次年奉表归南宋。历任湖北等地安抚史，在各地任上认真革除积弊，积极整军备战。曾进奏《美芹十论》，又上宰相《九议》，力主抗战，未得采纳和施行，闲居江西20年。后虽被起用，但壮志终不得展，抱恨而死。今存词629首，数量为宋词人之冠。词作题材广泛，风格多样，抒发对祖国统一的渴望，批判南宋统治者的苟安投降，倾诉壮志难酬的悲愤。慷慨悲壮是其词作主调，代表作有《永遇乐·京口北固亭怀古》《水龙吟·登建康赏心亭》《破阵子·为陈同甫赋壮词以寄之》《菩萨蛮·书江西造口壁》等。

表现闲适生活的词数量最大，这类词往往流露出莫可奈何的情绪，其精神仍与爱国词一脉相通，如《沁园春·带湖新居将成》《水调歌头·盟鸥》等许多词中都带有这种情绪。一部分写农村生活的词清新淳朴，语言浅近，如《清平乐·村居》《鹧鸪天·戏题村舍》《西江月·夜行黄沙道中》《浣溪沙·常山道中即事》。辛弃疾诗今存133首，内容和风格大体上亦如其词。有《稼轩长短句》。

姜夔

南宋词人，字尧章，号白石道人，饶州鄱阳（江西鄱阳）人。早年孤贫，生活比较艰苦，视野较广阔。他具有多方面文艺才能而屡试不第。中年后，长住杭州，渐渐厌倦江湖游士的生活，豪门清客色彩渐浓。为诗初学黄庭坚，而自拔于宋人之外，所为《诗说》，多精当之论。尤以词著称，能自度曲，格律精严，字句雕琢，其格甚高，而意境则浅。清空峭拔，幽远醇雅，"如野云孤飞，去留无迹"（《词源》），上承周邦彦，下开吴文英、张炎一派，被清初浙西词派奉为圭臬，并被后人誉为"如盛唐之有李杜""文中之有昌黎""词中之圣"等。近人王国维《人间词话》说他"古今词人格调之高，无如白石，惜不于意境上用力，故觉无言外之味，弦外之响"。《暗香》《疏影》是其最有名的自度曲作。著作有词集《白石词》。

元好问

金代诗人、史学家，字裕之，号遗山，太原秀容（今山西省忻州）人，祖出北朝魏代鲜卑贵族拓跋氏，为唐诗人元结后裔。父元德明以诗知名，其师郝天挺是著名学者。他自小生活在文化教养较好的氛围之中，7岁能诗，人称"神童"。金兴定五年（1221年）进士及第，不就选。哀宗正大元年（1224年）中博学宏词科，授儒林郎，充国史院编修。后又历任镇平、内乡、南阳县令等职。金亡不仕，潜心编纂著述，致力于保存金代文化。元宪宗七年（1257年）卒。他文学创作涉及诗、词、文、散曲和笔记小说等各种题材，尤以诗的成就为最高。其诗题材多样，内容丰富，反映当时战乱现实的作品真实具体，富有感染力；述怀、咏物之作也多悲愤慷慨之气；写景诗构思奇特、描绘生动。《雁门道中书所见》等是代表作品。《论诗绝句三十首》是他文艺评论的代表作品，对建安以来的诗歌发展以诗的形式做了系统论述。他论诗喜爱淳朴自然，反对华艳雕琢。其词取法苏、辛，兼有婉约、豪放风格，被誉为金朝一代之冠，《摸鱼儿》为代表，"问世间、情是何物，直教生死相许""海枯石烂情缘在，幽恨不埋黄土"更是佳句。散曲今存9首，其中《双调·小圣乐·骤雨打新荷》小令号称是"变宋词为元曲"的开山之作。著作有《元遗山先生全集》《遗山乐府》。

关汉卿

元代戏曲作家，号己斋叟，大都（今北京）人，曾为太医院尹。为人倜傥风流，博学能文，滑稽多智。长期与城市戏曲艺人和书会才人为伍，倾心创作、研究戏曲，有时还亲自参加演出。在自传性质的散曲《南吕·一枝花》《不服老》里，自称是"响当当一粒铜豌豆"。关汉卿一生著有杂剧67部，现仅存18部。他的剧作为元杂剧的繁荣与发展打下了坚实的基础，是元代杂剧的奠基人，在世时就是戏曲界的领袖人物。现存剧作以《窦娥冤》为最重要的代表。《救风尘》《望江亭》《鲁斋郎》《拜月亭》《调风月》《单刀会》等几部作品，也分别代表关汉卿杂剧不同方面的成就。他的作品弥漫着战斗精神和乐观主义精神，现实主义和浪漫主义也总是不同程度地结合在一起。他熟悉人民语言，吸收、提炼口头语言，丰富自己的艺术表现力，在文学语言方面开一代风气。1958年关汉卿被世界和平理事会提名为"世界文化名人"。

《窦娥冤》

元代杂剧，关汉卿作，世界戏剧史上的名作。全剧四折，写弱小寡妇窦娥，在无赖陷害、昏官毒打下，屈打成招，成为杀人凶手，被判斩首示众。临刑前，满腔悲愤的窦娥许下三桩誓愿：血溅白练，六月飞雪，亢旱三年。果然，窦娥冤屈感天动地，三桩誓愿一一实现。这出戏展示了下层人民任人宰割，有苦无处诉的悲惨处境，控诉了贪官草菅人命的黑暗现实，生动刻画出窦娥这个女性形象。窦娥与婆婆相依为命，她聪明机智，善良坚忍，是中国古代著名的妇女形象。该剧同时体现了关汉卿既本色又当行的语言风格，言言曲尽人情，字字当行本色。《窦娥冤》的语言通俗自然、清新质朴、生动流畅，毫无晦涩雕琢之病，同时曲白符合人物身份性格，曲白相生，自然熨帖，与关汉卿其他杂剧相比，本折曲词则更倾向于直截了当慷慨激昂地表达和抒情，前人评为"激厉而少蕴藉"（何良俊《四友斋丛说》）。

白朴

元代戏曲作家，字仁甫，一字太素，号兰谷，生于金哀宗正大三年（1226年），卒年不详。祖籍隩州（今山西河曲县），后徙居真定（今河北正定县），晚年寓居金陵（今南京市）。他出身官僚士大夫家庭，父亲白华为金宣宗进士，官至枢密院判官，又是著名文士。白家与元好问父子为世交，过从甚密。金元之际，饱经战乱，入元后终身不仕。与关汉卿、马致远、郑光祖并称为"元曲四大家"。其词和散曲常表现出故国之思、沧桑之感和身世之悲，情调凄凉低沉。他剧作见于著录的有16种，完整留存的有《墙头马上》与《梧桐雨》两种。另有《东墙记》，经明人篡改，已非原貌。从内容看，白朴杂剧大半写男女情事。其杂剧以文采见长，《梧桐雨》文辞华美，是优美的抒情诗剧。《墙头马上》与《拜月亭》（关汉卿）、《西厢记》（王实甫）、《倩女离魂》（郑光祖）并称为元杂剧四大爱情剧。

马致远

元代戏曲家、散曲作家，晚号东篱，一说字千里，大都（今北京）人。早年热衷功名，但仕途并不显达，晚年退隐山林。马致远的杂剧享有盛名，元代周德清以关、郑、白、马并列。他有杂剧15种，今存有《破幽梦孤雁汉宫秋》《江州司马青衫泪》《西华山陈抟高卧》《吕洞宾三醉岳阳楼》《马丹阳三度任风子》《半夜雷轰荐福碑》6种，以及和他人合写的《邯郸道省悟黄粱梦》一种（马著第一折）。其

《汉宫秋》插图

中以《汉宫秋》最有影响，作品敷演汉代王昭君和亲的历史故事，以汉元帝与王昭君的爱情故事为主线，塑造了王昭君这一完美女性形象，表现了汉元帝对于命运的无可奈何，抒写了家国之痛和悲凉的人生

感受。《汉宫秋》结构紧凑，有浓烈的抒情色彩，曲词苍凉幽邈，其中［梅花酒］一曲脍炙人口。马致远的神仙道化剧在元明杂剧中有不小的影响。马致远的散曲为元代之冠，明代贾仲明称他为"曲状元"，现存 120 多首，代表作有套曲《双调夜行船·秋思》，被誉为"万中无一"，小令《天净沙·枯藤老树昏鸦》也是咏景名篇，周德清赞其为"秋思之祖"，王国维评为"寥寥数语，深得唐人绝句妙境"。

郑光祖

元代杂剧作家，字德辉，平阳襄陵（今山西临汾附近）人，生卒年不详。周德清《中原音韵》把他与关汉卿、白朴、马致远并列，后人称为"元曲四大家"。他写过杂剧 18 种，今存《迷青琐倩女离魂》《㑇梅香翰林风月》《醉思乡王粲登楼》等 8 种。《倩女离魂》是其代表作。此剧据唐人陈玄祐传奇《离魂记》改编而成，写王文举与张倩女"指腹为婚"，但张母嫌文举功名未就，不许二人成婚。文举被迫上京应试，倩女忧念成疾，灵魂离开躯体去追赶王文举，与之相伴多年。王文举中状元后，携倩女魂归至张家，离魂与病卧之身重合为一，遂欢宴成亲。《王粲登楼》根据王粲《登楼赋》虚构而成，抒发了作者游子飘零、怀才不遇之感。他的杂剧曲词优美，情致凄婉。

王实甫

元代杂剧作家，名德信，大都（今北京市）人，生卒年不详。生平资料极少，可能是仕途失意而混迹于教坊勾栏的文人。所作杂剧，名目可考者共 13 种。今存有《崔莺莺待月西厢记》《吕蒙正风雪破窑记》和《四丞相高会丽春堂》3 种，以《西厢记》艺术成就为最高，是元代杂剧中最优秀的作品之一。贾仲名《凌波仙》曾云"西厢记天下夺魁"。其曲词华美，《长亭送别》脍炙人口。《破窑记》写吕蒙正与刘月蛾的爱情故事，影响比较大。此外，王实甫还有少量散曲流传：小令 1 首，套曲 3 种（其中有一残套）。小令《中吕·十二月过尧民歌》（《别情》）很有特色，辞藻绮丽，与《西厢记》曲词风格相似。

张养浩

元代散曲作家，字希孟，号云庄，山东历城人，曾任礼部尚书、监察御史等职。后因上疏谏元夕放灯获罪辞官，隐居故乡。天历二年（1329 年），陕西大旱，他被任命为陕西行省中丞，赈济灾民，同年死于任所。他宦海沉浮 30 年，有许多作品抒发了想有所作为而又畏惧灾祸的矛盾心情，如《红绣鞋·失题》中"䏩着脸登要路，睁着眼履危机，直到那其间谁救你"的句子。而在陕西任上写的《山坡羊·潼关怀古》则是他最有名的作品，其中"兴，百姓苦！亡，百姓苦"句更是饱含对人民的同情，感情真挚，含义深沉。

张可久

元代散曲作家，字小山，庆元（今浙江鄞州区）人。曾任典史等小吏，做过昆山县幕僚。仕途上不很得意。平生好漫游，到过江南各地，晚年居杭州。他是元代后期著名的散曲作家，留存小令 855 支，套数 9 篇，数量为元人之冠。内容以表现闲逸情怀为主，而又包括写景、咏物、言情、赠答、送别等，反映现实的作品不多。在表现方法上，注重格律形式的工整，多采诗词句法入典，风格典雅蕴藉，但失去了前期散曲清新、自然的本色。代表作为《金字经·春晚》。著作有《小山北曲联乐府》。

西昆体

北宋初社会安定繁荣，宋太宗、宋真宗都奖掖文士，君臣时常唱和，蔚成风气。宋真宗景德二年到大中祥符元年（1005～1008年），杨亿、刘筠、钱惟演等馆阁之臣相互唱和，共得诗250首。杨亿取传统中昆仑山以西有，群玉之山，为先王藏书之策府之意，编集成《西昆酬唱集》，后人遂称之为"西昆体"。西昆体诗歌内容多为吟咏前代帝王和宫廷故事。西昆体作者群标榜学习李商隐，但主要拾取了李诗典雅精丽、委婉深密的艺术技巧，而缺乏充实的生活感受。西昆体诗歌在宋初诗坛影响很大，欧阳修《六一诗话》说"杨、刘风采，耸动天下"，"时人争效之，诗体一变"。

诚斋体

南宋诗人杨万里诗歌风格的特称，杨万里号诚斋，故得名。南宋严羽的《沧浪诗话》、宋魏庆之的《诗人玉屑》等都提及了"诚斋体"。诚斋体的特点有：富于幽默诙谐的风趣，也往往寓深沉的思想感情，如对统治者的批判；立意新颖，想象丰富，善于捕捉自然景物的变化，用拟人的手法加以表现；语言自然活泼，通俗易晓，句法完整而意脉连贯，多采用口语、俗语入诗。这种诗风为当时受江西诗派笼罩的诗坛试验了新的诗歌创作的可能性，引进了新的诗风。

诸宫调

宋、金、元代说唱艺术的一种，起源于北宋神宗时。语见宋王灼："熙丰、元祐间……泽州孔三传者，首创诸宫调古传，士大夫皆能诵之。"诸宫调有说有唱而以唱为主，由同一宫调和不同宫调的曲子杂缀而成，杂以说白，以反映社会生活为主要内容，以琵琶等乐器伴奏。此后由说唱发展到舞台演出，形成杂剧。现存作品有金人作《刘知远》的残篇，金人董解元的《西厢记》和元代王伯成的《天宝遗事》的残篇等。

杂剧

杂剧是我国戏曲艺术发展到成熟阶段最早的戏曲种类。它是在金院本和诸宫调的基础上，广泛吸收多种词曲的艺术成就发展而成的戏曲形式，是一种带有科白的歌剧。杂剧一般由四折组成（少数剧目多于四折），一折相当于现在的一幕。一些杂剧还有"楔子"，即在四折之外加插一场，交代情节或贯穿线索，可以放全剧之首，也可放在折与折之间。每折由多首曲子（套曲）组成，必须采用同一宫调，一韵到底，中间不能换韵。套曲的曲词就是剧中的唱词。正末主唱的戏称为"末本"，正旦主唱的戏称为"旦本"。角色分类："末"是男角，"正末"即男主角；"旦"是女角，"正旦"即女主角；"净"是花脸，扮演刚强、凶恶或滑稽的人物；"杂"是一些次要角色，如老人、小孩等；"丑"是丑角，明朝以后才有此角色名称出现。剧本由曲、白、科组成。"曲"即曲词，是唱的；"白"即宾白，就是剧中说白，有独白、对白、旁白、带白（唱曲时自己插入的说白）、插白（另一角色插入）多种；"科"即动作，包括演员的表情、动作和舞台效果。杂剧剧本一般有题目和正名。这是以两句或四句的对句概括全剧内容，以提出全剧纲领，总结全剧节目。习惯上摘取末句数字作为剧本名称，如《窦娥冤》的题目是"秉鉴持衡廉访法"，正名是"感天动地窦娥冤"。

南戏

南戏是南曲戏文的简称，最初流行于浙东沿海一带，称温州杂剧或永嘉杂剧。它盛行于南方，后世为跟元代北方的杂剧相区别，而称元代南戏。南戏多取材于现实，偏于爱情故事及家庭纠纷，较少历史英雄故事或农民起义战争。剧情一般较杂剧曲折、丰富，剧中各个角色可以合唱或分唱，不像杂剧一本戏只能由一个主角演唱。高明《琵琶记》为"南戏之祖"，振兴了南戏，是南戏由民间文学过渡到文人创作的转折点。南戏有弋阳、余姚、海盐、昆山四大声腔。

唐宋八大家

指唐宋两代 8 位散文作家，即唐代韩愈、柳宗元，宋代欧阳修、苏洵、苏轼、苏辙、王安石、曾巩。明初朱右把这 8 大家的作品编为《八先生文集》。明中叶唐顺之纂《文编》，只取这 8 位散文家的文章。后来茅坤选辑他们的作品，取名为《唐宋八大家文钞》，唐宋八大家名称由此流传至今。唐宋八大家是主持古文运动的核心人物，提倡散文，反对骈文。

苏门四学士

指北宋 4 位诗人黄庭坚、晁补之、秦观和张耒的并称，得名于元托托《宋史·黄庭坚传》："黄庭坚与张耒、晁补之、秦观等俱游苏轼门，天下称为四学士。" 4 人均出于苏轼门下，宋哲宗元丰年间又都在秘书省供职，称学士，故称之。

元曲四大家

指元代关汉卿、马致远、白朴、郑光祖 4 位杂剧作家。明代何良俊在《四友斋丛说》中说："元人乐府称马东篱、郑德辉、关汉卿、白仁甫为四大家。"在此以前，元代周德清在《中原音韵》序中说："乐府之盛之备之难，莫如今时……其备则自关、郑、白、马，一新制作。"但是，周德清虽以四人并称，却并未命以"四大家"之名，元曲四大家的概念是逐渐形成的。四大家都是非常有名的剧作家，他们写出了很多非常优秀的作品，在中国的戏曲史上占有重要的地位，如关汉卿的《窦娥冤》《救风尘》，马致远的《汉宫秋》，白朴的《梧桐雨》，郑光祖的《倩女离魂》《王粲登楼》等。

明代文学

施耐庵

施耐庵，元末明初小说家，江苏兴化人。一般认为，他是《水浒传》的作者。施耐庵出身贫寒，曾到山东郓城任训导，因此对山东的风土人情以及宋江等人的英雄事迹都有所了解。水浒的故事在民间流传甚广，主要作品有龚开的《宋江三十六人赞》，以及元杂剧中的《双献头》《李逵负荆》等。《水浒传》就是在民间传说、话本和戏曲的基础上写成的，是我国的四大古典名著之一。在内容上，《水浒传》主要描写了宋江起义和失败的经过，反映了北宋末年当政者横征暴敛，以致官逼民反的情形，揭露了社会的黑暗压迫，歌颂了梁山英雄的反抗精神和优秀品质。作品塑造了一系列的典型人物，如宋江、林冲、杨志、武松、李逵、鲁智深等，深受人们的喜爱。其中的一些优秀章节如"林教头风雪山神庙""鲁提辖拳打镇关西""景阳冈武松打虎"等，一直都为人们津津乐道。

罗贯中

罗贯中，元末明初小说家、戏曲家，名本，字贯中，浙江杭州人，祖籍太原。传说他很有政治抱负，曾入张士诚幕，朱元璋统一天下后，转而从事小说创作。他具有多方面的创作才能，曾写过乐府隐语和戏曲，但以小说成就为主。《西湖游览志余》中称他"编撰小说数十种"。现存署名罗贯中的作品有《三国志通俗演义》《隋唐志传》《残唐五代史演义传》和《三遂平妖传》等，其中《三国志通俗演义》（即《三国演义》），在中国的文学史上具有重要的影响，为我国四大古典名著之一。这部作品是在历代史传、讲唱文学，以及民间传说的基础上写成的，后人常以"七实三虚"来评价这部作品。整部作品以宏观的视角、宏大的结构演义了三国时期复杂的政治军事斗争，极力宣扬了刘、关、张的义气。作品塑造了一系列的典型人物，如奸雄曹操、仁主刘备、富有智慧的诸葛亮等等，这些艺术形象各自以其不同的艺术魅力进入了人们的生活中，其中"拥刘反曹"的思想倾向，则反映了民众对于仁君的向往。

方孝孺

明代文学家，字希直，又字希古，号逊志，时人称"缑城先生"。因其在蜀任教时，蜀献王名其读书处为"正学"，所以又被称为"正学先生"。浙江宁海人。少从宋濂学，以文章、理学闻名于世，洪武间为汉中府教授，建文时为侍讲博士，建文三年（1401 年）朱棣（即后来的明成祖）命他起草登基诏书，不从，被斩于市。方孝孺死后，朝廷方禁甚严，弟子王徐私藏孝孺遗稿，辑为《猴城集》，后文禁渐弛，遂有《逊志斋集》行世。

朱有燉

明代戏曲家、戏曲理论家，号诚斋、全阳子、全阳翁，别署全阳道人、梁园客、老狂生等，晚年号锦窠老人，是朱元璋第五子周定王朱橚长子，袭封周王，谥宪王，故世称周宪王。能词赋，工音律。作有杂剧 31 种，总名《诚斋乐府》，其中，以游赏庆寿、歌舞升平、神仙道化为题材的居多，约有 20 种，多为消遣娱乐之作，其余的也多为宣扬封建道德之作，如《香囊记》《仗义疏财》等作品。他的杂剧在体制和乐曲上吸收了很多南戏的成分，结构匀称、语言俊朗、音律谐美，在当时流传甚广。

明刊《香囊记》插图

吴承恩

明代小说家，字汝忠，号射阳山人，怀安山阳（江苏淮安）人。自幼聪明过人，喜欢读野言稗史，熟悉古代神话和民间传说。科场的失意与生活的困顿，使他对科举制度和黑暗的社会现实深为不满，因此常以志怪小说的形式来表达心中的愤

吴承恩故居

懑，他曾说："虽然吾书名为志怪，盖不专明鬼，实记人间变异，亦微有鉴戒寓焉。"《西游记》是其代表作品，为中国四大古典名著之一。作者以唐玄奘西天取经的事件为素材，同时参考整理了《大唐西域记》《大唐慈恩寺三藏法师传》等作品以及各种民间传说，以此为基础写成了《西游记》。整部作品以幻想的形式，向人们展现了一个神奇的神话世界，塑造了唐僧、孙悟空、猪八戒、沙僧等人物，影响极其广泛。作者借这种想象和虚幻的形式，曲折地表达了他对现实的批评和不满。吴承恩还有很多散佚的诗文，后人辑为《射阳先生存稿》。

兰陵笑笑生

《金瓶梅》的作者"兰陵笑笑生"，后世存疑。1617 年的刻本《金瓶梅词话》开卷欣欣子序第一句话说"窃谓兰陵笑笑生作《金瓶梅传》"，该序最后一句话是"吾故曰：'笑笑生作此传者，盖有所谓也。'"因此，后人考证"兰陵"是郡望，

"笑笑生"是作者。据明沈德符《万历野获编》中所说"嘉靖间大名士手笔",以及《金瓶梅跋》中所说的"《金瓶梅传》,为世庙时一巨公寓言"等零星的线索来看,"笑笑生"应是明嘉靖年间人士。研究者根据以上这些零星的线索去推测"笑笑生"的真实身份,现今推测出了100多人而且名单还在不断地加长,其中最主要的有王世贞说、贾三近说、屠隆说、李开先说、徐渭说、王稚登说等等,不一而足。但各说均属间接推论,并无直接证据,这使"笑笑生"成为一个悬案。

归有光

明代散文家,字熙甫,号项脊生,人称震川先生,江苏昆山人。生于寒儒之家。少好学,9岁即能作文,20岁时尽通五经二史和唐宋八大家文。35岁乡试中举,但到60岁才中进士。嘉靖二十一年(1542年)迁居嘉定安亭江上(四川乐山),读书讲学,远近从学者常达数百人。中第后,初任浙江长兴县令,就因得罪豪门与上司,调任顺德(河北邢台)通判。后因大学士高拱推荐,任南京太仆寺丞,参与撰修了《世宗实录》,以致积劳成疾,卒于南京。在明代的文坛上,各种拟古复古的诗文流派十分流行,尤以前后七子为代表。归有光对这种倾向极为不满,他提倡唐宋古文,所作散文也朴素简洁。与王慎之、唐顺之、茅坤等被称为"唐宋派"。其著作有《三吴水利录》《马政志》《易图论》《震川文集》和《震川尺牍》等。

徐渭

明代戏曲家、文学家、书画家,初字文清,改字文长,号天池山人、青藤道士,浙江山阴(今绍兴)人。自幼聪慧,胸有大志,但一生遭遇却十分坎坷,曾一度精神失常,晚年以卖画为生。徐渭多才多艺,诗、文、词、曲、音乐、书、画俱工,有《文长集》30卷留世。他的作品《南词叙录》是中国戏曲史上研究南戏的一部重要的专著。他的杂剧《四声猿》在中国戏曲史上也占有很高的地位。此外,还有一部讽刺闹剧《歌代啸》相传也是他的作品。

王世贞

明代文学家、史学家,字元美,号凤洲,又号燕州山人,太仓人,为嘉靖年间进士。官至刑部尚书,为官清正,不附权贵,曾做长诗《袁江流钤山冈》和《太保歌》等,揭露严嵩父子的罪恶。他博学多才,文名誉满天下,是"后七子"中的主要代表人物之一。李攀龙去世后,他独领文坛20年,《明史》中称他"才最高、地望最显、声华意气、笼盖海内"。他还是一个史学家,在收集和整理明代史料方面,做出了重要贡献,后人称赞他"负两司马之才"。对戏曲艺术他也颇有研究并在其著作《艺苑卮言》中提出了很多独到的见解。他的作品主要有《燕州山人四部稿》《续稿》《燕山堂别集》《皇明名臣琬琰录》等。

李贽

明代思想家、文学家、史学家,字宏甫,号卓吾,又号温陵居士,福建泉州晋江人。26岁时乡试中举,官至云南姚安府知府,54岁时辞官,晚年专事于著书讲学。因其思想异端,且对封建的假道学、程朱理学的抨击引起了当权者的不满，被以"敢倡乱道，惑世诬民"的罪名逮捕，卒于狱中。他倡导"童心说"，反对孔孟之道，即反对以孔子的是非观为是非标准。此外，他的思想中还有民主性的因素，认为"尧舜与途人一，圣人与凡人一"。其思想对晚明社会和文学创作具有重大影响。他的著作主要有《焚书》《续焚书》《藏书》《续藏书》等。

汤显祖

明代戏曲家，字义仍，号若士，自署清远道人，晚号茧翁，祖籍江西临川。少年即有诗名，万历年间进士，历任南京太常博士、詹事府主簿、礼部祠祭司主事等职，与顾宪成等东林党关系密切。49岁辞官回家，专事于戏曲创作。他的传奇作品《牡丹亭》《邯郸记》《南柯记》《紫钗记》被称为"玉茗堂四梦"或"临川四梦"，以他为代表的这一戏曲派别被称为"临川派"或"玉茗堂派"。在哲学上，他受王学左派的影响，崇尚真性情，反对程朱理学。在戏剧创作上，他提倡文采，主张抒写人的真情实感，不受格律的限制。《牡丹亭》是其代表作品，文采斐然，具有很高的文学性和思想性，代表了明代戏曲创作的最高峰。除戏曲创作外，他还著有诗集《红泉逸草》《问棘邮草》和诗文集《玉茗堂全集》。

袁宏道

明代文学家，字中郎，号石公，湖北公安人，与兄宗道、弟中道并称"三袁"，开创了文学创作中的"公安派"。万历二十年（1592年）进士，但不喜做官，好游山玩水、诗酒自娱。袁宏道是明代文坛上的重要作家，他的文学主张成了公安派文学的纲领。首先，他反对盲目拟古，主张文随时变，"世道既变，文亦因之。今之不必摹古者也，亦势也"。其次，主张诗文要抒写性灵，去伪存真，"独抒性灵，不拘格套，非从自己胸臆流出，不肯下笔"。最后，他提倡民间文学，认为那才是"无闻无识"的真声。袁宏道的文章清晰明畅，卓然自成一家。其著作有《敝箧集》《锦帆集》《解脱集》《广陵集》《瓶花斋集》《潇碧堂集》《破砚斋集》《华嵩游草》等，今人钱伯城整理有《袁宏道集笺校》。

冯梦龙

明代通俗文学家、戏曲家，字犹龙，一字耳犹，号姑苏民奴、顾曲散人、墨憨斋主人、墨憨子、茂苑野史民、龙子犹等，江苏长洲人。少有才气，与兄冯梦桂、弟冯梦熊并称"吴下三冯"。在科举上，冯梦龙一生不得意，遂将主要精力集中于搜集、整理通俗文学上。他的代表作品是《喻世明言》（旧题《古今小说》）、《警世通言》《醒世恒言》等小说，世称"三言"，代表了明代拟话本小说的成就。此外，他还增补了长篇小说《平妖传》，将其改为《新列国志》，编辑了《古今谭概》《情史》等笔记故事，并鉴定了《有商志传》《有夏志传》《盘古至唐虞传》等。民歌方面，他搜集、整理了《挂枝儿》《山歌》两种民歌集。他还是一位戏曲家，曾经改定过《精忠旗》《酒家佣》等曲本，编纂了散曲集《太霞新奏》，并且创作了《双雄记》和《万事足》两部剧本。由于其在通俗文学方面的巨大贡献，被称为"民间文学整理人"。

台阁体

明代文学流派，主要存在于明永乐至成化年间，代表人物为杨士奇、杨荣、杨溥，号称"三杨"。杨士奇（1365～1444年），名寓，字士奇，泰和（今江西泰和县）人，官至华盖殿大学士。杨荣（1371～1440年），字勉仁，建安（今属福建）人，官至文渊阁大学士。杨溥（1372～1446年），字弘济，石首人，官至武英殿大学士。"三杨"都是当时的台阁重臣，故他们的诗文有"台阁体"之称。永乐至成化年间，是明朝的"太平盛世"，因此他们的诗文多粉饰太平、歌功颂德的"应制"和应酬之作，脱离社会生活缺乏实际内容。这种文风由于统治者提倡，因此一时模仿成风，千篇一律成为流弊。后来这种萎靡的文风渐为时代所不容，在后起的茶陵派、前七子等流派的冲击下，渐渐退出了文坛。

临川派

明代戏曲文学流派，其领袖人物是汤显祖。因其书房名为玉茗堂，因此，世人往往将他的剧作《紫钗记》《牡丹亭》《南柯记》与《邯郸记》称为"玉茗堂四梦"或"临川四梦"，"临川派"和"玉茗堂派"因此得名。向来被认为属于此派的戏曲家还有阮大铖、吴炳、孟称舜、凌濛初等人。在戏剧理论上，这派戏曲家首重情辞，强调格律对情辞的依附性，反对格律约束情辞。汤显祖说："凡文以意、趣、神色为主"，甚至还说"余意所致，不妨拗折天下人嗓子"。他还强调"曲意"，主张"意趣说"，反对吴江作家"按字模声""宁协律而不工"的主张。在语言上，讲究"机神情趣"，既要本色，又要有文采。

吴江派

明代万历年间戏曲文学流派，又称属玉堂派或格律派，其代表人物是江苏吴江人沈璟，曲学名家顾大典、吕天成、卜世臣、王骥德、叶宪祖等也是此派的重要成员。在戏剧理论上，吴江派主要有两点，一是强调作曲要"合律依腔"，即注重音韵格律，讲求戏曲的演唱效果，主张宁肯"不工"，也要"协律"。二是在语言上"僻好本色"，这对于反对明初文坛的骈俪辞风，有积极的影响。但是，过于强调音律，引用大量"俗言俚语"入戏也产生了不良的影响，为时人所诟病。在戏剧理论上，吴江派著述颇丰，贡献甚大，主要代表作品有沈璟的《南九宫十三调曲谱》、吕天成的《曲品》、王骥德的《曲律》等。

公安派

明代文学流派，其成员主要生活在明万历时期，代表人物为袁宗道（1560～1600年）、袁宏道（1568～1610年）、袁中道（1570～1623年）三兄弟，因其皆为湖广公安（今属湖北）人，故世人称之为"公安派"。与前后七子的"文必秦汉，诗必盛唐""大历以后书勿读"的复古论调不同，他们反对剿袭，主张通变，认为文学应随时代的发展而变化，"世道改变，文亦因之；今之不必摹古者，亦势也"（袁宏道《与江进之》）。另外，他们认为文章要独抒性灵不拘格套，强调非从自己胸臆流出，则不下笔。此外他们还提倡通俗文学，尤为重视民歌小说的创作，从民间文学中吸取养料。其重要成员还有江盈科、陶望龄、黄辉、雷思霈等人。可以说公安派对于文体的解放是有贡献的，他们的游记、尺牍、小品文等很有特色，或秀逸清新，或活泼诙谐，可谓自成一家。但他们文学主张的理论意义往往超过他们的创作实践，是为不足之处。

竟陵派

明代后期文学流派，其创始人钟惺、谭元春都是竟陵人，因而得名，他们的文章体式也因此被称为竟陵体或钟谭体。竟陵派继承了公安派"独抒性灵"的主张，反对拟古之风，同时又用一种"幽深孤峭"风格对"公安"作品的俚俗、浮浅加以匡正。他们认为"古人精神"是"幽情单绪"和"孤行静寄"，因此他们所谓"性灵"是指学习古人诗词中的精神。在文章的风格上，他们追求文风的新奇，字义的深奥，因此刻意雕琢字句，语言佶屈、艰涩隐晦。竟陵派的文学主张以及创作对晚明及以后小品文大量产生有一定促进作用，但作品题材狭窄，语言艰涩，又同时束缚了他们的发展。这派的追随者还有蔡复一、张泽、华淑等人，但是受竟陵派影响而较有成就的是刘侗，他的《帝京景物略》成为竟陵体语言风格代表作品之一。

拟话本

话本即"说话艺人"的底本。宋元以来的说话艺术深受世人的喜爱，话本的大量刊行，逐渐引起文人注意，他们由对话本的编辑、加工，转而变为模拟话本进行创作，这就是拟话本。与传统的话本娱乐说唱的功能不同，拟话本主要是由文人创作，供世人案头阅读的作品，因此在语言、情节以及思想等各个方面，都与传统的话本小说有很大的不同。明代拟话本的主要代表就是"三言二拍"，即冯梦龙的《喻世明言》《警世通言》《醒世恒言》与凌濛初的《初刻拍案惊奇》《二刻拍案惊奇》等，"三言二拍"代表了明代白话短篇小说创作的最高成就。

"三言二拍"

明代拟话本小说的代表，其中，"三言"指的是冯梦龙辑撰的3个短篇小说集《喻世明言》《警世通言》和《醒世恒言》的合称，"二拍"指的是凌濛初的两个短篇小说集《初刻拍案惊奇》《二刻拍案惊奇》的合称。"三言"是冯梦龙在广泛收集宋元明三代500年间的话本和拟话本的基础上整理编选润色加工而成的，而二拍则是作者个人的拟话本创作，"二拍"深受三言的影响，但就其艺术成就来说逊于"三言"。"三言二拍"的创作标志着中国古代白话短篇小说的成熟。在内容上，"三言二拍"主要描写的是市民的生活，反映了市民的思想感情，以及他们的道德观、价值观、爱情观等，具有鲜明的时代特色。在艺术上，它们则保留了口头文学故事性强、曲折生动、描写细腻的优点，在中国的小说史上占有重要的地位。

第七篇　中国文学常识

清代与近代文学

李渔

清代戏曲理论家、戏剧作家，字笠鸿、谪凡，号笠翁，浙江兰溪人。早年屡试不第，后家境败落，遂以开书铺、办戏班维持生活。李渔是我国第一个专门从事喜剧创作的剧作家，创作有传奇喜剧集《笠翁十种曲》。他还创作了《闲情偶寄》、评话小说《十二楼》《无声戏》等作品。在戏曲理论方面，他也颇有建树，其论述比较全面系统。他的理论以戏曲的社会性和舞台性为出发点，强调作品的结构，语言的浅显和人物的个性化，在题材和情节安排上强调"奇"与"新"。一般认为，他的戏曲理论的贡献超过了他的戏曲创作。其作品《闲情偶寄》在内容上包含了戏曲理论、饮食、营造、园艺、养生等多个方面，被誉为"古代生活艺术大全"，为"中国名士八大奇著"之一。

王士祯

清代文学家，字贻上，号阮亭，又号渔洋山人，山东新城人，顺治年间进士，官至刑部尚书。他少年即有诗名，在诗论上他提出了"神韵说"，以"不著一字，尽得风流"为诗的最高境界。"神韵说"在理论上主要来源于严羽的"妙悟""兴趣"之说。他反对当时依附盛唐的诗人专学"万国衣冠"的高帽子，而选录了王维等人的诗作为《唐贤三昧集》，目的是"剔除盛唐真面目与世人看"。他还反对艳丽的诗风，提倡澄淡，推崇王孟韦柳。他自己的诗作也是按照这条路子而走的，具有一定的成就。但是，过于强调神韵兴趣，也使诗歌脱离了现实，缺乏社会内容，对诗歌的发展产生消极的影响。

蒲松龄

清代小说家，字留仙，一字剑臣，别号柳泉居士，山东淄川人。出身于小地主商人家庭，才华横溢，热衷于科举，但屡试不第，直到71岁才援例当了一名贡生。他一生穷困潦倒，饱尝世情，对于社会世态有很深的认识。他所著《聊斋志异》是一部文言短篇小说集，是其代表作品。蒲松龄是一个多才多艺的作家，除《聊斋志异》外，他还有俚曲14种，诗歌千余首，词90多阕，文400余篇，戏曲3出，还编了《农桑经》《日用俗字》等一些农村社会日常生活需用之书。

《聊斋志异》

《聊斋志异》是一部文言短篇小说集，共有短篇小说431篇，是清代著名小说家蒲松龄的代表作品。在内容上，这部小说首先揭露、嘲讽了贪官污吏、恶霸豪绅贪婪狠毒的嘴脸，抨击了封建政治的制度，如《促织》《席方平》《商三官》等作品。其次是无情地揭开了封建科举制度的黑幕，反映了科举制度对知识分子灵魂的禁锢与毒害，如《司文郎》《考弊司》《书痴》等作品。最后，小说中也有很多赞诵人间坚贞、纯洁的爱情的篇章，如《鸦头》《细侯》等。此外还有一些阐释伦理道德的寓意故事，如《画皮》《劳山道士》等。这是一部浪漫主义的杰作，作者借花妖狐魅、神灵鬼怪等一些形象，曲折地表达了作者的理想与愿望，揭露了现实的黑暗与不公。

洪昇

洪昇，字思昉，号稗畦，又号南平樵者，浙江钱塘人。出身于仕宦之家，后家境败落，科场也一直不得意。他交游甚广，曾向王世祯、施润章学诗，并与朱彝尊、赵执信等名士有往来，这对洪昇的创作有重要的影响。洪昇在诗歌方面较为擅长，有诗作《稗畦集》《啸月楼集》。他还嗜好音律，有多部戏曲作品，其中著名的是杂剧《四婵娟》与传奇《长生殿》。《长生殿》代表了作者的最高文学成就，这部传奇前后历时10余年，"三易其稿而始成"。作品以李隆基、杨玉环的爱情为经，以社会政治演变为纬来结构全剧，现实主义与浪漫主义有机地结合到了一起，情节曲折、场面壮丽、语言清丽流畅，充满了诗意。在思想上，作者既同情李、杨的遭遇，赞美他们的爱情，又流露出作者对家国兴亡

的感伤情绪。

孔尚任

清初诗人、戏曲作家，字聘之，又字季重，号东塘、岸堂，又号云亭山人，山东曲阜人，为孔子第六十四代孙。自幼便继承了儒家的思想传统与学术，并留意礼、乐、兵、农等各种学问，还考证过乐律。康熙皇帝南巡北归时到曲阜祭孔，孔尚任在御前讲《论语》受到褒奖，被任命为国子监博士，为此，他写了一篇《出山异数记》表示他的感激之情。他在京城的生活十分闲散，因此常以读书和搜集古物来填补无聊的日子，此时他开始了《桃花扇》的创作。这部剧作以李香君与侯方域之间的悲欢离合为主线，借儿女之情抒发了作者的兴亡之感，全面地反映了晚明社会的各种现实。这部作品很好地处理了艺术真实和历史真实之间的关系，是一部优秀的作品，在中国的戏曲史上占有重要的地位。

彩绘本《桃花扇》插图 清

纳兰性德

清代词人，原名成德，字容若，号楞伽山人，满洲正黄旗人，大学士明珠之子。善骑射，好读书，经史百家无所不窥，谙悉中国传统的学术文化，尤好填词。18岁中举，22岁赐进士出身，官一等侍卫，其才干深得康熙赏识。其词直抒胸臆，自然清新，风格近似李后主，尤以小令见长。曾多次奉命出征，因此写有不少描写边塞生活的小令，颇具特色，如《菩萨蛮·朔风吹散三更雪》《如梦令·万帐穹庐人醉》等。亦能诗，但成就不如词。有词集《纳兰词》，此外还辑有《全唐诗选》和《词韵正略》等。

纳兰性德像
被誉为"清初第一词人"。其词自然流畅，缠绵清新，哀婉凄艳。精于书法，擅长书画鉴赏。有《侧帽词》《饮水词》行世，一时洛阳纸贵，人人争相诵咏。

方苞

清代散文家，字凤九，一字灵皋，晚年号望溪，安徽桐城人，被称为桐城派的鼻祖。自幼聪慧，24岁至京城，入国子监，以文会友，名声大振。康熙四十五年（1706年）进士及第。后因给《南山集》作序案发，被株连下江宁县监狱。在狱中著成《礼记析疑》和《丧礼或问》。后康熙帝亲笔批示"方苞学问天下莫不闻"，方苞免死出狱，并以平民身份入南书房做了皇帝的文学侍从。雍正年间提升为内阁学士，官至礼部侍郎。乾隆七年（1742年），告病还乡。在文学上，方苞首创"义法说"。所谓"义"即"言有物"，指文章的思想内容；所谓"法"即"言有序"，指文章的形式技巧。"义法说"也就是倡导"道"与"文"、形式与内容的统一，为桐城派散文理论奠定了基础。后来桐城派的理论，皆是对"义法说"的完善和发展。

方苞一生著述丰富，有《周官集注》《周官析疑》《集外文》《补遗》等，还删订了《通志堂宋元经解》。

郑燮

清代文学家、书画家，字克柔，号板桥，江苏兴化人。他出身贫苦，深知民间疾苦，曾发出"天地间第一等人只有农夫，而士为四民之末"的大胆议论。乾隆年间中进士，曾官山东潍县知县，为官清廉，有政声。他的诗作没有沾染拟古主义和形式主义，而是真挚素朴由心而发。他写有很多关心民生疾苦、痛斥贪官污吏的诗作，如《悍吏》《私刑恶》《逃荒行》等。他推崇杜甫爱国爱民的思想。他的散文创作也是独具一格。他反对模拟古人，强调作文须直达肺腑，"作文必欲法前古，婢学夫人徒自苦"。他的创作与主张在各种学说盛行的清代文坛可以说是独树一帜的，体现了诗人不随流俗的高尚品格。

吴敬梓

清代小说家，字敏轩，一字文木，安徽全椒县人，出身于官僚仕宦之家。自幼聪颖，才识过人，少时曾随父宦游大江南北，对于官场内幕有很深的认识，无心于仕途功名。父亲去世后，由于他不善治生，又慷慨好施、挥霍无度，家境迅速败落，直到去世一直都过着清贫的生活。《儒林外史》是其代表作品，这部小说以批判科举制度和功名富贵为中心，反映了封建社会末期种种弊端和腐败的社会现实，塑造了范进、杜少卿等典型人物。这部小说在艺术上最大的特点是讽刺，语言精练、准确，是一部非常优秀的小说，在中国文学史上占有重要的地位。吴敬梓晚年爱好治经，著有《诗说》87卷（已佚），此外还有《文木山房集》12卷。

曹雪芹

曹霑，清代小说家，字梦阮，号雪芹，又号芹圃、芹溪，是我国古典名著《红楼梦》的作者。曹雪芹自幼得到良好的教育，但曹家后期败落，深刻影响了曹雪芹的思想和心理，形成了他愤世傲世的叛逆性格。曹雪芹晚年贫困潦倒，长期靠朋友救济和卖画为生。曹雪芹多才多艺，工诗善画，时人评价其"诗笔有奇气"。《红楼梦》是他的代表作品，也是我国最杰出的古典文学名著之一。在艰难的环境中，他"披阅十载，增删五次"而成《红楼梦》。"满纸荒唐言，一把辛酸泪，都云作者痴，谁解其中味"，可以说概括了作者一生的辛酸。《红楼梦》原名《石头记》，此外还有《金陵十二钗》《风月宝鉴》等名，小说以贾宝玉、林黛玉的爱情为主线，以贾、王、史、薛四大家族的兴衰败亡为背景，揭示了封建礼教对人的束缚与残害。《红楼梦》是一部集大成之作，文笔优美，融汇了作者对人生和社会的思考，在思想和艺术上都具有很高的成就。

袁枚

清代诗人、小说家、戏曲理论家，字子才，号简斋，又号随园老人，浙江钱塘（今浙江杭州市）人。乾隆四年（1739年）进士，曾任溧水、江浦、江宁等地知县。后辞官定居江宁，在小仓山下构筑随园，自号随园老人。袁枚的思想与晚明的李贽一脉相承，对当时学术界的汉宋学派不满，尤为反对考据学。在诗论上，他提出了"性灵说"，提倡抒写性情、遭际和灵感，开创了性灵派。他的诗文对当时文坛的拟古和形式主义文风有极大的冲击，但抒发闲情逸致，流连风花雪月，只是士大夫的情致，缺少社会生活内容，也限制了他的成就。其著作主要有《小仓山房诗文集》《随园诗话》以及笔记体志怪小说专集《子不语》。《随园诗话》是他的代表作品，在论诗方面，提出了很多独到的见解，具有重要的影响。其小说集《子不语》文笔流畅，叙事简洁，在文坛上也具有重要的地位，其中有很多为人们所称道的名篇，如《黄生借书说》《书鲁亮侪》等。

姚鼐

清代散文家，字姬传，又字梦谷，因室名惜抱轩，又称之为惜抱先生，安徽桐城人。乾隆年间进士，官至刑部郎中、记名御史等。曾在江宁、扬州等地书院讲学达40年。治学以经为主，兼及子史、诗文。曾受业于刘大櫆，为桐城派的集大成者。在理论上，他提倡文章要"义理""考证""辞章"三者相互为用。其中，"义理"即程朱理学，"考证"指对古代文献、文义、字句等的考证，"辞章"也就是文章的文采，也就是文章要以"考据""辞章"为手段，来阐释儒家的"义理"，这可以说是对方苞的"义法"说的补充和发展。在文章美学上，他提出了"阳刚"与"阴柔"的概念。同时，他发展了刘大櫆的拟古主张，提倡从"格律声色"入手去模拟古文，进而达到"神理气味"。著有《惜抱轩全集》，并选有《古文辞类纂》等。

姚鼐《古文辞类纂》书影

高鹗

清代文学家，字兰墅，一字云士，别号"红楼外史"。乾隆六十年（1795年）中进士，官至内阁中书，内阁侍读等。为官清廉正直，以"操守谨、政事勤、才具长"见称。高鹗熟谙经史，工于八股文，于诗词、小说、戏曲、绘画及金石之学等方面也是颇有造诣。其诗宗法盛唐，词学花间，论文方面主张"辞必端其本，修之乃立诚"，强调以意为主。一般认为他是《红楼梦》后40回续书的作者。此外另有诗文著作多种，现有《兰墅十艺》（稿本）、《吏治辑要》及诗集《月小山房遗稿》、词集《砚香词·簏存草》等存世。

李汝珍

清代小说家，字松石，号松石道人，直隶大兴（今属北京市）人。学问渊博，受业于经学大师凌廷堪，精通文学、音韵等，并旁及杂艺，在音韵方面著有《音鉴》一书。他晚年穷困潦倒，作小说以自遣，历十数年而成小说《镜花缘》。该作品被鲁迅归入以才学见称的小说，鲁迅评价说其"博识多通而仍敢于为小说也；惟小说又复论学说艺数典谈经，连篇累牍而不能自已，则博识多通又害之"，可谓是中肯之语。《镜花缘》代表了作者的最高成就。这部作品共100回，以百花仙子被贬下凡历劫为线索，以唐敖、林之洋、多九公三人海外航游为主线，同时穿插了大量的关于才学的论述和描写。这部作品自从问世以来一直受到关注。

龚自珍

晚清思想家、史学家、诗人，一名巩祚，字璱人，号定盦，浙江仁和（今杭州）人。道光九年（1829年）进士，官至礼部主事。龚自珍家学渊源深厚，对文字、训诂、金石、目录、诗文、地理、经史百家皆有所涉猎，并深受当时崛起的

"春秋公羊学"的影响，提倡"通经致用"。在政治上，主张革新内政，变法图强，他的思想为后来康有为等人倡公羊之学以变法图强开了先声。在文学上，他提出了"尊情"之说，主张诗与人为一。他的诗文俱佳，尤以诗的成就为高，其组诗《己亥杂诗》一直为世人所重视。后人将他的作品辑为《定盦全集》《龚自珍全集》。

刘鹗

晚清文学家、金石专家，原名孟鹏，字云博，后更名为鹗，字铁云，笔名洪都百炼生，江苏丹徒人。自幼聪颖，对数学、医学等都有研究。在金石方面，他搜罗龟甲，著有《铁云藏龟》一书，是研究甲骨文的重要文献。就目前所见的资料来看，《老残游记》是他唯一的一部小说创作。这部作品在中国的小说史上占有重要的地位，为清末四大谴责小说之一。此外，《〈老残游记〉初编自序》《〈老残游记〉二编自序》以及《老残游记》初编卷一至卷十七的评语，是重要的小说理论资料。就作品来看，《老残游记》以江湖医生老残的游历为线索，反映了晚清的某些社会现实。"棋局已残，吾人将老，欲不哭泣也得乎"，《老残游记》的世界可以说是中国近代社会的缩影。

吴趼人

晚清小说家，名沃尧，又名宝震，字小允，号茧人，后改为趼人，广东南海人。出生于官僚地主家庭，一生致力于小说创作和报刊编辑。在理论上重视小说的趣味性和移情作用，提倡"寓教育于闲谈"，反对枯燥呆板的说教。他还认为既是小说，也是正史的"辅翼"具有重要的社会作用。在小说技巧上，他强调作品立意与摹绘的传神。其作品主要有长篇小说《二十年目睹之怪现状》《痛史》《九命奇冤》等12种，还有短篇小说。

李宝嘉

晚清小说家，字伯元，别号南亭亭长，笔名有游戏主人、二春居士等，江苏武进人。一生以办报和写小说为主，其主要作品有小说《官场现形记》《文明小史》《中国现在记》《活地狱》《海天鸿雪记》等。其中《官场现形记》是作者的代表作品，为清末四大谴责小说之一。这部小说在结构上与《儒林外史》相似，全书没有一个中心人物，而是由一个个小故事连缀而成，通过对晚清官场的描写，揭露了封建社会崩溃时期，统治集团内部的腐朽状况。在小说理论上，他首先强调写真，因此他的小说笔锋尖锐，有清醒的现实性，揭露了晚清社会的黑暗现实。在人物塑造上，注重细节，强调人物性格的刻画；在结构小说方面，他提出了"草蛇灰线法"，即强调伏笔和小说的曲折性；在语言上，力求生动、精当、准确。

曾朴

近代小说家、出版家，字孟朴，笔名东亚病夫、病夫国之病夫等，江苏常熟人。早年曾在同文馆学习法文，深受西方思想文化的影响，曾翻译过雨果等人的作品。后来，参加了康、梁的维新运动，1904年创办小说林书社，并开始了《孽海花》的创作。其晚年思想渐趋保守和反动。《孽海花》是作者的代表作品，为清末四大谴责小说之一。这部小说以金雯青和傅彩云的故事为主要线索，通过对当时官僚名士、封建文人的思想生活和社会风气的描写，全面地展现了清末的政治、经济以及外交等各方面的情况，对于帝国主义的野心也有一定的批判和揭露。书中的人物在现实生活中皆有所指，具有很强的写实性。

苏曼殊

近代作家、诗人、翻译家，原名戬，字子谷，后改名玄瑛，法号曼殊，广东香山（今广东中山）人。其父苏杰生是中国人，母亲若子是日本人。1903 年后苏曼殊留学日本，并加入革命团体青年会和拒俄义勇队。回国后，他目睹国家山河破碎而为救国救民奔走呼吁，辛亥革命失败后，变得悲观厌世，于 1918 年病逝，年仅 35 岁。苏曼殊多才多艺，诗、文、小说俱佳，且工书画，善尺牍，精于禅理，并通晓英、法、日、梵等多种文字，他较早地将雨果、拜伦等作家介绍到了中国并翻译了他们的作品。苏曼殊的小说艳丽而凄婉，诗歌清新纤巧而又略带高逸之气，在近代文坛上具有很大的影响，后人将他的作品辑为《曼殊大师全集》。在近代文坛上，苏曼殊可以说是一位怪杰，他并没有受过很高的教育，却极有天分，他曾两度出家却又情缘不断。柳亚子评价他"不可无一、不可有二"。

柳亚子

近现代诗人，原名慰高，字安如，后改名人权，字亚卢，再更名弃疾，字亚子。出身于书香门第，少从母亲学唐诗，并受父亲影响，赞成变法维新，加入中国同盟会、光复会等进步组织。1909 年与陈去病、高旭等人组织了反清文学团体南社，鼓吹革命。"五四"之后，受十月革命的感召和新文化运动的影响，醉心于马克思的学说。1923 年他与叶楚伧、邵力子等人成立了新南社，鼓吹三民主义，提倡民众文学，并于同年加入了国民党。之后，一直立身于时代的浪潮之中，支持革命与正义。柳亚子一生写了大量的诗篇，计有诗 7000 余首、词 200 余首。其作品主要有《柳亚子自传年谱》《磨剑室诗集》《词集文集》《南社纪略》等，还编有《南社丛刻》《苏曼殊全集》等。后人将他的作品编辑为《柳亚子集》。

阳羡词派

清初词学流派，又称作聚放派。陈维崧（1625～1682 年）是阳羡词派的领袖人物，江苏宜兴人。因宜兴在汉时被称为阳羡县，因而这一词派被命名为阳羡派。陈维崧的词追法苏轼、辛弃疾，同时兼有周邦彦、秦观之长，自成一家。他的词作数量多，其《迦陵词》集存词 1600 余首，可谓是"填词之富，古今无两"。在题材上，既有闺房花草、感遇怀古之作，也有反映民生疾苦和农家生活的佳作。他的词风兼有豪放、婉约之长，以"才气大，骨力遒"见称，小令、中调、长调无不兼通。但其词"发扬蹈历，而无余韵"，有时写得太直、太露，失之含蓄，给人以美中不足之感。阳羡词派的人物还有曹贞吉、孙枝蔚、尤侗等。阳羡词派人的创作与理论主张对于词的变革发展具有重要影响，在清代文坛上也占有重要的地位。

性灵派

清代中叶诗学流派，其代表人物是袁枚（1716～1797年）。袁枚活跃于诗坛60余年，存诗4000余首，著有《小仓山房诗文集》《随园诗话》等。在思想上，他与晚明的李贽一脉相承，要求个性自由，强调"人欲"，反对"以理杀人"。与之相适应，在诗论上他提出了"性灵说"，主张抒写性灵，他在《随园诗话》说："自'三百篇'至今日，凡诗之传者，都是性灵。"所谓"性灵"在他看来就是指诗人的真性情，"作诗不可以无我"，强调作诗应抒写个人的性情遭际与实感，直抒胸臆，辞贵自然。性灵说对于诗坛上的形式主义诗风是有力的冲击，但性灵也只是士大夫的情致，过分注意个人生活琐事，吟咏风花雪月，缺乏充实的社会内容，有时不免失之肤浅。

桐城派

清代散文流派，其创始人是方苞。该流派继承发展者众多，其中影响最大的是刘大櫆和姚鼐。因为方、刘、姚都是安徽桐城人，故世人以桐城派称之。桐城派的文论，以"义法"为中心，逐步丰富发展而成为一个有机的体系。"义法"的主张首先由方苞提出，所谓"义"，即"言有物"，指文章的思想内容；"法"，即"言有序"，指文章的形式技巧。"义法说"要求文章的形式服从于内容，做到内容和形式的统一。在文章的语言方面，他提倡"清真雅正"和"雅洁"，反对俚俗和繁芜。刘大櫆进一步发展了"义法"的理论。桐城派的集大成者是姚鼐，他强调"义理、考证、辞章"三者相互为用；同时发展了"神气说"，提出神、理、气、味、格、律、声、色为文章八要，并将文章的风格归纳为"阳刚"与"阴柔"两大类。桐城派的文章语言简明，清顺通畅，颇有特色，特别是一些记叙文，其代表作品有方苞的《狱中杂记》《左忠毅公逸事》，姚鼐的《登泰山记》等。

四大谴责小说

清末中国的小说创作出现了较为繁荣的景象，形式多样，内容也各具特色，其中以暴露社会黑暗和抨击官场腐败为内容的小说，被称为"谴责小说"。所谓晚清四大谴责小说主要指的是李伯元（1867～1906年）的《官场现形记》，吴趼人（1866～1910年）的《二十年目睹之怪现状》，刘鹗（1857～1909年）的《老残游记》以及曾朴（1872～1935年）的《孽海花》。

《官场现形记》是最早也是最具有代表性的一部，在结构上，这本书模仿《儒林外史》，全书没有中心人物，是由一个个小故事连缀而成，通过对晚清官场的描写，揭露了封建社会崩溃时期，统治集团内部的腐朽状况。《二十年目睹之怪现状》在结构上与《官场现形记》相似，但全书有九死一生这个人物贯穿始终，反映了1884年至1904年20年间的官场、商场、洋场以及社会各个角落的污浊现象。《老残游记》是站在洋务派的立场来谴责现实的，虽主张改革，但反对革命。《孽海花》虽对现实有揭露，但也是站在改良派的立场。四大谴责小说是鲁迅的评价，这些作品的产生与时代是密切相关的，在小说的发展史上也占有重要的地位。

现当代文学

鲁迅

现代文学家、思想家、教育家、革命家，原名周树人，字豫才，浙江绍兴人。1902年去日本学医，后弃医从文，希望用以改变国民精神。1909年，翻译《域外小说集》，介绍弱小民族文学。1918年，发表中国现代文学史上第一篇白话小说《狂人日记》，奠定了新文学运动的基石。参加《新青年》杂志工作，成为"五四"新文化运动的主将。1921年发表了中篇小说《阿Q正传》。1930年起，先后参加中国自由运动大同盟、中国左翼作家联盟等。先后参与主编了《莽原》《语丝》等文艺期刊。著有杂文集《而已集》《三闲集》等，小说集《呐喊》《坟》等，散文集《野草》《朝花夕拾》等，编著《中国小说史略》《小说旧闻钞》等。

《呐喊》

鲁迅的第一部短篇小说集，1923年出版。共收录了鲁迅在1918～1922年写的14篇小说。它的出版对"五四"新文学的开创和启发，对于整整一代新文学创缔者的激励，以及对于几代中国作家的培养，都产生了深远巨大的影响。小说具有充沛的反封建热情，从总体倾向到具体描写，都和"五四"时代精神一致，表现了文化革命和思想革命的特色。其中以《狂人日记》和《阿Q正传》为其代表。《狂人日记》是现代文学的第一篇白话小说，描写了一个"迫害狂"患者的精神状态和心理活动。小说的艺术构思非常巧妙，揭示了封建社会吃人的本质。《阿Q正传》以辛亥革命前后落后的农村小镇未庄为背景，塑造了一个从物质到精神都受到严重伤害的农民的典型。小说集另外还包括名篇《孔乙己》《药》《故乡》等。

鲁迅像

《彷徨》

继《呐喊》之后鲁迅出版的第二部小说集，于1926年8月出版。集中共收录了《祝福》《在酒楼上》《伤逝》等11篇小说。作品表达了作者彻底地不妥协地反对封建主义的精神，是中国革命思想的镜子。作品主要包括农民和知识分子两类题材。前者以《祝福》和《示众》为代表，后者以《在酒楼上》和《孤独者》为代表。《祝福》中的祥林嫂是一个在封建的政权、族权、神权和夫权下遭受残酷的精神虐杀的劳动妇女，她的遭遇体现了封建宗法制度和思想体系对劳动人民精神奴役的残酷性。《示众》中的看客把别人的痛苦和不幸当作自己的娱乐和安慰，体现了中国农民的愚昧、麻木和无知。《在酒楼上》中的吕纬甫和《孤独者》中的魏连殳，则是那个时代知识分子的代表。《彷徨》和《呐喊》两部小说集是中国新小说的成熟之作，为中国白话小说的发展奠定了基础。

《朝花夕拾》

鲁迅的散文集，原名《旧事重提》，1927年结集成书的时候，改名为《朝花夕拾》。在这组文章里，作者用夹叙夹议的方式，以少年时代生活经历为线索，真实而动人地抒写了从农村到城镇、从家庭到社会、从国内到国外的一组生活。整部作品侧重继承传统散文写人记事的长处，舒展通脱，以流畅清新取胜。《二十四孝图》《无常》两篇议论与叙述并重，隐喻作者对社会生活的针砭。《五猖会》《从百草园到三味书屋》《琐记》等，则以亲切动人的笔墨，各自记录了社会生活的一面。《藤野先生》和《范爱农》既追怀昔日师友，又写出了海外生活和革命运动的片段，境界开广。作品中所写的事和人，往往饱含着作家强烈的爱憎，闪烁着社会批判的锋芒，在平淡的叙述中寓有褒贬，在简洁的描写中分清是非，使回忆与感想、抒情与讽刺和谐地结合起来。

《故事新编》

鲁迅的历史小说集，出版于1936年，共收录小说8篇。作品取材于历史、神话和传说中的人物及事件，在历史与现实的互映中，歌颂了中华民族的正气，鞭挞了民族败类的丑恶行径。《补天》取材于女娲炼石补天的神话传说，塑造了东方圣母的崇高形象。《奔月》取材于"嫦娥奔月"的神话故事，反映了羿的英雄气概、正直性格和孤寂落寞的心境。《铸剑》通过眉间尺反暴复仇的故事，鞭挞了专制君主的暴行。后5篇（《理水》《非攻》等）的内容则更为深广，色彩更为明朗。作者热烈颂扬了身心健全的中华民族的英雄，对那些腐败邪恶的坏种则采取"刨祖坟"的方法，将孽种丑态暴露于光天化日之下。作者以极俭省的笔墨，勾出了传说中的形象，用其照出了"五四"以后特别是20世纪30年代形形色色的现代人的灵魂。

胡适

中国现代学者、诗人，原名胡洪，字适之，安徽绩溪人。1910年留学美国。1914年在康奈尔大学获文学士学位后，入哥伦比亚大学读哲学，师从杜威，深受其实验主义哲学的影响。1917年回国，任北京大学教授，积极参加新文化运动和文学革命运动，是新文化运动中最有影响力的人物之一。1917 年发表《文学改良刍议》，猛烈抨击了封建文学，是反对文言文、提倡白话文的首篇正式宣言。参加编辑《新青年》。1920 年出版中国文学史上第一部白话诗集《尝试集》。1923 年与徐志摩等组织新月社。1924 年与陈西滢等创办《现代评论》周刊。1946 年任北京大学校长。胡适一生在哲学、文学、史学、古典文学考证诸方面都有很大成就。另著有《五十年来之中国文学》《胡适文存》《白话文学史》《中国哲学史大纲》等。

刘半农

中国文学家、语言学家、教育家，"五四"新文化运动的先驱之一，原名刘复，江苏淮阴人。1911 年参加辛亥革命。1917 年到北京大学任预科教授，并参与《新青年》杂志的编辑工作。积极投身文学革命，发表了许多震惊文坛的进步论著，成为新文化运动中一位"斗士"和"闯将"。1920 年到英国伦敦大学的文学院学习实验语音学。同年创作了一首题为《教我如何不想她》的新诗。1921 年转入法国巴黎大学学习。1925 年获法国国家文学博士学位。1925 年秋回国，任北京大学国文系教授，讲授语音学。他是白话诗歌的拓荒者，现代民歌研究的带头人，具有开拓精神的杂文家。他又是中国语言学及摄影理论奠基人，是中国第一个获"康士坦丁语言学专奖"的语言学家。著有诗集《扬鞭集》《瓦釜集》等。

郭沫若

中国现代诗人、剧作家、历史学家、考古学家、古文字学家，原名郭开贞，号

尚武、鼎堂，四川乐山人。1914 年留学日本。1921 年出版第一本诗集《女神》，以崭新的内容和形式，开了一代诗风，成为中国新诗的奠基人。诗作直抒胸臆，感情奔放，格调昂扬。同年与成仿吾等人发起成立创造社，是创造社的骨干成员。后又发表诗集《星空》《恢复》等。抗战期间写了《屈原》《虎符》《棠棣之花》等历史剧及大量诗文。他的历史剧将历史与现实有机结合，以独到的历史眼光，向传统思想进行了挑战，具有鲜明的革命浪漫主义特色和浓郁的抒情色彩。1949 年后，郭沫若历任中国科学院院长、中国科学院哲学社会科学部主任、历史研究所第一所所长等职。先后出版诗集《新华颂》《潮汐集》《东风集》等，历史剧《蔡文姬》《武则天》等，学术专著《石鼓文研究》等。在文学的各种体裁、翻译、史学、文字学等各方面郭沫若都有建树，是少有的全能型文人，又是多产作家。

《女神》

郭沫若的第一部新诗集，写于 1921 年，被列为"创造社丛书"之一，也是中国现代文学史上一部具有突出成就和巨大影响的新诗集。该诗集中共收录诗歌 56 首。诗集高举"五四"科学、民主的大旗，对封建旧制进行了勇猛的冲击，表现出了改造社会的强烈要求，以及追求和赞颂美好理想的无比热力，奏响了"五四"时代精神的最强音。诗集中最有代表性的作品是《凤凰涅槃》和《女神之再生》。《凤凰涅槃》以有关凤凰的传说作素材，借凤凰"集香木自焚，复从死灰中更生"的故事，象征着旧中国以及诗人旧我的毁

灭和新中国以及诗人新我的诞生。《女神之再生》是根据女娲炼石补天的古代传说而写成的，以神话题材影射现实，揭示出反抗、破坏和创造的主题。《女神》所表现出来的鲜明的时代色彩，独创的艺术风格，丰富了我国诗歌创作的宝库，为中国现代诗歌开辟了新路。

丁西林

中国现代话剧史上一位有独特风格的喜剧作家，被誉为"独幕剧圣手""喜剧大师""东方的莫里哀"。原名丁燮林，字巽甫，江苏泰兴人。他自幼喜欢读书。1914 年夏赴英。留英期间，大量阅读萧伯纳、高尔斯华绥的剧本，还接触了易卜生的作品，他也因此进入了话剧的世界。1923 年，发表了独幕话剧《一只马蜂》，一鸣惊人。该剧结构精巧，语言机智幽默，给人耳目一新的感觉。1926 年，写成了代表作之一《压迫》，该剧被洪深誉为大革命时期"创作喜剧中的唯一杰作"。同年，与邓以蛰、闻一多创办中国戏剧社。1939 年，创作了独幕话剧《三块钱国币》，四幕喜剧《等太太回来的时候》。另有舞剧《雷峰塔》《胡凤莲与田玉川》等，话剧《孟丽君》《干杯》等。译作《十二镑钱的神情》《一代天骄——拿破仑》等。编有《西林独幕剧集》《西林戏剧集》和《丁西林剧作集》等。

徐志摩

现代诗人、散文家、翻译家，新月社的主要代表人物，被誉为新月社的"盟主"，笔名诗哲、南湖等，浙江海宁人。1915 年考入上海沪江大学。1918 年赴美，先后学习历史、政治及银行学，这一时期深受尼采哲学的影响。1921 年赴英留学，其间深受欧美浪漫主义和唯美派诗人的影响。1923 年发起组织新月社。1924 年与胡适、陈西滢等创办《现代评论》周刊。1925 年出版第一本诗集《志摩的诗》。1926 年主编《诗镌》，与闻一多等人开展新诗格律化运动。1928 年，作抒情诗《再别康桥》，诗作音节和谐，想象丰富，比喻贴切，具有优美的意境，充分表现了诗人的个性和才情。徐志摩早期诗作优美、乐观而热情；后期的诗作则相对消极。他的作品具有鲜明的音乐美，节奏和谐而整齐，音节匀整而富有流动感。语言平易、浅显，表现手法多样。主要著有诗集《翡冷翠的一夜》《猛虎集》等，散文集《落叶》《秋》等，戏剧《卞昆冈》，日记《爱眉小札》等，译著《曼殊斐尔小说集》等。

叶圣陶

现代作家、教育家，原名绍钧，江苏苏州人。1919 年加入新潮社，1921 年参与发起成立文学研究会。1928 年发表长篇小说《倪焕之》。这部小说真实地反映了从辛亥革命到第一次国内革命战争时期一部分小资产阶级知识分子的生活历程和精神面貌。他的小说呈现出朴实冷隽的艺术格调，具有强烈的现实主义特色。"九一八"事变之后，积极参加爱国抗日活动，发表了《多收了三五斗》等著名的短篇小说。1935 年出版散文集《未厌居习作》，作品感情朴实，语言洁净，具有厚实的社会内容。他还创作了大量的童话作品，其中《稻草人》是其代表作，作品展现了劳动人民的苦难。1949 年后，历任人民教育出版社社长、教育部副部长、中央文史馆馆长等职。主要著作有长篇小说《倪焕之》，短篇小说集《隔膜》《城中》《未厌集》等，散文集《叶圣陶散文甲集》《小记十篇》，童话集《稻草人》《古代英雄的石像》等，论文集《文心》《十三经索引》《苏辛词》等。

林语堂

现代文学家，原名和乐，后改为玉堂、语堂，福建龙溪人。1919年入美国哈佛大学文学系。1922年转赴德国入莱比锡大学，专攻语言学。次年获博士学位后回国，任北京大学教授、北京女子师范大学英文系主任。1924年后为《语丝》主要撰稿人之一。1932年先后主编《论语》半月刊、《人间世》《宇宙风》等杂志。他提倡"以自我为中心，以闲适为格调"的小品文。1952年在美国与人创办《天风》杂志。他的一生，走的是一条综合东西方文化之路。1936年以前重在向中国读者输入西方文化观念；1936年以后则重在向欧美读者宣扬道家哲学，意欲用老庄思想之"柔"来济西方文化之"刚"，使之臻于至美。著有长篇小说"林氏三部曲"（《京华烟云》《风声鹤唳》《朱和》），散文集《欧风美语》，杂文集《剪拂集》《俚语集》。

中国民权保障同盟成员合影
右起：宋庆龄、杨杏佛、黎沛华、林语堂、胡愈之

郁达夫

现代作家、翻译家，原名郁文，浙江富阳人。自幼喜爱文学，古典文学修养深厚。1913年赴日本留学，初读文科，后改学经济。1921年，与郭沫若、成仿吾等在东京发起成立创造社，同年出版了短篇小说集《沉沦》，该作被列为"创造社丛书"之一。小说《沉沦》描写一个有忧郁症的中国留日学生，在异国历经屈辱和冷遇，最终绝望走向沉沦的过程。1922年回国，参加编辑《创造》季刊、《创造周报》等刊物。1928年与鲁迅合编《奔流》月刊，并主编《大众文艺》。1930年，加入中国左翼作家联盟。抗日战争爆发后，积极从事抗日活动，后被日军杀害。他的早期作品往往流露出孤独愤世的慨叹和哀怨；后期的作品如《迟桂花》等则更多地表现了对下层不幸者的同情，风格上具有真率、热情、明丽、酣畅的特点。主要著作有短篇小说集《沉沦》《鸡肋集》等，中篇小说《迷羊》《她是一个弱女子》等，《达夫日记》《达夫游记》等。另出版有《达夫全集》《达夫文集》等。

邹韬奋

现代作家、新闻记者，原名思润，江西余江人。1921年毕业于上海圣约翰大学，后任《生活》周刊和《时事新报》副刊主编，从此毕生从事新闻出版工作。1933年起，撰写了《小言论》和《韬奋漫笔》等杂文集。同年7月因受迫害流亡国外，为《生活》周刊撰写了30多万字的国外通讯。1935年，由美归国，创办

《大众生活》周刊，同时参加抗日救亡活动。1936 年 3 月被迫出走香港，创办了《生活日报》及《生活日报星期增刊》。他写的通讯和评论具有极强的现实主义特色，产生了广泛的社会影响。主要著作有《萍踪寄语》《萍踪忆语》《经历》《抗战以来》《患难余生记》等。

张恨水

现代通俗文学大师、章回小说大家，原名张心远，祖籍安徽潜山，生于江西广信。他在近半个世纪的写作生涯中，创作了 100 多部通俗小说，其中绝大多数是中、长篇章回小说。在小说之外，他还写有大量文艺性散文和新闻性散文，再加上 3000 首左右的诗词和一些剧本，全部作品在 3000 万言以上。以《春明外史》《金粉世家》《啼笑因缘》《八十一梦》4 部长篇小说为代表作，还著有《夜深沉》《魍魉世界》《五子登科》等。张恨水的小说追求文学的通俗化，奉行为普通老百姓写作的态度，坚持现实主义的创作原则，一直拥有大量的读者。小说以寓教于乐的艺术追求完成了他对鸳鸯蝴蝶派小说的突破，在 20 世纪的中国小说长廊中是独树一帜的。

茅盾

现当代杰出的小说家、文艺理论家、文艺批评家，原名沈德鸿，字雁冰，浙江桐乡人。1915 年毕业于北京大学预科班。1916 年参与发起组织文学研究会，任《小说月报》主编。1928 年东渡日本，开始写作《幻灭》《动摇》《追求》和《虹》。1930 年回国加入"左联"，期间写出了《子夜》《林家铺子》《春蚕》。抗战时期，

根据茅盾同名小说改编成的电影《春蚕》剧照

发表了《腐蚀》和《锻炼》等。他的小说被称为"社会剖析小说"，其特征是"作品中人物形象阶级特征比较鲜明，情节的冲突、发展，往往由当时各种社会矛盾所决定，与更为广阔的社会背景相联系着"。另著有长篇小说《第一阶段的故事》等，短篇小说集《野蔷薇》等，散文集《白杨礼赞》《话匣子》等，评论集《夜读偶记》《鼓吹集》等，话剧剧本《清明前后》，中短篇小说《路》《林家铺子》等。

《子夜》

茅盾的代表作，是中国现代文学一部革命现实主义的长篇。动笔于 1931 年 10 月，完成于 1932 年 12 月。小说以民族工业资本家吴荪甫和买办金融资本家赵伯韬之间的矛盾和斗争为主线，反映了 20 世纪 30 年代初期革命深入发展、星火燎原的中国社会的面貌。吴荪甫是小说里的主要人物，是雄踞于 20 世纪中国小说史上的一个悲剧人物的典型形象。在他身上，人们可以看到 30 年代民族资产阶级的特征，也可以看到在 30 年代特殊环境下生成的复杂个性。作者在表现人物时，着重环境描写，突出人物；运用细节，勾画人物；运用语言描写，显示人物。小说语言

简洁，细腻，生动；艺术结构宏伟而谨严。《子夜》的产生，充分显示中国革命文学的实绩，提高了中国现实主义文学思想艺术水平。

朱光潜

现代美学家、文艺理论家、翻译家，笔名孟实，安徽桐城人。1922年毕业于香港大学文科教育系。1930年获英国爱丁堡大学文科硕士学位。1933年获法国斯特拉斯堡大学文科博士学位。朱光潜是我国现代美学的开拓者和奠基者之一。他的《文艺心理学》《谈美》《诗论》等专著，对于中国现代美学的发展具有开拓意义。同时他也是中国现代比较美学和比较文学的拓荒者之一。他所著的《诗论》是中国比较美学的典范作品，《文艺心理学》也是融贯中西的经典著作。新中国成立后，朱光潜提出了"美是主客观的辩证统一"的观点，以马克思主义的"美学的实践观点"不断丰富和发展自己的美学思想，形成了一个颇有影响的美学流派。朱光潜对马克思主义的经典著作《1844年经济学——哲学手稿》《关于费尔巴哈的提纲》《资本论》《自然辩证法》等进行系统研究，对一些译文提出了有重大价值的修改意见，他为中国现代美学建设，为建立中国的马克思主义美学体系和文艺理论体系做出了重要的贡献。

丰子恺

散文家、漫画家、翻译家，原名丰润、丰仁，浙江崇德人。1914年入杭州浙江省第一师范学校，从李叔同学习音乐和绘画。1921年东渡日本学习绘画、音乐和外语。1924年首次发表了他的画作《人散后，一钩新月天如水》。其后，他的画以"漫画"为题在《文学周报》上陆续发表。自此中国开始有了"漫画"这一名称。1925年成立立达学会，参加者有茅盾、叶圣陶、郑振铎等人。1931年，他的第一本散文集《缘缘堂随笔》出版，后又陆续出版了《缘缘堂再笔》《东厢社会》等十几部集子。他的散文以动人的笔触表达了对社会人生的深刻思考和一个正直知识分子的良知，也展示了作者丰富的内心世界和广阔的艺术视野。另著有漫画集《子恺漫画》《古诗新画》，论文集《艺术修养基础》《艺术丛话》，译著《源氏物语》《猎人笔记》等。他被誉为"现代最像艺术家的艺术家"。

庐隐

中国现代女文学家，原名黄淑仪，又名黄英，福建闽侯人。1919年考入北京高等女子师范学校国文系。1921年加入文学研究会。1925年出版第一本小说集《海滨故人》。1926年到上海大夏大学教书。1927年任北京市立女子第一中学校长半年，其间出版了作品集《灵海潮汐》和《曼丽》，其中的《父亲》等篇，揭露了旧家庭代表人物的种种丑态，表现了作者对封建当权势力的愤慨，极具社会意义。1931年出版了通信集《云鸥情书集》。后移居东京，出版了《东京小品》。1931年起担任上海工部局女子中学国文教师。她的小说，大多采取自传式的书信体或日记体，文字清浅、直切、劲健、自然，并不炫奇斗巧。另著有小说集《玫瑰的刺》等，长篇小说《女人的心》《火焰》等。

田汉

现代戏剧的奠基人，诗人、剧作家，字寿昌，湖南长沙人。1916年赴日本留学，先学海军，后学教育，期间参加少年中国学会。1919年开始话剧创作，写了《咖啡店之一夜》等作品，其早期的剧作表现了较强的浪漫和唯美情调。1920年出版通信集《三叶集》。1921年与郭沫若等人组织创造社，同年回国，编辑出版《南国》半月刊。1927年发起组织南国电影剧社，进行话剧创作和演出。1929年创作了代表作《名优之死》，塑造了刘振声的反抗性格和悲剧命运。1930年加入左联，积极推进革命戏剧的发展。他还是现中国国歌《义勇军进行曲》的词作者。著有文学剧本《乱钟》《回春之曲》《月光曲》《琵琶行》《江汉渔歌》《丽人行》《汉阳泪》《哀江南》等，戏曲剧本《白蛇传》《西厢记》《情探》等。

郑振铎

现代作家、文学评论家、文学史家、考古学家，字西谛，笔名宾芬、郭源新。原籍福建长乐，生于浙江永嘉。五四运动爆发后，曾作为学生代表参加社会活动，并和瞿秋白等人创办《新社会》杂志。1920年与沈雁冰、叶绍钧等人发起成立文学研究会，并主编文学研究会机关刊物《文学周刊》，编辑出版了"文学研究会丛书"。1923年开始主编《小说月报》，倡导写实主义的"为人生"的文学，提出"血与泪"的文学主张。和许广平等人组织复社，出版了《鲁迅全集》《联共党史》《列宁文选》等。新中国成立后，长期在文化部门和科研单位工作，1958年在率中国文化代表团出国访问途中，因飞机失事殉难。郑振铎的学术活动贯穿于他的一生，其突出贡献主要是在新文学现实主义文艺理论的探讨和中国文学史的建树两个方面。主要著作有：短篇小说集《家庭的故事》《桂公塘》，散文集《山中杂记》，专著《文学大纲》《插图本中国文学史》《中国通俗文学史》《中国文学论集》《俄国文学史略》等。有著作《郑振铎文集》。

朱自清

现代散文家、诗人，原名自华，字佩弦，号秋实，祖籍浙江绍兴，生于江苏扬州。1916年在北京大学哲学系学习。1922年，他同俞平伯、叶圣陶等创办《诗》月刊，这是"五四"以来最早的一个诗刊。1931年到英国留学，并漫游欧洲数国。1932年回国主持清华大学文学系。在我国现代散文作家中，朱自清的散文结构缜密，脉络清晰，婉转曲折的思绪中有种温柔敦厚的气氛；文字清秀、朴素而又精到，最具有我国散文的传统的美学风范。主要作品有长诗《毁灭》，散文《绿》《春》《桨声灯影里的秦淮河》《荷塘月色》，散文集《欧游杂记》《伦敦杂记》等。1948年6月，他为抗议美国的扶日政策，在拒绝领取美援面粉宣言上签名，后因胃病复发，医治无效，终在贫病中死去。

老舍

现代当代作家、戏剧家，原名舒庆春，字舍予，满族，北京人。1918年北京师范学校毕业后任小学校长。1924年应聘到英国伦敦大学东方学院当中文讲师。在英期间创作了长篇小说《老张的哲学》《二马》等。这些小说以"看戏"的态度来旁观北京的众生相,文笔轻松活泼、幽默诙谐。1926 年加入文学研究会。1944 年开始创作近百万字的长篇巨著《四世同堂》,1946 年完稿。这是一部结构谨严、气势磅礴、饱含感情的民族抗争史。曾因创作优秀话剧《龙须沟》而被授予"人民艺术家"称号。他的作品大都取材于市民生活,为中国现代文学开拓了重要的题材领域。主要著作有长篇小说《骆驼祥子》《火葬》等,中篇小说《月牙儿》等,短篇小说集《赶集》《樱海集》等,剧本《龙须沟》《茶馆》等。

《四世同堂》

作家老舍的代表作之一,完成于 1946 年,是"老舍花费力气最大,写作时间最长,他自己比较满意的一部作品"。小说包括《惶惑》《偷生》《饥荒》3 个部分,它是老舍长篇小说创作中的重大收获。作品所表现的反封建的思想锋芒和鲜明的爱国情感引起了不同时代读者的共鸣。作品以抗战时期北平一个普通的小羊圈胡同作为故事展开的具体环境,以几个家庭众多小人物屈辱、悲惨的经历来反映北平市民在 8 年抗战中惶惑、偷生、苟安的社会心态,表现他们在国破家亡之际缓慢、痛苦而又艰难的觉醒历程。作品深刻的思想意蕴表明,一个民族的兴衰存亡,不仅在于其经济的发达、武器的先进,而且还取决于该民族普遍的社会心态。综观全书,篇幅宏伟,结构匀称,人物对话逼真、传神,场景描写鲜明生动,具有很高的艺术价值。

《骆驼祥子》

作家老舍的代表作之一,代表了作者市民小说的最高成就。作品通过对一个人力车夫悲剧命运的描写,提出了城市贫民寻求生活出路的社会问题。它以人物自身的性格矛盾,揭示了来自乡村的破产农民面对腐朽社会的压迫盘剥,在日益贫困的同时也扭曲了质朴的人生,激化了小生产者对"私有"的追逐,从而加速了他们悲剧的结局。小说集中表现了主人公祥子生活的悲剧与性格的悲剧。祥子生活的悲剧表现在他企望做一个自食其力的劳动者的生活理想的破灭。祥子顽强求生的努力拼搏与现实社会给他的一次比一次沉重的打击形成强烈的对照,从而深刻揭露了千万祥子悲剧的社会根源。祥子性格的悲剧集中表现在作为一个劳动者美好品质的丧失和正常人性的蜕变。作品结构严谨,情节迭宕,语言精练,具有极高的艺术价值。

《茶馆》

老舍的话剧代表作之一,创作于

《骆驼祥子》剧照　1957 年上演

老舍无疑是"另一种北京"的创造者,他发现了"艺术的北京"。从此,人们对于北京的观照,往往带着老舍的眼光。老舍所创造的祥子与虎妞(《骆驼祥子》),张大哥和老李(《离婚》)等,都已成为北京文化的有机部分。

1957 年，当代话剧精品。全剧共有三幕，以宏大的气魄和精巧的艺术结构反映了三个"被埋葬的时代"。第一幕写的是清朝末年的事情；第二幕反应的是辛亥革命后军阀混战时期；第三幕讲述的是抗战胜利后国民党、美国兵横行之际。全剧以"裕泰茶馆"为平台，通过不同时期若干人物的若干生活片段，展示了各个时期的社会全貌。作者将三教九流、各色人等集中到一个小茶馆里，他们虽然各行其是，却又共同演绎着一出包罗万象却又精练严谨的悲喜剧。作品采用的是"人物群览"的方式，支撑全剧的是 70 多个人物及他们带出的几十个小故事。每个人物的生活变迁片段共同组成一幅统一而完整的京华世态画卷。剧中人物的语言简洁清新、洒脱幽默，以普通话为基础，适当地穿插北京地方方言词语，揭示了民族性格的渊源。

闻一多

中国现代诗人、学者，原名闻家骅，湖北浠水人。1913 年入北京清华学校。1919 年五四运动中，作为清华学生代表，出席在上海召开的全国学生联合会。1920 年发表第一首新诗《西岸》。1922 年出版《冬夜草儿评论》，主张艺术应讲究唯美。1926 年发表了著名论文《诗的格律》，他要求新诗要有"音乐的美，绘画的美，并且还有建筑的美"。1928 年出版诗集《死水》，艺术上感情炽热深沉，想象丰富神奇，结构严谨，音韵和谐；内容上表现了他强烈的爱国主义思想。而对《周易》《诗经》《庄子》《楚辞》四大古籍的整理研究，被郭沫若称为"前无古人，后无来

者"。抗日战争爆发后，投身于爱国民主运动，成为著名的反法西斯主义的民主斗士。1946 年 7 月 15 日发表了著名的《最后一次的讲演》，当天下午遭国民党特务刺杀身亡。主要著作有诗集《死水》《红烛》等，评论集《闻一多论新诗》等，古典文学研究《楚辞补校》《神话与诗》等。

俞平伯

现代作家、学者，原名俞铭衡，浙江德清人。1915 年考入北京大学文学部。1918 年，在《新青年》上发表了第一首新诗《春水》。1921 年加入文学研究会。1922 年与朱自清等人创办"五四"以来最早出现的诗刊《诗》月刊。1923 年与郑振铎、沈雁冰等 10 人成立朴社，其间曾赴英留学。他是新文学运动初期的重要诗人，提倡过"诗的平民化"，积极倡导白话诗，为新文学的发展做出了突出贡献。主要著作有诗集《冬夜》《雪朝》《忆》等，旧体诗《右槐书屋词》《遥夜》等，散文集《杂拌儿》《燕知草》《燕郊集》等，专著《红楼梦辨》《读词偶得》等。

冰心

现当代女作家，儿童文学作家，原名谢婉莹，福建长乐人。1919 年开始发表第一篇小说《两个家庭》。其后，受泰戈尔《飞鸟集》的影响，写作无标题的自由体小诗。这些晶莹清丽、轻柔隽逸的小诗，后结集为《繁星》和《春水》出版，被人称为"春水体"。1921 年加入文学研究会。1923 年赴美留学，获威尔斯利女子大学文学硕士学位，其间，写有散文集《寄小读者》，显示出婉约典雅、轻灵隽

丽、凝练流畅的特点。这种独特的风格曾被时人称为"冰心体"。1926年回国后曾任燕京大学、清华大学教师。1946年赴日本，曾任东京大学教授。1951年回国，先后任《人民文学》编委、中国作家协会理事、中国文联副主席等职。作品主要有散文集《归来以后》《再寄小读者》《三寄小读者》，小说集《超人》《去国》《冬儿姑娘》，以及《冰心全集》《冰心文集》《冰心著译选集》等。

李金发

现代诗人，象征派的代表人物之一，原名李淑良，字玉安，广东梅县人。1919年赴法勤工俭学，受法国象征派诗人波特莱尔的影响，开始创作象征派诗歌。先后出版《微雨》等三部诗集，震动中国诗坛，被称为"诗怪"。他的情诗具有独特的诗的世界：一是生死意识的张扬，惊世骇俗；二是以意象暗示象征，拓展新诗的意象艺术。1925年回国，在上海美专执教，同年加入文学研究会。1927年秋任中央大学秘书。1928年任杭州国立艺术院雕塑系主任，创办《美育》杂志。作为中国象征诗派的开创者，他的诗朦胧恍惚，多用象征暗示，格调怪异。另有诗集《古希腊恋歌》等，诗文集《异国情调》《飘零阔笔》，小说《鬼屋人踪》等。

夏衍

现代剧作家、翻译家，原名沈乃熙，浙江杭州人。1920年赴日本留学。1927年回国以后，从事工人运动及翻译工作。1929年参加筹备左翼作家联盟，同年与郑伯奇等人组织上海艺术剧社。他的剧作多从平凡的日常生活中选取题材，大都具有强烈的时代性，在人物的刻画上致力于揭示其内在的心理活动，情节多平淡无奇，结构严谨，具有隽永、素淡的艺术风格，为中国的话剧做出了突出的贡献。主要著有话剧剧本《上海屋檐下》《秋瑾传》《赛金花》等，电影文学剧本《风云儿女》《压岁钱》等，报告文学《包身工》，论著《夏衍剧作选》《电影论文集》等，译著长篇小说《母亲》等。

冯乃超

现代诗人、作家、文艺评论家、翻译家，中国左翼文化运动的先驱者之一，广东南海人，生于日本横滨。早在大学期间，他就开始参与创造社的活动，后成为创造社骨干。以诗集《红纱灯》等作品享誉文坛。他积极倡导无产阶级革命文学，建立了无产阶级革命文学的战斗阵地，有力地促进了革命文学战线上左翼队伍的形成，从思想和组织上为后来"左联"的成立打下了基础。1930年与鲁迅等筹组中国左翼作家联盟，起草左联《理论纲领》。历任左联、文化总同盟中共党团书记，党报《红旗报》编辑等。抗日战争爆发后，冯乃超积极投入中国共产党的抗日民族统一战线工作，发表了著名诗篇《诗歌的宣言》，被中国现代文学史上称为"诗歌朗诵运动倡导者的宣言"，又是文艺界抗日救亡运动的宣言。著有小说散文集《傀儡美人》，短篇小说集《抚恤》，文艺论著《文艺讲座》，译著《介川龙之芥集》《河童》等。

蒋光慈

现代小说家、诗人，无产阶级革命文学的倡导者之一，又名蒋光赤，安徽霍邱人。1919 年底到上海，入外语学院学习俄语。1921 年赴苏联留学。旅苏期间创作了诗集《新梦》，歌颂俄国十月革命。诗作情绪高昂，充满理想，反映了"五四"后一代青年追求革命的激情。1924年回国后，积极倡导革命文学，致力于普罗小说的创作，是有代表性的革命小说作家。先后写成了《丽莎的哀怨》、长篇小说《冲出云围的月亮》《咆哮了的土地》等作品。其小说多以大革命为背景，反映工农群众和青年知识分子的革命斗争，惯用"革命加恋爱"的公式，表现历史转变关头革命青年的苦闷、悲愤和奋起抗争的精神世界。主要著作有诗集《哀中国》等，中篇小说《少年漂泊者》《短裤党》等，短篇集《鸭绿江上》等。

胡风

现当代著名诗人、评论家，原名张光人，湖北蕲春人。1920 年就读于北京大学。1929 年后赴日本留学。1933 年回国，在上海参加左联。抗战期间，创办《七月》，在其推动和影响下逐渐形成了以《七月》为阵地的文学流派。1945 年主编《希望》杂志。从抗战前夕到 1948年，胡风先后撰写《文艺笔谈》《文学与生活》等理论著作。他的理论中心是"主观战斗精神"，要求作家从改造现实的角度去把握现实。1949 年新中国成立前著有诗集《野花和箭》《为祖国而歌》，新中国成立初创作了长诗《时间开始了》。后者激情勃发，语言凝重，为当代歌颂性的诗歌创作开了先河。另著有评论集《逆流的日子》《为了明天》等，诗集《欢乐颂》《安魂曲》等，散文及杂文集《棘源草》《人环二记》等，另出版有《胡风评论集》《胡风杂文集》《胡风译文集》等。

沈从文

现代作家、历史文物研究学者，原名沈崇焕，湖南凤凰人，苗族。1918 年高小毕业后入伍。1923 年到北京，开始用"休芸芸"这一笔名进行创作，与胡也频合编《京报副刊》和《民众文艺》周刊。自 30 年代起他开始用小说构造他心中的"湘西世界"，完成一系列代表作，如《边城》《长河》等。1928 年到上海与胡也频等编辑《红黑》《人间》杂志。抗战胜利后，任北京大学教授，编辑《大公报》《益世报》等文学副刊。在作品中，他以"乡下人"的主体视角审视当时城乡对峙的现状，批判现代文明在进入乡村的过程中所显露出的丑陋，提出了他的人与自然"和谐共存"的、本于自然、回归自然的哲学观点。另著有短篇小说集《蜜柑》《神巫之爱》《虎雏》《八骏图》等，中篇小说《边城》等，长篇小说《旧梦》等，散文集《记胡也频》《湘西》等。

冯雪峰

现当代作家、诗人、翻译家，名福春，浙江义乌人，左翼文化战线的重要领导人之一。1921 年参加朱自清等人组织的文学社团晨光社，开始创作新诗。1922年与汪静之等组织湖畔诗社，是湖畔诗社的著名诗人，出版诗集《湖畔》（与潘漠华、应修人、汪静之合著）。1929 年参加筹备中国左翼作家联盟，由湖畔诗人转向革命诗人。1937 年，创作了反映长征的长篇小说《卢代之死》。1941 年被捕，在狱中写了几十首新诗，后结集为《真实之歌》，这些革命诗歌为时代留下了一座精神的纪念碑。另著有诗集《灵山歌》《春的歌集》等。作为杂文家，他继承"五四"传统，坚持批判精神，著有杂文集《乡风与市风》《有进无退》等，还有评论《雪峰论文集》等，译著《新俄文学的曙光期》《文学评论》《艺术与社会生活》等。

梁实秋

现当代文学评论家、散文家、翻译家，原名梁治华，笔名秋郎等，浙江杭县人。1915 年考入清华学校。1921 发表第一篇散文诗《荷水池畔》。1923 年赴美留学，留学期间受新人文主义者白璧德影响较深。1926 年回国，发表代表性论文《现代中国文学之浪漫的趋势》，认为中国新文学应在理性指引下，从普遍的人性出发进行文学创作。1932 年到天津编《益世报》副刊《文学周刊》。1934 年任北京

梁实秋像

大学外文系主任。1935 年秋创办《自由评论》。抗战胜利后回北平任师大英语系教授。1949 年到台湾，任台湾师范学院英语系教授。他的散文，旁征博引，左右逢源，融会古今中外的实例和名言轶事而得其自然与熨帖，不炫耀，有真色。文笔机智闪烁，谐趣横生，严肃中见幽默，幽默中见文采。代表作有《雅舍小品》《看云集》《秋室杂文》《槐园梦忆》等，译有《莎士比亚全集》等。

巴金

中国现当代作家，被鲁迅称为"一个有热情的有进步思想的作家，在屈指可数的好作家之列的作家"。原名李尧棠，字芾甘，四川成都人。1920 年入成都外国语专门学校。1923 年从封建家庭出走，就读于上海和南京的中学。1927 年初赴法国留学，写成了处女作长篇小说《灭亡》。1929 年到 1937 年间任文化生活出版社总编辑，主编有《文学月刊》等刊物和《文学丛刊》等丛书。抗日战争爆发后，编辑《呐喊》《救亡日报》等报刊。1949 年后，巴金曾任全国文联副主席、中国作家协会主席、中国笔会中心主席等职。早期小说主要取材于腐朽的封建家庭和"五四"后开始觉醒的青年知识分子的生活，以此展示了封建势力必然崩溃，民主革命必然兴起的伟大历史转折。在艺术上长于通过细腻的心理刻画表现人物，语言自然流畅富有诗意。其作品大都充满热烈的感情激流和扣人心弦的力量，从而形成独特的直抒胸臆的艺术风格。代表作有"激流三部曲"（《家》《春》《秋》）、"爱情三部曲"（《雾》《雨》《电》）等。20 世纪

40 年代，《寒夜》等作品体现了巴金创作的转型和深入，是其小说创作的另一高峰。其巨作《随想录》是我国反思"文化大革命"的标志性作品，是 1949 年以来我国散文的代表作品。

《家》

巴金的代表作之一，写成于 1931 年，是《激流三部曲》中的一部，也是他全部作品中成就最高、容量最大、艺术感染力最强的一部。小说以高家内部封建势力对年轻一代的压迫和青年一代民主主义意识的觉醒及其反抗为主要线索，展开对大家庭内部多方面的生活和矛盾的描写，并以觉慧、觉民参加社会活动为主线，描写了五四运动在成都的影响和社会上新旧势力的矛盾斗争，具有鲜明的时代气息。小说通过对鸣凤、梅和瑞珏的悲剧命运的展示揭示了封建社会以及维持它生存的封建礼教的吃人本质。小说同样也刻画了 3 个典型的男性：觉新、觉民和觉慧，其中觉慧最具反抗意识，被称为地主阶级的"幼稚然而大胆的叛徒"。整部作品的结构严谨，篇幅宏大，语言朴素而富有热情，人物形象鲜明且富有层次感。

《家》剧照
改编自巴金同名小说。

丁玲

现当代女作家，原名蒋冰之，湖南临澧人。1927 年毕业于上海大学中文系，同年发表小说《莎菲女士的日记》，反响强烈。这部丁玲早期的代表作，显示出了她热情与开放的创作个性。1930 年参加中国左翼作家联盟，主编"左联"机关刊物《北斗》月刊。这时期她创作了《水》《母亲》等多个作品，是其走向文学创作道路的丰收时期。1936 年去陕北，在解放区写的小说分别收录在《一颗未出膛的子弹》《我在霞村的时候》等集子中，这些作品是对人民大众的斗争和意识改造及成长的记录。1948 年写成了她创作道路上具有里程碑意义的长篇小说《太阳照在桑干河上》。小说描绘了解放前"土改"的历史画面，反映了当时农村尖锐的阶级斗争，概括了时代转换的历史进程。丁玲一生著作丰富，很多作品被译成多种文字在世界各国流传，产生了广泛的影响。

林徽因

中国建筑师、诗人、作家，是中国第一位女性建筑学家，被胡适誉为中国一代才女。原名徽音，福建省闽侯人。1920 年，入伦敦圣玛利女校学习。1921 年回国。1923 年参加新月社活动。1924 年留学美国，入宾夕法尼亚大学美术学院，1927 年毕业，获美术学士学位，同年入耶鲁大学戏剧学院，在帕克教授工作室学习舞台美术设计。她的著述颇丰，其中代表作为小说《你是人间四月天》。小说语言优美，情节感人，一度流传甚广。主要著作有《谁爱这不息的变幻》《笑》《清原》《瞑想》等诗篇几十首，话剧

《梅真同他们》，短篇小说《窘》《九十九度中》等，散文《窗子以外》《一片阳光》等。

戴望舒

现代诗人、现代派象征主义诗歌代表人物，原名戴梦鸥，笔名江思、郎芳等。浙江杭州人。1923年考入上海大学文学系。1926年发表处女诗作《凝泪出门》。1928年写出了凄美如梦的著名诗作《雨巷》，并因此荣获"雨巷诗人"的桂冠，一举成名，由此在诗坛刮起一股"戴望舒旋风"。他的诗将20世纪30年代的幻灭意识化解为一种梦幻的美，把社会和自我隐藏在意象中，同时把散文引入了诗中，追求诗风的朴素自然，以"新的诗应该有新的情绪和表现这种情绪的形式"，形成他独特的抒情诗艺术风格，开创了由新月诗走向现代诗的新纪元。另有诗作《我用残损的手掌》，诗集《我的记忆》《望舒草》等。

冯至

现当代诗人、德国文学专家、翻译家，原名冯承植，河北涿县人。冯至在20世纪二三十年代以创作抒情诗著称，诗情含蓄深沉，风致幽婉动人，被鲁迅称为"中国最为杰出的抒情诗人"。他的诗歌创作经历了3个时期，1930年之前为前期，是他最有成就的创作期，创作有诗集《昨日之歌》和《北游及其他》；中期为1930年至1941年前后，创作了《十四行集》，影响甚大，诗情开始明朗化；1957年前后创作的诗集《十年诗抄》，是他诗歌创作的第三个时期，这一时期抒情的主调是讴歌时代和社会。冯至的诗歌具有鲜明的个性和独特的风格。他将自己孤寂沉思的个性融注到了诗的意象和外部形式上，形成其幽婉的特性。另著有中篇历史小说《伍子胥》，散文集《山水》，传记文学《杜甫传》，论文集《文学与遗产》《论歌德》，译著《哈尔茨山游记》《海涅诗选》等。

臧克家

现当代诗人，山东诸城人。1933年出版了第一部诗集《烙印》，诗集表现了中国农村的破落、农民的苦难与民族的忧患。1946年去上海，任《侨声报》文艺副刊、《文讯》月刊、《创造诗丛》主编。1949年创作著名诗篇《有的人》，诗作语言朴素、对比强烈、形象鲜明，歌颂了鞠躬尽瘁、死而后已的人；嘲弄了对人民作威作福、不可一世的人。1949年后，历任人民出版社编审，中国作家协会书记处书记，《诗刊》主编、顾问等。他的诗歌语言朴素凝练，感情真挚深沉，具有韵味无穷的艺术魅力。著有新诗集《烙印》《罪恶的黑手》《运河》《从军行》《淮上吟》等，旧体诗集《臧克家旧体诗稿》，散文集《乱莠集》《我的诗生活》《怀人集》等，评论集《学诗断想》等。

李广田

现当代诗人、散文家，号洗岑，笔名黎地、曦晨，山东邹平人。1929年入北京大学外语系预科，在《未名》半月刊发表处女作《狱前》。1931年入北大外语系，与同学卞之琳、何其芳结为挚友。1934年三人合作出版诗集《汉园集》，人称"汉园三诗人"。1935年毕业于北大，先后出版《画廊集》《银狐集》。他的散文语言优美，意境深远，颇值玩味。抗战胜利后，他先后在南开大学、清华大学任教。主要著作有长篇小说《引力》，理论专著《诗的艺术》《文学枝叶》《创作论》等，诗集《春城集》等，编选《闻一多选集》《朱自清选集》并作序，散文集《雀蓑记》《日边随笔》《西行记》等，短篇小说《金坛子》等。

李健吾

现当代作家、戏剧家、文学评论家，笔名刘西渭，山西安邑人。自幼喜好戏剧和文学，博览群书。曾参与组织曦社，编辑《国风日报》的文艺副刊《爝火旬报》。1925 年考入清华大学中文系，后转入西洋文学系，同年加入文学研究会。1931 年赴法国留学，研究福楼拜。后以文学评论集《咀华集》蜚声文坛。另有《咀华二集》。李健吾的评论文学是带有美文色彩的哲理性质的评判，大都是可以当优美的散文来阅读的。他能把对作品的体悟和见解转化为个人的感觉，重新赋予这种感觉以色彩和声音，形象化地告诉读者作品的美妙所在、成功所在。他还著有长篇小说《心病》，短篇小说《使命》《坛子》，剧本《母亲的梦》《以身作则》等，散文集《切梦刀》《雨中登泰山》等，译著《福楼拜短篇小说集》等，长篇小说《爱与死的搏斗》等，专著《福楼拜评传》《情感教育》等。

张天翼

现当代作家、儿童文学家，原名张元定，笔名铁池翰、老侉。祖籍湖南湘乡，生于南京。青年时期的张天翼当过小职员、记者和教员，广泛地接触了下层人民的社会生活，为他以后的创作带来鲜明的特色。张天翼是左翼作家之一，他的创作一开始就面向社会，敢于正视现实，用现实主义的创作方法，深入地反映社会和人生，用嘲讽的态度揭露反动阶级人物的丑恶嘴脸和小市民及知识分子的庸俗可笑，为中国现代讽刺小说的发展做出了创造性开拓功绩。作品措辞生动、犀利。他的儿童文学作品语言生动，想象丰富，以其隽永的艺术魅力吸引了成千上万的读者，在孩子们的幼小心灵里，产生了深刻影响。代表作品有小说《包氏父子》《华威先生》，短篇集《速写三篇》，儿童文学作品《秃秃大王》《大林和小林》《奇怪的地方》《宝葫芦的秘密》。

赵树理

现当代作家，山西省沁水县人。1925 年入山西省第四师范学校，毕业后任小学教师。抗日战争爆发后，先后担任《黄河日报》《人民报》等报副刊编辑。1943 年发表《小二黑结婚》，蜚声文坛。他是山药蛋派的开创者之一，以其巨大的文学成就被称为现代小说的"铁笔""圣手"。他的小说多以华北农村为背景，用现实主义手法反映农村社会的变迁和存在其间的矛盾斗争，塑造农村各式人物的形象，具有新鲜朴素的民族形式，生动活泼的群众语言，清新浓郁的乡土气息，因而受到广大读者的喜爱。主要作品有小说《小二黑结婚》《李有才板话》《三里湾》《李家庄的变迁》《登记》等。

傅雷

现当代文学翻译家、文艺评论家，上海人。1927 年赴法留学，先后在巴黎大

— 425 —

第七篇 中国文学常识

学、国立虞佛学校学习。回国后，主要从事文学翻译工作。1927 年开始发表作品，一生译著宏富，译文以传神为特色，更兼行文流畅，用字丰富，工于色彩变化。有专著《傅雷家书》《世界美术名作十二讲》，译著《托尔斯泰传》《约翰·克利斯朵夫》《恋爱与牺牲》《高老头》《欧也妮·葛朗台》《幻灭》《贝姨》《老实人》《嘉尔曼》《艺术哲学》《罗丹艺术论》《傅雷译文集》等。

周立波

现当代作家，原名周绍仪，笔名立波取自英语 Liberty（自由）的汉语音译，湖南益阳人，中国左翼作家联盟成员之一。抗日战争爆发后，创作了有影响的报告文学集《晋察冀印象记》《战地日记》。1948 年写成长篇小说《暴风骤雨》。此书是他的代表作，展现了东北农村波澜壮阔的土改斗争场面，刻画了一系列生动的农民形象，成为中国最早出现的以土改为题材的优秀作品之一，风靡全国，被译成多种文字出版。1949 年后创作了反映钢铁工人生活的长篇小说《铁水奔流》和以农村生活为题材的短篇小说集《禾场上》，描写农业合作化的长篇《山乡巨变》及其续篇，短篇小说《湘江一夜》，文笔圆熟而精致。

艾青

中国现当代著名诗人，当代诗坛泰斗之一，原名蒋正涵，号海澄，浙江金华人。1928 年入杭州国立西湖艺术学院绘画系，翌年赴法国留学。1931 年 9 月在法国参加世界反帝大同盟。1932 年在上海加入中国左翼美术家联盟，创办春地艺术社，不久被捕入狱，在狱中写出了代表作《大堰河——我的保姆》。1937 年后辗转于武汉、山西、桂林、重庆等地，参加抗日救亡活动。1941 年赴延安，任《诗刊》主编。1949 年后，艾青任《人民文学》副主编、全国文联委员等职。1957 年被错划为"右派"。1979 年平反后，任中国作家协会副主席、国际笔会中心副会长等职，被法国授予文学艺术最高勋章。他的诗紧密结合现实，集中表现了民族的苦难和奋起，感情真挚，战斗性强，语言生动、朴素，形式自由，在中国的新诗史上标志着自由体诗发展的一个新阶段。主要诗集有《大堰河》《火把》《他死在第二次》《黎明的通知》《归来的歌》和《雪莲》等。

曹禺

现当代剧作家，原名万家宝，湖北潜江人。从小爱好文学和戏剧，博览群书。1922 年入天津南开中学，开始写作小说和新诗。1928 年考入南开大学政治系。1930 年转清华大学西洋文学系，广泛接触欧美文学作品。1933 年创作了处女作《雷雨》，以高度的艺术成就震动了当时的戏剧界。1935 年写成剧本《日出》，与《雷雨》一起奠定了曹禺在中国话剧史上的地位。1936 年曹禺写了剧作《原野》。抗日战争爆发后，写出了淳厚清新、深沉动人的优秀剧作《北京人》。1949 年后，历任北京人民艺术剧院院长、中央戏剧学院名誉院长、中国戏剧家协会主席等职。其作品多选取具有强烈时代特点的题材，深刻地揭露了旧社会、旧家庭的罪恶，成功地塑造了大量具有鲜明个性的人物形象。主要作品有话剧《明朗的天》，历史剧《胆剑篇》《王昭君》，出版有《曹禺论创作》《曹禺戏剧集》等。他的一些剧作已被译成日、俄、英等国文字出版。

钱钟书

现当代学者、文学家，字默存，号槐聚，江苏无锡人。1929 年被清华大学外语系破格录取。1935 年赴英国留学。1937 年以《十七十八世纪英国文学中的中国》一文获副博士学位。1938 年回国，被清华大学破例聘为教授。后又任湖南蓝田国立师范学院英文系主任，开始创作《谈艺录》，这是一部具有开创性的中西比较诗论。1941 年被困上海，创作了长篇小说《围城》和短篇小说集《人·兽·鬼》、1949 年所著《管锥编》，另著有诗文评论集《宋诗选注》，论文集《七缀集》，旧体诗集《槐聚诗存》，散文集《钱钟书散文》等。

萧红

现代作家，原名张乃莹，黑龙江呼兰区人。1927 年入哈尔滨市第一女子中学读书，其间开始对文学产生兴趣。1933 年因抗婚而出走，漂泊中结识萧军，在他及其他东北作家的影响下，开始文学创作。1934 年，萧红将自己的 5 个短篇小说和萧军的 6 个短篇小说合编成小说集《跋涉集》出版。同年完成了长篇小说《生死场》，在鲁迅帮助下作为"奴隶丛书"之一出版，由此也奠定了她在中国文学史上的地位。1940 年出版短篇小说集《朦胧的期待》。同年赴香港，其间完成了她的代表作——回忆性长篇小说《呼兰河

传》。《呼兰河传》是一部优秀的抒情小说，语言精练，韵律感强，感情丰满充沛，深沉而忧郁。主要著作有散文集《商市街》《桥》等，短篇小说集《旷野的呼喊》等，长篇小说《马伯乐》《呼兰河传》等。

黑龙江省呼兰区的萧红故居

孙犁

现当代小说家、散文家，原名孙树勋，河北安平人。1945 年在延安发表成名作小说《荷花淀》，受到广泛赞扬，毛泽东曾称赞他是一位有风格的作家。20 世纪 50 年代后在短、中、长篇小说中取得了显著成就，主要作品有小说散文集《白洋淀纪事》、中篇小说《村歌》与《铁木前传》、长篇小说《风云初记》。孙犁的小说着重于挖掘农民的灵魂美和人情美，时代色彩鲜明，生活气息浓郁。艺术上追求诗的抒情性和风俗化的描写，带有浪漫主义的艺术气质。他的小说以其美的特质与独特艺术风格在解放区小说中占据了一个重要的位置。以他为首，形成了一个小说流派——白洋淀派。在散文创作方面，孙犁以写人见长。他善于抓住人物鲜明的特点，以细致委婉的笔调表现人物美好纯洁的情感，于淡淡的客观描述中包含着浓浓的情致，如《投宿》《随感》等都是这

方面成功的作品。

杨朔

现当代作家，原名杨毓瑨，山东蓬莱人。1937年集资创办了北雁出版社，同年去延安参加革命，并着手翻译《彼得大帝》。1953年出版了他的代表作《三千里江山》。小说热情地歌颂了中国人民志愿军战士的崇高的爱国主义和国际主义精神。其成就主要表现在散文创作上。他的散文以诗情而著称，艺术上结构严谨，曲折有致、遣词造句精练别致，富有诗的意境。著有长篇小说《疮庭》《三千里江山》，中篇小说集《洗兵马》《红石山》等，短篇小说《月黑夜》《北黑线》等，散文集《刁古长春》《铁骑兵》等。

徐迟

当代作家，浙江吴兴人。他的创作涉及小说、诗歌、散文等方面，其中以报告文学的创作最为出色，20世纪50年代即产生巨大影响，70年代以《哥德巴赫猜想》引起轰动，以独特的风格和成就确立了其在报告文学领域的重要地位。徐迟报告文学的主要特点是集中表现知识分子，赞颂知识分子的人格和精神。他突破了50年代以来常见的"事迹介绍式"的报告文学写法，在介绍人物经历的过程中，着重表现知识分子的精神、品格和气质，确立了知识分子在中国文学人物描写中的辉煌地位。徐迟的诗歌创作使他的报告文学带有较强的诗的气质和特色，作品饱含诗的激情，追求诗意和叙述的结合；语言带有强烈的抒情意味，精美典雅，意境优美。因此他的报告文学被称为"诗化报告文学"。主要作品还有报告文学《祁连山下》。

郭小川

现当代诗人，原名郭恩大，河北丰宁人。1936年开始发表作品，先后发表政治抒情诗《投入火热的斗争》《致青年公民》，叙事诗《将军三部曲》等。他的诗作多是选取有重大社会意义的题材，以号召青年人投入社会主义的革命和经济建设，追求斗争的文学和"评论生活"。晚期诗作《团泊洼的秋天》《和歌》等表现出诗人不畏邪恶的高尚情操，内容深刻，语言流畅，代表了他最高的艺术成就。郭小川的诗歌风格独具，语言朴素凝练，感情奔放热烈，其作品在不同的历史时期，都起过歌颂人民和激励人民的作用。著有诗集《平原老人》《鹏程万里》等，长诗《雪与山谷》《月下集》等，杂文集《杂文杂诗集》等，另著有电影文学剧本《土地》等。

魏巍

当代诗人、散文作家、小说家，原名鸿杰，河南郑州人。1950年至1958年间，他三赴朝鲜，写下了一系列散文、报告文学作品，后结集为《谁是最可爱的人》。这部文集热情讴歌了中国人民志愿军的革命英雄主义精神，揭示出"谁是最可爱的人"这个深刻主题。该作的发表也一举奠定了他在中国文学史上的地位。从1959年至1978年，历经数载创作的长篇小说《东方》，以史诗般的笔触，通过对壮烈的抗美援朝战争生活的描写，热情歌颂了"最可爱的人"战胜一切困难的顽强精神和优秀品质。主要著作有长篇小说《革命战争》三部曲、《火凤凰》等，诗集

《黎明风景》《魏巍诗选》等，散文集《壮行集》《魏巍散文选》等。

汪曾祺

现当代作家，江苏高邮人。1939 年考入西南联合大学中文系，师从沈从文。1940 年发表第一篇小说。1946 年后相继发表了《复仇》《绿猫》等短篇小说，震动文坛。1950 年后，编辑出版《北京文艺》和《民间文学》等刊物。1980 年的获奖作品《受戒》是他的代表作，小说描写了一对可爱的小儿女之间萌发的大真无邪的朦胧爱情，表现了对生活、对人生的热爱，散发出纯真的人性美。他的作品从人物性格的塑造到环境气氛的烘托，无不洋溢着浓郁的民族气息，既具有写实的严整、细腻，又充满写意的旷达、无忌，文笔挥洒自如。著有短篇小说集《邂逅集》《羊舍的夜晚》《晚饭花集》等，戏剧剧本《沙家浜》《大劈棺》等，文论集《晚翠文谈》，散文集《蒲桥集》等。

张爱玲

现当代女作家，原籍河北丰润，生于上海，名门之后。她有着异常的文学才华，是 20 世纪 40 年代沦陷后的上海文坛最负盛名的女作家。1952 年赴香港，1966 年定居美国。她从小就受到西方文学艺术的熏陶，又酷爱中国的古典诗词和小说，因此她的作品是中西古今文学艺术的融会，既是传统的，又是现代的。她的作品是才与情的统一，其内容多以上海和香港两大都市为背景，描写当时社会那些没落的封建世家和半新半旧的资产阶级家庭人物，注意挖掘人物的精神世界，表现人性中的种种病弱和丑拙，同时也对人物

内心深处的寂寞和悲凉寄予了极大的同情和理解。艺术上她注重意象世界的创造，作品含蓄、凝练而耐人寻味。主要作品有散文集《流言》，散文小说合集《张看》，中短篇小说集《传奇》，长篇小说《倾城之恋》《半生缘》。其代表作《金锁记》曾被傅雷誉为"我们文坛最美的收获之一"。晚年主要从事中国文学评价和《红楼梦》研究。

金庸

当代武侠小说家，被誉为拥有读者最多的华人作家，原名查良镛，浙江海宁人。15 岁时，出版《给投考初中者》，畅销省内外，初露才华。1948 年前往香港《大公报》工作。1955 年，写出第一部武侠小说《书剑恩仇录》，一举成名，从此一发不可收拾，共著有 15 部脍炙人口的武侠小说。作者将深刻的人生哲理和东方文化内涵，灌注于神奇而浪漫的武侠故事中，使之上升到文学艺术的高度。他继承了古典武侠小说之精华，开创了形式独特、情节曲折、描写细腻且深具人性和豪情侠义的新派武侠小说先河。1959 年创办香港《明报》，任主编兼社长历 35 年，其间创办《明报月刊》、新加坡《新明日报》及马来西亚《新明日报》等。主要著作有政治评论《香港的前途》等，小说《天龙八部》《射雕英雄传》《神雕侠侣》《笑傲江湖》《鹿鼎记》等，电影剧本《绝代佳人》等。

余光中

中国台湾当代诗人、散文家，因其涉猎广泛，被誉为"艺术上的多妻主义者"。1948 年进入厦门大学外文系，同年开始

发表新诗，1949 年赴台湾，同年入台大外文系。1954 年与覃子豪等创立蓝星诗社，主编过《现代文学》和《文星》。1958 年到美国留学获艺术硕士学位。1971 年返台，先后任台湾政治大学西语系主任、台湾中山大学文学院院长等，同年发表著名的《乡愁》，表达了作者对祖国的无比思恋。余光中一生从事诗歌、散文、评论、翻译创作，将其称为自己写作的"四度空间"。他的散文具有汪洋恣肆、突兀峥嵘的想象力和排山倒海、阅兵方阵般驾驭文字的能力，既雄健豪放，又不乏柔丽之情。主要著作有诗集《舟子的悲歌》《五陵少年》《天国的夜市》《敲打案》《在冷战的年代》等，散文集《左手的缪斯》《逍遥游》《焚鹤人》《青青边愁》等，评论集有《掌上雨》《分水岭上》等。

王蒙

当代作家，河北南皮人。1953 年创作长篇小说《青春万岁》，作品讲述了 50 年代初期一批高中学生的火热生活。1956 年发表早期的代表作《组织部新来的年轻人》，引起极大的反响。小说对机关内的官僚主义作风及其危害进行了无情的抨击，体现了作品鲜明的现实主义风格。1963 年赴新疆生活多年。他的作品感情充沛、积极向上，创作上勇于创新，且丰硕多产，被誉为"中国当代文坛的常青树"。另著有长篇小说《活动变人形》《这边风景》等，中短篇小说集《深的湖》《蝴蝶》等，小说集《冬雨》《坚硬的稀粥》等，散文集《德美两国纪行》，评论集《漫话小说创作》，《王蒙报告文学集》等。

刘心武

当代作家，笔名赵壮汉等，四川成都人。1961 年毕业于北京师范专科学校中文系，后任中学教师。1976 年后任北京出版社编辑，参与创刊《十月》并任编辑。1977 年发表短篇小说《班主任》，并获首届全国优秀短篇小说奖，由此取得在文坛上的地位。后又发表《爱情的位置》《我爱每一片绿叶》等小说，曾激起强烈反响。他对生活感受敏锐，善于做理性的宏观把握，擅长青年题材，把塑造人物同对生活思考的抒情议论结合，是他小说的艺术特色。主要著作有短篇小说集《班主任》《母校留念》等，中短篇小说集《绿叶与黄金》《大眼猫》《蓝夜叉》等，长篇小说《钟鼓楼》《风过耳》等，还出版有散文集、理论集、儿童文学等作品以及 8 卷本《刘心武文集》。

三毛

中国台湾当代女作家，原名陈平，浙江定海人。自幼爱好读书，5 岁半时就在看《红楼梦》。1967 年只身远赴西班牙。其后 3 年间，先是就读西班牙马德里大学和德国哥德书院，后在美国伊利诺大学法学图书馆工作。1970 年回国，在文化大学德文系、哲学系任教。1976 出版第一部作品《撒哈拉的故事》。1981 年，三毛结束了流浪异国 14 年的生活，回国定居。同年 11 月，《联合报》赞助她赴中南美洲旅行半年，回来后写成《万水千山走遍》。1990 年从事剧本写作，完成了《滚滚红尘》。该作品介于自传性散文与小说之间，描写一个女子在世界各地的所见所闻及在异域的生活，将传奇的浪漫与别样的面对世界的态度结合在一起，真切感人。出版有小说集《雨季不再来》《梦里花落知多少》《背影》等。

张承志

作家，原籍山东济南，生于北京。作为一代知青作家的代表，张承志是将个人的知青姿态坚持得最久的一位。他以作品中对于理想的坚守和追求，踏出了一条追求者的创作道路。他的创作始终坚持"为人民"的主题，开展对人、自然和历史关系的探索，追求诗与哲学相融合的审美境界。他几乎所有的重要作品，都与生活在内蒙草原，特别是西北黄土高原的蒙古族的历史和现实生活有关。主要作品有《骑手为什么歌唱母亲》《黑骏马》《老桥》《北方的河》《金牧场》。张承志的小说有一种散文化的倾向和一种浪漫主义的格调，感情澎湃而真挚，语言流畅而自然。

贾平凹

当代作家，原名贾平娃，陕西丹凤人。1972年到西北大学中文系学习，其间开始文学创作，发表处女作《一双袜子》。1978年发表小说《满月儿》，开始引起文坛注意。他早期的作品主要是以陕西山村的普通人为题材，抒写恬淡的生命旨趣，富于地域风土特色，格调清新隽永、明丽自然。自"商州系列"起，则开始向空灵的意韵发展，并且探讨都市中人的生存状态。出版小说、散文、文论集20余本。主要有长篇小说《商州》《废都》《白夜》等，中、短篇小说集《山地笔记》《早晨的歌》《天狗》等，散文集《月迹》《爱的踪迹》等。

王安忆

当代女作家，"寻根派"的代表人物之一，福建同安人，1954年生于南京，母亲是著名女作家茹志鹃。王安忆于1969年初中毕业后到淮北农村插队。1978年发表处女作短篇小说《平原上》。1980年发表成名作《雨，沙沙沙》。中篇小说《小鲍庄》既是她的代表作，同时也是寻根文学的优秀作品之一。小说将几千年的传统文化而具象在一个小村庄中，以其象征整体传统文化而表现出取其精华、弃其糟粕的精神。作品语言朴实，简洁含蕴，情节穿插跳跃，结构呈散文化特点。总体上看来，其小说多以平凡的小人物为主人公，表现他们平凡生活中的不平凡经历与情感。著有小说集《雨，沙沙沙》《王安忆中短篇小说集》等，长篇小说《69届初中生》《黄河故道人》《长恨歌》，散文集《蒲公英》等，论著《心灵世界——王安忆小说讲稿》等。

莫言

当代作家，原名管谟业，山东高密人。1985年发表短篇小说《透明的红萝卜》，引起文坛注意。后发表的中篇小说《红高粱》和长篇小说《红高粱家族》，反响强烈，红遍了20世纪80年代的中国文坛。90年代创作的《丰乳肥臀》是他的又一个创作高峰，这部以大地母亲为主题的小说，奇诡瑰丽，汪洋恣肆，令人叹为观止。莫言的小说，涉及面宽，既有战争，又有乡俗民情，既有历史的寻踪，又有现实的反映。艺术上他建构了独特的叙述方法和表达模式，艺术手法灵动怪异。他注重艺术感觉，以富有张力的感觉描写取代了对对象的刻画描写，以感觉的变异和夸张来组织故事。语言也是多种感觉语言的组合。具有艺术上的"先锋"表现。迄今为止有长篇小说《红高粱家族》《天堂蒜苔之歌》等，中短篇小说集《透明的红萝卜》《爆炸》等。2012年获诺贝尔文学奖。

顾城

当代诗人，中国新时期朦胧诗派的代表人物，被称为以一颗童心看世界的"童话诗人"。生于北京，是顾工之子。1968年开始从事诗歌创作。1980年以《小诗六首》参加青春诗会，震动诗坛。1981年因《抒情诗十首》获"星星诗歌奖"。1988年赴新西兰讲授中国古典文学，曾被聘为奥克兰大学亚语系研究员。他早期的诗歌有孩子般的纯稚风格、梦幻情绪，用直觉和印象式的语句来咏唱童话般的少年生活。代表作品有《一代人》等。后期的诗作因其理想与现实不能和谐，以及隐居生活造成的生命和性格的进一步封闭扭曲，开始脱离现实，向一味沉溺于个人感觉世界的转变，艰涩难懂。主要著作有诗集《黑眼睛》《城》《水银》《顾城诗集》《顾城童话寓言诗选》《英儿》《诗海守株》《给少年的诗》等，长诗《雪山恩仇记》，回忆录《我的希望》等。

王朔

当代作家，文风独特，被誉为"当代最有个性的作家"之一。1976年高中毕业，此后参军入伍。1980年退伍回京工作，1983年开始专事写作。1978年开始从事文学创作，同年在《解放军文艺》上发表处女作短篇小说《等待》，作品虽显稚嫩，透过它却也足以看出作者的潜力。1984年在《当代》上发表成名作中篇小说《空中小姐》，引发关注，从此正式步入文坛。他认为"文学是一种辞典意义上的美，要诗情画意，使用优美纯正的汉语书面语；要积极、引人向上"。其作品使用了大量北京方言，幽默风趣，善于调侃，以极富个性的姿态消解了精英文化。王朔的创作及评论，引来诸多争议，褒贬不一。著有中篇小说集《空中小姐》《单立人探案集》等，长篇小说《千万别把我当人》和《我是你爸爸》等。

创造社

"五四"新文化运动初期成立的文学团体。1921年6月在日本东京正式成立。最初是由在日本留学的郭沫若、成仿吾、郁达夫、张资平、田汉、郑伯奇等人组成。先后办有《创造》季刊、《创造周刊》《创造日》《创造月刊》《洪水》等十余种刊物。受欧洲启蒙主义和浪漫主义文学思潮的影响，是"五四"时代狂飙突进的浪漫派。创造社的文学活动以1925年"五卅"运动为界，分前后两期。前期主张为"艺术而艺术"，强调文学必须忠实于作者自己"内心的要求"，重视文学的美感作用，具有浓重的抒情色彩。他们的文学主张、创作以及所介绍的外国作品具有浪漫主义和唯美主义的倾向。创造社的这种艺术倾向，在打破封建文学"文以载道"的旧传统方面，是有积极意义的。随着革命形势的深入发展，后期创造社转向提倡"同情无产阶级"的革命文学。1929年2月创造社为国民党当局封闭。总的说来，创造社的浪漫主义倾向对"五四"以来新文学的发展起了巨大的促进作用。

创造社所编《辛夷集》书影

湖畔诗社

"五四"新文化运动中产生的新文学社团，是中国现代文学史上较早的新诗社团。1922 年 4 月在杭州西子湖畔成立，故称"湖畔诗社"。由应修人、汪静之发起，邀潘漠华、冯雪峰参加，后又有魏金枝、谢旦如加入。这些青年诗人，以诗会友，致力于新诗的创作。他们先后出版了《湖畔》《春的歌集》《支那二月》三部合集，另外，汪静之还单独出版了《蕙的风》和《寂寞的国》两部诗集。湖畔诗人的作品，或描写情爱，或颂扬母爱，或表现友谊，或吟咏自然，其中尤以描写爱情的诗著名。这些诗作代表了"五四"所唤起的一代新人的纯真与热情。

语丝社

20 世纪 20 年代出现的一个散文流派，以 1924 年创刊的《语丝》周刊而得名。主要成员和撰稿人有鲁迅、周作人、钱玄同、孙伏园、冯文炳、林语堂等。语丝社执着地坚持思想革命，主要成就是短小犀利的杂感。被称为这派"主将"的鲁迅，在周刊上发表过《高老夫子》《离婚》等小说，还写了后来收在《华盖集》《华盖集续编》《而已集》《三闲集》里的许多杂感以及散文诗《野草》。在鲁迅的支持和影响下，《语丝》注重社会批评和文化批评，形成了一种"任意而谈，无所顾忌，要催促新的产生，对于有害于新的旧物，则竭力加以排击"的战斗特色，形成了一种以文艺性短论和随笔体散文为主要形式，风格泼辣幽默的"语丝文体"。语丝社这种注重社会批评的文体，为后来"左联"时期战斗性小品文的发展开了风气。

左翼作家联盟

中国共产党领导下的革命文学团体，简称"左联"。于 1930 年 3 月在上海成立。主要加盟作家有鲁迅、冯雪峰、沈端先、冯乃超、华汉、钱杏邨、田汉、蒋光慈、郭沫若、郁达夫、柔石等。左联的理论纲领和行动纲领是"我们的艺术是反封建阶级的，反资产阶级的，又反失掉了社会地位的小资产阶级"，"援助而且从事无产阶级艺术"。在组织上，左联接受中共中央宣传部文化工作委员会的领导。先后创办的机关刊物有《萌芽》月刊、《拓荒者》《文学导报》《北斗》《十字街头》《文学月报》等。左联以马克思主义文艺理论指导自己的实践，加强对马克思主义文艺理论的翻译、介绍和研究工作，自觉加强与世界无产阶级文学运动的联系，积极推动文艺大众化运动。创作方法上积极推行富有革命意味的新的现实主义。在创作方面取得巨大成就，产生了广泛的影响，是30 年代文坛上最活跃的力量。1936 年春，

第七篇 中国文学常识

为了适应抗日救亡运动的新形势，左联自行解散。左联培养了一支坚强的革命文艺大军，为抗日战争时期、解放战争时期，甚至新中国成立以后的文艺事业准备了一批骨干人才。左联为建设人民大众的革命文艺做出了卓越贡献。

海派

20世纪30年代上海出现的创作流派。主要代表作家有张资平、叶灵凤等。他们的创造以小说为主，反映了当时中国现代消费文化环境的形成。海派注重文学的世俗化和商业化，具有一定的现代性。海派以"都市男女"作为其常写常新的主题，性爱小说是他们表现现代人性的主要手段，也是创作最多的一类小说。形式方面，海派重视小说形式的创新。他们改变叙事切入的角度，尝试心理的、象征的、新鲜大胆的小说用语和多种多样的表达方式。代表作品有张资平的《上帝的儿女长们》《最后的幸福》，叶灵凤的《鸠绿媚》《紫丁香》。

京派

20世纪30年代活跃在以北京为中心的北方的作家派别，是与海派对峙的一个鲜明的小说流派。代表作家有沈从文、废名、萧乾、芦焚、林徽因、汪曾祺、李颉人等。京派所表现的是乡村中国的文学形态。他们塑造了各自不同的平民世界，如沈从文的湘西世界、废名的黄梅故乡和京西城郊世界、萧乾的北京城根的篱下世界

等。京派以宽厚、从容作为创作的审美情感。他们善于发掘普通人生命的坚韧和庄重，特别能写出女性的纯洁和善良。就形式方面，他们注重小说的抒情性和讽刺性，为现代小说提供了比较成熟的抒情体和讽刺体的样式。同时，京派小说继承了"五四"国民性主题，不断对传统文化和民间文化进行探求，因此它是特具中国文化风貌的文学。

朦胧诗

又称新诗潮诗歌，是新时期诗歌运动的产物，因其在艺术形式上多用总体象征的手法，具有不透明性和多义性，所以被称作"朦胧诗"。它得名于章明的《令人气闷的"朦胧"》一文。萌芽于20世纪60年代，崛起于70年代末，80年代初在诗坛引发激烈争论。其代表人物主要有北岛、顾城、舒婷、江河、杨炼、食指、芒克、多多等人。他们的作品，在思想内容上，有意识地突出了人道主义与个性主义的精神，以及表达对祖国和人民的深沉的挚爱；精神物质上，抒写一代人理想的幻灭和在反思与批判中展示富有使命感和责任感的一代人的觉醒；艺术表现上，大量使用隐喻、暗示、蒙太奇、意象化以及象征等手法。创刊于1978年的民间诗刊《今天》是新诗潮诗歌的主要阵地。主要代表作品有北岛的《回答》，舒婷的《致橡树》和《双桅船》，顾城的《远和近》《一代人》，杨炼的诗集《海边的孩子》等。

· 第八篇 ·

世界文学常识

欧洲古代文学

荷马

荷马，相传是古希腊两大史诗《伊里亚特》和《奥德赛》的作者。大多数学者认为，荷马可能是公元前八九世纪时一位朗诵史诗的盲艺人，他根据口头流传的篇章，整理了这两部史诗。《伊里亚特》写的是由于特洛伊王子帕里斯骗走了斯巴达王后海伦，引发了希腊联军讨伐特洛伊的10年战争。史诗集中描写第十年希腊英雄阿喀琉斯和伊利昂城主将赫克托尔之间的决战，以赫克托尔的死告终。其中阿喀琉斯是一个理想的部落英雄形象。《奥德赛》则写战争结束后，希腊主将奥德修斯返乡途中的海上冒险和机智地维护自己的财产、与妻儿团聚的故事，它的形成比《伊里亚特》稍晚，反映了奴隶制度萌芽时期的生活场景，体现了对私人财产的捍卫，并通过对奥德修斯之妻佩涅洛佩贞洁勇敢的赞扬，提倡新的家庭道德规范。两部史诗的结构巧妙，布局完整，塑造了众多英雄人物，也被称为"英雄史诗"。基本主题是热爱现实，肯定人的奋斗精神，强调对人生采取积极进取的态度。史诗的语言也很有特点，尤其比喻丰富多彩，贴切生动，被称为"荷马式比喻"。此外还常用重复的手法，增强了诗歌的感染力。

荷马吟诗图

萨福

古希腊女诗人。出生在公元前612年左右，出身贵族阶层，具有民主精神。她幼年时曾逃亡到西西里岛一段时间。相传她有过短暂的婚姻生活，生过一个女儿。关于她的生活有不少故事，如传说她爱上一个年轻男子法翁，失恋后在海边跳崖自杀；又传说她同一群少女关系暧昧。她的诗歌语言自然朴素，多抒发个人情感，尤以独唱琴歌成就突出。但由于中古基督教会的毁禁，她的诗在今天只有一些断简残章被保存下来，其中以《致阿佛洛狄忒》和《在我看来那人有如天神》两篇最为著名。近代欧洲不少诗人都曾袭用她用过的一种诗歌题材，称之为"萨福体"。

伊索

伊索，约公元前 6 世纪的希腊寓言家，传说本是一个奴隶，因擅长讲寓言故事而获得自由，常出入吕底亚国王的宫廷。公元前 5 世纪时，伊索的名字已为希腊人所熟知，希腊寓言开始都归在他的名下。今天流传的《伊索寓言》，是后人收集改编的，共有三四百个小故事。伊索寓言大部分是动物故事，这些故事通过描写动物之间的关系来反映当时的社会关系，尤其是压迫者和被压迫者之间的不平等关系，如《狼与小羊》《狮子与鹿》《狗和公鸡与狐狸》《两个锅》等；也有一些总结了人们的生活经验，教人处世和做人的道理，如《龟兔赛跑》《狐狸与葡萄》等。伊索寓言形式短小精悍，比喻恰当，形象生动，对法国的拉封丹、俄国的克雷洛夫、德国的莱辛等都产生了明显的影响。

埃斯库罗斯

古希腊悲剧的创始人之一，与索福克勒斯、欧里庇得斯合称为古希腊三大悲剧诗人。他出身贵族，共写了 70 部悲剧（一说是 90 部），生前得过 13 次奖，死后还得过 4 次。完整保存下来的只有《波斯人》、《普罗米修斯》三部曲、《阿伽门农》、《奠酒人》等 7 部。其中《普罗米修斯》三部曲的第一部《被缚的普罗米修斯》是诗人最负盛名的代表作，情节取材于希腊神话中普罗米修斯盗天火赐予人类的故事，却被赋予了丰富的现实意义。剧中的普罗米修斯受尽折磨也决不向宙斯屈服，象征着当时雅典民主派对寡头派的斗争，普罗米修斯被马克思誉为"哲学日历中最高尚的圣者和殉道者"。埃斯库罗斯对悲剧艺术做出了很大贡献，他增加了第二名演员，使对话成为戏剧的主要部分；简缩了合唱队，使戏剧结构程式基本形成；还创造了舞台背景，并使演员面具基本定型。但他的作品人物形象单纯高大，是理想化的性格，并且一般是静止的，缺少发展。抒情气氛浓郁，诗句庄严。由于他在悲剧发展阶段对内容和形式等方面都做出了很多贡献，故被称为"悲剧之父"。

索福克勒斯

古希腊三大悲剧诗人之一。生在雅典西北郊科洛诺斯乡。他父亲是一个兵器制造厂厂主，他受过很好的教育，在音乐和诗歌方面造诣很深。公元前 468 年在戏剧比赛中击败了埃斯库罗斯，得了头奖，是希腊悲剧作家中得奖最多的一位。据说他一共写了 120 多个剧本，现存的只有《安提戈涅》《俄狄浦斯王》《埃勒克特拉》等 7 部悲剧。他的作品反映的是雅典民主制度繁荣时期的思想意识，鼓吹英雄主义，强调人对命运的反抗，他的剧作中很少出现神或神力，而是依靠人物性格的发展来推动戏剧情节的发展。他在悲剧中加入了第三个演员，使对话成为戏剧中刻画人物的重要手段，还使歌队成为戏剧整体中的有机组成部分，并打破了"三部曲"的形式，而变为三部独立的悲剧。索福克勒斯的创作标志着希腊悲剧进入成熟阶段。

《俄狄浦斯王》

索福克勒斯最著名的悲剧。"俄狄浦斯"在希腊文中是双脚肿胀的人的意思。忒拜王预知自己的儿子长大后会弑父娶母，就在他刚出生时，用铁丝穿其脚踵，让牧羊人将他抛弃在山上。科任托斯的一个牧人将他救起，并成了国王的养子。俄狄浦斯长大后，从神谕中知道了自己可怕的命运，就逃离了科任托斯的"父母"。到忒拜时，因为解开了狮身人面女妖斯芬克司的谜语，并使女妖羞愤之下跳崖自杀而被拥戴为王，并娶了前王的妻子。悲剧开始时，忒拜发生瘟疫，神示必须找出杀害前王的凶手。俄狄浦斯千方百计追查，却发现凶手竟然是自己——他曾在三岔路口误杀一个老人。这时，科任托斯的牧人赶到，说出了俄狄浦斯的身世。真相大白，王后自尽，俄狄浦斯则将自己刺瞎并逃离忒拜。悲剧表现的是个人意志与残酷的命运之间的冲突，是对与命运抗争的英雄精神的肯定和对命运合理性的怀疑。当代心理学家弗洛伊德把俄狄浦斯的行为视为人类依恋母亲仇视父亲的潜意识的反映，并将这种恋母情结命名为"俄狄浦斯情结"。

欧里庇得斯

　　古希腊三大悲剧作家之一。出生在雅典领土阿提卡东海岸佛吕亚乡，贵族出身。他学习过绘画，热心于研究哲学，被称为"舞台上的哲学家"。晚年，反对当局的暴政和侵略政策，流落到马其顿并死在那里。他的作品大多是在内战时期写成的，反映了雅典奴隶民主制危机中的社会现实和思想意识，以沉重的笔触描绘了社会的黑暗以及人们在反抗不合理的现实时所付出的巨大代价。在他的剧作中，神和英雄的描写削弱了，代之以对人的激情和意志的刻画，被压迫的妇女和受奴役的奴隶受到了前所未有的重视。如《特洛伊妇女》《美狄亚》《阿尔克提斯》对妇女命运的关注。除了在题材上有所开创，他的写实手法和心理描写对后人影响深刻，有"心理戏剧鼻祖"之称。欧里庇得斯采用的是神话题材，反映的却是日常生活的画面，塑造的人物也更接近现实，他的创作标志着英雄悲剧的终结。

阿里斯托芬

　　古希腊旧喜剧诗人。生于雅典，同苏格拉底和柏拉图都是朋友。据说他共写过44部喜剧，得过7次奖，现存11部。阿里斯托芬认为喜剧应该有严肃的政治目的，他的创作题材广泛，几乎涉及当时所有重大的政治和社会问题，反映了自耕农的思想和立场。如《阿卡奈人》通过农民狄凯奥波斯单独与敌人讲和，从而一家人过着幸福生活的荒诞故事，谴责不义战争，主张重建和平；《鸟》中两个年老的雅典人厌弃城市生活和诉讼风气，建立了一个"云中鹧鸪国"，这里没有压迫与贫穷，所有人都平等地参加劳动。这也是现存的唯一一部以神话为题材的旧喜剧，同时也可以说是西方文学中乌托邦理想的最早表现。阿里斯托芬的创作风格多样，想象丰富，吸取了民间语言的自然诙谐，在当时深受欢迎，对后世的喜剧和小说创作也产生了广泛影响，被称作"喜剧之父"。

泰伦提乌斯

　　古罗马喜剧作家。生于北非的迦太基，幼年在罗马为奴，因得到主人欣赏，受到了良好的教育，并解除了奴籍。此后与许多贵族青年来往密切。公元前159年在去往希腊的旅途中病逝。他的喜剧共6

部，主要描写年轻人的爱情和由此而来的家庭冲突，反映罗马奴隶制生产迅速发展时期新旧思想的冲突和老少两代人之间的矛盾，主张家庭成员之间互相宽容、忍让。如《婆母》《两兄弟》等。他的喜剧具有新喜剧固有的人物类型，如狡诈的妓女、贪嘴的食客、愚蠢的老人等，结构严谨，剧情发展自然，戏谑成分较少，语言是上流社会有教养阶级的口语。他的喜剧风格比较严肃，不如同时代的普劳图斯受下层民众欢迎，但对莎士比亚、莫里哀等都有影响。

维吉尔

古罗马杰出诗人。原名普布留斯·维吉留斯·马罗，生于高卢曼图亚附近的农村，家境比较富裕。他幼年在农村长大，熟悉农村和农业劳动，热爱大自然。后来去米兰、罗马等地接受了良好的教育。因体弱多病，从事律师失败后，回到农村家中，专心写诗。后加入了麦凯纳斯庇护下的文学集团，深受屋大维的尊敬。他的主要作品除代表作《埃涅阿斯纪》外，还有

维吉尔（中）两旁站着英雄史诗缪斯与悲剧缪斯
这幅古罗马的镶嵌画体现了当时人们对诗人维吉尔的敬重。

《牧歌》《农事诗》等。《牧歌》共有10首，是其成名作，通过一个牧人的独唱或一对牧羊男女的对唱，歌唱牧人的生活和爱情，还表达了对当前社会和政治的看法与感受。《农事诗》共4卷，描写罗马农民的工作与生活。这些作品将农业知识的介绍、农业政策的阐释和对自然景色、历史传说的描写结合起来，语言优美，生动有趣。维吉尔在中古时代一直享有特殊的声誉，但丁在《神曲》中就尊他为老师和带路人。

贺拉斯

古罗马奥古斯都时期杰出诗人，也是一位有重要影响的文艺理论家。他推崇希腊文化，早年参加共和派，后支持帝制。他的诗歌题材多样，有的歌颂奥古斯都的统治，有的针对社会生活的一些恶习进行讽刺，有的赞美友谊和田园生活。主要的诗歌作品集有《讽刺诗集》《歌集》等。《诗艺》是贺拉斯重要的文学论文，他根据自己及同时代人的创作实践，重申了艺术模仿现实的观点，在文艺的功用上，提出了"寓教于乐"的原则；在艺术创作方面，提出了"合式"的原则，即要求一部作品具有统一与调和的美。他的主张对后来的古典主义文艺理论产生了很大影响。

奥维德

古罗马诗人。出生于罗马附近的小城苏尔莫一个骑士阶层家庭。青年时期受到良好的教育，并游历了很多地方。由于妻子的关系，得以出入罗马上层社会。晚年被流放到黑海东岸，最后病死异乡。奥维德从18岁左右开始写诗，早期作品主要

是爱情诗，代表作有《恋歌》、《爱的艺术》（一译《爱经》）、《爱的治疗》、《烈女志》（一译《女杰书简》）等。《爱的艺术》以教授年轻人获得爱情的方法和艺术为主要内容，曾因内容轻佻、语言大胆而被禁。长诗《变形记》和《岁时记》是他创作成熟时期的作品。《变形记》根据古希腊哲学家毕达哥拉斯的"灵魂轮回"说，以"变形"为线索串联起 250 多个故事，是古希腊罗马神话故事的总汇，后代很多作家、艺术家都从中吸取创作材料。奥维德流放期间的主要作品是《哀歌》和《黑海零简》，主要表现流放途中的感受和当地的风土人情。

塞内加

古罗马政治活动家、悲剧作家。他的父亲是著名的修辞学家老塞内加，他学习过修辞和哲学，斯多葛派哲学对他影响较大。公元 49 年开始任大法官，并任尼禄的老师。晚年因受牵连自杀而死。塞内加的著作包括自然科学、哲学、文学等多方面。文学上悲剧创作的成就较大，现存《特洛伊妇女》《腓尼基少女》《美狄亚》《阿伽门农》等 9 部悲剧。它们均取材于希腊神话，以希腊悲剧为蓝本，影射罗马的现实生活，反映贵族反对派的心理。塞内加的悲剧情节比较简单，语言夸张，还有不少流血场面和关于鬼魂、巫术的描写。

史诗

古代民间文学的一种体裁，常指以传说或重大的历史事件为题材的古代长篇民间叙事诗。史诗主要歌颂各个民族在形成发展过程中战胜和经历各种艰难险阻（克服自然灾害、抵御外侮的斗争）及其英雄业绩。史诗在产生初期，一般以口头形式在民间流传，其内容随着时间的变化会有所增删，发展到一定时期再由专人进行整理加工，成为有固定文本的作品。所以，史诗是一个民族的人民集体智慧的结晶，风格一般庄严崇高，常用夸张、比喻等修辞手法，形象丰富鲜明。流传至今的外国史诗中，著名的有古希腊的荷马史诗、印度的《摩诃婆罗多》和《罗摩衍那》等。由于史诗所包含的深刻社会意义，现在也常把比较全面地反映一个历史时期的社会面貌和人民生活的长篇艺术作品称为史诗式的作品。

十四行诗

欧洲的一种抒情诗，音译为"商籁体"，源出普罗旺斯语 Sonnet。起初泛指中世纪流行于民间，用歌唱和乐器伴奏的短小诗歌。意大利中世纪的西西里诗派诗人雅科波·达·连蒂尼是第一个使用这种诗歌形式并使之具有严谨的格律的文人。它由两部分组成，前一部分是两节 4 行诗，后一部分是两节 3 行诗，共 14 行。每行诗句通常是 11 个音节，抑扬格。每行诗的末尾押脚韵，押韵方式是 ABAB，ABAB，CDE，CDE。13 世纪末，十四行诗的运用从抒情诗领域扩大到叙事诗、教谕诗、政治诗等，押韵方式也变为 AB-BA，ABBA，CDC，CDC 或 ABBA，ABBA，CDC，EDE。文艺复兴时期，彼特拉克等人的创作，使十四行诗在艺术上和表现上更加完美，对欧洲诗歌的发展产生了重大影响，莎士比亚、雪莱等都创作过很多优秀的十四行诗。

欧洲中世纪文学

亚瑟王传奇

中世纪欧洲主要国家有关亚瑟王故事的许多作品的总称，包括亚瑟王的诞生、魔法师梅林的故事、"圆桌骑士团"的建立、亚瑟和他的骑士的冒险事迹以及亚瑟之死等。其中比较重要的是第一骑士朗斯洛和王后圭尼维尔的爱情和寻找圣杯的故事。亚瑟王本是6世纪不列颠岛上威尔士和康沃尔一带凯尔特人的领袖，抵抗了昂格鲁一撒克逊人的入侵，久之成为民间传说中的人物。公元9世纪时，有关亚瑟王的传说流传到法国，并有不少诗人开始以此为题材进行创作，使之在欧洲广泛流传。亚瑟王传奇是中世纪西欧骑士传奇文学的三大系统之一（其他两大系统是法兰西和古代系统），它为后世的欧洲文学提供了冒险、爱情和宗教三大主题。除了故事情节引人入胜以外，这种文学样式也开始关注人的内心世界，可以说是长篇小说的滥觞。

《特里斯丹和伊瑟》

流传最广的骑士叙事诗之一，取材于不列颠凯尔特人的传说。法、德两国的诗人都曾据此改编成叙事诗。13世纪还出现了散文体的传奇。内容主要讲康瓦尔王马尔克派外甥特里斯丹到爱尔兰迎娶公主金发伊瑟，两人在归途中误饮药酒，产生了不可遏制的爱情。伊瑟同马尔克结婚后，仍一心爱着特里斯丹，马尔克的种种迫害和压制，也不能分开这对恋人。后来，特里斯丹被迫远走，并娶了白发伊瑟为妻。但他对金发伊瑟仍念念不忘，最后积郁成疾，临终前想见金发伊瑟最后一面，就派人前去找她。并且约定，如果接到金发伊瑟，归来时船上挂白帆，否则挂黑帆。从此，每日派人前去海边探望，终于等到船只挂着白帆归来。但白发伊瑟心生嫉妒，就骗他说船上挂着黑帆，特里斯丹大叫一声死去。金发伊瑟在他的尸首旁自刎而死。诗中歌颂了真挚的爱情，对封建的婚姻提出了抗议。

四大民族史诗

中世纪后期出现的四部民族史诗的合称，它们是：法国的《罗兰之歌》（约1080年）、西班牙的《熙德之歌》（约1140年）、德国的《尼伯龙根之歌》（约1200年）和俄罗斯的《伊戈尔远征记》（1185～1187年）。其中，《罗兰之歌》是最有代表性的作品，叙述了查理大帝远征西班牙时期，大臣加奈隆与敌人勾结，在大军撤退时偷袭后卫部队的故事。断后的罗兰率军英勇奋战，终因众寡悬殊，全军覆灭。史诗的主题是爱国主义，查理大帝是一个理想的君主形象，罗兰则是一个保卫祖国的英雄。诗中多用重叠和对比手法，风格朴素。《熙德之歌》写熙德反抗外族侵略者的故事；《尼伯龙根之歌》写围绕尼伯龙根宝物所产生的争夺和流血冲突；《伊戈尔远征记》通过对罗斯王公伊戈尔远征波洛夫人失败的记叙，表达了强烈的爱国主义思想。这4部史诗的内容和反映的主题都在不同程度上有封建制度形成后的特点。

但丁

意大利诗人。1265年5月出生在佛罗伦萨的一个小贵族家庭，少年时代就师从著名学者布鲁内托·拉蒂尼学习修辞学、文法和拉丁文等，并掌握了丰富的古典文化知识。当时佛罗伦萨城内有贵尔夫党和吉伯林党两个对立派别，但丁青年时代就加入了贵尔夫党，并一度当选执政官。后来因政治失意而被流放。他提倡用意大利语进行文学创作，并写有《论俗语》一书，对意大利民族语言的形成有重要影响。《新生》（1292～1293年）是他第一部作品，这部作品把31首献给贝阿特丽采的情诗用散文连缀起来，歌颂了纯洁的爱情，风格清新自然，并带有中世纪文学的神秘色彩，是"温柔的新体"诗的最高成就，也是西欧文学史上第一部向读者剖析作者最隐秘的思想感情的自传性作品。放逐期间写的《神曲》是但丁最著名的作品，此外还有《缤宴》《帝制论》等著作。由于但丁的作品有从中世纪向资本主义时代过渡的特点，所以他被恩格斯称为"中世纪的最后一位诗人，同时又是新时代的最初一位诗人"。

《神曲》

意译是"神圣的喜剧"，但丁原题为《喜剧》。这首诗的写作年代不确定，大概是在1307～1321年间陆续完成的。全诗分为《地狱》《炼狱》和《天堂》三部分。诗人采用中世纪流行的梦幻文学的形式，叙述自己在人生的中途迷失在一片黑暗的森林中，刚开始登山，忽然出现的3只野兽——豹、狮、狼拦住了去路。在危急关头，古罗马诗人维吉尔出现，他受贝阿特丽采之托来拯救但丁，并引导他游历了地狱、炼狱，最后贝阿特丽采引导诗人游历了天堂。书中充满了寓意，比如豹象征情欲，狮子象征暴力，狼象征贪婪，它们象征着阻碍人们走向光明的邪恶势力；维吉尔象征着理性哲学，贝阿特丽采象征着信仰和神学。作品的主题是表现人类经过迷惘和错误，经过苦难和考验，在理性的指导下走向光明与至善的历程。围绕着这个中心，《神曲》艺术性地总结了中古文化，同时也有着强烈的现实性，更有不少内容直接取材意大利的现实生活，有鲜明的政治倾向。《神曲》结构巧妙严整，全诗分3部，3行分节，奇偶连韵，每部33篇，加上叙诗共100篇，每行长度又大致相等，看起来匀称整齐。

骑士文学

11、12世纪的欧洲进行了多次十字军东侵。由于战争需要，很多小封建主作为骑士从军，逐渐形成了"骑士精神"。其信条是忠君、护教、行侠，把荣誉看得高于一切，还要效忠和保护女主人。骑士文学的主要体裁有抒情诗和叙事诗。法国的骑士文学最为兴盛。普罗旺斯的骑士抒情诗非常繁荣，主要表现骑士们"典雅的爱情"，中心主题是骑士对贵妇人的爱和崇拜。《破晓歌》是其代表作。骑士叙事诗又称骑士传奇，主要流行于法国北部地区，内容一般写骑士对贵妇人的爱情，写他们为博得荣誉和贵妇人的青睐，进行各种冒险活动。《特里斯丹和伊瑟》是其中的代表性作品。骑士叙事诗的情节大多荒诞，但它的结构形式、人物刻画及心理描写等对后来欧洲长篇小说的发展有一定影响。

埃达

中世纪早期冰岛诗歌的一种。"埃达"一词在古代斯堪的那维亚语里本是"太姥姥"或"古老传统"之意，后转化为"神的启示"或"运用智慧"，12世纪末才有了"诗作"或"写诗"的意思。埃达分两类，一类是旧埃达，是诗体，另一类是新埃达，或称"散文埃达"，是旧埃达的诠释性著作。诗体埃达韵律简单，诗句很短，语言简练，共收有诗歌30余篇，按题材分为神话诗和英雄史诗两大类。神话诗记录了有关北欧一些异教神的传说，如神王奥丁、战神提尔等。其中最有名的作品是《沃卢斯帕》（又名《女法师的预言》），记录了关于世界产生、毁灭和再生的故事。著名诗人斯诺里·斯图鲁松的散文埃达《斯诺里埃达》分为神话、吟唱诗

的诗语和诗的韵律3部分，其中神话是了解古代日耳曼神话最有价值的资料，被称为"有关神话和诗学的教科书"。英雄史诗中有不少是民族大迁徙后期的英雄齐格夫里特等人的传说。

萨迦

"萨迦"一词源于德语，本意指短小的故事。指冰岛和挪威人用文字记载的古代居民的口头创作，是一种散文叙事体文学，包括神话和英雄史诗，大约形成于10～14世纪，在12～14世纪被记录下来。13世纪是"萨迦"创作的黄金时代，这期间至少有12部萨迦问世，主要反映氏族社会的生活。流传至今的萨迦从内容上大致可以分为"史传萨迦"和"神话萨迦"两类。"史传萨迦"亦称"家族萨迦"，主要作品有《定居记》和《冰岛人萨迦》等。前者列举了公元930年以前到冰岛定居的名人年表和许多关于宗教、法律、习俗等的材料；后者叙述了公元950～1130年冰岛有名望的人物的生平、成就和他们的身世，大部分是短篇，其中著名的有《贡劳格传》和长篇《尼雅尔传》《海姆斯克林拉》（即《挪威王列传》）等。"神话萨迦"包括属于神话一类的古代英雄传说，如《沃尔松格传》等。14世纪中期以后，"萨迦"的创作艺术开始衰退，但仍因为其保存了丰富的北欧史传故事材料而在欧洲文学中占有重要地位，具有很高的历史与文学价值。

欧洲文艺复兴时期文学

彼特拉克

意大利诗人，早期人文主义文学的代表人物。出生于阿雷佐，1311 年开始在普罗旺斯旅居多年。他学识渊博，最早突破了中世纪神学观念，用人文主义的观点阐释古典名著，成为文艺复兴运动的先驱。他早期用拉丁文写了许多诗歌和散文，而最著名的作品是后来用意大利语写作的抒情诗集《歌集》。其中主要是抒发诗人对少女劳拉的爱情，表达了以现实生活和个人幸福为中心的爱情观。还有部分是政治抒情诗，歌颂祖国，呼吁统一。他的抒情诗在风格上继承了"温柔的新体"派爱情诗的传统，又更接近现实生活，语言精练，文词淡雅，善于借景抒情。诗集的形式，以十四行诗为主，并使得这种诗体在艺术上达到接近完美的境界，成为近代诗歌的重要体裁之一，为后来的欧洲抒情诗开辟了一条新路。

薄伽丘

意大利作家。据说是一个商人的私生子，受过大学教育，是意大利第一个通晓希腊文的学者，并能熟练掌握拉丁文和当时流行的俗语。早年在那不勒斯和上层贵族、人文主义者有交往，后回到佛罗伦萨，拥护当地的共和派。1350 年和彼特

薄伽丘像

拉克结识，共同提倡古典文学。薄伽丘的创作丰富，有传奇、史诗、叙事诗、十四行诗和短篇小说等，早年作有许多以爱情为题材的抒情诗和叙事长诗，如富有传奇色彩的故事诗《菲洛斯特拉托》《菲爱索莱的仙女》等。代表作是短篇小说集《十日谈》。作品叙述 1348 年黑死病流行时，10 个青年男女到乡间避难，每人每天讲一个故事，10 天共讲了 100 个故事。其中许多故事取材历史事件、传说和民间故事，薄伽丘通过这些故事，抨击了教会的腐化和僧侣的奸诈与伪善，否定了中世纪的宗教观和禁欲主义道德观，肯定爱情和

人的自然愿望，同时塑造了一系列新兴的资产者的形象，歌颂他们的聪明才智。《十日谈》奠定了意大利散文的基础，开创了欧洲文学中短篇小说这一文学体裁。

乔叟

乔叟出生于伦敦一个富裕的商人家庭，受过大学教育，熟悉法语和意大利语。1357年开始出入宫廷，后常出访欧洲，在意大利接触到了但丁、薄伽丘等人的作品，这影响了他后来的文学创作。乔叟于1400年在伦敦去世，葬在威斯敏斯特教堂的"诗人之角"。他的创作可分为3个时期，早期受法国诗人影响，创作有《悼公爵夫人》，并用伦敦方言翻译了法国中世纪的长篇叙事诗《玫瑰传奇》等。中期受意大利人文主义文学影响，创作有《百鸟会议》《好女人的故事》《特罗伊勒斯和克莱西德》等，反映了作家现实主义的创作态度。成熟期创作的短篇故事集《坎特伯雷故事集》是他的代表作，讲一群准备去坎特伯雷朝圣的香客，在路上为了解闷，轮流讲故事，共写了24个短篇故事。香客身份各异，代表了英国中世纪各个阶层的人物，他们所讲的故事，广泛地反映了英国社会的现实。作者用生动活泼的伦敦方言，讽刺幽默的创作手法，揭露了封建教会对人们的压迫和欺骗，表达了人文主义的爱情观和婚姻观。作品在形式上用君王诗体和双韵诗体，在风格上开创了英国文学的现实主义传统。

拉伯雷

法国文艺复兴时期的代表作家。生于法国中部的希农城一个法官家庭。自幼受教会教育，1527年后游历了法国中部主要城市，后来走上了从医的道路。1532年，他在一部民间故事的启发下，开始写作《巨人传》，全书共5卷，是在不同的时期写成的。小说写了卡都岗亚、庞大固埃父子两代巨人的故事，主要叙述庞大固埃的求学和与巴奴日、约翰修士一起寻找"神瓶"的游历经过。这两代巨人超出常人的体魄和力量、公正善良的品质和乐观精神，体现了人文主义者对人、人性和人的创造力的充分肯定。小说表现了反封建、反教会的严肃主题，歌颂了新兴资产阶级"巨人"般的力量，书中约翰修士在卡都岗亚支持下建立的特来美修道院是人文主义的理想国，集中反映了拉伯雷在政治、社会和宗教等方面的理想原则，其核心是个人自由和个性解放。《巨人传》最大的艺术特色是对民间文学的借鉴和发展，以夸张和讽刺为主要艺术手法，语言通俗易懂，丰富多变。作为法国第一部长篇小说，开创了通俗小说形式的先河。

蒙田

法国思想家、散文家。出身于新贵族家庭，曾做过15年文官，并游历过意大利、瑞士等地，后来相当长的时间内都闭户读书。他把旅途见闻、日常感想等记录下来，集成《随笔集》2卷，晚年修订为3卷。书的卷首写道："我本人就是这部书的材料。"它介绍了作者的思想和生活，结构松散自然，又彼此连贯。蒙田把渊博的知识和丰富的个人经验结合起来，形成了独特的思想意境和艺术风格。书中的思想是趋于中庸的，他对当时的迷信、偏见、巫术和破坏进行否定，认为绝对的真理无法认识，只能探索部分的寻常真理。

他在政治上又是保守的，尊重现存社会和秩序。《随笔集》行文旁征博引，语言平易流畅，对同时代的英国作家莎士比亚及17、18世纪法国文学都有深远影响。

塞万提斯

西班牙作家、戏剧家和诗人。出生于马德里附近一个穷苦医生家庭，只上过中学。1569年作为红衣主教的随从游历了罗马、威尼斯、米兰等地，并阅读了大量文艺复兴时期的作品。1571年在对土耳其的海战中左臂受伤。1582年前后开始创作，同时为生活做过收税员等，曾因得罪教会，数度被诬入狱。这时期的生活丰富了他的阅历，影响着他的创作。他的著名小说《堂吉诃德》就是在狱中构思的。其他作品还有短篇小说《惩恶扬善故事集》（又译《训诫小说》）、历史剧《奴曼西亚》、长诗《巴尔纳斯游记》《八出喜剧和八出幕间短剧集》等。《惩恶扬善故事集》共13篇短篇小说，体现了作家憎恶欺骗、奴役和压迫的思想，如《两狗对话》通过两只狗的对话，揭露了当时社会的阴暗面和形形色色人物的丑恶行为，情节生动。这部作品集也是西班牙文学中第一部摆脱意大利文学影响的富有开创性的杰作。

《堂吉诃德》

《堂吉诃德》是塞万提斯最负盛名的长篇小说，全名为《奇情异想的绅士堂吉诃德·德·拉·曼却》，作者称创作的目的"无非是要世人厌恶荒诞的骑士小说"。全书用"戏拟体"写成，借用骑士小说的体裁，写一个穷乡绅堂吉诃德因阅读骑士小说入迷，决心离家去冒险，他穿上曾祖留下的一身破烂的盔甲，提着长矛，骑上

画家笔下的堂吉诃德

一匹瘦马，悄悄离家去冒险。他说服了一个农民桑丘·潘沙做自己的侍从，还选中临村一位姑娘做自己的钟情的"夫人"。小说描写了他3次游历中许多荒唐可笑的事，如把风车当巨人，把羊群当敌人，把旅店当城堡，还不断被人愚弄。最后，堂吉诃德败于"白月骑士"手下，病倒在床，临终悔悟自己的荒唐。小说以堂吉诃德企图恢复骑士道来扫尽人间不平的主观愿望和西班牙丑恶现实之间的矛盾为情节的基础，在充满笑料的情节中，塑造了一个悲剧性的人物堂吉诃德，同时反映了16、17世纪之交的西班牙社会的现实，是读者最喜爱的世界名著之一。

维加

西班牙戏剧家、作家、诗人。出生在马德里一个工匠家庭，上过耶稣会学校，后来曾参军，做过神职人员等。他处于西班牙文学的"黄金世纪"，同时受到人文主义和神权思想的影响。他在戏剧、小说和诗歌3个方面丰富了西班牙古典文学，被塞万提斯称为"大自然的奇迹"。他的主要成就在戏剧方面，据说写过1800多

部剧本，今存 400 多部。主要作品有《园丁之犬》《带罐的姑娘》《羊泉村》《最好的法官是国王》《塞维利亚之星》等。维加的戏剧题材广泛，有的反映了爱情和家庭问题，有的反映了当时重大社会问题和各阶层人民的生活，思想上以人文主义为主导，歌颂了人民的反抗精神，揭露了封建制度的黑暗。他的创作确立并巩固了西班牙民族戏剧的艺术形式，主张突破悲喜剧的界限，以反映现实为首要任务。

莎士比亚

英国戏剧家和诗人。出生于沃里克郡一个富裕市民家庭，莎士比亚曾在当地文法学校学过拉丁文和古代历史、哲学、诗歌等。1585 年前后，他到伦敦，起初在剧院打杂，后来才逐渐成为雇佣演员、股东。莎士比亚共写作 37 部戏剧，154 首十四行诗，2 首长诗和许多其他诗歌。他的戏剧创作可以分为 3 个时期：早期（1590～1600 年）主要是历史剧和喜剧，代表作有《亨利四世》（上、下）、《亨利六世》《仲夏夜之梦》《威尼斯商人》《无

莎士比亚像

事生非》《皆大欢喜》《第十二夜》和《罗密欧与朱丽叶》等，主要是正面宣扬人文主义的理想，充满愉快、乐观的浪漫主义色彩。中期（1601～1607 年）是悲剧时期，代表作有《哈姆雷特》《麦克白》《李尔王》和《奥赛罗》四大悲剧，以及《一报还一报》《雅典的泰门》等，随着对现实认识的深入，这一时期剧作的批判力度加强了，风格也变为悲愤沉郁。后期（1608～1612 年）是传奇剧时期，有《暴风雨》等 4 部传奇剧和历史剧《亨利八世》，都宣扬宽恕和容忍。

《罗密欧与朱丽叶》

这是莎士比亚早期创作的一部悲剧。写罗密欧与朱丽叶一见钟情，成为恋人。但却因两个家族是世仇而不能结合。在神父的帮助下，两人秘密举行了婚礼。一次罗密欧为替朋友复仇，刺死人而被流放。朱丽叶为了逃避父母的逼婚，喝下神父的药酒假死。由于报信人的耽搁，罗密欧误以为朱丽叶真的死去，在她身边自杀了。朱丽叶醒来，悲痛万分，也结束了自己的生命。这部作品反映了人文主义者的爱情理想与封建压迫之间的冲突，歌颂了自由的爱情，批判了不合理的婚姻制度。罗密欧与朱丽叶这两位主人公已经成为世界文学中争取爱情自由的著名典型。

《哈姆雷特》

五幕悲剧，是莎士比亚的四大悲剧之一。故事取材于 12 世纪一部丹麦史，讲丹麦王子哈姆雷特为父复仇的故事。哈姆雷特在大学受到了人文主义教育，对人生正充满了幻想和希望。突然，父王暴毙，母亲又很快改嫁新王即哈姆雷特的叔叔。

戏剧《哈姆雷特》中的场面

坚贞的爱情，忠贞的友谊，都开始破灭。就在他痛苦之际，父王的亡魂又向他显现自己被害真相，要他复仇。哈姆雷特感到责任重大，要负起重整乾坤的重任。为选择最佳时机，也为整理自己混乱的思想，他开始装疯。由于延宕，他最终落入新王的圈套，在一次决斗中与之同归于尽。莎士比亚的这个故事，具有强烈的反封建意识，表现了人文主义理想与现实的矛盾，成功地塑造了哈姆雷特这一文艺复兴时期的人文主义者的典型。这部戏剧也是莎士比亚的创作在艺术上成熟的标志，以哈姆雷特为父复仇为主线，雷欧提斯和福丁布拉斯为父复仇为副线，三者相互联系又彼此衬托。另外，又把悲剧和喜剧因素结合在一起，形成了"奇妙的混合"。

人文主义

欧洲文艺复兴时期的主要思潮和理论，是在早期资产阶级反封建反教会的过程中形成的，发源于 14 世纪的意大利，后流传到其他国家。中世纪教会以神为宇宙的核心，人文主义则提出一切以"人"为本，反对神权，在城市的世俗学校中还开设了"人文学科"，以人和自然为研究的对象，包括对古希腊罗马文化的研究。人文主义的名称也由此而来。人文主义肯定人的价值，热情歌颂人的力量，主张个性解放，反对宗教禁欲主义和来世思想，提倡现世的幸福和享受，反对蒙昧主义和经院哲学，提倡理性和知识。意大利人文主义 15 世纪下半叶开始趋向保守，而法国和西班牙的人文主义则在 16 世纪分别迎来了繁荣期。人文主义思潮是欧洲历史上的一次思想解放，在它的推动下，涌现出了一批多才多艺的巨人，奠定了现代自然科学的基础，也为后来的资产阶级革命做了思想上和舆论上的准备。

牧歌

欧洲文学中一个历史悠久的文学体裁，一般表现牧人田园生活情趣。诗人往往借这种体裁将乡村生活的恬静与城市或宫廷生活的腐化堕落相对立。希腊的忒奥克里托斯是最早的牧歌作者之一，之后维吉尔的牧歌表现了理想化的庄园生活。作为一个文类，牧歌的高峰期在文艺复兴时期，还出现了利用牧歌主题的田园小说和田园戏剧，如莎士比亚的《皆大欢喜》等，浪漫主义文学中也可以发现牧歌的影子，而且在发展的过程中，它的含义也扩大了。20世纪现实主义文学兴起以后，它的一些艺术手法和主题不但保留了下来，还广泛渗透到了欧洲之外的其他民族文学中。一般认为可能是因为牧歌中表现的城市生活和乡村生活二元对立的模式，极大地满足了人们回到自然、回归乡土和单纯生活状态的愿望。

17世纪欧洲文学

高乃依

　　法国剧作家。他出生在卢昂，父亲是法官，少年时受天主教影响较深，1628年起成为律师，同时开始诗歌创作。1635年发表第一部悲剧《梅黛》，此后一度成为黎塞留写作班子中的一员。1647年成为法兰西学院院士，以后的创作每况愈下。他的主要成就是《熙德》《贺拉斯》《西拿》和《波利厄克特》四大悲剧。这些剧作的基本主题都是感情与理智的矛盾，强调感情要服从理智。《熙德》是他的代表作，写贵族青年罗狄克和施曼娜相爱，但因二人的父亲有冲突，罗狄克奉父命和施曼娜的父亲决斗时，将其杀死。施曼娜不得不请求为父报仇。由于罗狄克在抗击摩尔人的斗争中立下大功，成为"熙德"光荣归来。施曼娜却要求报仇，国王劝她以国家为重，二人和好。这里的基本冲突是义务和情感的矛盾，这种矛盾在国家利益和国王权力高于一切的原则下得到了解决。

弥尔顿

　　英国诗人、政论家、资产阶级革命活动家和革命文学的代表。出生在伦敦一个富裕的清教徒家庭，从小喜爱文学。1625年入剑桥大学，并开始写诗，著有《圣诞清晨歌》、姐妹篇《快乐的人》和《沉思的人》、挽歌《黎西达斯》等。英国革命爆发后，站在革命的清教徒一边，发表了《论出版自由》《为英国人民声辩》《再为英国人民声辩》等政论文，鼓舞士气。因劳累过度双目失明，王朝复辟后一度被捕入狱，之后专心写诗。共写出3首长诗：《失乐园》《复乐园》和悲剧诗《力士参孙》。其中，《失乐园》是他的代表作，选用了《圣经》中魔鬼撒旦引诱亚当和夏娃偷吃禁果，被上帝逐出乐园的故事。在艺术手法上，他从多方面继承了古典史诗的传统，语言充满激情，富有政论性，多用比喻和多变的句法表现自由奔放的思想感情。尤其是充满叛逆精神的撒旦，给人留下了深刻的印象。弥尔顿的创作标志着文艺复兴传统风格向古典主义风格的过渡。

拉封丹

　　法国诗人。他出生在一个森林管理员家庭，幼年在农村度过，热爱大自然，熟悉下层劳动人民的生活。1645年赴巴黎学习法律，结业后返回故乡，潜心阅读和写作。之后，依附财政大臣富凯，后者被捕后拉封丹被迫逃亡。先后投靠两个公爵夫人出入上流社会。他的主要文学成就是《寓言诗》12卷，于1668～1694年间陆续出版，共有故事240多个。其中大多取材于伊索寓言，古希腊、古罗马和印度寓言家的作品及民间故事，经过加工改写后出版，大多采用自由诗体，语言流畅自然，思想内容更为深刻。其中不少为脍炙人口的名篇，如《狼和羔羊》通过一只小羊饮水时被狼强行吞噬，说明强者总是最"有理"的；《农夫和蛇》说明对恶人不能讲仁慈，否则反被其害。其他名篇还包括《患瘟疫的野兽》《死神和樵夫》《兔子和乌龟》等。

莫里哀

法国古典主义喜剧家。本名让－巴蒂斯特·波克兰，父亲是宫廷室内陈设商。他自幼喜爱戏剧，1643年和朋友组成了剧团，亲自参加演出，并为此放弃了继承权。1650年起任剧团负责人并开始喜剧创作。1659年公演的《可笑的女才子》嘲讽了当时贵族矫揉造作的风气，也奠定了莫里哀喜剧家的地位。他的主要作品还有讽刺天主教会的《伪君子》、批判修道院妇女教育的《太太学堂》《丈夫学堂》、

莫里哀的作品《太太学堂》有趣地道出了他的婚姻烦恼

《屈打成医》、《吝啬鬼》（一译《悭吝人》）、《乔治·唐丹》《唐·璜》《恨世者》《史嘉本的诡计》《无病呻吟》，舞蹈剧《布索那克先生》《醉心贵族的小市民》等。其中，《太太学堂》的演出标志着法国古典主义喜剧的诞生。莫里哀是法国现实主义喜剧的首创者，他对喜剧形式作了多方面的探索，主要讽刺对象是上层资产者和没落贵族，提出了各种严肃的社会问题，用喜剧的形式揭露封建制度、宗教与一切虚假的事物。在艺术手法上，他大胆吸收了很多民间艺术手法，语言自然，把生活中的矛盾和人物性格都表现得很透彻，法国人评价他是"无法模仿的莫里哀"。

约翰·班扬

英国散文作家。他出生在农民家庭，父亲是一个补锅匠。他没有受过正规教育，很早就继承了父业。英国内战时，他在军队接触到清教徒和各阶层的人物，对以后的宗教信仰和创作都产生了影响。退伍后，班扬加入了清教徒教会，并成了传教士。后因传教活动，于1660年被捕，监禁12年。他的代表作《天路历程》就是在狱中所写。这是一部讽喻体作品，共上下两部，采用梦境寓意的手法，写一个基督徒从"将亡城"逃出，经过"失望沼泽""死荫幽谷""名利场"等地到达天都的经历。作者用现实主义的方法表现了当时英国乡村的一些景象和人物，巧妙运用比喻、民间口语及平民化的语言，通俗易懂，出版后产生了很大影响。

18 世纪欧美文学

笛福

　　出生于伦敦。年轻时曾辗转欧洲各国经商。1692 年破产，之后为谋生做过政府秘密情报员等。他在 59 岁时开始写小说，1719 年处女作《鲁滨孙漂流记》（第一部）发表后大受欢迎。此后，陆续写了《鲁滨孙漂流记》续集和《辛格尔顿船长》等 5 部小说和多篇传记、游记。他的小说多采用流浪汉小说的结构形式，以普通人的现实生活为主要描写对象，反映了 18 世纪英国资本主义初期的繁荣和强烈的海外扩张意识。《鲁滨孙漂流记》正是这样有鲜明时代色彩的作品，写主人公鲁滨孙不安于父母给他安排的小康之家的生活，到海外去经商。一次去非洲进行奴隶贸易时遇到海难，流落到一个荒岛上。他以惊人的毅力顽强地用双手为自己创造了一个

1791 年出版的《鲁滨孙漂流记》扉页

文明人所必需的生活条件，还驯化了一个土人星期五做自己的仆人。鲁滨孙的形象集中体现了上升时期资产阶级的创业精神，他也是欧洲文学史上第一个理想化的资产者形象。

斯威夫特

　　英国作家。出生在爱尔兰，是一个英国牧师的遗腹子，由叔父抚养大。1686 年毕业于都柏林三一学院，1692 年获牛津大学硕士学位，1701 年获三一学院神学博士学位。1688 年后前往英国，在辉格党人和托利党的斗争中仕途不顺，1713 年左右回到爱尔兰，支持并参加了当地人民反抗英国殖民者的斗争，被尊为爱尔兰民族英雄。他在文学上的主要成就是讽刺寓言小说《格列佛游记》，小说通过格列佛漫游小人国、大人国、飞岛国、慧骃国等的故事，通过幻想旅行的方式来影射现实，讽刺了英国统治阶级内部为一己私利进行的掠夺战争，从道德、制度、社会风尚等多个侧面表现了文明人的堕落。这部作品实际上是针对当时流行的笛福式的小说所写的，表现了高超的讽刺艺术技巧。另外，他还著有讽刺散文《一个小小的建议》《书之战》等。

菲尔丁

英国小说家、戏剧家。出生于英格兰一个贵族家庭，先后求学于伊顿公学和荷兰的莱顿大学，因经济困难，1728年辍学到伦敦谋生。最初写作剧本，多是讽刺喜剧，如《堂吉诃德在英国》《巴斯昆》等，讽刺英国政治制度的虚伪与腐败。1742年开始小说创作。他的小说广泛反映了当时英国社会生活中许多重要现象，而且勇于对传统道德、法律等提出尖锐的批评。在艺术形式上，他的小说多采用流浪汉小说的结构，情节曲折，心理描写深刻。他把自己的小说称为"散文滑稽史诗"。他的主要作品有《大伟人江奈生·魏尔德传》《阿米莉亚》《约瑟·安德鲁传》等，1749年发表的长篇小说《汤姆·琼斯》是他的代表作，主人公汤姆是个来历不明的私生子，被乡绅奥尔华绥收养。他和另一个乡绅的女儿索菲亚两情相悦，但奥尔华绥的外甥布立非贪图财产也在追求索菲亚，并在舅父面前中伤汤姆，致使汤姆被赶出家门。索菲亚也因父亲逼她和布立非成亲而出走。两个人在前往伦敦的途中分别遭遇了种种险情。最后，布立非的诡计被揭穿，汤姆的身世也大白，原来他也是奥尔华绥的外甥。于是，奥尔华绥立汤姆为继承人，并同意他和索菲亚结婚。作品通过汤姆和索菲亚为争取婚姻自由而进行的斗争，描绘了各个阶层的人物，是18世纪英国现实主义小说的最高成就。菲尔丁和笛福、理查逊并称为英国近代小说的三大奠基人。

莱辛

德国剧作家、文艺理论家。出生在一个牧师家庭，读书时精通了希腊文、拉丁文、英文和法文，爱好文学和哲学。大学毕业后，成为德国第一个靠写作维持生活的职业作家。他的创作有寓言、抒情诗、戏剧、文学评论等多种体裁，戏剧方面的主要成就是悲剧作品，《萨拉·萨姆逊小姐》描写少女萨拉和密勒封的恋爱悲剧，第一次使普通市民阶层的青年男女成为悲剧的主人公，是德国第一部市民悲剧。《爱米丽雅·伽洛蒂》描写了文艺复兴时期，爱米丽雅的父亲为保护女儿的贞操将她杀死，表现了对封建专制主义的抗议。他在文学评论方面的著作有《拉奥孔》《汉堡剧评》和《文学书简》等，在一定程度上为德国文学的发展奠定了基础，对后世影响很大。

博马舍

法国启蒙戏剧家。生于巴黎一个钟表匠家庭，自幼学习制造钟表，后成为皇家钟表师，是上流社会和金融界的活跃人物。他在启蒙运动影响下开始戏剧创作，并发起成立了法国剧作家协会。他在创作上的主要成就是以费加罗为主人公的3部喜剧：《塞维勒的理发师》《费加罗的婚姻》和《有罪的母亲》。其中《费加罗的婚姻》通过费加罗与伯爵的冲突把法国大革命前夕紧张的阶级矛盾搬上了舞台。费加罗机智、敏感、富有斗争精神和乐观精神，集中体现了第三等级的特征，他对伯爵的胜利就是第三等级反封建斗争的胜利。博马舍的喜剧是古典主义过渡到近代戏剧的桥梁。

萨德

法国作家。原名多纳西安，出身贵族家庭，父亲和叔父的放荡生活，以及他自己的生活经历，使之养成了目空一切的狂妄性格，因其作品有大胆的性描写和性虐待等而不容于当时统治者，他曾两次被投入巴士底狱。他的主要作品有《贞节的厄运》（一译《美德的磨难》）、《阿斯汀娜》《爱之诡计》《爱之罪》《隆维尔的女主人》等。《贞节的厄运》描写一对姐妹，妹妹想恪守操节，却先后落入淫乱的修士等人之手，遭受了种种磨难。姐姐淫乱放荡，却享受荣华富贵。由于小说对妹妹遭受的蹂躏进行了详细的描写，一度因为渲染性暴力而被禁。

歌德

　　德国文学家。他出生于法兰克福一个富裕市民的家庭，曾先后在莱比锡大学和斯特拉斯堡大学学法律，但主要志趣在文学创作方面，是德国"狂飙突进"运动的中坚。1775 年应聘到魏玛公国做官，但一事无成。1786 年前往意大利，专心研究自然科学，从事绘画和文学创作。1788

歌德像

年回到魏玛后任剧院监督，政治上倾向于保守，艺术上追求和谐、宁静的古典美。1794 年与席勒交往后，开创了德国的"古典文学"。歌德的创作囊括诗歌、散文、小说、戏剧等诸多体裁，主要作品有剧本《铁手骑士葛茨·冯·伯里欣根》《伊菲格尼亚在陶里斯》《托夸多·塔索》等，小说《少年维特之烦恼》，牧歌式叙事诗《赫尔曼和窦绿苔》，诗体哲理悲剧《浮士德》，长篇小说《亲和力》《威廉·迈斯特》（包括《学习时代》和《漫游时代》），自传《诗与真》（四卷）和抒情诗集《东西合集》等。《少年维特之烦恼》是一部书信体小说，它描写青年维特和绿蒂之间的爱情悲剧，反映了当时青年人反对封建，追求个性解放和爱情自由的心声，使歌德享有世界性的声誉。

《浮士德》

　　歌德的诗体哲理悲剧，与《荷马史诗》、但丁的《神曲》齐名，是一部史诗性的巨著。这部诗剧的创作从 1770 年开始构思到 1831 年完成历经 60 年之久。取材于中世纪关于浮士德博士的传说。共两部，第一部共 25 场，不分幕，第二部分为 5 幕。全剧没有首尾连贯的情节，以浮士德的思想发展为线索。《天上序幕》是全剧的开端，写魔鬼靡菲斯特和上帝打赌，浮士德与魔鬼定下了契约：愿以灵魂为赌注使魔鬼满足他的一切要求。第一部主要写浮士德和甘泪卿的爱情以及由此引发的种种悲剧性纠葛。第二部写浮士德的政治活动，对政治生活失望后，接着写他和象征古典美的海伦的结合，并生有一子欧福良，欧福良向高处飞时，不幸陨落在父母脚下，海伦也在痛苦中隐去。对古典美的追求也以幻灭告终。这时，浮士德又产生了征服大海的雄心，在魔鬼的帮助下开始填海造田的工程。已是百岁老人的他把死灵们为他挖掘坟墓的声音，当成了群众在劳动，不由满意地说出了"你真美啊，请停留一下！"按照契约，他倒地死去，天使把他的灵魂引向了天堂。全剧的基本主题是人生理想以及怎样实现理想的问题。浮士德是一个文艺复兴时代的巨人形象，是新兴资产阶级知识分子的代表，他的一生反映了欧洲自文艺复兴到19世纪初期文化发展的历程。

席勒

德国诗人、剧作家。出生在一个军医家庭，少年时代受宗教教育，1773年被符腾堡公爵送入军事学校，毕业后当过军医、剧院作家等。1794年和歌德交往，共同创造了德国的古典文学。他从1776年起就在杂志上发表抒情诗，1782年上演的以反抗暴君为主旨的《强盗》是他的成名作，也是"狂飙突进"运动在戏剧方面的重要成果。此后，写有悲剧《斐哀斯柯》《阴谋与爱情》，诗体政治悲剧《唐·卡洛斯》，诗歌《欢乐颂》等。古典时期的主要作品有诗剧《华伦斯坦》三部曲、《玛丽亚·斯图亚特》《奥里昂的姑娘》《墨西拿的新娘》《威廉·退尔》等，以及大量诗歌。此外，他还著有《三十年战争史》《美育书简》《论朴素的诗与感伤的诗》等历史学和美学著述。席勒和歌德一起把德国古典文学推向高峰，为德国文学的发展做出了巨大贡献。

《阴谋与爱情》

席勒青年时期的戏剧代表作，1782年公演。剧本的主人公是一对热恋中的青年，斐迪南是某公国宰相的儿子，他爱上了音乐师的女儿露伊丝。宰相瓦尔特为了迫使他与公爵的情妇结婚，在秘书的策划下布置阴谋，使斐迪南误以为露伊丝不忠。斐迪南中计，给露伊丝服用了毒药，露伊丝临死前揭穿了真相。最后，一对情人牺牲，罪犯也被囚入狱中。该剧直接取材于现实，反映了强烈的反封建精神，表现了封建贵族和市民阶级之间尖锐的阶级矛盾，以及市民阶级的觉醒和打破阶级界限的愿望。同时，席勒把爱情悲剧和宫廷的政治阴谋联系在一起，更加强了剧本对封建统治的揭露力量，达到了德国市民悲剧前所未有的高度。剧本在艺术上的显著特色是人物性格的复杂性，如斐迪南虽看到了平民的高尚和纯洁，并且珍视他和露

席勒雕像

伊丝之间的真诚爱情，但也不能体会到露伊丝的苦衷和她与父亲间相依为命的感情，所以很容易就被人煽动起了妒忌心，并铸成大错。

奥斯丁

英国女小说家。出生在一个叫史蒂文顿的小乡镇，父亲是当地的牧师。她没有进过正规学校，在家由父母指导阅读了很多古典文学和流行小说。她终身未嫁，长期居住农村，生活圈子很狭窄。她共创作了6部小说，《傲慢与偏见》和《爱玛》是其代表作，其他作品还有《教导》《曼斯菲尔德山庄》《理智与情感》等。她的作品基本都以乡镇中产阶级青年男女的爱情婚姻为主题，描写日常生活的风波和人物之间的喜剧性冲突，在轻松诙谐的氛围中表达她的婚姻观：为了财产和地位结婚是错误的，但完全不考虑财产也是愚蠢的。18世纪70年代以后，英国充斥着庸俗无聊的感伤小说和哥特小说，奥斯丁的创作虽然反映的生活面不广，但扭转了当时小说创作的庸俗风气，在英国小说发展史上具有承上启下的作用。

哥特小说

18世纪流行于英国的一种小说。它描写恐怖、暴力，以及对中世纪的向往。故事通常发生在哥特式的建筑里，尤其是阴暗、荒凉的古堡之中。最早的一部哥特小说是1764年出版的贺拉斯·华尔浦尔的《奥特朗堡》，它对当时的浪漫主义文学运动起了推动作用，同时也影响了19世纪初期英国小说家瓦尔特·司各特的历史小说，因此在英国的文学史上占有重要的位置。其他流行的哥特小说有安娜·拉德克利夫的《尤道拂的神秘事迹》和马修·格雷戈里·刘易斯的《僧人》等。前者经常被作为典型的哥特小说，小说情节恐怖、阴森，富于神秘气氛。《僧人》也非常流行，它的作者获得了"僧人"刘易斯的绰号。《僧人》的特点在于恐怖和心理分析相结合，对后来的美国文学尤其是霍桑和爱伦·坡的创作产生了影响。同时，也影响了20世纪的超现实主义文学运动。

狂飙突进

18世纪70年代在德国兴起的一次文学运动。"狂飙突进"这个名称来自作家克林格的同名剧本。主要参加者是市民阶层的青年作家，以赫尔德为旗手，向封建意识形态进行了猛烈的攻击。它的主要精神特征是：主张发挥人的主观能动性，实现个性解放；崇尚"天才"，倡导返归自然和德国民族风格；反对一切束缚人的僵化保守的教条，强调感情，有着浓郁的感伤色彩。狂飙突进作家的创作揭露性都比较强，尤其反映市民阶层和封建贵族的冲突。在戏剧和小说方面都有较大成就，歌德的剧本《铁手骑士葛兹·冯·伯里欣根》、书信体小说《少年维特之烦恼》，席勒的剧本《强盗》《阴谋与爱情》，华格纳的剧本《杀婴女人》等都是狂飙突进运动的代表作。20世纪80年代中叶后，狂飙突进运动逐渐消退，它对德国民族文学的形成起了极大的推动作用。

19 世纪欧美文学

华兹华斯

英国诗人。他出生在律师家庭，1788年入剑桥大学，学习希腊文、拉丁文、意大利文等多种语言。1790年、1791年两次赴法。当时正值法国大革命，年轻的华兹华斯对革命深表同情与向往。回国后不久，局势剧变，他的态度渐趋保守，终于成为安享"桂冠诗人"称号的保守派。华兹华斯的诗以描写自然风光、田园景色、乡民村姑、少男少女闻名于世。文笔朴素清新，自然流畅，一反新古典主义平板、典雅的风格，开创了新鲜、活泼的浪漫主义诗风。1798年他与柯勒律治共同发表的《抒情歌谣集》宣告了浪漫主义新诗的诞生。此后，华兹华斯的诗歌在深度与广度方面得到进一步发展，在描写自然风光、平民事物之中寓有深意，寄托着自我反思和人生探索的哲理思维。长诗《序曲》总结了自己作为一个诗人的成长过程，是他最具有代表性的作品。

司各特

英国小说家、诗人。出生在苏格兰一个古老贵族的家庭，1789年入爱丁堡大学攻读法律，毕业后成为律师，同时在苏格兰偏僻地区搜集历史传说和民间歌谣，1802年发表了搜集到的3卷《苏格兰边区歌谣集》，此后开始创作，写有叙事长诗《末代歌者之歌》《玛密恩》和《湖上夫人》等。他共写有7部长篇叙事诗，27部历史小说和一些中短篇小说、人物传记等。司各特最大的贡献在历史小说，《艾凡赫》《昆丁·达沃德》是其代表作，前者表现了12世纪英国狮心王理查在位时复杂的阶级矛盾和民族矛盾，塑造了一个英明君主的形象。后者写15世纪法国路易十一建立统一的封建国家的过程。其他重要作品还有取材苏格兰历史的《威弗利》《清教徒》《罗布·罗伊》，以15世纪的法国为背景的《奇婚记》和传记《小说家列传》《拿破仑传》等。司各特的历史小说丰富和发展了欧洲19世纪的文学，对后代很多作家都有影响。

柯勒律治

英国诗人、评论家。他出生于牧师家庭，幼年上过基督教学校，熟读希腊罗马文学。19岁入剑桥大学攻读古文学。同时开始创作，之后创办过杂志。1798年和华兹华斯发表《抒情歌谣集》。他的诗歌数量不多，多以自然、逼真的现象和环境描写表现超自然的、神圣的和浪漫的内容，使读者阅读时感到真实可信，代表作有《古舟子咏》《忽必烈汗》《克里斯特贝尔》和《青春和暮年》等。另外，1817年出版的《文学传记》一书包括了他的文学评论的精华。他强调诗的形象思维，还认为诗对于诗人和读者来说，是一个不断变化的活动体。这些理论有浓郁的浪漫主义色彩，其中一些观点被看作新批评派的思想源泉。柯勒律治作为英国浪漫主义思潮的主要代表，在文学史上占有重要地位。

司汤达

法国小说家。原名马里－昂利·贝尔。出生在一个律师家庭，他幼年丧母，受信仰启蒙思想的外祖父影响较大，少年时代在法国资产阶级革命的氛围中长大，崇敬拿破仑，并多次随拿破仑的大军征战欧洲。1814年波旁王朝复辟后侨居米兰，同意大利爱国主义者有来往，后被驱逐出境，回到巴黎。他的主要作品大部分是在1831年后写成的，有长篇小说《吕西安·娄凡》《巴马修道院》《红与黑》《阿尔芒斯》，中短篇小说集《意大利遗事》和一些游记、传记等。司汤达在美学论著《拉辛与莎士比亚》中提出艺术必须适应时代潮流，表现"人民的习惯和信仰的现实状况"。他的作品善于描写政治斗争和社会问题，在塑造人物时重视细腻的心理分析，深刻揭露了19世纪法国复辟时期复杂的阶级矛盾，是法国批判现实主义文学的先驱和奠基人。

《红与黑》

司汤达长篇小说的代表作，副题为"1830年历史纪实"。标题中的"红"象

征着红色的军人服，"黑"象征着修道士的道袍。小说描写一个出身低微的外省青年于连，想凭着自己的聪明才智进入上流社会，在市长家做家庭教师时，赢得了纯朴的德·雷纳尔夫人的爱情，事发后被迫进入贝尚松神学院，不久受到院长举荐，成为德·拉莫尔侯爵的秘书，同时又得到了高傲的拉莫尔小姐的爱情。但他的飞黄腾达引起了其他贵族的不满，那些贵族欺骗德·雷纳尔夫人写下告发信。于连一怒之下当众打伤了德·雷纳尔夫人。公审时，他预言自己这个"反抗自己的卑贱命运的乡下人"必将受到严惩，果然，当天他就被送上了断头台。于连是复辟时代受压抑的小资产阶级青年的典型形象，他的反抗源于社会对他的压抑和个人向上爬的野心，因此在反抗中表现出妥协性和动摇性。小说通过对典型环境中的典型性格的塑造，深刻反映了19世纪30年代法国社会的现实情况。

格林兄弟

指雅各布·格林（1785～1863年）和威廉·格林（1786～1859年）兄弟，德国语言学家、童话收集家。他们出生在哈瑙一个官员家庭，都毕业于马尔堡大学，二人经历相似，兴趣相近，合作研究语言学，搜集和整理民间童话和传说，故在文学史上被称为"格林兄弟"。他们在文学上的主要贡献是二人合作搜集编写的民间童话故事集《儿童与家庭童话集》，该书开创了民间童话中引人入胜的"格林体"叙述方式，对19世纪以来的世界儿童文学产生了深远的影响。其中的《青蛙

王子》《忠实的约翰》《莴苣姑娘》《灰姑娘》《白雪公主》《小红帽》《玫瑰公主》等，以其丰富的想象、美丽的憧憬、善良的心灵和高尚的情操启迪了孩子们的心扉。之后，他们又出版了两卷集《德国传说》和《德国神话》。格林童话如今已被译成各国文字多次出版，成为世界儿童文学的珍宝。

拜伦

英国浪漫主义诗人。他出生在一个没落贵族的家庭，10岁就继承了家族的爵位和庄园，但父母的离异和自己的残疾，都带给他深刻的影响。1805年进入剑桥大学学习，并开始写诗。1809年发表的长篇讽刺诗《英格兰诗人和苏格兰评论》确立了他在诗坛上的地位。大学毕业后，拜伦成为贵族议院的世袭议员。他1809年游历了葡萄牙、西班牙和土耳其等多个国家，大大开拓了政治视野。旅行归途中，他创作了长篇叙事诗《恰尔德·哈洛尔德游记》的第一、第二章，这部作品以政治和社会问题为题材，表现出一种积极斗争、争取自由的精神。拜伦其他优秀作品还有浪漫主义组诗《东方叙事诗》，长诗《锡隆的囚徒》《普罗米修斯》《路德派之歌》，诗剧《曼弗雷德》《该隐》，政治讽刺诗《〈制压破坏机器法案〉制订者颂》《青铜时代》，长篇叙事诗《唐璜》等。1824年，拜伦在参与希腊人民的民族解放斗争时，因病去世。他的诗作充满斗争精神，并塑造了反抗社会的叛逆者"拜伦式英雄"的群像，在传播中也产生了超文本的影响。

雪莱

英国浪漫主义诗人。出生在英格兰一个乡村贵族的家庭，从小受到严格教育，1804年进入伊顿公学，1810年进入牛津大学就读，第二年因发表《无神论的必要性》被开除。此后参加了爱尔兰的民族解放运动等，1822年不幸因海难去世。他在中学时期便开始创作，早期作品主要有《麦布女王》《致华兹华斯》《赞智力美》等，1818年定居意大利后，发表了长篇诗歌《阿多尼》《暴政的假面游行》，抒情诗《印度小夜曲》《给英格兰人民的歌》《西风颂》《致云雀》，诗剧《解放了的普罗米修斯》《希腊》等。这些作品以资产阶级民主主义和空想社会主义为武器，反对专制暴政，反对宗教迷信，鼓吹自由民主、平等博爱。他是时代先进潮流的代表，通过诗作向被压迫人民传递了革命的火种。

雪莱像

海涅

德国诗人。他出生于犹太商人家庭，1819年起先后到波恩等大学攻读法律，并获得博士学位。1816 年开始写诗，1827 年出版了诗歌总集《歌集》。他的诗歌富于浪漫主义色彩和民族气息，给诗人带来世界性声誉。同时，他还写了许多游记。1831 年海涅流亡巴黎，为德国写了大量通讯和政治评论，集为《法兰西状况》一书。《论德国宗教和政治的历史》和《论浪漫派》两本哲学著作是他介绍德国文化和宗教的论文汇集。他的第二部诗集是《新诗集》（1844 年），这本诗集标志着海涅由抒情诗人向政治诗人的转变；他的长篇政治抒情诗《德国，一个冬天的神话》也于 1844 年出版。这是他第一次回国旅行的结果，这部长诗是海涅诗歌创作的顶峰。晚年以口授形式创作了第三部诗集《罗曼采罗》，诗集仍洋溢着战斗的激情。

普希金

　　19 世纪俄罗斯伟大的民族诗人，俄国浪漫主义文学的主要代表和俄国批判现实主义文学的奠基人。他出生在贵族地主家庭，自幼受到良好的家庭教育，1811 年进入彼得堡皇村贵族子弟小学，卫国战争的爆发激起他很大的爱国热情。毕业后在外交部任职，之后因创作中的进步倾向几次被流放。1837 年，年仅 38 岁的诗人死于一场有阴谋的决斗。普希金具有多方面的文学才华，作为诗人，他写了 800 多首抒情诗和几十篇叙事诗，运用了各种形式和韵律，如童话诗《渔夫和金鱼的故事》、政治抒情诗《自由颂》、长篇浪漫主义叙事诗《茨冈》、长篇现实主义叙事诗《叶甫盖尼·奥涅金》等。在小说方面，他的短篇小说《驿站长》开创了俄罗斯文学中描写"小人物"的传统，《别尔金小说集》成为俄国短篇小说的典范；长篇小说《上尉的女儿》、中篇小说《黑桃皇后》等也是名篇。他还留下几部诗剧和大量政论等。

巴尔扎克

　　法国作家。父亲是一个白手起家的资产者，他出生后不久，就被寄养到附近的农村。从小学到中学，他一直寄住在学校，没有享受过家庭的温暖，童年生活的这种痛苦直接影响了他后来的生活和创作。1816 年，巴尔扎克进入大学学习法律。毕业后，他不顾父母的反对，开始文学创作。早期作品销路不好，为了生活，他开始办实业，做过出版商，经营过印刷厂和铸字厂等，均以失败告终，并使他负债累累，但这大大丰富了他的生活经验。1828 年起，他又回到文学创作上来，不久发表的小说《最后一个舒昂党人》，初步奠定了他在文学界的地位。此后，他把这部作品和计划要写的 100 多部小说命名为《人间喜剧》，并为之写了前言，阐述了他的现实主义创作方法和基本原则，从理论上为法国批判现实主义文学奠定了基础。巴尔扎克是一个充满激情的人，在创作中他也往往和人物融为一体。1850 年，他因劳累过度而去世。巴尔扎克在艺术上取得的巨大成就，不但表现在小说的结构上匠心独运，多种多样，不拘一格，还表现在善于将集中概括与精确描摹相结合，以外形反映内心本质等手法来塑造人物，深刻揭示人性的善恶，还善于以精细入微、生动逼真的环境描写再现时代风貌。巴尔扎克是欧洲批判现实主义文学的奠基人和杰出代表。

大仲马

法国 19 世纪积极浪漫主义作家。他出生于巴黎附近一个县城，父亲是法国大革命中的一位将军。他只上过几年小学，靠自学成才。由于父亲有黑人血统，他饱尝种族歧视之苦，也形成了反对不平、追求正义的叛逆性格。大仲马一生著述丰富，主要以小说和剧作著称。他的浪漫主义戏剧《亨利第三及其宫廷》比雨果的《欧那尼》问世还早一年，完全破除了古典主义的"三一律"。他的小说多达百部，大都以真实的历史做背景，以主人公的奇遇为内容，情节曲折生动，出人意料，堪称历史惊险小说。异乎寻常的理想英雄，急剧发展的故事情节，紧张的打斗动作，清晰明朗的完整结构，生动有力的语言，灵活机智的对话等构成了大仲马小说的特色。最著名的是《三个火枪手》和《基督山伯爵》。他被别林斯基称为"一名天才的小说家"。

雨果

法国作家。出生在法国东部的贝桑松，幼年时曾随父亲行军到意大利等地，11 岁时随母亲返回巴黎。他支持法国大革命，在法国复辟王朝时期被迫流亡 19 年。1827 年发表诗剧《克伦威尔》，在序言中提出浪漫主义的文学，主张美丑对比等原则，从此成为法国浪漫主义文学运动的领袖。1830 年，剧本《欧那尼》上演成功，标志着浪漫主义对古典主义的胜利。他的小说主要有长篇小说《巴黎圣母院》《悲惨世界》《海上劳工》《笑面人》和《九三年》等，还著有《新颂歌集》《东方吟》《秋叶集》《心声集》《凶年集》《惩罚集》等，剧本还有历史剧《城堡里的公爵》《逍遥王》《昂杰罗》等。这些作品的基本主题是歌颂真善美，鞭挞黑暗、丑恶和残暴，充满丰富的想象力和巧妙的音乐性，具有优雅精美、雄伟朴实的艺术风格。雨果是法国浪漫主义文学运动的领袖，他长达 60 年的创作生涯，反映了 19 世纪法国重大历史进程和文学进程。

爱默生

美国散文家、演说家、诗人。他出生在一个牧师家庭，曾就读于哈佛大学，在校期间，他阅读了大量英国浪漫主义作家的作品，丰富了思想，开阔了视野。毕业后曾担任基督教唯一的神教派牧师，并开始布道。1832 年以后，爱默生到欧洲各国游历，结识了浪漫主义先驱华兹华斯和柯勒律治，接受了他们的先验论思想，对他思想体系的形成具有很大影响。1837 年，他在美国大学生联谊会上发表了《论美国学者》的演讲，宣布美国文学已脱离英国文学而独立，同时强调人的价值，被誉为美国精神领域的"独立宣言"。爱默生集散文作家、思想家、诗人于一身，他的诗歌、散文独具特色，注重思想内容而没有过分注重辞藻的华丽，行文犹如格言，哲理深入浅出，说服力强，被称为"爱默生风格"。

乔治·桑

法国女小说家。生于巴黎，幼年丧父，由祖母抚养，18 岁时嫁给杜德望男爵，但她对婚姻并不满意，1831 年到巴黎，开始独立生活，从事文学创作。她的小说创作大致可分为 4 个阶段：早期作品称为激情小说，代表作有《安蒂亚娜》《华伦蒂娜》等，描写爱情上不幸的女性不懈地追求独立与自由，充满了青春的热情与反抗的意志。第二阶段作品是空想社会主义小说，代表作有《木工小史》《康素爱萝》等，提出了资本主义社会中妇女的命运问题，攻击资本主义的财产制度和婚姻制度，进而提出空想社会主义的理想。第三阶段作品为田园小说，代表作有《魔沼》《弃儿弗朗索瓦》等，以抒情见长，善于描绘绮丽的自然风光，渲染农村的静谧气氛，具有浓郁的浪漫色彩。第四阶段作品为传奇小说，代表作为《金色树林的美男子》。乔治·桑是最早反映工人和农民生活的欧洲作家之一。

安徒生

丹麦童话作家。出身于一个贫穷的鞋匠家庭，幼年丧父，从小在店铺中当学徒，没有受过正规教育。1829 年进入哥本哈根大学学习，同时坚持文学创作。安

1895 年出版的《安徒生童话集》的封面

徒生的创作包括童话、戏剧、游记散文、小说等多种体裁，但为他赢得世界性声誉的主要是他的童话故事。1835 年，安徒生发表了第一部童话集《讲给孩子们听的故事》，此后几乎每年发表一部集子，共写了 168 篇童话和故事，被译成 80 多种语言。安徒生的童话故事大多带有一定自传性，表现贫富悬殊的社会现实和穷苦人的悲惨生活，如《卖火柴的小女孩》《丑小鸭》《夜莺》等；有的则嘲笑、讽刺上层贵族的愚蠢无知，如《皇帝的新衣》《园丁和主人》等；有的则表现了对理性的看法，如《白雪公主》等。

勃朗宁夫人

英国诗人。她出身于富裕家庭，15 岁时从马上摔跌下来，伤了脊椎骨，长期卧床。静养期间博览群书，醉心于诗歌创作。她是一个很有天赋的女性，能阅读希腊文原版的《荷马史诗》和希伯来语的《圣经》，13 岁时就出版了第一部诗集，1838 年以诗集《天使及其他诗歌》成名。同时，她对当时的社会问题也给予了很大关注，1844 年发表的短诗《孩子们的哭声》，就愤怒抗议了资本家对儿童的摧残和剥削。1846 年，她不顾父亲的反对，和诗人罗伯特·勃朗宁私奔，并出走意大利，在佛罗伦萨居住了 15 年。她写给丈夫的爱情诗集《葡萄牙十四行诗集》，诗句精练，才华横溢，被认为是莎士比亚以来最优美的十四行诗。

爱伦·坡

美国诗人、小说家、批评家。出生在波士顿一个江湖艺人的家庭，父母早丧，被爱伦夫妇收养。在英国受小学教育，后

进入弗吉尼亚大学肄业一年。曾参加美国陆军，被选送至西点军校。一年后，被军校开除，从此开始专业写作生活。1847年妻子病故后精神日益失常。爱伦·坡的诗多写忧郁的情调，形象古怪奇特，主要诗集有《帖木儿》《诗集》等。他的小说大致可分为推理小说和恐怖小说两类，所写的故事大多发生在奇特的地方，刻意渲染恐怖神秘、朦胧凄恻的氛围，前者有《血色死亡的面具》《黑猫》《厄舍古厦的倒塌》等，后者包括《莫格街谋杀案》《莉盖亚》等。他的创作在死后才日益受到重视，被认为是推理小说的鼻祖。另外，他作品中的神秘恐怖等特点对现代派作家也有一定的启发。

果戈理

19世纪俄国批判现实主义文学的代表和奠基人。他出生在大地主家庭，从小受到艺术熏陶，尤其喜爱乌克兰的民谣、传说和民间戏剧。父亲早逝后，到彼得堡谋生，做过小公务员，并结识了普希金等人。果戈理的一生创作甚丰：小说集《狄康卡近乡夜话》、长篇小说《死魂灵》、短

果戈理像

篇小说集《彼得堡故事集》等，讽刺了贵族地主阶级，表达了对小人物悲惨生活的人道主义同情，形成了"含泪的微笑"这种独特的艺术风格。他的讽刺喜剧也有很高成就，著名的《钦差大臣》尖锐讽刺了俄国官僚社会的丑恶本质，对俄国戏剧的发展产生了重要影响。果戈理是俄国"自然派"文学的创始者，他的创作和普希金的创作相配合，共同奠定了俄国批判现实主义文学的基础，被誉为俄国文学史上的"双璧"。

缪塞

法国浪漫主义诗人。他出生于知识分子家庭，从小受到古典主义文学熏陶，文学活动是从参加以雨果为首的进步浪漫主义团体"文社"开始的。他的诗歌作品主要是《夜歌》，反映了和乔治·桑感情破裂后的痛苦复杂的心情，真切动人。他的戏剧和小说尽管反映社会生活不够全面，但是真切抒发了个人情感，真实刻画了法国某些阶层的生活及心态，特别是在刻画"世纪病"方面颇具时代色彩。他的主要戏剧作品有《罗伦扎西欧》《反复无常的人》《巴尔贝林》等，爱情小说有《埃梅林》，《弗烈特立克和贝尔纳莱特》等。自传体小说《世纪儿忏悔录》以其动人的爱情故事和细腻的心理描写而成为缪塞的代表作。他的小说在创建法国浪漫主义心理小说和为近代小说开辟道路上，起了一定作用。

别林斯基

俄国文学批评家、哲学家和政论家。1829年他在莫斯科大学学习语文，组织进步学生成立文学团体，后被校方开除。1833年开始为《望远镜》杂志撰稿，开

始文学评论活动。别林斯基是俄国现实主义美学和文艺批评的奠基人，他创作丰富，对当时俄国文化艺术几乎所有领域中一切新现象都做出了反映。主要著作《亚历山大·普希金作品集》共 11 章，以对普希金创作的精辟分析为中心，系统论述了俄国文学从罗蒙诺索夫到普希金的发展过程，确认了普希金在俄国文学史上承前启后的重要地位。《1846 年俄国文学一瞥》和《1847 年俄国文学一瞥》等，论述以果戈理为代表的俄国自然派的形成过程，从理论上肯定并推动了批判现实主义文学的发展方向。他的文学批评把敏锐的洞察力和精确的艺术分析，以及政治激情和哲理思考融为一体，在俄国和世界文学批评史上有重要地位。

萨克雷

英国作家。出生在印度，父亲是东印度公司的职员。6 岁时被送回英国上学，1829 年进入剑桥三一学院，未毕业即去德国游学。1833 年前往巴黎学美术，1836 年回国写稿谋生。他在事业上刚刚

萨克雷喜剧作品中的一幅插图，透露着诙谐幽默的讽刺意味。

起步时，妻子不幸患病，从此受家庭之累。他为杂志写了大量散文、评论、小说等。1847 年发表的《名利场》是他的代表作，小说副题是"没有英雄的小说"。小说基本内容是出身低微的女主人公蓓基·夏泼依靠自己的美貌和聪明，不择手段猎取金钱向上爬，力图进入上流社会。作品着力反映在以金钱为本质的社会中，封建贵族和资产阶级上层尔虞我诈、趋炎附势等丑恶的人际关系。这部作品奠定了萨克雷作为一个讽刺作家的地位。他还著有《彭登尼斯》《亨利·埃斯蒙德》等长篇小说和诗集《歌谣集》等。

狄更斯

英国 19 世纪现实主义小说家。他出生于海军小职员家庭，11 岁就承担起繁重的家务劳动，做过学徒、记者等。他只上过几年学，全靠刻苦自学和艰辛劳动成为知名作家。狄更斯一生共创作了 14 部长篇小说，许多中短篇小说和杂文、游记等。其中最著名的作品是描写劳资矛盾的长篇小说《艰难时世》和描写 1789 年法国革命的《双城记》。其他重要作品还有《奥列佛·特维斯特》（又译《雾都孤儿》）、《董贝父子》《大卫·科波菲尔》《荒凉山庄》和《远大前程》等等。他生活在英国由半封建社会向工业资本主义社会的过渡时期，其作品广泛而深刻地描写这时期社会生活的各个方面，宣扬以"仁爱"为核心的人道主义。艺术上以妙趣横生的幽默、细致入微的心理分析，以及现实主义描写与浪漫主义气氛的有机结合而著称。

赫尔岑

俄国作家、政论家、哲学家、革命活动家。他出生于莫斯科贵族家庭，早年积极宣传资产阶级启蒙思想和空想社会主义思想。19世纪40年代形成了唯物主义世界观，有哲学著作《科学上的一知半解》《自然研究通信》，继承了黑格尔的辩证法和费尔巴哈的唯物主义，并提出了对俄国文学史和世界艺术史的系统见解，论证了现实主义代替古典主义、浪漫主义的现实必然性，强调正面人物的塑造。他的文学创作贯穿着反奴隶制的主题，在俄国现实主义文学发展上占有重要地位。早期创作具有浪漫主义精神，1840～1841年发表的中篇小说《一个青年人的札记》标志着转向现实主义。长篇小说《谁之罪》中贵族青年别里托夫形象丰富了俄国文学中"多余人"的画廊。列宁称他为"在俄国革命的准备时期起了伟大作用的作家"。

屠格涅夫

俄国作家。他出生在奥廖尔省一个贵族家庭，但自幼厌恶农奴制度。曾先后在莫斯科大学、彼得堡大学就读，毕业后到柏林进修，回国后和别林斯基成为至交。从1847年起为《现代人》杂志撰稿，出于自由主义和人道主义的立场反对农奴制。19世纪60年代后长期居住巴黎。他在大学时代就开始创作，1847～1852年陆续写成的特写集《猎人笔记》是其成名作，主要表现农奴制下农民和地主的关系，在日常的平淡生活中表现出浓郁的诗意。他的主要作品有戏剧《贵族长的早餐》《村居一月》，长篇小说《罗亭》《贵族之家》《前夜》《父与子》《阿霞》《初恋》《处女地》等。屠格涅夫善于敏锐地把握时代特点，迅速反映俄国现实，对俄国文学中现实主义文学的发展有重大影响，也为俄罗斯语言规范化做出了贡献。

凯勒

瑞士德语作家。他出身于苏黎士世人家庭，5岁丧父，家境贫寒。1840年到慕尼黑学习，1842年返回苏黎世，从事文学创作。1846年诗集《凯勒诗歌集》出版，此后又接受了无神论和唯物主义思想。1850～1861年，出版《新诗集》、长篇小说《绿衣亨利》、自传性教育小说《新生亨利》、故事集《塞尔特维拉的人们》等作品。1878年、1879两年写了大量诗歌。最后一部长篇小说是《马丁·萨兰德》。凯勒的创作最有成就的是中短篇小说，著名的有先前创作的《塞尔特维拉的人们》及1872年创作的《七个传说》。长篇小说《绿衣亨利》是凯勒最重要的一部作品，带有自传性质。这是一部教育小说，主要描写一个青年的成长过程。凯勒在瑞士19世纪的德语作家中占有重要地位，被视为19世纪写实主义的主要代表人物之一。他的作品继承了德国现实主义传统，反映现实深刻，具有深厚的抒情和生活气息，包含深刻的哲理。

惠特曼

美国浪漫主义时期的诗人。他出身农家，曾做过教师、编辑。1838年惠特曼主编《长岛人》，传播民主思想，与此同时开始诗歌创作，1855年出版《草叶集》，收诗383首。以"草叶"命名诗集体现了诗人的民主思想，因为它赋予最普通的遭人践踏的小东西以崇高的地位与尊严。草叶也是包括诗人在内的具有强大生命力的美国"新人"形象，它象征独特的美国精神和性格。其中著名的诗歌有《船长啊，我的船长！》《自己之歌》等。这部诗集的自由体，豪迈奔放而又不失其音乐美感，在英语诗歌中独树一帜，从根本上动摇了传统格律诗几世纪以来的垄断地位，开了英诗自由体在 20 世纪迅猛发展的先河，并对中国五四运动以后的新诗创作产生了很大影响。

波德莱尔

法国诗人。出生于巴黎，父亲是一个有启蒙思想的画家，培养了他对艺术的热爱，但在他 6 岁时就因病去世。母亲再婚后，他和继父关系恶劣，对资产阶级的传统观念和道德意识采取了挑战态度。成年后，他继承了生父遗产，过着和诗人、艺术家交游的浪漫放荡生活，曾到印度等地旅行。后来，因为母亲的经济限制，他开始创作，并翻译了不少爱伦·坡的作品，后者丰富怪诞的想象力和精辟的分析，使他受到很大启发。诗集《恶之花》奠定了他在法国文学史上的地位。这部诗集是法国象征主义的开山之作，描写了大城市的罪恶，展现了一个孤独、病态而悲怆的诗人追求光明幸福却感到幻灭的苦闷和忧郁。此外，他还有《巴黎的忧郁》和《人工天国》两部散文集和一些评论文章，作品虽然不多，但他在艺术方面的创新，如通感、象征等，对整个现代派都有所启发。

福楼拜

法国现实主义小说家。他出生在里昂的医生家庭，幼年在医院里度过。1840年赴巴黎学习法律，后因病辍学。1846年开始，在卢昂附近的克罗瓦赛别墅定居，过着简单的生活，直至去世。福楼拜的主要作品有《包法利夫人》《情感教育》《圣安东的诱惑》和《简单的心》等。基本主题是对资产阶级的揭露，他主张艺术应该真实地反映现实生活，同时作家要努力隐去个人的喜好，持"客观而无动于衷"的态度。在对人物的塑造和描写上，他十分注重遣词用句，形成了精雕细刻的艺术风格。他的主张和独特的艺术风格，影响和启迪了后来的作家，被推为现代小说的先行者。他最著名的代表作《包法利夫人》描写外省一个富裕农民的女儿爱玛，因不满于婚后平庸的生活而酿成的悲剧，成为当时一部"新的艺术法典"。

陀思妥耶夫斯基

俄国作家。出生于小贵族家庭，童年在莫斯科和乡间度过。1846 年发表第一部长篇小说《穷人》，受到高度评价。1848 年发表中篇小说《白夜》。1849 年因参加反农奴制活动而被流放到西伯利亚，在此期间发表有长篇小说《被侮辱和被损害的》《罪与罚》《白痴》《群魔》《卡拉马佐夫兄弟》和中篇《地下室手记》等名著，为俄国文学留下一笔宝贵的遗产。他的创作很有特色，擅长通过人物病态心理的分析和人物意识的表述来塑造人物；他善于运用象征、梦幻、梦境、意识流等艺术手法，使作品具有紧张压抑、情节发展急促、悬念迭起、震撼人心的力量。他作品的开创性意义和他人难以企及的成就已为举世公认，现代派作家更将他奉为宗师。

裴多菲

匈牙利革命诗人。他出生在平民家庭，少年时代曾度过一段流浪生活，熟悉劳动人民的悲惨处境。做过演员，当过兵。他的一生是和匈牙利人民抗击外国侵略者、争取政治自由的斗争联系在一起的。他从1842年开始发表作品，早期诗作采用民歌体，歌颂劳动人民。后期在革命斗争的间隙写了大量的抒情诗，如《民族之歌》《我的歌》《一个念头在烦恼着我》和《自由与爱情》等，另外还有《农村的大锤》《雅诺什勇士》（一译《勇敢的约翰》）和《使徒》等8首长篇叙事诗，塑造了一批英雄，形象地表现了匈牙利人民争取自由的斗争精神，具有充沛的浪漫主义激情和爱国热情，具有极大的鼓舞力量。1849年7月，裴多菲在反抗俄奥联军的战争中不幸牺牲。

小仲马

法国作家。著名作家大仲马与一个裁缝女工的私生子，这种身份使他童年时代受尽讥笑，成年后决心通过文学改变社会道德。1848年发表小说《茶花女》，随后他本人把它改编成戏剧，一举成名。作品通过出身贫困的名妓玛格丽特和税务官之子阿芒的爱情悲剧，揭露了资产阶级道德的虚伪，塑造了一个不甘堕落、心地善良的茶花女形象，忠实地再现了七月王朝时期的社会现实。《茶花女》是法国戏剧由浪漫主义向现实主义演变时期的优秀作品。其他的戏剧作品还有描写交际花的世态喜剧《半上流社会》、谴责富人始乱终弃的《私生子》、鼓励失足少女走上正道的

小仲马像

《奥布雷夫人的见解》等。小仲马注重戏剧的道德效果，是法国现实主义戏剧的创始人，使戏剧摆脱了纯粹的幻想和激情，其创作实践和主张影响了整整一代人。

车尔尼雪夫斯基

俄国革命家、哲学家、作家和文学批评家。他出生于一个神父家庭，1846年进入彼得堡大学语文历史系研究哲学、历史、经济学和文学。大学毕业后在中学教语文。1853年后，到彼得堡为《祖国纪事》和《现代人》杂志撰稿。1855年发表著名的学位论文《艺术对现实的审美关系》，提出了"美是生活"。之后他接编《现代人》杂志，使它成了传播革命思想的强大阵地。他也因此于1862年被沙皇政府逮捕，并判处终身流放。在流放中，他写出了长篇小说《怎么办》和《序幕》。《怎么办》通过拉赫美托夫集中表现了俄国民主主义革命家的形象，通过薇拉的缝衣工场和她的4次梦境，宣传了空想社会主义思想。小说教育了一代青年和许多革命者。

凡尔纳

法国科幻小说和探险小说家。他出生在南特市一个法官家庭，1848年到巴黎学习法律，毕业后不愿当律师，留在巴黎继续进行创作。他的作品共有66部小说和很多剧本，主要成就是总名为《在已知和未知的世界中奇异的漫游》的一系列科学幻想小说，这些作品从地球写到宇宙，包罗万象，想象丰富。其中最著名的是三部曲《格兰特船长的儿女》《海底两万里》和《神秘岛》。《八十天环游地球》《机器岛》和《气球上的五星期》等也是很受欢迎的作品。凡尔纳的作品把现实和幻想巧妙地结合起来，在科学的基础上大胆设想和预言未来，情节跌宕，引人入胜。

易卜生

挪威戏剧家、诗人。出生在一个小商人家庭，16岁时就开始在一家药材店当学徒，工作之余，阅读了大量莎士比亚、拜伦等人的作品。1850年到首都，结识了文艺界一些思想进步的朋友，并开始诗歌和戏剧创作。这时期在艺术上处于探索期，主要作品有《爱的喜剧》、历史剧《卡提利那》、诗剧《布兰德》等。1864～1885年，长期居住在罗马、慕尼黑等地，创作的代表作有《社会支柱》《玩偶之家》《群鬼》《人民公敌》《青年同盟》等一系列社会问题剧，分别从社会政治问题和婚姻家庭问题入手，触及妇女解放等当时一些重要的社会问题。晚期作品有《野鸭》《罗斯默庄》《海上夫人》《建筑师》等，都着重人物心理发展的分析，具有神秘的象征主义风格。易卜生的创作把19世纪末的欧洲戏剧从形式主义拉回到现实主义的道路上来。

《玩偶之家》

易卜生社会问题剧的代表作之一。又译《娜拉》或《傀儡家庭》。女主人公娜拉为了给丈夫海尔茂治病，伪造父亲的签名向别人借钱。海尔茂发现原委后，担心因此影响自己的声誉和地位，对她大发脾气，甚至要剥夺她教育孩子的权利。当债主受到感化主动退回借据时，他马上又对妻子做出一副笑脸。但娜拉已经觉醒，意识到丈夫的自私和夫妻间的不平等，自己只不过是丈夫的一个玩偶，愤而出走。剧作通过娜拉觉醒的过程，深刻揭露了资产阶级社会的法律、宗教、道德、婚姻等的虚伪和不合理，提出了妇女解放的问题。虽然没有做出明确的回答，但娜拉出走的举动在当时妇女解放运动中发挥了积极的作用。在艺术上，剧本紧紧围绕"伪造签名"展开，矛盾冲突紧张集中，具有很强的感染力。

列夫·托尔斯泰

19世纪俄国的现实主义作家。他出身于贵族家庭，1840年入喀山大学，受到卢梭、孟德斯鸠等启蒙思想家影响。1847年退学回故乡，在自己领地上做改革农奴制的尝试。1851～1855年的军旅生活不仅使他看到上流社会的腐化，而且为以后在其巨著《战争与和平》中能够逼真地描绘战争场面打下基础。退伍后开始文学创作，成名作是自传体小说《童年》《少年》，这些作品反映了他对贵族生活持批判态度，主张"道德自我修养"，擅长心理分析。之后多次到欧洲考察，认为俄国应该在小农基础上建立自己的理想社

《战争与和平》电影海报

会，贵族应走向"平民化"，这些思想鲜明地体现在其中篇小说《哥萨克》中。晚年，他思想发生转变，创作了《忏悔录》和中篇小说《伊凡·伊里奇之死》等多篇小说。托尔斯泰的创作被列宁称为反映俄国革命的一面镜子。

《战争与和平》

托尔斯泰长篇小说的代表作之一，创作于1863～1869年之间。它以1812年的卫国战争为中心，反映了1805～1820年的重大历史事件，着重写了俄奥联军和法军的几次重大战役及国内进行的卫国战争。小说以包尔康斯基、别竺豪夫、罗斯托夫和库拉金4个贵族家庭作为主线，在战争与和平的交替描写中，展现了广阔的社会生活画面，提出了许多社会、哲学和道德问题。小说以贵族为主要人物形象，重点写了以安德烈·包尔康斯基和彼尔·

别竺豪夫为代表的先进贵族艰苦的思想探索，探讨了贵族的地位和出路问题。另外，小说还提出了新的历史观，赞扬人民群众的爱国精神和英雄气概，反映了人民战争的宏伟规模，具有史诗的艺术风格。

《安娜·卡列尼娜》

托尔斯泰第二部里程碑式的长篇小说，写于1875～1877年。作品由两条既平行又相互联系的线索构成：一条是安娜与卡列宁和渥伦斯基之间的爱情、家庭和婚姻纠葛；一条是列文和吉提的爱情生活及列文进行的庄园改革。安娜是一个上流社会的贵妇人，年轻漂亮，追求个性解放和爱情自由，而她的丈夫是一个性情冷漠的"官僚机器"。一次在车站上，她和年轻军官渥伦斯基邂逅。后者被她的美貌吸引，拼命追求。最终安娜堕入情网，毅然抛夫别子和渥伦斯基同居。但对儿子的思念和周围环境的压力使她陷入痛苦和不安中。在一次和渥伦斯基口角后，她感到再也无法在这虚伪的社会中生活下去，卧轨自杀了。小说揭露了上流社会的丑恶与虚伪，同时也表达了作家复杂的道德探索和思想探索。

马克·吐温

美国批判现实主义文学的奠基人，世界短篇小说大师。原名塞缪尔·朗荷恩·克莱门斯，"马克·吐温"在英语里是水手的术语，意思是水深12英尺，表示船只可以安全通过。他出生于密西西比河畔一个贫穷的乡村律师家庭，从小出外学徒，当过排字工人、水手等。他经历了美国从"自由"资本主义到帝国主义的发展过程，其思想和创作也表现为从轻快调笑到辛辣讽刺再到悲观厌世的发展阶段。他的早期创作，如短篇小说《竞选州长》《哥尔斯密的朋友再度出洋》等，以幽默、诙谐的笔法嘲笑美国"民主选举"的荒谬和"民主天堂"的本质。中期作品，如长篇小说《镀金时代》（与华纳合写）、《汤姆·索亚历险记》《哈克贝利·费恩历险记》等则以深沉、辛辣的笔调讽刺和揭露像瘟疫般盛行于美国的投机、拜金狂热，及暗无天日的社会现实与惨无人道的种族歧视。19 世纪 80 年代发表了历史题材的小说《王子与贫儿》和《在亚瑟王朝廷里的康涅狄克州美国人》，以及揭露种族歧视的《傻瓜威尔逊》。19 世纪末发表的作品如中篇小说《败坏了哈德莱堡的人》《神秘的陌生人》等，绝望神秘情绪有所增长。

都德

法国现实主义作家。生于一个破落的商人家庭，曾在小学里任监学。17 岁到巴黎，开始文艺创作。1866 年以短篇小说集《磨坊书简》成名，作者以故乡普罗旺斯的生活为题材，流露了深深的乡土之恋。之后，又发表了自传性小说《小东西》。1870 年普法战争时，他应征入伍，后来曾以战争生活为题材创作了不少爱国主义的短篇。他一生共写了 13 部长篇小说、1 个剧本和 4 个短篇小说集。长篇中较著名的除《小东西》外，还有讽刺资产阶级庸人的《达拉斯贡的戴达伦》和揭露资产阶级生活的《小弟弗罗蒙与长兄黎斯雷》。他的创作倾向于对资本主义现实进行批判，但由于视野不宽，批判力度大都不深。他往往以自己熟悉的小人物为描写

对象，善于从生活中挖掘有独特意味的东西，风格平易幽默。因此，他的作品往往带有一种柔和的诗意和动人的魅力。

左拉

法国自然主义作家。出生在巴黎，幼年丧父，依靠奖学金读完了中学。1862 年进入阿谢特书局打工，同时开始发表作品。左拉的创作和世界观充满矛盾：一方面对现存的制度进行毁灭性的批判，一方面又对资本主义社会抱有不切实际的幻想。他的创作从理论到实践都有其特色。早期作品中短篇小说集《给妮侬的故事》、长篇小说《克洛德的忏悔》《一个女人的遗志》等，脱不开对浪漫主义作家的模仿，也显示了他对社会题材的浓厚兴趣和民主主义倾向。后来，他对现实主义和自然主义逐渐产生浓厚兴趣。在泰纳的环境决定论和克罗德·贝尔纳的遗传学说的影响下，形成了他的自然主义理论，在长篇小说《黛莱丝·拉甘》序言、《实验小说》《戏剧中的自然主义》《自然主义小说家》等文章中有比较详细的阐述：主张以科学实验方法写作，对人物进行生理学和解剖学的分析；作家在写作时应无动于衷地记录现实生活中的事实，不必掺杂主观感情。但在左拉身上，自然主义、现实主义两种倾向兼而有之。他受巴尔扎克《人间喜剧》的启示，历时 25 年创作了一部由 20 部长篇小说构成的巨著《卢贡—马卡尔家族》，反映了法国第二帝国时代社会各方面情况。其中的《小酒店》《娜娜》《金钱》《妇女乐园》都十分著名。他还写有长篇小说《黛莱丝·拉甘》《玛德莱娜·菲拉》，城市三部曲：《卢尔德》《罗

马》《巴黎》，以及"四福音书"中的前三部：《繁殖》《劳动》《真理》；剧本《拉布丹家的继承人》《爱的一页》《狂风》等。1902 年 9 月 29 日，左拉因煤气中毒而逝世。左拉的创作真实地再现了 19 世纪后半期法国从资本主义向帝国主义过渡的社会场景，他的小说及自然主义理论深深影响了此后数十年间的法国文学。

哈代

英国小说家、诗人。他出生在英国西南部一个小镇，父亲是石匠。他自幼在乡村长大，上学时才离开家乡。1862 年到伦敦学习建筑，同时从事文学、哲学等的研究。1867 年回到家乡做了几年建筑师后，致力于文学创作。他重要的作品有长篇小说《绿荫下》《远离尘嚣》《还乡》《德伯家的苔丝》《无名的裘德》和《卡斯特桥市长》等，这些作品反映了英国农村资本主义发展后引起的社会经济、政治和道德风俗等方面的变化，以及破产农民的悲惨命运，揭示了"维多利亚盛世"帷幕掩盖下的英国社会的深刻危机。哈代晚年把主要精力放在了诗歌创作上，共写了 918 首诗，有《时光的笑柄》《即事讽刺诗集》《幻象的瞬间》《人生小景》《冬话》等诗集，内容多是日常经验，探讨悲喜互糅的人生，诗节多变化的试验，写得巧妙而含义隽永，对现代主义诗歌有重要影响。他晚年创作的以欧洲联军对拿破仑的战争为题材的史诗剧《列王》可以视为他创作的一个艺术性总结。此外还有《威塞克斯故事集》《一群贵妇人》《人生的小讽刺》和《一个改变了的人》等中短篇故事集。

《德伯家的苔丝》

哈代长篇小说的代表作，发表于 1891 年。女主人公苔丝是一个家境贫苦的农村少女，她勤劳善良，纯洁美丽。在地主庄园帮工时，被少爷亚雷侮辱，产下一子。孩子病死后，她又到一家牛奶场当女工，和牧师的儿子克莱相爱。新婚之夜，她向丈夫坦白了往事，二人分居。克莱远走巴西，杳无音信。她为了家庭，在绝望中和亚雷同居。克莱突然归来后，她悔恨交集之下杀死亚雷，自己也被判绞刑。这部小说生动展示了英国农村经济解体以及个体农民走向贫困和破产的痛苦过程。其中，苔丝的形象丰满感人，她坚强、勤劳而富有反抗性，小说的副标题"一个纯洁的女人"，鲜明地表达了作者对苔丝的人道主义同情，认为她是社会的牺牲品，同时大胆地对资产阶级的法律和道德进行挑战。

《德伯家的苔丝》电影剧照

霍桑

美国小说家。他出生于马萨诸塞州萨勒姆镇一个没落世家。1825 年毕业于博多因学院，之后开始从事写作。曾两度在海关任职，1857 年后侨居意大利，1860 年回国专事创作。其代表作是以殖民时期新英格兰生活为背景的长篇小说《红字》，通过一个受不合理婚姻束缚的少妇海丝特·白兰因犯"通奸"罪被监禁、示众和长期隔离的故事，暴露了政教合一体制统治下殖民地社会的冷酷虚伪，探讨了有关罪恶和人性的道德、哲理问题。其他著名作品，有描写祖先谋财害命，其罪孽殃及子孙的长篇小说《带有七个尖角楼的房子》，讨论善恶问题的长篇小说《玉石雕像》，揭示人人都有隐秘罪恶的短篇小说《教长的黑纱》等。他擅长揭示人物内心冲突和心理描写，充满丰富想象，惯用象征手法，且潜心挖掘隐藏在事物后的深层意义，但往往带有浓厚的宗教气氛和神秘色彩。他称自己的作品是人的"心理罗曼史"。

法朗士

法国作家。他出生于巴黎书商家庭，自幼博览群书。1868 年加入标榜为艺术而艺术的"当代巴那斯"诗人团体，发表《金色诗集》和诗剧《科林斯人的婚礼》，此后当图书馆员，开始创作小说。1881 年发表了成名作《西尔韦斯特·博纳尔之罪》，接着又发表中篇小说《苔伊丝》等。1894 年，在著名的德雷福斯案件中，他支持左拉的斗争。之后，发表了旨在揭露当代司法黑暗的系列小说《当代史话》等现实主义作品，而《企鹅岛》《天使的叛变》等幻想作品还含有对新社会的向往，另外还著有回顾法国大革命的长篇小说《诸神渴了》、自传性作品《友人之书》等。为了"表彰他辉煌的文学成就，其特点是高贵的风格、深厚的人类同情、优雅

和真正高卢人的气质"，1921 年，他被授予诺贝尔文学奖。

斯特林堡

瑞典作家。出生于斯德哥尔摩一个破产商人家庭。1867 年考入乌普萨拉大学。一生贫困，当过小学教师、新闻记者、图书馆职员等。大学期间开始创作，写了大量剧本和小说。早期写过不少反映社会问题的作品，如长篇小说《红房子》和《新国家》，较深刻地揭露了瑞典上层社会的保守、欺诈和冷酷无情。后来他用反理性的哲学观点观察世界，许多作品有神秘主义倾向，如剧本《到大马士革去》《朱丽小姐》《死魂舞》等，描写变态的社会关系，充分反映了作者的自然主义主张。他把人生描写成本能和欲望的冲突，对生活作了歪曲的反映。他的《梦的戏剧》《鬼魂奏鸣曲》等，表达作者寻求摆脱痛苦的愿望，但又充满在痛苦中失去常态的绝望情绪，成为欧洲表现主义文学的先驱。

莫泊桑

法国作家。他出生在诺曼底破落贵族家庭，母亲颇有文学修养，对他影响很大。后到巴黎读法学，曾参加普法战争，退伍后，在福楼拜指导下开始创作。1880 年，因中篇小说《羊脂球》而一举成名。小说以普法战争为背景，描写一个妓女为解救同行的法国旅客而受到普鲁士军官的侮辱，谴责了体面的上层人物的自私和虚伪。之后，发表了《项链》《菲菲小姐》和《我的叔叔于勒》等 300 多篇短篇小说。他的小说侧重描摹人情世态，构思布局别具匠心，细节描写和故事结尾都有独到之处，因而获得了短篇小说巨匠的美

称。另外，他以《一生》和《俊友》（一译《漂亮朋友》）为代表的长篇小说也有较高成就。《俊友》通过出身低微的杜洛瓦向上爬的历史，成功塑造了一个冒险家的形象，揭示了当时政界和新闻界的某些黑幕。

斯蒂文森

英国作家。出生在爱丁堡一个富裕家庭。1867年进入爱丁堡大学攻读土木工程，不久改学法律，毕业后成为律师。他上大学期间就开始创作，因1883年出版的长篇小说《金银岛》而成名。小说描写少年吉姆一行去海上的荒岛寻找财宝，同海盗进行惊心动魄的搏斗的故事，这部小说开创了寻宝小说的先例。中篇小说《化身博士》是他另一部代表作，写杰基尔医生把自己身上的邪恶本能造出了一个名叫海德先生的化身，后来海德失控杀人，医生也自杀而死。这两部小说体现了他创作的主要特点：富有刺激的冒险，新奇的想象领域以及从抽象的意义上思考善与恶的问题。斯蒂文森是19世纪末新浪漫主义文学的代表，其他的作品还有《诱拐》《儿童乐园》等。

王尔德

爱尔兰作家、诗人。出生在都柏林，父亲是著名医生和爱尔兰科学院主席，母亲是女诗人。他1871年进入都柏林三一学院，1874年开始在牛津大学麦格达伦学院学习，受到新黑格尔派哲学等的影响，成为唯美主义的代表人物。他的早期作品有诗歌和童话，如童话故事《快乐王子》等。1891年发表的长篇小说《道林·格雷的画像》的序言中，系统地表达了他的唯美主义美学观点，提出艺术是一种撒谎，艺术家不应有倾向性和道德感等，这部作品也成为唯美主义的代表作。1891～1895年创作了《温德梅尔夫人的扇子》（一译《少奶奶的扇子》）、《无足轻重的女人》《理想丈夫》和《认真的重要》等讽刺喜剧和独幕剧《莎乐美》。王尔德作为唯美主义的代表人物，也是19世纪80年代美学运动的主力和颓废主义的先驱。

柯南道尔

英国小说家。出生于爱丁堡，做过医生，因在一系列侦探小说中塑造了私人侦探福尔摩斯的形象而闻名。自1887年出版第一部《血字的研究》起，共创作了68篇福尔摩斯探案的故事，收录在《福尔摩斯的冒险》（1891～1892年）、《福尔摩斯回忆录》（1892～1893年）等集子中。这些小说结构严谨，情节曲折，主人公福尔摩斯更成为家喻户晓的人物，他清瘦独特的外貌，个性化的知识结构，极强的逻辑推理能力，敏捷的反应，深入虎穴的冒险精神，都给人留下了深刻印象。另外，柯南道尔在小说中，还把犯罪与政治制度和道德观念联系起来，从多个侧面反映了英国社会中存在的问题，同时还融入众多的科学知识，提高了侦探小说的趣味性、知识性和社会性。

契诃夫

俄国作家、戏剧家。他生于塔甘罗格市小商人家庭，童年生活困苦。1879年考入莫斯科大学医学系，学习之余开始创作。19世纪80年代中叶前，他写下大量诙谐幽默的小说，如写大官僚飞扬跋扈和

契诃夫像

小人物的卑微可怜的《小公务员之死》，写见风使舵的小市民奴性心理的《变色龙》等。80 年代后半期，契诃夫的创作进入成熟阶段，写出了《万卡》《苦恼》《套中人》等杰出的短篇小说，对于下层人民的穷苦悲哀寄予深切同情，讽刺了沙皇专制的卫道士。1890 年，他到库页岛考察苦役犯和当地居民的生活状况，进一步加深了他对俄国专制制度的认识。此后不久写出震撼人心的中篇小说《第六病室》，揭露"萨哈林岛地狱"的真相。90 年代，他在小说创作的同时开始戏剧创作，共写了 5 部多幕剧，最著名的是《樱桃园》。

欧·亨利

美国短篇小说家。出生于美国北卡罗来纳州格林斯波罗镇一个医师家庭。当过药房学徒、牧牛人、新闻记者、银行出纳员等，当银行出纳员时，因银行短缺了一笔现金，为避免审讯，离家流亡中美的洪都拉斯。后被捕入狱，在监狱医务室任药剂师，这段生活为他以后的创作积累了丰富的素材。1901 年提前获释后，迁居纽约，专门从事写作。欧·亨利善于描写美国社会尤其是纽约百姓辛酸又充满温情的生活，形成了"含泪的微笑"的风格。他的作品构思新颖，语言诙谐，结局常常出人意料，富于生活情趣，被誉为"美国生活的幽默百科全书"。他的代表作有《爱的牺牲》《警察与赞美诗》《带家具出租的房间》《麦琪的礼物》《最后一片藤叶》等。

杰克·伦敦

美国作家。出生于加利福尼亚州的旧金山，家庭贫困，从小以出卖劳力为生。1896 年考入加利福尼亚大学，后来辍学。阿拉斯加淘金是杰克·伦敦一生最有价值的经历，他开始以此为题材进行创作并获得成功。早期作品有描写淘金者生活的短篇小说集《北方故事》和揭露利己主义残忍性的长篇小说《海狼》等。这些作品表现了劳动者的悲惨生活，同时也体现了作者的进化论思想和尼采超人哲学的影响。自传体长篇小说《马丁·伊登》是他的代表作之一，描写一个出身低微的作家成名后理想幻灭而自杀的故事，批判了资产阶级的自私、虚伪和庸俗。后期主要作品有短篇小说《在甲板天篷下》《一块排骨》等，但他日益脱离社会生活，追求个人享受。1916 年他在精神极度空虚中服毒自杀。

侦探推理小说

西方通俗文学的一种体裁。侦探小说主要写具有惊人推理能力的人物，根据一系列的线索，解破犯罪疑案。它的结构、情节、人物，甚至环境都有一定的格局和程式，因此它也是一种程式文学。由于破案大多采取推理方式，故又称推理小说。侦探小说从19世纪中期开始发展。美国作家爱伦·坡被认为是西方侦探小说的鼻祖，代表作是《莫格街谋杀案》等。在英国，作家柯南道尔的《血字的研究》等一系列小说，塑造了福尔摩斯这一神探形象，也促进了侦探小说的勃兴。20世纪20年代末期，美国出现了一种"反传统侦探小说"的侦探小说，这类小说描写艰苦的环境和打斗场面，在叙述故事和人物刻画上，与传统侦探小说不同。代表作家有哈美特等，代表作是哈美特的《血腥的收获》。

自然主义

文学艺术中的一种倾向。作为创作方法，它着重对现实生活的表面现象做记录式的写照，并企图以自然规律，特别是生物学规律解释人与人类社会。作为一个文学流派，它兴起于19世纪下半叶至20世纪初，在法国兴起，后波及欧洲一些国家，并影响到文化和艺术的许多部门。自然主义的哲学基础是实证主义哲学，创始人是孔德。法国自然主义运动高潮是在19世纪50年代至60年代涌起的。代表作是福楼拜的《包法利夫人》，1858年泰纳在《历史与批评文集》中第一个规定了文学上的自然主义的含义。19世纪60年代下半叶左拉发表了一系列作品，系统地阐述了自然主义的文学观点和基本特征，即描绘客观现实生活、实验的方法等。此后自然主义在欧洲其他国家又掀起高潮。

浪漫主义

浪漫主义一词来源于中世纪用各国方言写成的"浪漫传奇"，即中古欧洲盛行的骑士传奇、抒情诗等。作为创作方法，浪漫主义在反映客观现实时侧重从主观内心世界出发，抒发对理想世界的热烈追求，常用热情的语言、瑰丽的想象和夸张的手法塑造形象。作为一种文艺思潮，浪漫主义在18世纪后半期到19世纪上半叶盛行于欧洲多个国家。它是法国大革命和欧洲民主运动、民族解放运动高涨时的产物，反映了早期资产阶级对个性解放的要求。它的主要特征是抒发强烈的个人感情，诅咒城市文明，提倡回到自然。英国的雪莱和拜伦，法国的雨果和乔治·桑，以及俄国的普希金等都创作了优秀的浪漫主义作品。

20世纪欧美文学

萧伯纳

爱尔兰剧作家。出生在都柏林一个公务员家庭。1876年移居伦敦，培养了对音乐的爱好，并从事新闻工作。后来接受共产主义思想，但始终是个改良主义者。20世纪30年代访问过苏联、中国和美国等。1885年开始创作戏剧，共有剧本51部，主要作品有《鳏夫的房产》《华伦夫人的职业》《康蒂妲》《恺撒和克莉奥佩特拉》《英国佬的另一个岛》《巴巴拉少校》《皮格马利翁》《伤心之家》《圣女贞德》和《苹果车》等。萧伯纳的社会问题剧创作受易卜生影响很深，但他对社会问题的揭发和批判，对知识分子和孤独的反抗者

圣女贞德率军奔赴战场的情景

的推崇，常常以接近闹剧的形式表现出来。其作品中夸张幽默的语言蕴含着深刻的真理。他也因此成为现代英国资产阶级社会最辛辣的讽刺者。

纪德

法国作家。他出生于巴黎资产者家庭，早年丧父。1891年发表《安德烈·瓦尔特的笔记》，表达了对柏拉图式爱情的向往，此后又追求同性恋生活，但在《背德者》中却对同性恋的恶果进行了批判。日记体中篇小说《田园交响乐》和长篇小说《伪币制造者》是纪德的两部重要作品，前者正如纪德所说，"是对某种自我欺骗的形式的批评"。后者被作者认为是他唯一的长篇小说，在小说的写作手法和技巧上都有创新。1925年的赤道非洲之行是纪德的又一重要转折点，此后发表的《刚果游记》等作品引起了公众对殖民主义罪行的注意。在《伪币制造者》中，他表达了对资本主义现实的不满。1947年，他因"内容广博和意味深长的作品"，获诺贝尔文学奖。

伏尼契

英国女作家。出生在爱尔兰，后迁居伦敦。1885年毕业于德国柏林音乐学

院。后在伦敦结识了很多流亡的革命者，1892 年与波兰流亡者米哈伊·伏尼契结婚。婚后积极参与流亡者的革命活动，任《自由俄罗斯》杂志的编辑，并翻译介绍了果戈理、奥斯特洛夫斯基等人的作品。1897 年，在伦敦出版了她的小说《牛虻》，小说描写意大利革命者争取国家独立，反抗奥地利统治者的故事，成功地塑造了坚定的革命者牛虻的形象。小说在中国和苏联有很大影响，曾经激励了一代人，但在西方长期受到冷落。伏尼契的其他创作还有小说《杰克·雷蒙》等。

罗曼·罗兰

法国作家。出生在一个银行职员的家庭，1886 年考入巴黎高等师范学校，后又获得罗马法国考古学校的博士学位。之后在巴黎高师和巴黎大学教书，开始创作并兼写音乐评论。第一次世界大战时，坚持人道主义的立场，赞同社会主义。他的创作在戏剧方面有《群狼》《爱与死的较量》等；传记方面有《贝多芬传》《米开朗基罗传》和《甘地传》等，他主要是想通过名人传记，宣扬一种为理想而奋斗的英雄主义。在小说方面的代表作有《约翰·克利斯朵夫》和《母与子》等。前者是罗兰的成名作，写一个坚持自己音乐理想的作曲家一生的故事，批判了当时巴黎文艺界的虚伪和腐化。1915 年获诺贝尔文学奖。

高尔斯华绥

英国小说家、剧作家。出生于伦敦一个富裕的律师家庭。毕业于牛津大学法律系。1891～1893 年游历欧洲，1895 年开始创作，早年受屠格涅夫影响较大。1906 年发表的长篇小说《有产业的人》和第一个剧本《银盒》确立了他在文坛上的地位。他一生共创作了 17 部小说、26 个剧本，另有短篇小说、散文等若干。主要作品有长篇小说《福尔赛世家》三部曲：《有产业的人》《骑虎》《出租》；"现代喜剧"三部曲：《白猿》《钥匙》《天鹅之歌》；以及戏剧作品：《银盒》《鸽子》和《忠诚》等。他的小说在真实的描绘中透露作者的褒贬，注意塑造典型性格，文笔自然流畅，故事情节跌宕有致。1932 年"为其描述的卓越艺术……这种艺术在《福尔赛世家》中达到高峰"，获诺贝尔文学奖。

皮兰德娄

意大利小说家、戏剧家。生于西西里岛一个商业资产阶级家庭，曾就读于罗马及波恩大学，酷爱语言学与文学。1892 年回国并开始为文艺特刊撰稿。1894 年，婚姻、家庭连遭不幸，激发了他的创作欲望。20 世纪初，皮兰德娄开始发表小说，自传性长篇小说《已故的帕斯加尔》被誉为意大利 20 世纪叙事体文学作品的典范。为他赢得世界声誉的，是他的一系列怪诞剧，主要有《诚实的快乐》《像从前却胜于从前》《六个寻找剧者的角色》《亨利四世》《给裸体者穿上衣服》《我们今晚即兴演出》《寻找自我》等。这些戏剧采用怪诞离奇的情节或戏中戏的戏剧形式，揭示生活与形式的矛盾，阐释作者独特的哲学思想。由于"他果敢而灵巧地复兴了戏剧艺术和舞台艺术"，1934 年获诺贝尔文学奖。

高尔基

　　苏联无产阶级作家。父亲是一个木匠，幼年丧父，11岁就开始走上社会，做过报童、搬运工、跑堂等。1884年起定居喀山，同时开始参加革命活动。他依靠自学开始文学创作，早期作品如《伊吉尔老婆子》《鹰之歌》等有浪漫主义特色，但一些以流浪汉为题材的小说也很成功，如《玛莉娃》等。1899年发表的长篇小说《福马·高尔杰耶夫》标志着他的现实主义创作进入了成熟阶段。此后至十月革命前，他的主要作品是《母亲》、自传体三部曲的前两部《童年》《在人间》，还有剧本《底层》《小市民》等。苏维埃时期，他一方面主持了很多社会活动，一方面坚持创作。长篇小说《阿尔达莫诺夫家的事业》通过阿尔达莫诺夫一家三代的兴衰变化，概括了俄国资产阶级的命运。1934年，高尔基主持了第一次全苏联作家代表大会，并担任作家协会第一任主席，对苏维埃文学事业的发展

图为一本新闻杂志的封面，描绘了高尔基流亡归来，要用艺术为革命服务。

起了十分重要的推动作用。著名作家巴乌斯托夫斯基曾这样评价高尔基："在高尔基身上体现着俄罗斯。如同没有伏尔加河我不能想象俄罗斯一样，我也不能想象没有高尔基。"

辛格

　　爱尔兰戏剧家。出生在基督教家庭，曾在都柏林圣三一学院学习。1894年起先后在德国、意大利和法国留学，结识了爱尔兰革命运动中的过激民族主义者，参加了爱尔兰文艺复兴运动。1898年后，曾5次到阿兰群岛调查农村生活，并于1907年出版了《阿兰群岛》一书，他的戏剧基本都取材这本书中所搜集的民间传说故事。主要作品有《骑马下海人》《狭谷的阴影》《西方世界的花花公子》《补锅匠的婚礼》等。他的创作把农民的形象和农民的语言搬上了舞台，从平凡小事中发现浓郁的诗意，给20世纪初"优雅"而沉闷的英国舞台带来了一股新鲜的空气。

普鲁斯特

　　法国小说家、评论家。出生在巴黎富裕的资产阶级家庭，他自幼体弱多病，生性敏感，富有幻想。中学毕业后入巴黎大学文理学院法律系，听过柏格森的哲学课，深受影响。不久，开始涉足上流社会，出入文艺沙龙。1892年起参与创办《宴会》杂志，并在上面发表短篇小说和随笔。1896年他将已发表过的10多篇作品编辑成《欢乐与时日》出版。之后他撰写了长篇自传体小说《让·桑特依》，写的是童年时代的回忆，但1952年才出版。此外，他还翻译了英国美学家约翰·罗斯金的著作《亚眠人的圣经》《芝麻和百合

花》。1906年父母去世后，他闭门写作，除阐述美学观点的论文《驳圣·勃夫》外，开始了文学巨著《追忆似水年华》的创作，这部小说使他成为意识流小说流派的开山鼻祖，并在世界文学史上留名。

《追忆似水年华》

普鲁斯特的长篇小说代表作。小说以第一人称写成，开头部分写叙述者马赛尔在卧室里追忆童年时代，由一天早晨母亲给他吃的名叫"玛德莱娜"的小点心，想起了小时候姑妈给他吃的泡在茶里的点心的味道。由此又想起了和斯万特家与盖尔芒特家的交往，想到了他的初恋和自己对盖尔芒特夫人的爱慕。又想到了在海滨和阿尔贝蒂娜的一见钟情及二人短暂的共同生活，最后想到了阿尔贝蒂娜的死。时光流逝，马赛尔认为，除了艺术外，任何事物都是不能真正固定和为人所了解的。这部巨著就是他为自己的生命竖起的丰碑。小说的故事没有连贯性，中间经常插入各种感想、议论、倒叙，语言具有独特风格，令人回味无穷。这部作品改变了对小说的传统观念，革新了小说的题材和写作技巧，使潜意识成了真正的主人公。

德莱塞

美国现代小说的先驱和代表作家。出生于破产小工业主家庭，中学毕业后便自谋生计，长期在底层挣扎，这段经历为他后来的创作提供了许多素材。1892年，他成了一位记者，走访了芝加哥和纽约等城市，广泛接触和了解了社会生活。德莱塞的创作可分前后两个时期，俄国十月革命是他思想和创作的转折点。他的代表作有长篇小说《嘉莉妹妹》《珍妮姑娘》《欲望三部曲》《"天才"》和《美国的悲剧》等。这些作品基本是批判现实主义的，揭露了资本主义社会繁荣表面下的罪恶和社会的贫富对立。尤其以真人真事为原型的《美国的悲剧》，写一个穷教士的儿子为追逐权力和金钱而成为杀人犯的故事，揭露了利己主义和金钱至上的观念对人的腐蚀。另外，他在创作中较早使用了弗洛伊德学说的一些理论来塑造典型形象，如潜意识、幻觉、梦境和性的压抑与升华等。

托马斯·曼

德国作家。出身于德国北部卢卑克城望族，曾在慕尼黑高等工业学校旁听历史、文学史和经济学课程，第一次世界大战时曾一度为帝国主义参战辩护，但20世纪30年代大力反对法西斯主义威胁，希特勒上台后流亡瑞士。其创作主要是中、长篇小说。代表作是长篇小说《布登勃洛克一家》，小说通过自由资产阶级布登勃洛克在垄断资产阶级哈根施特勒姆家族的排挤、打击下逐渐衰落的历史描写，详尽地揭示了资本主义旧的刻意盘剥和新的掠夺兼并方式的激烈竞争和历史成败，成为德国19世纪后半期社会发展的艺术缩影，被誉为德国资产阶级的"一部灵魂史"。托马斯·曼的重要作品还有长篇小说《魔山》和《浮士德博士》等。1929年获诺贝尔文学奖。

毛姆

英国小说家、戏剧家。出生在巴黎，父母双亡后，由伯父送入英国的寄宿学校，在那里度过了孤独凄清的童年，养成了孤僻敏感的性格。1892年到德国海德堡大学学习了一年，接触到费希尔的哲学和易卜生的戏剧。返回英国后，做了一段时间医生。1897年起弃医专事文学创作。他的主要作品有戏剧《周而复始》《比我们高贵的人们》和《坚贞的妻子》等，揭露了上流社会尔虞我诈、钩心斗角的堕落生活。小说主要有反映现代文明扼杀艺术家个性和创作的《月亮和六便士》，讽刺文坛不良现象的《寻欢作乐》等，长篇小说《刀锋》是其代表作，作品试图通过一个青年人探求人生哲理的故事，揭示精神与实利主义之间的矛盾冲突。另外，他的短篇小说风格接近莫泊桑，结构严谨，语言简洁，叙述生动，具有很高的艺术水平。

黑塞

德国作家。出生于传教士家庭，接受了广泛的文化熏陶，1946年获诺贝尔文学奖。黑塞的创作分3个时期。第一时期的作品主要是早期浪漫主义诗歌、田园诗风格的抒情小说和流浪汉小说，代表作是《彼得·卡门青》。中期作品充满了苦恼和迷惘的气息，1927年的《荒原狼》是黑塞最受西方青年喜爱的作品，托马斯·曼把它誉为德国的《尤利西斯》。小说反映了两次世界大战期间中年知识分子的孤独与彷徨。《纳尔齐斯和戈尔德蒙德》是作者中后期的重要著作，被评论者称为融合了"知识和爱情的浮士德变奏曲"。晚年两部重要著作是《东方之行》和《玻璃球游戏》，是企图从宗教、哲学思想中寻找理想世界的作品。黑塞的作品侧重从精神和心理领域来描写和分析他所处的社会。被称为"德国浪漫派最后一个骑士"。

茨威格

奥地利作家。生于维也纳一个企业主家庭，是犹太贵族家庭后裔，中学毕业后在维也纳和柏林攻读哲学和文学。后到西欧、北非、印度等地游历，1901年出版第一部诗集《银弦》，有法国象征主义和里尔克等人的影响。他的文学创作的主要成就在传记和中短篇小说方面。传记主要有为巴尔扎克、狄更斯和陀思妥耶夫斯基作传的《三大师》，他的中短篇小说集有《恐惧》《象棋的故事》等，大多描写孤独的人的奇特遭遇，常用弗洛伊德的心理分析法深入探索人的灵魂。尤其是在《一个女人一生中的二十四小时》和《一个陌生女人的来信》等名篇中，塑造了不少令人难忘的女性形象。另外，他的小说还尝试不同的叙述方法和体裁，如书信体、自述体等，并有所创新。第二次世界大战期间，由于他的犹太人出身，而被驱逐出萨尔斯堡，开始流亡生活，但他无法适应在新环境下的生活，于是在1942年和妻子在巴西自杀。

乔伊斯

爱尔兰小说家。生于都柏林一个贫穷的税务员家庭，从小在耶稣会学校念书，在中学时代便尝试用散文和诗歌创作。1898年入都柏林大学攻读现代语言学，1902年赴巴黎学医，1903年因母亲病重辍学，并开始短篇小说的创作。1904年，他结婚后赴欧洲大陆，宣布"自愿流亡"，与天主教会以及教会统治下的爱尔兰彻底决裂。他曾先后在罗马、苏黎世等地以教授英语、做银行小职员为生，同时从事写作。1920年定居巴黎，专心从事文学创

手持放大镜的乔伊斯

作活动。乔伊斯的作品题材和人物都集中在都柏林，短篇小说集《都柏林人》通过描写都柏林中下层市民的琐屑生活，表现了社会环境给人们的理想带来的幻灭和悲哀。还有自传体中篇小说《青年艺术家的肖像》，长篇小说《尤利西斯》和《费尼根们的苏醒》（又译《为芬尼根守灵》），诗集《室内乐》等。

伍尔芙

英国女作家。出生在伦敦一个文学世家，虽因身体关系从未上过正规学校，但在家庭的教育和熏陶下接受了多方面的知识。她是一个女权主义者，关注妇女的命运和权利，1941 年在乌斯河投水自尽。伍尔芙创作上的主要成就在小说方面，有短篇小说《墙上的斑点》，长篇小说《雅各的房间》《黛洛维夫人》《到灯塔去》《海浪》《远航》《奥尔兰多》《幕与幕之间》《一间自己的房间》等。她的作品着重描写人物的内心世界和感受，更强调

"意识流"的创作方法，在小说的内容和形式上都有所创新。此外，她还是一个独特的评论家，评论集《普通读者》中的文章，写了对列夫·托尔斯泰、契诃夫等作家及其作品的阅读体验，涉及小说、诗歌、理论等多个领域，推崇现实主义，见解新颖，多有启发，为评论家和读者所称道。

阿·托尔斯泰

苏联作家。出身贵族家庭，1901 年前后受象征主义影响开始文学创作，发表诗集《抒情诗》。第一次世界大战爆发后，曾以战地记者身份到过英国和法国。1918～1922 年，过着流亡生活，1923 年回到祖国，创作也开始发生转变。他的代表作有三部曲《苦难的历程》，长篇科幻小说《艾里达》，长篇历史小说《彼得大帝》《伊凡雷帝》和中篇小说《粮食》等。三部曲包括《两姊妹》《一九一八年》和《阴暗的早晨》，以十月革命前夕、革命时期和国内战争时期的历史事件为背景，描写达莎、卡嘉两姐妹的曲折经历，表明知识分子只有与人民结合，献身祖国才能获得幸福。阿·托尔斯泰擅长描绘大规模的群众场面，安排复杂的情节结构，也是一位语言大师。

卡夫卡

奥地利小说家。出生于布拉格的犹太商人家庭。父亲"专横有如暴君"。1901年进入布拉格大学学习文学，后学习法律，1904 年开始写作，1923 年迁居柏林。他的主要成就是小说。代表作有长篇小说《美国》《审判》《城堡》，短篇小说《变形记》《乡村的故事》《地洞》等。卡夫卡生活在奥匈帝国行将崩溃的时代，又深受尼

采、柏格森哲学影响，对政治事件也一直抱旁观态度，故其作品大都用变形荒诞的形象和象征直觉的手法，表现被充满敌意的社会环境所包围的孤立、绝望的个人，成为席卷欧洲的"现代人的困惑"的集中体现。如《审判》写银行职员约瑟夫·K莫名其妙被捕，又莫名其妙被杀害的荒诞事件，揭露资本主义社会司法制度的腐败及其反人民的本质。短篇小说《变形记》通过小职员萨姆沙突然变成一只使家人都厌恶的大甲虫的荒诞情节，表现现代社会把人变成奴隶乃至"非人"的"异化"现象的。他笔下的主人公几乎都是小资产阶级及其知识分子，是他们之中受欺压的弱者。他们对社会不平，但又无力反抗。他们孤独、恐惧的变态心理是当时社会现实的产物。他的作品画面支离破碎，主题晦涩不明。他被称为现代派文学的鼻祖。

劳伦斯

英国现代主义诗人、小说家和散文家。出生在诺丁汉州一个矿工家庭，做过会计、厂商雇员。他很早就开始写诗，于1911年发表了第一部长篇小说《白孔雀》，表达了作者对大自然勃勃生机的礼赞、对畸形文明迫害人们天性的谴责。第一次世界大战中发表长篇小说《虹》和《恋爱中的女人》，反映了西方世界人的异化和深刻的精神危机。1928年出版了最后一部长篇小说《查泰莱夫人的情人》，表现了现代工业对人的精神和肉体的摧残，小说的性爱描写多次引起争论。劳伦斯是20世纪英国文学史上最独特、最有争议的作家之一，他敢于打破传统方式，以其独特的风格揭示人性中的本能力量，

希望通过对理想健康的两性关系的回归，召唤人们从资产阶级文明的灰烬中重建现代社会。

刘易斯

美国小说家。生于明尼苏达州的索克中心镇，童年的他被认为是个古怪的孩子，成为同伴们玩弄和嘲笑的对象。17岁时考入耶鲁大学。1908年大学毕业后，他在几家出版公司打杂，并开始创作。1914年，他的第一部长篇小说《我们的雷恩先生》问世。刘易斯一生创作20多部作品。1920年以描写小市镇生活闭塞和保守的长篇小说《大街》一举成名，接着推出了《巴比特》和《阿罗史密斯》，这3部作品被认为是他的最优秀之作，其中《巴比特》被公认为他的代表作，成功塑造了一个庸俗的市侩巴比特。他善于描绘小镇风貌，刻画市侩典型，嘲弄美国生活方式，充满讽刺、诙谐，风格粗犷直率。1930年，"由于其描述的刚健有力、栩栩如生和以机智幽默创造新型性格的才能"，刘易斯成为美国第一位获得诺贝尔文学奖的作家。

莫里亚克

法国作家。出生在波尔多附近一个富有的资产者家庭，幼年丧父，由笃信宗教

1985年，法国为纪念获诺贝尔文学奖的莫里亚克而发行的邮票。

的母亲抚养大。受过教会教育，1906 年赴巴黎学习并开始文学创作。他共有 20 多部长篇小说，还有诗集和回忆录等。其中，主要代表作有 1922 年发表的《给麻风病人的吻》，写一个女子嫁给有钱人家残疾的独生子后，在精神与身体上受到的巨大折磨，结局悲惨，这也是他的成名作。中篇小说《黛蕾丝·德斯盖鲁》写一个地主资产阶级家庭的悲剧。长篇小说《蝮蛇结》也是一个家庭悲剧，写冷酷、爱财如命的路易，把妻子儿女都看成觊觎他钱财的敌人，一生生活在自己营造的"蝮蛇结"中，死前才悔悟。莫里亚克的作品往往深入刻画人物内心生活的隐秘，反映对传统精神的强烈反抗，具有现代派艺术的特征。1952 年获诺贝尔文学奖。

尤金·奥尼尔

美国戏剧家。出生在一个演员家庭，从小随父亲在美国各地做巡回演出。从普林斯顿大学肆业，辍学后度过了漫长的流浪生活。1912 年患肺结核，养病期间开始进行戏剧创作，后参加过一些戏剧创作和演出活动。1920 年发表的两部多幕剧《天边外》和《琼斯皇帝》是其成名作。此后，他又创作了很多重要悲剧，如《安娜·克里斯蒂》《毛猿》《榆树下的欲望》《伟大之神布朗》《拉撒路笑了》《哀悼》和《卖冰的人来了》等。这些作品取材于他熟悉的现实生活，特别是海上生活和美国新英格兰的生活，表现人与环境的斗争和对人类命运的思考，带有悲观主义和神秘主义色彩。奥尼尔是美国戏剧史上具有划时代意义的重要作家，1936 年获诺贝尔文学奖。

艾略特

英国诗人、剧作家、批评家，后期象征主义诗歌最杰出的代表。出生于美国密苏里州圣路易斯的一个清教徒家庭。1906～1910 年在哈佛大学攻读哲学时，受到新人文主义者巴比特的影响。后去法国，在巴黎大学听柏格森讲哲学，接触到波德莱尔、马拉美等象征派诗歌。1914 年起定居英国。1922 年创办文学评论季刊《标准》，并任主编，直至 1939 年。1948 年因"对当代诗歌做出的卓越贡献和所起的先锋作用"获诺贝尔文学奖。艾略特的诗歌受法国象征派、文艺复兴后英国剧作家和玄学派诗歌的影响，形象、具体、准确，感情和思想融合，反映了西方社会中存在的怀疑和幻灭情绪。重要的诗歌作品《普鲁弗洛克情歌》《一位夫人的写照》《荒原》《四个四重奏》等。最著名的诗剧是《大教堂谋杀案》，他的批评著作收编为《古今论文集》。

艾略特像

福克纳

美国现代主义小说家。出生在密西西比州一个没落的庄园主家庭。1919 年考入密西西比大学，一年后即辍学到大学邮电所工作。1925 年发表处女作《士兵的报酬》，此后曾到巴黎、意大利和瑞士等地游历。1926 年回到奥克斯福镇，开始专心写作。他自称，发现家乡那邮票一样小的地方倒也值得一写。他一生共创作 19 部长篇小说，70 多篇短篇小说，其中绝大多数以一个虚构的约克纳帕塔法县作为背景，人称"约克纳帕塔法体系"。这些小说展现了 200 多年来美国南方社会生活的变迁和各种人物的命运，揭示了现代人的精神风貌和面临的问题，运用了意识流、时序颠倒等多种新颖的艺术手法。1929 年发表的《萨托里斯》是第一部以虚构的约克纳帕塔法县为背景的小说，写南方贵族地主有害的精神遗产对子孙的不良影响。此后的《喧哗与骚动》《我弥留之际》《押沙龙！押沙龙!》《村子》《小镇》等长篇小说都是这一类型的著名作品。因为"对当代美国小说做出了强有力的和艺术上无与伦比的贡献"，福克纳于 1949 年获诺贝尔文学奖。

海明威

美国小说家。出生在芝加哥附近一个医生家庭，从小酷爱体育、狩猎和捕鱼。曾参加过两次世界大战，做过战地记者等，曾长期驻欧洲，结识了女作家斯泰因、诗人爱兹拉·庞德等人。1922 年开始在报刊上发表寓言、短篇小说等作品。1961 年 7 月自杀。早期的两部长篇小说《太阳照常升起》和《永别了，武器》，是美国"迷惘的一代"的代表作品，反映了战后青年一代的迷惘、失落的心态，以及战争给人类带来的创伤。还有短篇小说集《没有女人的男人》等，其中《打不败的人》《杀人者》《五万大洋》等作品中塑造了一种视死如归的"硬汉性格"，对美国通俗文学的影响很大。20 世纪三四十年代逐渐摆脱迷惘，创作了反映反法西斯英雄事迹的长篇小说《丧钟为谁而鸣》和剧本《第五纵队》等，此外有描写西班牙斗牛的专著《死在午后》，短篇小说《乞力马扎罗的雪》，长篇小说《有的和没有的》等。50 年代发表长篇小说《过河入林》和中篇小说《老人与海》等，后者的主题是要人勇敢地面对失败。"你尽可以把他消灭掉，可就是打不败他"的孤军奋战的主人公桑提亚哥是他二三十年代创造的"硬汉性格"的继续和发展。1954 年，海明威因其小说体现了人在"充满暴力与死亡的现实世界中"表现出来的勇气而获得诺贝尔文学奖。他那独特的风格和简洁的文体以及塑造的硬汉子形象对现代欧美文学产生了深远的影响。

博尔赫斯

阿根廷诗人、小说家和翻译家。生于布宜诺斯艾利斯一个有英国血统的律师家庭。在日内瓦上中学，在剑桥读大学。掌握英、法、德等多国文字，中学时代开始写诗。1919 年赴西班牙，与极端主义派及先锋派作家过从甚密，同编文学期刊。1950~1953 年间任阿根廷作家协会主席，1955 年任国立图书馆馆长。重要作品有诗集《布宜诺斯艾利斯的激情》《面前的月亮》《圣马丁笔记本》《老虎的金黄》

《深沉的玫瑰》，短篇小说集《世界性的丑事》《小径分岔的花园》《手工艺品》《阿莱夫》《死亡与罗盘》《沙之书》等。还译有卡夫卡、福克纳等人的作品。思想上他受尼采、叔本华影响，融贯东西方文化，形成其独特的风格。其作品基调低沉，题材具有幻想性，充满孤独失望和迷茫。对时间的否定使他的小说似是而非，若有若无，无穷无尽，语言多变，宛如进入了知识迷宫，主题带有很大程度的哲理性、荒诞性和神秘性。很多作家都从他的作品中得到灵感，故被称为"作家们的作家"。

玛格丽特·米切尔

美国女作家。出生在亚特兰大，父亲曾是亚特兰大历史学会主席。她曾就读于亚特兰大史密斯学院，做过当地报纸的记者。1926年因腿伤辞去工作，开始写作。处女作和成名作《飘》于1936年出版，小说以南北战争为背景，主要描写一个农场主的女儿郝思嘉和白瑞德、卫希礼之间的爱情纠葛以及郝思嘉在战争中逐步成熟的过程，她为了振兴家业，不惜以爱情和婚姻为交易，自私残酷、勇敢自信等多种品质构成了她复杂的性格。小说极富于浪

1939年，由米切尔作品《飘》改编的电影《乱世佳人》剧照，此片共获八项奥斯卡奖。

漫情调的构思、细腻生动的人物和场景的描写，以及优美生动的语言、个性化的对白都使整部作品极具魅力，出版后第二年获得普利策奖。1938年被改编成电影。1949年，米切尔因车祸在亚特兰大去世。

法捷耶夫

苏联作家。在乌苏里边区度过了贫苦的童年和青少年时代，1912年到海参崴商业学院学习，同时参加了革命活动。1926年底到莫斯科后专职从事文学创作，并积极参与社会活动。1956年自杀。法捷耶夫的主要作品有描写一支游击队战斗的小说《毁灭》和描述青年一代和全体人民英勇反抗法西斯占领军的长篇小说《青年近卫军》。他的作品是在社会主义革命精神的鼓舞下写成的，他笔下的主人公都是为建设新生活而斗争的英勇战士。在现实主义原则下，他的作品把细腻的心理分析和浪漫主义的抒情笔调有机结合了起来。此外，他还针对苏联文学问题发表了多篇评论，收集在《三十年间》中，对社会主义现实主义文艺理论的建设做出了贡献。

伏契克

捷克文艺评论家、作家。生于布拉格一个工人家庭，在俄国十月革命的鼓舞下投身革命活动。1924年进入查理大学文学院学习。曾做过短工、广告员等。后任共产党党刊《创造》的总编辑。曾两次去苏联，对苏联实现的无产阶级专政深感鼓舞。1938年慕尼黑协定后，他撰写了许多政论，揭露反对派的阴谋，领导人民的地下斗争，同时，从事捷克19世纪文学的研究，为无产阶级文学评论的发展做出

了贡献。1942年被捕后，在狱中秘密写出了长篇特写《绞刑架下的报告》，记录了在狱中遭受的迫害。1943年，被纳粹在柏林杀害。《绞刑架下的报告》自1945年在捷克初版后，已被译成了80多种文字，在中国曾有较大影响。

肖洛霍夫

苏联作家。出生在一个商店职员的家庭，中学毕业后参加过征粮队等。1922年到莫斯科学习，同时开始创作。1924年成为职业作家。早期作品有中短篇小说集《顿河故事》《浅蓝的原野》等，以顿河地区为背景，揭示了国内战争时期哥萨克内部阶级冲突的尖锐性和悲剧性。1926年开始创作长篇巨著《静静的顿河》，其间还写了反映农业集体化运动的长篇小说《被开垦的处女地》等。卫国战争期间，他作为战地记者奔赴前线，写了很多充满爱国主义精神的短篇小说。1956年发表的短篇小说《一个人的遭遇》以卫国战争为背景，通过一个普通苏联人的遭遇，控诉了法西斯的侵略战争给苏联人民带来的深重灾难。小说对战争和人的关系的深刻思考，对苏联当代文学尤其是战争文学影响很大。1965年，肖洛霍夫获诺贝尔文学奖。

西蒙娜·波伏娃

波伏娃具有作家、哲学家、散文家、戏剧家等多重身份。出生在巴黎一个天主教色彩很浓的资产阶级家庭，少年时代阅读了大量文学作品。在巴黎高师读书时，结识了萨特、列维·斯特劳斯等人。毕业后在马赛、里昂等地教书。1945年成为职业作家。波伏娃的第一部作品是小说《女宾》，取材于1933年的萨特—波伏娃

西蒙娜·波伏娃像

—奥尔加三角情感纠纷。在这部小说中，波伏娃避开此类主题惯用的心理分析和手法，而向读者展现了存在主义小说的模式，特别提出了"他人"这个存在主义关注的重要问题。之后的《名士们》描绘了形形色色的知识分子形象，获龚古尔文学奖。波伏娃的名字是与萨特、《现代》杂志、存在主义运动、妇女解放运动等紧密地结合起来的。特别是她和萨特长达51年的亲密关系，已经成为现代文化史上的一段佳话。

加缪

法国作家。生于移民家庭，父早亡，在贫困中长大。1942年发表了他的成名作《局外人》，这部小说形象化地表现人生荒诞的观念，小说塑造了一个"荒诞的人"的形象。他是个具有"清醒的理性的人"，但违反了社会形式主义的道德规范而为社会所不容。同年又发表哲学随笔《西绪福斯神话》，进一步阐释荒诞哲学，是他最重要的理论著作。1947年出版小

说《鼠疫》，用象征的手法表现人们团结起来反抗法西斯势力，获批评家奖。此外，还有剧本《正义者》、随笔《反抗者》等作品。作品《流放与王国》包括6个短篇小说，以不同的方式探求再生的途径。1957年，"因为他的重要文学创作以明澈的认真态度阐明我们同时代人的意识问题"而获诺贝尔文学奖。

阿瑟·米勒

美国剧作家。出生在纽约一个商人家庭，中学毕业后做过两年工人、卡车司机等。20世纪50年代因与左派作家接近受到调查。1947年，他以剧本《全是我儿子》成名。之后的重要作品有《推销员之死》《炼狱》《不合时宜的人》《堕落之后》和短篇小说集《我不再需要你》等。其中《推销员之死》是其代表作，描写推销员威利·洛曼勤恳工作，希望实现自己的"美国梦"。却因年老体衰被辞退，重击之下，深夜开车自杀。作品通过一个小人物的死，影射了现代工业社会对人的摧残和扼杀，是对"美国梦"的有力批判。该剧获普利策奖，奠定了米勒在美国戏剧史上的地位。米勒认为戏剧是一项反映社会现实的严肃事业，他的剧作一般都关注现代人的生存，有严肃的社会意义。

海勒

美国黑色幽默派代表作家。生于纽约市的布鲁克林区一个犹太移民家庭，第二次世界大战时期曾任空军中尉。1948年毕业于纽约大学，此后做过杂志编辑、教师等。他的代表作长篇小说《第二十二条军规》是二战后出现的"抗议文学"名作之一。他的另一部著名小说是《出了毛病》，描写美国中产阶级日常生活中的疑惧和烦恼。此外还有剧本《我们轰炸了纽黑文》等。他注重社会重大问题，揭示现代社会中使人受到摧残和折磨的异己力量，具有象征意义。他的创作方法是超现实主义的，以夸张的手法把生活漫画化。作品的基调是绝望的，排斥圆满的结局。所以黑色幽默又称为"绝望的喜剧"或"绞刑架下的幽默"等。

加西亚·马尔克斯

哥伦比亚作家，记者。生于马格达莱纳省阿拉卡塔卡镇。父亲是医生，在外祖父家中长大。外祖父当过上校军官，性格善良、倔强，思想比较激进；外祖母善讲神话传说及鬼怪故事，这对作家日后的文学创作有着重要的影响。18岁进国立波哥大大学攻读法律，后因内战辍学。不久开始做记者，并长期从事文学、新闻和电影工作。1982年获诺贝尔文学奖。马尔克斯作品的主要特色是幻想与现实的巧妙结合，以此来反映社会现实生活，审视人生和世界。重要作品有长篇小说《百年孤独》《家长的没落》《霍乱时期的爱情》，中篇小说《枯枝败叶》《恶时辰》《一件事先张扬的凶杀案》等，短篇小说集《格兰德大妈的葬礼》，文学谈话录《番石榴飘香》等。

米兰·昆德拉

捷克小说家。生于捷克布尔诺市，他童年时代受过良好的音乐熏陶和教育。少年时代，开始广泛阅读世界文艺名著。青年时代，写过诗歌和剧本，并从事过音乐和绘画等。20世纪50年代初，他作为诗人登上文坛，出版了《独白》等诗集。

1967 年，第一部长篇小说《玩笑》在捷克出版，获得巨大成功。苏联入侵捷克后，他于 1975 年移居法国，之后创作了长篇小说《笑忘录》《生活在别处》《告别圆舞曲》《生命中不能承受之轻》《不朽》，戏剧《雅克和他的主人》，短篇小说集《好笑的爱》等。还出版有《小说的艺术》和《被背叛的遗嘱》等 3 本论述小说艺术的文集。昆德拉善于以反讽手法，用幽默的语调描绘人类境况。他的作品表面轻松，实质沉重；表面通俗，实质深邃而又机智，充满了人生智慧。

米兰·昆德拉在他巴黎的书屋里

诺贝尔文学奖

根据瑞典化学家阿尔弗雷德·诺贝尔的遗嘱设立的诺贝尔奖中的一个奖项。诺贝尔在遗嘱中说奖金的一部分应该"奖给在文学界创作出具有理想倾向的最佳作品的人"。诺贝尔文学奖由瑞典文学院颁奖，奖金约 100 万美元。享有诺贝尔文学奖获奖候选人推荐权的人员为：瑞典科学院和其他在体制与目的方面与它相似的科学院、研究所和学会的成员，大学和大学学院的文学和语言学教授，以前得过诺贝尔文学奖金的人，在本国文学创作界有代表性的作家协会的主席。首届诺贝尔文学奖于 1901 年颁发，获奖者是法国诗人苏利·普吕多姆，因为他的诗作《孤独与深思》是"高尚的理想、完美的艺术和罕有的心灵与智慧的实证"。此后，除 1914 年、1918 年、1940～1943 年因战争没有颁奖外，每年颁发一次。

比较文学

兴起于 19 世纪末 20 世纪初的一门新兴学科，是文学研究的一个分支。它以世界文学的眼光，运用比较的方法，对各种文学关系进行跨文化的研究，寻求人类文学共通规律和民族特色，它主要的研究领域有文类学、主题学、形象学、媒介学和比较诗学等。影响研究和平行研究是它的两个基本方法，前者侧重研究各民族文学中存在的事实联系，后者则对没有事实联系的文学现象进行研究。目前有法国学派、美国学派和苏联学派三大学派。中国早在"五四"时期就引入了比较文学的相关理论，但真正获得发展是在 20 世纪 80 年代初。比较文学是一门有着极大发展前景的新兴学科，比如近年来，随着全球化进程的发展，它又把异质文化的沟通与对话等新课题纳入自己的研究领域。

表现主义

20 世纪初至 30 年代盛行于欧美一些国家的文艺流派。这个词最早是一组油画的题目，1914 年后才逐渐被普遍使用。表现主义在第一次世界大战前后在德国和奥地利流行最广，在绘画、音乐、文学等领域都产生了一批有影响的人物。表现主义是一种反传统的现代主义流派，具有较强的社会批判性。就文学方面而言，诗歌的主题常是厌恶大城市的喧嚣和堕落，形式自由；在小说领域，奥地利的卡夫卡和爱尔兰的乔伊斯最具代表性，他们的作品以离奇怪诞的情节表现现实生活的危机；瑞典的斯特林堡是表现主义戏剧的先驱，他的《到大马士革去》等作品奠定了表现主义戏剧的基本格局，主要特点是内容荒诞离奇，结构混乱，人物类型化，往往用冗长的独白表现思想感情。表现主义作为一种运动，存在的时间不长，但它的反叛精神对现代文学产生了深远的影响。

意识流

　　"意识流"本是一个心理学术语，美国心理学家詹姆斯曾把意识比喻为流动的"河流"或"流水"。20世纪20年代，欧美一些作家把这种理论直接运用到文学创作中，认为文学应该表现人的意识流动，尤其是潜意识的活动，人的意识流动遵循的是心理时间，这就形成了意识流文学。它不是一个统一的文学流派，也没有公认的统一定义，在实际的运用上也很不同，主要是采用不受时间和空间限制的自由联想和内心独白的表现手法，法国作家普鲁斯特的《追忆似水年华》、爱尔兰作家乔伊斯的《尤利西斯》、美国作家福克纳的《喧哗与骚动》、英国女作家伍尔芙的《到灯塔去》等作品，都是意识流小说的代表作。作为一种创作方法，意识流对很多现代文学流派都产生了影响。

超现实主义

　　第一次世界大战后在法国产生的一场对传统文化思想的反叛运动，它的内容包括文学、绘画和音乐等多个艺术领域。作为文学流派，代表作家有布勒东、艾吕雅和阿拉贡等人。1924年，布勒东发表《超现实主义宣言》，否定了现实主义与传统小说，指出超现实主义要追求对现实的"纯精神自动反映"，强调潜意识和梦幻，认为只有在这种状态下的思维活动才不受外界干扰。倡导"无理性认识"和"自动书写"，即以极快的速度将头脑中涌现的一切都杂乱无章地记下来，词句之间可以没有任何联系。布勒东的小说《娜佳》和阿拉贡的散文集《巴黎的乡下人》是这一流派的重要作品。

黑色幽默

　　20世纪60年代美国一个重要的文学流派。1965年3月，弗里德曼编了一本短篇小说集，题名为《黑色幽默》，"黑色幽默"一词即由此而来。它是60年代美国小说最有代表性的流派之一。代表作家有约瑟夫·海勒、约翰·巴斯等。小说家运用夸张扭曲的手法描写人物周围世界的荒谬和社会对个人的压迫，令人感到沉重和苦闷。作家还塑造一些"反英雄"人物，借他们的言行影射社会现实，表达作者对社会问题的观点。"黑色幽默"作为一种美学形式，属于喜剧范畴，但又是一种带有悲剧色彩的变态的喜剧。虽具有一定的社会意义和认识价值，但又强调社会现实是难以改变的，带有悲观绝望的情绪。

亚非古典文学

蚁垤

音译为"跋弥",印度古代诗人,据传为史诗《罗摩衍那》的作者。据说他早年曾是强盗,受仙人点化,出家修行。由于长时间端坐,白蚁在其身上筑窝而不知,因此被称为"蚁垤"。有一天他到河边沐浴,看见一对麻鹬在交欢,突然雄麻鹬被射杀,雌鸟悲鸣不已。蚁垤心生悲愤,脱口而出吟了一首短诗,就是"输洛迦"(Sloka,短颂)。后来,他遵大神梵天之命创作了《罗摩衍那》。

《吉尔伽美什》

古巴比伦史诗,也是目前发现的世界上最早的一部完整的史诗。大概形成于公元前 19 世纪,巴比伦第一王朝时期有了最初的定本。全诗共 3000 余行,用楔形文字记录在 12 块泥板上,主要情节是乌鲁克国王吉尔伽美什与野人恩奇都不打不相识,由交战的敌人变为好友,然后合力杀死了巨妖芬巴巴和危害人间的天牛,因此触怒天神,恩奇都患病而死。吉尔伽美什对好友的死十分悲伤,远走他乡探求永生的秘密,结果失望而归。史诗含有丰富的文化内涵,现代学者多从史诗反映人和自然的关系、对人类生命奥秘的探求,以及结构主义方法和原型批评等角度对史诗进行解读和分析,挖掘史诗中潜在的文化意蕴。这部史诗对古代希伯来文学和希腊罗马文学也有一定影响,是东西方文学共同的源头之一。

印度两大史诗

包括《摩诃婆罗多》和《罗摩衍那》两部史诗。它们形成于公元前 4 世纪到公元 4 世纪的 800 年间,长期在民间流传,主要颂扬传说中的民族英雄业绩,表现了光明战胜黑暗、正义战胜非正义的主题。《摩诃婆罗多》的作者相传是广博仙人,题目的意思是"伟大的婆罗多族的故事",全诗约 10 万颂(每颂两行,每行 16 个音),共分 18 篇,是世界上已有写本的最长史诗。主要写了婆罗多的后代堂兄弟之间为争夺王位和国土而进行的斗争和战争。《罗摩衍那》成书稍晚,书名的意思是"罗摩的漫游"或"罗摩传",传说作者是"蚁垤"。全书共 7 篇 500 章,2400 颂。史诗以罗摩和妻子悉多的悲欢离合为主要线索,展示了印度古代社会生活的全貌。两大史诗都用"输洛迦"诗律,都体现了婆罗门教的基本教义。它们不但开辟了印度文学的新时代,对印度人民世界观的形成、印度文学的发展,都有重要意义。

迦梨陀娑

印度古代诗人和剧作家。他的生卒年月和生平事迹没有确凿的材料，只是根据作品等推测，大概生活在公元 330 年至 432 年之间，属婆罗门种姓，居住在当时笈多王朝的首都，信奉湿婆教，是宫廷诗人。他的名字是一个复合词，"迦梨"是一个女神的名字，"陀娑"意为奴隶，合起来就是"迦梨女神的奴隶"。传说他本是孤儿，后与公主结婚，公主耻其出身低贱，他遂向迦梨女神祈祷，终于变成了一个伟大的诗人和学者。他取这个名字表示不忘女神的恩典。迦梨陀娑的作品很多，主要有剧本《沙恭达罗》《尤哩婆湿》《摩罗维迦和火友王》，叙事诗《鸠摩罗出世》《罗怙世系》，抒情长诗《云使》，抒情诗集《时令之环》等。其中《云使》是他的代表作之一，描述一个被贬谪他乡的小神仙药叉委托天边北飞的雨云向故乡的妻子传递信息的故事。分为《前云》和《后云》两个部分。长诗歌颂了真挚专一的爱情，并含蓄地表达了对造成相爱夫妻分离的社会的不满。想象丰富，心理刻画细致，尤其善于借景抒情，形成了端庄高雅、潇洒和谐的独特风格。

《万叶集》

日本现存最早的诗歌总集，全集 20 卷，收诗歌 4500 多首。书名中的"万叶"，一说是"万语"之意，表示内容丰富多彩；一说是"万世"之意，表示生命万古长新。关于本书的编者和成书年代，说法不一。大致是由多人参与，经过多次编辑，公元 760 年左右大体编成。《万叶集》中的诗歌，按内容大体上可分为相闻、挽歌、杂歌 3 类。相闻是互相闻问的意思，是表示长幼相亲、男女相爱等内容的作品；挽歌是哀悼死者的作品；杂歌范围很广，包括不属于上述两类内容的其他作品，另外还有一些民谣。按形式来说，可分为短歌、长歌、旋头歌、佛足石体歌 4 类。《万叶集》的作者上自天皇、后妃、贵族，下到农民、士兵甚至乞丐，署名作者中有代表性的有大伴家持、山上忆良等。《万叶集》是研究日本古代社会的重要资料之一，对日本文学的影响更是深刻。

《一千零一夜》

阿拉伯的民间故事集，中国又译《天方夜谭》。其中的故事和早期手抄本在八九世纪之交就开始流传，后来经过多次增补变化，16 世纪才基本定型。书中的故事共有 300 个左右，包括神话传说、历史故事、现实故事、道德训诫故事、笑话、童话等，其中，商人的故事占主导地位，广泛反映了中古阿拉伯社会的生活状况。书名来自这部故事集的引子：国王山鲁亚尔因痛恨王后与人有私，将其杀死。此后每日娶一少女，翌晨杀掉。宰相之女山鲁佐德自愿嫁给国王，每夜讲故事引起国王的兴趣，免遭杀戮。她一直讲了一千零一个故事，终于将国王感化，立她为后。这种大故事套小故事的框形结构对后世文学很有影响，如意大利薄伽丘的《十日谈》、英国乔叟的《坎特伯雷故事集》等。它在艺术上的突出特点还有浓郁丰富的浪漫主义的想象，夸张、离奇的情节，故事中常常出现具有神奇力量的宝物，如能自由飞翔的乌木马、飞毯，可以驱使神魔的手杖、神灯等。其中不少故事都是流传很广的名篇，如《阿里巴巴和四十大盗》《辛伯达航海旅行的故事》《阿拉丁和神灯》《渔翁的故事》《驼背的故事》等。

紫氏部

日本平安朝女作家，约生于 978 年，逝于 1015 年。出身中层贵族家庭，本姓藤原，式部是她在宫廷服务期间的称呼。本为藤式部，因《源氏物语》中的紫姬为世人传颂，故又称为紫氏部。她幼年随父亲学习中国古典文学，对白居易的诗研究颇深。有过短暂的婚姻，后入宫当女官。《紫氏部日记》中详细记载了她在宫中的生活和感受。她的代表作长篇物语《源氏物语》约成书于 11 世纪初期，被公认为世界上最早出现的完整的长篇散文体小说。全书共 54 卷，卷帙浩繁，场面复杂，主要描写了源氏和他的儿子薰君与众多女性的恋情，塑造了紫上、空蝉、藤壶妃子、浮舟等众多感人的女性形象，同时又有当时贵族的权力斗争，比较完整地反映了平安时代贵族的生活。小说的语言绵密典雅，常从最细微处入手，细腻地刻画人物，抒发情感，体现了日本传统悲剧的"物哀"风格。

萨迪

中古波斯诗人。出生在波斯北部名城设拉子，父亲是一个清贫的传教士，十分注重对他的教育。后经人帮助，他进入最高学府尼扎米亚神学院学习，在波斯和阿拉伯诗学方面造诣很深。毕业前离校，作为一个游方僧人度过了近 30 年的流浪生活，晚年回故乡定居。他早在少年时代就开始写诗，但主要代表作哲理性叙事长诗《果园》《蔷薇园》都是晚年完成的。《蔷薇园》是一部散文和诗歌相结合的作品，全书除写作缘由和跋外，共 8 卷，内容涉及帝王言行、僧侣言行、论知足常乐、论青春与爱情、论老年昏庸、论教育的功效和交往知识等。前 7 卷是短小的故事，第 8 卷主要是一些警句和格言，表现出反对奴役和压迫的人道主义思想。语言优美自然，简洁朴质，对话风趣，取得了卓越的艺术成就。

贾米

波斯诗人、学者。出生在霍拉桑，童年时随父亲学习波斯文和阿拉伯文，后到赫拉特的尼扎米耶学院学习，在当地一些著名学者的指导下，攻读了文学、神学和天文学等，在阿拉伯文学研究上造诣很深。他一生还先后 7 次到各地漫游，这些经验对他的创作影响较大。贾米属于苏菲派作家，在文学上善于吸收历代著名诗人之长，比如叙事诗就学习了 12 世纪波斯诗人内扎米的风格。他的主要作品有诗集《七卷诗》和散文《春园》，其中的爱情叙事诗《尤素福和佐列哈》《莱伊丽和马季农》等都是生动感人的著名诗篇。

亚非现代文学

泰戈尔

印度诗人、作家和社会活动家。出身加尔各答市的望族，没有受过正规的学校教育，但在父兄的教导下，掌握了丰富的历史、文学知识。14 岁时就有诗作发表。1878 年赴英留学，学习英国文学和西方音乐。1880 年回国后专门从事文学活动。1913 年获诺贝尔文学奖，此后出访了欧洲很多国家及中国、日本和苏联等国。他在诗歌方面的主要作品有抒情诗集《暮歌》《晨歌》《金帆船》《缤纷集》《园丁集》《收获集》《渡口》《吉檀迦利》和哲理短诗集《微思集》《故事诗集》等。在小说方面的代表作有长篇小说《沉船》《戈拉》《家庭与世界》，中篇小说《两姊妹》《四个人》，短篇小说《河边的台阶》《饥饿的石头》等。另外，还有戏剧《国王》《邮局》等。泰戈尔的创作融合了印度传统和西方文学的有益成分，对印度现代文学的发展产生了很大影响。

夏目漱石

日本作家。毕业于东京帝国大学英文科。曾到英国留学，见识到了资本主义社会的种种弊病。后在高校任教，并为杂志创作俳句。1905 年创作了长篇小说《我是猫》获得成功，此后，发表了中篇小说《哥儿》《旅宿》《风暴》等。1907 年开始专业创作时期，写有长篇小说《虞美人草》《矿工》《三四郎》《其后》和《门》等，短篇小说集《行人》《心》《过了春分时节》等。这些作品都坚持了批判现实主义的创作态度，通过对知识分子形象的塑造，揭露社会的疾患，评估东西方文化的优劣得失，全面展示了东西方文化冲突中的知识分子苦闷彷徨、进退维谷的悲剧心态，被公认为日本近代文坛的领袖。

岛崎藤村

日本诗人、小说家。原名春树，别号古藤庵。出身长野县一个破落地主家庭，受到良好的家教，熟悉各类中国古籍。1887 年考入明治学院，毕业后做教员并翻译介绍英国诗歌。1893 年开始创作，1897 年发表了第一部诗集《嫩菜集》，之后又相继发表了《一叶舟》和《夏草》等诗集，为日本近代浪漫主义诗歌创作开了先河。1899 年之后开始创作小说，1906 年成为职业作家。主要作品有长篇小说《破戒》《春》《新生》和《黎明之前》等。其中《破戒》描写一个部落民出身的小学教师濑川丑松从严守出身秘密，到经历了痛苦的决定后终于公开自己的出身，争取做人应有的权力，批判了日本资产阶级革命的不彻底性和封建身份制度的残余。在语言上采用优美的土语和白话文体描写农村风光，极富地方特色，是日本近代文学史上一部里程碑式的作品。

普列姆昌德

印度印地语作家。出生在印度北方的农村，童年时上过旧式学堂，高中毕业后，当过家庭教师、小学教师等，自学获得学士学位。后响应甘地的不合作运动而放弃公职，专门从事创作和出版编辑工作。他一生共创作有 10 余部中长篇小说和 300 多部短篇小说，主要代表作有长篇小说《服务院》《舞台》《仁爱道院》《戈丹》和《沙伦塔夫人》《棋友》《咒语》等短篇名作。他的这些作品的一个基本特征是将城市和乡村对立起来，将传统农业文明理想化，深刻生动地反映了现代印度农村的面貌。他还广泛涉猎社会和政治主题，描绘了印度北部社会各个阶层的生活。他一方面受到甘地主义的影响，认识到印度内在的不和谐的原因在于殖民主义者的文化策略，但又不能完全否定新出现的一切，所以，他作品中的主人公多是传统的改革者而不是现代思想家。

纪伯伦

黎巴嫩诗人、散文家，旅美派代表作家。出生在黎巴嫩北部，12 岁时随母亲去美国，两年后回国学习，1908 年因发表小说《叛逆的灵魂》激怒当局，再次前往美国，后到法国学习。1912 年起定居纽约，从事文艺创作活动。他的早期创作以小说为主，主要有短篇集《音乐》《草

原的新娘》和中篇小说《折断的翅膀》等，具有强烈的叛逆精神，矛头直指封建暴政，同时形成了情节淡化的散文诗化的风格。定居美国后，纪伯伦的创作以散文和散文诗创作为主，用阿拉伯文发表了散文诗集《泪与笑》，长诗《行列》等，用英文发表了散文诗集《先驱者》《先知》等。《先知》通过一位东方智者的"讲说"，谈到了爱、婚姻等 26 个方面的问题，用诗般的语言讲述哲理，充满了诗化的智慧和诗意的美，是诗人融合东西方文学传统革新之作。

芥川龙之介

日本小说家。出生在东京，本姓新源，后过继给舅父而改姓。幼年在文化氛围浓厚的养父家受到日本和中国古典文学的熏陶，1917 年考入东京帝国大学英文系，又广泛涉猎了西方文学名著，受世纪

《罗生门》插图
老妪那双圆睁的眼睛睁得更大了，凝视着仆役的脸。

末文学的影响较深。后参加了夏目漱石的"星期四聚会"，成为新思潮派的代表作家。他的创作基本都是短篇小说，而且篇篇有新意，对人性的多个方面进行了深刻的剖析。如《罗生门》揭示了为生存而损人利己是人的一种本能。《鼻子》通过僧人禅智内供的特大型鼻子引起的喜剧性小故事，深刻揭示了自我的脆弱、自尊心的可悲以及人们阴暗的利己主义心理。《竹林中》由一件命案的当事人、见证人在法庭上的自述或自供构成，而他们的说法又相互矛盾。作者完全退出了小说语境，迫使读者进入小说的语境，思索人物说谎背后的心理，对私欲和利己主义进行深刻的否定和批判。

川端康成

日本作家。大阪市人，幼年父母双亡，过着孤独的生活，这对他后来的创作影响较大。中学时代就立志进行文学创作，后进入东京帝国大学国文系学习。其间与人合办《新思潮》杂志并发表了《招魂祭一景》等文章。毕业后开始专门从事创作，并创办过《文艺时代》《文学界》等杂志。他早期受欧洲现代主义思潮影响，曾与横光利一等发起过"新感觉派"运动，主张艺术至上，在思想上受佛禅和虚无主义影响较深。他的主要作品有短篇

川端康成获诺贝尔文学奖时的情景

小说《伊豆的舞女》《千纸鹤》《睡美人》，中篇小说《雪国》《古都》等。多表现一种细腻的忧郁的感情和虚无的心理，重视对人物的感情和内心活动的描写，1968年，川端康成因其"高超的叙事文学以非凡的敏锐表现了日本人的精神实质"获诺贝尔文学奖。1972年自杀。

小林多喜二

日本小说家。出生在秋田县一个贫农家庭，在小樽度过少年时代。在伯父的资助下，毕业于高等商业学校。后进入银行供职。1930年迁居东京，开始成为职业作家和无产阶级革命家。1933年被捕牺牲。他的作品主要有长篇小说《蟹工船》《在外地主》，中篇小说《为党生活的人》《工厂党支部》《组织者》《安子》等。《为党生活的人》是其代表作，具有一定自传性，描写3个共产党人领导工人群众展开斗争。强调"为党生活"是个人生活的全部价值，主人公"我"对党和革命事业无私奉献，鞠躬尽瘁，非常令人感动。但他的作品有着图解政治的倾向。

井上靖

日本作家。生于北海道，父亲是军医，少年时代在老家的乡村度过。后曾在九州帝国大学和京都帝国大学学习英语和美学，同时进行文学创作。1949年因发表小说《斗牛》而成名，之后开始职业作家的生活。他的小说从题材上看，可以分为现代题材和历史题材两类。前者有《斗牛》《比良山的石楠花》和《射程》等，从不同侧面暴露了战后初期日本社会的混乱、丑恶和种种不合理现象。历史小说以写中国历史的题材居多，如描写唐代高僧

鉴真 6 次东渡的《天平之甍》。《敦煌》也是其历史题材小说之一，描写一个落第书生和王女的爱情悲剧，书生最后落户边疆，战乱中将大批经卷藏入千佛洞，后来成为敦煌石窟文化的一部分。井上靖以冷静犀利的目光观察社会问题，在委婉含蓄之中蕴藏着批判的锋芒，往往流露出孤独的情调。

戈迪默

　　南非当代女作家。生于约翰内斯堡附近一个小城，父亲是立陶宛的犹太移民，母亲是英国人。戈迪默从小就具有很强的独立性，醉心于读书写故事，已著有 20 多部长篇小说和短篇小说集以及 160 余篇杂文和评论。她的前期作品主要以现实主义笔法揭露南非种族主义的罪恶，着重刻画这一社会中的黑人与白人的种种心态，控诉种族主义制度对人性的扭曲，如短篇小说集《面对面》《六英尺土地》《星期五的足迹》和《不宜发表》等，长篇小说《陌生人的世界》《恋爱时节》和《贵宾》等。20 世纪 70 年代以来，戈迪默的后期作品在继续展现南非的社会现实的同时，明显地加入了对南非未来命运的"预言"成分，创作手法也更为成熟和多样，如长篇小说《自然资源保护论者》和《朱利的族人》等。1991 年获诺贝尔文学奖。

三岛由纪夫

　　日本小说家。本名平冈公威。出身官僚家庭，自幼接受属于贵族的学习院教育，对日本民族和作为其象征的天皇制抱有狂热的信念。1947 年毕业于东京大学法律系，第二次世界大战中日本的战败使他产生了一种深深的绝灭感。他就是带着这种感觉走上战后的文坛，代表作有自传体长篇小说《假面的告白》《潮骚》《金阁寺》《明日黄花》和《丰饶之海》四部曲等。他的作品多描写变态的人物和心理，倒错、施虐、嗜血与趋亡是他创作中的基本倾向。他的小说在背德中有着清醒的追求，在唯美的颓废中有着强烈而反动的政治信念和追求，对战后日本社会有强烈对抗心理，带着"殉教"的倾向以毁灭求得精神上的永存。20 世纪 60 年代发表政论反对进步群众运动，1970 年发动军队组织武装政变失败，切腹自杀。

大江健三郎

　　日本作家。出生于四国爱媛县，1954 年考入东京大学文科。大学时代参加过学潮，并读了大量加缪和萨特等现代派作家的作品，受存在主义思潮影响较大。发表了《奇妙的工作》《饲育》和《人羊》等小说，提出了现代资本主义社会中人的个性受压抑和人的尊严受损害等问题。毕业后继续创作，长篇小说《我们的时代》《青年的污名》等通过性来反映社会和人生的问题，长篇小说《万延元年足球队》《洪水涌上我的灵魂》和《燃烧的绿树》等记述有关核问题等重大社会问题，视角独特，情节荒诞。另外，还发表有长篇随笔《广岛札记》，散文集《严肃的走钢丝》，理论著作《小说的方法》等。因为他"善于在荒诞的故事叙述里蕴藏诗意的抒情，对人类危机进行深刻的思考"，1994 年获诺贝尔文学奖。

普拉姆迪亚

　　印度尼西亚小说家。出生在中爪哇一个小镇，受父母影响，有浓厚的民族意识。日本占领期间在新闻社工作，参加了八月革命，1947 年荷兰殖民者发动战争时被捕。20 世纪 50 年代逐渐接近进步文艺组织，后参加人民文化协会。1965 年在"九三〇"事件中被捕，1979 年底才获释。他的创作可分 3 个时期：早期多以八月革命为题材，描写了形形色色的人物，呈现出纷繁复杂的时代画面，主要有《勿加西河畔》《游击队之家》等长篇小说及许多短篇小说。中期是移交主权之前，以中篇小说《不是夜市》《贪污》和短篇小说集《雅加达的故事》为代表，多描写底层小人物的悲惨命运，暴露和鞭笞社会的丑恶现实。晚期尝试写革命题材和工农形象，如《铁锤大叔》等。1980 年后发表的长篇小说《人世间》等四部曲，反映 19 世纪末 20 世纪初印尼民族觉醒的过程，受到普遍好评。

村上春树

日本现代作家和翻译家。出生在京都，在当国语教师的父亲的影响下，阅读了大量外国文学作品，尤其受美国现代文学影响较大。1975 年毕业于早稻田大学演剧科，之后一边经营一家爵士咖啡厅，一边利用业余时间写作。1979 年因为《且听风吟》（一译《听风的歌》）一举成名。1981 年开始成为职业作家。到目前为止共推出长篇小说、短篇小说和随笔等 40 多部著作，在很多国家和地区引起了一股"村上热"。他的主要代表作有长篇小说《挪威的森林》《世界尽头与冷酷仙境》《发条鸟年代记》《舞！舞！舞！》《寻羊历险记》和《海边的卡夫卡》等。他的作品语言别具特色，充满爵士乐的节奏，

抒情风格浓郁。被有的评论家推举为最具都市感受性、最能掌握时代特质与节奏的作家。

新感觉派

日本 20 世纪 20 年代出现的一个现代主义文学流派。1924 年，横光利一、川端康成、片冈铁兵和十一谷义三郎等 14 名年轻作家在菊池宽的支持下，以《文艺春秋》为后盾，创办了《文艺时代》，开始新感觉文艺运动，以对抗自然主义文学的衰落和无产阶级文学的兴起。新感觉派追求新的感觉和新的感受方法，依靠直观来把握事物的表现。艺术家的任务是表现人的内心世界，他们否定一切旧的传统形式，主张进行文体改革和技巧革新。横光利一的《太阳》《蝇》，川端康成的《浅草的少男少女》《梅花的雄蕊》，片冈铁兵的《鬼魂船》和中河与一河的《冰冷的舞场》等是这一流派的主要作品。新感觉派于 1925 年、1926 年发展到高峰，后来随着无产阶级文学的发展，作家们向不同方向发展而于 1927 年宣告结束。

1924 年，川端康成与横光利一等同窗好友创办了刊物《文艺时代》，他们欲使日本的旧文学走上全新的道路，这标志着日本文学史上著名的"新感觉"派的诞生。图为 1927 年 6 月刊社骨干人员在各地召开"文艺春秋"动员演讲会而聚首时的情景。左二为川端康成，中倚坐者为横光利一。